샨칭 차이, 스탠 바일시,
에릭 닐슨, 프랑소와 숄레 지음
박해선 옮김

# 구글 브레인 팀에게
# 배우는 딥러닝
# with TensorFlow.js

DEEP LEARNING
WITH JAVASCRIPT

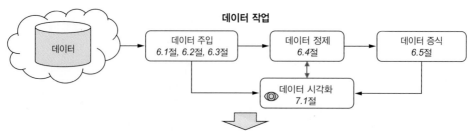

**데이터 작업**

데이터 → 데이터 주입 (6.1절, 6.2절, 6.3절) → 데이터 정제 (6.4절) → 데이터 증식 (6.5절)

데이터 시각화 (7.1절)

### 모델 구축 1: 데이터를 기반으로 핵심 층의 종류 선택하기

| 입력 데이터 종류 | 추천 층 | 참조 |
|---|---|---|
| (순서가 없는) 수치 데이터 | 밀집 층 | 2장, 3장 |
| 이미지나 이미지로 표현할 수 있는 데이터 (예를 들면, 오디오나 게임 보드) | 2D 합성곱과 풀링 | 4장, 5장 |
| 텍스트를 포함한 순차 데이터 | • RNN (LSTM, GRU)<br>• 임베딩<br>• 1D 합성곱<br>• 어텐션 | • 9.1.2절<br>• 9.2.3절<br>• 9.2.4절<br>• 9.3절 |

### 모델 구축 2: 마지막 층의 활성화 함수, 손실 함수, 측정 지표 선택하기

| 작업 종류 (무엇을 예측하나요?) | 마지막 층의 활성화 함수 | 손실 함수 | 측정 지표 | 참조 |
|---|---|---|---|---|
| 회귀 (실수 예측) | 선형 | `meanSquaredError`<br>`meanAbsoluteError` | (손실과 동일) | 2장<br>9.1절 |
| 이진 분류 (이진 결정 만들기) | 시그모이드 | `binaryCrossentropy` | 정확도, 정밀도, 재현율, 민감도, TPR, FPR, ROC, AUC | 3.1절, 3.2절, 9.2절 |
| 다중 분류 (여러 개의 클래스 중에 결정하기) | 소프트맥스 | `categoricalCrossentropy` | 정확도, 오차 행렬 | 3.3절, 9.3절 |
| 혼합 (예를 들어, 숫자와 클래스) | (다중) | 사용자 정의 손실 함수 | (다중) | 5.2절 |

| 고급 작업과 그 외 작업 | 참조 |
|---|---|
| 전이 학습 (훈련된 모델을 새로운 데이터에 적용하기) | 5장 |
| 생성 학습 (훈련 데이터를 기반으로 새로운 샘플 생성하기) | 10장 |
| 강화 학습 (환경과 상호 작용하는 에이전트 훈련하기) | 11장 |

독자의 1초를
아껴주는 정성을
만나보세요!

세상이 아무리 바쁘게 돌아가더라도 책까지 아무렇게나 빨리 만들 수는 없습니다.
인스턴트 식품 같은 책보다 오래 익힌 술이나 장맛이 밴 책을 만들고 싶습니다.
땀 흘리며 일하는 당신을 위해 한 권 한 권 마음을 다해 만들겠습니다.
마지막 페이지에서 만날 새로운 당신을 위해 더 나은 길을 준비하겠습니다.

# 구글 브레인 팀에게 배우는 딥러닝 with TensorFlow.js
Deep Learning with JavaScript

**초판 발행** · 2022년 3월 31일

**지은이** · 산칭 차이, 스탠 바일시, 에릭 닐슨, 프랑소와 숄레
**옮긴이** · 박해선
**발행인** · 이종원
**발행처** · (주)도서출판 길벗
**출판사 등록일** · 1990년 12월 24일
**주소** · 서울시 마포구 월드컵로 10길 56(서교동)
**대표 전화** · 02)332-0931 | **팩스** · 02)323-0586
**홈페이지** · www.gilbut.co.kr | **이메일** · gilbut@gilbut.co.kr

**기획 및 책임편집** · 안윤경(yk78@gilbut.co.kr) | **디자인** · 장기준 | **제작** · 이준호, 손일순, 이진혁
**영업마케팅** · 임태호, 전선하, 차명환, 박민영, 지운집, 박성용 | **영업관리** · 김명자 | **독자지원** · 윤정아

**교정교열** · 전도영 | **전산편집** · 박진희 | **출력 · 인쇄** · 금강인쇄 | **제본** · 금강제본

▸ 잘못 만든 책은 구입한 서점에서 바꿔 드립니다.
▸ 이 책은 저작권법에 따라 보호받는 저작물이므로 무단전재와 무단복제를 금합니다. 이 책의 전부 또는 일부를 이용하려면
  반드시 사전에 저작권자와 ㈜도서출판 길벗의 서면 동의를 받아야 합니다.

**ISBN** 979-11-6521-923-9 93000
(길벗 도서번호 080237)

정가 44,000원

---

**독자의 1초를 아껴주는 정성 길벗출판사**

**길벗** | IT단행본, IT교육서, 교양&실용서, 경제경영서
**길벗스쿨** | 어린이학습, 어린이어

**페이스북** · www.facebook.com/gbitbook
**예제소스** · https://github.com/gilbutITbook/080237

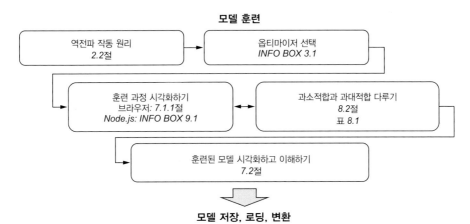

### 모델 훈련

역전파 작동 원리
2.2절

옵티마이저 선택
*INFO BOX 3.1*

훈련 과정 시각화하기
브라우저: *7.1.1절*
*Node.js: INFO BOX 9.1*

과소적합과 과대적합 다루기
8.2절
*표 8.1*

훈련된 모델 시각화하고 이해하기
7.2절

### 모델 저장, 로딩, 변환

| 작업 종류 | API / 명령 | 참조 |
|---|---|---|
| 자바스크립트로 모델 저장하기 | `tf.LayersModel.save()` | *4.3.2절* |
| 자바스크립트로 모델 로딩하기 | `tf.loadLayersModel()` | |
| 케라스 모델을 자바스크립트로 변환하기 | `tensorflowjs_converter` | *INFO BOX 5.1* |
| 텐서플로에서 변환한 모델을 로딩하기 | `tf.loadGraphModel()` | *12.2절* |

### 제품을 위해 모델 준비하기

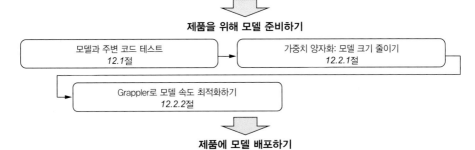

모델과 주변 코드 테스트
12.1절

가중치 양자화: 모델 크기 줄이기
12.2.1절

Grappler로 모델 속도 최적화하기
12.2.2절

### 제품에 모델 배포하기

| 대상 환경 | 참조 | 대상 환경 | 참조 |
|---|---|---|---|
| 브라우저 | *4.3.2절*을 포함한 여러 곳 | 데스크톱(Electron.js) | *12.3.5절* |
| 브라우저 확장 프로그램 | *12.3.3절* | 앱 플러그인 플랫폼 (WeChat) | *12.3.6절* |
| 클라우드 서빙 | *12.3.2절* | 단일 보드 컴퓨터 (라즈베리 파이) | *12.3.7절* |
| 모바일(리액트 네이티브) | *12.3.4절* | | |

TensorFlow.js의 전신인 deeplearn.js를 처음 시작할 때, 머신 러닝은 대부분 파이썬으로 실행되었습니다. 구글 브레인 팀의 자바스크립트 개발자이자 머신 러닝 기술자인 우리는 두 세계를 연결할 수 있다는 것을 빠르게 깨달았습니다. 오늘날 TensorFlow.js는 광범위한 자바스크립트 커뮤니티의 개발자들이 머신 러닝 모델을 구축하고 배포할 수 있도록 해 주며, 새로운 종류의 온-디바이스(on-device) 컴퓨팅을 가능하게 만들었습니다.

TensorFlow.js는 샨칭(Shanqing), 스탠(Stan), 에릭(Eric)이 없었다면 현재와 같은 모습으로 존재하지 않았을 것입니다. 텐서플로 디버거, 즉시 실행, 빌드와 테스트 인프라를 포함해 파이썬용 텐서플로에 대한 저자들의 기여 덕분에 파이썬과 자바스크립스 세계를 묶을 수 있었습니다. 개발 초기에 팀은 deeplearn.js 위에 머신 러닝 모델을 개발하기 위한 고수준 구성 요소를 제공하는 라이브러리가 필요하다는 것을 깨달았습니다. 샨칭, 스탠, 에릭은 케라스 모델을 자바스크립트로 변환할 수 있는 TensorFlow.js Layers API를 만들어 TensorFlow.js 생태계에서 사용할 수 있는 모델의 개수를 극적으로 늘렸습니다. 그리고 TensorFlow.js Layers API가 준비되었을 때 우리는 TensorFlow.js를 전 세계에 공개했습니다.

소프트웨어 개발자의 동기, 어려움, 요구 사항을 검토하기 위해 캐리 차이(Carrie Cai)와 필립 구오(Philip Guo)는 TensorFlow.js 웹 사이트에서 설문을 진행했습니다. 이 책은 이 연구의 결과에 대한 간접적인 응답입니다. "분석에 따르면 머신 러닝 프레임워크에 대한 개발자의 요구 사항은 단순히 API에 대한 도움에 그치지 않고, 조금 더 근본적으로 머신 러닝 자체에 대한 기본 개념을 이해하고 적용하는 것에 대한 가이드를 원합니다."[1]

〈구글 브레인 팀에게 배우는 딥러닝 with TensorFlow.js〉는 딥러닝 이론과 TensorFlow.js로 만든 자바스크립트 실전 예제를 함께 포함하고 있습니다. 이 책은 머신 러닝 경험이나 수학 지식이 없는 자바스크립트 개발자 또는 자바스크립트 생태계로 영역을 확장하고 싶은 머신 러닝 기술자에게 훌륭한 자료입니다. 이 책은 케라스 창시자인 프랑소와 숄레(François Chollet)가 쓴 가장 인기 있는 머신 러닝 책 중 하나인 〈케라스 창시자에게 배우는 딥러닝〉의 형식을 따릅니다. 프랑소와 숄레의 책 〈케라스 창시자에게 배우는 딥러닝〉을 확장하여 자바스크립트가 제공하는 고유한

---

1   C. Cai and P. Guo, (2019) "Software Developers Learning Machine Learning: Motivations, Hurdles, and Desires," IEEE Symposium on Visual Languages and Human-Centric Computing, 2019.

성질인 상호 작용성, 이식성, 온-디바이스 컴퓨팅을 바탕으로 놀라운 성과를 이루어 냈습니다. 이 책은 머신 러닝의 핵심 개념을 다루지만 텍스트 번역, 생성 모델, 강화 학습 같은 최신의 머신 러닝 주제를 지나치지 않습니다. 머신 러닝 실전 배포에 풍부한 경험을 가진 기술자가 작성한 실제 애플리케이션에 머신 러닝 모델을 배포하는 방법에 대한 실용적인 조언도 제공합니다. 이 책의 예제는 자바스크립트 생태계의 고유한 장점을 보여 주는 인터랙티브한 데모입니다. 모든 코드는 오픈 소스이므로 온라인에서 살펴보고 복사할 수 있습니다.

이 책은 머신 러닝을 배우길 원하고 자바스크립트를 주요 언어로 사용하는 독자에게 믿을 수 있는 자료입니다. 머신 러닝과 자바스크립트의 최전선에 있는 이 책에서 유용한 개념을 배우고 자바스크립트 머신 러닝을 향한 알차고 흥미로운 여행이 되기를 바랍니다.

니킬 소랫(nikhil thorat)과 다니엘 스밀코프(daniel smilkov)

deeplearn.js 창시자이자 TensorFlow.js의 기술 리더

최근 기술 역사에서 가장 중요한 사건은 아마도 2012년 이후에 신경망 능력이 폭발적으로 증가한 사실일 것입니다. 레이블된 데이터셋의 증가, 컴퓨팅 파워 증가, 알고리즘 혁신이 함께 모여 임계점에 도달한 순간이었습니다. 그때부터 심층 신경망이 이전에 해결하지 못한 작업을 해결하고 다른 작업에서는 정확도를 높였습니다. 이로 인해 신경망은 학술 연구를 넘어 음성 인식, 이미지 레이블링, 생성 모델, 추천 시스템 등과 같은 실용적인 애플리케이션으로 퍼졌습니다.

이것이 구글 브레인 팀에서 TensorFlow.js 개발을 시작한 배경입니다. 이 프로젝트가 시작되었을 때 많은 사람이 자바스크립트로 딥러닝하는 것을 때때로 새롭고 눈속임하는 것과 같이 재미있는 것으로 여겼지만, 진지하게 생각하지는 않았습니다. 파이썬에는 이미 잘 구축되고 강력한 딥러닝 프레임워크가 여러 개 있었지만, 자바스크립트 머신 러닝 세계는 나뉘어져 있고 불완전했습니다. 그 당시 사용 가능한 일부 자바스크립트 라이브러리는 대부분 다른 언어(보통 파이썬)로 훈련된 모델을 배포하는 것만 지원했습니다. 처음부터 모델을 만들고 훈련할 수 있는 소수의 라이브러리는 지원하는 모델 종류가 제한적이었습니다. 자바스크립트의 인기와 클라이언트, 서버를 가리지 않는 사용성을 고려하면 이런 상황은 이상했습니다.

TensorFlow.js는 자바스크립트에서 신경망을 다루는 데 필요한 완전한 기능을 갖춘, 업계 품질 수준에 맞는 최초의 라이브러리입니다. 이 라이브러리가 제공하는 기능은 여러 방면에 걸쳐 있습니다. 첫째, 수치에서 텍스트, 오디오에서 이미지까지 다양한 종류의 데이터 타입에 적합한 광범위한 신경망 층을 지원합니다. 둘째, 추론을 위해 사전 훈련된 모델을 로딩하거나, 사전 훈련된 모델을 미세 튜닝하거나, 처음부터 모델을 만들고 훈련하는 API를 제공합니다. 셋째, 이미 잘 구축되어 있는 층을 사용하려는 기술자를 위해 케라스와 유사한 고수준 API를 제공하고, 새로운 알고리즘을 구현하려는 사람들을 위해 텐서플로와 유사한 저수준 API를 모두 제공합니다. 마지막으로, 웹 브라우저, 서버(Node.js), 모바일(예를 들면 리액트 네이티브와 위챗(WeChat)), 데스크톱(일렉트론(Electron))과 같이 다양한 환경과 하드웨어 종류에서 실행할 수 있도록 설계되었습니다. TensorFlow.js의 다양한 기능에 더해서 더 큰 텐서플로/케라스 생태계의 일부분으로 우선적으로 통합되어 있습니다. 특히 파이썬 라이브러리와의 API 일관성과 모델 포맷의 양방향 호환성이 그렇습니다.

여러분이 손에 든 이 책이 이런 다방면의 기능을 모두 둘러볼 수 있도록 안내할 것입니다. 주로 첫 번째 방향(모델링 작업)을 따라가는 경로를 선택했지만, 다른 면도 둘러볼 수 있게 내용을 풍부하게 구성했습니다. 숫자에서 숫자를 예측하는 비교적 간단한 작업(회귀)에서 시작하여 이미지와 시퀀스에서 클래스를 예측하는 것과 같이 더 복잡한 작업까지 둘러봅니다. 마지막으로, 신경망을 사용해 새로운 이미지를 생성하고 에이전트를 훈련하여 결정을 내리는 것(강화 학습)과 같이 흥미로운 주제를 둘러보는 것으로 마칩니다.

TensorFlow.js로 프로그래밍하는 방법에 대한 연습용 책뿐만 아니라 자바스크립트와 웹 개발자를 위한 머신 러닝 기초를 다루는 입문서로 이 책을 썼습니다. 딥러닝 분야는 빠르게 발전하고 있습니다. 우리는 수학 공식을 사용하지 않더라도 머신 러닝을 잘 이해할 수 있다고 믿습니다. 이를 통해 향후 이 분야의 최신 기술을 습득할 수 있을 것입니다.

이 책을 통해 성장하고 있는 자바스크립트 머신 러닝 기술자 커뮤니티의 일원이 되는 첫걸음을 내디뎠습니다. 자바스크립트와 딥러닝의 교차점에 있는 기술자들은 이미 많은 영향력을 가진 애플리케이션을 만들었습니다. 이 책이 여러분의 창의성과 독창성에 불을 붙이길 희망합니다.

샨칭 차이(Shanqing Cai), 스탠 바일시(Stan Bileschi), 에릭 닐슨(Eric Nielsen)

2019년 9월

매사추세츠주 캠브리지에서

이 책은 전반적인 구조에 대해 프랑소와 숄레의 〈케라스 창시자에게 배우는 딥러닝〉 책을 토대로 합니다. 다른 언어로 코드를 재작성했고, 이 분야의 새로운 발전을 반영하고 자바스크립트 생태계를 위해 많은 새로운 내용이 추가되었습니다. 하지만 프랑소와가 이끄는 케라스가 없었다면, 이 책이나 TensorFlow.js의 전체 고수준 API는 현실이 되지 못했을 것입니다.

구글 TensorFlow.js 팀 동료들의 놀라운 지원 덕분에 이 책과 관련된 모든 코드를 완성하기까지의 여정이 즐겁고 만족스러웠습니다. 저수준 WebGL 커널과 역전파에 대한 Daniel Smilkov와 Nikhil Thorat의 중요한 기초 작업이 모델 구축과 훈련을 위한 견고한 기반을 마련했습니다. Node.js를 TensorFlow C 라이브러리에 바인딩하는 Nick Kreeger의 작업 덕분에 동일한 코드로 브라우저와 Node.js에서 신경망을 실행할 수 있습니다. David Soergel과 Kangyi의 TensorFlow.js 데이터 API 덕분에 이 책의 6장이 탄생했습니다. 7장은 Yannick Assogba의 시각화 작업 덕분입니다. 11장에서 설명하는 성능 최적화 기술은 텐서플로와의 연산 수준의 인터페이스에 대한 Ping Yu의 작업이 없었다면 불가능했을 것입니다. 책에 있는 예제의 속도는 Ann Yuan의 성능 최적화 작업이 없었다면 오늘날만큼 빠르지 않았을 것입니다. Sarah Sirajuddin, Sandeep Gupta, Brijesh Krishnaswami의 리더십은 TensorFlow.js 프로젝트의 전체적인 장기간 성공에 매우 중요합니다.

이 책의 모든 장을 세심하게 리뷰해준 D. Sculley의 지원과 격려가 없었다면 이 여정을 완주하지 못했을 것입니다. Fernanda Viegas, Martin Wattenberg, Hal Abelson과 구글의 많은 동료가 보내준 격려도 정말 감사합니다. François Chollet, Nikhil Thorat, Daniel Smilkov, Jamie Smith, Brian K. Lee, Augustus Odena의 자세한 리뷰와 Suharsh Sivakumar와의 심도 있는 토론 덕분에 글과 콘텐츠가 크게 향상되었습니다.

TensorFlow.js 같은 프로젝트에서 일하는 즐거움 중 하나는 전 세계의 오픈 소스 커뮤니티와 함께 일하고 상호 작용할 수 있는 기회입니다. TensorFlow.js는 Manraj Singh, Kai Sasaki, Josh Gartman, Sasha Illarionov, David Sanders, syt123450@과 그 외 많은 다른 사람을 포함해 재능 있고 추진력 있는 기여자 그룹을 가진 것이 행운입니다. 이 라이브러리에 대한 그들의 끊임없는 노력이 라이브러리의 기능을 확장하고 품질을 향상시켰습니다. Manraj Singh는 3장에서 사용한 피싱 감지 예제에도 기여했습니다.

매닝출판사의 편집 팀에게 감사드립니다. Brian Sawyer, Jennifer Stout, Rebecca Rinehart, Mehmed Pasic과 그 외 많은 다른 사람의 헌신적이고 지칠 줄 모르는 노력 덕분에 글을 쓰는 데 만 집중할 수 있었습니다. Marc-Philip Huget는 개발 과정 전체에 걸쳐 광범위하고 예리한 기술 리뷰를 제공해 주었습니다. 더 나은 책을 만드는 데 도움이 되는 제안을 해 준 리뷰어 Alain Lompo, Andreas Refsgaard, Buu Nguyen, David DiMaria, Edin Kapic, Edwin Kwok, Eoghan O'Donnell, Evan Wallace, George thomas, Giuliano Bertoti, Jason Hales, Marcio Nicolau, Michael Wall, Paulo Nuin, Pietro Maffi, Polina Keselman, Prabhuti Prakash, Ryan Burrows, Satej Sahu, Suresh Rangarajulu, Ursin Stauss, Vaijanath에게도 정말 감사드립니다.

많은 오탈자와 기술 오류를 찾아내고 알려 준 MEAP 독자들에게 감사합니다.

마지막으로, 가족의 엄청난 이해와 희생이 없었다면 모든 것이 불가능했을 것입니다.

"책을 집필하는 1년 동안 도움과 지원을 아끼지 않은 아내 웨이와 양가 부모님에게 깊은 감사를 표합니다."

– 샨칭 차이

"과학과 공학 분야에서 성공적인 경력을 쌓을 수 있는 기반을 제공하고 방향을 제시해 준 부모님과 양부모님에게 감사드립니다. 또한, 사랑과 지원을 보내 준 아내 콘스탄스에게도 감사합니다."

– 스탠 바일시

"친구들과 가족에게 감사 인사를 전합니다."

– 에릭 닐슨

"머신 러닝을 어떻게 공부해야 하나요?", "딥러닝을 배우려면 무엇부터 시작해야 하나요?"라는 질문을 종종 받습니다. 사실 제가 이 질문에 대한 현명한 대답을 가지고 있을 리가 만무합니다. 유클리드의 '공부에는 왕도가 없다'라는 말 뒤에 숨는 게 최선의 선택입니다. 검색 엔진에서 '머신 러닝 엔지니어가 되기 위해 배워야 할 것'과 같은 글을 찾아볼 수 있습니다. 또 유명한 온라인 강좌, 튜토리얼, 예제, 논문 구현 등을 모아 놓은 블로그나 깃허브 저장소도 많습니다.

좋은 가이드가 있더라도 나와 맞지 않다면 따라가기는 쉽지 않습니다. 혹시 우리가 이런 가이드나 커리큘럼을 쫓는 것은 아마도 무언가를 '잘' 알기보다는 무언가를 '빨리' 알고 싶은 욕구 때문 아닐까요? 속도는 경제적인 측면의 미래 보상을 예상하는 대표적인 척도가 되어 버렸습니다. 자신도 모르는 사이에 이 기준을 너무 신뢰하거나 남용하는 것은 아닐까요?

잘 알려진 책이나 유명 논문이 아니더라도 좋은 지식을 얻을 수 있는 곳은 많습니다. 서점에서 우연히 펼쳐 들었던 책에서 평소 이해하기 힘들었던 손실 함수에 대한 통찰을 얻을 수도 있습니다. 많은 책과 블로그가 다양한 시각으로 문제를 해석하고 설명합니다. 그중 자신의 마음을 확 끌어당길 무언가를 찾으려면 어느 정도 랜덤한 탐색을 수행해야 합니다. SGD가 그렇듯이, 이 과정을 반복하다 보면 각자 다르겠지만 머신 러닝 공부의 엔트로피를 최소화하는 자신만의 최적점에 도달하리라 믿습니다.

좋은 책을 써 준 저자들에게 감사합니다. 책을 번역하면서 TensorFlow.js에 대해 잘 알게 되었습니다. 또 딥러닝이 데스크톱을 넘어서 모바일, 브라우저, 엣지 디바이스에까지 적용되는 것을 실감합니다. 텐서플로 같은 라이브러리가 소프트웨어 엔지니어와 딥러닝 연구자 사이의 경계를 허물었다면, TensorFlow.js는 자바스크립트 개발자와 딥러닝 기술자 사이를 잇는 다리와 같습니다. 자바스크립트로 웹 브라우저와 서버에서 머신 러닝 모델을 훈련하고 배포할 수 있으며 텐서플로 생태계에서 제공하는 많은 모델을 불러와 사용할 수 있습니다. 더 이상 무엇을 기다릴 필요가 없죠!

베타 리뷰에 참여해 주신 박윤서, 이동훈, 이승표, 강찬석 님께 감사드립니다. 항상 좋은 책을 믿고 맡겨 주시는 길벗출판사와 늦어진 번역을 이해해 주신 안윤경 팀장님께 감사드립니다. 항상 격려해 주시는 니트머스 김용재 대표님께 감사합니다. 언제나 명랑한 우리 가족 주연이와 진우에게 고맙다는 말을 전하고 싶습니다.

이 책의 정오표는 블로그(https://bit.ly/tfjs-book)에 등록해 놓겠습니다. 책을 보기 전에 꼭 확인해 주세요. 번역서의 모든 코드는 깃허브(https://bit.ly/tfjs-git)에서 주피터 노트북으로 제공합니다. 또한, 책에 있는 예제의 온라인 데모(https://bit.ly/tfjs-demo)도 제공합니다. 이 책에 관한 이야기라면 무엇이든 환영합니다. 언제든지 블로그나 이메일로 알려 주세요.

2022년 2월

박해선

## 누구를 위한 책인가

웹 프런트엔드 개발이나 Node.js 기반 백엔드 개발 경험을 바탕으로 자바스크립트에 대한 실무 지식을 가지고 있으며 딥러닝 세계로 모험을 떠나고 싶은 프로그래머를 위해 이 책을 썼습니다. 이 책의 목표는 다음 두 그룹에 해당하는 독자들의 학습 요구를 만족시키는 것입니다.

- 머신 러닝이나 수학적 배경지식이 거의 또는 전혀 없지만 분류와 회귀 같은 일반적인 데이터 과학 문제를 해결하기 위한 딥러닝 워크플로를 이해하고 딥러닝의 작동 방식을 알고 싶은 자바스크립트 프로그래머
- 사전 훈련된 모델을 웹 앱이나 백엔드 스택에 새로운 기능으로 배포하는 작업을 담당하는 웹 또는 Node.js 개발자

첫 번째 그룹의 독자를 위해 이 책은 재미있는 자바스크립트 코드 예제를 사용해 머신 러닝과 딥러닝의 기본 개념을 기초부터 소개합니다. 수학 대신에 그림, 의사 코드, 구체적인 예제를 사용해 딥러닝 작동 방식의 기초를 직관적이지만 확고하게 이해할 수 있도록 돕습니다.

두 번째 그룹의 독자를 위해 기존 모델(예를 들면 파이썬에서 훈련된 모델)을 프런트엔드나 Node.js 스택에 배포하기 위해 웹 또는 Node.js 호환 포맷으로 변환하는 주요 단계를 다룹니다. 모델 크기와 성능 최적화 같은 실용적인 측면은 물론 서버에서 브라우저 확장 프로그램, 모바일 앱까지 다양한 배포 환경에 대한 고려 사항을 강조합니다.

이 책은 모든 독자를 위해 데이터 주입과 포매팅, 모델 구축과 로딩 그리고 추론, 평가, 훈련을 실행하기 위한 TensorFlow.js API를 깊게 다룹니다.

마지막으로, 자바스크립트나 다른 언어로 정기적인 코딩을 하지는 않지만 기술적인 마인드가 있는 사람에게도 이 책이 기초 및 고급 신경망을 위한 입문서로 유용할 것입니다.

## 책의 구성: 로드맵

이 책은 네 부분으로 구성되어 있습니다. 1장만 포함된 1부는 인공 지능, 머신 러닝, 딥러닝에 대한 전체 그림을 제시하고 자바스크립트로 딥러닝을 하는 것이 왜 의미 있는지 소개합니다.

2부는 딥러닝에서 가장 기초적이고 자주 등장하는 개념을 소개합니다.

- 2장과 3장은 머신 러닝을 소개합니다. 2장은 직선을 훈련하여 한 숫자에서 다른 숫자를 예측하는 간단한 문제(선형 회귀)를 다루고, 이를 사용해 역전파(딥러닝의 엔진)의 작동 방식을 설명합니다. 2장을 토대로 3장은 비선형성, 다층 신경망, 분류 작업을 소개합니다. 3장에서 비선형성이 무엇인지, 왜 비선형성이 심층 신경망의 표현 능력을 높이는지 이해할 수 있습니다.
- 4장은 이미지 데이터와 이미지에 관련된 머신 러닝 문제를 해결하기 위한 신경망 구조인 합성곱 신경망을 다룹니다. 오디오 입력을 예로 들어 합성곱이 이미지 외에 다른 입력에도 사용되는 일반적인 방법인 이유를 보입니다.
- 5장은 계속해서 합성곱과 이미지 입력에 초점을 맞춥니다. 하지만 전이 학습으로 주제를 옮깁니다. 전이 학습은 처음부터 시작하지 않고 기존 모델을 기반으로 새로운 모델을 훈련하는 방법입니다.

3부는 최신 기술을 이해하고 싶은 독자를 위해 딥러닝의 고급 주제를 체계적으로 다룹니다. 이와 함께 머신 러닝 시스템의 도전적인 영역과 이를 해결하기 위한 TensorFlow.js 도구에 초점을 맞춥니다.

- 6장은 딥러닝에서 데이터를 다루는 기술을 설명합니다.
- 7장은 모든 딥러닝 워크플로에서 중요하고 필수적인 단계인 데이터 시각화와 모델 시각화에 대한 기술을 보여 줍니다.
- 8장은 딥러닝에서 중요한 주제인 과소적합과 과대적합, 그리고 이를 분석하고 완화하기 위한 기술에 초점을 맞춥니다. 이런 논의를 통해 지금까지 이 책에서 배운 것을 '머신 러닝의 보편적인 워크플로'라는 레시피로 압축합니다. 이 장은 9~11장에서 고급 신경망 구조와 문제를 다루기 위한 준비 작업입니다.
- 9장은 시퀀스 데이터와 텍스트 입력을 처리하는 심층 신경망에 집중합니다.
- 10장과 11장은 고급 딥러닝 영역인 (생성적 적대 신경망을 포함한) 생성 모델과 강화 학습을 각각 다룹니다.

4부에서는 훈련하거나 TensorFlow.js로 변환된 모델의 테스트, 최적화, 배포 기술을 다룹니다 (12장). 그리고 가장 중요한 개념과 워크플로를 요약하는 것으로 전체 책을 마무리합니다(13장).

각 장의 끝에서는 배운 내용을 잘 이해하는지 평가하고 실습을 통해 TensorFlow.js의 딥러닝 기술을 연마하는 데 도움이 되는 연습 문제를 제공합니다.

인공 지능을 처음으로 학습하는 데 필요한 전체적인 기술을 잘 설명하고 있어서, 꼭 TensorFlow.js를 학습하기 위한 목적이 아니더라도 좋은 책이라고 생각합니다. 기본 원리를 잘 학습하면, 다양한 오픈 소스 중에서 사용하는 메서드만 알면 구현할 수 있기 때문에 이 책이 개념을 정리하고 방향성을 정립하는 데 특히 많은 도움이 될 것입니다.

TensorFlow.js가 웹 환경으로 동작하기 때문에 모델을 학습할 때 불편하지 않을까 생각할 수도 있습니다. 책에서 다루는 예제는 거의 모든 딥러닝 책에서 사용하는 보스턴 집 값, iris, mnist 등을 사용하여 실습합니다. 그리고 예제를 실습하면서 일반 딥러닝 책처럼 모든 원리를 이야기합니다.

책을 읽으면서 TensorFlow.js의 많은 장점을 알게 되었는데, 자원의 분산을 통해 비용을 줄일 수 있고, 서비스 측면에서 동적인 화면의 데이터(실시간으로 변하는 이미지, 영상 등)를 실시간으로 식별해 분석하는 기능 등 기존의 딥러닝 접근 방식과는 다소 차별화된 아이디어를 얻을 수 있습니다.

특히 박해선 번역가님이 다양한 책을 번역하고 집필한 경험이 있어 이런 지식을 바탕으로 매우 자연스럽게 번역되어 있습니다. 또한, 번역서에만 제공되는 별도의 실습 코드(깃허브)와 데모 사이트도 정성이 느껴집니다.

- **실습 환경** macOS Monterey 12.1

**박윤서_스타트업**

처음에는 '자바스크립트로 과연 인공 지능을 만들 수 있을까?'란 생각이 들었고 많이 어렵지 않을까 했는데, 책에 나온 설명을 하나하나 따라 해보니 쉽게 모델을 만들고 서비스를 개발할 수 있었습니다. TensorFlow.js라는 낯선 라이브러리를 차근차근 친절하게 가르쳐줘서 어렵지 않게 배울 수 있습니다. 유명한 인공 지능 모델을 TensorFlow.js에서는 어떻게 구현하는지 알려주고, 이를 활용한 간단한 프로젝트도 후반부에서 다루기 때문에 실제로 응용하는 능력도 기를 수 있어 좋습니다. 전체적으로 인공 지능에 대한 기본 지식을 점검하면서 TensorFlow.js로 활용하는 형태로 진행하므로 인공 지능에 대한 이론을 적게 알고 있는 사람도 접근이 가능할 만한 도서라고 생각합니다.

- **실습 환경** Windows 10, node 14.17.6, npm 6.14.15

**이동훈_대학생**

이제 머신 러닝을 TensorFlow.js로 간단한 변환 과정을 거쳐 자바스크립트로도 할 수 있게 되었습니다. 애플의 Core ML이나 구글의 ML Ki처럼 클라이언트에서 머신 러닝 모델을 실행하는 것이 넓혀지고 있는 가운데, TensorFlow.js를 사용해 강력한 머신 러닝 모델을 브라우저에서 바로 사용할 수 있게 된 것입니다.

이 책을 통해 제공되는 예제들은 직접 웹에서 바로 실행해 테스트해볼 수 있습니다. 따라서 눈으로 직접 브라우저에서 머신 러닝이 진행되는 과정을 보며 학습하는 것이 이해하기 쉽고 도움이 많이 되었습니다. 책을 읽다 막히는 내용이 있다면, 책에서 제공하는 브라우저에서 동작하는 예제들을 실행해보고 훈련 과정들을 눈으로 익힌 후에 다시 학습함으로써 충분히 이해할 수 있을 것이라 생각합니다.

- **실습 환경** Windows 10 Pro, NodeJS v16.13.2, tfjs-node-gpu@3.13.0, cuda-toolkit 11.6, cudnn 8.3.2.44, 그래픽 카드 Geforce RTX 2060 SUPER

**이승표_아이덴티티게임즈**

원론적인 코드 설명 외에도 기본적인 딥러닝 개념들이 잘 기술되어 있어 해당 내용을 처음 접하는 독자에게도 많은 도움이 될 것 같습니다. 더불어 파이썬으로만 개발한다고 생각하는 텐서플로를 영상 처리, 음성, 강화 학습에 대한 다양한 예시를 통해 웹 브라우저에서도 직접 학습시키고 추론해볼 수 있는 기회를 제공해서 이를 실제 응용해보고자 하는 사람들에게 좋은 가이드가 될 것이라 생각합니다.

- **실습 환경** Ubuntu 20.04 LTS, node.js v17.4

**강찬석_LG전자**

## 예제 파일 내려받기

책에서 사용하는 예제 파일은 길벗출판사 웹 사이트에서 도서 이름으로 검색하여 내려받거나 깃허브에서 내려받을 수 있습니다.

- **길벗출판사 웹 사이트**: http://www.gilbut.co.kr
- **길벗출판사 깃허브**: https://github.com/gilbutITbook/080237
- **역자 깃허브**: https://github.com/rickiepark/deep-learning-with-javascript

## 예제 파일 구조 및 참고 사항

boston-housing

cart-pole

chrome-extensio

⋮

- 책의 모든 예제 코드는 TensorFlow.js 3.8.0과 그 이상에서 호환됩니다.
- TensorFlow.js 3.8.0에서 테스트했습니다.
- 실습 주제별 폴더로 구분되어 있습니다.
- 실행 방법은 실습 주제별 실행 과정 설명과 2장 및 부록을 참고합니다.
- 클릭 한 번으로 확인 가능한 번역서 데모 사이트(http://ml-ko.kr/tfjs/)에서 온라인으로 실행할 수도 있습니다.

# 1부  동기 부여와 기본 개념

## 1장  딥러닝과 자바스크립트 ····· 31

### 1.1 인공 지능, 머신 러닝, 신경망 그리고 딥러닝  34
1.1.1 인공 지능  34
1.1.2 전통적인 프로그래밍과 머신 러닝의 차이점  35
1.1.3 신경망과 딥러닝  40
1.1.4 왜 딥러닝인가? 왜 지금인가?  45

### 1.2 왜 자바스크립트와 머신 러닝을 합쳐야 하나요?  47
1.2.1 Node.js를 사용한 딥러닝  53
1.2.2 자바스크립트 생태계  54

### 1.3 왜 TensorFlow.js인가?  56
1.3.1 TensorFlow, Keras, TensorFlow.js에 대한 간략한 역사  56
1.3.2 TensorFlow.js를 선택하는 이유: 비슷한 라이브러리와의 간략한 비교  61
1.3.3 전 세계에서 TensorFlow.js가 어떻게 사용되고 있나요?  62
1.3.4 이 책이 TensorFlow.js에 대해 가르쳐 줄 것과 그렇지 않은 것  63

### 1.4 연습 문제  64

### 1.5 요약  65


# 2부  TensorFlow.js 소개

## 2장  TensorFlow.js 시작하기: 간단한 선형 회귀 ····· 67

### 2.1 예제 1: TensorFlow.js를 사용해 다운로드 시간 예측하기  68
2.1.1 프로젝트 개요: 소요 시간 예측  69
2.1.2 코드와 콘솔의 상호 작용 안내  70
2.1.3 데이터 생성과 포매팅  71
2.1.4 간단한 모델 정의하기  75
2.1.5 훈련 데이터에서 모델 훈련하기  78

2.1.6 훈련된 모델을 사용해 예측 만들기  81
2.1.7 첫 번째 예제 요약  82

## 2.2 Model.fit( ) 내부: 예제 1의 경사 하강법 분석  83
2.2.1 경사 하강법 최적화 이해하기  83
2.2.2 역전파: 경사 하강법 내부  90

## 2.3 여러 입력 특성을 가진 선형 회귀  94
2.3.1 보스턴 주택 데이터셋  95
2.3.2 깃허브에서 보스턴 주택 프로젝트를 가져와 실행하기  96
2.3.3 보스턴 주택 데이터 얻기  98
2.3.4 보스턴 주택 문제를 정확하게 정의하기  99
2.3.5 데이터 정규화  101
2.3.6 보스턴 주택 데이터에서 선형 회귀 훈련하기  105

## 2.4 모델 해석 방법  110
2.4.1 학습된 가중치에서 의미 추출하기  110
2.4.2 모델에서 가중치 추출하기  112
2.4.3 모델 해석 가능성에 대한 주의 사항  113

## 2.5 연습 문제  114

## 2.6 요약  115

## 3장  비선형성 추가: 가중치 합을 넘어서 ····· 117

## 3.1 비선형성과 그 필요성  118
3.1.1 신경망의 비선형성에 대한 직관 기르기  121
3.1.2 하이퍼파라미터 최적화  129

## 3.2 출력층의 비선형성: 분류를 위한 모델  132
3.2.1 이진 분류  132
3.2.2 이진 분류기의 품질 측정: 정밀도, 재현율, 정확도, ROC 곡선  137
3.2.3 ROC 곡선: 이진 분류의 균형 관계 확인하기  140
3.2.4 이진 크로스 엔트로피: 이진 분류를 위한 손실 함수  145

**3.3 다중 분류   148**
    3.3.1 범주형 데이터의 원-핫 인코딩   149
    3.3.2 소프트맥스 활성화 함수   152
    3.3.3 범주형 크로스 엔트로피: 다중 분류를 위한 손실 함수   154
    3.3.4 오차 행렬: 다중 분류를 상세하게 분석하기   156

**3.4 연습 문제   158**

**3.5 요약   159**


**4장   합성곱 신경망을 사용해 이미지와 사운드 인식하기** ····· 161

**4.1 벡터에서 텐서로 이미지 표현하기   162**
    4.1.1 MNIST 데이터셋   164

**4.2 첫 번째 합성곱 신경망   164**
    4.2.1 conv2d 층   167
    4.2.2 maxPooling2d 층   171
    4.2.3 합성곱과 풀링의 반복   173
    4.2.4 flatten 층과 밀집 층   174
    4.2.5 합성곱 신경망 훈련하기   176
    4.2.6 합성곱 신경망을 사용해 예측하기   181

**4.3 브라우저를 넘어서: Node.js로 모델 훈련 속도 높이기   185**
    4.3.1 tfjs-node 사용하기   185
    4.3.2 Node.js에서 모델을 저장하고 브라우저에서 불러오기   191

**4.4 음성 인식: 합성곱 신경망을 오디오 데이터에 적용하기   194**
    4.4.1 스펙트로그램: 사운드를 이미지로 표현하기   195

**4.5 연습 문제   200**

**4.6 요약   201**

## 5장 전이 학습: 사전 훈련된 신경망 재사용하기 ···· 203

**5.1 전이 학습: 사전 훈련된 모델을  재사용하기  204**

5.1.1 출력 크기가 같은 전이 학습: 동결 층  206

5.1.2 출력 크기가 같지 않은 전이 학습: 베이스 모델의 출력을 사용해 새로운 모델 만들기  213

5.1.3 미세 튜닝을 통해 전이 학습을 최대로 활용하기: 오디오 예제  227

**5.2 합성곱 신경망에서 전이 학습을 통한 객체 탐지  239**

5.2.1 합성된 장면을 기반으로 한 간단한 객체 탐지 문제  241

5.2.2 간단한 객체 탐지 자세히 알아보기  242

**5.3 연습 문제  250**

**5.4 요약  252**


## 3부 TensorFlow.js를 사용한 고급 딥러닝

## 6장 데이터 다루기 ···· 255

**6.1 tf.data를 사용해 데이터 관리하기  257**

6.1.1 tf.data.Dataset 객체  258

6.1.2 tf.data.Dataset 만들기  258

6.1.3 데이터셋에서 데이터 가져오기  264

6.1.4 tfjs-data 데이터셋 다루기  265

**6.2 model.fitDataset으로 모델 훈련하기  270**

**6.3 데이터 추출의 일반적인 패턴  276**

6.3.1 CSV 데이터 다루기  276

6.3.2 tf.data.webcam()을 사용해 비디오 데이터 가져오기  282

6.3.3 tf.data.microphone()을 사용해 오디오 데이터 가져오기  286

**6.4 데이터에 있는 문제 처리하기  288**

6.4.1 데이터 이론  289

6.4.2 데이터 문제를 감지하고 처리하기  293

6.5 데이터 증식 **301**

6.6 연습 문제 **303**

6.7 요약 **304**


**7장 데이터와 모델 시각화** ···· 307

7.1 **데이터 시각화 308**
　7.1.1 tfjs-vis를 사용해 데이터 시각화하기 309
　7.1.2 통합 사례 연구: tfjs-vis를 사용한 날씨 데이터 시각화 318

7.2 **훈련된 모델 시각화 323**
　7.2.1 합성곱 신경망의 내부 활성화 값 시각화하기 325
　7.2.2 합성곱 층을 최대로 활성화하는 이미지 시각화하기 329
　7.2.3 합성곱 분류 결과에 대한 시각적 해석 333

7.3 **추가 자료 335**

7.4 **연습 문제 336**

7.5 **요약 337**


**8장 과소적합, 과대적합과 머신 러닝의 일반적인 워크플로** ···· 339

8.1 **온도 예측 문제 구성 340**

8.2 **과소적합, 과대적합 그리고 해결책 345**
　8.2.1 과소적합 345
　8.2.2 과대적합 348
　8.2.3 가중치 규제로 과대적합 감소하고 시각화하기 349

8.3 **머신 러닝의 일반적인 워크플로 355**

8.4 **연습 문제 359**

8.5 **요약 359**

## 9장  시퀀스와 텍스트를 위한 딥러닝 ···· 361

### 9.1 두 번째 날씨 예측: RNN 소개  363
9.1.1 밀집 층이 순서를 모델링하지 못하는 이유  363
9.1.2 RNN이 순서를 모델링하는 방법  365

### 9.2 텍스트를 위한 딥러닝 모델 만들기  376
9.2.1 머신 러닝에서의 텍스트 표현 방법: 원-핫 인코딩과 멀티-핫 인코딩  377
9.2.2 감성 분석 문제를 위한 첫 번째 모델  379
9.2.3 더 효율적인 단어 표현: 단어 임베딩  381
9.2.4 1D 합성곱 신경망  383

### 9.3 어텐션 메커니즘을 사용한 시퀀스-투-시퀀스 작업  392
9.3.1 시퀀스-투-시퀀스 작업 정의  393
9.3.2 인코더-디코더 구조와 어텐션 메커니즘  396
9.3.3 어텐션 기반의 인코더-디코더 모델 자세히 알아보기  399

### 9.4 추가 자료  404

### 9.5 연습 문제  405

### 9.6 요약  406

## 10장  생성적 딥러닝 ···· 409

### 10.1 LSTM을 사용해 텍스트 생성하기  411
10.1.1 다음 문자 예측기: 간단하게 텍스트를 생성하는 방법  411
10.1.2 LSTM 텍스트 생성 예제  413
10.1.3 온도: 생성된 텍스트의 무작위성 조절하기  418

### 10.2 변이형 오토인코더: 이미지를 위한 효율적이고 구조적인 벡터 표현 찾기  421
10.2.1 오토인코더와 VAE: 기본 아이디어  421
10.2.2 VAE 예제: 패션 MNIST  425

**10.3 GAN으로 이미지 생성하기  433**

10.3.1 GAN의 기본 아이디어  434

10.3.2 ACGAN의 구성 요소  437

10.3.3 ACGAN 훈련 자세히 알아보기  441

10.3.4 MNIST ACGAN 훈련과 이미지 생성  444

**10.4 추가 자료  447**

**10.5 연습 문제  448**

**10.6 요약  449**

**11장  심층 강화 학습** ···· 451

**11.1 강화 학습 문제 정의  453**

**11.2 정책 네트워크와 정책 그레이디언트: 카트–막대 예제  456**

11.2.1 카트–막대 강화 학습 문제  457

11.2.2 정책 네트워크  459

11.2.3 정책 네트워크 훈련하기: REINFORCE 알고리즘  462

**11.3 가치 네트워크와 Q-러닝: 스네이크 게임 예제  470**

11.3.1 강화 학습 문제로서의 스네이크 게임  470

11.3.2 마르코프 결정 과정과 Q–가치  474

11.3.3 심층 Q–네트워크  478

11.3.4 심층 Q–네트워크 훈련하기  481

**11.4 추가 자료  493**

**11.5 연습 문제  494**

**11.6 요약  496**

## 4부  정리와 마무리 멘트

## 12장  모델 테스트, 최적화, 배포 ····· 499

### 12.1  TensorFlow.js 모델 테스트하기  500
12.1.1 전통적인 단위 테스트  502
12.1.2 골든 값으로 테스트하기  505
12.1.3 지속적인 훈련 고려 사항  507

### 12.2  모델 최적화  509
12.2.1 훈련 후 가중치 양자화를 통한 모델 크기 최적화  509
12.2.2 GraphModel 변환을 사용한 추론 속도 최적화  517

### 12.3  다양한 플랫폼과 환경에 TensorFlow.js 모델 배포하기  522
12.3.1 웹에 배포할 때 추가적인 고려 사항  523
12.3.2 클라우드 서비스에 배포  524
12.3.3 크롬 확장 같은 브라우저 확장 프로그램으로 배포하기  526
12.3.4 자바스크립트 기반 모바일 애플리케이션에 TensorFlow.js 모델 배포하기  528
12.3.5 자바스크립트 기반 크로스 플랫폼 데스크톱 애플리케이션에 TensorFlow.js 모델 배포하기  530
12.3.6 위챗과 다른 자바스크립트 기반 모바일 앱 플러그인 시스템에 TensorFlow.js 모델 배포하기  533
12.3.7 단일 보드 컴퓨터에 TensorFlow.js 모델 배포하기  534
12.3.8 배포 방식 정리  536

### 12.4  추가 자료  536
### 12.5  연습 문제  537
### 12.6  요약  538

## 13장  정리, 결론 그리고 그 외 사항 ····· 541

### 13.1  검토할 주요 개념  542
13.1.1 AI, 머신 러닝, 딥러닝  542
13.1.2 머신 러닝 중에서 딥러닝이 독보적인 이유  543
13.1.3 딥러닝에 대한 고수준의 소개  544
13.1.4 딥러닝을 가능하게 한 핵심 기술  545
13.1.5 자바스크립트에서 딥러닝으로 가능한 애플리케이션과 기회  546

**13.2 딥러닝 워크플로와 TensorFlow.js 소개  547**
13.2.1 지도 학습 딥러닝의 일반적인 워크플로  547
13.2.2 TensorFlow.js의 모델과 층  549
13.2.3 TensorFlow.js에서 사전 훈련된 모델 사용하기  555
13.2.4 딥러닝의 가능성  558
13.2.5 딥러닝의 한계  560

**13.3 딥러닝 트렌드  563**

**13.4 추가 학습을 위한 안내  565**
13.4.1 캐글에서 실전 머신 러닝 문제 연습하기  565
13.4.2 아카이브에서 최신 개발 논문 읽기  566
13.4.3 TensorFlow.js 생태계  566

**맺음말  568**

**부록 A** 실습 환경 설정 ···· 569

**부록 B** tfjs-node-gpu와 필수 라이브러리 설치 ···· 575

**B.1 리눅스에서 tfjs-node-gpu 설치하기  576**
**B.2 윈도에서 tfjs-node-gpu 설치하기  580**

**부록 C** TensorFlow.js 텐서와 연산 튜토리얼 ···· 583

**C.1 텐서 생성과 텐서 축 규칙  584**
C.1.1 스칼라(랭크-0 텐서)  585
C.1.2 tensor1d(랭크-1 텐서)  587
C.1.3 tensor2d(랭크-2 텐서)  588
C.1.4 랭크-3과 고차원 텐서  590
C.1.5 데이터 배치 개념  591

C.1.6 실제 텐서 예시  592

C.1.7 텐서 버퍼에서 텐서 만들기  594

C.1.8 값이 0인 텐서와 값이 1인 텐서 만들기  596

C.1.9 랜덤한 값을 가진 텐서 만들기  596

**C.2 기본 텐서 연산  598**

C.2.1 단항 연산  599

C.2.2 이진 연산  602

C.2.3 텐서 연결과 슬라이싱  602

**C.3 TensorFlow.js의 메모리 관리: tf.dispose()와 tf.tidy()  606**

**C.4 그레이디언트 계산  610**

**C.5 연습 문제  613**

**부록 D 용어 사전** ····· 615

**찾아보기  630**

# 제 1 부

# 동기 부여와
# 기본 개념

1부는 나머지 장의 배경이 될 기본 개념을 안내하는 하나의 장으로 구성됩니다. 인공 지능(artificial intelligence), 머신 러닝(machine learning), 딥러닝(deep learning)과 이들 사이의 관계에 대한 내용을 담고 있습니다. 1장은 자바스크립트(JavaScript)로 딥러닝을 실행하는 가치와 잠재력을 설명합니다.

# 1<sup>장</sup>

# 딥러닝과
# 자바스크립트

1.1 인공 지능, 머신 러닝, 신경망 그리고 딥러닝

1.2 왜 자바스크립트와 머신 러닝을 합쳐야 하나요?

1.3 왜 TensorFlow.js인가?

1.4 연습 문제

1.5 요약

> **이 장에서 다룰 핵심 내용**
>
> - 딥러닝이 무엇이며, 인공 지능(AI)이나 머신 러닝과 어떤 관계가 있는지 알아봅니다.
> - 다양한 머신 러닝 기술 중에서 딥러닝이 부각된 이유와 현재 '딥러닝 혁명'을 이끈 요인을 소개합니다.
> - TensorFlow.js를 사용해 자바스크립트로 딥러닝을 수행하는 이유를 설명합니다.
> - 이 책의 전체 구성을 알아봅니다.

인공 지능(AI)에 대한 모든 소문은 그만한 이유가 있습니다. 이른바 딥러닝 혁명이 정말 일어났기 때문입니다. **딥러닝 혁명**은 2012년에 시작된 심층 신경망(deep neural network)의 속도와 기술의 급격한 발전을 의미합니다. 그리고 이 발전은 현재도 진행 중입니다. 그 이후로 심층 신경망이 점점 더 광범위한 문제에 적용되어 어떤 경우에는 기계가 이전에 풀지 못했던 문제를 해결하며, 또 어떤 경우에는 솔루션의 정확도를 극적으로 향상시킵니다(표 1-1 참조). AI 전문가에게는 이런 신경망(neural network)의 많은 혁신이 놀랍습니다. 또 신경망을 사용하는 엔지니어에게는 이런 발전이 만든 기회가 자극제가 됩니다.

❤ 표 1-1 2012년 딥러닝 혁명이 시작된 이래로 딥러닝 기술을 사용하여 정확도가 크게 향상된 작업의 예. 이 목록은 전체가 아니며, 이와 같은 발전의 속도는 의심의 여지없이 앞으로 수년 수개월 동안 유지될 것이다.

| 머신 러닝 작업 | 대표적인 딥러닝 기술 | 이 책에서 TensorFlow.js를 사용해 비슷한 작업을 수행하는 부분 |
| --- | --- | --- |
| 이미지 콘텐츠 분류 | ResNet[1], Inception[2]과 같은 심층 합성곱 신경망(deep convolutional neural network, convnet)이 ImageNet 분류 작업의 에러율을 25%(2011년)에서 5% 이하(2017년)로 낮추었습니다.[3] | MNIST에서 합성곱 신경망(convolutional neural network) 훈련하기(4장), Mobile Net 추론과 전이 학습(5장) |
| 객체와 이미지 위치 추정(localization) | 여러 심층 합성곱 신경망[4]이 위치 추정 에러율을 0.33(2012년)에서 0.06(2017년)으로 낮추었습니다. | TensorFlow.js로 YOLO 실행하기(5.2절) |
| 한 언어를 다른 언어로 번역하기 | 구글 신경망 기계 번역(Google's Neural Machine Translation, GNMT)은 가장 뛰어난 전통적인 기계 번역 기술에 비해 번역 에러율을 최대 60%까지 줄였습니다.[5] | 장단기 메모리(Long Short-Term Memory, LSTM) 기반의 어텐션 메커니즘(attention mechanism)을 사용한 시퀀스-투-시퀀스(sequence-to-sequence) 모델(9장) |
| 많은 어휘를 가진 연속적인 음성 인식 | LSTM 기반의 인코더-어텐션-디코더(encoder-attention-decoder) 구조가 딥러닝을 사용하지 않은 최고의 음성 인식 시스템보다 낮은 단어 오류율(word error rate)을 달성했습니다.[6] | 어텐션 기반의 LSTM으로 작은 규모의 어휘를 가진 음성 인식하기(9장) |

◐ 계속

---

1   Kaiming He et al., "Deep Residual Learning for Image Recognition," Proc. IEEE Conference Computer Vision and Pattern Recognition (CVPR), 2016, pp. 770–778, http://mng.bz/PO5P.

2   Christian Szegedy et al., "Going Deeper with Convolutions," Proc. IEEE Conference Computer Vision and Pattern Recognition (CVPR), 2015, pp. 1–9, http://mng.bz/JzGv.

3   Large Scale Visual Recognition Challenge 2017 (ILSVRC2017) results, http://image-net.org/challenges/LSVRC/2017/results.

4   Yunpeng Chen et al., "Dual Path Networks," https://arxiv.org/pdf/1707.01629.pdf.

5   Yonghui Wu et al., "Google's Neural Machine Translation System: Bridging the Gap between Human and Machine Translation," submitted 26 Sept. 2016, https://arxiv.org/abs/1609.08144.

6   Chung-Cheng Chiu et al., "State-of-the-Art Speech Recognition with Sequence-to-Sequence Models," submitted 5 Dec. 2017, https://arxiv.org/abs/1712.01769.

| 머신 러닝 작업 | 대표적인 딥러닝 기술 | 이 책에서 TensorFlow.js를 사용해 비슷한 작업을 수행하는 부분 |
| --- | --- | --- |
| 실제 같은 이미지 생성 | 생성적 적대 신경망(Generative Adversarial Network, GAN)이 훈련 데이터를 바탕으로 실제 같은 이미지를 생성할 수 있습니다(https://github.com/junyanz/CycleGAN 참고). | 변이형 오토인코더(Variational Auto Encoder, VAE)와 GAN을 사용해 이미지 생성하기(10장) |
| 음악 작곡 | 순환 신경망(Recurrent Neural Network, RNN)과 변이형 오토인코더는 새로운 악보와 연주를 생성할 수 있습니다(https://magenta.tensorflow.org/demos 참조). | LSTM을 훈련하여 텍스트 생성하기(9장) |
| 게임 플레이 배우기 | 딥러닝과 강화 학습(Reinforcement Learning, RL)을 연결하면 원시 픽셀만 입력으로 받아 간단한 아타리(Atari) 게임을 플레이하는 방법을 배울 수 있습니다.[7] 딥러닝과 몬테 카를로 트리 검색(Monte Carlo tree search)을 연결하여 알파제로(Alpha-Zero)는 자기 자신과 바둑을 두는 것만으로 사람의 수준을 뛰어넘었습니다.[8] | 강화 학습을 사용해 카트-폴(cart-pole) 제어 문제와 스네이크(snake) 비디오 게임 해결하기(11장) |
| 의료 영상을 사용한 질병 진단 | 심층 합성곱 신경망은 환자의 망막 이미지를 기반으로 당뇨성 망막병증을 진단하는데, 숙련된 안과 의사와 비교할 만큼 전문적이고 민감합니다.[9] | 사전 훈련된 MobileNet 이미지 모델을 사용한 전이 학습(5장) |

자바스크립트는 전통적으로 웹 UI와 (Node.js를 사용해) 백엔드(backend) 비즈니스 로직을 만드는 데 사용된 언어입니다. 자바스크립트로 아이디어를 표현하고 창의성을 발휘하는 사람이라면 파이썬, R, C++ 같은 언어의 독점적인 영역처럼 보이는 딥러닝 혁명에서 약간 소외감을 느낄지 모르겠습니다. 이 책의 목표는 TensorFlow.js라는 자바스크립트 딥러닝 라이브러리를 통해 딥러닝과 자바스크립트를 연결하는 것입니다. 이를 통해 여러분과 같은 자바스크립트 개발자가 새로운 언어를 배우지 않고도 심층 신경망 작성 방법을 배울 수 있습니다. 무엇보다도 딥러닝과 자바스크립트를 떼어뜨려 생각할 수 없다고 믿습니다.

---

7　Volodymyr Mnih et al., "Playing Atari with Deep Reinforcement Learning," NIPS Deep Learning Workshop 2013, https://arxiv.org/abs/1312.5602.

8　David Silver et al., "Mastering Chess and Shogi by Self-Play with a General Reinforcement Learning Algorithm," submitted 5 Dec. 2017, https://arxiv.org/abs/1712.01815.

9　Varun Gulshan et al., "Development and Validation of a Deep Learning Algorithm for Detection of Diabetic Retinopathy in Retinal Fundus Photographs," JAMA, vol. 316, no. 22, 2016, pp. 2402–2410, http://mng.bz/wlDQ.

두 영역의 교류는 다른 프로그래밍 언어에서는 불가능한 독특한 기회를 만들 것입니다. 자바스크립트와 딥러닝 양쪽 모두 해당됩니다. 자바스크립트를 사용하면 딥러닝 애플리케이션이 더 많은 플랫폼에서 실행되고 더 많은 고객에게 다가갈 수 있으며, 조금 더 시각적이고 인터랙티브해질 수 있습니다. 딥러닝을 통해 자바스크립트 개발자는 웹 애플리케이션을 조금 더 지능적으로 만들 수 있습니다. 이 장의 뒷부분에서 어떻게 만드는지 설명하겠습니다.

표 1-1은 지금까지 딥러닝 혁명에서 본 가장 흥미로운 성과를 나열한 것입니다. 책에서는 이 중에서 여러 애플리케이션을 선택하여 TensorFlow.js로 구현하는 방법에 대한 예제를 완전하거나 간소화된 형태로 만듭니다. 이런 예제는 이어지는 장에서 자세히 다루겠습니다. 즉, 혁신을 감탄하는 데 그치지 않습니다. 자바스크립트로 딥러닝을 배우고, 이해하고, 구현할 수 있습니다.

하지만 흥미진진한 딥러닝 실습 예제를 시작하기 전에 인공 지능, 딥러닝, 신경망과 관련된 필수 개념을 소개할 필요가 있습니다.

# 1.1 / 인공 지능, 머신 러닝, 신경망 그리고 딥러닝

**인공 지능, 머신 러닝, 신경망, 딥러닝**은 관련이 있지만 서로 다른 것입니다. 눈부신 인공 지능 분야에 적응하려면 이런 용어가 의미하는 것을 이해해야 합니다. 용어를 정의하고 용어 간의 관계를 알아보겠습니다.

## 1.1.1 인공 지능

그림 1-1의 벤 다이어그램(venn diagram)에서 볼 수 있듯이 인공 지능은 광범위한 분야입니다. 이 분야를 간략하게 정의하면 '일반적으로 사람이 수행하는 지능적인 작업을 자동화하려는 노력'입니다. 따라서 인공 지능은 머신 러닝, 신경망, 딥러닝을 포함합니다. 하지만 머신 러닝과 다른 많은 방법도 포함합니다. 예를 들어 초기 체스 프로그램은 프로그래머가 고안한 하드 코딩(hard-coding)된 규칙을 사용했습니다. 이런 프로그램은 머신 러닝으로 간주되지 않습니다. 왜냐하면

데이터에서 학습하여 문제를 풀기 위한 전략을 탐색하는 대신에 문제 해결을 위해 명시적으로 프로그래밍되었기 때문입니다. 오랫동안 많은 전문가가 지식 처리와 의사 결정을 위해 명시적인 규칙을 충분히 많이 만든다면 사람 수준의 인공 지능이 달성될 수 있다고 믿었습니다. 이런 접근 방법을 **심볼릭 AI**(symbolic AI)라고 하며, 1950년대에서 1980년대 후반까지 인공 지능의 주된 패러다임이었습니다.[10]

▼ 그림 1-1 인공 지능, 머신 러닝, 신경망, 딥러닝 사이의 관계. 벤 다이어그램에서 나타나 있듯이 머신 러닝은 인공 지능의 하위 분야다. 심볼릭 AI 같은 인공 지능의 일부 분야는 머신 러닝과 다른 방법을 사용하며, 신경망은 머신 러닝의 하위 분야다. 결정 트리 (decision tree)와 같이 신경망이 아닌 머신 러닝 기술이 있는데, 딥러닝은 '얕은' 신경망(적은 개수의 층을 가진 신경망) 대신 '심층' 신경망(많은 개수의 층을 가진 신경망)을 만들고 적용하는 과학이자 예술 분야다.

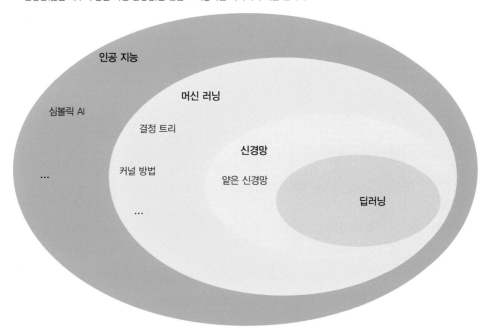

## 1.1.2 전통적인 프로그래밍과 머신 러닝의 차이점

심볼릭 AI와 뚜렷이 구분되는 인공 지능의 하위 분야인 머신 러닝은 다음과 같은 질문에서 시작됩니다. 특정 작업을 수행하도록 프로그래머가 알고 있는 프로그래밍 방법 이상으로 컴퓨터가 스스로 학습할 수 있을까요? 머신 러닝 방법은 근본적으로 심볼릭 AI와 다릅니다. 심볼릭 AI가 하드

---

10 심볼릭 AI의 한 종류는 전문가 시스템(expert system)입니다. 이에 대한 자세한 정보는 브리태니커 백과사전을 참고하세요(http://mng.bz/7zmy).

코딩된 지식과 규칙에 의존하지만 머신 러닝은 이런 하드 코딩을 피하려고 합니다. 따라서 기계가 작업 수행 방법을 명시적으로 지시받지 않는다면 어떻게 이를 배울 수 있을까요? 바로 데이터에 있는 샘플에서 배웁니다.

이는 새로운 프로그래밍 패러다임을 열었습니다(그림 1-2). 머신 러닝 패러다임의 예를 들기 위해 사용자가 업로드한 사진을 다루는 웹 애플리케이션을 만든다고 가정해 보죠. 이 애플리케이션에 필요한 기능은 사람 얼굴이 포함된 사진과 그렇지 않은 사진을 자동으로 분류하는 것입니다. 이 애플리케이션은 얼굴이 포함된 이미지와 그렇지 않은 이미지에 대해 다른 행동을 적용할 것입니다. 이를 위해 주어진 입력 이미지(픽셀의 배열)에 대해 '얼굴' 또는 '얼굴 아님'에 해당하는 이진 출력을 내는 프로그램을 만들어야 합니다.

▼ 그림 1-2 전통적인 프로그래밍 패러다임과 머신 러닝 패러다임의 비교

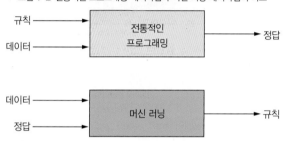

사람은 이런 일을 눈 깜짝할 사이에 처리할 수 있습니다. 유전적으로 연결된 뇌의 뉴런과 삶의 경험을 통해 이런 일을 할 수 있습니다. 하지만 똑똑하거나 경험이 많은 프로그래머라도 이미지에 사람 얼굴이 있는지 정확하게 결정하는 일련의 규칙을 (사람이 컴퓨터와 통신하기 위한 유일하면서 실용적인 방법인) 프로그래밍 언어로 작성하기는 힘듭니다. 얼굴, 눈, 입 같은 타원 윤곽을 감지하기 위해 픽셀의 RGB(빨간색-녹색-파란색) 값을 가지고 계산하는 코드를 작성하고 윤곽 사이의 기하학적 관계에 대한 경험적인 규칙을 고안하기 위해 며칠을 보낼 수 있습니다. 하지만 이런 노력은 정의하기 힘든 매개변수와 임의로 선택한 로직으로 가득 차 있다는 사실을 곧 느낄 것입니다. 더 중요한 것은 잘 동작하지 않습니다![11] 실제 이미지에서 나타나는 얼굴의 크기, 모양, 세부 요소의 무수한 다양성 때문에 찾아낸 규칙들은 금방 부족하게 될 것입니다. 얼굴 표정, 헤어 스타일, 피부색, 방향, 가려진 부분이 있는지 여부, 안경, 조명 조건, 배경에 있는 물체 등이 고려되어야 합니다.

---

11 사실 이런 접근 방법이 전에 시도된 적이 있으며 잘 동작하지 않았습니다. 다음 서베이(survey) 논문은 딥러닝이 등장하기 전에 사용한 얼굴 감지를 위한 수동 규칙을 보여 주는 좋은 예입니다. Erik Hjelmås and Boon Kee Low, "Face Detection: A Survey," Computer Vision and Image Understanding, Sept. 2001, pp. 236-274, http://mng.bz/m4d2.

머신 러닝 패러다임에서는 이런 작업을 위해 수작업으로 규칙을 만들 필요가 없습니다. 대신 얼굴이 있는 이미지와 그렇지 않은 이미지를 모읍니다. 그러고 나서 각 이미지에 대해 (올바른) 사람 얼굴이 있거나 없다는 정답을 준비합니다. 이 정답을 **레이블**(label)이라 부릅니다. 이는 처리하기 훨씬 쉬운 (사실 간단한) 작업입니다. 이미지가 많으면 레이블을 지정하는 데 시간이 좀 걸리겠지만, 여러 사람이 나누어서 동시에 처리할 수 있습니다. 레이블된 이미지가 준비되면 머신 러닝을 적용하여 기계가 스스로 일련의 규칙을 찾을 수 있습니다. 올바른 머신 러닝 기술을 사용하면 99% 이상의 정확도로 얼굴 사진을 찾을 수 있는 일련의 규칙을 훈련할 수 있습니다. 수작업으로 만든 규칙으로 달성할 수 있는 정확도보다 훨씬 높습니다.

앞의 예에서 머신 러닝은 복잡한 문제 해결을 위한 규칙 탐색을 자동화하는 과정으로 볼 수 있습니다. 이런 자동화는 사람이 직관적으로 규칙을 알고 데이터에 쉽게 레이블을 부여할 수 있는 얼굴 감지 같은 문제에 도움이 됩니다. 어떤 문제에서는 직관적으로 규칙을 알기 어렵습니다. 예를 들어 웹 페이지 내용과 광고 콘텐츠, 시간과 장소 같은 다른 정보가 주어졌을 때 사용자가 웹 페이지의 광고를 클릭할지 예측하는 문제를 생각해 보죠. 누구도 일반적으로 이런 문제에 대해 정확히 예측하는 방법을 알지 못합니다. 만약 안다고 해도 시간과 표시되는 페이지 콘텐츠, 광고의 변화에 따라 패턴이 바뀔 것입니다. 하지만 광고 전송 기록에서 레이블된 훈련 데이터를 얻을 수 있습니다. 데이터와 레이블이 있다면 이와 같은 문제에는 머신 러닝이 잘 맞습니다.

그림 1-3에 머신 러닝의 단계가 자세히 나타나 있습니다. 두 개의 중요한 단계가 있습니다. 첫 번째는 **훈련 단계**입니다. 이 단계는 데이터와 정답을 받습니다. 이 둘을 합쳐 **훈련 데이터**(training data)라고 부릅니다. 입력 데이터와 정답의 각 쌍을 **샘플**(example)[12]이라고 부릅니다. 샘플을 사용해 훈련 과정에서 자동으로 **규칙**(rule)을 찾습니다. 자동으로 규칙을 찾지만 완전히 밑바닥부터 찾는 것은 아닙니다. 다른 말로 하면, 머신 러닝 알고리즘은 규칙 탐색에 창의적이지 않습니다. 엔지니어는 훈련 초기에 규칙에 대한 청사진을 제공합니다. 이 청사진은 **모델**(model)에 캡슐화되어 있으며 기계가 학습할 수 있는 규칙에 대한 **가설 공간**(hypothesis space)을 형성합니다. 가설 공간이 없으면 탐색할 규칙의 공간이 완전히 제약이 없고 무한하며, 제한된 시간 안에 좋은 규칙을 찾는 데 바람직하지 않습니다. 가능한 모델 종류와 현재 문제에 맞는 가장 좋은 모델을 선택하는 방법을 자세히 설명하겠습니다. 지금은 딥러닝 관점으로 보았을 때 신경망을 구성하는 층의 개수, 층의 종류, 층의 연결 방식에 따라 모델이 다양하다고 이해하는 것으로 충분합니다.

---

12 **역주** example을 '사례' 대신 이해하기 쉽게 '샘플'이라고 옮겼습니다.

▼ 그림 1-3 머신 러닝 패러다임을 그림 1-2보다 자세하게 나타낸 그림이다. 머신 러닝의 워크플로는 훈련과 추론 두 단계로 구성되는데, 훈련은 머신 러닝이 데이터를 정답으로 변환하는 규칙을 자동으로 찾는 단계. 훈련된 '모델'에 캡슐화된 학습 규칙은 훈련 단계의 결과물이고 추론 단계의 기초를 형성한다. 추론은 모델을 사용해 새로운 데이터에 대한 정답을 얻는 과정이다.

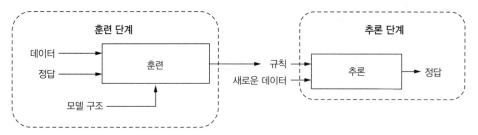

훈련 데이터와 모델 구조를 사용해 훈련 과정에서 학습된 규칙을 만들어 훈련 모델에 캡슐화합니다. 이 모델은 청사진을 받아 모델 출력을 원하는 입력에 가까워지도록 조금씩 수정(튜닝)합니다. 훈련 단계는 훈련 데이터의 양, 모델 구조의 복잡도, 하드웨어의 속도에 따라 밀리초 또는 여러 날이 걸릴 수 있습니다. 레이블된 데이터를 사용해 모델 출력의 에러를 점진적으로 줄여 가는 이런 종류의 머신 러닝을 **지도 학습**(supervised learning)[13]이라고 합니다. 이 책에서 다루는 대부분의 딥러닝 알고리즘은 지도 학습입니다. 모델을 훈련하고 나면 훈련 과정에서 본 적 없는 새로운 데이터에 학습된 규칙을 적용할 수 있습니다. 이 두 번째 단계가 **추론 단계**(inference phase)입니다. 추론 단계는 훈련 단계보다 많은 계산이 필요하지 않습니다. 그 이유는 1) 훈련은 모든 훈련 데이터를 처리하지만 추론은 일반적으로 한 번에 하나의 입력(예를 들면 하나의 이미지)을 사용하고, 2) 추론 단계에서는 모델이 수정될 필요가 없기 때문입니다.

## 데이터 표현 학습하기

머신 러닝은 데이터에서 학습하는 것입니다. 그렇다면 정확히 무엇을 학습하는 걸까요? 이에 대한 답은 데이터를 효과적으로 변환하는 방법입니다. 다른 말로 하면, 데이터의 이전 표현을 주어진 문제를 풀기 쉽게 만드는 새로운 표현으로 바꾸는 것입니다.

다음으로 넘어가기 전에 표현이란 무엇인지 알아보죠. 표현의 핵심은 데이터를 바라보는 방법입니다. 동일한 데이터를 다른 방법으로 바라볼 수 있고, 이는 다른 표현을 만듭니다. 예를 들어 컬러 이미지는 RGB 또는 HSV(색상-채도-명도)로 인코딩(encoding)됩니다. 여기에서 **인코딩** 또는 **표현**은 근본적으로 같은 것을 의미하며 구분하지 않고 사용할 수 있습니다. 같은 이미지이더라도

---

13 또 다른 스타일의 머신 러닝은 레이블되지 않은 데이터를 사용하는 비지도 학습(unsupervised learning)입니다. 비지도 학습의 예로는 (데이터셋에서 서로 구분되는 샘플의 부분 집합을 찾는) 군집(clustering)과 (훈련 세트에서 다른 샘플과 크게 다른 샘플을 찾는) 이상치 탐지(anomaly detection)가 있습니다.

다른 두 포맷으로 인코딩하면 픽셀을 나타내는 수치는 완전히 다릅니다. 표현이 다르면 다른 종류의 문제 해결에 유용합니다. 예를 들어 이미지에서 빨간색 영역을 모두 찾으려면 RGB 표현이 훨씬 유리합니다. 하지만 동일한 이미지에서 포화된 색 영역을 찾으려면 HSV 표현이 낫습니다. 예전 표현을 새로운 표현으로 바꾸는 적절한 변환을 찾는 것이 근본적으로 머신 러닝의 전부입니다. 새로운 표현은 이미지에서 자동차의 위치를 식별하거나 이미지에 고양이와 강아지가 포함되어 있는지 판단하는 것 같은 특정 문제를 해결하기 쉽게 만듭니다.

시각적인 예를 위해 흰색 점과 몇 개의 검은색 점을 평면에 그렸습니다(그림 1-4). 점의 2차원 좌표 (x, y)를 받아 검은색인지 흰색인지 예측하는 알고리즘을 만든다고 가정해 보죠.

- 입력 데이터는 점의 2차원 직교 좌표 (x, y)입니다.
- 출력은 예측한 점의 색상입니다(검은색 또는 흰색).

❤ 그림 1-4 머신 러닝의 표현 변환의 예. 그래프 A: 평면에 검은색과 흰색으로 구성된 데이터셋의 원본을 표현한다. 그래프 B, C: 두 개의 연속적인 변환 단계가 원본 표현을 색 분류 작업에 더 적합한 표현으로 바꾼다.

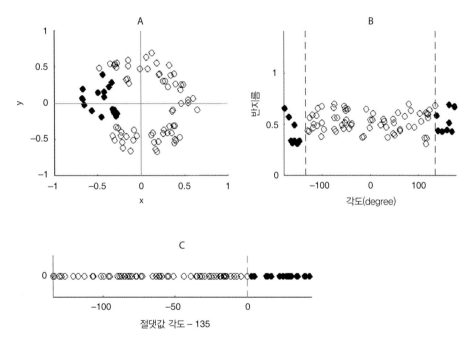

이 데이터는 그림 1-4의 그래프 A에서 한 패턴을 보여 줍니다. 기계가 어떻게 x, y 좌표를 바탕으로 점의 색상을 결정할까요? 흰색 점의 x 좌표 범위가 검은색 점의 x 좌표 범위와 겹치기 때문에 단순하게 x 좌표를 한 숫자와 비교할 수 없습니다! 비슷하게 y 좌표도 사용할 수 없습니다. 따라서 원본 표현은 검은색-흰색 분류 작업에 적합하지 않습니다.

더 직관적인 방법으로 두 색상을 나누는 새로운 표현이 필요합니다. 여기에서는 원본 직교 좌표 x-y 표현을 극 좌표계로 변환했습니다. 다른 말로 하면, 1) 원점과 점(그림 1-4의 그래프 A에 있는 샘플)을 연결한 직선과 x축이 만드는 각도와 2) 원점에서부터의 거리인 반지름입니다. 이렇게 변환하면, 그림 1-4의 그래프 B에 나타나 있듯이 동일한 데이터 집합의 새로운 표현이 만들어집니다. 이 표현에서는 검은색 점과 흰색 점이 전혀 겹쳐지지 않으므로 해당 작업에 더 잘 맞습니다. 하지만 새 표현은 (0과 같은) 어떤 임계값과 비교하여 간단히 검은색-흰색 분류를 할 수 없기 때문에 여전히 이상적이지 않습니다.

다행히 두 번째 변환을 적용해 이상적인 표현을 얻을 수 있습니다. 이 변환은 간단한 공식에 기반합니다.

$$( 절댓값\ 각도 ) - 135도$$

그래프 C에서 보듯이 만들어진 표현은 1차원입니다. 그래프 B에 있는 표현과 비교해 보면 원점까지의 거리에 관한 불필요한 정보를 삭제했습니다. 하지만 정말 간단하게 결정을 내릴 수 있는 완벽한 표현입니다.

$$if\ 표현의\ 값 < 0,\ 이\ 점을\ 흰색으로\ 분류합니다;$$
$$else,\ 점을\ 검은색으로\ 분류합니다$$

이 예에서 두 단계의 데이터 표현 변환을 수동으로 정의했습니다. 만약 정확히 분류된 점의 비율을 피드백으로 사용해 가능한 다른 좌표 변환을 자동으로 탐색한다면 머신 러닝을 하는 것입니다. 실제 머신 러닝 문제를 해결하기 위한 변환 단계의 수는 일반적으로 두 개보다 훨씬 많습니다. 특히 딥러닝에서는 수백 개가 될 수 있습니다. 또한, 실제 머신 러닝의 표현 변환의 종류는 간단한 이 예에서 본 것보다 훨씬 복잡합니다. 딥러닝 분야는 지속적으로 연구되고 있어서 더 정교하고 강력한 변환 방법을 발견합니다. 하지만 그림 1-4에 있는 예는 좋은 표현 탐색에 대한 핵심을 보여 줍니다. 이는 신경망, 결정 트리, 커널 방법 등을 포함하여 모든 머신 러닝 알고리즘에 적용됩니다.

### 1.1.3 신경망과 딥러닝

신경망은 머신 러닝의 하위 분야입니다. 신경망에서는 사람과 동물의 뇌에 있는 뉴런(neuron)의 연결 방식에서 살짝 영감을 받은 구조에 의해 데이터 표현이 변환됩니다. 뇌의 뉴런은 서로 어떻게 연결되어 있나요? 이는 동물마다 다르고 뇌의 영역에 따라 다릅니다. 자주 포착되는 뉴런의 연결 방식은 계층 조직입니다. 포유류 뇌의 많은 영역이 층 형태로 조직되어 있습니다. 망막, 대뇌피질, 소뇌피질 등이 여기에 해당합니다.

적어도 피상적으로 본다면, 이는 **인공 신경망**(artificial neural network)(컴퓨팅 분야에서는 간단히 신경망(neural network)이라고 부르며, 혼동될 위험은 거의 없습니다)의 일반적인 구조와 비슷합니다. 인공 신경망은 층(layer)이라 부르는 분리 가능한 여러 단계에서 데이터를 처리합니다. 이 층은 일반적으로 다른 층 위로 쌓이고 인접한 **층** 사이에만 연결되어 있습니다. 그림 1-5는 네 개의 층을 가진 간단한 (인공) 신경망을 보여 줍니다. 입력 데이터(이 경우는 이미지)가 (왼쪽에 있는) 첫 번째 층으로 주입되고 순차적으로 한 층에서 다음 층으로 흐릅니다. 각 층은 데이터 표현에 대해 새로운 변환을 적용합니다. 데이터가 층을 통과해 흘러감에 따라 표현은 점점 원본과 달라지고, 입력 이미지의 레이블을 정확하게 결정하려는 신경망의 목적에 가까워집니다. (오른쪽에 있는) 마지막 층이 신경망의 최종 출력을 만들며, 이것이 이미지 분류 작업의 결과입니다.

▼ 그림 1-5 층으로 구성된 신경망 다이어그램. 이 신경망은 손 글씨 숫자 이미지를 분류한다. 층 사이에서 원본 데이터의 중간 표현을 볼 수 있으며, 〈케라스 창시자에게 배우는 딥러닝〉(길벗, 2018)에서 가져왔다.

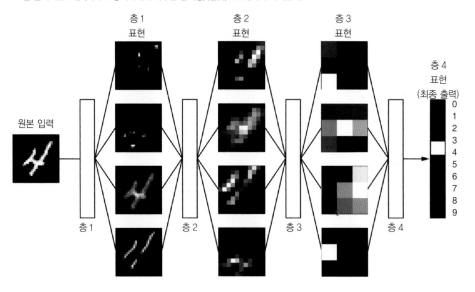

신경망의 층은 입력 값을 출력 값에 매핑하는 수학 함수와 비슷합니다. 하지만 신경망 층은 일반적으로 상태를 가진다는 점에서 순수한 수학 함수와 다릅니다. 다른 말로 하면, 내부에 메모리를 가지고 있습니다. 층의 메모리는 **가중치**(weight)에 저장됩니다. 가중치는 무엇일까요? 가중치는 단순히 층에 속한 숫자 값의 집합입니다. 입력 표현이 출력 표현으로 어떻게 변환될지를 세부적으로 제어합니다. 예를 들어 자주 사용되는 **밀집**(dense) 층은 입력 데이터에 한 행렬을 곱하고 이 행렬 곱셈의 결과에 한 벡터를 더합니다. 이 행렬과 벡터가 층의 가중치입니다. 신경망이 훈련 데이터를 사용해 훈련될 때 **손실 함수**(loss function)라 불리는 특정 값을 최소화하기 위해 체계적으로 가중치를 조정합니다. 손실 함수는 2장과 3장에서 구체적인 예제를 사용해 자세히 설명하겠습니다.

신경망이 뇌에서 영감을 받았지만, 이를 너무 사람처럼 생각해서는 안 됩니다. 신경망의 목적은 뇌의 동작 방식을 연구하거나 흉내 내는 것이 아닙니다. 이는 별도의 학문 분야인 신경과학(neuroscience)의 한 분야입니다. 신경망의 목적은 기계가 데이터로부터 학습해 실용적인 작업을 수행하도록 만드는 것입니다. 일부 신경망이 구조와 기능[14]적인 면에서 생물학적 뇌의 일부분과 닮았다는 사실은 정말 놀랍습니다. 이것이 우연인지는 아닌지는 이 책의 범위를 넘어섭니다. 어떤 경우에도 이런 유사성을 과장하여 받아들여서는 안 됩니다. 무엇보다도 뇌가 어떤 형태의 경사 하강법(gradient descent)을 사용해 학습한다는 증거는 없습니다. 경사 하강법은 신경망이 훈련되는 주요 방법입니다(다음 장에서 다루겠습니다). 딥러닝 혁명을 이끈 신경망의 중요한 많은 기술은 신경과학을 바탕으로 한 것이 아니라 실제 학습 문제를 더 빠르고 잘 해결하기 위해 고안되고 적용한 것입니다.

이제 신경망이 무엇인지 알았으므로 **딥러닝**을 살펴보죠. 딥러닝은 **심층 신경망**을 연구하고 적용하는 분야입니다. 심층 신경망은 간단하게 말해서 많은 층을 가진 신경망입니다(일반적으로 수십 개에서 수백 개의 층을 가집니다). 딥(deep)이란 단어는 표현 변환을 위한 연속된 층이 많다는 것을 의미합니다. 모델을 형성하는 층의 개수를 모델의 깊이라고 부릅니다. 이 분야에 대한 적절한 다른 이름은 '층별 표현 학습' 또는 '계층적 표현 학습'이 될 수 있습니다. 현대 딥러닝 모델은 종종 수십 개나 수백 개의 연속된 표현 층을 가집니다. 모든 층은 훈련 데이터를 통과시키면서 자동으로 학습됩니다. 한편 머신 러닝의 다른 방법들은 하나 또는 두 개의 표현 층을 학습하는 데 초점을 맞추는 경향이 있습니다. 이런 방법들을 이따금 **얕은 학습**(shallow learning)이라고 부릅니다.

딥러닝의 '딥'이 데이터에 대해 어떤 종류의 깊은 이해라고 생각하는 것은 오해입니다. 이는 M.C 에셔(Escher)[15]의 그림에 있는 모순과 자기참조, 혹은 '자유는 공짜가 아니다'[16] 같은 문장의 의미를 이해하는 것과 비슷합니다. 이런 종류의 '딥'은 인공 지능 연구자들에게 달성하기 어려운 목표로 남아 있습니다.[17] 미래에 딥러닝이 어떤 종류의 깊은 이해를 가져다줄 수 있지만, 신경망의 층을 추가하는 것보다는 정량화하거나 달성하기 훨씬 어려울 것입니다.

---

14 기능 유사성에 대한 설득력 있는 예는 합성곱 신경망의 다양한 층을 최대로 활성화하는 입력입니다(4장 참조). 사람의 시각 시스템에서 여러 부분에 있는 뉴런의 수용장(receptive field)과 많이 닮았습니다.

15 [역주] 마우리츠 코르넬리스 에셔(Maurits Cornelis Escher)는 네덜란드의 판화가로, 수학적인 논리를 바탕으로 반복과 순환 등을 표현한 것으로 유명합니다. 대표적인 작품 중 하나는 '상대성'(https://bit.ly/36V5GnY)입니다.

16 [역주] 원문은 'freedom is no free'입니다. free는 자유와 공짜라는 의미를 모두 갖고 있습니다.

17 Douglas Hofstadter, "The Shallowness of Google Translate," The Atlantic, 30 Jan. 2018, http://mng.bz/5AE1.

## INFO BOX 1.1 ≡    신경망 이외의 인기 있는 다른 머신 러닝 기술

그림 1–1의 벤 다이어그램에서 '머신 러닝' 동심원에서 '신경망' 동심원 안으로 바로 들어왔습니다. 하지만 신경망이 아닌 다른 머신 러닝 기술을 짧게 언급할 가치가 있습니다. 역사적인 이해를 도울 수 있을 뿐만 아니라 이런 기술을 사용한 코드를 만날 수 있기 때문입니다.

**나이브 베이즈 분류기**(naive Bayes classifier)는 초기 머신 러닝 형태 중 하나입니다. 간단하게 말해서 베이즈 정리(Bayes' theorem)는 1) 사건이 일어날 사전 확률(믿음)과 2) 사건에 관련된 관찰된 사실(**특성**(feature))이 주어졌을 때 이 사건의 확률을 추정하는 방법입니다. 이 정리는 관찰된 사실이 주어졌을 때 알려진 여러 카테고리 중에 가장 높은 확률(가능성)을 가진 카테고리로 관찰된 데이터 포인트를 분류하는 데 사용할 수 있습니다. 나이브 베이즈는 관찰된 사실이 상호 독립적이라는 가정을 기반으로 합니다(알고리즘 이름 그대로 강력하지만 순진한(naive) 가정입니다).

**로지스틱 회귀**(logistic regression, logreg)도 분류 알고리즘입니다. 간단하고 다재다능한 특징 때문에 여전히 인기가 높고 당면한 분류 문제를 가늠해 보기 위해 데이터 과학자가 첫 번째로 시도해 보는 알고리즘입니다.

**커널 방법**(kernel method)은 이진(binary)(즉, 두 개의 클래스) 분류 문제를 다루는 방법으로 원본 데이터를 고차원 공간으로 매핑하여 두 클래스 사이의 거리(**마진**(margin))를 최대화하는 변환을 찾습니다. 가장 잘 알려진 예로는 **서포트 벡터 머신**(Support Vector Machine, SVM)이 있습니다.

**결정 트리**(decision tree)는 플로차트(flowchart) 같은 구조로, 입력 데이터 포인트를 분류하거나 주어진 입력으로 출력 값을 예측합니다. 플로차트 각 단계마다 "특성 X가 어떤 임계값보다 큰가요?"와 같은 간단한 '예/아니요' 질문에 답을 합니다. '예' 또는 '아니요'라는 대답에 따라 또 다른 '예/아니요' 질문 두 개 중 하나를 선택하는 식으로 계속됩니다. 플로차트 끝에 도달하면 최종 답을 얻게 됩니다. 따라서 결정 트리는 사람이 이해하고 시각화하기 쉽습니다.

**랜덤 포레스트**(random forest)와 **그레이디언트 부스티드 머신**(gradient–boosted machine)은 많은 개수의 개별 결정 트리를 **앙상블**(ensemble)하여 결정 트리의 정확도를 높이는 방법입니다. 앙상블 또는 **앙상블 학습**(ensemble learning)은 개별 머신 러닝 모델의 묶음을 훈련하고 추론할 때 각 모델의 출력을 모아 사용하는 기술입니다. 오늘날 그레이디언트 부스팅은 지각에 관련되지 않은 데이터(예를 들어 신용 카드 부정 거래 탐지)를 다루는 데 최고는 아니더라도 가장 뛰어난 알고리즘 중 하나이며, 캐글(Kaggle)과 같은 데이터 과학 경연 대회에서 딥러닝과 함께 가장 많이 사용되는 기술 중 하나입니다.

## 신경망의 흥망성쇠와 그 이유

신경망의 핵심 아이디어는 1950년대 초에 형성되었습니다. 역전파(backpropagation)를 포함하여 신경망 훈련을 위한 주요 기술은 1980년대에 발명되었습니다. 하지만 1980년대부터 2010년대까지 긴 시간 동안 신경망은 연구 커뮤니티에서 거의 완전히 외면받았습니다. SVM 같은 경쟁 기법들이 인기가 높았고 (많은 층을 가진) 심층 신경망을 훈련시킬 능력이 부족했기 때문입니다. 2010년경에는 여전히 신경망을 연구하는 여러 사람들이 중요한 혁신을 만들어 내기 시작했습니다. 토론토 대학교의 제프리 힌튼(Geoffrey Hinton), 몬트리올 대학교의 요수아 벤지오(Yoshua Bengio), 뉴욕 대학교의 얀 르쿤(Yann LeCun)이 이끄는 그룹과 스위스에 있는 IDSIA(Dalle Molle Institute for

Artificial Intelligence Research)의 연구원들입니다. 이들 그룹은 GPU(Graphics Processing Unit)로 처음 실용적인 심층 신경망을 구현하고 ImageNet 컴퓨터 비전 대회에서 에러율을 25%에서 5% 이하로 낮추는 등 중요한 이정표를 달성했습니다.

2012년부터 심층 **합성곱 신경망**(convnets)은 모든 컴퓨터 비전 작업을 위한 필수 알고리즘이 되었고, 더 일반적으로 모든 지각에 관련된 작업에 적용할 수 있습니다. 컴퓨터 비전이 아닌 지각에 관련된 작업의 예로는 음성 인식이 있습니다. 2015년과 2016년의 주요 컴퓨터 비전 콘퍼런스에서는 어떤 형태로든 합성곱 신경망을 포함하지 않는 발표를 찾는 것이 거의 불가능했습니다. 동시에 딥러닝은 자연어 처리와 같은 다른 종류의 문제에도 많이 적용되었습니다. 광범위한 애플리케이션에서 SVM과 결정 트리를 완전히 대체했습니다. 예를 들어 수년간 CERN(European Organization for Nuclear Research)은 결정 트리 기반 방법을 사용하여 대형 강입자 충돌기(Large Hadron Collider)에서 ATLAS 검출기의 입자 데이터를 분석했습니다. 하지만 CERN은 결국 높은 성능과 대용량 데이터의 훈련 능력 때문에 심층 신경망으로 바꾸었습니다.

그렇다면 다양한 머신 러닝 알고리즘 중에서 딥러닝이 돋보이는 이유는 무엇일까요? (심층 신경망 이외의 인기 있는 머신 러닝 기술은 INFO BOX 1.1을 참조하세요.) 딥러닝이 빠르게 인기를 얻은 주된 이유는 많은 문제에서 더 나은 성능을 보여줬기 때문입니다. 하지만 이것이 유일한 이유는 아닙니다. 머신 러닝 워크플로에서 가장 중요하고 어려운 단계인 특성 공학(feature engineering)을 자동화하여 문제 해결을 훨씬 더 쉽게 만들기 때문입니다.

얕은 학습인 이전의 머신 러닝 기술은 일반적으로 고차원 비선형 투영(커널 방법)이나 결정 트리와 같은 간단한 변환을 통해 입력 데이터를 하나 또는 두 개의 연속적인 표현 공간으로 변환합니다. 하지만 복잡한 문제에서 요구하는 정제된 표현은 일반적으로 이러한 기술로 얻을 수 없습니다. 따라서 엔지니어는 초기 입력 데이터를 이런 방법으로 처리하기 쉽게 만들고자 많은 노력을 기울여야 했습니다. 즉, 데이터에 대한 좋은 표현을 수동으로 만들어야 합니다. 이것을 특성 공학이라고 합니다. 반면 딥러닝은 이런 단계를 자동화합니다. 딥러닝을 사용하면 특성을 직접 만들 필요가 없고 모든 특성을 한 번에 학습할 수 있습니다. 이는 머신 러닝 워크플로를 크게 간소화하고 정교한 다단계 파이프라인을 하나의 단순한 엔드-투-엔드 딥러닝 모델로 대체할 수 있습니다. 특성 공학 자동화를 통해 딥러닝은 머신 러닝을 덜 노동 집약적이고 더 강력하게 만듭니다.

딥러닝이 데이터에서 학습하는 방법의 두 가지 핵심적인 특징은 다음과 같습니다. 층을 거치면서 점점 더 복잡한 표현을 학습합니다. 그리고 이러한 중간 표현이 함께 학습된다는 사실입니다. 각 층은 위아래 층의 표현 요구 사항에 따라 함께 업데이트됩니다. 이 두 가지 속성이 머신 러닝에 대한 이전 방식보다 딥러닝을 훨씬 더 성공적으로 만들었습니다.

### 1.1.4 왜 딥러닝인가? 왜 지금인가?

신경망의 기본 아이디어와 핵심 기술이 이미 1980년대에 존재했다면 왜 딥러닝 혁명이 2012년 이후에 시작되었을까요? 그 20년 사이에 어떤 것이 변했을까요? 일반적으로 세 가지 기술이 머신 러닝의 발전을 이끕니다.

- 하드웨어
- 데이터셋과 벤치마크(benchmark)
- 알고리즘 발전

이 요인들을 하나씩 살펴보겠습니다.

**하드웨어**

딥러닝은 이론보다 실험 결과를 기반으로 하는 엔지니어링 과학입니다. 새로운 아이디어를 실험 하기 위해 (또는 종종 예전 아이디어를 확장하기 위해) 적절한 하드웨어를 사용할 수 있을 때만 알 고리즘 발전이 가능합니다. 컴퓨터 비전이나 음성 인식에서 사용하는 전형적인 딥러닝 모델은 노 트북에서 제공하는 것보다 훨씬 더 많은 계산 능력이 필요합니다.

2000년대에 NVIDIA와 AMD 같은 회사는 점점 더 사실적인 비디오 게임 그래픽을 위해 고속의 대규모 병렬 칩(chip)(GPU)을 개발하고자 수십억 달러를 투자했습니다. 이 칩은 실시간으로 화 면에 복잡한 3D 장면을 렌더링하기 위해 고안된 단일 목적의 저렴한 슈퍼컴퓨터입니다. 2007년 에 NIVIDA가 자사의 GPU 제품을 위한 범용 프로그래밍 인터페이스인 CUDA(Compute Unified Device Architecture)를 출시하면서 이 투자가 과학 커뮤니티에 도움을 주게 되었습니다. 적은 개수 의 GPU가 물리 모델링을 비롯한 고도의 병렬 애플리케이션에서 대규모 GPU 클러스터(cluster)를 대체하기 시작했습니다. 대부분 많은 행렬 곱셈과 덧셈으로 이루어진 심층 신경망도 병렬화 가능 성이 높습니다.

2011년 즈음에는 일부 연구자들이 신경망의 CUDA 구현을 만들기 시작했습니다. 댄 크리슨(Dan Ciresan)과 알렉스 크리제브스키(Alex Krizhevsky)가 여기에 해당합니다. 오늘날 고성능 GPU는 심 층 신경망을 훈련할 때 전형적인 CPU보다 수백 배 더 많은 병렬 컴퓨팅 성능을 제공할 수 있습니 다. 최신 CPU의 놀라운 계산 능력이 없다면 많은 최첨단 심층 신경망을 훈련하는 것은 불가능합 니다.

## 데이터셋과 벤치마크

하드웨어와 알고리즘이 딥러닝 혁명의 증기 기관이라면 데이터는 연료입니다. 지능적인 기계에 동력을 제공하는 원자재가 없다면 아무것도 가능하지 않습니다. 데이터에 관해 (무어의 법칙(Moore's law)을 따라) 지난 20년간 스토리지 하드웨어의 기하급수적인 발전과 더불어 머신 러닝을 위한 대규모 데이터셋을 수집하고 배포하는 것을 가능하게 만든 인터넷의 등장이 게임 체인저가 되었습니다. 오늘날 큰 회사들은 인터넷 없이는 수집하기 불가능한 이미지 데이터셋, 비디오 데이터셋, 자연어 처리 데이터셋을 사용합니다. 예를 들어 플리커(Flickr)에게는 사용자가 생성한 이미지 태그(tag)가 컴퓨터 비전을 위한 보물 같은 데이터입니다. 유튜브(YouTube) 비디오도 마찬가지입니다. 위키피디아(Wikipedia)는 자연어 처리의 주요 데이터셋입니다.

딥러닝의 부흥을 촉진시킨 한 데이터셋이 있다면, 그것은 바로 사람이 1,000개 카테고리로 분류한 140만 개의 이미지가 담긴 ImageNet입니다. ImageNet을 특별하게 만든 것은 단지 크기뿐만 아니라 이와 연계되어 매년 열린 경연 대회도 있습니다. 2010년부터 ImageNet과 캐글이 보여주었듯이, 공개 경쟁은 연구자와 엔지니어가 한계를 넘도록 동기를 부여하는 훌륭한 방법입니다. 연구자가 경쟁할 수 있는 공통 벤치마크가 있다는 것은 최근 딥러닝의 부흥에 큰 도움이 되었습니다.

## 알고리즘 발전

하드웨어와 데이터 외에도 2000년대 후반까지 매우 깊은 심층 신경망을 훈련하기 위한 안전한 방법을 몰랐습니다. 결과적으로 신경망은 한 개 또는 두 개의 표현 층만 사용해 여전히 상당히 얕았습니다. 따라서 SVM과 랜덤 포레스트 같은 더 세련된 얕은 학습에 비해 크게 빛을 발하지 못했습니다. 주요 문제는 깊게 쌓인 층을 통과해 그레이디언트를 전파하는 것이었습니다. 층의 개수가 늘어남에 따라 신경망을 훈련하기 위해 사용하는 피드백 신호가 희미해지기 때문입니다.

2009년에서 2010년 사이에 변화가 일어났습니다. 간단하지만 중요한 여러 알고리즘 개선이 등장하면서 그레이디언트를 더 잘 전파하게 되었습니다.

- 신경망 층을 위한 더 나은 활성화 함수(예를 들면 렐루(rectified linear unit, relu))
- 더 나은 가중치 초기화 방법(예를 들면 글로럿 초기화(Glorot initialization))
- 더 나은 최적화 방법(예를 들면 RMSProp와 ADAM 옵티마이저(optimizer))

이런 개선 사항으로 열 개 또는 그 이상의 층을 가진 모델을 훈련할 수 있을 때 딥러닝이 빛을 내기 시작했습니다. 결국 2014, 2015, 2016년에 배치 정규화(batch normalization), 잔차 연결(residual connection), 깊이별 분리 합성곱(depthwise separable convolution)과 같은 그레이디언트 전파를 돕는 더 고급화된 방법들이 개발되었습니다. 요즘에는 수천 개 층을 가진 모델을 처음부터 훈련할 수 있습니다.

# 1.2 왜 자바스크립트와 머신 러닝을 합쳐야 하나요?

인공 지능과 데이터 과학의 다른 분야처럼 머신 러닝은 일반적으로 파이썬, R과 같이 전통적으로 주로 백엔드(backend)에 사용되는 언어로 수행되어 웹 브라우저가 아닌 서버나 워크스테이션에서 실행됩니다.[18] 이런 현상은 놀라운 것은 아닙니다. 심층 신경망의 훈련은 종종 브라우저 탭에서는 직접 사용할 수 없는 멀티코어(multicore)와 GPU 가속 컴퓨팅이 필요합니다. 이런 모델을 훈련하기 위해 필요한 엄청난 양의 데이터는 백엔드에서 입력하는 것이 가장 편리합니다. 예를 들어 사실상 무제한 용량을 가진 네이티브(native) 파일 시스템을 사용합니다. 최근까지 많은 사람이 '자바스크립트에서 딥러닝'을 하는 것을 신선하게 생각했습니다. 이 절에서는 많은 애플리케이션에서 자바스크립트로 브라우저 환경에서 딥러닝을 수행하는 것이 현명한 선택인 이유를 제시하고, 특별히 TensorFlow.js를 사용해 딥러닝의 성능과 웹 브라우저를 결합하여 독창적인 애플리케이션을 만드는 방법을 설명하겠습니다.

먼저 머신 러닝 모델이 훈련되고 나면 (이미지와 텍스트를 분류하거나 오디오와 비디오 스트림에서 이벤트를 감지하는 등) 실전 데이터에서 예측을 만들기 위해 어딘가에 배포되어야 합니다. 배포하지 않는다면 모델 훈련은 컴퓨팅 성능의 낭비일 뿐입니다. 이 어딘가가 웹 프런트엔드(frontend)라는 것은 종종 바람직하거나 필수적입니다. 여러분은 전반적인 웹 브라우저의 중요성을 알 것입니다. 데스크톱과 노트북에서 인터넷의 콘텐츠와 서비스를 사용하는 데 있어 웹 브라우저는 독보적인 도구입니다. 데스크톱과 노트북 사용자는 웹 브라우저를 사용하는 데 대부분의 시간을 쓰며, 2위와도 차이가 큽니다. 사람들은 웹 브라우저를 사용해 매일 많은 일을 처리하고, 온라인 상태를 유지하고, 여가를 보냅니다. 웹 브라우저에서 실행되는 광범위한 애플리케이션은 클

---

18 Srishti Deoras, "Top 10 Programming Languages for Data Scientists to Learn in 2018," Analytics India Magazine, 25 Jan. 2018, http://mng.bz/6wrD.

라이언트 측 머신 러닝을 적용하기 위해 풍부한 기회를 제공합니다. 모바일 프런트엔드에서는 웹 브라우저가 사용자 참여나 소비 시간 측면에서 네이티브 모바일 앱보다 뒤처져 있습니다. 하지만 모바일 브라우저는 넓은 도달 범위, 즉각적인 접속, 빠른 개발 주기 때문에 고려해 볼 만한 도구입니다.[19] 사실 유연하고 사용하기 쉽기 때문에 트위터나 페이스북 같은 많은 모바일 앱은 특정 종류의 콘텐츠를 위해 자바스크립트가 구동되는 웹 뷰(web view)로 전환합니다.

넓은 도달률 때문에 모델이 기대하는 데이터 종류가 웹 브라우저에서 사용할 수 있는 한 웹 브라우저는 딥러닝 모델을 배포하기 위한 합리적인 선택입니다. 어떤 종류의 데이터를 웹 브라우저에서 사용할 수 있을까요? 이에 대한 대답은 "많다"입니다. 딥러닝에서 가장 인기 있는 애플리케이션인 이미지와 비디오에서 물체를 분류하거나 감지하기, 음성을 텍스트로 바꾸기, 언어 번역, 텍스트 콘텐츠 분석을 예로 들어 보죠. 웹 브라우저는 텍스트, 이미지, 오디오, 비디오 데이터를 표시하기 위한 (그리고 사용자 허락이 있다면 캡처를 위한) 가장 광범위한 기술과 API를 가지고 있습니다. 결과적으로 TensorFlow.js와 간단한 변환 과정을 거쳐 강력한 머신 러닝 모델을 브라우저에서 바로 사용할 수 있습니다. 책의 이후 장에서 브라우저에 딥러닝 모델을 배포하는 구체적인 예를 다루겠습니다. 예를 들어 웹캠에서 이미지를 캡처한 다음 TensorFlow.js를 사용해 MobileNet을 실행함으로써 물체에 레이블을 부여하고, YOLO2를 실행하여 감지된 물체 주변에 바운딩 박스(bounding box)를 그리고, Lipnet을 실행하여 입 모양을 읽거나 또는 CNN-LSTM 신경망을 실행하여 이미지에 캡션을 달 수 있습니다.

브라우저의 WebAudio API를 사용해 마이크에서 오디오를 캡처하면 TensorFlow.js 모델을 실행하여 실시간 음성 인식을 수행할 수 있습니다. 영화 리뷰처럼 사용자가 입력한 텍스트에 감성 점수를 매기는 것과 같이 텍스트 데이터를 사용하는 흥미로운 애플리케이션도 있습니다(9장). 이런 데이터 형태 외에도 최신 웹 브라우저는 모바일 디바이스의 다양한 센서를 활용할 수 있습니다. 예를 들어 HTML5는 지리 위치(위도 및 경도), 모션(디바이스 방향과 가속도), 주변광을 위한 API를 제공합니다(http://mobilehtml5.org 참조). 딥러닝과 다양한 데이터 유형을 결합해 생각해 보면 이런 센서에서 얻은 데이터는 흥미롭고 새로운 많은 애플리케이션을 가능하게 만듭니다.

브라우저 기반 딥러닝 애플리케이션은 다섯 가지 추가적인 장점이 있습니다. 서버 비용 절감, 추론 속도 증대, 데이터 프라이버시(data privacy), GPU 가속, 즉각적인 사용입니다.

---

19 Rishabh Borde, "Internet Time Spend in Mobile Apps, 2017–19: It's 8x than Mobile Web," DazeInfo, 12 Apr. 2017, http://mng.bz/omDr.

- 서버 비용은 웹 서비스를 설계하고 확장할 때 종종 중요한 고려 사항입니다. 딥러닝 모델을 적기에 실행하기 위해 GPU를 사용해야 하고 높은 계산 능력이 필요한 경우가 많습니다. 모델이 클라이언트 측에 배포되지 않으면 GPU가 장착된 머신에 배포되어야 합니다. 구글 클라우드나 아마존 웹 서비스의 CUDA GPU를 장착한 가상 머신이 여기에 해당합니다. 이런 클라우드 GPU 머신은 비싼 경우가 많습니다. 가장 기본적인 GPU 머신이더라도 현재 시간당 0.5~1달러 정도입니다(https://www.ec2instances.info와 https://cloud.google.com/gpu 참조). 트래픽이 늘어남에 따라 확장 문제와 서버 구성의 복잡성이 늘어나면 말할 것도 없이 클라우드 GPU 머신을 실행하는 비용이 높아집니다. 이런 모든 문제는 모델을 클라이언트 측에 배포함으로써 사라집니다. (종종 수 메가바이트 또는 그 이상인) 모델을 클라이언트 측에 다운로딩하는 오버헤드(overhead)는 브라우저 캐싱과 로컬 스토리지 기능으로 완화할 수 있습니다(2장).

- **추론 속도 증대**: 특정 종류의 애플리케이션에서는 속도에 대한 요구 사항이 너무 엄격해서 딥러닝 모델을 클라이언트 측에서 실행해야 합니다. 실시간 오디오, 이미지, 비디오 데이터를 다루는 모든 애플리케이션이 여기에 해당됩니다. 추론을 위해 이미지 프레임을 서버로 전송한다고 생각해 보죠. 웹캠으로 초당 10프레임으로 캡처한 이미지 크기가 $400 \times 400$ 픽셀이고 채널당 8비트로 이루어진 세 개의 컬러(RGB) 채널을 가진다고 가정해 보겠습니다. JPEG로 압축해도 각 이미지 크기는 약 150Kb 정도입니다. 대략 300Kbps의 업로드 대역폭을 가진 일반적인 모바일 네트워크에서 하나의 이미지를 업로드하는 데 500밀리초 이상이 걸립니다. 일부 애플리케이션(예를 들면, 게임)에서는 속도 지연이 눈에 띄며 수용하기 어려울 수 있습니다. 이 계산에는 네트워크 연결에서 일어날 수 있는 손실과 불안정성, 추론 결과를 내려받는 데 걸리는 시간, 엄청난 양의 모바일 데이터 사용량을 고려하지 않았습니다. 이들 모두 모바일 네트워크에서 서버 기반의 추론을 어렵게 만들 수 있습니다. 클라이언트 측 추론은 데이터와 계산을 장치에서 수행함으로써 잠재적인 속도 지연과 연결 문제를 해결합니다. 클라이언트에서 모델을 실행하지 않고는 웹캠으로 얻은 이미지에 있는 물체에 레이블을 부여하거나 포즈를 감지하는 등의 실시간 머신 러닝 애플리케이션을 실행하는 것이 불가능합니다. 속도에 대한 요구 사항이 없는 애플리케이션이더라도 모델의 추론 속도를 높이면 응답 속도가 크게 높아지고, 따라서 사용자 경험을 향상시킬 수 있습니다.

- **데이터 프라이버시**: 훈련과 추론 데이터를 클라이언트에서 처리하면 사용자의 프라이버시를 보호하는 또 다른 장점이 있습니다. 데이터 프라이버시 주제는 오늘날 점점 더 중요해지고 있습니다. 어떤 종류의 애플리케이션에서는 데이터 프라이버시가 절대적인 요구 사항입니다. 건강과 의료 데이터를 다루는 애플리케이션이 대표적인 예입니다. 웹캠으로 환자의 피부 이미지를 입력받고 딥러닝을 사용해 피부 상태를 진단하는 '피부 질환 진단 보조 장치'를 생각해 보죠. 많은 나라에서 건강 정보에 대한 프라이버시 규정은 추론을 위해 이미지를 중

앙 서버로 전송하는 것을 허락하지 않습니다. 브라우저에서 모델 추론을 실행하면 데이터가 사용자의 휴대폰을 떠나거나 다른 곳에 저장되지 않기 때문에 사용자의 건강 데이터에 대한 프라이버시를 보장할 수 있습니다. 딥러닝을 사용해 사용자가 작성한 글을 향상시키기 위해 추천을 제공하는 또 다른 브라우저 기반 애플리케이션을 생각해 보죠. 어떤 사용자는 이 애플리케이션을 사용해 법률 문서와 같은 민감한 콘텐츠를 작성하며 공개 인터넷을 통해 원격 서버로 데이터가 전송되는 것을 꺼릴 수 있습니다. 모델을 클라이언트 측 브라우저 자바스크립트에서 실행하는 것이 이런 문제를 해결하는 효과적인 방법입니다.

- **WebGL 가속**: 데이터 가용성 외에도 웹 브라우저에서 머신 러닝 모델을 실행하기 위해서는 GPU 가속을 통한 충분한 컴퓨팅 성능이 필요합니다. 앞서 언급했듯이 많은 최첨단 딥러닝 모델들은 계산 집약적이기 때문에 GPU의 병렬 계산을 이용한 가속이 필수적입니다(하나의 추론 결과를 위해 사용자를 몇 분 동안 기다리게 하는 경우는 실제 애플리케이션에서는 거의 없습니다). 다행히 최신 웹 브라우저는 WebGL API를 제공합니다. 이 API는 원래 2D와 3D 그래픽 렌더링을 가속하기 위해 고안되었지만 신경망을 가속하기 위해 필요한 병렬 계산에 활용할 수 있습니다. TensorFlow.js 개발자들이 딥러닝 구성 요소를 WebGL 기반의 가속을 위해 공들여 재정의했기 때문에 한 줄의 자바스크립트 문장으로 GPU 가속을 활용할 수 있습니다. 신경망의 WebGL 기반 가속은 (텐서플로(TensorFlow)와 파이토치(PyTorch) 등의 파이썬 딥러닝 라이브러리에서 사용하는) NVIDIA의 CUDA와 CuDNN 같은 맞춤형 네이티브 GPU 가속과 완벽하게 동등하지 않을 수 있습니다. 하지만 신경망의 속도를 크게 높이고 사람의 포즈를 감지하는 PoseNet과 같이 실시간 추론을 가능하게 합니다. 사전 훈련된 모델의 추론에 많은 비용이 든다면, 이런 모델의 훈련이나 전이 학습(transfer learning)은 훨씬 더 많은 비용이 듭니다. 훈련과 전이 학습은 딥러닝 모델의 개인화, 딥러닝 모델의 프런트엔드 시각화, (많은 장치에서 동일한 모델을 훈련하고 그 결과를 수집하여 좋은 모델을 만드는) 연합 학습(federated learning) 같은 흥미로운 애플리케이션을 가능하게 만듭니다. TensorFlow.js의 WebGL 가속은 웹 브라우저만으로 충분한 속도로 신경망의 훈련과 미세 조정을 가능하게 만듭니다.

- **즉각적인 사용**: 일반적으로 브라우저에서 실행되는 애플리케이션은 태생적으로 설치가 필요 없다는 장점이 있습니다. 애플리케이션을 사용하기 위해서는 URL을 입력하거나 링크를 클릭하는 것이 전부이며, 새로운 소프트웨어를 설치할 때 접근 권한에 대한 위험이나 지루하고 오류가 발생하기 쉬운 설치 단계가 없습니다. 브라우저 안의 딥러닝이란 관점에서 보면, TensorFlow.js가 제공하는 WebGL 기반의 신경망 가속은 특별한 그래픽 카드나 이런 카드를 위한 복잡한 드라이버 설치가 필요하지 않습니다. 대부분의 최신 데스크톱, 노트북, 모바일 장치에는 브라우저와 WebGL을 사용할 수 있는 그래픽 카드가 있습니다. TensorFlow.js 호환 웹 브라우저(이 기준은 낮습니다)가 설치되어 있다면, 이런 기기는 자

동으로 WebGL 가속 신경망을 실행할 준비가 된 것입니다. 이는 딥러닝 교육처럼 접근성이 중요한 분야에서는 특히 매력적인 기능입니다.

**INFO BOX 1.2 ☰   GPU와 WebGL을 사용한 가속 컴퓨팅**

머신 러닝 모델을 훈련하고 이를 사용해 추론을 수행하려면 아주 많은 개수의 수학 연산이 필요합니다. 예를 들어 많이 사용되는 '밀집' 신경망 층은 큰 행렬과 벡터를 곱하고 그 결과에 또 다른 벡터를 더합니다. 일반적으로 이런 종류의 연산에는 수천 또는 수백만 개의 부동소수점 연산이 필요합니다. 이런 연산에서 중요한 사실은 많은 경우에 병렬화가 가능하다는 것입니다. 예를 들어, 두 벡터의 덧셈은 두 개의 개별 숫자에 대한 덧셈처럼 많은 개수의 작은 연산으로 나눌 수 있습니다. 이런 작은 연산 사이에는 의존성이 없습니다. 예를 들어, 두 벡터의 인덱스 1 위치에 있는 두 원소의 합을 계산하기 위해 인덱스 0 위치에 있는 원소 간의 합을 알 필요가 없습니다. 결과적으로 벡터의 길이에 상관없이 이런 작은 연산들은 한 번에 하나씩이 아니라 동시에 수행될 수 있습니다. CPU의 벡터 덧셈 구현 같은 직렬 계산을 SISD(Single Instruction Single Data)라고 합니다. GPU의 병렬 계산은 SIMD(Single Instruction Multiple Data)라고 합니다. 일반적으로 개별 덧셈을 계산하는 데는 CPU가 GPU보다 빠릅니다. 하지만 대규모 데이터에 대한 전체 비용은 GPU의 SIMD가 CPU의 SISD를 능가합니다. 심층 신경망은 수백만 개의 파라미터를 가질 수 있습니다. 주어진 입력에 대해 (적어도) 수십억 개의 원소별 수학 연산을 실행할 필요가 있습니다. GPU가 제공하는 대규모 병렬 계산은 이런 규모에서 진짜 빛을 발합니다.

❤ 그림 1-6 WebGL 가속이 GPU 병렬 계산 능력을 활용하여 CPU보다 빠른 벡터 연산을 수행하는 방법

작업: 원소별로 두 벡터를 더하기

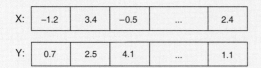

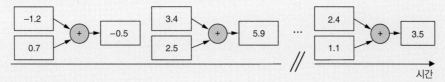

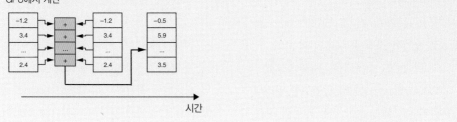

↪ 계속

엄밀히 말하면 최신 CPU는 어느 정도 수준의 SIMD 연산도 수행할 수 있습니다. 하지만 GPU가 (수천 또는 수백 배나) 훨씬 많은 개수의 프로세싱 유닛을 가지고 있고 입력 데이터를 잘게 쪼개어 동시에 명령을 실행할 수 있습니다. 벡터 덧셈은 비교적 간단한 SIMD 작업입니다. 계산 각 단계에서 하나의 인덱스만 바라보며 다른 인덱스에서의 결과는 서로 독립적입니다. 머신 러닝에는 더 복잡한 SIMD 작업이 있습니다. 예를 들어 행렬 곱셈에서 계산 단계마다 여러 인덱스의 데이터를 사용하고 인덱스 사이에 의존성이 있습니다. 하지만 병렬화를 통한 가속의 기본 아이디어는 동일합니다.

흥미롭게도 GPU는 원래 신경망을 가속하기 위해 고안되지 않았습니다. 그래픽 프로세싱 유닛(graphics processing unit)이란 이름에서 알 수 있듯이, GPU의 주요 목적은 2D와 3D 그래픽을 처리하는 것입니다. 3D 게임 같은 많은 그래픽 애플리케이션에서 부드러운 게임 진행을 위해 충분히 빠른 프레임 속도(frame rate)로 화면의 이미지를 업데이트할 수 있도록 가능한 한 빠르게 처리하는 것이 중요합니다. 이것이 SIMD 병렬화를 사용하는 GPU를 만든 원래의 동기입니다. 하지만 놀랍게도 이런 종류의 병렬 컴퓨팅 GPU는 머신 러닝의 요구에도 잘 들어맞습니다.

GPU 가속을 위해 TensorFlow.js가 사용하는 WebGL 라이브러리는 원래 웹 브라우저에서 3D 객체의 텍스처(표면 패턴) 렌더링 같은 작업을 위해 고안되었습니다. 그런데 텍스처는 숫자의 배열에 불과합니다! 따라서 이 숫자를 신경망의 가중치나 활성화 값으로 생각하고 WebGL의 SIMD 텍스처 연산을 이용해 신경망을 실행할 수 있습니다. 이것이 TensorFlow.js가 브라우저에서 신경망을 가속하는 방법입니다.

앞서 언급한 장점 외에도 웹 기반 머신 러닝 애플리케이션은 머신 러닝을 사용하지 않는 일반적인 웹 애플리케이션과 동일한 장점을 가집니다.

- 네이티브 앱 개발과 달리 TensorFlow.js로 만드는 자바스크립트 애플리케이션은 macOS, 윈도, 리눅스 데스크톱부터 안드로이드와 iOS 기기까지 다양한 장치에서 동작합니다.

- 최적화된 2D와 3D 그래픽 기능 덕택에 웹 브라우저는 데이터 시각화와 상호 작용을 위해 가장 풍부하고 성숙한 환경입니다. 신경망의 동작과 내부에 대해 설명하고 싶다면 브라우저를 능가할 환경이 없습니다. 예를 들어 텐서플로 플레이그라운드(TensorFlow Playground) (https://playground.tensorflow.org)를 방문해 보세요. 신경망으로 인터랙티브하게 분류 문제를 해결할 수 있는 아주 인기가 많은 웹 애플리케이션입니다. 신경망의 구조와 하이퍼파라미터를 바꾸고 은닉층과 출력이 어떻게 변하는지 관찰할 수 있습니다(그림 1-7). 아직 본 적이 없다면 방문해 볼 것을 강력히 추천합니다. 많은 사람이 신경망에 대해 본 것 중에서 가장 유익하고 재미있는 교육자료라고 이야기합니다. 사실 텐서플로 플레이그라운드는 TensorFlow.js의 중요한 조상입니다. 텐서플로 플레이그라운드의 후손으로서 TensorFlow.js는 더 광범위한 딥러닝 능력과 더 최적화된 성능을 갖추고 있습니다. 또한, 딥러닝 모델을 위한 전용 시각화 구성 요소가 있습니다(7장에서 자세히 다룹니다). 텐서플로 플레이그라운드 수준의 기본적인 교육 애플리케이션을 만들든, 시각적으로 매력적이고

직관적인 방식으로 최신 딥러닝 연구를 수행하든 간에 TensorFlow.js가 목표를 향한 긴 여정에 도움이 될 것입니다(실시간 tSNE 임베딩 시각화 같은 예를 참고하세요[20]).

▼ 그림 1-7 텐서플로 플레이그라운드(https://playground.tensorflow.org) 스크린샷. 신경망의 동작 방식을 알려 주는 인기 있는 브라우저 기반 UI로, 구글의 다니엘 스밀코프(Daniel Smilkov)가 동료들과 만들었다. 텐서플로 플레이그라운드는 TensorFlow.js 프로젝트의 중요한 선구자 역할도 했다.

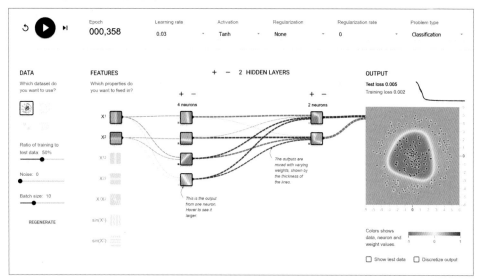

## 1.2.1 Node.js를 사용한 딥러닝

보안과 성능이라는 이유 때문에 웹 브라우저는 한정된 메모리와 저장 공간 할당 측면에서 자원이 제한적인 환경으로 설계되었습니다. 브라우저가 자원이 적게 드는 다양한 종류의 추론과 작은 규모의 모델 훈련, 전이 학습에는 이상적이지만 대용량 데이터로 대규모 머신 러닝 모델을 훈련하는 데는 이상적인 환경이 아니라는 의미입니다. 하지만 Node.js가 완전히 판도를 바꾸었습니다. Node.js를 사용하면 웹 브라우저 밖에서 자바스크립트를 실행할 수 있기 때문에 RAM, 파일 시스템 같은 네이티브 자원을 모두 활용할 수 있습니다. TensorFlow.js는 tfjs-node라 부르는 Node.js 버전을 제공합니다. C++와 CUDA 코드를 컴파일한 네이티브 텐서플로 라이브러리를 직접 바인딩하기 때문에 (파이썬용) 텐서플로가 사용하는 것과 같은 병렬화된 CPU와 GPU 연산 커널을 사용할 수 있습니다. 경험적으로 보았을 때 tfjs-node로 모델을 훈련하는 속도는 파이썬으로 케라스(Keras)를 사용하는 속도와 같습니다. 따라서 tfjs-node는 대용량 데이터로 대규모

---

20 Nicola Pezzotti, "Realtime tSNE Visualizations with TensorFlow.js," googblogs, http://mng.bz/nvDg.

머신 러닝 모델을 훈련하는 데 적절한 환경입니다. 이 책에서는 tfjs-node를 사용해 브라우저 능력을 넘어서 대규모 모델을 훈련하는 예제를 보게 될 것입니다(예를 들어 5장의 단어 인식과 9장의 텍스트 감성 분석).

하지만 머신 러닝 모델을 훈련하기 위해 검증된 기반을 가진 파이썬 환경보다 Node.js를 선택하는 이유는 무엇일까요? 이에 대한 답은 1) 성능과 2) 기존 스택(stack) 및 개발자 기술 세트와의 호환성입니다. 첫째, 성능 측면에서 Node.js가 사용하는 V8 엔진 같은 최신 자바스크립트 인터프리터(interpreter)는 자바스크립트 코드에 대해 JIT(just-in-time) 컴파일을 수행하여 파이썬보다 월등한 성능을 냅니다. 결과적으로 (파이썬용) 케라스보다 tfjs-node에서 모델 훈련 속도가 더 빠른 경우가 많습니다. 다만 인터프리터의 성능이 결정적인 요인이 될 만큼 충분히 작은 모델일 경우입니다.

둘째, Node.js는 서버 측 애플리케이션을 만드는 데 매우 인기가 높은 환경입니다. 백엔드가 이미 Node.js로 작성되었고 이 스택에 머신 러닝을 추가하고 싶다면, 파이썬보다 tfjs-node를 선택하는 것이 일반적으로 더 낫습니다. 한 언어로 코드 베이스를 유지하면 데이터 적재나 포매팅 같은 많은 부분을 재사용할 수 있습니다. 이렇게 하면 모델 훈련 파이프라인을 빠르게 준비하는 데 도움이 됩니다. 기술 스택에 새로운 언어를 추가하지 않으면 복잡도와 유지 비용을 낮추고 파이썬 개발자를 고용하는 데 드는 시간과 비용을 절약할 수 있습니다.

마지막으로, 브라우저나 Node.js 전용 API를 사용하는 데이터 관련 코드를 제외하면 TensorFlow.js로 쓰여진 머신 러닝 코드는 브라우저 환경과 Node.js에서 모두 잘 동작합니다. 이 책의 코드 예제 대부분은 두 환경에서 모두 동작합니다. 이 책은 환경에 독립적인 머신 러닝 관련 코드를 특정 환경에 맞는 데이터 입력이나 UI 코드에서 분리하려고 노력했습니다. 하나의 라이브러리를 배워서 서버와 클라이언트 양쪽에서 딥러닝을 수행할 수 있다는 것이 또 다른 장점입니다.

## 1.2.2 자바스크립트 생태계

딥러닝처럼 특정 유형의 애플리케이션에 대한 자바스크립트의 적합성을 평가할 때 자바스크립트가 아주 강력한 생태계를 가진 언어라는 점을 간과해서는 안 됩니다. 수년 동안 깃허브의 저장소 개수와 풀(pull) 요청 수 측면에서 자바스크립트는 수십 개의 프로그래밍 언어 중에서 꾸준히 1등을 차지했습니다(http://githut.info 참조). 자바스크립트 패키지의 실질적인 공공 저장소인 npm에 있는 패키지 개수는 2018년 7월 기준으로 600,000개가 넘습니다. 파이썬 패키지 저장소인 PyPI에 있는 패키지보다 네 배 이상 많습니다(www.modulecounts.com).[21] 파이썬과 R이 머신 러닝과 데이터 과학 분야에서 더 확고한 커뮤니티를 가지고 있지만, 자바스크립트 커뮤니티도 머신 러닝 관련 데이터 파이프라인을 위한 지원을 구축해가고 있습니다.

클라우드 스토리지나 데이터베이스에서 데이터를 입력받고 싶은가요? 구글 클라우드와 아마존 웹 서비스는 모두 Node.js API를 제공합니다. MongoDB와 RethinkDB 같은 오늘날 가장 인기 있는 데이터베이스들이 Node.js 드라이버를 최우선적으로 지원합니다. 자바스크립트로 데이터 랭글링(wrangling)을 하고 싶은가요? 애슐리 데이비스(Ashley Davis)의 〈Data Wrangling with JavaScript〉[22]라는 책을 추천합니다. 데이터 시각화가 필요한가요? 여러 면에서 파이썬 시각화 라이브러리를 능가하는 d3.js, vega.js, plotly.js 같은 성숙하고 강력한 라이브러리가 있습니다. 입력 데이터가 준비되면, 이 책의 주제인 TensorFlow.js가 데이터를 받아 딥러닝 모델을 만들고 훈련하고 실행할 수 있습니다. 물론 모델을 저장하고 로딩하고 시각화할 수도 있습니다.

마지막으로, 자바스크립트 생태계는 흥미로운 방식으로 끊임없이 진화하고 있습니다. 웹 브라우저와 Node.js 백엔드 환경 같은 전통적인 영역에서 데스크톱 애플리케이션(예를 들면 일렉트론(Electron))과 네이티브 모바일 애플리케이션(예를 들면 리액트 네이티브(React Native)와 아이오닉(Ionic)) 같은 새로운 영역으로 확장하고 있습니다. 플랫폼에 특화된 수많은 애플리케이션 구축 도구보다 이런 프레임워크로 UI와 애플리케이션을 만드는 것이 더 쉽습니다. 자바스크립트는 딥러닝의 강력한 성능을 모든 주요 플랫폼에 제공할 수 있는 언어입니다. 표 1-2에 자바스크립트와 딥러닝을 합쳤을 때의 주요 장점을 요약했습니다.

▼ 표 1-2 자바스크립트로 딥러닝을 수행했을 때의 주요 장점

| 고려 사항 | 예시 |
| --- | --- |
| 클라이언트 측면 | • 데이터가 로컬에 있기 때문에 추론과 훈련 속도가 빠릅니다.<br>• 오프라인일 때 모델을 실행할 수 있습니다.<br>• 개인 정보 보호(데이터가 브라우저를 떠나지 않습니다.)<br>• 서버 비용 절감<br>• 단순한 배포 스택 |

⊙ 계속

---

21 [역주] 2021년 7월 기준으로 npm에 있는 패키지는 160만 개가 넘으며 파이썬 패키지보다 다섯 배 이상 많습니다.

22 Manning Publications, 2018, www.manning.com/books/data-wrangling-with-javascript

| 고려 사항 | 예시 |
|---|---|
| 웹 브라우저 측면 | • 추론과 훈련에 필요한 다양한 유형의 데이터 사용(HTML5 비디오, 오디오 및 센서 API)<br>• 설치가 필요 없는 사용자 경험<br>• 설치가 필요 없고 다양한 GPU에서 사용할 수 있는 WebGL API를 통한 병렬 컴퓨팅<br>• 크로스 플랫폼(cross-platform) 지원<br>• 시각화와 상호 작용을 위한 이상적인 환경<br>• 태생적으로 상호 연결된 환경이므로 다양한 머신 러닝 데이터와 자원에 바로 접근할 수 있습니다. |
| 자바스크립트 측면 | • 자바스크립트는 여러 면에서 가장 인기 있는 오픈 소스 프로그래밍 언어이므로 뛰어난 자바스크립트 프로그래머와 열정적인 지지자가 많습니다.<br>• 자바스크립트는 클라이언트와 서버 측 모두에서 활기찬 생태계와 다양한 애플리케이션을 가지고 있습니다.<br>• Node.js를 사용하면 브라우저의 자원 제약으로부터 벗어나 서버 측에서 애플리케이션을 실행할 수 있습니다.<br>• V8 엔진이 자바스크립트 코드를 빠르게 실행합니다. |

# 1.3 / 왜 TensorFlow.js인가?

자바스크립트로 딥러닝을 수행하기 위해서는 라이브러리를 하나 선택해야 합니다. 이 책에서는 TensorFlow.js를 사용합니다. 이 절에서 TensorFlow.js가 무엇인지, 왜 이 라이브러리를 선택했는지 설명하겠습니다.

## 1.3.1 TensorFlow, Keras, TensorFlow.js에 대한 간략한 역사

TensorFlow.js는 자바스크립트에서 딥러닝을 수행할 수 있는 라이브러리입니다. 이름에서 알 수 있듯이 TensorFlow.js는 파이썬 딥러닝 프레임워크인 텐서플로(TensorFlow)에 대해 일관성과 호환성을 가지도록 설계되었습니다. TensorFlow.js를 이해하기 위해 텐서플로의 역사를 간략하게 살펴보겠습니다.

텐서플로는 구글의 딥러닝 엔지니어 팀이 2015년 11월에 공개한 오픈 소스입니다. 이 책의 저자인 저희 역시 이 팀의 일원입니다. 오픈 소스로 공개된 이후 텐서플로는 엄청난 인기를 얻었습니다. 이제는 구글과 대규모 기술 커뮤니티에서 다양한 산업 애플리케이션과 연구 프로젝트를 위해 사용하고 있습니다. '텐서플로'란 이름은 이 프레임워크로 작성된 프로그램 내부에서 일어나는 동작을 나타냅니다. **텐서**(tensor)라 부르는 데이터 표현이 층과 다른 데이터 처리 노드를 통과해 흘러 (flow) 머신 러닝 모델의 추론과 훈련을 수행하는 것입니다.

먼저 텐서가 무엇일까요? 이는 컴퓨터 과학자가 '다차원 배열'을 간략하게 말하는 것뿐입니다. 신경망과 딥러닝에서 모든 데이터와 모든 연산의 결과는 텐서로 표현됩니다. 예를 들어 흑백 이미지는 2D 텐서인 2D 숫자 배열로 표현될 수 있습니다. 컬러 이미지는 일반적으로 컬러 채널을 위한 추가 차원을 더해 3D 텐서로 나타냅니다. 사운드, 비디오, 텍스트는 물론 다른 어떤 유형의 데이터도 텐서로 표현할 수 있습니다. 각 텐서는 두 개의 기본 속성을 가지는데, (float32나 int32 같은) 데이터 타입과 크기입니다. 크기는 텐서의 차원별 길이입니다. 예를 들어 2D 텐서의 크기는 [128, 256]이고 3D 텐서의 크기는 [10, 20, 128]입니다. 데이터가 해당 데이터 타입과 크기의 텐서로 변환되면, 데이터의 원래 의미와는 상관없이 이 데이터 타입과 크기를 받을 수 있는 어떤 유형의 층에도 전달할 수 있습니다. 따라서 텐서는 딥러닝 모델의 공통 언어입니다.

하지만 왜 텐서일까요? 이전 절에서 심층 신경망 실행에 관련된 많은 계산이 대량의 병렬 연산으로 수행된다고 배웠습니다. 많은 양의 데이터에서 동일한 계산을 수행하는 데 필요한 GPU에서 일반적으로 이런 연산이 수행됩니다. 텐서는 데이터를 효율적으로 병렬 처리할 수 있는 구조로 만드는 컨테이너입니다. 예를 들어 [128, 128] 크기의 텐서 A를 [128, 128] 크기의 텐서 B에 더한다면 128 * 128개의 독립적인 덧셈이 발생됩니다.

'플로(flow)'는 무엇일까요? 텐서를 데이터를 실어 나르는 일종의 액체라고 상상해 보세요. 텐서플로에서 텐서는 그래프를 따라 흐릅니다. 그래프는 (노드(node)라 부르는) 상호 연결된 수학 연산으로 구성된 데이터 구조입니다. 그림 1-8에 나타나 있듯이 노드는 신경망에서 연속적인 층이 될 수 있습니다. 각 노드는 입력으로 텐서를 받고 출력으로 텐서를 내보냅니다. '텐서 액체'는 텐서플로 그래프를 따라 흐르면서 다른 크기와 다른 값으로 변형됩니다. 이것이 이전 절에서 설명한 신경망 작업의 핵심인 표현의 변환에 해당됩니다. 텐서플로를 사용하면 머신 러닝 엔지니어는 모든 종류의 신경망을 만들 수 있습니다. 얕은 신경망에서부터 매우 깊은 신경망까지, 또 컴퓨터 비전을 위한 합성곱 신경망과 시퀀스(sequence) 데이터를 위한 순환 신경망도 만들 수 있습니다. 그래프 데이터 구조는 직렬화하여 메인프레임(mainframe)에서 스마트폰까지 다양한 종류의 장치에 배포할 수 있습니다.

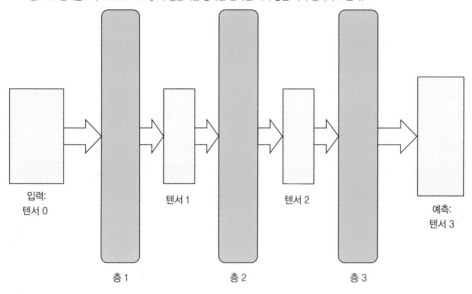

❤ 그림 1-8 텐서플로와 TensorFlow.js의 일반적인 형태인 연속된 여러 층을 따라 텐서가 흐른다.

입력:
텐서 0

텐서 1

텐서 2

예측:
텐서 3

층 1

층 2

층 3

텐서플로의 핵심 부분은 매우 범용적이고 유연하게 설계되었습니다. 연산은 신경망 층뿐만 아니라 올바르게 정의된 어떤 수학 함수도 가능합니다. 예를 들어 신경망 층 안에서 일어나는 덧셈이나 두 텐서의 곱셈처럼 저수준 수학 연산이 가능합니다. 딥러닝 엔지니어와 연구자들이 딥러닝을 위한 임의의 새로운 연산을 정의할 수 있는 강력한 도구입니다. 하지만 대부분의 딥러닝 기술자에게는 이런 저수준 조작은 얻는 것보다 잃는 것이 많습니다. 자만심이 많고 에러가 나기 쉬운 코드를 만들기 때문에 개발 주기가 길어집니다. 대부분의 딥러닝 엔지니어는 정해진 유형의 층을 사용합니다(예를 들어 이후 장에서 자세히 배울 합성곱, 풀링, 밀집 층). 새로운 유형의 층을 만들어야 하는 경우는 드뭅니다. 레고(LEGO)와 비유해서 설명하면 좋겠네요. 레고의 블록 종류는 많지 않으며, 레고 사용자는 레고 블록을 만들려고 생각할 필요가 없습니다. 이는 텐서플로의 저수준 API와 비교할 수 있는 플레이도(Play-Doh)[23] 같은 장난감과 다릅니다. 레고 블록을 연결할 수 있는 기능은 가능한 조합의 수를 크게 늘리며 실제로 무한합니다. 레고나 플레이도로 장난감 집을 만들 수 있지만 집의 크기, 모양, 텍스처, 재료에 대해 매우 구체적인 요구 사항이 없다면 레고를 사용해 만드는 것이 훨씬 쉽고 빠릅니다. 대부분의 경우 레고로 만든 집이 플레이도로 만든 것보다 더 안정적이고 멋지게 보일 것입니다.

---

23 [역주] 플레이도는 미술이나 공예를 위해 사용하는 점토 형태의 장난감입니다.

텐서플로에서 레고와 비슷한 것이 케라스(Keras)[24] 고수준 API입니다. 케라스는 자주 사용하는 유형의 신경망 층을 제공합니다. 이 층들은 매개변수로 설정을 바꿀 수 있습니다. 사용자는 층을 서로 연결하여 신경망을 구성할 수 있습니다. 또한, 케라스는 다음과 같은 API를 제공합니다.

- 신경망의 훈련 방법 설정(손실 함수, 측정 지표, 옵티마이저)
- 데이터를 주입하여 신경망을 훈련하거나 평가하고, 이 모델을 사용해 추론하기
- 훈련 과정 모니터링(콜백(callback))
- 모델 저장과 로딩
- 모델 구조를 출력하거나 그리기

케라스를 사용하면 몇 줄의 코드로 완전한 딥러닝 워크플로를 수행할 수 있습니다. 저수준 API의 유연성과 고수준 API의 사용 편의성 덕분에 텐서플로와 케라스는 산업계와 학계에서 채택하는 측면에서 딥러닝 프레임워크 분야를 선도하는 생태계를 형성하고 있습니다(이 트윗(http://mng.bz/vlDJ)을 참고하세요). 아직 진행 중인 딥러닝 혁명의 일부로서 많은 사람이 딥러닝에 접근할 수 있게 만드는 역할을 과소평가해서는 안 됩니다. 텐서플로와 케라스 같은 프레임워크가 없을 때는 CUDA 프로그래밍 기술과 C++로 신경망을 개발한 풍부한 경험이 있는 사람만이 실제 딥러닝을 수행할 수 있었습니다. 텐서플로와 케라스를 사용하면 GPU로 가속되는 심층 신경망을 큰 기술 없이 적은 노력으로 만들 수 있습니다. 하지만 한 가지 문제가 있었습니다. 텐서플로나 케라스 모델을 자바스크립트나 웹 브라우저에서 바로 실행할 수 없었습니다. 브라우저에서 훈련된 딥러닝 모델을 사용하려면 백엔드 서버로 HTTP 요청을 보내야 했습니다. 이것이 TensorFlow.js가 등장한 이유입니다. TensorFlow.js는 구글에서 딥러닝 관련 데이터 시각화와 인간-컴퓨터 상호 작용 분야의 두 전문가인 니킬 소랫(Nikhil Thorat)과 다니엘 스밀코프(Daniel Smilkov)가 시작했습니다.[25] 앞서 언급했듯이 매우 인기가 많은 텐서플로 플레이그라운드의 심층 신경망 데모가 TensorFlow.js 프로젝트의 시발점이 되었습니다. 2017년 9월 텐서플로 저수준 API와 비슷한 저수준 API를 가진 deeplearn.js 라이브러리가 공개되었습니다. deeplearn.js는 WebGL 가속 신경망 연산을 제공하여 웹 브라우저에서 빠른 추론 속도로 신경망을 실행할 수 있습니다.

---

24 사실 텐서플로가 공개된 이후로 구글 엔지니어와 오픈 소스 커뮤니티에서 만든 여러 가지 고수준 API가 등장했습니다. 그중에 가장 인기 있는 것은 케라스, tf.Estimator, tf.contrib.slim, TensorLayers입니다. 이 책을 읽는 독자에게 TensorFlow.js와 가장 많이 관련이 있는 고수준 API는 케라스입니다. TensorFlow.js의 고수준 API가 케라스를 닮았고 TensorFlow.js가 케라스 모델을 저장하고 로딩하는 데 양방향 호환성을 제공하기 때문입니다. **역주** 텐서플로 2.0이 릴리스되면서 서드파티(3rd party) API가 텐서플로 공식 코드 베이스에서 삭제되었고 케라스가 최우선 API가 되었습니다.

25 흥미로운 역사적 사실은 두 저자가 텐서플로 모델을 위한 유명한 시각화 도구인 텐서보드(TensorBoard)를 만드는 데도 핵심 역할을 했다는 것입니다.

deeplearn.js의 초기 성공 이후에 더 많은 구글 브레인(Google Brain)의 팀원이 이 프로젝트에 합류했고, 이름을 TensorFlow.js로 바꾸었습니다. 자바스크립트 API가 크게 바뀌면서 텐서플로와의 API 호환성을 높였습니다. 또한, 케라스 스타일의 고수준 API가 저수준 API 위에 구축되었습니다. 이를 사용해 훨씬 쉽게 자바스크립트 라이브러리에서 딥러닝 모델을 정의하고 훈련하고 실행할 수 있습니다. 케라스의 성능과 사용 편의성에 대해 앞서 언급한 것은 모두 TensorFlow.js에도 해당됩니다. 상호 운영성을 더욱 강화하기 위해 TensorFlow.js가 텐서플로와 케라스에서 저장한 모델을 로딩하거나 반대로 내보내기 위한 변환기를 만들었습니다. 2018년 봄 텐서플로 개발자 서밋과 구글 I/O에 소개(www.youtube.com/watch?v=YB-kfeNIPCE와 www.youtube.com/watch?v=OmofOvMApTU 참고)된 이후로 TensorFlow.js는 빠르게 인기가 높은 자바스크립트 딥러닝 라이브러리가 되었습니다. 현재 깃허브에서 비슷한 라이브러리 중에는 스타(star)와 포크(fork) 수가 가장 많습니다.

그림 1-9는 전반적인 TensorFlow.js 구조를 보여 줍니다. 가장 아래 레이어는 빠른 수학 연산을 위한 병렬 컴퓨팅을 책임집니다. 이 레이어는 대부분의 사용자에게 보이지 않지만, 고수준 API에서 모델 훈련과 추론을 가능한 한 빠르게 실행하기 위해 높은 성능을 내는 것이 중요합니다. 브라우저에서는 GPU 가속을 위해 WebGL을 사용합니다(INFO BOX 1.2 참조). Node.js에서는 멀티코어 CPU 병렬화와 CUDA GPU 가속을 직접 사용하는 것이 모두 가능합니다. 파이썬 텐서플로와 케라스에서 사용하는 것과 동일한 수학 백엔드입니다. 가장 낮은 수학 레이어 위에 구축된 것이 Ops API입니다. 이 API는 텐서플로의 저수준 API와 동등하며 텐서플로에서 SavedModel로 저장된 모델을 로딩할 수 있습니다. 가장 높은 수준에는 케라스와 비슷한 Layers API가 있습니다. Layers API는 TensorFlow.js를 사용하는 대부분의 프로그래머에게 적절한 선택이며 이 책에서 주로 다루는 API입니다. Layers API는 케라스 모델을 로딩하거나 저장할 수 있습니다.

▼ 그림 1-9 TensorFlow.js의 개략 구조. 파이썬 텐서플로 및 케라스와의 관계도 알 수 있다.

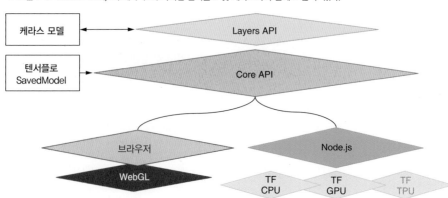

## 1.3.2 TensorFlow.js를 선택하는 이유: 비슷한 라이브러리와의 간략한 비교

TensorFlow.js가 유일한 딥러닝 자바스크립트 라이브러리는 아니고 처음 등장한 것도 아닙니다 (예를 들어 brain.js와 ConvNetJS의 역사가 더 깁니다). 그럼 왜 TensorFlow.js가 다른 라이브러리에 비해 뛰어날까요? 첫 번째 이유는 포괄성입니다. TensorFlow.js는 현재 제품 수준의 딥러닝 워크플로에 필요한 모든 핵심 요소를 지원하는 유일한 라이브러리입니다.

- 추론과 훈련을 모두 지원
- 웹 브라우저와 Node.js 지원
- GPU 가속 활용(웹 브라우저에서는 WebGL, Node.js에서는 CUDA 커널)
- 자바스크립트에서 신경망 모델 구조 정의 지원
- 모델 직렬화와 역직렬화 지원
- 파이썬 딥러닝 프레임워크와 상호 변환 지원
- 파이썬 딥러닝 프레임워크와의 API 호환성
- 데이터 입력 지원과 시각화를 위한 API 제공

두 번째 이유는 생태계입니다. 대부분의 자바스크립트 딥러닝 라이브러리는 자신만의 고유한 API를 정의하고 있습니다. 반면 TensorFlow.js는 텐서플로와 케라스에 밀접하게 통합되어 있습니다. 파이썬 텐서플로나 케라스에서 훈련된 모델을 브라우저에서 사용하고 싶나요? 문제없습니다. 브라우저에서 TensorFlow.js 모델을 만들고 구글 TPU 같은 빠른 가속기를 사용하기 위해 케라스에서 실행하고 싶나요? 이것도 문제없습니다. 자바스크립트 이외 프레임워크와의 밀접한 연동은 상호 운영성을 높일 뿐만 아니라 개발자가 프로그래밍 언어와 인프라 스택 사이를 쉽게 넘나들 수 있게 만듭니다. 예를 들어 이 책을 읽고 TensorFlow.js를 마스터했다면 파이썬 케라스를 시작하는 데 어려움이 없을 것입니다. 그 반대도 마찬가지입니다. 케라스를 잘 알고 있다면 TensorFlow.js를 빠르게 배울 수 있습니다(자바스크립트 기술을 충분히 알고 있다고 가정합니다). 마지막으로 중요한 것은 TensorFlow.js의 인기와 커뮤니티의 강력함을 간과해서는 안 된다는 점입니다. TensorFlow.js 개발자는 장기적인 유지 보수와 라이브러리 지원을 위해 노력하고 있습니다. 깃허브 스타와 포크 수에서 커뮤니티 기여자까지, 스택 오버플로(Stack Overflow)의 활발한 토론에서 질문 답변의 횟수까지 TensorFlow.js에 견줄 만한 라이브러리가 없습니다.[26]

---

26 **역주** 구글은 최근에 공식 텐서플로 포럼을 오픈했습니다(https://discuss.tensorflow.org/). tfjs 태그를 선택하면 TensorFlow.js와 관련된 토론을 조회할 수 있습니다.

### 1.3.3 전 세계에서 TensorFlow.js가 어떻게 사용되고 있나요?

실전 애플리케이션에 어떻게 사용되고 있는지 알아보는 것보다 라이브러리의 성능과 인기를 보여주는 더 확실한 증거는 없습니다. TensorFlow.js를 활용한 몇 가지 유명한 애플리케이션은 다음과 같습니다.

- 구글 프로젝트 마젠타(Magenta)는 TensorFlow.js를 사용해 RNN과 다른 종류의 심층 신경망을 실행함으로써 브라우저에서 음악 악보와 새로운 악기 소리를 생성합니다(https://magenta.tensorflow.org/demos/).
- 뉴욕 대학교의 다니엘 시프만(Dan Shiffman)과 동료들은 객체 탐지(object detection)와 이미지 스타일 트랜스퍼(image style transfer)와 같은 모델을 브라우저에서 바로 사용할 수 있도록 간편한 고수준 API인 ML5.js를 만들었습니다(https://ml5js.org).
- 오픈 소스 개발자인 아비쉑 싱(Abhishek Singh)은 말하거나 듣지 못하는 사람들이 아마존 에코(Amazon Echo) 같은 스마트 스피커를 사용할 수 있도록 미국 수화를 음성으로 변환하는 브라우저 기반 인터페이스를 만들었습니다.[27]
- Canvas Friends는 게임 같은 TensorFlow.js 기반의 웹 애플리케이션으로, 사용자의 그림과 예술적 기교를 향상시키는 데 도움을 줍니다(www.y8.com/games/canvas_friends).
- 브라우저에서 실행되는 자율주행 자동차 시뮬레이터인 MetaCar는 TensorFlow.js를 사용하여 시뮬레이션에 중요한 강화 학습 알고리즘을 구현했습니다(www.metacar-project.com).
- 서버 측 프로그램의 성능을 모니터링하기 위한 Node.js 기반의 애플리케이션인 Clinic Doctor는 TensorFlow.js로 히든 마르코프 모델(Hidden Markov Model)을 구현하여 급격한 CPU 사용량을 감지합니다.[28]
- 오픈 소스 커뮤니티가 만든 뛰어난 다른 애플리케이션을 TensorFlow.js 갤러리(https://github.com/tensorflow/tfjs/blob/master/GALLERY.md)에서 확인하세요.

---

27 Abhishek Singh, "Getting Alexa to Respond to Sign Language Using Your Webcam and TensorFlow.js," Medium, 8 Aug. 2018, http://mng.bz/4eEa.

28 Andreas Madsen, "Clinic.js Doctor Just Got More Advanced with TensorFlow.js," Clinic.js blog, 22 Aug. 2018, http://mng.bz/Q06w.

## 1.3.4 이 책이 TensorFlow.js에 대해 가르쳐 줄 것과 그렇지 않은 것

이 책의 내용을 공부하면 TensorFlow.js를 사용해 다음과 같은 애플리케이션을 만들 수 있습니다.

- 사용자가 업로드한 이미지를 분류하는 웹 사이트
- 브라우저에 연결된 센서를 통해 이미지와 오디오를 입력받아 인식이나 전이 학습 같은 실시간 머신 러닝 작업을 수행하는 심층 신경망
- 댓글 중재를 지원하기 위한 댓글 감성 분류기 같은 클라이언트 측 자연어 인공 지능
- 기가바이트 규모의 데이터와 GPU 가속을 사용한 Node.js (백엔드) 머신 러닝 모델 훈련 프로그램
- 작은 규모의 제어나 게임 문제를 해결할 수 있는 TensorFlow.js 기반의 강화 학습 프로그램
- 훈련된 모델의 내부를 설명하고 머신 러닝 실험의 결과를 보여 주는 대시보드(dashboard)

이런 애플리케이션을 만들고 실행하는 방법을 아는 것뿐만 아니라 어떻게 동작하는지도 이해할 것입니다. 예를 들어, 다양한 문제에 맞는 딥러닝 모델을 만드는 전략과 제약 사항은 물론 이런 모델을 훈련하고 배포하는 단계와 노하우에 대한 실용적인 지식을 갖추게 될 것입니다.

머신 러닝은 광범위한 분야이고 TensorFlow.js는 다재다능한 라이브러리입니다. 따라서 다음과 같은 애플리케이션은 기존의 TensorFlow.js 기술로 해결할 수 있지만 이 책의 범위를 넘어섭니다.

- Node.js 환경에서 (테라바이트 단위의) 대규모 데이터를 다루는 심층 신경망의 고성능 분산 훈련
- SVM, 결정 트리, 랜덤 포레스트 같은 신경망 이외의 기술
- 대용량 문서를 몇 개의 대표 문장으로 줄이는 텍스트 요약 엔진, 입력 이미지에 대해 텍스트 요약을 생성하는 이미지-투-텍스트 엔진, 입력 이미지의 해상도를 향상시키는 이미지 생성 모델 같은 고급 딥러닝 애플리케이션

하지만 이 책이 이런 고급 애플리케이션에 관련된 글과 코드를 배우는 데 갖춰야 할 기본적인 딥러닝 지식을 제공할 것입니다.

다른 모든 기술과 마찬가지로 TensorFlow.js는 한계가 있습니다. 일부 작업은 할 수 있는 범위를 넘어섭니다. 이런 한계가 향후 극복될 가능성이 있지만, 이 글을 쓰는 시점에 이 경계가 어디인지 알고 있는 것이 좋습니다.

- 브라우저 탭의 RAM과 WebGL 한계를 넘는 메모리가 필요한 딥러닝 모델 실행. 브라우저 내 추론의 경우 일반적으로 전체 가중치 크기가 100MB 이상인 모델을 말합니다. 훈련의 경우 더 많은 메모리와 컴퓨팅 파워가 필요하기 때문에 작은 모델이더라도 브라우저 탭에서 훈련하기에는 너무 느릴 수 있습니다. 모델 훈련은 일반적으로 추론보다 많은 양의 데이터를 다룹니다. 이는 브라우저 내 훈련의 가능성을 평가할 때 고려해야 할 또 다른 제한 요소입니다.
- 바둑 게임에서 사람을 이길 수 있는 고급 강화 학습 모델 만들기
- Node.js를 사용해 분산 (다중 머신) 설정으로 딥러닝 모델 훈련하기

# 1.4 연습 문제

1. 프런트엔드 자바스크립트 개발자나 Node.js 개발자라면, 이 장에서 배운 것을 기반으로 현재 담당하는 시스템을 머신 러닝을 적용하여 지능적으로 만들 수 있는 몇 가지 사례를 브레인스토밍해 보세요. 아이디어를 얻으려면 표 1-1, 1-2와 1.3.3절을 참고하세요. 몇 가지 예를 추가로 소개하면 다음과 같습니다.

   a. 선글라스 같은 액세서리를 파는 패션 웹 사이트는 웹캠으로 사용자의 얼굴 이미지를 캡처하고 TensorFlow.js에서 실행하는 심층 신경망을 사용해 얼굴의 랜드마크(landmark)를 감지합니다. 그다음, 감지된 랜드마크를 사용해 사용자의 얼굴 위에 선글라스 이미지를 합성하여 웹 페이지에서 선글라스 착용 모습을 시뮬레이션합니다. 클라이언트 측 추론 덕분에 빠른 속도와 높은 프레임 속도로 시뮬레이션 착용이 실행되므로 실제 같은 경험을 제공합니다. 캡처한 얼굴 이미지가 브라우저를 떠나지 않으므로 사용자의 데이터 정보 보호도 존중됩니다.

   b. 리액트 네이티브(네이티브 모바일 앱을 만들기 위한 크로스 플랫폼 자바스크립트 라이브러리)로 작성된 모바일 스포츠 앱이 사용자의 운동을 추적합니다. HTML5 API를 사용하면 앱이 휴대폰의 자이로스코프(gyroscope)와 가속도계를 통해 실시간 데이터에 접근할 수 있습니다. 사용자의 현재 운동 유형(예를 들면 휴식, 걷기, 달리기, 전력 질주)을 자동으로 감지하는 TensorFlow.js로 만든 모델이 이 데이터를 사용합니다.

c. 브라우저 확장 프로그램이 (5초에 한 장씩 웹캠으로 캡처한 이미지와 TensorFlow.js로 만든 컴퓨터 비전 모델을 사용해) 해당 장치를 사용하는 사용자가 어린이인지 어른인지 자동으로 감지합니다. 이 정보를 사용해 특정 웹 사이트의 접근을 막거나 허용합니다.

d. 브라우저 기반의 프로그래밍 환경이 TensorFlow.js로 구현한 순환 신경망을 사용해 코드 주석의 오타를 감지합니다.

e. 화물 물류 서비스를 조정하는 Node.js 기반의 서버 측 애플리케이션이 운송 업체 상태, 화물의 유형과 양, 날짜/시간, 교통 정보와 같은 실시간 신호를 사용하여 각 화물의 예상 도착 시간을 예측합니다. 서버 스택을 단순화하기 위해 훈련과 추론 파이프라인은 모두 TensorFlow.js를 사용한 Node.js로 작성합니다.

TENSORFLOW.JS

# 1.5 요약

- 인공 지능은 인지 작업 자동화에 대한 연구입니다. 머신 러닝은 인공 지능의 하위 분야입니다. 머신 러닝은 이미지 분류와 같은 작업을 수행하는 규칙을 훈련 데이터에 있는 샘플에서 학습하여 자동으로 찾습니다.

- 머신 러닝이 해결하려는 핵심 문제는 데이터의 원래 표현을 문제 해결에 용이한 표현으로 바꾸는 방법입니다.

- 신경망은 데이터 표현의 변환이 수학 연산의 연속적인 단계(또는 층)로 수행되는 머신 러닝의 한 방법입니다. 딥러닝 분야는 많은 층이 있는 신경망인 심층 신경망을 사용합니다.

- 하드웨어의 발전, 레이블된 데이터의 증가, 알고리즘의 발전 덕분에 딥러닝 분야는 2010년대 초부터 이전에 풀지 못한 문제를 해결하고 흥미로운 새로운 기회를 창출하면서 놀라운 발전을 이루었습니다.

- 자바스크립트와 웹 브라우저는 심층 신경망을 배포하고 훈련하는 데 적합한 환경입니다.

- 이 책의 관심사인 TensorFlow.js는 포괄적이고 다재다능하며 강력한 자바스크립트용 오픈소스 딥러닝 라이브러리입니다.

제 **2** 부

# TensorFlow.js 소개

기초를 다루었으니 2부에서는 TensorFlow.js를 사용한 실습으로 머신 러닝을 본격적으로 배워 보겠습니다. 먼저 2장에서 간단한 머신 러닝 작업으로 (하나의 숫자를 예측하는) 선형 회귀(linear regression)를 다루고, 3장과 4장에서 이진 분류와 다중 분류 같은 조금 더 복잡한 작업을 다룹니다. 작업 유형과 함께 간단한 데이터(숫자의 1차원 배열)에서 복잡한 데이터(이미지와 사운드)로 진행됩니다. 역전파 같은 방법의 수학적 배경을 구체적인 예제 및 이를 해결하는 코드와 함께 소개합니다. 형식적인 수학을 피하고 직관적인 설명, 그림, 의사 코드를 선호합니다. 5장에서는 사전 훈련된 신경망을 재사용하여 새로운 데이터에 적용하는 전이 학습을 설명하고, 딥러닝 브라우저 환경에 특히 잘 맞는 방법을 소개합니다.

# 2<sup>장</sup>

# TensorFlow.js 시작하기: 간단한 선형 회귀

2.1 예제 1: TensorFlow.js를 사용해 다운로드 시간 예측하기

2.2 Model.fit() 내부: 예제 1의 경사 하강법 분석

2.3 여러 입력 특성을 가진 선형 회귀

2.4 모델 해석 방법

2.5 연습 문제

2.6 요약

이 장에서 다룰 핵심 내용

- 간단한 선형 회귀 머신 러닝 문제를 위한 최소한의 신경망 예제
- 텐서와 텐서 연산
- 기초적인 신경망 최적화

기다리는 것을 좋아하는 사람은 없습니다. 특히 얼마나 기다려야 할지 모를 때는 화가 납니다. 지연을 숨길 수 없다면, 사용자에게 기다릴 시간을 추정하여 제공하는 것이 차선책이라고 모든 사용자 경험 설계자가 말합니다. 예상 지연 시간을 추정하는 것은 예측 문제입니다. TensorFlow.js 라이브러리를 사용하여 사용자가 처한 상황에 따른 다운로드 시간을 정확하게 예측할 수 있습니다. 이를 통해 사용자의 시간을 아끼고 주의를 뺏기지 않으며 명확하고 신뢰성 있는 경험을 제공할 수 있습니다.

이 장에서는 간단한 다운로드 시간 예측 문제를 예시로 삼아 완전한 머신 러닝 모델의 주요 구성 요소를 소개하겠습니다. 텐서, 모델링, 최적화의 개념과 동작 방법, 적절한 사용 방법을 직관적으로 이해할 수 있도록 실용적인 관점에서 소개하겠습니다.

(전문 연구원이 수년에 걸쳐 공부해 얻을 수 있는) 딥러닝의 내부 작동 방식을 완전히 이해하려면 여러 가지 수학 주제에 친숙해야 합니다. 하지만 딥러닝 기술자의 경우 선형 대수, 미분, 고차원 공간 통계에 대한 전문 지식은 복잡한 고성능 시스템을 구축하는 데 도움이 되겠지만 필수는 아닙니다. 이 장과 책 전반에 걸친 목표는 가능한 한 수학 공식이 아니라 코드를 사용해 필요한 기술 주제를 소개하는 것입니다. 이 분야의 전문가가 아니더라도 작동 방식과 목적을 직관적으로 이해하는 것이 목표입니다.

## 2.1 예제 1: TensorFlow.js를 사용해 다운로드 시간 예측하기

바로 시작해 보죠! TensorFlow.js 라이브러리(줄여서 tfjs로 부릅니다)를 사용해 다운로드 크기가 주어지면 다운로드 시간을 예측하는 최소한의 신경망을 구축하겠습니다. TensorFlow.js나 비슷한 다른 라이브러리를 사용해 본 적이 없다면 처음 예제를 바로 모두 이해하지 못하겠지만 괜찮습니다. 여기서 소개하는 주제들은 이어지는 장에서 자세히 다룹니다. 따라서 일부분이 이상하게 보이거나 마술처럼 보여도 걱정하지 마세요! 시작 지점을 정한 것뿐입니다. 그럼 먼저 파일 크기를 입력으로 받고 이 파일의 다운로드 예측 시간을 출력하는 짧은 프로그램을 작성하겠습니다.

### 2.1.1 프로젝트 개요: 소요 시간 예측

머신 러닝 시스템을 처음 배울 때는 여러 가지 새로운 개념과 용어에 겁을 먹을 수 있습니다. 그래서 먼저 전체 워크플로를 살펴보는 것이 도움이 됩니다. 이 예제의 전체 구성은 그림 2-1과 같습니다. 이런 패턴은 이 책의 다른 예제에서 반복적으로 볼 수 있습니다.

▼ 그림 2-1 첫 번째 예제인 다운로드 시간 예측 시스템의 주요 단계 소개

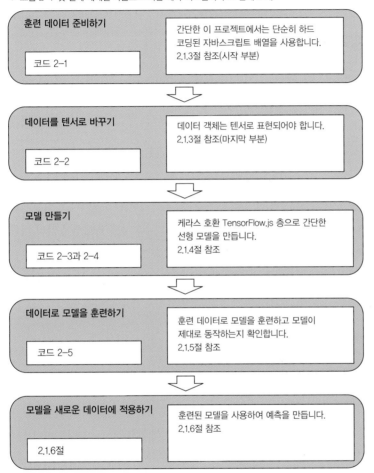

첫째, 훈련 데이터를 준비합니다. 머신 러닝에서 데이터는 디스크에서 읽거나, 네트워크에서 다운로드하거나, 생성하거나, 단순히 하드 코딩으로 만들 수 있습니다. 이 예에서는 마지막 방법을 사용합니다. 이 방법이 편리하고 작은 양의 데이터를 다루기 때문입니다. 둘째, 데이터를 모델에 주입하기 위해 텐서로 바꿉니다. 그다음에는 모델을 만듭니다. 1장에서 보았듯이 적절한 훈련 가능한 함수를 설계하는 것과 비슷합니다. 즉, 입력 데이터에서 예측하고자 하는 어떤 것을 매핑하는

함수입니다. 이 경우에 입력 데이터와 예측 타깃은 모두 숫자입니다. 모델과 데이터가 준비되면 모델을 훈련하면서 성능을 모니터링합니다. 마지막으로, 훈련된 모델을 사용해 이전에 본 적 없는 데이터에 대해 예측을 만들고 모델의 정확도를 측정합니다.

복사, 붙여넣기를 할 수 있는 실행 코드와 이론 및 도구에 대한 설명을 덧붙이면서 각 단계를 진행 하겠습니다.

## 2.1.2 코드와 콘솔의 상호 작용 안내

이 책의 코드는 두 가지 포맷으로 제공됩니다. 첫 번째 포맷은 깃허브(github) 저장소에서 찾을 수 있는 구조적인 코드를 제공합니다. 예를 들어 코드 2-1은 매우 짧은 HTML 코드를 담고 있습니다. 그대로 복사해서 /tmp/tmp.html 같은 파일을 컴퓨터에 만들 수 있습니다. 그다음, 웹 브라우저로 file:///tmp/tmp.html 파일을 엽니다. 하지만 이 파일이 많은 일을 하지는 않습니다.

두 번째 코드 포맷은 콘솔 상호 작용입니다. 브라우저 자바스크립트 콘솔처럼 자바스크립트 REPL[1]에서 상호 작용 예를 보여 주는 구조적이지 않은 코드 블록입니다(크롬에서는 [Cmd]-[Opt] -[J], [Ctrl]+[Shift]+[J], [F12]를 눌러 자바스크립트 콘솔을 열지만, 브라우저나 운영체제에 따라 다를 수 있습니다). 크롬이나 파이어폭스처럼 콘솔 상호 작용은 > 기호가 앞에 표시됩니다. 출력은 콘솔과 마찬가지로 다음 줄에 표시됩니다. 예를 들어 다음 상호 작용은 배열을 만들어 그 값을 출력합니다. 자바스크립트 콘솔마다 출력이 조금 다를 수 있지만 핵심 내용은 같습니다.

```
> let a = ['hello', 'world', 2 * 1009]
> a;
(3) ["hello", "world", 2018]
```

이 책의 코드를 테스트, 실행, 학습하는 가장 좋은 방법은 깃허브 저장소를 클론하여 자유롭게 실험해 보는 것입니다. 책을 만드는 동안 간단하고 공유 가능한 저장소인 CodePen(http://codepen.io)을 자주 사용했습니다. 예를 들어 코드 2-1은 https://codepen.io/tfjs-book/pen/VEVMbx에서 볼 수 있습니다. CodePen에서 작성한 것은 자동으로 실행됩니다. 따라서 콘솔로 출력된 결과를 볼 수 있습니다. 왼쪽 아래의 **Console** 버튼을 클릭하여 콘솔을 열어 보세요. CodePen이 자동으로 실행되지 않는다면 마지막에 공백을 추가하는 것과 같이 작은 수정을 가해서 동작시켜 보세요.

---

1 REPL(read-eval-print-loop)은 대화형 인터프리터(interpreter) 또는 셸(shell)이라고도 합니다. REPL을 사용하여 인터랙티브하게 코드를 작성하면서 변수를 조사하고 함수를 테스트할 수 있습니다.

이 절의 코드는 CodePen 컬렉션인 https://codepen.io/collection/Xzwavm/에 있습니다. CodePen은 자바스크립트 파일이 하나일 때 잘 동작합니다. 나중에 볼 크고 복잡한 예제는 깃허브 저장소[2]에 있습니다. 이 예제의 경우 이 절을 읽고 나서 연관된 CodePen의 코드를 순서대로 실행해 보는 것이 좋습니다.

### 2.1.3 데이터 생성과 포매팅

메가바이트(MB) 단위로 파일 크기가 주어졌을 때 컴퓨터로 다운로드하는 데 얼마나 걸리는지 예측해 보겠습니다. 여기에서는 미리 준비된 데이터셋을 사용하지만, 나중에 비슷한 데이터셋을 만들어 각자 시스템의 네트워크 통계를 모델링할 수 있습니다.

**코드 2-1** 하드 코딩된 훈련 데이터와 테스트 데이터(CodePen 2-a)

```
<script src='https://cdn.jsdelivr.net/npm/@tensorflow/tfjs@latest'></script>
<script>
const trainData = {
  sizeMB:  [0.080, 9.000, 0.001, 0.100, 8.000,
            5.000, 0.100, 6.000, 0.050, 0.500,
            0.002, 2.000, 0.005, 10.00, 0.010,
            7.000, 6.000, 5.000, 1.000, 1.000],
  timeSec: [0.135, 0.739, 0.067, 0.126, 0.646,
            0.435, 0.069, 0.497, 0.068, 0.116,
            0.070, 0.289, 0.076, 0.744, 0.083,
            0.560, 0.480, 0.399, 0.153, 0.149]
};
const testData = {
  sizeMB:  [5.000, 0.200, 0.001, 9.000, 0.002,
            0.020, 0.008, 4.000, 0.001, 1.000,
            0.005, 0.080, 0.800, 0.200, 0.050,
            7.000, 0.005, 0.002, 8.000, 0.008],
  timeSec: [0.425, 0.098, 0.052, 0.686, 0.066,
            0.078, 0.070, 0.375, 0.058, 0.136,
            0.052, 0.063, 0.183, 0.087, 0.066,
            0.558, 0.066, 0.068, 0.610, 0.057]
};
</script>
```

---

2  https://github.com/rickiepark/deep-learning-with-javascript

이전 HTML 코드의 〈script〉 태그는 @latest 접미사를 사용해 명시적으로 가장 최신 버전의 TensorFlow.js 라이브러리를 로드합니다(번역하는 시점의 코드는 tfjs 3.8.0을 기준으로 합니다). 나중에 TensorFlow.js를 애플리케이션에 임포트하는 여러 가지 방법을 자세히 알아보겠습니다. 하지만 당분간은 〈script〉 태그를 사용하겠습니다. 첫 번째 스크립트는 텐서플로 패키지를 로드하고 tf 심볼을 정의합니다. 이 심볼을 사용하여 텐서플로에 있는 이름을 참조합니다. 예를 들어 tf.add()는 두 텐서를 더하는 텐서플로의 덧셈 연산입니다. 앞으로는 여기에서처럼 TensorFlow.js 스크립트로 tf 심볼이 로드되어 전역 네임스페이스(namespace)에서 사용할 수 있다고 가정하겠습니다.

코드 2-1은 두 개의 상수 trainData와 testData를 만듭니다. 각각 파일 다운로드 시간(timeSec)과 파일 크기(sizeMB)로 구성된 20개의 샘플을 담고 있습니다. sizeMB의 원소와 timeSec의 원소는 일대일 대응됩니다. 예를 들어 trainData에 있는 sizeMB의 첫 번째 원소는 0.080MB이고, 이 파일을 다운로드하는 데 걸리는 시간은 timeSec의 첫 번째 원소인 0.135초입니다. 이 예제의 목표는 sizeMB가 주어졌을 때 timeSec를 예측하는 것입니다. 첫 번째 예제에서는 코드에 하드 코딩하여 데이터를 직접 만들었습니다. 이 방법은 간단한 예제에서는 편리하지만 데이터셋이 커지면 금방 다루기 힘들어집니다. 향후 예제에서는 외부 저장소나 네트워크에서 데이터를 가져오는 방법을 소개하겠습니다.

데이터로 돌아가 보죠. 그림 2-2에 있는 그래프에서 불완전하지만 파일 크기와 다운로드 시간 사이의 관계는 예측 가능성이 매우 높은 것을 볼 수 있습니다. 실제 데이터는 잡음이 있겠지만 파일 크기가 주어졌을 때 다운로드 시간을 선형적으로 추정할 수 있어야 합니다. 눈으로 판단하건대, 파일 크기가 0일 때 다운로드 시간은 0.1초가 되고 MB가 추가될 때마다 0.07초씩 늘어납니다. 1장에서는 각 입력-출력 쌍을 **샘플**이라고 불렀습니다. 출력은 종종 **타깃**(target)이라고 부릅니다. 입력의 원소는 특성(feature)이라고 부릅니다. 여기에서는 40개의 샘플이 정확히 하나의 특성 sizeMB와 하나의 수치 타깃 timeSec를 가지고 있습니다.

▼ 그림 2-2 다운로드 시간 vs. 파일 크기. 이런 그래프를 그리는 방법에 관심이 있다면 CodePen에 있는 코드(codepen.io/tfjs-book/pen/dgQVze)를 참고하자.

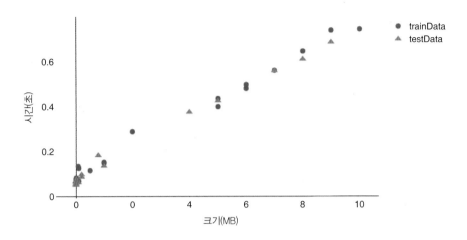

코드 2-1에서 데이터를 두 개의 서브셋(subset) trainData와 testData로 나누었습니다. trainData 는 훈련 세트입니다. 이 데이터 세트는 모델이 훈련할 샘플을 담고 있습니다. testData는 테스트 세트입니다. 이 데이터 세트를 사용해 훈련이 끝난 모델의 성능을 평가합니다. 동일한 데이터로 모델을 훈련하고 평가하면 이미 정답을 보고 나서 시험을 보는 것과 같습니다. 좋은 학습 알고리 즘은 아니지만 극단적으로 모델이 훈련 데이터에 있는 모든 sizeMB에 대한 timeSec 값을 외울 수 있습니다. 결과적으로 미래 성능을 올바르게 판단할 수 없습니다. 미래의 입력 특성은 모델이 훈 련에 사용한 샘플과 정확히 같지 않을 가능성이 높기 때문입니다.

따라서 작업 흐름은 다음과 같습니다. 먼저 신경망이 sizeMB가 주어졌을 때 timeSec를 정확하 게 예측할 수 있도록 훈련 데이터에서 훈련합니다. 그다음, 이 신경망으로 테스트 세트에 있는 sizeMB에 대한 예측을 만듭니다. 그리고 나서 이 예측이 테스트 세트에 있는 timeSec와 얼마나 가 까운지 측정하겠습니다. 하지만 먼저 이 데이터를 TensorFlow.js가 이해할 수 있는 포맷으로 변 경해야 합니다. 이 작업이 텐서를 사용하는 첫 번째 예제입니다. 코드 2-2는 앞으로 책에서 보게 될 tf.* 네임스페이스 아래에 있는 함수를 처음 사용합니다. 여기서는 자바스크립트 원시 데이터 구조로 저장된 데이터를 변환해 주는 메서드를 볼 수 있습니다.

간단한 사용 예지만 이런 API를 자세히 이해하고 싶은 독자는 부록 C를 참고하세요. tf.tensor2d() 같은 텐서 생성 함수뿐만 아니라 텐서를 변환하거나 연결하는 연산을 수행하는 함수도 소개합니다. 그리고 이미지나 비디오와 같이 실전에서 자주 사용하는 데이터 타입을 텐서로 변환하는 일반적인 패턴을 설명합니다. 본문에서는 저수준 API를 깊게 설명하지 않습니다. 이런 내용은 재미없고 특정 예제와 관련되어 있지 않기 때문입니다.

---

**코드 2-2** 데이터를 텐서로 변환하기(CodePen 2-b)

```
const trainTensors = {
  sizeMB: tf.tensor2d(trainData.sizeMB, [20, 1]),
  timeSec: tf.tensor2d(trainData.timeSec, [20, 1])
};
const testTensors = {
  sizeMB: tf.tensor2d(testData.sizeMB, [20, 1]),
  timeSec: tf.tensor2d(testData.timeSec, [20, 1])
};
```

[20, 1]은 텐서의 크기(shape)입니다. 나중에 더 자세히 설명하겠지만, 이 크기는 이 숫자 리스트를 20개 샘플로 해석한다는 의미입니다. 따라서 각 샘플은 하나의 숫자입니다. 크기, 즉 데이터 배열의 구조가 분명한 경우 이 매개변수를 생략할 수 있습니다.[5]

---

일반적으로 현재 모든 머신 러닝 시스템은 기본 데이터 구조로 텐서를 사용합니다. 텐서가 이 분야의 기본 요소라서 텐서플로와 TensorFlow.js가 여기서 이름을 따 왔습니다. 1장을 되새겨 보면, 핵심적으로 텐서는 데이터 컨테이너입니다. 이 데이터는 거의 항상 수치 데이터입니다. 따라서 텐서를 숫자를 위한 컨테이너로 생각할 수 있습니다. 아마도 이미 벡터와 행렬을 알고 있을지 모릅니다. 이들은 각각 1D와 2D 텐서입니다. 텐서는 차원의 개수가 한정되지 않은 행렬의 일반화입니다. 차원의 개수와 각 차원의 길이를 텐서의 크기라고 부릅니다. 예를 들어 3 × 4 행렬은 크기가 [3, 4]인 텐서입니다. 길이가 10인 벡터는 크기가 [10]인 1D 텐서입니다.[4]

텐서 입장에서 차원을 종종 축이라고 부릅니다. TensorFlow.js에서 텐서는 구성 요소들이 CPU, GPU 또는 다른 하드웨어 간에 통신하고 처리할 수 있는 일반적인 표현입니다. 필요할 때 텐서와 텐서의 일반적인 사용법에 대해 조금 더 이야기하겠습니다. 지금은 다운로드 시간 예측 프로젝트를 계속 진행해 보죠.

---

3  **역주** 예를 들어 tf.tensor2d([[1,2], [3,4]])와 같이 리스트의 리스트로 전달하는 경우입니다.

4  **역주** 벡터의 경우 종종 원소의 개수를 차원이라고 부릅니다. 예를 들어 3차원 공간상의 좌표를 나타낸 벡터 [1, 2, 3]은 3차원 벡터라고 부릅니다. 비슷하게 [1, 2, 3, 4, 5]는 5차원 벡터가 됩니다. 하지만 텐서로 생각할 때는 1차원(1D)입니다.

## 2.1.4 간단한 모델 정의하기

딥러닝 측면에서 입력 특성을 받고 타깃을 출력하는 함수가 **모델**(model)입니다. 모델 함수는 특성을 받아 계산을 수행하고 예측을 생성합니다. 여기서 만드는 모델은 파일 크기를 입력으로 받고 다운로드 시간을 출력합니다(그림 2-2 참조). 딥러닝에서는 모델과 동의어로 종종 **네트워크**(network)라고 부릅니다. 첫 번째 모델은 **선형 회귀**(linear regression)를 구현하겠습니다.

머신 러닝 분야에서 **회귀**(regression)는 모델이 실수 값을 출력하고 훈련 타깃과 맞추도록 노력하는 것입니다. 이는 여러 개의 옵션에서 선택 항목을 출력하는 분류와 반대입니다. 회귀 작업에서 타깃과 가까운 숫자를 출력하는 모델이 동떨어진 숫자를 출력하는 모델보다 좋습니다. 모델이 1MB 파일을 다운로드하는 데 약 0.15초가 걸린다고 예측하는 것이 600초가 걸린다고 예측하는 것보다 낫습니다(그림 2-2 참조).

선형 회귀는 회귀의 한 종류로서 입력의 함수로 출력을 하나의 직선(여러 개의 특성이 있을 때 고차원 공간상의 초평면)으로 나타낼 수 있습니다. 모델의 중요한 속성은 훈련할 수 있다는 점입니다. 이는 입력–출력 조합이 조정될 수 있다는 의미입니다. 이런 속성을 사용해 데이터에 더 잘 맞도록 모델을 튜닝합니다. 선형 회귀의 경우 모델의 입력–출력 관계는 항상 직선이지만 기울기와 y절편을 수정할 수 있습니다.

어떤 의미인지 첫 번째 네트워크를 만들어 알아보죠.

---

**코드 2-3** 선형 회귀 모델 구성(CodePen 2-c)

```
const model = tf.sequential();
model.add(tf.layers.dense({inputShape: [1], units: 1}));
```

---

신경망의 핵심 구성 요소는 **층**(layer)입니다. 층은 데이터 처리 모듈로, 텐서를 받아 텐서를 출력하는 튜닝 가능한 함수로 생각할 수 있습니다. 이 예제의 신경망은 하나의 밀집 층(dense layer)으로 구성됩니다. 이 층에는 매개변수 inputShape: [1]에 정의된 것처럼 입력 텐서의 크기가 제한됩니다. 이 층이 하나의 값을 가진 1D 텐서 형태의 입력을 기대한다는 의미입니다. 각 샘플에 대해 이 밀집 층의 출력 형태는 항상 1D 텐서입니다. 하지만 출력 차원의 크기는 units 매개변수에서 조정할 수 있습니다. 여기에서는 timeSec에 해당하는 하나의 숫자를 정확히 예측하려고 하기 때문에 하나의 출력 값만 있으면 됩니다.

밀집 층의 핵심은 각 입력과 출력 사이에서 일어나는 튜닝 가능한 곱셈과 덧셈입니다. 하나의 입력과 하나의 출력만 있으므로 이 모델은 고등학교 수학에 나오는 단순한 선형 방정식 y = m * x + b입니다. 그림 2-3에 나와 있듯이 밀집 층은 내부적으로 m을 커널(kernel), b를 편향(bias)[5]이라고 부릅니다. 여기에서는 입력(sizeMB)과 출력(timeSec) 사이의 관계를 위한 선형 모델을 만들었습니다.

$$timeSec = kernel * sizeMB + bias$$

▼ 그림 2-3 간단한 선형 회귀 모델 그림. 이 모델은 하나의 층을 가진다. 모델의 튜닝 가능한 파라미터[6](또는 가중치(weight))인 커널과 편향이 밀집 층 안에 표현되어 있다.

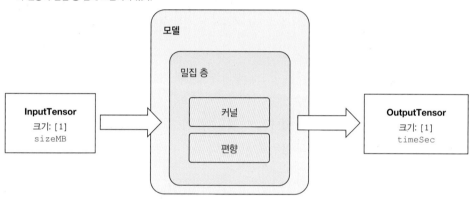

이 식에는 네 개의 항이 있습니다. 두 개는 모델이 훈련되는 동안 고정됩니다. 훈련 데이터에 의해 결정되는 sizeMB와 timeSec 값입니다(코드 2-1 참조). 다른 두 항인 커널과 편향은 모델 파라미터입니다. 모델이 만들어질 때 이 값은 랜덤하게 선택됩니다. 이런 랜덤한 값은 다운로드 시간을 잘 예측하지 못할 것입니다. 적절한 예측을 만들기 위해 모델이 데이터로부터 학습하여 좋은 커널과 편향 값을 찾아야 합니다. 이런 탐색을 **훈련 과정**(training process)이라고 합니다.

좋은 커널과 편향(합쳐서 가중치)을 찾기 위해 두 가지가 필요합니다.

* 주어진 가중치에서 얼마나 성능이 좋은지 알려 주는 척도
* 앞에서 언급한 척도에 따라 현재보다 다음에 더 높은 성능을 낼 수 있도록 가중치 값을 업데이트하는 방법

---

5  [역주] bias는 여러 의미로 사용됩니다. 모델의 파라미터를 의미할 때는 '편향'이라 번역하고, 직선의 y-절편을 의미할 때는 '절편'으로 옮겼습니다. 또한, '한쪽으로 치우쳐졌다'는 의미로도 편향을 사용합니다. 이런 경우에는 '편향되지 않게' 또는 '편향을 피하기 위해' 등으로 문맥상에서 구분할 수 있도록 했습니다.

6  [역주] 혼돈을 피하기 위해 함수나 메서드의 parameter는 '매개변수'로 번역하고 모델의 parameter는 '파라미터'라고 옮겼습니다.

선형 회귀 문제를 풀기 위한 다음 단계에 진입했습니다. 네트워크의 훈련 준비를 마치려면 앞서 언급한 두 필수 항목에 상응하는 척도와 업데이트 방법을 선택해야 합니다. 이것이 TensorFlow. js가 **모델 컴파일**(model compilation) 단계라고 부르는 작업입니다. 이 단계에서 다음 두 가지를 입력받습니다.

- **손실 함수**(loss function): 오차 측정. 네트워크가 훈련 데이터에서 성능을 측정하고 올바른 방향으로 스스로 조정하는 방법입니다. 손실은 낮을수록 좋습니다. 훈련 과정에서 시간에 따라 손실을 그래프로 그려 감소하는지 볼 수 있습니다. 오랫동안 모델을 훈련하고 손실이 감소하지 않는다면 모델이 데이터에서 학습하지 못한다는 의미입니다. 이 책을 통해 배워가면서 이와 같은 문제를 디버깅하는 방법을 알아보겠습니다.
- **옵티마이저**(optimizer): 네트워크가 데이터와 손실 함수를 기반으로 가중치(커널과 편향)를 업데이트하는 알고리즘입니다.

손실 함수와 옵티마이저의 정확한 목적과 선택 방법은 이어지는 몇 개의 장에서 자세히 살펴보겠습니다. 이 예제에서 선택은 다음과 같습니다.

**코드 2-4 훈련 옵션 설정: 모델 컴파일(CodePen 2-c)**

```
model.compile({optimizer: 'sgd', loss: 'meanAbsoluteError'});
```

모델의 compile 메서드를 호출할 때 옵티마이저는 'sgd'를, 손실은 'meanAbsoluteError'를 지정합니다. 'meanAbsoluteError'는 손실 함수가 예측과 타깃이 얼마나 떨어져 있는지를 절댓값으로 계산한다는 의미입니다(따라서 모두 양수가 됩니다). 그다음, 이 값의 평균을 반환합니다.

```
meanAbsoluteError = average( absolute(modelOutput - targets) )
```

예를 들어 다음과 같은 값이 주어지면

```
modelOutput = [1.1, 2.2, 3.3, 3.6]
targets =    [1.0, 2.0, 3.0, 4.0]
```

다음과 같이 계산됩니다.

```
meanAbsoluteError = average([|1.1 - 1.0|, |2.2 - 2.0|,
                             |3.3 - 3.0|, |3.6 - 4.0|])
                  = average([0.1, 0.2, 0.3, 0.4])
                  = 0.25
```

모델이 타깃과 아주 멀리 떨어진 나쁜 예측을 만든다면 meanAbsoluteError가 매우 커질 것입니다. 반대로 가능한 최선은 모든 예측이 정확하게 맞는 것입니다. 이 경우 모델 출력과 타깃 간의 차이가 0이 됩니다. 따라서 손실(meanAbsoluteError)도 0이 됩니다.

코드 2-4에 있는 sgd는 **확률적 경사 하강법**(stochastic gradient descent)의 약자입니다. 이에 대해서는 2.2절에서 자세히 설명하겠습니다. 간단하게 말하면, 미분을 사용해 손실을 감소시키기 위해 가중치를 어떻게 조절하는지 결정한다는 의미입니다. 그다음에는 가중치를 조정하고 과정을 반복합니다.

이제 모델이 훈련 데이터를 학습할 준비를 마쳤습니다.

## 2.1.5 훈련 데이터에서 모델 훈련하기

TensorFlow.js에서 모델을 훈련하려면 모델의 fit() 메서드를 호출합니다. 이를 통해 모델이 훈련 데이터를 학습합니다. 여기서는 입력으로 sizeMB 텐서를, 원하는 출력으로 timeSec 텐서를 전달합니다. epoch 매개변수에 훈련 데이터를 열 번 반복하라고 지정합니다. 딥러닝에서 전체 훈련 데이터를 한 번 반복하는 것을 **에포크**(epoch)라고 합니다.

**코드 2-5** 선형 회귀 모델 훈련(CodePen 2-c)

```
(async function() {
  await model.fit(trainTensors.sizeMB,
                  trainTensors.timeSec,
                  {epochs: 10});
})();
```

fit() 메서드는 종종 수 초 또는 수 분에 걸쳐 오래 실행될 수 있습니다. 따라서 ES2017/ES8의 async/await 기능을 사용해 이 함수가 메인 UI 스레드(thread)를 블록하지 않도록 하겠습니다. async fetch와 같이 자바스크립트에서 장기간 실행될 수 있는 다른 함수와 비슷합니다. 여기에서는 즉시 실행 함수 표현(Immediately Invoked Async Function Expression)[7] 패턴을 사용하여 fit() 함수가 끝날 때까지 기다리지만, 향후 예제는 전경 스레드에서 다른 작업을 하는 동안 백그라운드에서 훈련하겠습니다.

---

7    즉시 실행 함수 표현에 대한 더 자세한 정보는 다음 주소를 참조하세요. http://mng.bz/RPOZ

모델 훈련이 완료되면 작동 여부를 확인하고 싶을 것입니다. 훈련 동안 사용하지 않은 데이터에서 모델을 평가하는 것이 중요합니다. 훈련 데이터에서 테스트 데이터를 분리하는 (그래서 테스트 데이터에서 훈련하지 않도록 피하는) 주제는 이 책에서 계속 등장합니다. 머신 러닝 워크플로에서 꼭 기억해야 할 중요한 부분입니다.

모델의 evaluate() 메서드는 주어진 샘플 특성과 타깃에 대한 손실 함수 값을 계산합니다. 동일한 손실을 계산하는 점에서 fit() 메서드와 비슷하지만, evaluate() 메서드는 모델의 가중치를 업데이트하지 않습니다. evaluate() 메서드를 사용해 테스트 세트에 대한 모델의 성능을 추정합니다. 따라서 모델이 미래에 적용되었을 때 어떤 성능을 낼지 가늠할 수 있습니다.

```
> model.evaluate(testTensors.sizeMB, testTensors.timeSec).print();
Tensor
    0.31778740882873535
```

테스트 데이터에 대한 출력된 손실은 약 0.318입니다. 기본적으로 모델은 랜덤한 상태에서부터 훈련되기 때문에 매번 다른 값이 출력될 수 있습니다. 다르게 말하면, 평균 절댓값 오차 (Mean Absolute Error, MAE)는 약 0.3초가 조금 넘습니다. 좋은 결과인가요? 그냥 하나의 상수를 예측하는 것보다 나을까요? 대표적으로 선택할 수 있는 상수는 다운로드 시간의 평균입니다. TensorFlow.js가 제공하는 텐서 수학 연산을 사용해 어떤 오차를 얻을 수 있는지 확인해 보죠. 먼저 훈련 세트에 대한 다운로드 시간 평균을 계산합니다.

```
> const avgDelaySec = tf.mean(trainData.timeSec);
> avgDelaySec.print();
Tensor
    0.2950500249862671
```

그다음에는 직접 meanAbsoluteError를 계산합니다. MAE는 평균적으로 예측이 실제 값과 얼마나 떨어져 있는지를 나타냅니다. tf.sub() 함수를 사용해 테스트 타깃과 (상수) 예측 사이의 차이를 계산하고 (이따금 더 낮거나 더 높을 수 있기 때문에) tf.abs() 함수로 절댓값을 계산하겠습니다. 그다음, tf.mean() 함수로 평균을 구합니다.

```
> tf.mean(tf.abs(tf.sub(testData.timeSec, 0.295))).print();
Tensor
    0.22020000219345093
```

간결하게 메서드 체이닝(method chaining)을 사용하여 계산하는 방법은 INFO BOX 2.1을 참고하세요.

다운로드 시간 평균이 약 0.295초입니다. 항상 이 평균 값으로 예측하는 것이 네트워크의 예측보다 나은 것 같습니다. 모델의 정확도가 상식 수준의 간단한 방법보다 나쁘다는 의미입니다! 더 좋게 만들 수 있을까요? 충분히 많은 에포크 동안 모델을 훈련하지 않았을 가능성이 있습니다. 훈련하는 동안 커널과 편향은 단계별로 업데이트된다는 것을 기억하세요. 이 경우 하나의 에포크가 하나의 단계입니다. 모델이 적은 수의 에포크(단계)로 훈련되면 파라미터 값이 최적에 가깝게 도달하지 못할 수 있습니다. 모델을 몇 번 더 반복해 훈련하고 다시 평가해 보죠.

```
> model.fit(trainTensors.sizeMB,       model.evaluate()를 실행하기 전에 model.fit() 메서드가
            trainTensors.timeSec,      반환하는 프로미스(promise)를 위해 기다려야 합니다.
            {epochs: 200});
> model.evaluate(testTensors.sizeMB, testTensors.timeSec).print();
Tensor
    0.04879039153456688
```

훨씬 좋군요! 이전에는 모델이 훈련 데이터에 충분히 훈련되지 않은 **과소적합**(underfitting)으로 보였습니다. 이제 새로운 예측은 평균적으로 0.05초 차이가 납니다. 단순히 평균으로 예측하는 것보다 네 배나 더 정확합니다. 이 책에서 과소적합은 물론 함정에 빠지기 더 쉬운 **과대적합**(overfitting) 문제를 피하는 방법을 제공하겠습니다. 과대적합이란 모델이 훈련 데이터에는 너무 잘 맞고 본 적 없는 데이터에는 잘 일반화되지 않는 문제를 말합니다.

## 2.1.6 훈련된 모델을 사용해 예측 만들기

네, 좋습니다! 이제 입력이 주어졌을 때 정확하게 다운로드 시간을 예측할 수 있는 모델이 준비되었습니다. 그런데 어떻게 사용할까요? 방법은 바로 모델의 predict() 메서드입니다.

```
> const smallFileMB = 1;
> const bigFileMB = 100;
> const hugeFileMB = 10000;
> model.predict(tf.tensor2d([[smallFileMB], [bigFileMB],
    [hugeFileMB]])).print();
Tensor
    [[0.1373825  ],
     [7.2438402  ],
     [717.8896484]]
```

모델이 10,000MB 파일 다운로드에 약 718초가 걸린다고 예측합니다. 훈련 데이터에는 이와 비슷한 크기가 없습니다. 일반적으로 훈련 데이터 범위를 넘는 값을 외삽(extrapolation)하는 것은 매우 위험합니다. 하지만 간단한 문제라서 메모리 버퍼, 입출력 연결 등과 같은 새로운 문제에 부딪히지 않는다면 잘 맞을 수도 있습니다. 이 범위에 드는 훈련 데이터를 수집한다면 더 좋습니다.

입력 변수를 적절한 크기의 텐서로 감싸야 합니다. 코드 2-3에서 inputShape을 [1]로 정의했기 때문에 모델은 이 크기의 샘플을 기대합니다. fit() 메서드와 predict() 메서드는 한 번에 여러 개의 샘플을 받을 수 있습니다. n개의 샘플을 제공하려면 샘플을 쌓아 크기가 [n, 1]인 입력 텐서 하나로 만들어야 합니다. 이를 까먹고 잘못된 크기의 텐서를 모델에 제공하면 다음과 같이 텐서 크기 오류가 발생합니다.

```
> model.predict(tf.tensor1d([smallFileMB, bigFileMB, hugeFileMB])).print();
Uncaught Error: Error when checking : expected dense_Dense1_input to have 2
    dimension(s), but got array with shape [3]
```

매우 자주 발생하는 오류이므로 텐서 크기가 맞지 않는 이런 오류에 주의하세요!

## 2.1.7 첫 번째 예제 요약

간단한 예제이므로 모델의 결과를 그림으로 나타낼 수 있습니다. 그림 2-4는 10 에포크를 훈련한 모델부터 최적으로 수렴한 모델까지 네 개의 모델에 대해 입력(sizeMB)의 함수로 모델의 출력(timeSec)을 보여 줍니다. 최적으로 수렴한 모델이 데이터에 가깝게 맞춰져 있습니다. 그림 2-4와 같은 그래프를 출력하는 방법이 궁금하다면 CodePen 2-c(codepen.io/tfjs-book/pen/VEVMMd)를 참고하세요.

▼ 그림 2-4 10, 20, 100, 200 에포크 동안 훈련한 선형 모델

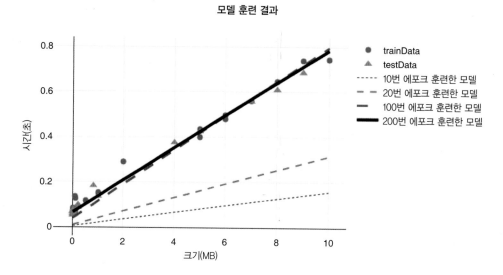

이것으로 첫 번째 예제를 마칩니다. 몇 줄의 자바스크립트 코드로 TensorFlow.js 모델을 구축하고, 훈련하고, 평가하는 방법을 보았습니다(코드 2-6 참조). 다음 절에서 model.fit() 메서드에서 일어나는 일을 조금 더 자세히 알아보겠습니다.

**코드 2-6** 모델 정의, 훈련, 평가, 예측

```
const model = tf.sequential([tf.layers.dense({inputShape: [1], units: 1})]);
model.compile({optimizer: 'sgd', loss: 'meanAbsoluteError'});
(async () => await model.fit(trainTensors.sizeMB,
                             trainTensors.timeSec,
                             {epochs: 10}))();
model.evaluate(testTensors.sizeMB, testTensors.timeSec);
model.predict(tf.tensor2d([[7.8]])).print();
```

# 2.2 Model.fit( ) 내부: 예제 1의 경사 하강법 분석

이전 절에서는 간단한 모델을 만들어 훈련 데이터에서 훈련하여 주어진 파일 크기에 대해 어느 정도 정확한 다운로드 시간을 예측할 수 있다는 것을 보였습니다. 아주 인상적인 신경망은 아니지만, 앞으로 구축할 더 크고 복잡한 시스템과 정확히 같은 방식으로 동작합니다. 10 에포크 동안 훈련한 모델은 좋지 않았지만, 200 에포크 동안 훈련하면 좋은 품질의 모델을 만듭니다.[8] 모델을 훈련할 때 내부에서 어떤 일이 일어나는지 정확히 이해하기 위해 조금 더 자세히 알아보겠습니다.

## 2.2.1 경사 하강법 최적화 이해하기

간단한 단일 층 모델은 다음과 같은 선형 함수 f(input)을 학습합니다.

$$\text{output} = \textbf{kernel} * \text{input} + \textbf{bias}$$

여기서 커널과 편향은 밀집 층의 조정 가능한 파라미터(가중치)입니다. 이 가중치에는 신경망을 훈련 데이터에 노출시켜 학습시킨 정보가 담겨 있습니다.

초기에 이 가중치는 랜덤한 작은 값으로 채워져 있습니다(랜덤 초기화(random initialization)라고 부릅니다). 물론 커널과 편향이 랜덤할 때 kernel * input + bias가 어떤 유용한 값을 만들 거라 기대하지 못합니다. 상상을 해보면 이 파라미터를 다르게 선택했을 때 MAE 값이 어떻게 변하는지 그릴 수 있습니다. 이 파라미터가 그림 2-4에서 찾은 최적의 직선 기울기와 절편에 가까울 때 손실이 낮을 것으로 기대할 수 있습니다. 파라미터가 이와 동떨어진 직선을 그릴수록 손실이 더 나빠집니다. 손실을 모든 튜닝 가능한 파라미터의 함수로 보는 이런 개념을 **손실 표면**(loss surface)이라고 합니다.

---

8   이런 단순한 선형 모델의 경우 간단하고 효율적인 해석적 솔루션(closed-form solution)이 있습니다. 하지만 이 최적화 방법은 나중에 소개할 더 복잡한 모델에서도 계속 적용할 수 있습니다.

이 예제는 아주 간단하기 때문에 튜닝 가능한 파라미터가 두 개이고 하나의 타깃을 가지고 있습니다. 따라서 그림 2-5와 같이 손실 표면을 2D 등고선 그래프로 그릴 수 있습니다.[9] 손실 표면이 매끈한 오목한 그릇 모양이므로 최적의 파라미터 설정을 의미하는 전역 최솟값(global minimum)은 그릇의 바닥에 위치합니다. 하지만 일반적으로 딥러닝 모델의 손실 표면은 이보다 훨씬 더 복잡합니다. 2차원보다 훨씬 많은 차원을 가지고 있고 지역 최솟값(local minima)이 많을 수 있습니다. 지역 최솟값은 전체적으로 가장 낮은 최솟값은 아니지만 주변보다 낮은 지점을 말합니다.

▼ 그림 2-5 손실 표면은 모델의 튜닝 가능한 파라미터에 대한 손실을 그린 등고선 그래프. 이 그래프를 보면 (하얀 X 표시가 된) {bias: 0.08, kernel: 0.07} 지점이 낮은 손실을 위한 합리적인 선택 같다. 이런 지도를 만들기 위해 모든 파라미터 값을 테스트하기는 어렵지만, 만약 그렇게 한다면 최적화는 매우 간단하다. 그냥 가장 낮은 손실에 해당하는 파라미터를 선택하면 된다!

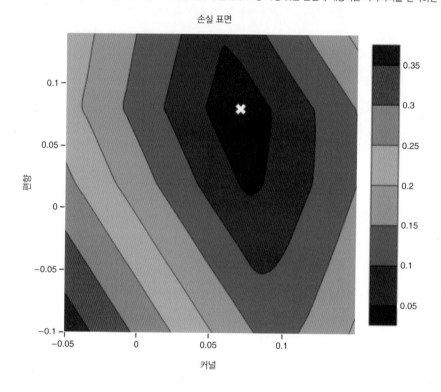

이 손실 표면이 그릇 모양이고 (가장 낮은) 최상의 값은 {bias: 0.08, kernel: 0.07} 근처입니다. 이는 데이터에서 찾은 직선의 기하학적 구조와 맞습니다. 파일 크기가 거의 0에 가까울 때 다운로드 시간이 약 0.10초 걸립니다.[10] 모델의 랜덤 초기화는 무작위한 파라미터 값에서 시작합니다.

---

9 [역주] 그림 2-5에서 손실 축이 종이에 수직으로 놓여 있다고 생각하면 이해하기 쉽습니다.

10 [역주] 파일 크기 0, 커널 0.07, 편향 0.08을 kernel * input + bias 공식에 적용하면 0.07 * 0 + 0.08 = 0.08이 되므로 약 0.1초가 걸린다고 말할 수 있습니다.

즉, 이 지도의 랜덤한 위치를 의미하며 여기에서 초기 손실을 계산합니다. 그다음에는 피드백 신호를 기반으로 점진적으로 파라미터를 조정합니다. 이 점진적인 조정을 훈련이라고 부르며 머신러닝에 있는 '러닝'에 해당합니다. 이 과정이 그림 2-6에 나타난 훈련 루프 안에서 수행됩니다.

❤ 그림 2-6 경사 하강법을 통해 모델을 업데이트하는 훈련 루프를 보여 주는 플로차트

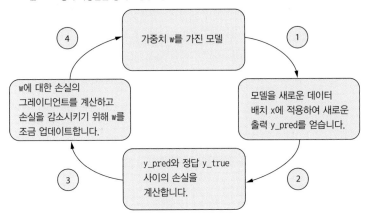

그림 2-6은 훈련 루프가 필요한 만큼 이런 단계를 어떻게 반복하는지 보여 줍니다.

1. 훈련 샘플 x의 **배치**(batch)와 이에 상응하는 타깃 y_true를 뽑습니다. 배치는 단순히 하나의 텐서로 묶인 여러 개의 샘플입니다. 배치에 있는 샘플의 개수를 **배치 크기**(batch size)라고 부릅니다. 실제 딥러닝에서는 배치 크기를 128이나 256과 같이 2의 거듭제곱으로 설정하는 경우가 많습니다. 샘플을 배치로 묶으면 GPU의 병렬 처리 능력을 활용하고 더 안정적인 그레이디언트(gradient)[11] 값을 계산할 수 있습니다(자세한 내용은 2.2.2절 참조).

2. x에 대해 네트워크를 실행(정방향 계산(forward pass)이라 부릅니다)하여 예측 y_pred를 얻습니다.

3. 이 배치에 대한 네트워크의 손실, y_true와 y_pred 사이의 오차를 계산합니다. 손실 함수는 `model.compile()` 메서드를 호출할 때 지정했습니다.

4. 이 배치에 대해 손실이 조금 감소하는 방향으로 네트워크의 모든 가중치(파라미터)를 업데이트합니다. 개별 가중치에 대한 상세한 업데이트는 `model.compile()` 메서드를 호출할 때 지정한 또 다른 옵션인 옵티마이저에 의해 관리됩니다.

---

11 역주 gradient가 손실 함수의 미분 결과를 의미할 때는 '그레이디언트'로 쓰고, 그 외에는 '경사'로 번역합니다.

매 단계마다 손실을 낮출 수 있다면 결국 훈련 데이터에서 낮은 손실을 내는 네트워크를 얻게 될 것입니다. 이 네트워크는 입력에서 올바른 타깃을 매핑하는 방법을 학습했습니다. 멀리 떨어져서 보면 마술처럼 보일 수 있지만, 개별 단계를 나누어 생각하면 단순한 원리입니다.

유일하게 어려운 부분은 단계 4입니다. 가중치를 증가시킬지 또는 감소시킬지 어떻게 결정할 수 있을까요? 또 그 양은 얼마나 되어야 할까요? 단순하게 추측하고 확인하는 방법으로 실제로 손실을 감소하는 업데이트만 선택할 수 있습니다. 이 예제와 같은 단순한 문제에는 이런 알고리즘이 통할 수 있지만 매우 느립니다. 더 크고 복잡한 문제에서 수백만 개의 파라미터를 최적화할 때 랜덤하게 좋은 방향을 선택할 가능성은 매우 작습니다. 더 좋은 방법은 네트워크에서 사용하는 모든 연산이 미분 가능하다는 사실을 활용하여 네트워크의 파라미터에 대한 손실의 **그레이디언트**를 계산하는 것입니다.

그레이디언트가 무엇일까요? 이를 (미적분을 사용해) 정확히 정의하는 대신 다음과 같이 직관적으로 설명할 수 있습니다.

> 한 방향으로 가중치를 조금 이동했을 때 다른 모든 방향 중에서 손실 함수가 가장 빠르게 증가하는 방향

이 정의가 크게 기술적이지 않지만 아직 설명할 것이 남아 있으므로 단계별로 나누어 보겠습니다.

- 첫째, 그레이디언트는 벡터입니다. 가중치 개수와 원소 개수가 같습니다. 가중치 값의 모든 선택 가능한 공간에서 하나의 방향을 나타냅니다. 간단한 이 선형 회귀 네트워크처럼 모델의 가중치가 두 개의 숫자로 구성된다면 그레이디언트는 2D 벡터입니다. 딥러닝 모델은 수천 또는 수백만 차원을 가지며, 이런 모델의 그레이디언트는 수천 또는 수백만 개의 원소를 가진 벡터(방향)입니다.

- 둘째, 그레이디언트는 현재 가중치 값에 따라 달라집니다. 다른 말로 하면, 다른 가중치 값은 다른 그레이디언트를 만듭니다. 그림 2-5에서 가장 빠르게 하강하는 방향이 손실 표면의 위치에 따라 달라지는 것을 보면 쉽게 이해할 수 있습니다. 왼쪽 가장자리에서는 오른쪽으로 이동해야 하고 아래쪽에서는 위로 올라가야 하는 등입니다.

- 마지막으로, 그레이디언트의 수학적 정의는 손실 함수가 증가하는 방향을 나타냅니다. 물론 신경망을 훈련할 때 손실이 감소하는 것을 원합니다. 따라서 그레이디언트의 반대 방향으로 가중치를 이동해야 합니다.

비유적으로 산악 지역을 하이킹한다고 생각해 보죠. 만약 고도가 가장 낮은 위치로 이동하고 싶다면 동서남북의 모든 방향으로 이동하여 고도를 바꿀 수 있습니다. 이때 발 밑의 경사가 가장 가파른 방향이 이 고도의 그레이디언트라고 첫 번째 항목을 해석해야 합니다. 가장 가파르게 위로 향하는 방향이 현재 위치에 따라 다르다는 점에서 두 번째 항목은 어느 정도 분명합니다. 마지막으로, 낮은 고도로 이동하고 싶다면 그레이디언트의 반대 방향으로 발걸음을 옮겨야 합니다.

그래서 이 훈련 과정의 이름이 **경사 하강법**(gradient descent)입니다. 코드 2-4에서 모델의 옵티마이저를 optimizer: 'sgd'로 설정한 것이 기억나나요? 확률적 경사 하강법에서 '경사 하강법' 부분이 이제 명확해졌습니다. '확률적'이란 경사 하강법 단계마다 모든 훈련 데이터의 샘플을 사용하는 것이 아니라 효율성을 위해 훈련 데이터에서 랜덤하게 샘플을 뽑는다는 의미입니다. 확률적 경사 하강법은 계산 효율성을 위해 경사 하강법을 수정한 것입니다.

이제 최적화의 작동 방식과 다운로드 시간 추정 모델에서 200번의 에포크가 열 번의 에포크보다 나은 이유를 완벽하게 설명할 수 있습니다. 그림 2-7은 경사 하강법 알고리즘이 훈련 데이터에 잘 맞는 가중치 값을 찾기 위해 손실 표면을 따라 어떻게 이동하는지 보여 줍니다. 그림 2-7의 패널(panel) A에 있는 등고선 그래프는 이전과 동일한 손실 표면에 경사 하강법을 따라 이동하는 경로를 겹쳐서 보여 줍니다. 이 경로는 랜덤 초기화 지점, 즉 이미지에 있는 무작위한 위치에서 시작합니다. 사전에 최적 값을 알지 못하므로 어딘가 랜덤하게 시작할 지점을 골라야 합니다! 과소적합 모델과 잘 훈련된 모델에 해당하는 위치를 포함하여 경로를 따라 몇 가지 관심 지점을 표시했습니다. 패널 C는 패널 B에 표시된 단계에서 저장한 가중치를 사용한 모델을 보여 줍니다.

❤ 그림 2-7 패널 A: 경사 하강법을 사용해 200 단계를 진행하면 최솟값에 해당하는 파라미터 설정을 얻을 수 있다. 시작 가중치와 20, 100, 200 에포크 이후의 가중치를 그래프에 나타냈다. 패널 B: 에포크의 함수로 나타낸 손실 그래프에 동일한 지점의 손실을 표시했다. 패널 C: sizeMB로 timeSec를 출력하는 함수. 10, 20, 100, 200번 훈련 에포크를 진행한 후에 훈련된 모델로 구현했다. 손실 표면의 위치와 모델의 출력을 쉽게 비교하기 위해 이전과 같은 그림을 넣었으며, 이 그래프를 그리는 코드를 확인하고 싶다면 codepen.io/tfjs-book/pen/JmerMM을 참고하자.

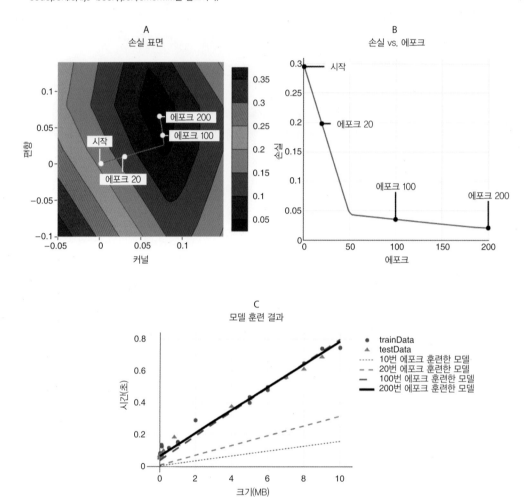

이 간단한 선형 회귀 모델은 경사 하강법 과정을 생생하게 시각화할 수 있는 이 책의 유일한 모델 입니다. 나중에 보게 될 더 복잡한 모델에서도 경사 하강법의 본질은 동일하다는 점을 유념하세 요. 매우 낮은 손실을 내는 위치에 도달하리라는 희망을 가지고 복잡한 고차원 표면의 경사를 반 복적으로 내려가는 것뿐입니다.

처음에 (기본 **학습률**(learning rate)에 의해 결정된) 기본적인 스텝(step)[12] 크기를 사용했습니다. 하지만 적은 개수의 데이터를 열 번 반복하는 것은 최적점에 도달하기에 충분하지 않았고 200번의 에포크가 충분했습니다. 일반적으로 학습률을 설정하는 방법이나 훈련이 끝날 때를 어떻게 알 수 있을까요? 이 책에서 다룰 몇 개의 유용한 경험 법칙이 있지만, 모든 문제를 피할 수 있는 불변의 법칙은 없습니다. 학습률이 너무 작으면 스텝이 너무 작게 되어 납득할 만한 시간 안에 최적의 파라미터에 도달하지 못합니다. 반대로 너무 큰 학습률을 사용하여 스텝이 너무 크면 최솟값을 완전히 지나쳐 이전보다 더 큰 손실에 도달할 수도 있습니다. 이 때문에 모델 파라미터가 최적점에 빠르게 곧장 다가가지 못하고 최적점 근처에서 크게 진동하게 만듭니다. 그림 2-8은 그레이디언트 스텝이 너무 클 때 일어나는 일을 보여 줍니다. 더 극단적인 경우에 높은 학습률은 파라미터 값을 발산시켜 무한대로 만들기 때문에 가중치가 NaN(not-a-number) 값을 가지게 되어 모델을 완전히 쓸모없게 만듭니다.

❤ 그림 2-8 학습률이 너무 클 때 그레이디언트 스텝이 너무 커지고 새로운 파라미터는 이전보다 더 나빠질 수 있다. 이로 인해 무한대 또는 NaN이 되는 진동이나 다른 불안정한 영향이 발생한다. CodePen 코드에서 학습률을 0.5 또는 더 높은 값으로 증가시키면 이런 현상을 볼 수 있다.

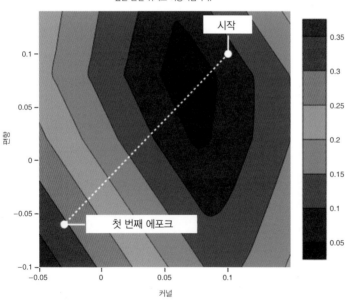

---

## 2.2.2 역전파: 경사 하강법 내부

이전 절에서 가중치 업데이트의 스텝 크기가 경사 하강법 과정에 어떤 영향을 미치는지 설명했습니다. 하지만 업데이트 방향을 어떻게 계산하는지는 이야기하지 않았습니다. 신경망 학습 과정에서 이 방향은 아주 중요합니다. 방향은 가중치에 대한 그레이디언트에 의해 결정되며, 그레이디언트를 계산하기 위한 알고리즘을 **역전파**(backpropagation)라고 부릅니다. 1960년대에 발명된 역전파는 신경망과 딥러닝의 기본 요소 중 하나입니다. 이 절에서는 간단한 예시를 통해 역전파의 작동 방식을 설명하겠습니다. 이 절은 역전파를 이해하고 싶은 독자에게 유용하며, TensorFlow.js를 사용해 이 알고리즘을 적용하는 데만 관심 있는 독자에게는 불필요합니다. 이 메커니즘은 tf.Model.fit() API 아래에 잘 숨겨져 있기 때문입니다. 따라서 이 절을 건너뛰고 2.3절을 바로 읽어도 됩니다.

간단한 선형 모델을 생각해 보죠.

$$y' = v * x$$

여기에서 x는 입력 특성이고, y'는 예측한 출력이고, v는 역전파를 통해 업데이트될 모델의 유일한 가중치 파라미터입니다. 제곱 오차를 손실 함수로 사용한다고 가정해 보죠. 그럼 loss, v, x, (실제 타깃 값인) y 사이에 다음과 같은 관계를 얻습니다.

$$loss = square(y' - y) = square(v * x - y)$$

구체적으로 두 개의 입력 x = 2와 y = 5, 가중치 값 v = 0이 있다고 생각해 보죠. 이 값으로 손실을 계산하면 25가 됩니다. 그림 2-9에 이 과정이 단계적으로 나타나 있습니다. 패널 A의 회색 사각형은 입력(즉, x와 y)을 나타냅니다. 흰색 사각형은 연산입니다. 여기에는 총 세 개의 연산이 있습니다. 연산을 연결하는 에지(edge)는 $e_1$, $e_2$, $e_3$입니다($e_1$은 튜닝 가능한 가중치 v와 첫 번째 연산을 연결합니다).

▼ 그림 2-9 업데이트할 수 있는 하나의 가중치(v)만 가진 간단한 선형 모델을 통한 역전파 알고리즘 설명. 패널 A: 모델의 정방향 패스(forward pass) – 가중치(w)와 입력(x와 y)에서 손실 값을 계산한다. 패널 B: 역방향 패스(backward pass) – v에 대한 손실의 그레이디언트를 손실에서부터 v까지 단계별로 계산한다.

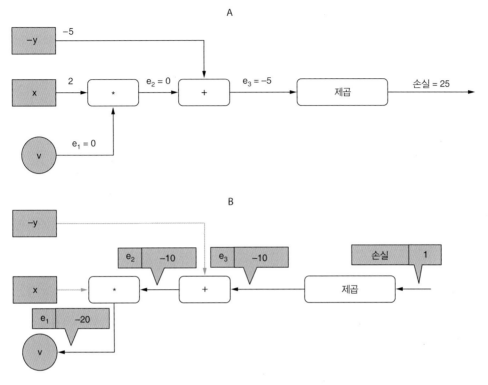

역전파의 중요한 단계는 다음 양을 결정하는 것입니다.

> 다른 모든 것(여기서는 x와 y)이 동일하다고 가정할 때 v를 단위 양만큼 증가시키면 손실이 얼마나 변하는가?

이 양을 v에 대한 손실의 그레이디언트라고 합니다. 왜 그레이디언트가 필요할까요? 그레이디언트를 알게 되면 이와 반대 방향으로 v를 조정할 수 있기 때문에 손실 값이 줄어듭니다. x나 y에 대한 손실의 그레이디언트는 필요하지 않습니다. x와 y는 고정된 입력 데이터로 업데이트할 필요가 없기 때문입니다.

그림 2-9에 나타나 있듯이, 손실 값에서 시작하여 변수 v에 도달할 때까지 거꾸로 그레이디언트가 단계별로 계산됩니다. 계산이 수행되는 방향 때문에 이 알고리즘을 '역전파'라고 부릅니다. 이 단계를 따라가 보죠. 다음 각 단계는 그림에 있는 하나의 화살표에 해당됩니다.

- loss 에지에서 그레이디언트 값 1로 시작합니다. 그 이유는 단순합니다. loss가 단위 양만큼 증가하면 loss 자체가 단위 양만큼 증가하기 때문입니다.[13]

- $e_3$ 에지에서 현재 $e_3$ 값의 단위 변화에 대한 손실의 그레이디언트를 계산합니다. 이전 연산이 제곱입니다. 따라서 $e_3$에 대한 $(e_3)^2$의 도함수(하나의 변수가 있는 그레이디언트)가 $2 * e_3$라는 기본 미분 공식을 사용해 그레이디언트 값 $2 * -5 = -10$을 얻습니다. -10을 이전의 그레이디언트(즉, 1)와 곱해서 $e_3$ 에지의 그레이디언트 -10을 얻습니다. 이것이 $e_3$가 1만큼 증가되었을 때 손실의 증가 양입니다. 여기서 볼 수 있듯이, 한 에지에 대한 손실의 그레이디언트에서 시작하여 다음 에지에 대한 손실까지 가는 데 사용한 규칙은 현재 노드에서 지엽적으로 계산한 그레이디언트와 이전의 그레이디언트를 곱하는 것입니다. 이 규칙을 **연쇄 법칙**(chain rule)이라고 합니다.

- $e_2$ 에지에서 $e_2$에 대한 $e_3$의 그레이디언트를 계산합니다. 이전 연산이 단순한 덧셈 연산이므로 다른 입력 값(-y)에 상관없이 그레이디언트는 1입니다. 1과 $e_3$ 에지에서 그레이디언트를 곱하면 $e_2$ 에지에서 그레이디언트 -10을 얻습니다.

- $e_1$ 에지에서 $e_1$에 대한 $e_2$의 그레이디언트를 계산합니다. 이전 연산이 x와 v 사이의 곱셈, 즉 $x * v$입니다. 따라서 $e_1$에 대한 (즉, v에 대한) $e_2$의 그레이디언트는 x 또는 2입니다. 2를 $e_2$ 에지의 그레이디언트와 곱해서 최종 그레이디언트 $2 * -10 = -20$을 얻습니다.

지금까지 v에 대한 손실의 그레이디언트 -20을 얻었습니다. 경사 하강법을 적용하기 위해 이 그레이디언트의 음수 값에 학습률을 곱해야 합니다. 학습률을 0.01이라 가정하면 그레이디언트 업데이트는 다음과 같습니다.

$$-(-20) * 0.01 = 0.2$$

이 값이 이번 훈련 단계에서 v에 적용할 업데이트 값입니다.

$$v = 0 + 0.2 = 0.2$$

여기서 볼 수 있듯이 x = 2와 y = 5이고 학습할 함수는 y' = v * x이기 때문에 최적의 v 값은 5/2 = 2.5입니다. 한 단계의 훈련이 끝나면 v 값이 0에서 0.2로 바뀝니다. 다른 말로 하면, 가중치 v가 원하는 값에 조금 더 가까워졌습니다. 이어지는 훈련 단계는 앞서 설명한 것과 동일한 역전파 알고리즘을 사용하고 가중치 v의 값은 (훈련 데이터에 있는 잡음을 무시하면) 최적에 점점 더 가까워질 것입니다.

---

13 역주 다른 말로 하면 loss에 대한 loss의 그레이디언트는 1입니다.

앞선 예제는 따라 하기 쉽도록 의도적으로 간단하게 만들었습니다. 이 예제가 역전파의 핵심을 알려 주지만, 실제 신경망 훈련에서 일어나는 역전파는 다음과 같은 측면에서 다릅니다.

- 단순한 훈련 샘플(이 예에서는 x = 2와 y = 5)을 제공하는 대신 일반적으로 여러 샘플로 구성된 배치를 제공합니다. 그레이디언트를 유도하는 데 사용되는 손실 값은 모든 개별 샘플의 손실에 대한 산술 평균입니다.

- 일반적으로 업데이트할 변수는 매우 많은 원소를 가집니다. 따라서 앞에서처럼 하나의 변수가 있는 단순한 도함수 대신에 종종 행렬 미분을 사용합니다.

- 하나의 변수에 대한 그레이디언트를 계산하는 대신 일반적으로 여러 개의 변수가 관련됩니다. 그림 2-10은 최적화할 두 개의 변수를 가진 조금 더 복잡한 선형 모델인 y' = k * x + b를 보여 줍니다. 이 모델은 k 외에도 편향 b를 가지고 있습니다. 여기서는 두 개의 그레이디언트를 계산합니다. 하나는 k에 대한 그레이디언트이고, 다른 하나는 b에 대한 그레이디언트입니다. 두 역전파의 경로는 모두 손실에서 출발합니다. 이 경로는 일부 에지를 공유하며 트리와 같은 구조를 형성합니다.

▼ 그림 2-10 손실에서 업데이트할 두 개의 가중치(k와 b)로 역전파되는 것을 보여 주는 그림

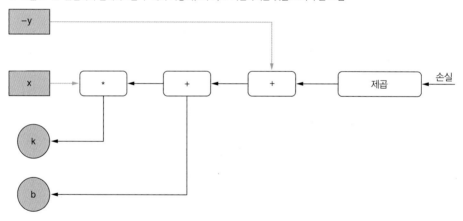

이 절에 나온 역전파 소개는 자세하지 않은 고수준의 설명입니다. 역전파 알고리즘과 수학 이론에 대해 자세히 알고 싶다면 INFO BOX 2.2를 참고하세요.

이제 간단한 모델을 훈련 데이터에 학습시킬 때 어떤 일이 일어나는지 꽤 잘 이해했을 것입니다. 따라서 단순한 다운로드 시간 예측 문제에서 벗어나 TensorFlow.js로 조금 더 어려운 문제를 다루어 보겠습니다. 다음 절에서 여러 개의 입력 특성으로부터 부동산 가격을 정확하게 예측하는 모델을 만들겠습니다.

**INFO BOX 2.2** 　　**경사 하강법과 역전파에 대한 참고 자료**

신경망 최적화 이면에 있는 미분학은 확실히 흥미롭고 알고리즘의 동작 방식에 대한 통찰을 제공합니다. 하지만 이는
머신 러닝 기술자가 기본 이상으로 알아야 할 필수 지식은 아닙니다. TCP/IP 프로토콜의 복잡성을 이해하는 것이 현
대 웹 애플리케이션 구축 방법을 이해하는 데 유용하지만 결정적이지 않은 것과 같습니다. 관심이 있는 독자를 위해
신경망 분야에서 그레이디언트 기반 최적화의 수학을 이해하는 데 도움이 되는 좋은 자료를 소개합니다.[16]

- 역전파 데모와 설명: https://bit.ly/3sffNxu
- 역전파에 대한 스탠퍼드 CS231 강의 코스 노트: https://cs231n.github.io/optimization-2/
- 안드레 카패시의 '해커가 알려 주는 신경망' 블로그[17]: http://karpathy.github.io/neuralnets/

TENSORFLOW.JS

# 2.3　여러 입력 특성을 가진 선형 회귀

첫 번째 예제에서는 타깃 timeSec를 예측하기 위해 하나의 입력 특성 sizeMB만 있었습니다. 더 일
반적인 상황은 여러 개의 입력 특성이 있는 경우입니다. 어떤 특성이 가장 예측 성능이 좋고 어떤
특성이 타깃에 관련성이 적은지 정확히 알지 못합니다. 따라서 모든 특성을 사용하여 학습 알고리
즘이 선별하도록 만들게 합니다. 이 절에서 이런 복잡한 문제를 다루어 보겠습니다.

이 절의 목표는 다음과 같습니다.

- 여러 개의 입력 특성을 받아 학습하는 모델 구축 방법을 이해합니다.
- Yarn, Git, 표준 자바스크립트 프로젝트 패키징 구조를 사용해 머신 러닝 웹 애플리케이션
  을 구축하고 실행합니다.
- 데이터를 정규화하여 학습 과정을 안정시키는 방법을 배웁니다.
- tf.Model.fit() 콜백을 사용해 훈련하는 동안 웹 UI를 업데이트하는 방법을 알아봅니다.

---

14 　역주　이 외에도 역전파 알고리즘의 수학 이론을 유도하고 파이썬 코드로 밑바닥부터 직접 구현해 보는 〈Do It! 딥러닝 입문〉(이지스퍼블리싱,
　　　2019)을 추천합니다.

15 　역주　이 글의 번역본을 역자의 블로그에서 읽을 수 있습니다. https://bit.ly/37AUYTY

## 2.3.1 보스턴 주택 데이터셋

보스턴 주택 데이터셋[16]은 1970년대 후반 매사추세츠주의 보스턴과 인근 지역에서 수집한 500개의 간단한 부동산 데이터이며, 수십 년 동안 입문 통계와 머신 러닝 문제를 위한 표준 데이터셋으로 사용되었습니다.[17] 이 데이터셋에 있는 독립적인 레코드는 보스턴 인근 지역에 대한 수치 측정값을 담고 있습니다. 예를 들어 주택 크기, 가장 가까운 고속도로까지의 인접성, 해안가 여부 등입니다. 표 2-1은 순서대로 정렬한 특성과 각 특성의 평균값을 보여 줍니다.

▼ 표 2-1 보스턴 주택 데이터셋의 특성

| 인덱스 | 짧은 특성 이름 | 특성 설명 | 평균값 | 범위(최대 - 최소) |
|---|---|---|---|---|
| 0 | CRIM | 범죄율 | 3.62 | 88.9 |
| 1 | ZN | 25,000평방피트가 넘는 주거용 토지 비율 | 11.4 | 100 |
| 2 | INDUS | 도시에서 비소매업 지역 비율 | 11.2 | 27.3 |
| 3 | CHAS | 찰스 강 인접 여부 | 0.0694 | 1 |
| 4 | NOX | 일산화질소 농도(10ppm당) | 0.555 | 0.49 |
| 5 | RM | 주택 평균 방 개수 | 6.28 | 5.2 |
| 6 | AGE | 1940년 이전에 지어진 자가 주택 비율 | 68.6 | 97.1 |
| 7 | DIS | 다섯 개 보스턴 고용 센터까지의 가중치가 적용된 거리 | 3.80 | 11.0 |
| 8 | RAD | 방사형 고속도로까지의 접근성 지수 | 9.55 | 23.0 |
| 9 | TAX | 10만 달러당 세율 | 408.0 | 524.0 |
| 10 | PTRATIO | 학생-교사 비율 | 18.5 | 9.40 |
| 11 | LSTAT | 고등학교 교육을 받지 못한 남성 근로자의 비율 | 12.7 | 36.2 |
| 12 | MEDV | 자가 주택의 중간 가격(1,000달러 단위) | 22.5 | 45 |

이 절에서 다른 모든 입력 특성이 주어졌을 때 주택의 중간 가격(MEDV)을 추정하는 학습 시스템을 만들고, 훈련하고, 평가해 보겠습니다. 이를 측정 가능한 주변 속성에서 부동산 가격을 추정하는 시스템으로 생각할 수 있습니다.

---

16 David Harrison and Daniel Rubinfeld, "Hedonic Housing Prices and the Demand for Clean Air," Journal of Environmental Economics and Management, vol. 5, 1978, pp. 81–102, http://mng.bz/1wvX

17 역주 표 2-1에는 없지만 보스턴 주택 데이터셋은 흑인 인구 비율을 사용하는 특성 B를 포함하고 있습니다. 이런 데이터셋은 인종 차별에 대한 우려가 있기 때문에 점차 사용되지 않는 추세입니다.

## 2.3.2 깃허브에서 보스턴 주택 프로젝트를 가져와 실행하기

이 문제는 다운로드 시간 예측 예제보다 조금 더 크고 구성 요소가 많기 때문에 코드 저장소 형태로 솔루션을 제공한 다음, 이를 사용해 설명하겠습니다. 만약 이미 Git 소스 컨트롤 워크플로와 npm/Yarn 패키지 관리에 익숙하다면 이 절을 빠르게 훑어볼 수 있습니다. 자바스크립트 프로젝트 구조에 대한 자세한 내용은 INFO BOX 2.3을 참고하세요.

먼저 깃허브[18]에서 프로젝트 저장소를 클론(clone)하여 프로젝트에 필요한 HTML, 자바스크립트, 설정 파일을 복사합니다. CodePen에 호스팅된 가장 간단한 프로젝트 이외에는 책의 모든 예제가 두 개의 Git 저장소로 제공하고 저장소 내에서 디렉터리로 프로젝트를 구분합니다. 두 저장소는 깃허브에 있는 rickiepark/deep-learning-with-javascript[19]와 tensorflow/tfjs-models입니다. 다음 명령은 이 예제에 필요한 저장소를 클론하고 보스턴 주택 가격 예측 프로젝트로 작업 디렉터리를 바꿉니다.

```
> git clone https://github.com/rickiepark/deep-learning-with-javascript.git
> cd deep-learning-with-javascript
```

---

**INFO BOX 2.3** ≡ | **이 책에 있는 예제의 자바스크립트 프로젝트 기본 구조**

책에 있는 예제에서 사용하는 기본 프로젝트 구조는 세 종류의 파일을 포함합니다. 첫 번째는 HTML입니다. HTML 파일은 프로젝트의 뼈대를 구성하며 대부분 새로운 구성 요소를 담기 위한 기본 구조의 역할을 합니다. 일반적으로 프로젝트에는 index.html 파일이 하나 있습니다. 이 파일에는 몇 개의 div 태그, UI 요소, index.js 같은 자바스크립트 코드를 로드하기 위한 스크립트 태그가 있습니다.

자바스크립트 코드는 가독성과 스타일을 향상시키기 위해 일반적으로 몇 개의 파일로 나누어져 있습니다. 보스턴 주택 가격 예측 프로젝트의 경우 시각 요소를 업데이트하기 위한 코드는 ui.js에 있고 데이터를 다운로드하는 코드는 data.js에 있습니다. 두 파일 모두 index.js에서 import 명령으로 참조됩니다.

세 번째 파일은 npm 패키지 관리자(www.npmjs.com)를 위해 필요한 메타데이터를 담고 있는 .json 파일입니다. npm이나 Yarn을 사용해 본 적이 없다면 https://docs.npmjs.com/about-npm에 있는 npm 'getting started' 문서를 잠시 둘러보고, 예제 코드를 만들고 실행할 수 있도록 친숙해지는 것이 좋습니다. 패키지 관리를 위해 Yarn(https://yarnpkg.com/)을 사용하지만, 필요하다면 Yarn 대신 npm을 사용할 수 있습니다.

↻ 계속

---

18 이 책의 예제는 오픈 소스이고 github.com과 codepen.io에서 제공됩니다. Git 소스 컨트롤 도구 사용 방법을 다시 되새기려면, 깃허브에서 잘 만들어 놓은 튜토리얼(https://docs.github.com/en/get-started/quickstart)을 참고하세요. 버그를 발견하거나 바로잡을 것이 있다면 깃허브 풀 리퀘스트(pull request)로 수정 사항을 보내 주세요.

19 [역주] 원서의 깃허브는 tensorflow/tfjs-examples입니다.

저장소 안에 있는 중요한 파일은 다음과 같습니다.

- index.html: 루트 HTML 파일로, DOM 루트를 제공하고 자바스크립트를 실행합니다.
- index.js: 루트 자바스크립트 파일로, 데이터를 로드하고 모델과 훈련 루프를 정의하고 UI 요소를 지정합니다.
- data.js: 보스턴 주택 데이터셋을 다운로드하고 참조하기 위한 코드를 구현합니다.
- ui.js: UI 요소를 동작(그래프 설정)에 연결하기 위해 UI 훅(hook)을 구현합니다.
- normalization.js: 데이터에서 평균을 빼는 것 같은 수치 처리 루틴
- package.json: 데모를 만들고 실행하기 위해 필요한 (TensorFlow.js 같은) 의존성을 설명하는 표준 npm 패키지 정의

이 책은 HTML 파일과 자바스크립트 파일을 별개의 서브 디렉터리에 넣는 표준 스타일을 따르지 않습니다. 이런 방식은 저장소가 더 큰 경우에 적합하며, 이 책이나 https://github.com/tensorflow/tfjs-examples에서 볼 수 있는 작은 규모의 예제에서는 더 복잡하기 때문입니다.

deep-learning-with-javascript 폴더에서 http-server 패키지를 사용해 예제를 실행합니다.[20]

```
> npx http-server
```

그다음에는 브라우저의 새 탭을 열고 http://127.0.0.1:8080/boston-housing에 접속합니다. **선형 회귀 모델 훈련** 버튼을 클릭하면 선형 모델을 만들고 보스턴 주택 데이터에서 훈련을 시작합니다. 그다음, 그림 2-11과 같이 에포크마다 훈련 데이터셋과 테스트 데이터셋에 대해 손실 그래프를 애니메이션으로 출력합니다.

▼ 그림 2-11 보스턴 주택 선형 회귀 예제

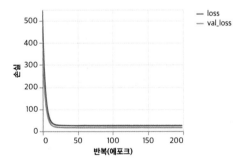

훈련 세트 최종 손실: 25.2435
검증 세트 최종 손실: 16.1770
테스트 세트 손실: 23.7532

---

20 번역서의 예제는 데모 사이트(http://ml-ko.kr/tfjs/)에서 온라인으로 실행해 볼 수 있습니다.

이 절의 나머지 부분에서는 보스턴 주택 선형 회귀 웹 애플리케이션의 중요한 부분을 살펴보겠습니다. 먼저 데이터 수집 방법과 TensorFlow.js에 맞도록 전처리하는 방법을 살펴보겠습니다. 그 다음에는 모델 구축, 훈련, 평가에 초점을 맞추고, 마지막으로 모델을 사용해 웹 페이지에서 실시간으로 예측하는 방법을 소개합니다.

### 2.3.3 보스턴 주택 데이터 얻기

코드 2-1에 있는 첫 번째 프로젝트에서는 데이터를 자바스크립트 배열로 하드 코딩하고 이를 tf.tensor2d( ) 함수를 사용해 텐서로 바꾸었습니다. 하드 코딩 방식은 작은 예제에서는 괜찮지만 애플리케이션이 커지면 적용하기 어렵습니다. 일반적으로 자바스크립트 개발자들은 어떤 URL(또는 로컬)에서 직렬화된 형태로 저장된 데이터를 찾습니다. 예를 들어, 보스턴 주택 데이터는 다음과 같은 구글 클라우드 URL에 CSV 포맷으로 무료로 공개되어 있습니다.

- https://storage.googleapis.com/tfjs-examples/multivariate-linear-regression/data/train-data.csv
- https://storage.googleapis.com/tfjs-examples/multivariate-linear-regression/data/train-target.csv
- https://storage.googleapis.com/tfjs-examples/multivariate-linear-regression/data/test-data.csv
- https://storage.googleapis.com/tfjs-examples/multivariate-linear-regression/data/test-target.csv

이 데이터는 미리 훈련 세트와 테스트 세트로 랜덤하게 샘플을 나누어 놓았습니다. 샘플의 2/3는 훈련 세트로 사용하고, 나머지 1/3은 훈련된 모델을 독립적으로 평가하기 위해 보관해 놓습니다. 또한, 각 세트마다 타깃 값은 다른 특성에서 분리하여 별도의 CSV 파일에 저장합니다. 따라서 표 2-2와 같은 네 개의 파일이 만들어집니다.

▼ 표 2-2 보스턴 주택 데이터셋을 분할한 파일 이름

| | | 특성(12개 숫자) | 타깃(한 개 숫자) |
|---|---|---|---|
| 훈련-테스트 분할 | 훈련 세트 | train-data.csv | train-target.csv |
| | 테스트 세트 | test-data.csv | test-target.csv |

애플리케이션에 데이터를 넣기 위해 이 데이터를 내려받아 적절한 타입과 크기의 텐서로 바꾸어야 합니다. 이를 위해 data.js에 BostonHousingDataset 클래스를 정의합니다. 이 클래스는 데이터셋 스트리밍 연산을 구현하고 원시 데이터를 수치 행렬로 추출하는 API를 제공합니다. 내부적으로 이 클래스는 오픈 소스 Papa Parse 라이브러리(https://www.papaparse.com/)를 사용하여 원격에 있는 CSV 파일을 가져와 파싱(parsing)합니다. 이 라이브러리는 파일을 로드하고 파싱하고 나면 숫자 배열의 배열을 반환합니다. 그다음, 이 배열을 첫 번째 예제와 동일한 API로 텐서로 변환합니다. 다음 코드는 이와 관련된 부분을 index.js에서 발췌한 것입니다.

**코드 2-7** index.js에서 보스턴 주택 데이터를 텐서로 바꾸는 코드

```
// data.js에서 BostonHousingDataset 객체를 초기화합니다
const bostonData = new BostonHousingDataset();
const tensors = {};

// 로드된 csv 데이터를 2d 텐서로 변환합니다
export function arraysToTensors() {
  tensors.rawTrainFeatures = tf.tensor2d(bostonData.trainFeatures);
  tensors.trainTarget = tf.tensor2d(bostonData.trainTarget);
  tensors.rawTestFeatures = tf.tensor2d(bostonData.testFeatures);
  tensors.testTarget = tf.tensor2d(bostonData.testTarget);
await bostonData.loadData();
ui.updateStatus('데이터가 로드되었고 텐서로 변환합니다');
arraysToTensors();
```

## 2.3.4 보스턴 주택 문제를 정확하게 정의하기

이제 원하는 형태로 데이터를 준비했으므로 작업을 조금 더 정확하게 정의할 차례입니다. 다른 특성을 사용해 MEDV 특성을 예측하려고 하지만, 어떻게 잘하고 있는지 판단할 수 있을까요? 어떻게 좋은 모델과 훨씬 더 좋은 모델을 구별할 수 있을까요?

첫 번째 예제에서 사용한 척도는 모든 오류를 동일하게 취급하는 meanAbsoluteError입니다. 열 개의 샘플이 있을 때 열 개 모두에 대한 예측을 만들어 아홉 개는 맞추고 열 번째는 30만큼 벗어났다면 meanAbsoluteError는 3이 됩니다(30/10은 3이기 때문입니다). 이와 달리 모든 샘플에 대한 예측이 3만큼 벗어났어도 meanAbsoluteError는 여전히 3입니다. 이 '오류 평등' 원칙은 올바른 선택처럼 보일 수 있지만 meanAbsoluteError 대신 다른 손실을 선택해야 할 이유가 있습니다.

또 다른 방식은 작은 에러보다 큰 에러에 가중치를 주는 것입니다. 오차 절댓값의 평균을 구하는 대신 오차 제곱의 평균을 사용할 수 있습니다.

앞에서처럼 열 개의 샘플을 예로 들어 비교해 보죠. 평균 제곱 오차(mean squared error, MSE) 방식은 하나의 샘플이 30만큼 벗어난 것($1 \times 30^2 = 900$)보다 모든 샘플이 3만큼 벗어났을 때($10 \times 3^2 = 90$) 더 작은 손실을 만듭니다. 큰 오류에 대한 민감성 때문에 제곱 오차는 절댓값 오차보다 이상치에 더 민감할 수 있습니다. MSE를 최소화하기 위해 모델을 훈련하는 옵티마이저는 이따금 매우 큰 실수를 하는 모델보다 체계적으로 작은 실수를 저지르는 모델을 선호할 것입니다. 당연히 두 오류 척도는 실수가 전혀 없는 모델을 선호합니다! 하지만 애플리케이션이 올바르지 않은 이상치에 민감할 수 있다면 MSE가 MAE보다 나은 선택입니다. MSE나 MAE를 선택해야 하는 기술적인 다른 이유가 있지만 지금은 중요하지 않습니다. 이 예에서는 다양한 예시를 위해 MSE를 사용하지만 MAE를 사용해도 충분합니다.

계속하기 전에 기준 손실을 추정해야 합니다. 매우 간단한 추정 방식으로 기준 손실을 정하지 않으면 더 복잡한 모델과 비교할 대상이 없기 때문입니다. 평균 부동산 가격을 '최상의 단순한 추측'의 대안으로 사용하고 무조건 이 값을 예측했을 때의 손실을 계산해 보겠습니다.

**코드 2-8** 평균 가격을 예측하여 기준 손실 계산하기

```
export function computeBaseline() {                          평균 가격을 계산합니다.
    const avgPrice = tensors.trainTarget.mean(); ┈┈┈┈┈         테스트 데이터에서 평균 제곱 오차를 계산합니다.
    console.log('평균 가격: ${avgPrice.dataSync()}');          sub(), square(), mean() 함수를 차례대로 호출하여
    const baseline = tensors.testTarget.sub(avgPrice).square().mean(); ┈┈┈┈┈   평균 제곱 오차를 계산합니다.
    console.log('기준 손실: ${baseline.dataSync()}'); ┈┈┈손실을 출력합니다.
};
```

TensorFlow.js는 GPU 스케줄링으로 계산을 최적화하기 때문에 CPU에서 항상 텐서에 접근할 수 있는 것은 아닙니다. 코드 2-8에 있는 dataSync() 메서드 호출은 TensorFlow.js에게 텐서 계산을 마치고 이 값을 GPU에서 CPU로 가져오도록 명령합니다. 이를 통해 텐서플로 연산이 아닌 다른 계산에 사용하거나 출력할 수 있습니다.

실행이 되면 코드 2-8은 콘솔에 다음과 같은 내용을 출력합니다.

```
평균 가격: 22.768770217895508
기준 손실: 85.58282470703125
```

이를 통해 단순한 손실이 대략 85.58이라는 것을 알 수 있습니다. 항상 22.77을 출력하는 모델을 만든다면, 이 모델은 테스트 데이터에서 85.58의 MSE를 달성할 것입니다. 여기에서도 부적절한 편향을 피하기 위해 훈련 데이터에서 평균을 계산하고 테스트 데이터에서 평가했습니다.

평균 제곱 오차가 85.58이므로 평균 오차를 얻기 위해 제곱근을 취할 수 있습니다. 85.58의 제곱근은 약 9.25입니다. 따라서 (상수) 예측 값이 평균적으로 9.25만큼 (높거나 낮게) 벗어날 것이라고 말할 수 있습니다. 표 2-1에 따라 이 값은 1,000달러 단위이므로 일정하게 평균으로 예측하면 약 9,250달러만큼 차이가 날 것입니다. 이 값이 애플리케이션에 충분히 만족스럽다면 여기서 멈출 수 있습니다! 현명한 머신 러닝 기술자는 불필요한 복잡성을 피할 때를 알아야 합니다. 가격 예측 애플리케이션이 이보다 더 좋아야 한다고 가정해 보죠. 이 데이터에서 선형 모델을 훈련하여 85.58보다 나은 MSE를 달성할 수 있는지 알아보겠습니다.

## 2.3.5 데이터 정규화

보스턴 주택 데이터셋의 특성을 살펴보면 값의 범위가 다릅니다. NOX 범위는 0.4와 0.9 사이이고 TAX의 범위는 180에서 711 사이입니다. 옵티마이저는 특성과 가중치를 곱하여 더한 값이 주택 가격과 비슷하게 되도록 각 특성의 가중치를 찾는 식으로 선형 회귀 모델을 훈련합니다. 옵티마이저가 가중치 공간에서 그레이디언트를 따라 이런 가중치를 찾아다닌다는 것을 기억하세요. 일부 특성이 다른 특성과 스케일이 매우 다르면 특정 가중치가 다른 가중치보다 훨씬 더 민감할 것입니다. 따라서 한 방향으로 조금만 움직여도 다른 방향보다 출력이 훨씬 더 많이 변하게 됩니다. 이로 인해 불안정해지고 모델 훈련이 어려워집니다.

이에 대응하기 위해 데이터를 **정규화**(normalization)하겠습니다. 특성의 평균이 0이고 단위 표준 편차를 가지도록 특성을 조정한다는 의미입니다. 이 정규화 방식은 많이 사용되며 **표준화**(standardization) 또는 **z-점수**(z-score) 정규화라고도 부릅니다. 표준화 알고리즘은 간단합니다. 먼저 각 특성의 평균을 계산하고 원래 값에서 빼서 특성의 평균을 0으로 만듭니다. 그다음에는 특성의 표준 편차를 계산하여 나눕니다. 의사 코드로 쓰면 다음과 같습니다.

```
normalizedFeature = (feature - mean(feature)) / std(feature)
```

예를 들어 특성 값이 [10, 20, 30, 40]일 때 정규화된 값은 대략 [-1.3, -0.4, 0.4, 1.3]이 됩니다. 확실히 평균은 0이고 대략 보아도 표준 편차는 1입니다. 보스턴 주택 문제에서 정규화 코드는 normalization.js 파일에 들어 있습니다. 이 파일의 내용은 코드 2-9와 같습니다. 여기에는 두 개의 함수가 있습니다. 하나는 전달된 2D 텐서[21]에서 평균과 표준 편차를 계산하고, 다른 하나는 계산된 평균과 표준 편차로 텐서를 정규화합니다.

**코드 2-9** 데이터 정규화: 평균 0, 단위 표준 편차

```
/**
 * 데이터 배열에 있는 각 열의 평균과 표준 편차를 계산합니다
 *
 * @param {Tensor2d} data: 각 열의 평균과 표준 편차를 독립적으로 계산하기 위한 데이터셋
 *
 * @returns {Object} 각 열의 평균과 표준 편차를 1d 텐서로 포함하고 있는 객체
 */
export function determineMeanAndStddev(data) {
  const dataMean = data.mean(0);
  const diffFromMean = data.sub(dataMean);
  const squaredDiffFromMean = diffFromMean.square();
  const variance = squaredDiffFromMean.mean(0);
  const dataStd = variance.sqrt();
  return {dataMean, dataStd};
}


/**
 * 평균과 표준 편차가 주어지면 평균을 빼고 표준 편차로 나누어 정규화합니다
 *
 * @param {Tensor2d} data: 정규화할 데이터. 크기: [batch, numFeatures].
 * @param {Tensor1d} dataMean: 데이터의 평균. 크기 [numFeatures].
 * @param {Tensor1d} dataStd: 데이터의 표준 편차. 크기 [numFeatures]
 *
 * @returns {Tensor2d}: data와 동일한 크기의 텐서이지만,
 * 각 열은 평균이 0이고 단위 표준 편차를 가지도록 정규화되어 있습니다
 */
export function normalizeTensor(data, dataMean, dataStd) {
  return data.sub(dataMean).div(dataStd);
}
```

이 함수를 조금 더 자세히 살펴보겠습니다. determineMeanAndStddev 함수는 입력으로 2D 텐서인 data를 받습니다. 관례상 첫 번째 차원은 샘플 차원입니다. 각 인덱스는 독립적인 고유한 샘플에 대응됩니다. 두 번째 차원은 특성 차원입니다. 두 번째 차원의 12개 원소는 12개 입력 특성

---

21 **역주** 원서는 텐서의 차원을 표현할 때 랭크(rank)와 차원수 방식을 혼용하여 사용합니다. 예를 들어 '랭크-2 텐서' 또는 '2D 텐서'와 같이 씁니다. 번역서는 명시적으로 랭크를 언급할 필요가 없다면, 가급적 간결하게 '2D 텐서'로 통일합니다. 랭크와 텐서 차원에 대해서는 부록 C를 참고하세요.

(CRIM, ZN, INDUS 등)에 해당합니다. 다음과 같이 독립적으로 각 특성의 평균을 계산할 수 있습니다.

```
const dataMean = data.mean(0);
```

이 함수 호출에서 0은 0번째(첫 번째) 차원에 대해 평균을 계산한다는 의미입니다. data가 2D 텐서이므로 두 개의 차원(축)을 가집니다. 첫 번째 축인 배치 축은 샘플 차원입니다. 이 축을 따라 첫 번째, 두 번째, 세 번째 원소로 이동하면서 다른 샘플 또는 다른 부동산 데이터를 참조합니다. 두 번째 차원은 특성 차원입니다. 이 차원의 첫 번째에서 두 번째 원소로 이동하면서 표 2-1에 있는 CRIM, ZN, INDUS 같은 다른 특성을 참조합니다. 축 0을 따라 평균을 구할 때 샘플 방향에 대해 평균을 얻습니다. 계산 결과는 특성 축만 남기 때문에 1D 텐서가 됩니다. 각 특성의 평균을 얻게 됩니다. 만약 축 1에 대해 평균을 계산하면 여전히 1D 텐서를 얻지만 남은 축은 샘플 차원이 됩니다. 이 값은 각 부동산 레코드에 대한 평균에 해당하며 이 예제에서는 의미가 없습니다. 축을 따라 계산할 때 자주 발생하는 에러이므로 올바른 방향으로 계산을 수행하는지 주의하세요.

여기에서 브레이크포인트(breakpoint)[22]를 설정하면 자바스크립트 콘솔을 사용해 계산된 평균값을 살펴볼 수 있고 전체 데이터셋에 대해 계산한 평균과 매우 가깝다는 것을 알 수 있습니다. 이는 훈련 샘플이 대표성을 가진다는 것을 의미합니다.

```
> dataMean.shape
  [12]
> dataMean.print();
    [3.3603415, 10.6891899, 11.2934837, 0.0600601, 0.5571442, 6.2656188,
     68.2264328, 3.7099338, 9.6336336, 409.2792969, 18.4480476, 12.5154343]
```

다음 코드에서는 (tf.sub()을 사용해) 데이터에서 평균을 빼어 원점에 중앙이 맞춰진 데이터를 얻습니다.

```
const diffFromMean = data.sub(dataMean);
```

주의를 100% 기울이지 않는다면 이 코드에 감춰진 마술을 놓칠 수 있습니다. data는 [333, 12] 크기의 2D 텐서입니다. 반면 dataMean은 [12] 크기의 1D 텐서입니다. 일반적으로 크기가 다른 두 텐서를 뺄 수 없습니다. 하지만 여기에서는 텐서플로가 브로드캐스팅(broadcasting)을 사용해 두 번째 텐서의 차원을 확장시켜 실제적으로 333번 반복하기 때문에 자세한 지침이 없어도 사용

---

22 [역주] 크롬 브라우저에서 브레이크포인트를 설정하는 방법은 http://mng.bz/rPQJ를 참고하세요. 파이어폭스, 엣지 또는 다른 브라우저에서 브레이크포인트를 설정하는 방법은 검색 엔진에서 '브레이크포인트 설정 방법'을 검색해 찾을 수 있습니다.

자가 의도한 대로 정확히 수행됩니다. 이런 유용성은 편리하지만, 이따금 브로드캐스팅에 호환되는 크기 규칙이 조금 혼동될 수 있습니다. 브로드캐스팅에 대해 자세히 알고 싶다면 INFO BOX 2.4를 참고하세요.

determineMeanAndStddev 함수에 있는 다른 코드는 특별한 것은 아닙니다. tf.square()는 각 원소의 제곱을 계산하고 tf.sqrt()는 원소의 제곱근을 계산합니다. 각 메서드의 자세한 정의는 TensorFlow.js API 문서(https://js.tensorflow.org/api/latest/)를 참고하세요. 이 문서는 실시간으로 수정할 수 있는 위젯을 포함하고 있어서 그림 2-12와 같이 함수 동작 방식을 직접 테스트할 수 있습니다.

▼ 그림 2-12 TensorFlow.js API 문서(https://js.tensorflow.org/api/latest/) 안에서 TensorFlow.js API를 직접 테스트해 볼 수 있다. 이를 통해 함수 사용법과 특이한 사례를 빠르고 쉽게 이해할 수 있다.

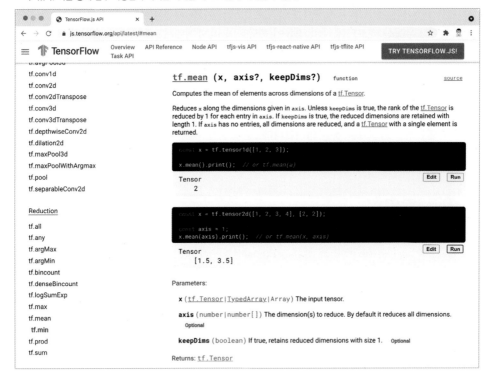

이 예에서 명확한 설명을 우선시하여 코드를 작성했지만 훨씬 더 간결하게 determineMeanAnd Stddev 함수를 작성할 수 있습니다.

```
const std = data.sub(data.mean(0)).square().mean().sqrt();
```

텐서플로를 사용하면 불필요한 코드 중복 없이 많은 수치 계산을 표현할 수 있습니다.

INFO BOX 2.4≡   **브로드캐스팅**

C = tf.someOperation(A, B)와 같은 텐서 연산을 생각해 보죠. 여기서 A와 B는 텐서입니다. 가능하고 또 모호하지 않으면 작은 텐서가 큰 텐서의 크기에 맞도록 브로드캐스팅됩니다. 브로드캐스팅은 두 단계로 구성됩니다.

1. 큰 텐서의 랭크에 맞춰 작은 텐서에 (브로드캐스팅되는) 축이 추가됩니다.

2. 큰 텐서의 전체 크기에 맞도록 작은 텐서가 새로운 축을 따라 반복됩니다.

구현 입장에서 보면 매우 비효율적이기 때문에 실제로 새로운 텐서가 만들어지진 않습니다. 반복 연산은 완전히 가상입니다. 메모리 수준이 아니라 알고리즘 수준에서 일어납니다. 하지만 새로운 축을 따라 작은 텐서가 반복된다고 생각하는 것이 이해하기 쉽습니다.

브로드캐스팅은 일반적으로 한 텐서의 크기가 (a, b, ..., n, n + 1, ... m)이고 다른 텐서의 크기가 (n, n + 1, ... , m)인 두 개 텐서의 원소별 연산에 적용할 수 있습니다. 그다음에는 브로드캐스팅이 자동으로 a에서 n − 1 축에 적용됩니다. 예를 들어, 다음 예제 코드는 원소별 maximum 연산을 브로드캐스팅을 사용하여 크기가 다른 두 개의 랜덤한 텐서에 적용합니다.

```
x = tf.randomUniform([64, 3, 11, 9]);  ┈┈ x는 크기가 [64, 3, 11, 9]인 랜덤한 텐서입니다.
y = tf.randomUniform([11, 9]);  ┈┈ y는 크기가 [11, 9]인 랜덤한 텐서입니다.
z = tf.maximum(x, y);  ┈┈ 출력 z의 크기는 x와 같은 [64, 3, 11, 9]입니다.
```

## 2.3.6 보스턴 주택 데이터에서 선형 회귀 훈련하기

데이터를 정규화하고 합리적인 기준을 마련했습니다. 다음 단계는 모델을 구축하고 훈련하여 이 기준을 능가하는지 확인하는 것입니다. 코드 2-10에서 2.1절에 있는 것과 비슷한 선형 회귀 모델을 정의합니다(이 코드는 index.js에 있습니다). 코드가 아주 비슷합니다. 다운로드 시간 예측 모델과 유일하게 다른 점은 inputShape 설정입니다. 1이 아니라 길이가 12인 벡터를 받습니다. 하나의 밀집 층은 동일하게 units: 1이므로 하나의 숫자를 출력합니다.

**코드 2-10** 보스턴 주택 데이터를 위한 선형 회귀 모델 정의

```
export function linearRegressionModel() {
  const model = tf.sequential();
  model.add(tf.layers.dense({inputShape: [bostonData.numFeatures], units: 1}));
  return model;
};
```

모델을 정의하고 난 다음, 훈련을 시작하기 전에 model.compile() 메서드를 호출할 때 손실과 옵티마이저를 지정해야 합니다. 코드 2-11에서 'meanSquaredError' 손실과 학습률을 별도로 설정한 옵티마이저를 지정합니다. 이전 예제에서 옵티마이저 매개변수를 'sgd' 문자열로 지정했지만, 여기서는 tf.train.sgd(LEARNING_RATE)입니다. 이 팩토리(factory) 함수는 확률적 경사 하강법 옵티마이저 알고리즘을 구현한 객체를 반환합니다.[23] 하지만 별도의 학습률을 사용합니다. 이것이 케라스에서 내려온 TensorFlow.js에서 사용하는 일반적인 패턴입니다. 다른 설정 옵션에도 이런 방식을 적용할 수 있습니다. 표준적으로 잘 알려진 기본 매개변수 값을 적용하기 위해 문자열을 객체 타입으로 대체할 수 있습니다. TensorFlow.js는 입력된 문자열을 좋은 기본 매개변수 값을 적용한 객체로 바꿉니다. 이 경우 'sgd'는 tf.train.sgd(0.01)로 바뀝니다. 옵션을 바꾸어야 할 필요가 있다면 이 팩토리 함수에 원하는 값을 전달하여 객체를 만들 수 있습니다. 이렇게 하면 대부분의 경우 코드를 간결하게 유지하고 필요할 때 기본 매개변수 값을 오버라이드(override)할 수 있습니다.

**코드 2-11** 보스턴 주택 모델 컴파일(index.js)

```
const LEARNING_RATE = 0.01;
model.compile({
  optimizer: tf.train.sgd(LEARNING_RATE),
  loss: 'meanSquaredError'});
```

이제 모델을 훈련 데이터셋에서 훈련할 수 있습니다. 코드 2-12에서 2-14까지 model.fit() 메서드의 다양한 기능을 사용합니다. 하지만 기본적으로 그림 2-6과 동일한 작업을 수행합니다. 각 단계에서 새로운 샘플 특성(tensors.trainFeatures)과 타깃(tensors.trainTarget)을 여러 개 선택하고, 손실을 계산하고, 이 손실을 줄이기 위해 가중치를 업데이트합니다. 이 과정은 전체 훈련 데이터에 대해 NUM_EPOCHS 동안 반복되며 에포크 안의 각 단계마다 BATCH_SIZE개의 샘플을 선택합니다.

**코드 2-12** 보스턴 주택 데이터에서 모델 훈련하기

```
await model.fit(tensors.trainFeatures, tensors.trainTarget, {
  batchSize: BATCH_SIZE
  epochs: NUM_EPOCHS,
});
```

---

23 역주 sgd() 함수는 SGDOptimizer 클래스 객체를 생성하여 반환합니다.

보스턴 주택 웹 애플리케이션에서 모델이 훈련될 때 훈련 손실의 그래프를 그리겠습니다. 이를 위해 model.fit()의 콜백(callback) 기능을 사용해 UI를 업데이트합니다. model.fit() 콜백 API를 사용하면 특정 이벤트에 실행시킬 콜백 함수를 제공할 수 있습니다. 3.8.0 버전의 전체 콜백 트리거(trigger)는 onTrainBegin, onTrainEnd, onEpochBegin, onEpochEnd, onBatchBegin, onBatchEnd, onYield입니다.

**코드 2-13** model.fit()의 콜백

```
let trainLogs = [];
await model.fit(tensors.trainFeatures, tensors.trainTarget, {
  batchSize: BATCH_SIZE,
  epochs: NUM_EPOCHS,
  callbacks: {
    onEpochEnd: async (epoch, logs) => {
      await ui.updateModelStatus(
          '에포크 ${NUM_EPOCHS}번 중 ${epoch + 1}번째 완료.', modelName);
      trainLogs.push(logs);
      tfvis.show.history(container, trainLogs, ['loss'],
          {'xLabel':'반복(에포크)','yLabel':'손실'})
    }
  }
});
```

여기서 소개할 마지막 커스터마이징은 검증 데이터를 사용하는 것입니다. 검증은 조금 설명할 가치가 있는 머신 러닝 개념입니다. 다운로드 시간 예측 문제에서 모델이 본 적 없는 새로운 데이터에서 얼마나 잘 동작하는지 편향되지 않게 추정하기 위해 훈련 데이터와 테스트 데이터를 분리했습니다. 하지만 일반적으로 **검증 데이터**(validation data)가 또 있습니다. 검증 데이터는 훈련 데이터나 테스트 데이터와 별개입니다. 검증 데이터를 어디에 사용할까요? 머신 러닝 엔지니어가 검증 데이터에서의 성능을 보고, 그 결과를 사용해 모델의 특정 설정[24]을 바꾸어 검증 데이터에서 정확도를 향상시킵니다. 여기까지는 모두 좋습니다. 하지만 이런 과정이 많이 반복되면 검증 데이터에 튜닝하는 효과가 생깁니다. 동일한 검증 데이터를 사용해 모델의 최종 정확도를 평가하면 최종 평가 결과는 더 이상 일반화되기 힘듭니다. 모델이 데이터를 이미 보았기 때문에 그 평가 결과가 미래에 본 적 없는 데이터에서의 모델 성능을 반영한다고 보장하기 어렵습니다. 이런 이유로 검증 데이터와 별개의 테스트 데이터가 필요합니다. 훈련 데이터에서 모델을 훈련하고 검증 데이터

---

24 **역주** 이런 설정의 예로는 모델의 층 개수, 층의 크기, 옵티마이저 종류, 훈련하는 동안 사용할 학습률 등이 있습니다. 이런 값들을 모델의 하이퍼파라미터(hyperparameter)라고 부르며 3.1.2절에서 자세히 다루겠습니다.

에서의 평가를 바탕으로 하이퍼파라미터를 조정합니다. 모든 작업이 끝나고 결과에 만족할 때 테스트 데이터에서 최종적으로 모델을 딱 한 번 평가하여 일반화할 수 있는 성능의 추정치를 얻습니다.

훈련, 검증, 테스트 세트가 무엇인지, 어떻게 TensorFlow.js에서 사용하는지 요약해 보죠. 모든 프로젝트가 이 세 종류의 데이터를 사용하는 것은 아닙니다. 종종 급한 탐색이나 연구 프로젝트는 훈련 데이터와 검증 데이터만 사용하고 테스트를 위한 순수한 데이터 세트를 준비하지 않습니다. 엄격한 방법은 아니지만 이따금 제한된 자원을 최대로 사용해야 할 때가 있습니다.

- **훈련 데이터**: 경사 하강법으로 모델 가중치를 학습합니다.
  - **TensorFlow.js에서의 사용법**: 일반적으로 훈련 데이터는 `Model.fit(x, y, config)`를 호출할 때 주요 매개변수 값(x와 y)으로 사용됩니다.
- **검증 데이터**: 모델 구조와 하이퍼파라미터를 선택합니다.
  - **TensorFlow.js에서의 사용법**: `Model.fit()` 메서드의 config 매개변수에 검증 데이터를 지정하는 두 가지 방법이 있습니다. 검증 데이터를 별도로 가지고 있다면 `config.validationData`에 지정합니다. 프레임워크가 훈련 데이터의 일부를 떼어내어 검증 데이터로 사용하게 하려면 `config.validationSplit`에 분할 비율을 지정합니다. 프레임워크는 검증 데이터를 사용하여 모델을 훈련하지 않습니다. 따라서 데이터가 겹치지 않습니다.
- **테스트 데이터**: 편향되지 않은 모델의 최종 성능을 추정합니다.
  - **TensorFlow.js에서의 사용법**: 평가 데이터는 `Model.evaluate(x, y, config)`의 x와 y 매개변수 값으로 전달합니다.

코드 2-14에서 훈련 손실과 함께 검증 손실이 계산됩니다. `validationSplit: 0.2`는 `model.fit()` 메서드가 훈련 데이터의 마지막 20%를 선택해 검증 데이터로 사용하라는 의미입니다. 이 데이터는 훈련에 사용되지 않습니다(즉, 경사 하강법에 영향을 미치지 않습니다).

**코드 2-14** model.fit()에 검증 데이터 적용하기

```
let trainLogs = [];
await model.fit(tensors.trainFeatures, tensors.trainTarget, {
  batchSize: BATCH_SIZE,
  epochs: NUM_EPOCHS,
  validationSplit: 0.2,
  callbacks: {
    onEpochEnd: async (epoch, logs) => {
```

```
    await ui.updateModelStatus(
        '에포크 ${NUM_EPOCHS}번 중 ${epoch + 1}번째 완료.', modelName);
    trainLogs.push(logs);
    tfvis.show.history(container, trainLogs, ['loss', 'val_loss'],
        {'xLabel':'반복(에포크)','yLabel':'손실'})
    }
  }
});
```

최신 노트북에 있는 브라우저에서 이 모델을 200번의 에포크 동안 훈련하는 데 약 11초 걸립니다. 이제 테스트 세트에서 모델을 평가하여 기준 손실보다 더 나은지 확인해 보죠. 다음 코드는 model.evaluate()를 사용해 테스트 데이터에서 모델의 성능을 평가하고 화면을 업데이트하는 방법을 보여 줍니다.

**코드 2-15** 테스트 데이터에서 모델을 평가하고 UI 업데이트하기(index.js)

```
ui.updateStatus('테스트 데이터에서 평가합니다...');
const result = model.evaluate(
    tensors.testFeatures, tensors.testTarget, {batchSize: BATCH_SIZE});
const testLoss = result.dataSync()[0];
const trainLoss = trainLogs[trainLogs.length - 1].loss;
const valLoss = trainLogs[trainLogs.length - 1].val_loss;
await ui.updateModelStatus(
    '훈련 세트 최종 손실: ${trainLoss.toFixed(4)}\n' +
    '검증 세트 최종 손실: ${valLoss.toFixed(4)}\n' +
    '테스트 세트 손실: ${testLoss.toFixed(4)}',
    modelName);
```

여기에서 model.evaluate()는 테스트 세트에서 계산한 손실을 담은 스칼라(scalar)(0D 텐서) 값을 반환합니다.

경사 하강법의 무작위성 때문에 조금 다른 결과가 나올 수 있지만, 일반적으로 다음과 같은 결과를 얻을 수 있습니다.

- **훈련 세트 최종 손실**: 23.4724
- **검증 세트 최종 손실**: 25.2567
- **테스트 세트 손실**: 24.4759
- **기준 손실**: 85.58

이 결과로부터 편향되지 않은 최종 오차 추정은 약 24.5입니다. 단순한 기준 손실인 85.6보다 훨씬 좋습니다. 이 오차는 meanSquaredError를 사용하여 계산했습니다. 이 결과에 제곱근을 취해서 비교해 보면, 기준 손실은 일반적으로 9.2 이상 벗어나고 선형 모델은 약 5.0 정도 벗어납니다. 아주 많이 향상되었군요! 이 세상에서 유일하게 이 정보를 가지고 있는 사람이라면 1978년 최고의 보스턴 부동산 투자가가 될 수 있습니다! 어쨌든 누군가가 더 좋은 예측을 할 수 없다면 말이죠.

호기심에 **신경망 회귀 모델** 버튼을 눌렀다면 더 좋은 추정이 가능하다는 사실을 알았을 것입니다. 다음 장에서는 이런 높은 성능을 가능하게 만드는 비선형 딥러닝 모델을 소개하겠습니다.

# 2.4 / 모델 해석 방법

모델을 훈련했고 합리적인 예측을 만들 수 있으므로 자연스럽게 모델이 무엇을 학습했는지 궁금합니다. 데이터를 어떻게 이해했는지 알아보기 위해 모델 내부를 들여다볼 수 있는 방법이 있을까요? 모델이 입력에 대해 어떤 가격을 예측할 때 왜 이런 가격이 나왔는지 납득할 만한 설명을 찾을 수 있을까요? 일반적으로 대규모 심층 네트워크의 경우 모델 이해(또는 모델 해석 가능성(interpretability))는 여전히 활발한 연구 영역입니다. 학술 콘퍼런스에서 많은 포스터 세션과 강연이 이런 주제로 열립니다. 하지만 단순한 선형 회귀 모델의 경우라면 매우 간단합니다.

이 절에서 다음과 같은 내용을 다룹니다.

- 모델에서 학습된 가중치 추출하기
- 이런 가중치를 해석하고 가중치에 대한 직관과 비교하기

## 2.4.1 학습된 가중치에서 의미 추출하기

2.1.3절에 있는 첫 번째 선형 모델과 마찬가지로 2.3절에서 만든 간단한 선형 모델은 13개의 학습된 파라미터를 커널과 편향에 가지고 있습니다.

```
output = kernel · features + bias
```

커널과 편향 값은 모두 모델이 훈련될 때 학습됩니다. 2.1.3절에서 배운 스칼라 선형 함수와 반대로 여기서는 특성과 커널이 모두 벡터입니다. '·' 기호는 스칼라 곱셈을 벡터에 일반화한 **내적** (inner product)을 나타냅니다. 내적은 **점곱**(dot product)이라고도 부르며, 단순히 두 벡터의 원소끼리 곱하여 더한 것입니다. 코드 2-16에 있는 의사 코드가 내적을 정확하게 정의하고 있습니다.

여기에서 특성의 원소와 커널의 원소 사이에 관계가 있다는 점을 이해해야 합니다. 표 2-1에 있는 CRIM이나 NOX와 같은 개별 특성에 연관된 커널 원소가 학습됩니다. 이 커널 원소는 모델이 특성에 대해 무엇을 학습했는지와 특성이 출력에 얼마나 영향을 미치는지를 알려 줍니다.

**코드 2-16** 내적의 의사 코드

```
function innerProduct(a, b) {
  output = 0;
  for (let i = 0 ; i < a.length ; i++) {
    output += a[i] * b[i];
  }
  return output;
}
```

예를 들어 모델이 양수 kernel[i]를 학습했다면 feature[i] 값이 커질 때 출력이 커진다는 것을 의미합니다. 반대로 모델이 음수 kernel[j]를 학습했다면 feature[j]가 커질 때 예측 출력을 감소시킵니다. 학습된 값의 크기가 매우 작다면, 모델은 관련된 특성이 예측에 거의 영향을 미치지 않는다고 간주합니다. 반면에 학습된 값이 크다면, 모델은 이 특성에 큰 가중치를 부여하여 특성이 조금만 바뀌어도 비교적 예측에 큰 영향을 미치게 만듭니다.[25]

구체적으로 그림 2-13은 보스턴 주택 예제의 출력 영역에 표시된 절댓값순으로 가장 큰 다섯 개의 가중치 값입니다. 랜덤한 초기화 때문에 실행할 때마다 값이 조금씩 달라집니다. 음수 가중치를 가진 특성은 부동산 가격에 부정적인 영향을 미친다고 생각할 수 있습니다. 예를 들면 고등교육 이하 비율이나 고용센터까지의 거리 등입니다. 평균적인 방의 개수처럼 학습된 가중치가 양수인 특성은 부동산 가격에 직접적으로 연관성을 가진다고 기대할 수 있습니다.

---

25 이런 식으로 크기를 비교하는 것은 보스턴 주택 데이터셋에 적용한 것처럼 특성이 정규화되었을 때만 가능합니다.

❤ 그림 2-13 보스턴 주택 가격 예측 문제에서 선형 모델이 학습한 가중치 중 절댓값 크기 순서로 정렬된 상위 다섯 개. 음수 값을 가진 특성은 주택 가격에 부정적인 영향을 미친다고 기대할 수 있다.

| | |
|---|---|
| 고등교육 이하 비율 | −4.5299 |
| 고용센터까지의 거리 | −3.3422 |
| 고속도로 접근성 | 2.6130 |
| 평균 방 개수 | 2.3710 |
| 세율 | −1.8852 |

## 2.4.2 모델에서 가중치 추출하기

학습된 모델의 모듈 구조 덕분에 관련된 가중치를 쉽게 추출할 수 있습니다. 직접적으로 참조할 수 있지만 원본 값을 가져오기 위한 몇 가지 API 단계가 있습니다. 이 값은 GPU에 있을 수 있고 장치 간 통신은 비싸기 때문에 이런 값의 요청은 비동기적입니다. 코드 2-17에서 굵은 글씨체로 나타낸 부분은 코드 2-14에서 에포크가 끝날 때마다 학습된 가중치를 출력하기 위해 model.fit() 콜백을 추가했습니다. 이 API를 단계별로 살펴보겠습니다.

주어진 모델에서 올바른 층에 접근해야 합니다. 이 모델은 층이 하나이기 때문에 어렵지 않습니다. model.layers[0]으로 첫 번째 층에 접근할 수 있습니다. 이제 층 객체를 얻었으므로 가중치 배열을 반환하는 getWeights() 메서드로 내부 가중치에 접근할 수 있습니다. 밀집 층의 경우 항상 커널과 편향이라는 두 개의 가중치를 순서대로 담고 있습니다. 따라서 다음과 같이 원하는 텐서를 참조할 수 있습니다.

> **model.layers[0].getWeights()[0]**

텐서를 얻었으므로 data() 메서드를 호출하여 내용을 가져올 수 있습니다. GPU ↔ CPU 통신의 비동기적인 성질 때문에 data()도 비동기적이므로 실제 값이 아니라 텐서 값의 프로미스를 반환합니다. 코드 2-17에서 이 프로미스의 then() 메서드에 전달한 콜백이 텐서 값을 kernelAsArr 변수에 연결합니다. console.log() 명령의 주석을 제거하면 다음과 같이 커널 값이 에포크마다 한 번씩 콘솔에 출력됩니다.

```
Float32Array(12) [-0.44015952944755554, 0.8829045295715332,
    0.11802537739276886, 0.9555914402008057, -1.6466193199157715,
    3.386948347091675, -0.36070501804351807, -3.0381457805633545,
    1.4347705841064453, -1.3844640254974365, -1.4223048686981201,
    -3.795234441757202]
```

```
let trainLogs = [];
await model.fit(tensors.trainFeatures, tensors.trainTarget, {
  batchSize: BATCH_SIZE,
  epochs: NUM_EPOCHS,
  validationSplit: 0.2,
  callbacks: {
    onEpochEnd: async (epoch, logs) => {
      await ui.updateModelStatus(
          '에포크 ${NUM_EPOCHS}번 중 ${epoch + 1}번째 완료.', modelName);
      trainLogs.push(logs);
      tfvis.show.history(container, trainLogs, ['loss', 'val_loss'],
          {'xLabel':'반복(에포크)','yLabel':'손실'})
      if (weightsIllustration) {
        model.layers[0].getWeights()[0].data().then(kernelAsArr => {
          const weightsList = describeKernelElements(kernelAsArr);
          ui.updateWeightDescription(weightsList);
        });
      }
    }
  }
});
```

### 2.4.3 모델 해석 가능성에 대한 주의 사항

그림 2-13에 있는 가중치는 한 가지 이야기를 말해 줍니다. 이 결과를 보고 모델이 '평균적인 방의 개수' 특성이 가격과 양의 상관관계를 가지는 것을 학습했다고 말하거나, 절댓값 크기가 작기 때문에 표시되지 않은 오래된 주택 비율이 처음 다섯 개의 특성보다 중요도가 낮다고 말할 수 있습니다. 사람은 이야기를 좋아하기 때문에 이를 크게 받아들이고 수치가 뒷받침하는 것보다 더 많은 것을 말해 준다고 상상하는 것이 일반적입니다. 예를 들어 이런 종류의 분석이 실패하는 한 가지 경우는 두 입력 특성이 강한 상관관계를 가질 때입니다.

우연히 동일한 특성이 두 번 포함된 가상의 사례를 생각해 보죠. 이를 FEAT1과 FEAT2라고 부르겠습니다. 두 특성에 대해 학습된 가중치는 10과 −5입니다. FEAT1을 증가시키면 출력이 커지고 FEAT2는 그 반대라고 말하기 쉽습니다. 하지만 이 특성들이 동일하기 때문에 가중치가 반대여도 모델은 정확히 동일한 값을 출력합니다.

또 다른 주의 사항은 상관관계와 인과관계의 차이입니다. 지붕이 얼마나 젖었는지를 바탕으로 얼마나 많은 비가 내렸는지 예측하는 간단한 모델을 생각해 보죠. 지붕이 젖은 정도를 측정했다면 아마도 지난 시간에 얼마나 많은 비가 내렸는지 예측할 수 있습니다. 하지만 센서에 물이 튀었을 때도 비가 내렸다고 판단할 수 있습니다!

# 2.5 연습 문제

1. 2.1절에 있는 하드 코딩된 시간 예측 문제를 고른 이유는 데이터가 거의 선형이기 때문입니다. 다른 데이터셋은 훈련하는 동안 손실 표면과 동역학이 다릅니다. 자신만의 데이터로 바꾸어 모델이 어떻게 동작하는지 살펴볼 수 있습니다. 모델이 어느 정도 흥미로운 수준에 수렴하려면 학습률, 초기화, 정규화를 바꾸어야 할 수 있습니다.

2. 2.3.5절에서 정규화의 중요성과 입력 데이터를 평균이 0이고 단위 분산을 갖도록 정규화하는 방법을 설명했습니다. 이 예에서 정규화를 제거하고 모델이 훈련하지 못하는지 확인해 보세요. 또 정규화 과정을 수정하여 평균이 0이 아닌 다른 값이나 조금 더 낮은 표준 편차를 가지도록 만들어 보세요. 어떤 정규화는 모델 훈련에 유효하지만 어떤 경우에는 모델이 수렴하지 못하게 만듭니다.

3. 보스턴 주택 가격 데이터셋의 일부 특성이 다른 것보다 타깃을 예측하는 데 유용하다고 알려져 있습니다. 일부 특성은 주택 가격을 예측하는 데 유용한 정보를 제공하지 않는다는 점에서 잡음에 불과합니다. 하나만 남기고 모든 특성을 제거한다면 어떤 특성을 남겨야 할까요? 두 개의 특성을 남겨야 한다면 어떻게 특성을 선택할 수 있을까요? 보스턴 주택 예제의 코드를 사용해 이 문제를 탐구해 보세요.

4. 어떻게 경사 하강법이 무작위한 방법보다 나은 방법으로 가중치를 업데이트하여 모델을 최적화하는지 설명해 보세요.

5. 보스턴 주택 예제는 절댓값 크기순으로 상위 다섯 개의 가중치를 출력합니다. 작은 가중치와 연관된 특성을 출력하도록 코드를 수정해 보세요. 이 가중치는 왜 작은지 상상할 수 있나요? 누군가가 왜 이 가중치의 값이 작은지 물어보면 설명할 수 있나요? 가중치를 해석하는 방법에 대해 주의해야 할 점은 무엇인가요?

# 2.6 요약

- TensorFlow.js를 사용하면 다섯 줄의 자바스크립트 코드로 간단한 머신 러닝 모델을 구축하고, 훈련하고, 평가할 수 있습니다.

- 딥러닝 이면의 기본 알고리즘인 경사 하강법은 개념적으로 간단합니다. 모델이 가장 크게 향상되는 방향으로 조금씩 이동하면서 모델 파라미터를 반복적으로 업데이트하는 것을 의미합니다.

- 모델의 손실 표면은 모델이 파라미터 공간에서 얼마나 잘 맞는지 보여 줍니다. 파라미터 공간이 고차원이기 때문에 손실 표면은 일반적으로 계산할 수 없지만, 머신 러닝 동작 방식에 대해 생각하고 직관을 얻을 수 있습니다.

- 하나의 밀집 층은 간단한 문제를 푸는 데 충분하고 부동산 가격 문제에서 납득할 만한 성능을 달성할 수 있습니다.

# 3<sup>장</sup>

# 비선형성 추가: 가중치 합을 넘어서

3.1 비선형성과 그 필요성

3.2 출력층의 비선형성: 분류를 위한 모델

3.3 다중 분류

3.4 연습 문제

3.5 요약

---

**이 장에서 다룰 핵심 내용**

- 비선형성이 무엇이고 신경망 은닉층에 있는 비선형성이 어떻게 네트워크의 용량을 높여 더 높은 예측 정확도를 달성하는지 설명합니다.
- 하이퍼파라미터가 무엇인지 설명하고 이를 튜닝하는 방법을 소개합니다.
- 출력층에 비선형성을 추가한 이진 분류로 피싱 웹 사이트 감지 예제를 다룹니다.
- 다중 분류를 소개하고 이진 분류와의 차이를 설명하기 위해 붓꽃 예제를 다룹니다.

이 장에서는 2장에서 설명한 기초를 토대로 특성에서 레이블로 더 복잡한 매핑을 학습하는 신경망을 구축해 보겠습니다. 여기서 소개할 주요 개선점은 **비선형성**(nonlinearity)입니다. 비선형성은 입력과 출력 사이를 단순한 입력 원소의 가중치 합으로 매핑하는 것이 아닙니다. 비선형성은 신경망의 표현 능력을 강화하며 올바르게 사용되면 많은 문제에서 예측 정확도를 향상시킵니다. 지금은 보스턴 주택 데이터셋을 계속 사용하여 설명하겠습니다. 또한, 이 장에서는 과대적합과 과소적합을 더 자세히 다루기 때문에 훈련 데이터에서 잘 동작하는 것뿐만 아니라 훈련하는 동안 본 적 없는 데이터에서 좋은 정확도를 내는 모델을 훈련하는 데 도움이 될 것입니다. 모델의 품질 측면으로 보면, 본 적 없는 데이터에서 좋은 성능을 내는 것이 궁극적인 목표입니다.

# 3.1 비선형성과 그 필요성

이전 장의 보스턴 주택 예제를 이어서 진행해 보죠. 하나의 밀집 층을 사용해 훈련한 모델은 대략 5,000달러의 예측 오차에 해당하는 MSE를 만들었습니다. 이를 더 개선할 수 있을까요? 물론입니다. 보스턴 주택 데이터셋에서 더 좋은 모델을 만들려면 다음 코드에서처럼 밀집 층을 더 추가합니다(보스턴 주택 예제의 index.js에서 발췌).

**코드 3-1** 보스턴 주택 문제를 위해 두 개의 층을 가진 신경망 정의하기

```
export function multiLayerPerceptronRegressionModel1Hidden() {
  const model = tf.sequential();
  model.add(tf.layers.dense({
    inputShape: [bostonData.numFeatures],
    units: 50,
    activation: 'sigmoid',          커널 초기화 방법을 지정합니다. 하이퍼파라미터 최적화를 통해 이 값을
    kernelInitializer: 'leCunNormal' ············ 선택하는 방법에 대한 설명은 3.1.2절을 참고하세요.
  }));
  model.add(tf.layers.dense({units: 1}));  ······ 은닉층을 추가합니다.

  model.summary();  ······ 모델의 구조를 텍스트로 출력합니다.
  return model;
};
```

이 모델을 실행하려면 2장에서 언급한 것처럼 먼저 `npx http-server`를 실행합니다. 웹 페이지가 열리면 화면에 있는 **신경망 회귀 모델 훈련 (은닉층 한 개)** 버튼을 클릭하여 모델 훈련을 시작합니다.

이 모델은 두 개의 층을 가진 네트워크입니다. 첫 번째 층은 50개의 유닛을 가진 밀집 층입니다.[1] 이 층은 3.1.2절에서 설명할 활성화 함수와 커널 초기화 방법을 사용합니다. 이 층은 모델 밖에서 직접 보이지 않기 때문에 **은닉층**(hidden layer)이라 부릅니다. 두 번째 층은 기본 활성화 함수(선형 활성화 함수)[2]를 가진 밀집 층입니다. 2장에서 순수한 선형 모델을 만들 때 사용한 것과 구조적으로 같은 층입니다. 이 층의 출력이 모델의 최종 출력이고 `predict()` 메서드에서 반환되는 값이기 때문에 **출력층**(output layer)이라고 부릅니다. 이 코드에 있는 함수 이름은 **다층 퍼셉트론**(MultiLayer Perceptron, MLP)이란 모델을 의미합니다. 다층 퍼셉트론은 1) 반복이 없는 단순한 구조(이를 피드포워드 신경망(feedforward neural network)이라고도 부릅니다)이고 2) 적어도 하나의 은닉층을 가지는 신경망을 의미하는 것으로 자주 사용되는 용어입니다. 이 장에서 볼 모든 모델은 이 정의에 속합니다.

코드 3-1에 있는 `model.summary()` 호출은 처음 등장합니다. TensorFlow.js 모델의 구조를 (브라우저의 개발자 도구나 Node.js의 표준 출력으로) 콘솔에 출력해 주는 진단/리포팅 도구입니다. 두 개의 층을 가진 모델의 출력 내용은 다음과 같습니다.

```
Layer (type)              Output shape          Param #
=================================================================
dense_Dense1 (Dense)      [null,50]             650
_____
dense_Dense2 (Dense)      [null,1]              51
=================================================================
Total params: 701
Trainable params: 701
Non-trainable params: 0
```

이 출력에 담긴 주요 정보는 다음과 같습니다.

- 층의 이름과 종류(첫 번째 열)
- 각 층의 출력 크기(두 번째 열). 거의 항상 첫 번째 (배치) 차원으로 null 차원을 담고 있습니다. 이 차원은 사전에 결정되지 않은 가변적인 배치 크기를 나타냅니다.

---

1 **역주** 코드 3-1에서 잘 볼 수 있듯이 신경망의 첫 번째 층은 은닉층입니다. 하지만 그림 3-1과 같이 그림으로 나타낼 때 입력을 하나의 층으로 표현하기도 합니다. 종종 편의상 입력층이란 용어도 사용하지만, 실제로 가중치가 있는 밀집 층이 아니므로 혼동하지 마세요.

2 **역주** 선형 활성화 함수란 f(x) = x에 해당합니다. 즉, 실제적으로 활성화 함수를 적용하지 않는 것이며 입력을 그대로 통과시킵니다.

- 각 층의 가중치 파라미터 개수(세 번째 열). 층의 가중치를 구성하는 배열의 원소 개수입니다. 한 개 이상의 가중치를 가진 층의 경우 모든 가중치를 더합니다. 예를 들어 이 예제의 첫 번째 밀집 층은 두 개의 가중치를 가지고 있습니다. [12, 50] 크기의 커널[3]과 [50] 크기의 편향입니다. 따라서 12 * 50 + 50 = 650개의 파라미터가 있습니다.
- 모델의 전체 가중치 개수(화면 출력 아래 부분)가 훈련 가능한 파라미터 개수와 훈련되지 않는 파라미터 개수로 나뉘어져 표시됩니다. 지금까지 본 모델은 훈련 가능한 파라미터만 가지고 있습니다. 이런 모델 가중치는 tf.Model.fit()이 호출될 때 업데이트됩니다. 5장에서 전이 학습과 모델 세부 튜닝에 관해 이야기할 때 학습되지 않는 가중치를 설명하겠습니다.

2장에 있는 순수한 선형 모델의 model.summary() 출력은 다음과 같습니다. 이 선형 모델과 비교해 보면, 두 개의 층을 가진 모델은 54배나 많은 가중치 파라미터를 가지고 있습니다. 추가된 가중치 대부분은 은닉층에 있습니다.

```
Layer (type)              Output shape          Param #
=================================================================
dense_Dense3 (Dense)      [null,1]                 13
=================================================================
Total params: 13
Trainable params: 13
Non-trainable params: 0
```

두 개의 층을 가진 모델은 층과 가중치 파라미터가 더 많기 때문에 훈련과 추론에 더 많은 자원을 사용하고 시간도 오래 걸립니다. 이런 비용이 정확도 측면에서 가치가 있을까요? 이 모델을 200번의 에포크 동안 훈련하면 테스트 세트에서 최종 MSE가 14-15 범위가 됩니다(랜덤한 초기화 때문에 변동성이 조금 있습니다). 반면 선형 모델은 약 25 정도의 테스트 세트 손실을 얻었습니다. 달러로 환산하면, 새로운 모델이 3,700~3,900달러의 예측 오차를 내고 이전의 순수한 선형 모델은 약 5,000달러의 예측 오차를 내므로 상당히 향상된 것입니다.

---

3   **역주** 12개의 입력이 은닉층에 있는 50개의 유닛에 모두 독립적으로 연결되기 때문에 12 * 50개의 파라미터가 필요합니다. 이런 이유로 밀집 층을 종종 완전 연결 층(fully connected layer)이라고도 부릅니다.

### 3.1.1 신경망의 비선형성에 대한 직관 기르기

왜 정확도가 향상되었을까요? 그림 3-1에서 볼 수 있듯이 모델의 복잡도가 향상되었기 때문입니다. 첫째, 뉴런의 층이 추가되었습니다. 이 층이 은닉층입니다. 둘째, 은닉층이 (코드에서 activation: 'sigmoid'로 지정된) 비선형 **활성화 함수**(activation function)를 가지고 있습니다. 활성화 함수는 그림 3-1의 B에서 네모 상자로 표시되어 있습니다. 활성화 함수[4]는 원소별 변환입니다. 시그모이드(sigmoid) 함수는 음의 무한대에서 양의 무한대까지 모든 실수 값을 아주 작은 범위(여기서는 0에서 1까지)로 줄인다는 점에서 일종의 압축 비선형 함수입니다. 이 함수의 수학 공식과 그래프가 그림 3-2에 나타나 있습니다. 밀집 은닉층을 예로 들어 보죠. 행렬 곱셈과 편향을 더한 결과가 다음과 같은 랜덤한 배열로 구성된 2D 텐서라고 가정해 보겠습니다.

```
[[1.0], [0.5], ..., [0.0]],
```

▼ 그림 3-1 보스턴 주택 데이터셋을 위해 만든 선형 회귀 모델(A)과 두 개의 층을 가진 신경망(B). 간단하게 나타내기 위해 입력 특성의 개수를 12개에서 세 개로 줄이고 B에서 은닉층의 유닛 개수를 50개에서 다섯 개로 줄였다. 두 모델은 모두 (하나의 타깃 값을 가진) 단변량(univariate) 회귀 문제를 풀기 때문에 하나의 출력 유닛만 가지고 있다. B는 모델의 은닉층에 비선형 (시그모이드) 활성화 함수를 사용하는 예다.

A. 선형 회귀 모델

B. 비선형 활성화 함수가 있는
두 개의 층을 가진
신경망

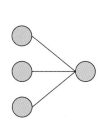
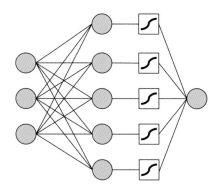

---

4　활성화 함수란 용어는 활동 전위(세포막의 전압 변화)를 통해 서로 통신하는 생물학적 뉴런의 연구로부터 유래되었습니다. 전형적인 생물학적 뉴런은 시냅스(synapse)라 불리는 접점을 통해 여러 개의 상위 뉴런으로부터 입력을 받습니다. 상위 뉴런은 다른 속도로 활동 전위를 전송하여 신경 전달 물질을 방출하고 시냅스에 있는 이온 채널의 개폐를 조절합니다. 이로 인해 수신 뉴런에서 세포막의 전압이 변합니다. 이것이 밀집 층의 유닛에서 본 가중치 합과 다르지 않습니다. 전위가 특정 임계값을 넘을 때만 수신 뉴런이 실제로 활동 전위를 생산합니다(즉, 활성화됩니다). 그리고 이때 하위 뉴런의 상태에 영향을 미칩니다. 이런 관점에서 전형적인 생물학적 뉴런의 활성화 함수는 렐루(relu) 함수와 조금 비슷합니다(그림 3-2의 오른쪽). 입력의 임계값 아래는 데드존(dead zone)이고 임계값을 넘으면 입력에 선형적으로 증가합니다(적어도 어떤 포화 상태까지. 렐루 함수에는 이런 상태가 없습니다).

그다음, 밀집 층의 최종 출력은 다음과 같이 시그모이드(S) 함수를 50개의 유닛에 대해 개별적으로 호출하여 얻어집니다.

```
[[S(1.0)], [S(0.5)], ..., [S(0.0)]] = [[0.731], [0.622], ..., [0.0]]
```

왜 이 함수를 비선형이라고 부르는 걸까요? 간단히 말하면 이 활성화 함수의 그래프가 직선이 아니기 때문입니다. 예를 들어 시그모이드(그림 3-2의 왼쪽)는 곡선이고, 렐루(rectified linear unit, relu)(그림 3-2의 오른쪽)는 두 직선을 연결한 것입니다. 시그모이드와 렐루가 비선형이지만 모든 점에서 연속적이고 미분 가능하다는 것이 하나의 특징입니다.[5] 따라서 이런 함수는 역전파를 수행할 수 있습니다.[6] 이런 성질이 없다면 이 활성화 함수가 있는 층으로 구성된 모델을 훈련할 수 없습니다.

❤ 그림 3-2 심층 신경망에서 자주 사용하는 두 개의 비선형 활성화 함수. 왼쪽: 시그모이드 함수 $S(x) = 1 / (1 + e^{-x})$. 오른쪽: 렐루 함수 $relu(x) = \{0{:}x \langle 0, x{:}x \rangle= 0\}$

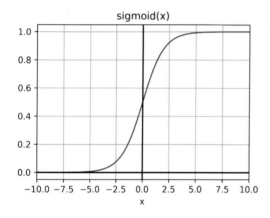 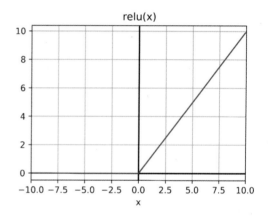

시그모이드 함수 외에도 딥러닝에서 자주 사용되는 미분 가능한 비선형 함수들이 몇 가지 있습니다. 여기에는 렐루 함수, 하이퍼볼릭 탄젠트(hyperbolic tangent, tanh) 함수가 포함됩니다. 나중에 예제에서 이 함수들이 등장할 때 자세히 설명하겠습니다.

---

5  **역주** 사실 렐루 함수는 원점(x = 0)에서 미분 가능하지 않습니다. 하지만 텐서플로를 포함해 많은 프레임워크가 원점에서 미분 값으로 0을 사용하며 실전에서 잘 동작합니다.

6  역전파에 대해서는 2.2.2절을 참고하세요.

## 비선형성과 모델 용량

비선형성이 왜 모델의 정확도를 향상시킬까요? 비선형 함수를 사용하면 다양한 입력-출력 관계를 표현할 수 있습니다. 이전 장에서 본 다운로드 시간 문제처럼 실전에서 많은 입출력 관계는 거의 선형적입니다. 하지만 그렇지 않은 문제도 많습니다. 비선형 관계의 예는 쉽게 찾아볼 수 있습니다. 사람의 키와 나이 사이의 관계를 생각해 보죠. 사람의 키는 나이에 따라 대체로 선형적으로 변하지만 어느 지점에서 구부러져 평탄해집니다. 합리적인 또 다른 예로는 범죄율이 특정 범위 안에 있을 때만 주택 가격이 이웃 지역의 범죄율에 음의 선형 관계일 수 있다는 것입니다. 이전 장에서 만든 것 같은 완전한 선형 모델은 이런 종류의 관계를 정확히 모델링할 수 없습니다. 시그모이드 함수를 사용한 모델이 이런 관계를 모델링하는 데 훨씬 더 잘 맞습니다. 물론 범죄율과 주택 가격의 관계는 그림 3-2의 왼쪽에 있는 증가하는 시그모이드 함수보다 감소하는 (뒤집힌) 시그모이드 함수에 더 가깝습니다. 하지만 시그모이드 함수 다음에 튜닝 가능한 가중치를 가진 선형 함수가 뒤따르기 때문에 신경망이 이런 관계를 모델링하는 데 문제가 없습니다.

하지만 선형 활성화 함수를 시그모이드처럼 비선형 함수로 바꾸면 데이터에 있을지도 모르는 어떤 선형 관계를 학습할 능력을 잃지 않을까요? 다행히 그렇지 않습니다. 시그모이드 함수의 (원점에 가까운) 일부 영역은 거의 직선에 가깝기 때문입니다. tanh나 렐루 같은 자주 사용되는 다른 비선형 활성화 함수도 선형 또는 선형에 가까운 영역을 가지고 있습니다. 입력의 어떤 원소와 출력 원소 사이의 관계가 거의 선형적이라면, 비선형 활성화 함수를 사용한 밀집 층은 활성화 함수의 거의 선형적인 부분을 활용해 적절한 가중치와 편향을 학습하는 것이 가능합니다. 따라서 밀집 층에 비선형 활성화 함수를 추가하면 학습할 수 있는 입력-출력 관계의 범위를 넓힐 수 있습니다.

또한, 비선형 함수는 중첩(cascading)하여 적용함으로써 더 다양한 비선형 함수를 구성한다는 점에서 선형 함수와 다릅니다. 여기에서 중첩한다는 것은 한 함수의 출력을 다른 함수의 입력으로 전달한다는 뜻입니다. 다음에 있는 두 개의 선형 함수를 생각해 보죠.

$$f(x) = k1 * x + b1$$
$$g(x) = k2 * x + b2$$

두 함수를 중첩하여 새로운 함수 h를 정의할 수 있습니다.

$$h(x) = g(f(x)) = k2 * (k1 * x + b1) + b2 = (k2 * k1) * x + (k2 * b1 + b2)$$

여기서 볼 수 있듯이 h는 여전히 선형 함수입니다. f1, f2 그리고 커널(기울기)과 편향만 달라졌습니다. 기울기는 (k2 * k1)이고 편향은 (k2 * b1 + b2)입니다. 몇 개의 선형 함수를 중첩해도 언제나 결국 하나의 선형 함수가 됩니다.

하지만 자주 사용되는 비선형 활성화 함수인 렐루를 생각해 보죠. 그림 3-3의 아래쪽에서 선형적으로 스케일링된 두 개의 렐루 함수를 중첩했을 때 어떤 일이 일어나는지 볼 수 있습니다. 스케일이 다른 두 개의 렐루 함수를 중첩하여 전혀 렐루 같지 않은 함수를 얻었습니다. 결과 함수는 새로운 형태입니다(이 경우 아래로 향하는 경사면 양쪽에 두 개의 평평한 영역이 있습니다). 이 계단 함수와 다른 렐루 함수를 중첩하면 (그림 3-3에는 없지만) '윈도(window)' 함수, 여러 윈도로 구성된 함수, 넓은 윈도 위에 좁은 윈도가 놓여 있는 함수 등과 같이 훨씬 더 다양한 함수를 얻게 됩니다. (가장 널리 사용되는 활성화 함수 중 하나인) 렐루 같은 비선형 함수를 중첩하여 만들 수 있는 함수는 매우 다양합니다. 이것이 신경망과 무슨 관련이 있을까요? 근본적으로 신경망은 중첩된 함수이며, 신경망의 각 층을 하나의 함수로 볼 수 있습니다. 차례대로 층을 쌓는 것은 이런 함수를 중첩하여 더 복잡한 함수를 만드는 것과 동일합니다. 이 복잡한 함수가 신경망 그 자체입니다. 이제 왜 비선형 활성화 함수를 포함시키는 것이 모델이 학습할 수 있는 입력-출력 관계의 범위를 증가시키는지 명확합니다. 또한, 자주 사용되는 '심층 신경망에 더 많은 층을 추가하기' 트릭을 직관적으로 이해할 수 있습니다. 이런 방법을 통해 (항상은 아니지만) 종종 모델이 데이터셋을 더 잘 학습할 수 있는 이유도 알 수 있습니다.

❤ 그림 3-3 중첩된 선형 함수(위)와 비선형 함수(아래). 선형 함수를 중첩하면 기울기와 절편이 다르지만 언제나 선형 함수가 된다. (이 예에서는 렐루 같은) 비선형 함수를 중첩하면 새로운 형태의 비선형 함수를 만든다. 여기에서는 '내려가는 계단 함수'가 된다. 이 예는 비선형 활성화 함수를 중첩하는 것이 표현 능력(즉, 용량)을 증가시키는 이유를 보여 준다.

**중첩된 선형 함수**

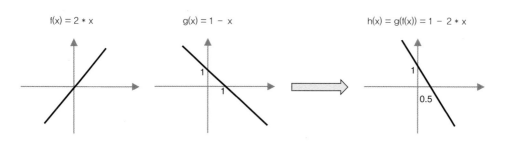

**중첩된 렐루 함수**

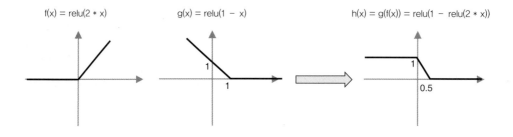

머신 러닝 모델이 학습할 수 있는 입력-출력 관계의 범위를 종종 모델의 **용량**(capacity)이라고 부릅니다. 앞서 비선형성에 대해 논의했을 때 은닉층과 비선형 활성화 함수를 가진 신경망이 선형 회귀 모델에 비해 더 용량이 크다는 것을 알 수 있습니다. 또한, 두 개의 층을 가진 네트워크가 선형 회귀 모델에 비해 훨씬 높은 테스트 세트 정확도를 달성한 이유를 설명해 줍니다.

(그림 3-3의 아래처럼) 비선형 활성화 함수가 네트워크의 용량을 높여 주므로 신경망에 은닉층을 더 추가하면 보스턴 주택 문제에 더 잘 맞는 모델을 얻을 수 있지 않을까요? index.js에 있는 multiLayerPerceptronRegressionModel2Hidden() 함수가 바로 그것입니다. 이 함수는 **신경망 회귀 모델 훈련 (은닉층 두 개)** 버튼에 연결되어 있습니다. (보스턴 주택 예제의 index.js에서 가져온) 다음 코드를 확인해 보죠.

---

**코드 3-2** 보스턴 주택 문제를 위해 세 개의 층을 가진 신경망 정의하기

```
export function multiLayerPerceptronRegressionModel2Hidden() {
  const model = tf.sequential();
  model.add(tf.layers.dense({
    inputShape: [bostonData.numFeatures],
    units: 50,                                      첫 번째 은닉층을 추가합니다.
    activation: 'sigmoid',
    kernelInitializer: 'leCunNormal'
  }));
  model.add(tf.layers.dense({
    units: 50,
    activation: 'sigmoid',                          두 번째 은닉층을 추가합니다.
    kernelInitializer: 'leCunNormal'
  }));
  model.add(tf.layers.dense({units: 1}));
  model.summary();    모델 구조를 텍스트로 출력합니다.
  return model;
};
```

---

(책에는 없지만) summary() 메서드의 출력에서 모델이 세 개의 층을 가진 것을 확인할 수 있습니다. 즉, 코드 3-1에 있는 모델보다 층이 한 개 더 많습니다. 또한, 파라미터 개수가 크게 늘었습니다. 두 개의 층을 가진 모델은 701개였는데, 3,251개로 늘었습니다. 두 번째 은닉층이 포함되었기 때문에 2,550개 가중치 파라미터가 추가되었습니다. 이 층의 커널 크기는 [50, 50]이고[7] 편향의 크기는 [50]입니다.

---

7   **역주** 첫 번째 은닉층의 유닛 50개에서 나온 출력이 두 번째 은닉층의 유닛 50개에 모두 연결되기 때문에 50 * 50개의 가중치가 필요합니다.

여러 번 모델 훈련을 반복하면 세 개의 층을 가진 네트워크의 최종 테스트 세트(즉, 평가) MSE는 대략 10.8~13.4 사이입니다. 이는 3,280~3,660달러 정도의 예측 오류에 해당합니다. 두 개의 층을 가진 네트워크의 경우(3,700~3,900달러)보다 낮습니다. 따라서 비선형 은닉층[8]을 추가하여 모델의 용량을 높임으로써 예측 정확도를 다시 향상시켰습니다.

## 비선형 함수를 사용하지 않고 층을 쌓는 실수 피하기

보스턴 주택 모델을 향상시키는 데 비선형 함수의 중요성을 확인하는 다른 방법은 모델에서 이 함수를 제거해 보는 것입니다. 코드 3-3은 시그모이드 활성화 함수를 설정한 라인을 주석 처리한 것만 빼고는 코드 3-1과 같습니다. 사용자 지정 활성화 함수를 제거하면 이 층은 기본 선형 활성화 함수를 사용합니다. 층의 개수와 가중치 파라미터를 포함해 모델의 다른 요소는 바꾸지 않습니다.

**코드 3-3** 비선형 활성화 함수가 없는 두 개의 층을 가진 신경망

```
export function multiLayerPerceptronRegressionModel1Hidden() {
  const model = tf.sequential();
  model.add(tf.layers.dense({
    inputShape: [bostonData.numFeatures],
    units: 50,
    // activation: 'sigmoid',  ------ 비선형 활성화 함수 삭제
    kernelInitializer: 'leCunNormal'
  }));
  model.add(tf.layers.dense({units: 1}));

  model.summary();
  return model;
};
```

이 변화가 모델 학습에 어떤 영향을 미칠까요? 화면에서 **신경망 회귀 모델 훈련 (은닉층 한 개)** 버튼을 다시 클릭하면 볼 수 있듯이 테스트 세트에 대한 MSE는 약 25까지 올라갑니다.[9] 시그모이드 활성화 함수가 있을 때는 14~15 범위였습니다. 다른 말로 하면, 시그모이드 활성화 함수가 없는 두 개의 층을 가진 모델은 하나의 층을 가진 선형 회귀 모델과 성능이 비슷합니다!

---

8  역주 비선형 은닉층은 비선형 활성화 함수를 사용한 은닉층을 의미합니다.

9  역주 번역서 예제 데모 사이트(http://ml-ko.kr/tfjs/boston-housing)에서 **신경망 회귀 모델 훈련 (은닉층 한 개 + 시그모이드 없음)** 버튼을 눌러 시그모이드 함수가 없는 회귀 모델을 테스트해 볼 수 있습니다.

이는 선형 함수를 중첩했을 때 예상했던 것을 확인시켜 줍니다. 첫 번째 층의 비선형 활성화 함수를 제거했으므로 두 개의 선형 함수를 중첩한 모델이 됩니다. 앞서 설명했듯이 이는 모델의 용량이 증가되지 않는 또 다른 선형 함수가 됩니다. 따라서 선형 모델과 거의 동일한 성능을 달성하는 것이 놀랍지 않습니다. 다층 신경망을 구축할 때 항상 필요한 것은 **은닉층에 비선형 활성화 함수를 추가**하는 것입니다. 이를 빼먹으면 계산 자원과 시간을 낭비하는 결과를 초래하고 수치적으로 불안정성이 높아집니다(그림 3-4의 B에 있는 구불구불한 손실 곡선을 참고하세요). 나중에 이것이 밀집 층뿐만 아니라 합성곱 층 같은 다른 종류의 층에도 적용된다는 사실을 알게 될 것입니다.

▼ 그림 3-4 시그모이드 활성화 함수가 있는 모델(A)과 없는 모델(B)의 훈련 결과 비교. 시그모이드 활성화 함수를 없애면 훈련, 검증, 테스트 세트에서 (이전의 순수한 선형 모델과 비슷한 수준으로) 최종 손실 값이 더 높아지고 손실 곡선이 구불구불해진다. 두 그래프의 y축의 범위가 다른 점을 눈여겨보자.

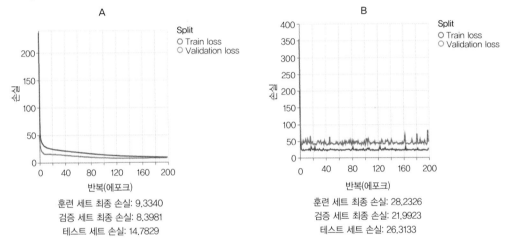

## 비선형성과 모델 해석 가능성

2장에서는 선형 모델을 보스턴 주택 데이터셋으로 훈련하고 나서 모델의 가중치를 조사하여 개별 파라미터의 의미를 합리적으로 해석했습니다. 예를 들어 '평균적인 방의 개수' 특성에 해당하는 가중치가 양의 값을 가지고, '범죄율' 특성에 해당하는 가중치는 음의 값을 가집니다. 이런 가중치의 부호는 주택 가격과 해당 특성 사이의 관계가 양성인지 음성인지를 나타냅니다. 가중치의 크기는 모델이 특성에 할당한 상대적인 중요도를 알려 줍니다. 이 장에서 배운 것을 감안하면 자연스럽게 한 질문이 떠오릅니다. 하나 이상의 은닉층을 가진 비선형 모델에서도 여전히 가중치 값을 직관적으로 해석하고 이해할 수 있을까요?

가중치 값을 참조하는 API는 비선형 모델과 선형 모델 모두 동일합니다. 모델 객체나 층 객체의 getWeights() 메서드를 사용하면 됩니다. 코드 3-1의 MLP를 예로 들어 보죠. 모델 훈련이 끝난 후에 (model.fit() 호출 직후에) 다음 라인을 추가할 수 있습니다.

```
model.layers[0].getWeights()[0].print();
```

이 라인은 첫 번째 층(즉, 은닉층)의 커널 값을 출력합니다. 이는 모델에 있는 네 개의 가중치 텐서 중 하나입니다. 다른 세 개는 은닉층의 편향, 출력층의 커널과 편향입니다. 출력된 결과를 보면 선형 모델의 커널보다 많은 것을 알 수 있습니다.

```
Tensor
    [[-0.5701274, -0.1643915, -0.0009151, ..., 0.313205 , -0.3253246],
     [-0.4400523, -0.0081632, -0.2673715, ..., 0.1735748, 0.0864024 ],
     [0.6294659 , 0.1240944 , -0.2472516, ..., 0.2181769, 0.1706504 ],
     [0.9084488 , 0.0130388 , -0.3142847, ..., 0.4063887, 0.2205501 ],
     [0.431214  , -0.5040522, 0.1784604 , ..., 0.3022115, -0.1997144],
     [-0.9726604, -0.173905 , 0.8167523 , ..., -0.0406454, -0.4347956],
     [-0.2426955, 0.3274118 , -0.3496988, ..., 0.5623314, 0.2339328 ],
     [-1.6335299, -1.1270424, 0.618491  , ..., -0.0868887, -0.4149215],
     [-0.1577617, 0.4981289 , -0.1368523, ..., 0.3636355, -0.0784487],
     [-0.5824679, -0.1883982, -0.4883655, ..., 0.0026836, -0.0549298],
     [-0.6993552, -0.1317919, -0.4666585, ..., 0.2831602, -0.2487895],
     [0.0448515 , -0.6925298, 0.4945385 , ..., -0.3133179, -0.0241681]]
```

이는 은닉층이 50개의 유닛을 가지고 있어서 가중치 크기가 [13, 50]이기 때문입니다. 이 커널은 600개의 가중치 파라미터를 가집니다. 이에 비해 선형 모델의 커널은 12 + 1 = 13개의 파라미터를 가집니다. 600개의 가중치 파라미터에 의미를 부여할 수 있을까요? 일반적으로는 불가능합니다. 은닉층의 출력 50개의 의미를 쉽게 구별할 수 없기 때문입니다. 이는 모델이 비선형 관계를 (자동으로) 학습하기 위해 만든 고차원 공간의 차원입니다. 사람은 이런 고차원 공간에 있는 비선형 관계를 잘 이해하기 어렵습니다. 일반적으로 은닉층의 유닛이 하는 일을 기술하거나 심층 신경망의 최종 예측에 어떻게 기여하는지 쉽게 몇 마디로 설명하기는 어렵습니다.

또한, 이 모델은 하나의 은닉층만 가지고 있습니다. (코드 3-2에서 정의한 모델처럼) 여러 개의 은닉층이 차례대로 쌓여 있다면, 이 관계는 더욱 모호하고 설명하기 어렵습니다. 심층 신경망에 있는 은닉층의 의미를 잘 해석하기 위해 연구를 하고 있으며[10] 일부 종류의 모델에서 진전이 있지만,[11]

---

10 Marco Tulio Ribeiro, Sameer Singh, and Carlos Guestrin, "Local Interpretable Model-Agnostic Explanations (LIME): An Introduction," O'Reilly, 12 Aug. 2016, http://mng.bz/j5vP.

11 Chris Olah et al., "The Building Blocks of Interpretability," Distill, 6 Mar. 2018, https://distill.pub/2018/building-blocks/.

얕은 신경망이나 신경망이 아닌 (결정 트리 같은) 머신 러닝 모델에 비해 심층 신경망이 이해하기 어려운 것이 사실입니다. 얕은 모델 대신 심층 신경망을 선택함으로써 해석 가능성을 모델 용량으로 맞교환하는 셈입니다.

## 3.1.2 하이퍼파라미터 최적화

코드 3-1과 3-2에 있는 은닉층에 대한 설명은 주로 비선형 활성화 함수(시그모이드 함수)에 초점을 맞추었습니다. 하지만 이 층에 있는 다른 파라미터도 좋은 훈련 결과를 내기 위해 중요합니다. 여기에는 유닛 개수(50), 커널의 'leCunNormal' 초기화가 포함됩니다. 후자는 입력 크기에 기반하여 커널의 초깃값을 채우기 위한 난수를 생성하는 특별한 방법입니다. 이 방식은 입력과 출력의 크기를 모두 사용하는 기본 커널 초기화('glorotNormal')와 다릅니다. 그럼 자연스럽게 다음과 같은 질문을 할 수 있습니다. 왜 기본값 대신 특별한 커널 초기화 방법을 사용할까요? 왜 (30개가 아니고) 50개의 유닛을 사용할까요? 이는 다양한 파라미터 조합을 반복해서 테스트한 후 가장 좋은 또는 최선에 가까운 모델 품질을 내는 조합을 선택한 것입니다.

유닛 개수, 커널 초기화, 활성화 함수 같은 파라미터를 모델의 하이퍼파라미터라고 합니다. '하이퍼파라미터(hyperparameter)'란 이름은 이 파라미터가 훈련(즉, Model.fit()의 호출)하는 동안 역전파를 통해 자동으로 업데이트되는 모델의 가중치 파라미터와 다르다는 사실을 나타냅니다. 하이퍼파라미터가 선택되고 나면 모델을 훈련하는 동안 바뀌지 않습니다. 이들은 가중치 파라미터의 크기(예를 들면 밀집 층의 units 매개변수), 가중치 파라미터의 초깃값(kernelInitializer 매개변수), 훈련하는 동안 가중치를 업데이트하는 방식(Model.compile() 메서드의 optimizer 매개변수)을 결정합니다. 이와 같이 가중치 파라미터보다 한 단계 높은 파라미터이므로 이름이 '하이퍼파라미터'입니다.

층의 크기와 가중치 초기화 방법 말고도 모델과 훈련에 관련된 하이퍼파라미터가 많습니다.

- 코드 3-1, 3-2와 같이 모델에 있는 밀집 층의 개수
- 밀집 층의 커널에 사용된 초기화 방법
- 가중치 규제(regularization)(8.1절 참조) 여부와 규제의 강도
- 드롭아웃(dropout) 층(4.3.2절 참조)의 포함 여부와 드롭아웃 비율
- 훈련에 사용할 옵티마이저 종류('sgd'나 'adam', INFO BOX 3.1 참조)
- 모델을 훈련할 에포크 횟수

- 옵티마이저의 학습률(learning rate)

- 훈련이 진행됨에 따라 옵티마이저의 학습률을 점진적으로 감소시킬지 여부와 감소 비율

- 훈련에 사용할 배치 크기

마지막 다섯 항목은 모델 구조 자체와는 관련이 없다는 점에서 조금 특별하며, 대신 모델 훈련 과정에 대한 설정입니다. 그렇지만 훈련 결과에 영향을 미치기 때문에 하이퍼파라미터로 간주됩니다.[12] 다양한 종류의 층(4장, 5장, 9장에서 설명할 합성곱 층이나 순환 층)으로 구성된 모델에는 튜닝할 수 있는 하이퍼파라미터가 더 많습니다. 따라서 간단한 딥러닝 모델이라도 튜닝할 하이퍼파라미터가 수십 개가 됩니다.

좋은 하이퍼파라미터 값을 선택하는 과정을 **하이퍼파라미터 최적화**(hyperparameter optimization) 또는 **하이퍼파라미터 튜닝**(hyperparameter tuning)이라고 부릅니다. 하이퍼파라미터 최적화의 목표는 훈련을 마친 후 가장 낮은 검증 손실을 내는 하이퍼파라미터 집합을 찾는 것입니다. 안타깝지만, 현재는 주어진 데이터셋과 머신 러닝 문제에서 최상의 하이퍼파라미터를 결정할 수 있는 완벽한 알고리즘이 없습니다. 많은 하이퍼파라미터는 이산적(discrete)이어서 검증 손실 값이 하이퍼파라미터에 대해 미분 가능하지 않다는 사실이 문제를 어렵게 만듭니다. 예를 들어 밀집 층의 유닛 개수와 모델에 있는 밀집 층의 개수는 정수입니다. 또 옵티마이저의 종류는 범주형 매개변수(categorical parameter)입니다. 하이퍼파라미터가 연속적이고 검증 손실에 대해 미분 가능하더라도 (예를 들어 규제 강도), 훈련하는 동안 이런 하이퍼파라미터에 대해 그레이디언트를 추적하는 것은 일반적으로 계산 비용이 너무 높습니다. 따라서 이런 하이퍼파라미터 공간에서 경사 하강법을 수행하는 것은 현실적이지 않습니다. 하이퍼파라미터 최적화는 활발히 연구되는 영역으로 딥러닝 기술자들이 주목해야 할 분야입니다.

하이퍼파라미터 최적화를 위해 바로 사용할 수 있는 표준 방법이나 도구가 부족하지만 딥러닝 기술자들은 다음 세 가지 방법을 자주 사용합니다. 첫째, 현재 문제가 많이 연구된 문제(예를 들어 이 책에서 볼 수 있는 예제)와 비슷하다면, 당면한 문제에 이와 비슷한 모델을 적용하고 하이퍼파라미터를 그대로 승계할 수 있습니다. 그 후에 이 출발점 주위에서 비교적 작은 하이퍼파라미터 공간을 탐색할 수 있습니다.

둘째, 경험이 많은 기술자들은 주어진 문제에 합리적으로 잘 맞는 하이퍼파라미터에 대한 직관과 훈련을 통해 길러진 추측 값을 가지고 있습니다. 이런 주관적인 선택이 최적이 아니더라도 좋은 출발점이 되고 이어지는 세부 튜닝을 수월하게 만듭니다.

---

12 [역주] TensorFlow.js의 클래스와 메서드에 지정할 수 있는 매개변수는 모두 하이퍼파라미터로 볼 수 있습니다.

셋째, 최적화할 하이퍼파라미터의 개수가 작은 경우(예를 들어 네 개보다 작은 경우), 그리드 서치(grid search)를 사용할 수 있습니다. 즉, 여러 하이퍼파라미터 조합을 모두 반복하면서 각 조합에 대해 모델을 훈련하고, 검증 손실을 기록하여 가장 낮은 검증 손실을 내는 하이퍼파라미터 조합을 선택합니다. 예를 들어 튜닝할 하이퍼파라미터가 1) 밀집 층의 유닛 개수와 2) 학습률 두 개뿐이라고 가정해 보죠. 일련의 유닛 개수({10, 20, 50, 100, 200})와 학습률({1e-5, 1e-4, 1e-3, 1e-2})[13]을 선택하고 두 집합을 조합하면 탐색할 하이퍼파라미터 조합은 5 * 4 = 20개가 됩니다. 직접 그리드 서치를 구현한다면 의사 코드는 다음과 비슷할 것입니다.

**코드 3-4** 간단한 하이퍼파라미터 그리드 서치를 위한 의사 코드

```
function hyperparameterGridSearch():
  for units of [10, 20, 50, 100, 200]:
    for learningRate  of [1e-5, 1e-4, 1e-3, 1e-2]:
      'units'개의 유닛을 가진 밀집 층을 사용한 모델 만들기
      'learningRate'를 사용한 옵티마이저로 모델 훈련하기
      최종 검증 손실을 계산하여 validationLoss에 저장하기
      if validationLoss < minValidationLoss
          minValidationLoss := validationLoss
          bestUnits := units
          bestLearningRate := learningRate
  return [bestUnits, bestLearningRate]
```

하이퍼파라미터의 범위를 어떻게 선택할까요? 이것도 딥러닝이 공식 답변을 제시하지 못하는 질문입니다. 이 범위는 보통 딥러닝 기술자의 경험과 직관을 바탕으로 선택됩니다. 계산 자원에 제약이 있을 수도 있습니다. 예를 들어 너무 많은 유닛을 가진 밀집 층은 모델 훈련이나 추론 실행을 많이 느리게 할 수 있습니다.

종종 최적화할 하이퍼파라미터가 많으면, 기하급수적으로 증가한 하이퍼파라미터 조합을 탐색하는 데 필요한 계산 비용이 너무 커집니다. 이런 경우에는 그리드 서치보다 조금 더 복잡한 방법인 **랜덤 서치**(random search)[14]와 **베이지안 기법**(Bayesian method)[15]을 사용해야 합니다.

---

13 [역주] 학습률과 같이 연속적인 값을 가지는 하이퍼파라미터는 이 예와 같이 로그 스케일로 지정하는 것이 일반적입니다.

14 James Bergstra and Yoshua Bengio, "Random Search for Hyper-Parameter Optimization," Journal of Machine Learning Research, vol. 13, 2012, pp. 281–305, http://mng.bz/WOg1.

15 Will Koehrsen, "A Conceptual Explanation of Bayesian Hyperparameter Optimization for Machine Learning, Towards Data Science, 24 June 2018, http://mng.bz/8zQw.

# 3.2 출력층의 비선형성: 분류를 위한 모델

지금까지 보았던 두 예제는 모두 (다운로드 시간이나 평균 주택 가격 같은) 수치를 예측하는 회귀 작업이었습니다. 하지만 머신 러닝에 있는 또 다른 일반적인 작업은 분류입니다. 분류 작업 중 '예/아니요' 질문에 대한 답을 타깃으로 삼는 것이 **이진 분류**(binary classification)입니다. 기술 분야에는 이런 종류의 문제가 매우 많습니다.

- 이메일이 스팸인지 아닌지 여부
- 신용 카드 거래가 합법적인지 사기인지 여부
- 1초짜리 음성 샘플에 특정 단어가 포함되어 있는지 여부
- 두 개의 지문 이미지가 서로 동일한지(같은 사람의 손가락 지문인지) 여부

또 다른 종류의 분류 문제는 다중 분류(multiclass classification)입니다. 다중 분류의 예는 다음과 같습니다.

- 뉴스 기사가 스포츠, 날씨, 게임, 정치 또는 다른 일반 주제에 관한 내용 중 어느 것인지 결정하기
- 사진이 고양이, 강아지, 삽, ⋯ 중에서 어느 것인지 결정하기
- 전자 스타일러스 펜에서 획 데이터가 주어지면 손 글씨 문자가 어떤 것인지 결정하기
- 머신 러닝이 아타리(Atari) 같은 간단한 비디오 게임을 플레이할 때 현재 게임 상태에서 게임 캐릭터가 다음에 수행할 수 있는 네 개의 방향(위, 아래, 왼쪽, 오른쪽) 중 하나를 결정하기

## 3.2.1 이진 분류

간단한 이진 분류부터 시작해 보죠. 어떤 데이터가 주어지면 '예/아니요' 결정을 내려야 합니다. 흥미로운 예를 들기 위해 피싱 웹 사이트 데이터셋[16]을 사용하겠습니다. 웹 페이지와 URL에 대한 특성이 주어지면 이 웹 페이지가 피싱(민감한 사용자 정보를 가로챌 목적으로 다른 사이트를 가장하는 것)에 사용되는지를 예측하는 작업입니다.

---

16  Rami M. Mohammad, Fadi Thabtah, and Lee McCluskey, "Phishing Websites Features," http://mng.bz/E1KO.

이 데이터셋은 30개의 특성을 가지고 있습니다. 두 개(-1과 1) 또는 세 개(-1, 0, 1)의 속성으로 이루어진 특성입니다. 보스턴 주택 데이터셋에서 했던 것처럼 개별 특성을 모두 나열하지 않고 대표적인 몇 개의 특성을 살펴보겠습니다.

- **HAVING_IP_ADDRESS**: IP 주소를 도메인 이름 대신 사용하는지 여부(이진 값: {-1, 1})
- **SHORTENING_SERVICE**: URL 단축 서비스를 사용하는지 여부(이진 값: {-1, 1})
- **SSLFINAL_STATE**: 1) URL이 HTTPS를 사용하고 인증 기관을 신뢰할 수 있는지, 2) HTTPS 를 사용하지만 신뢰할 수 있는 인증 기관이 아닌지, 3) HTTPS를 사용하지 않는지(세 개의 값: {-1, 0, 1})

이 데이터셋은 약 5,500개의 훈련 샘플과 비슷한 개수의 테스트 샘플로 이루어져 있습니다. 훈련 세트에는 약 45%의 샘플이 양성(positive)(진짜 피싱 웹 페이지)입니다.[17] 양성 샘플의 비율은 테스트 세트도 비슷합니다.

이런 데이터셋이 가장 작업하기 쉬운 형태입니다. 데이터에 있는 특성이 이미 일정한 범위에 있어서 보스턴 주택 데이터셋처럼 평균과 표준 편차를 사용해 정규화할 필요가 없습니다. 또한, 특성 개수와 가능한 예측(여기서는 '예, 아니요' 두 개)에 비해 비교적 훈련 샘플 개수가 많습니다. 이는 전체적으로 작업할 수 있는 데이터셋의 상태를 검사하는 데 좋습니다. 데이터를 조사하는 데 많은 시간을 들인다면 중복된 정보가 있는지 알기 위해 특성 간의 상관관계를 검사할 수 있습니다. 하지만 이는 신경망 모델이 감내할 수 있는 부분입니다.

이 데이터셋이 (정규화하고 난 후의) 보스턴 주택 문제에서 사용했던 데이터와 비슷하기 때문에 동일한 구조의 모델로 시작하겠습니다. 이 문제의 예제 코드는 깃허브 저장소의 website-phishing 폴더에 있고, 다음 명령을 실행하여 예제를 실행할 수 있습니다.[18]

```
> cd deep-learning-with-javascript/
> npx http-server
```

그다음, 브라우저를 열고 http://127.0.0.1:8080/website-phishing에 접속합니다.

---

17 역주 양성 샘플은 좋은 샘플을 의미하는 것이 아니라 이진 분류에서 타깃이 네/아니요의 '네(Yes)'에 해당하는 샘플을 말합니다. 이 문제에서는 피싱 웹 페이지가 양성이며, 모델이 찾으려는 대상입니다.

18 역주 3장 이후의 예제는 모두 2장에서 rickiepark/deep-learning-with-javascript 저장소를 클론하거나 내려받았다고 가정합니다. 또한, 번역서 데모 사이트(http://ml-ko.kr/tfjs)에 브라우저로 접속하여 바로 실행해 볼 수 있습니다.

```
const model = tf.sequential();
model.add(tf.layers.dense({
  inputShape: [data.numFeatures],
  units: 100,
  activation: 'sigmoid'
}));
model.add(tf.layers.dense({units: 100, activation: 'sigmoid'}));
model.add(tf.layers.dense({units: 1, activation: 'sigmoid'}));
model.compile({
  optimizer: 'adam',
  loss: 'binaryCrossentropy',
  metrics: ['accuracy']
});
```

이 모델은 보스턴 주택 문제에서 만들었던 다층 신경망과 유사한 점이 많습니다. 두 개의 은닉층이 있고 모두 시그모이드 활성화 함수를 사용합니다. 마지막 (출력) 층은 한 개의 유닛을 가지고 있습니다. 이는 모델이 입력 샘플마다 하나의 숫자를 출력한다는 의미입니다. 하지만 중요한 차이점은 보스턴 주택 문제에서 사용한 모델처럼 마지막 층에 기본 선형 활성화 함수를 사용하지 않고 피싱 감지 모델에서는 마지막 층에 시그모이드 활성화 함수를 사용하는 것입니다. 이는 모델의 출력이 0과 1 사이로 제한된다는 의미입니다. 이와 달리 보스턴 주택 문제에서 사용한 모델은 임의의 실수 숫자를 출력합니다.

이전에 은닉층의 시그모이드 활성화 함수가 모델의 용량을 늘리는 데 도움이 된다는 것을 보았습니다. 그런데 이 모델의 출력에는 왜 시그모이드 활성화 함수를 사용할까요? 현재 다루고 있는 문제가 이진 분류이기 때문입니다. 이진 분류에서는 일반적으로 모델이 양성 클래스(class)[19]의 확률을 출력합니다. 즉, 모델이 주어진 샘플이 양성 클래스에 속한다고 생각할 가능성입니다. 고등학교 수학시간을 떠올려 보면 확률은 항상 0과 1 사이의 숫자입니다. 모델이 항상 확률 추정 값을 출력하면 두 가지 장점이 있습니다.

---

19 역주 머신 러닝에서 클래스는 가능한 타깃 레이블의 집합입니다. 종종 클래스와 레이블을 엄격히 구분하지 않고 혼용합니다. 책에서 자바스크립트 클래스를 의미할 때는 클래스 이름과 함께 사용되므로 혼동하지 마세요.

- 분류에 대한 지지 정도를 알 수 있습니다. 시그모이드 값이 0.5이면 분류 양쪽을 모두 동일하게 지지하는 것을 나타냅니다. 0.6이면 양성 클래스로 분류하지만 약하게 지지합니다. 0.99이면 모델은 샘플이 양성 클래스에 속한다고 매우 확신합니다. 따라서 모델의 출력을 최종 답으로 변환하기 쉽습니다(예를 들어 출력이 어떤 기준 값(가령 0.5)을 넘었는지로 결정합니다). 모델 출력의 범위가 매우 넓다면 이런 기준 값을 찾는 게 얼마나 어려울지 상상할 수 있습니다.

- 모델 출력과 정답 타깃 레이블이 주어졌을 때 모델이 얼마나 실수를 많이 했는지 하나의 숫자로 측정할 수 있는 미분 가능한 손실 함수를 쉽게 만들 수 있습니다. 이에 대해서는 이 모델이 사용할 이진 크로스 엔트로피(binary cross entropy)가 등장할 때 더 자세히 설명하겠습니다.

하지만 문제는 신경망의 출력을 [0, 1] 범위 사이로 강제하는 방법입니다. 신경망의 마지막 층에 많이 사용하는 밀집 층은 입력에 대해 행렬 곱셈(matMul)과 편향 덧셈(biasAdd) 연산을 수행합니다. matMul이나 biasAdd 연산은 본질적으로 그 결괏값이 [0, 1] 사이가 되는지 보장하지 않습니다. matMul과 biasAdd의 결괏값에 시그모이드 같은 비선형 압축 함수를 추가하면 간단하게 [0, 1] 범위로 만들 수 있습니다.

코드 3-5에 있는 또 다른 새로운 점은 'adam' 옵티마이저입니다. 이 옵티마이저는 이전 예제에서 사용한 'sgd' 옵티마이저와 다릅니다. adam이 sgd와 어떻게 다를까요? 이전 장의 2.2.2절을 떠올려 보면 sgd 옵티마이저는 역전파를 통해 구한 그레이디언트를 항상 고정 숫자(학습률 × -1)와 곱하여 모델의 가중치 업데이트를 계산합니다. 이 방식에는 단점이 조금 있습니다. 학습률이 작으면 손실 최솟점으로 느리게 수렴합니다. 손실 (초)평면이 어떤 특별한 성질을 가질 때 가중치 공간을 지그재그로 이동합니다. adam 옵티마이저는 sgd의 이런 단점을 해결하기 위해 스마트한 방법으로 (초기 훈련 반복에서) 그레이디언트에 따라 변하는 계수를 곱합니다. 또한, 모델의 가중치 파라미터마다 다른 곱셈 계수를 사용합니다. 결과적으로 adam은 다양한 딥러닝 모델에서 sgd에 비해 일반적으로 학습률 선택에 덜 의존적이고 수렴이 잘됩니다. 이 때문에 인기가 높은 옵티마이저입니다. TensorFlow.js 라이브러리는 (rmsprop과 같은) 인기 있는 다양한 옵티마이저를 제공합니다. INFO BOX 3.1에 있는 표에서 이런 옵티마이저를 간략히 소개합니다.

**TensorFlow.js에서 제공하는 옵티마이저**

다음 표는 TensorFlow.js에서 가장 많이 사용되는 옵티마이저의 API를 요약하고 직관적으로 간단히 설명합니다.[20]

▼ 표 3-1 TensorFlow.js에서 많이 사용되는 옵티마이저와 API

| 이름 | API(문자열) | API(함수) | 설명 |
|---|---|---|---|
| 확률적 경사 하강법<br>(Stochastic Gradient Descent, SGD) | 'sgd' | tf.train.sgd | 가장 간단한 옵티마이저로, 항상 학습률을 그레이디언트에 곱합니다. |
| 모멘텀(Momentum) | 'momentum' | tf.train.momentum | 가중치 파라미터에 대한 지난 그레이디언트가 동일한 방향에 있을 때 가중치 파라미터 업데이트가 더 빨라지고 방향이 많이 변경될 때 느려지도록 지난 그레이디언트를 누적합니다.[21] |
| RMSProp | 'rmsprop' | tf.train.rmsprop | 가중치 그레이디언트의 제곱평균제곱근(root mean square, RMS)의 최근 이력을 추적하여 모델의 가중치 파라미터마다 곱셈 계수를 조정합니다. 여기에서 이름(RMS)이 유래되었습니다. |
| AdaDelta | 'adadelta' | tf.train.adadelta | RPSProp과 비슷한 방식으로 개별 가중치 파라미터를 위한 학습률을 조정합니다.[22] |
| ADAM | 'adam' | tf.train.adam | AdaDelta의 적응적 학습률 방식과 모멘텀 방식을 조합한 것으로 이해할 수 있습니다.[23] |
| AdaMax | 'adamax' | tf.train.adamax | ADAM과 비슷하지만 조금 다른 알고리즘을 사용해 그레이디언트를 추적합니다. |

작업 중인 머신 러닝 문제와 모델에 어떤 옵티마이저를 사용해야 하는지 묻는 것이 당연합니다. 안타깝지만 딥러닝 분야는 아직 일치된 의견이 없습니다(앞의 표에서 TensorFlow.js가 여러 옵티마이저를 제공하는 이유입니다). 실전에서는 adam과 rmsprop 같은 인기가 높은 옵티마이저로 시작합니다. 시간과 계산 자원이 풍부하면 옵티마이저를 하이퍼파라미터처럼 생각해서 하이퍼파라미터 튜닝을 통해 가장 좋은 훈련 결과를 내는 것을 선택할 수 있습니다.

---

20 역주 각 옵티마이저에 대한 이론적인 설명은 〈핸즈온 머신러닝 2판〉(한빛미디어, 2020) 11장을 참고하세요.

21 역주 tf.train.momentum( ) 함수의 useNesterov 매개변수를 True로 지정하면 네스테로프 모멘텀 최적화(Nesterov momentum optimization)가 됩니다.

22 역주 RPSProp이나 AdaDelta와 다르게 모든 그레이디언트를 누적하는 Adagrad 옵티마이저(tf.train.adagrad)도 있습니다.

23 역주 Adagrad, RMSPro, AdaDelta, ADAM, AdaMax는 모두 훈련 과정에서 학습률을 조정하는 적응적 학습률을 사용하는 옵티마이저입니다.

## 3.2.2 이진 분류기의 품질 측정: 정밀도, 재현율, 정확도, ROC 곡선

이진 분류 문제에서는 0/1, 네/아니요 같은 두 값 중에서 하나가 출력됩니다. 추상적인 개념으로 양성(positive)과 음성(negative)에 대해 이야기해 보겠습니다. 네트워크가 만든 예측은 옳거나 그릅니다. 따라서 표 3-2와 같이 입력 샘플의 실제 레이블과 네트워크의 출력을 조합하여 네 개의 가능한 시나리오가 있습니다.

▼ 표 3-2 이진 분류 문제에서 네 가지 분류 결과

|  |  | 예측 | |
|---|---|---|---|
|  |  | 양성 | 음성 |
| 정답 | 양성 | 진짜 양성(TP) | 거짓 음성(FN) |
|  | 음성 | 거짓 양성(FP) | 진짜 음성(TN) |

진짜 양성(True Positive, TP)과 진짜 음성(True Negative, TN)은 모델이 정확한 답을 예측한 경우입니다. 거짓 양성(False Positive, FP)과 거짓 음성(False Negative, FN)은 모델이 틀린 경우입니다. 이 네 개의 셀에 해당하는 샘플을 카운트하여 채우면 오차 행렬(confusion matrix)[24]이 됩니다. 표 3-3은 가상으로 만든 피싱 감지 문제의 오차 행렬입니다.

▼ 표 3-3 가상으로 만든 이진 분류 문제의 오차 행렬

|  |  | 예측 | |
|---|---|---|---|
|  |  | 양성 | 음성 |
| 정답 | 양성 | 4 | 2 |
|  | 음성 | 1 | 93 |

피싱 예제의 가상 결과에서 네 개의 피싱 웹 페이지를 올바르게 식별했고, 두 개를 놓쳤으며, 한 개를 양성으로 잘못 분류했습니다. 이런 성능을 표현하기 위한 여러 가지 측정 방법을 알아보겠습니다.

**정확도**(accuracy)는 가장 간단한 지표입니다. 샘플 중 몇 퍼센트가 올바르게 분류되었는지 정량화합니다.

$$\text{정확도} = (\#TP + \#TN) / \#\text{샘플} = (\#TP + \#TN) / (\#TP + \#TN + \#FP + \#FN)$$

---

24 **역주** 또는 혼동 행렬이라고도 부릅니다.

앞의 오차 행렬의 정확도는 다음과 같습니다.

$$정확도 = (4 + 93) / 100 = 97\%$$

정확도는 이해하고 전달하기 쉬운 개념입니다. 하지만 양성 샘플과 음성 샘플이 동일한 양을 가지고 있지 않은 이진 분류 문제에서 종종 오해를 일으킬 수 있습니다. 음성 샘플보다 양성 샘플이 훨씬 적은 상황이 종종 발생합니다(예를 들어 대부분의 링크가 피싱이 아니거나 대부분의 부품에 결함이 없는 경우 등입니다). 100개의 링크 중에 다섯 개만 피싱이라면 네트워크가 항상 거짓으로 예측하고 95% 정확도를 달성할 수 있습니다! 이렇게 보면 정확도는 이런 문제에 매우 나쁜 척도인 것 같습니다. 높은 정확도는 항상 좋게 보이지만 종종 오해를 일으킬 수 있습니다. 모니터링하기는 좋지만 손실 함수로 사용하기에는 매우 나쁩니다.

**정밀도**(precision)와 **재현율**(recall)은 정확도가 놓친 것을 감지할 수 있습니다. 이어지는 설명에서 추가적인 작업이 필요한 양성 샘플을 가진 문제에 대해 생각하겠습니다. 예를 들면 링크를 강조하거나 수동으로 리뷰하기 위해 글에 표시를 하는 것 등입니다. 반면에 음성 샘플은 현재 상태와 비슷합니다. 이 지표들은 예측이 저지를 수 있는 여러 종류의 잘못에 초점을 맞춥니다.

정밀도는 실제 양성 샘플 중에서 모델이 만든 양성 예측의 비율입니다.

$$정밀도 = \#TP / (\#TP + \#FP)$$

앞선 오차 행렬의 수치를 사용해 계산하면 다음과 같습니다.

$$정밀도 = 4 / (4 + 1) = 80\%$$

정확도와 마찬가지로 정밀도는 왜곡될 수 있습니다. 매우 높은 시그모이드 출력(예를 들어 0.5 대신 0.95보다 큰 경우)을 가진 샘플만 양성으로 예측하여 모델을 매우 보수적으로 만들 수 있습니다. 이렇게 하면 보통 정밀도가 높아지지만 모델이 진짜 양성 샘플을 많이 놓치게 됩니다(놓친 샘플을 음성으로 예측합니다). 이런 문제점은 정밀도와 함께 사용되어 이를 보완하는 지표인 재현율에 의해 감지됩니다.

재현율은 모델이 양성으로 분류한 샘플 중에 진짜 양성 샘플의 비율입니다.

$$재현율 = \#TP / (\#TP + \#FN)$$

앞의 오차 행렬로 계산하면 다음과 같습니다.

$$재현율 = 4 / (4 + 2) = 66.7\%$$

샘플에 있는 모든 양성 샘플 중에서 모델이 찾아낸 양성 샘플은 얼마나 될까요? 누락될 가능성을 낮추기 위해 잘못된 경보[25]의 비율을 의식적으로 올리는 결정을 합니다. 이 지표를 속이려면 단순히 모든 샘플을 양성으로 예측하면 됩니다. 거짓 양성이 이 식에 포함되지 않기 때문에 정밀도가 감소되지만 100% 재현율을 얻을 수 있습니다.

여기서 볼 수 있듯이 정확도, 재현율, 정밀도에서 높은 점수를 받는 시스템을 만드는 것은 매우 쉽습니다. 실전 이진 분류 문제에서 정밀도와 재현율을 동시에 만족시키기가 어려운 경우가 많습니다. (만약 이렇게 하기 쉽다면 간단한 문제이고, 아마도 처음부터 머신 러닝을 사용할 필요가 없었을 것입니다.) 정밀도와 재현율은 정답이 무엇인지 근본적으로 불확실한 까다로운 영역에서 모델을 튜닝하는 것입니다. X%의 재현율에서의 정밀도와 같이 미묘하고 복합적인 지표를 보게 될 것입니다. 여기서 X는 90과 같은 값입니다. 적어도 양성 샘플의 X%를 찾도록 튜닝한다면 정밀도는 얼마가 될까요? 예를 들어, 그림 3-5에서 모델 확률 출력의 임계값이 0.5일 때 400번의 에포크 후에 피싱 감지 모델이 96.8%의 정밀도와 92.9%의 재현율을 달성합니다.

▼ 그림 3-5 피싱 웹 페이지 감지 모델의 훈련 결과. 아래에 나타나 있는 다양한 측정값(정밀도, 재현율, FPR)을 주의 깊게 보자. AUC는 3.2.3절에서 설명한다.

TensorFlow.js: 웹 사이트 URL이 피싱인지 정상인지 분류하기

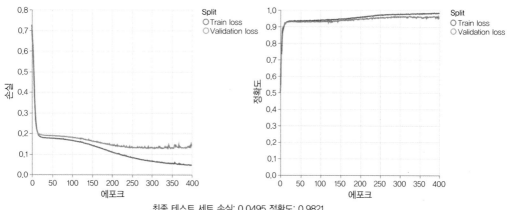

최종 테스트 세트 손실: 0.0495 정확도: 0.9821
최종 검증 세트 손실: 0.1263 정확도: 0.9539
테스트 세트 손실: 0.1210 정확도: 0.9548
정밀도: 0.9560
재현율: 0.9393
거짓 양성 비율(FPR): 0.0333
AUC: 0.9869

---

25 역주 거짓 양성을 의미합니다.

앞에서 간단히 언급했듯이 양성으로 예측하는 데 시그모이드 출력에 적용할 임계값이 정확히 0.5일 필요가 없습니다. 사실 상황에 따라서는 0.5보다 크거나(하지만 1보다는 작게) 0.5보다 작게(하지만 0보다는 크게) 지정하는 것이 나을 수 있습니다. 임계값을 낮추면 입력을 양성으로 예측하는 데 더 자유스러워 재현율이 높아지지만 정밀도는 낮아집니다. 반대로 임계값을 높이면 모델이 입력을 양성으로 예측하는 데 더 주의를 기울이므로 정밀도가 높아지지만 재현율은 낮아집니다. 따라서 정밀도와 재현율 사이에 균형점이 있습니다. 이 균형은 지금까지 이야기한 지표 중 하나로 정량화하기 어렵습니다. 다행히 이진 분류에 관한 오랜 연구 덕분에 이 균형 관계를 정량화하고 시각화할 수 있는 방법이 개발되었습니다. 다음에 이야기할 ROC 곡선이 이런 종류의 도구로 자주 사용됩니다.

### 3.2.3 ROC 곡선: 이진 분류의 균형 관계 확인하기

ROC 곡선은 이진 분류나 어떤 종류의 이벤트를 감지하는 다양한 엔지니어링 분야에 사용됩니다. ROC(Receiver Operating Characteristic)라는 이름은 초기 레이더 시대의 용어입니다. 요즘에는 거의 약어로만 사용됩니다. 그림 3-6이 피싱 감지 모델의 ROC 곡선입니다.

▼ 그림 3-6 피싱 감지 모델을 훈련하는 동안 그린 ROC 그래프. 각 곡선은 에포크 횟수가 다르다. 이 곡선은 훈련이 진행됨에 따라 이진 분류 모델의 성능이 점진적으로 향상되는 것을 보여 준다.

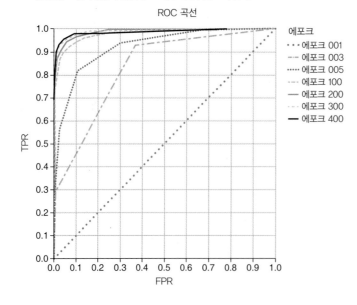

그림 3-6의 축 이름에서 볼 수 있듯이 ROC 곡선은 정밀도와 재현율에 대한 그래프가 아닙니다. 대신 두 가지 조금 다른 측정값을 기반으로 만들어집니다. ROC 곡선의 수평축은 **거짓 양성 비율** (False Positive Rate, FPR)로 다음과 같이 정의됩니다.

$$FPR = \#FP / (\#FP + \#TN)$$

ROC 곡선의 수직축은 **진짜 양성 비율**(True Positive Rate, TPR)로 다음과 같이 정의됩니다.

$$TPR = \#TP / (\#TP + \#FN) = 재현율$$

TPR은 재현율의 정의와 동일하며 이름이 다를 뿐입니다. 하지만 FPR은 새로운 지표입니다. 실제 클래스가 음성인 모든 샘플의 개수가 분모가 되고, 거짓 양성의 개수가 분자입니다. 다른 말로 하면, FPR은 양성으로 잘못 분류된 실제 음성 샘플의 비율입니다. 즉, 잘못된 경보를 일으킬 확률입니다. 표 3-4는 이진 분류 문제에서 자주 사용하는 측정 지표를 요약합니다.

▼ 표 3-4 이진 분류 문제에 자주 사용하는 측정 지표

| 측정 지표 | 정의 | ROC 곡선이나 정밀도/재현율 곡선에 사용되는 방법 |
| --- | --- | --- |
| 정확도 | $(\#TP + \#TN) / (\#TP + \#TN + \#FP + \#FN)$ | ROC에 사용되지 않음 |
| 정밀도 | $\#TP / (\#TP + \#FP)$ | 정밀도/재현율 곡선의 수직축 |
| 재현율/민감도/진짜 양성 비율(TPR) | $\#TP / (\#TP + \#FN)$ | ROC 곡선의 수직축(그림 3-6 참조)이나 정밀도/재현율 곡선의 수평축 |
| 거짓 양성 비율(FPR) | $\#FP / (\#FP + \#TN)$ | ROC 곡선의 수평축(그림 3-6 참조) |
| AUC | ROC 곡선을 적분하여 계산됩니다. 코드 3-7의 예를 참고하세요. | ROC 곡선에 사용되지 않지만 ROC 곡선을 사용해 계산됨 |

그림 3-6에 있는 일곱 개의 ROC 곡선은 첫 번째 에포크(에포크 001)에서 마지막(에포크 400)까지 일곱 개의 다른 훈련 에포크의 시작점에서 만들었습니다. 각 곡선은 (훈련 데이터가 아니라) 테스트 데이터에 대한 모델의 예측을 기반으로 만들었습니다. 코드 3-6은 Model.fit() API의 onEpochBegin 콜백(callback)에서 이 그래프를 어떻게 만드는지 자세히 보여 줍니다. 이 방법을 사용하면 for 반복문을 사용하거나 여러 번 Model.fit() 메서드를 호출하지 않고 훈련 중간에 모델을 분석하고 시각화할 수 있습니다.

```
await model.fit(trainData.data, trainData.target, {
  batchSize: batchSize,
  epochs: epochs,
  validationSplit: 0.2,
  callbacks: {
  onEpochBegin: async (epoch) => {
    if ((epoch + 1)% 100 === 0 ||            몇 번의 에포크마다 ROC 곡선을 그립니다.
              epoch === 0 || epoch === 2 || epoch === 4) { ┈┈┈
        const probs = model.predict(testData.data);
        drawROC(testData.target, probs, epoch);
    }
  },
    onEpochEnd: async (epoch, logs) => {
      await ui.updateStatus(
          '총 에포크: ${epochs}, 완료 에포크: ${epoch + 1}');
      trainLogs.push(logs);
      ui.plotLosses(trainLogs);
      ui.plotAccuracies(trainLogs);
    }
  }
});
```

drawROC( ) 함수는 ROC 곡선을 만드는 상세한 방법을 포함하고 있습니다(코드 3-7 참조). 다음과 같은 작업을 수행합니다.

- 신경망의 시그모이드 출력(확률)에 대해 임계값을 변경하여 각기 다른 분류 결과를 얻습니다.
- 각 분류 결과와 실제 레이블(타깃)을 사용해 TPR과 FPR을 계산합니다.
- FPR에 대한 TPR 그래프를 그려서 ROC 곡선을 만듭니다.

코드 3-6에서 보듯이 훈련 초기(에포크 001)에는 모델의 가중치가 랜덤하게 초기화되기 때문에 ROC 곡선이 점 (0, 0)과 점 (1, 1)을 연결하는 대각선에 매우 가깝습니다. 훈련이 진행됨에 따라 ROC 곡선은 왼쪽 위 모서리 쪽으로 점점 더 올라갑니다. 왼쪽 위 모서리는 FPR이 0이고 TPR이 1인 지점입니다. 0.1과 같이 주어진 FPR 수준에 초점을 맞추면 훈련을 진행함에 따라 TPR 값이 증가하는 것을 볼 수 있습니다. 쉽게 말해서 잘못된 경보(FPR)를 일정 수준으로 고정한다면 훈련이 진행될수록 높은 수준의 재현율(TPR)을 달성할 수 있습니다.

이상적인 ROC 곡선은 왼쪽 위 모서리에 가깝게 구부러진 $\gamma$[26] 모양의 곡선입니다. 이때 최고 성능의 이진 분류기인 100% TPR과 0% FPR을 얻을 수 있습니다. 하지만 실전 문제에서는 모델을 향상시켜 ROC 곡선을 왼쪽 위 모서리에 가깝게 만들 수 있을 뿐입니다. 왼쪽 위 모서리는 이론적인 이상일 뿐 절대 달성할 수 없습니다.

ROC 곡선의 모양과 그 의미에 대한 설명을 토대로 얼마나 좋은 ROC 곡선인지 그 아래 면적을 계산하여 정량화할 수 있습니다. 즉, 최댓값이 1인 단위 사각형 공간을 ROC 곡선과 x축이 얼마나 감싸고 있는지 측정합니다. 이를 **AUC**(area under the curve)라고 부르며 코드 3-7의 코드로 계산합니다. 이 측정값이 거짓 양성과 거짓 음성 사이의 균형을 잡는 데 정밀도, 재현율, 정확도보다 낫습니다. 랜덤한 예측의 ROC 곡선(대각선)의 AUC는 0.5입니다. $\gamma$ 모양의 이상적인 ROC 곡선의 AUC는 1.0이 됩니다. 훈련이 끝난 피싱 감지 모델의 AUC는 0.98을 달성했습니다.

**코드 3-7** ROC 곡선을 그리고 AUC를 계산하는 코드

```
function drawROC(targets, probs, epoch) {
  return tf.tidy(() => {
    const thresholds = [
      0.0, 0.05, 0.1, 0.15, 0.2, 0.25, 0.3, 0.35, 0.4, 0.45,          수동으로 일련의 확률
      0.5, 0.55, 0.6, 0.65, 0.7, 0.75, 0.8, 0.85,                     임계값을 선택합니다.
      0.9, 0.92, 0.94, 0.96, 0.98, 1.0
    ];
    const tprs = [];  // 진짜 양성 비율
    const fprs = [];  // 거짓 양성 비율
    let area = 0;
    for (let i = 0; i < thresholds.length; ++i) {
      const threshold = thresholds[i];
      const threshPredictions =                         임계값을 사용해 확률
              utils.binarize(probs, threshold).as1D();   을 예측으로 바꿉니다.
      const fpr = falsePositiveRate(
              targets,                      falsePositiveRate() 함수는 예측과 실제 타깃을 비교하여 거짓 양성
      threshPredictions).arraySync();       비율을 계산합니다. 이 함수는 같은 파일에 정의되어 있습니다.
      const tpr = tf.metrics.recall(targets, threshPredictions).arraySync();
      fprs.push(fpr);
      tprs.push(tpr);
      if (i > 0) {
        area += (tprs[i] + tprs[i - 1]) * (fprs[i - 1] - fprs[i]) / 2;   AUC 계산을 위해
      }                                                                   면적을 누적합니다.
    }
    ui.plotROC(fprs, tprs, epoch);
```

---

26 그리스 문자 중 세 번째 글자인 감마 문자

```
        return area;
    });
  }
```

---

이진 분류기의 특징을 시각화하는 것 외에도 ROC 곡선은 실전 상황에서 확률 임계값을 합리적으로 선택하도록 도와줍니다. 예를 들어 피싱 감지기를 서비스로 개발하는 회사라고 생각해 보죠. 다음 중 어떤 것이 필요할까요?

- 진짜 피싱 웹 사이트를 놓치면 책임이 따르거나 계약을 놓쳐 손실이 생기기 때문에 임계값을 상대적으로 낮춥니다.
- 모델이 피싱으로 분류하여 일반적인 웹 사이트가 막히게 된 사용자의 불만을 피하기 위해 임계값을 상대적으로 높입니다.

각 임계값은 ROC 곡선 위의 한 점에 해당합니다. 임계값을 0에서 1로 점진적으로 증가시키면 그래프의 오른쪽 위 모서리(FPR과 TPR이 모두 1인 지점)에서 왼쪽 아래 모서리(FPR과 TPR이 모두 0인 지점)로 이동하게 됩니다. 실제 엔지니어링 문제에서 ROC 곡선의 어떤 지점을 선택할지 결정하는 것은 항상 이런 종류의 실제 비용에 대한 가중치에 기반을 둡니다. 그리고 고객과 비즈니스 개발 단계에 따라 달라질 수 있습니다.

ROC 곡선 외에 이진 분류 시각화에 자주 사용되는 것으로 **정밀도-재현율 곡선**(precision-recall curve)도 있습니다(P/R 곡선이라고도 부르며 3.3절에서 간략히 언급했습니다). ROC 곡선과 달리 정밀도-재현율 곡선은 재현율에 대한 정밀도 곡선입니다. 정밀도-재현율 곡선이 개념적으로 ROC 곡선과 비슷하기 때문에 여기서는 자세히 다루지 않겠습니다.[27]

코드 3-7에서 눈여겨볼 것은 tf.tidy() 함수입니다. 이 함수는 매개변수로 전달된 익명 함수 안에서 만들어진 텐서를 적절하게 삭제하기 때문에 WebGL 메모리를 계속 점유하지 않습니다. 자바스크립트에서 객체 소멸을 위한 메서드가 없고 TensorFlow.js 텐서가 의존하는 WebGL 텍스처(texture)를 위한 가비지 컬렉션(garbage collection)이 부족하기 때문에 브라우저에서 TensorFlow.js는 사용자가 생성한 텐서의 메모리를 관리할 수 없습니다. 중간에 생성한 텐서를 적절하게 정리하지 않으면 WebGL 메모리 누수가 발생하게 됩니다. 이런 메모리 누수가 오래 지속되면 WebGL 메모리 부족 에러가 발생합니다. 부록 C의 3절에는 TensorFlow.js에서 메모리 관리에 대한 자세한 튜토리얼이 담겨 있습니다. 부록 C에는 이 주제에 대한 연습 문제도 있습니다. TensorFlow.js 사용자 정의 함수를 작성한다면 이 절을 주의 깊게 공부해야 합니다.

---

27 역주 정밀도-재현율 곡선에 대한 자세한 정보는 〈핸즈온 머신러닝 2판〉(한빛미디어, 2020) 3장을 참고하세요.

## 3.2.4 이진 크로스 엔트로피: 이진 분류를 위한 손실 함수

지금까지 정확도, 정밀도, 재현율과 같이 이진 분류기의 성능을 여러 측면으로 정량화하는 다양한 측정 지표를 알아보았습니다(표 3-4 참조). 하지만 모델의 경사 하강법 훈련을 지원하기 위해 미분 가능하고 그레이디언트를 생성할 수 있는 중요한 지표에 대해 이야기하지 않았습니다. 이것은 아직 설명하지 않았지만 코드 3-5에서 잠깐 보았던 binaryCrossentropy입니다.

```
model.compile({
  optimizer: 'adam',
  loss: 'binaryCrossentropy',
  metrics: ['accuracy']
});
```

먼저 정확도, 정밀도, 재현율, 심지어 AUC를 손실 함수로 사용할 수는 없는지 궁금할 수 있습니다. 무엇보다도 이 지표들은 이해하기 쉽습니다. 또한, 앞서 보았던 회귀 문제에서는 이해하기 쉬운 MSE를 그대로 훈련을 위한 손실 함수로 사용했습니다. 이에 대한 답은 이런 이진 분류 지표들은 모두 훈련에 필요한 그레이디언트를 생성할 수 없기 때문입니다. 정확도를 예로 들어 보죠. 정확도가 그레이디언트를 생성할 수 없는 이유를 이해하려면 모델의 예측이 양성인지 음성인지 결정하기 위해 정확도를 계산한다는 사실을 유념하세요(표 3-3의 첫 번째 행). 이런 결정을 위해 모델의 시그모이드 출력을 이진 예측으로 바꾸기 위한 임계 함수를 적용해야 합니다. 문제의 핵심은 다음과 같습니다. 임계 함수(기술적으로는 계단 함수(step function)라고 합니다)가 거의 모든 지역에서 미분 가능하지만(임계값인 0.5에서는 미분 가능하지 않습니다) 미분 값은 항상 0입니다(그림 3-7 참조)! 이 임계 함수를 사용해 역전파를 수행하면 어떻게 될까요? 어떤 지점의 상위 그레이디언트 값이 스텝 함수에서 오는 0 그레이디언트와 곱해야 하기 때문에 그레이디언트가 모두 0이 될 것입니다. 간단히 말해서 정확도(또는 정밀도, 재현율, AUC 등)를 손실 함수로 선택하면, 스텝 함수의 평평한 영역 때문에 손실 값을 감소시키기 위해 가중치 공간에서 이동 경로를 찾기 위한 훈련 과정이 불가능해집니다.

✔ 그림 3-7 이진 분류 모델의 확률 출력을 바꾸기 위해 사용하는 계단 함수는 거의 모든 영역에서 미분 가능하다. 하지만 미분 가능한 모든 영역의 그레이디언트(도함수)는 0이다.

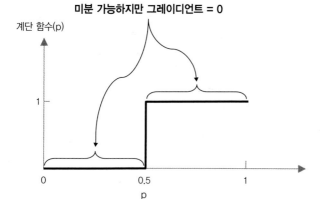

따라서 손실 함수로 정확도를 사용하면 유용한 그레이디언트를 계산할 수 없고 결국 모델의 가중치를 제대로 업데이트하지 못합니다. 정밀도, 재현율, FPR, AUC 같은 지표에도 동일한 제약 사항이 있습니다. 이런 지표는 사람이 이진 분류기의 행동을 이해하는 데 유용하지만, 모델 훈련 과정에는 도움이 안 됩니다.

이진 분류 작업에 사용하는 손실 함수는 피싱 감지 모델 코드(코드 3-5, 3-6)에서 'binary Crossentropy'로 설정한 이진 크로스 엔트로피(binary cross entropy)입니다. 이진 크로스 엔트로피의 알고리즘은 다음 의사 코드로 정의할 수 있습니다.

**코드 3-8** 이진 크로스 엔트로피 손실 함수의 의사 코드[28]

```
function binaryCrossentropy(truthLabel, prob):
  if truthLabel is 1:
    return -log(prob)
  else:
    return -log(1 - prob)
```

이 의사 코드에서 truthLabel은 0-1 값을 가지며 입력 샘플이 음성(0) 또는 양성(1) 레이블인지를 나타냅니다. prob는 모델이 예측한 양성 클래스에 속할 샘플의 확률입니다. truthLabel과 달리 prob는 0과 1 사이의 실수입니다. log는 고등학교 수학 시간에 배웠던 $e$(2.718)가 밑인 자연 로그 함수입니다. binaryCrossentropy 함수는 truthLabel이 0 또는 1인지에 따라 다른 계산을 수행하는 if-else 조건 분기가 포함되어 있습니다. 그림 3-8에 두 경우를 함께 나타냈습니다.

---

28 binaryCrossentropy의 실제 코드는 prob과 1 - prob이 정확히 0이 되는 것을 방지해야 합니다. 이 값이 바로 log 함수로 들어가면 무한대가 되기 때문입니다. 이를 위해 log 함수에 전달하기 전에 prob과 1 - prob에 아주 작은 양수 값을 더합니다(보통 1e-60이며 입실론(epsilon) 또는 퍼지 계수(fudge factor)라 불립니다).

❤ 그림 3-8 이진 크로스 엔트로피 손실 함수. 코드 3-8의 if-else 조건 분기에 따른 두 경우(truthLabel = 1과 truthLabel = 0)를 따로 그렸다.

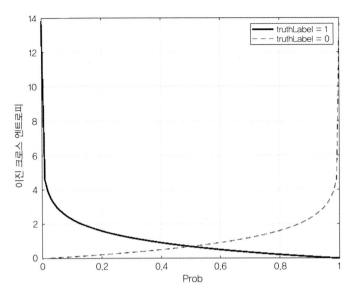

그림 3-8의 그래프는 손실 함수이기 때문에 낮은 값이 좋다는 것을 기억하세요. 이 손실 함수에서 중요한 점은 다음과 같습니다.

* truthLabel이 1이면 prob 값이 1.0에 가까워야 손실 함수 값이 낮아집니다. 진짜 양성 샘플일 경우 모델이 가능한 한 1.0에 가까운 확률을 출력해야 하므로 맞습니다. 반대로 truthLabel이 0이면 확률 값이 0에 가까울 때 손실 값이 낮습니다. 이 샘플에서는 모델이 가능한 한 0에 가까운 확률을 출력해야 하므로 맞습니다.

* 그림 3-7에 있는 이진 임계 함수와 달리 이 곡선은 모든 점에서 0이 아닌 기울기를 가지므로 그레이디언트가 0이 아닙니다. 이것이 역전파 기반의 모델 훈련에 이 함수가 적합한 이유입니다.

회귀 모델에서 사용했던 것을 적용하지 않는 이유가 궁금할 수 있습니다. 0-1 값을 회귀 타깃이라 가정하고 손실 함수로 MSE를 사용할 수 있을까요? MSE는 미분 가능하고 진짜 레이블과 확률 사이의 MSE를 계산하는 것은 binaryCrossentropy처럼 0이 아닌 도함수를 만듭니다. 하지만 MSE는 경계 부근의 값이 작기 때문입니다. 예를 들어 표 3-5에 truthLabel이 1일 때 여러 가지 prob 값에 대한 binaryCrossentropy와 MSE 손실 값을 나열했습니다. prob이 (희망하는 값인) 1에 가까울수록 MSE는 binaryCrossentropy에 비해 점점 더 빠르게 감소합니다. 그 결과 prob이 이미 충분히 1에 가까운 경우(예를 들어 0.9), 더 높은 (1에 가까운) prob 값을 만들도록 모델을 독려하지 못합니다. 비슷하게 truthLabel이 0인 경우, 모델의 prob 출력이 더 0이 되도록 그레이디언트를 생성하는데, MSE는 binaryCrossentropy만큼 좋지 못합니다.

▼ 표 3-5 가상의 이진 분류 결과에 대한 이진 크로스 엔트로피와 MSE의 값 비교

| truthLabel | prob | 이진 크로스 엔트로피 | MSE |
|---|---|---|---|
| 1 | 0.1 | 2.302 | 0.81 |
| 1 | 0.5 | 0.693 | 0.25 |
| 1 | 0.9 | 0.100 | 0.01 |
| 1 | 0.99 | 0.010 | 0.0001 |
| 1 | 0.999 | 0.001 | 0.000001 |
| 1 | 1 | 0 | 0 |

이는 이진 분류 문제가 회귀 문제와 다른 점을 보여 줍니다. 이진 분류 문제에서는 손실(binary Crossentropy)과 지표(정확도, 정밀도 등)가 다릅니다. 반면 회귀 문제에서는 손실과 지표가 같습니다(예를 들어 meanSquaredError). 다음 절에서 보겠지만, 다중 분류 문제(multiclass classification)도 다른 손실 함수와 지표가 다릅니다.

# 3.3 다중 분류

3.2절에서 이진 분류 문제를 다루는 방법을 살펴보았습니다. 이제 이진이 아닌, 즉 세 개 이상의 클래스를 가진 분류 문제를 다루는 방법을 잠시 알아보겠습니다.[29] 다중 분류를 위해 사용할 데이터셋은 통계 분야에서 유래된 유명한 데이터셋인 붓꽃 데이터셋입니다(https://en.wikipedia.

---

[29] 다중 분류(multiclass classification)와 다중 레이블 분류(multilabel classification)를 혼동하지 마세요. 다중 레이블 분류에서는 개별 입력 샘플이 여러 개의 출력 클래스에 해당할 수 있습니다. 예를 들면 입력 이미지에 있는 여러 종류의 객체를 감지하는 경우입니다. 한 이미지는 사람 하나만 포함할 수 있지만 다른 이미지는 사람, 자동차, 동물을 포함할 수 있습니다. 다중 레이블 분류 모델은 클래스 개수에 상관없이 입력 샘플이 속한 모든 클래스를 출력해야 합니다. 이 절은 다중 레이블 분류에 대해서는 다루지 않습니다. 대신 간단한 단일 레이블 다중 분류에 초점을 맞춥니다. 모든 입력 샘플은 두 개 이상의 클래스 중에서 정확히 하나의 클래스에 해당됩니다. 역주 다중 레이블 분류는 각 클래스에 대한 이진 값(True/False)을 출력합니다. 각 클래스에 대해 여러 개의 레이블을 출력하는 경우는 다중 출력 분류(multioutput classification)라 부릅니다. 다중 레이블 분류와 다중 출력 분류에 대한 자세한 내용은 〈핸즈온 머신러닝 2판〉(한빛미디어, 2020) 3장을 참고하세요.

org/wiki/Iris_flower_data_set 참조). 이 데이터셋은 setosa, versicolor, virginica라는 세 개의 붓꽃 품종으로 구성되어 있습니다. 세 품종은 꽃의 모양과 크기로 서로 구분할 수 있습니다. 20세기 초 영국의 통계학자 로널드 피셔(Ronald Fisher)가 150개 붓꽃 샘플의 (꽃의 다른 부위인) 꽃잎과 꽃받침의 길이 및 폭을 측정했습니다. 이 데이터셋은 타깃 레이블마다 정확히 50개의 샘플로 구성되어 있습니다.

이 문제에서 모델은 네 개의 수치 특성인 꽃잎 길이, 꽃잎 너비, 꽃받침 길이, 꽃받침 너비를 입력으로 받고 타깃 레이블(세 품종 중 하나)을 예측합니다. 이 예제는 iris 폴더 안에 있고 다음 명령으로 실행할 수 있습니다.

```
> cd deep-learning-with-javascript/
> npx http-server
```

그다음, 브라우저를 열고 http://127.0.0.1:8080/iris에 접속합니다.

## 3.3.1 범주형 데이터의 원-핫 인코딩

붓꽃 품종 문제를 해결하는 모델을 알아보기 전에 다중 분류 문제에서 범주형[30] 타깃(품종)을 표현하는 방법을 설명할 필요가 있습니다. 지금까지 이 책에서 다룬 모든 머신 러닝 문제는 간단하게 타깃을 표현합니다. 다운로드 시간 예측 문제나 보스턴 주택 문제에서는 하나의 숫자이고 피싱 감지 문제에서는 이진 타깃을 위한 0-1 표현입니다. 하지만 붓꽃 문제의 경우 세 개의 꽃 품종을 **원-핫 인코딩**(one-hot encoding)이라는 방식으로 표현합니다. data.js 파일을 열어 다음 라인을 찾아보세요.

```
const ys = tf.oneHot(tf.tensor1d(shuffledTargets).toInt(), IRIS_NUM_CLASSES);
```

shuffledTargets는 샘플의 정수 레이블을 섞어 놓은 평범한 자바스크립트 배열입니다. 각 원소의 값은 0, 1, 2 중 하나이며 붓꽃의 품종을 나타냅니다. tf.tensor1d(shuffledTargets).toInt()를 호출하여 int32 타입의 1D 텐서로 변환합니다. 만들어진 1D 텐서가 tf.oneHot() 함수에 전달되어 [numExamples, IRIS_NUM_CLASSES] 크기의 2D 텐서가 반환됩니다. numExamples는 targets에

---

30 [역주] 연속적인 실수가 아니라 정해진 몇 개의 값 중 하나로 표현되는 특성을 범주형 특성(categorical feature)이라고 부릅니다. 보통 타깃은 범주 대신 클래스로 표현하지만, 이 책은 특성과 타깃에 모두 범주라는 표현을 사용합니다. category가 머신 러닝의 범주가 아닌 일반 동사의 의미로 사용될 때는 혼동을 피하기 위해 '카테고리'로 번역합니다.

있는 샘플의 개수입니다. IRIS_NUM_CLASSES는 붓꽃의 품종 개수로 상수 3입니다. 앞의 코드 다음 라인에 targets와 ys를 출력하여 실제 값을 확인해 볼 수 있습니다.

```
const ys = tf.oneHot(tf.tensor1d(shuffledTargets).toInt(), IRIS_NUM_CLASSES);
// 'targets'와 'ys' 값을 출력하는 라인 추가
console.log('targets 값:', targets);
ys.print();³¹
```

앞의 라인을 추가하고 브라우저에서 페이지를 새로 고침하면, 개발자 도구의 콘솔에 console.log()와 print() 명령이 메시지를 출력합니다. 출력된 메시지는 다음과 같습니다.

```
targets 값: (50) [0, 0, 0, 0, 0, 0, 0, 0, 0, 0, 0, 0, 0, 0, 0, 0, 0,
    0, 0, 0, 0, 0, 0, 0, 0, 0, 0, 0, 0, 0, 0, 0, 0, 0, 0, 0, 0, 0, 0,
    0, 0, 0, 0, 0, 0, 0, 0]
Tensor
    [[1, 0, 0],
     [1, 0, 0],
     [1, 0, 0],
     ...,
     [1, 0, 0],
     [1, 0, 0],
     [1, 0, 0]]
```

또는

```
targets 값: (50) [1, 1, 1, 1, 1, 1, 1, 1, 1, 1, 1, 1, 1, 1, 1, 1, 1,
    1, 1, 1, 1, 1, 1, 1, 1, 1, 1, 1, 1, 1, 1, 1, 1, 1, 1, 1, 1, 1, 1,
    1, 1, 1, 1, 1, 1, 1, 1]
Tensor
    [[0, 1, 0],
     [0, 1, 0],
     [0, 1, 0],
     ...,
     [0, 1, 0],
     [0, 1, 0],
     [0, 1, 0]]
```

---

31 targets와 달리 ys는 평범한 자바스크립트 배열이 아닙니다. 이 변수는 GPU 메모리를 지원하는 텐서 객체입니다. 따라서 보통의 console.log() 함수로 값을 출력할 수 없습니다. print()는 GPU에 있는 값을 추출하기 위한 특별한 메서드로, 크기를 인식하여 읽기 쉬운 형태로 콘솔에 출력합니다.

구체적으로 설명하면, 정수 레이블 0인 샘플의 경우 [1, 0, 0] 값을 얻습니다. 정수 레이블이 1인 샘플의 경우 [0, 1, 0] 값을 얻는 식입니다. 간단하고 명확한 원-핫 인코딩의 예시입니다. 원-핫 인코딩은 정수 레이블을 레이블에 해당하는 인덱스 위치가 1이고 나머지는 모두 0인 벡터로 바꿉니다. 벡터의 길이는 가능한 범주 개수와 동일합니다. 이 벡터에는 정확히 하나의 1만 있기 때문에 이 인코딩 방법을 '원-핫(one-hot)'이라고 부릅니다.

이 인코딩이 불필요하게 복잡해 보일 수 있습니다. 하나의 숫자가 할 수 있는 범주를 왜 세 개의 숫자로 표현할까요? 간단하고 경제적인 단일 정수 인덱스 인코딩 대신 이런 방식을 선택하는 이유는 무엇일까요? 두 가지 각도에서 이를 이해해 보겠습니다.

첫째, 신경망은 정수 대신 연속적인 실수 값을 출력하는 것이 훨씬 쉽습니다. 하지만 실수 출력에 반올림을 적용하는 것은 어울리지 않습니다.[32] 훨씬 우아하고 자연스러운 방법은 신경망의 마지막 층이 몇 개의 실수를 출력하는 것입니다. 이진 분류에서 사용했던 시그모이드와 비슷한 활성화 함수를 사용하여 각 실수를 [0, 1] 사이의 범위를 가지도록 만듭니다. 각 숫자는 입력 샘플이 해당하는 클래스에 속할 확률을 모델이 추정한 값입니다. 이 때문에 원-핫 인코딩을 사용합니다. 이는 이 세 개의 확률 점수에 대한 '정답'으로, 모델이 훈련 과정에서 학습할 목표가 됩니다.

둘째, 범주를 정수로 인코딩하면 암묵적으로 클래스 사이에 순서를 매기게 됩니다. 예를 들어 setasa를 0, versicolor를 1, virginica를 2로 레이블할 수 있습니다. 하지만 이런 식의 순서는 인공적이고 정당하지 않습니다. 예를 들어 이런 순서 레이블링은 setosa가 virginica보다 versicolor에 더 가깝다는 것을 의미하지만, 이는 사실이 아닙니다. 신경망은 실수를 다루며 곱셈과 덧셈 같은 수학 연산을 기반으로 합니다. 따라서 숫자의 크기와 순서에 민감합니다. 범주가 하나의 숫자로 인코딩되면 신경망이 학습해야 할 추가적인 비선형 관계가 만들어집니다. 반대로 원-핫 인코딩된 범주는 어떤 순서 정보도 가지고 있지 않으며, 따라서 신경망의 학습 능력에 부담을 주지 않습니다.

9장에서 보겠지만, 원-핫 인코딩은 신경망의 출력 타깃뿐만 아니라 입력에 있는 범주형 특성에도 사용됩니다.

---

32 **역주** 이 말은 하나의 실수를 사용해 세 개의 클래스를 표현하는 것이 적절하지 않다는 뜻입니다.

## 3.3.2 소프트맥스 활성화 함수

입력 특성과 출력 타깃이 표현되는 방법을 이해했으므로 모델을 정의하는 코드를 살펴볼 차례입니다(iris/index.js).

**코드 3-9** 붓꽃 분류를 위한 다층 신경망

```
const model = tf.sequential();
model.add(tf.layers.dense(
  {units: 10, activation: 'sigmoid', inputShape: [xTrain.shape[1]]}));
model.add(tf.layers.dense({units: 3, activation: 'softmax'}));
model.summary();

const optimizer = tf.train.adam(params.learningRate);
model.compile({
  optimizer: optimizer,
  loss: 'categoricalCrossentropy',
  metrics: ['accuracy'],
});
```

코드 3-9에 정의된 모델의 summary() 메서드 출력은 다음과 같습니다.

| Layer (type) | Output shape | Param # |
|---|---|---|
| dense_Dense1 (Dense) | [null,10] | 50 |
| dense_Dense2 (Dense) | [null,3] | 33 |

```
Total params: 83
Trainable params: 83
Non-trainable params:
```

앞의 출력 결과에서 볼 수 있듯이 가중치 개수(83개)가 작은 매우 간단한 모델입니다. 출력 크기 [null, 3]은 타깃의 원-핫 인코딩에 해당합니다. 마지막 층에서 사용하는 **소프트맥스**(softmax) 활성화 함수는 다중 분류 문제를 위한 함수입니다. 소프트맥스의 수학적 정의는 다음과 같은 의사 코드로 쓸 수 있습니다.

```
softmax([x1, x2, ..., xn]) =
    [exp(x1) / (exp(x1) + exp(x2) + ... + exp(xn)),
     exp(x2) / (exp(x1) + exp(x2) + ... + exp(xn)),
     ...,
     exp(xn) / (exp(x1) + exp(x2) + ... + exp(xn))]
```

앞에서 보았던 시그모이드 활성화 함수와 다르게 소프트맥스 활성화 함수는 원소별로 적용되지 않습니다. 입력 벡터의 원소마다 다른 모든 원소에 의존하여 변환되기 때문입니다. 구체적으로 입력의 각 원소는 자연 지수 값으로 변환됩니다(exp 함수는 밑이 $e = 2.718$인 지수 함수입니다). 그다음, 이 지수 값을 다른 모든 원소의 지수 값의 합으로 나눕니다. 이렇게 하면 어떻게 될까요? 첫째, 모든 숫자를 0과 1 사이의 범위로 만듭니다. 둘째, 출력 벡터의 원소를 모두 더하면 1이 됩니다. 이는 바람직한 성질입니다. 왜냐하면 1) 출력을 클래스에 해당하는 확률 점수로 해석할 수 있고 2) 범주형 크로스 엔트로피(categorical cross entropy) 손실 함수에 사용하기 위해 출력이 이 성질을 만족해야 하기 때문입니다. 셋째, 이 정의는 입력 벡터의 큰 원소를 출력 벡터의 큰 원소로 매핑합니다. 구체적인 예를 들기 위해 다음과 같은 벡터를 생성하는 마지막 밀집 층의 행렬 곱셈과 편향 덧셈을 생각해 보죠.

```
[-3, 0, -8]
```

이 밀집 층의 유닛이 세 개이기 때문에 이 벡터의 길이는 3입니다. 벡터의 원소는 실수이고 특정 범위로 제한되지 않습니다. 소프트맥스 활성화 함수는 이 벡터를 다음과 같은 값으로 변환합니다.

```
[0.0474107, 0.9522698, 0.0003195]
```

이 값은 다음과 같이 TensorFlow.js 코드를 실행하여 직접 확인할 수 있습니다(js.tensorflow.org 페이지에서 개발자 도구를 열어 콘솔에 입력할 수 있습니다[33]).

```
const x = tf.tensor1d([-3, 0, -8]);
tf.softmax(x).print();
```

소프트맥스 함수 출력의 세 원소는 1) 모두 [0, 1] 범위 안에 있고, 2) 모두 더하면 1이고, 3) 입력 벡터의 순서대로 나열되어 있습니다. 이런 성질 덕분에 이 출력을 전체 클래스에 대한 (모델의) 확률 값으로 이해할 수 있습니다. 이전 코드에서는 두 번째 범주의 확률이 가장 높고 세 번째 범주의 확률이 가장 낮습니다.

---

33 역주 또는 번역서의 데모 페이지(http://ml-ko.kr/tfjs/iris)에서 개발자 도구의 자바스크립트 콘솔(Ctrl + Shift + J 또는 ⌘ + Option + J)을 열어 입력할 수 있습니다.

따라서 이런 종류의 다중 분류 모델의 출력을 사용할 때 소프트맥스 출력 원소 중 가장 높은 값의 인덱스를 최종 결정으로 삼을 수 있습니다. 입력이 어느 클래스에 속하는지에 대한 결정을 말합니다. 이 결정은 argMax() 메서드를 사용해 수행할 수 있습니다. 예를 들어 index.js에 있는 다음 코드를 참고하세요.

```
const predictOut = model.predict(input);
const winner = data.IRIS_CLASSES[predictOut.argMax(-1).dataSync()[0]];
```

predictOut은 [numExamples, 3] 크기의 2D 텐서입니다. argMax() 메서드를 호출하면 predictOut의 크기를 [numExample]로 축소시킵니다. argMax() 메서드의 매개변수 값 -1은 마지막 차원을 따라 최댓값을 찾아서 그 인덱스를 반환하라는 뜻입니다. 예를 들어 다음과 같은 predictOut 출력이 있다고 가정해 보죠.

```
[[0  , 0.6, 0.4],
 [0.8, 0  , 0.2]]
```

argMax(-1)은 마지막 (두 번째) 차원을 따라 찾은 최댓값이 첫 번째 샘플과 두 번째 샘플의 인덱스 1과 0에 있다는 것을 나타내는 텐서를 반환합니다.

```
[1, 0]
```

### 3.3.3 범주형 크로스 엔트로피: 다중 분류를 위한 손실 함수

이진 분류 예제에서 이진 크로스 엔트로피를 손실 함수로 어떻게 사용하는지 알아보았습니다. 정확도, 재현율과 같이 사람이 이해하기 더 쉬운 지표를 손실 함수로 사용하지 못하는 이유도 살펴보았습니다. 다중 분류도 매우 비슷합니다. 모델이 정확히 분류한 샘플의 비율인 정확도와 같이 간단한 지표가 있습니다. 이 지표는 모델이 얼마나 잘 동작하는지 이해하는 데 중요하며 코드 3-9에서 다음과 같이 사용되었습니다.

```
model.compile({
  optimizer: optimizer,
  loss: 'categoricalCrossentropy',
  metrics: ['accuracy'],
});
```

하지만 정확도는 이진 분류에서와 마찬가지로 0 그레이디언트 이슈가 있기 때문에 손실 함수로 나쁜 선택입니다. 따라서 **범주형 크로스 엔트로피**(categorical cross entropy)라는 다중 분류를 위한 특별한 손실 함수를 고안했습니다. 이 함수는 이진 크로스 엔트로피를 두 개 이상의 범주가 있는 경우로 일반화한 것입니다.

**코드 3-10** 범주형 크로스 엔트로피 손실 함수의 의사 코드

```
function categoricalCrossentropy(oneHotTruth, probs):
  for i in (0 to length of oneHotTruth)
    if oneHotTruth(i) is equal to 1
      return -log(probs[i]);
```

앞에 있는 의사 코드에서 oneHotTruth는 입력 샘플의 실제 클래스의 원-핫 인코딩입니다. probs는 모델이 출력한 소프트맥스 확률입니다. 이 의사 코드에서 핵심 포인트는 범주형 크로스 엔트로피의 경우 실제 클래스의 인덱스에 해당하는 probs의 한 원소만 중요하다는 것입니다. probs의 다른 원소는 나름대로 값을 가지고 있겠지만 실제 클래스의 원소를 바꾸지 않는 한 범주형 크로스 엔트로피에 영향을 미치지 못합니다. probs의 원소가 1에 가까울수록 크로스 엔트로피의 값은 낮아집니다. 이진 크로스 엔트로피와 마찬가지로 범주형 크로스 엔트로피는 tf.metrics 아래에 함수로 제공되므로, 간단하지만 시험 삼아 범주형 크로스 엔트로피를 계산해 볼 수 있습니다. 예를 들어, 다음 코드에서 가상의 원-핫 인코딩된 정답 레이블과 가상의 probs 벡터를 만들어 범주형 크로스 엔트로피를 계산할 수 있습니다.

```
const oneHotTruth = tf.tensor1d([0, 1, 0]);
const probs = tf.tensor1d([0.2, 0.5, 0.3]);
tf.metrics.categoricalCrossentropy(oneHotTruth, probs).print();
```

결괏값은 약 0.693입니다. 모델이 실제 클래스에 할당한 확률이 0.5일 때 categorical Crossentropy의 값이 0.693이라는 뜻입니다. 코드 3-10에 있는 의사 코드로 확인해 볼 수 있습니다. 0.5에서 값을 높이거나 낮추어 categoricalCrossentropy의 값이 어떻게 변하는지 확인해 보세요(표 3-5 참조). 표 3-6은 원-핫 인코딩된 진짜 레이블과 probs 벡터 사이의 MSE 값도 포함하고 있습니다.

▼ 표 3-6 다양하게 출력된 확률에서의 범주형 크로스 엔트로피 값. 모든 샘플(행)은 (붓꽃 예제처럼) 세 개의 클래스가 있는 경우에 해당한다. 실제 클래스는 두 번째다.

| 원-핫 인코딩된 진짜 레이블 | probs(소프트맥스 출력) | 범주형 크로스 엔트로피 | MSE |
|---|---|---|---|
| [0, 1, 0] | [0.2, 0.5, 0.3] | 0.693 | 0.127 |
| [0, 1, 0] | [0.0, 0.5, 0.5] | 0.693 | 0.167 |
| [0, 1, 0] | [0.0, 0.9, 0.1] | 0.105 | 0.006 |
| [0, 1, 0] | [0.1, 0.9, 0.0] | 0.105 | 0.006 |
| [0, 1, 0] | [0.0, 0.99, 0.01] | 0.010 | 0.00006 |

이 테이블에서 행 1과 2를 비교하거나 행 3과 4를 비교하면, 실제 클래스에 해당하지 않는 probs 원소의 값을 바꾸는 것은 범주형 크로스 엔트로피에 영향을 주지 않는 것이 명확합니다. 반면 원-핫 인코딩된 진짜 레이블과 probs 사이의 MSE는 바뀝니다. 또한, 이진 크로스 엔트로피처럼 실제 클래스에 해당하는 probs가 1에 가까울 때 MSE는 희미해집니다. 따라서 정답 클래스의 확률 값을 올리는 데 도움이 되지 않습니다. 이것이 다중 분류 문제에서 MSE보다 범주형 크로스 엔트로피가 손실 함수로 더 적합한 이유입니다.

### 3.3.4 오차 행렬: 다중 분류를 상세하게 분석하기

예제 웹 페이지에서 **밑바닥부터 모델 훈련하기** 버튼을 클릭하면 몇 초 안에 모델을 훈련할 수 있습니다. 그림 3-9에서 보듯이 모델은 40 에포크 동안 훈련한 후에 거의 완벽에 가까운 정확도를 달성합니다. 이는 붓꽃 데이터셋이 특성 공간에서 클래스 간에 비교적 잘 정의된 경계를 가진 작은 데이터셋이란 사실을 의미합니다.

▼ 그림 3-9 40 에포크 동안 훈련한 붓꽃 모델의 결과. 왼쪽 위: 훈련 에포크에 대한 손실 함수. 오른쪽 위: 훈련 에포크에 대한 정확도. 아래: 오차 행렬

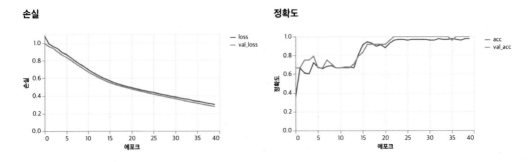

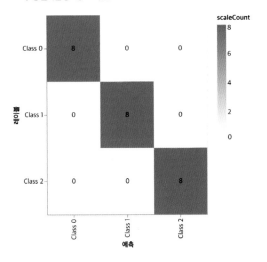

오차 행렬 (검증 세트 기반)

그림 3-9의 아래 부분은 다중 분류 모델의 동작을 상세하게 나타내는 오차 행렬입니다. 오차 행렬은 다중 분류 모델의 결과를 실제 클래스와 모델의 예측 클래스에 따라 세분화합니다. 이 정사각형의 크기는 [numClasses, numClasses]입니다. 인덱스 [i, j]에 있는(행 i와 열 j에 있는) 원소는 클래스 i에 속한 샘플을 모델이 클래스 j로 예측한 개수입니다. 따라서 오차 행렬의 대각선 원소가 올바르게 분류된 샘플에 해당합니다. 완벽한 다중 분류기는 대각선 밖의 원소가 모두 0인 오차 행렬을 만듭니다. 그림 3-9에 있는 오차 행렬이 바로 이런 경우입니다.

마지막에 오차 행렬을 그리는 것 외에도 이 붓꽃 예제는 onTrainEnd()를 사용해 훈련 에포크가 끝날 때마다 오차 행렬을 그립니다. 초기 에포크에서는 그림 3-9에 있는 것보다 완벽하지 않은 오차 행렬을 볼 수 있습니다. 그림 3-10에 있는 오차 행렬은 24개 입력 샘플 중에 여덟 개가 잘못 분류되어 66.7%의 정확도를 냅니다. 하지만 이 오차 행렬은 정확도 하나보다 더 많은 것을 말해 주고 있습니다. 어떤 클래스에서 많은 실수가 발생하고 어떤 클래스에서 오류가 적은지 알 수 있습니다. 이 경우에는 두 번째 클래스 샘플 중 다섯 개가 (세 번째 클래스로) 잘못 분류되지만, 첫 번째와 세 번째 클래스의 꽃은 항상 정확하게 분류됩니다. 따라서 다중 분류에서 오차 행렬은 단순한 정확도보다 훨씬 풍부한 정보를 제공합니다. 마치 정밀도와 재현율을 합치면 이진 분류에서 정확도보다 포괄적인 정보를 제공하는 것과 비슷합니다. 오차 행렬은 모델과 훈련 과정에 관련된 의사 결정에 도움이 되는 정보를 제공할 수 있습니다. 예를 들어 어떤 종류의 실수는 다른 클래스를 혼동하는 것보다 훨씬 비용이 높을 수 있습니다. 스포츠 사이트를 게임 사이트로 착각하는 것은 피싱 사이트로 혼동하는 것보다 덜 문제가 됩니다. 이런 경우에 모델의 하이퍼파라미터를 조정하여 가장 큰 비용이 발생하는 오류를 최소화할 수 있습니다.

▼ 그림 3-10 대각선 밖의 원소가 0이 아닌 불완전한 오차 행렬의 예. 이 오차 행렬은 훈련이 수렴하기 전인 두 번째 에포크 후에 생성되었다.

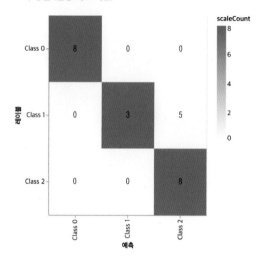

지금까지 본 모든 모델은 숫자 배열을 입력으로 받습니다. 다른 말로 하면, 각 입력 샘플은 단순하게 길이가 고정된 숫자 리스트로 표현됩니다. 모든 샘플이 모델에 주입되는 한, 샘플의 순서는 중요하지 않습니다. 이런 종류의 모델이 중요하고 실용적인 많은 머신 러닝 문제를 해결하지만, 유일한 종류는 아닙니다. 이어지는 장에서 이미지와 시퀀스(sequence)처럼 조금 더 복잡한 입력 데이터 타입을 알아보겠습니다. 4장에서는 먼저 광범위하게 사용되는 입력 데이터인 이미지를 살펴보겠습니다. 이런 데이터에서 머신 러닝 모델이 사람 수준의 정확도를 내도록 강력한 신경망 구조가 개발되었습니다.

# 3.4 / 연습 문제

1. 보스턴 주택 문제에서 신경망을 만들 때 두 개의 은닉층으로 구성된 모델에서 멈췄고, 모델의 용량을 늘리기 위해 비선형 함수를 중첩하는 것을 말했습니다. 그렇다면 모델에 은닉층을 더 추가하면 평가 성능이 향상될까요? index.js를 수정하여 훈련과 평가를 다시 실행함으로써 이를 시험해 보세요.

a. 은닉층을 추가하여 평가 정확도를 향상하지 못하는 이유가 무엇인가요?

b. 이런 결론에 도달한 이유는 무엇인가요? (힌트: 훈련 세트의 오류를 살펴보세요.)

2. 코드 3-6에서 onEpochBegin 콜백을 사용해 훈련 에포크가 시작될 때마다 ROC 곡선을 계산하여 그렸습니다. 이런 패턴을 따라서 콜백 함수를 조금 수정하여 에포크가 시작할 때마다 (테스트 세트의) 정밀도와 재현율을 출력할 수 있나요? 훈련이 진행됨에 따라 이 값이 어떻게 변하는지 설명해 보세요.

3. 코드 3-7의 코드를 연구하고 ROC 곡선을 계산하는 방법을 이해하세요. 이 예제를 따라서 정밀도-재현율 곡선을 계산하고 그리는 새로운 drawPrecisionRecallCurve() 함수를 만들 수 있나요? 이 함수를 작성하고 나면 onEpochBegin 콜백에서 호출하여 훈련 에포크가 시작할 때마다 ROC 곡선을 따라 정밀도-재현율 곡선을 출력하세요. ui.js를 수정해야 할 것입니다.

4. 이진 분류기 결과로 FPR과 TPR이 나왔다고 가정해 보죠. 이 두 숫자로 전반적인 정확도를 계산할 수 있나요? 그렇지 못하다면 필요한 추가 정보는 무엇인가요?

5. 이진 크로스 엔트로피(3.2.4절)와 범주형 크로스 엔트로피(3.3.3절)의 정의는 모두 자연 로그(밑이 $e$인 로그)를 기반으로 합니다. 밑이 10인 로그를 사용하도록 정의를 바꾸면 어떻게 될까요? 이진 분류기와 다중 분류기의 훈련과 추론에 어떤 영향을 미치나요?

6. 코드 3-4에 있는 하이퍼파라미터 그리드 서치의 의사 코드를 실제 자바스크립트 코드로 바꾸고, 코드 3-1에 있는 두 개의 층으로 구성된 보스턴 주택 모델의 하이퍼파라미터 최적화를 수행해 보세요. 구체적으로 은닉층의 유닛 개수와 학습률을 튜닝해 보세요. 탐색할 유닛 개수와 학습률의 범위는 자유롭게 결정해도 좋습니다. 머신 러닝 엔지니어는 일반적으로 등비수열(즉, 로그 스케일)과 비슷한 간격으로 공간을 탐색합니다(예를 들어 units = 2, 5, 10, 20, 50, 100, 200,...).

## 3.5 요약

TENSORFLOW.JS

- 분류 작업은 이산적인 예측을 만든다는 점에서 회귀 작업과 다릅니다.
- 분류는 이진 분류와 다중 분류 두 종류가 있습니다. 이진 분류는 입력에 대해 두 개의 가능한 클래스가 있고, 다중 분류는 세 개 이상의 클래스가 있습니다.

- 이진 분류는 일반적으로 모든 입력 샘플 중에서 양성이라 부르는 어떤 종류의 이벤트나 객체를 감지하는 것으로 볼 수 있습니다. 이런 점을 볼 때 정확도 외에 정밀도, 재현율, FPR을 사용해 이진 분류기의 다양한 측면을 정량화할 수 있습니다.

- 일반적으로 이진 분류 작업에는 모든 양성 샘플을 찾아내는 것과 거짓 양성(잘못된 경보)을 최소화하는 것 사이에 균형점이 있습니다. ROC 곡선과 AUC 지표는 이 관계를 시각화하고 정량화하는 데 도움이 됩니다.

- 이진 분류를 위한 신경망은 마지막 (출력) 층에 시그모이드 활성화 함수를 사용하고 훈련하는 동안 손실 함수로 이진 크로스 엔트로피를 사용해야 합니다.

- 다중 분류를 위한 신경망을 만들기 위해 일반적으로 출력 타깃을 원-핫 인코딩으로 표현합니다. 신경망은 출력층에 소프트맥스 활성화 함수를 사용하고 범주형 크로스 엔트로피 손실 함수를 사용해 훈련됩니다.

- 다중 분류에서 오차 행렬은 모델이 저지른 실수에 대해 정확도보다 자세한 정보를 제공합니다.

- 표 3-6에는 지금까지 본 가장 일반적인 머신 러닝 문제(회귀, 이진 분류, 다중 분류)를 위해 권장되는 방법들이 요약되어 있습니다.

- 하이퍼파라미터는 머신 러닝 모델의 구조, 층의 속성, 훈련 과정을 위한 설정입니다. 모델 가중치와는 다르게 1) 모델이 훈련되는 과정 동안 변하지 않고 2) 이산적인 경우가 많습니다. 하이퍼파라미터 최적화는 검증 데이터셋에서 손실을 최소화하는 하이퍼파라미터 값을 찾는 과정입니다. 하이퍼파라미터 최적화는 활발히 연구되는 분야입니다. 현재 가장 많이 사용되는 방법은 그리드 서치, 랜덤 서치, 베이지안 기법입니다.

▼ 표 3-7 가장 일반적인 머신 러닝 작업과 이에 맞는 마지막 층의 활성화 함수, 손실 함수, 모델 품질을 정량화하는 데 도움이 되는 지표

| 작업의 종류 | 출력층의 활성화 함수 | 손실 함수 | Model.fit() 메서드를 호출할 때 지정하기 적절한 지표 | 추가적인 지표 |
|---|---|---|---|---|
| 회귀 | 'linear' (기본) | 'meanSquaredError' 또는 'meanAbsoluteError' | (손실 함수와 동일) | |
| 이진 분류 | 'sigmoid' | 'binaryCrossentropy' | 'accuracy' | 정밀도, 재현율, 정밀도-재현율 곡선, ROC 곡선, AUC |
| 단일 레이블 다중 분류 | 'softmax' | 'categoricalCrossentropy' | 'accuracy' | 오차 행렬 |

# 4<sup>장</sup>

# 합성곱 신경망을
# 사용해 이미지와
# 사운드 인식하기

4.1 벡터에서 텐서로 이미지 표현하기

4.2 첫 번째 합성곱 신경망

4.3 브라우저를 넘어서: Node.js로 모델 훈련 속도 높이기

4.4 음성 인식: 합성곱 신경망을 오디오 데이터에 적용하기

4.5 연습 문제

4.6 요약

### 이 장에서 다룰 핵심 내용

- 이미지와 오디오 같은 지각 데이터를 다차원 텐서로 변환하는 방법
- 합성곱 신경망의 개념과 동작 방식, 이미지를 다루는 머신 러닝 작업에 특별히 적합한 이유
- TensorFlow.js로 합성곱 신경망을 만들고 훈련하여 손 글씨 숫자 분류 작업을 해결하는 방법
- 훈련 속도를 높이기 위해 Node.js에서 모델을 훈련하는 방법
- 음성 인식(spoken-word recognition)을 위해 오디오 데이터에 합성곱 신경망을 사용하는 방법

현재 진행 중인 딥러닝 혁명은 ImageNet 경연 대회와 같은 이미지 인식 작업의 혁신으로 시작되었습니다. 이미지가 포함된 기술적으로 흥미롭고 유용한 문제들은 매우 다양합니다. 이미지의 내용을 인식하는 것부터 이미지를 의미 있는 부분으로 분할하고 이미지에 있는 객체의 위치를 파악하고 이미지를 합성하는 것까지 포함됩니다. 이런 머신 러닝의 하위 분야를 이따금 컴퓨터 비전(computer vision)[1]이라고 부릅니다. 컴퓨터 비전 기술은 종종 비전이나 이미지와 관계없는 (자연어 처리 같은) 영역으로 이식됩니다. 이것이 컴퓨터 비전을 위한 딥러닝을 공부하는 중요한 이유 중 하나입니다.[2] 컴퓨터 비전 문제를 본격적으로 다루기 전에 딥러닝에서 이미지를 표현하는 방법을 알아볼 필요가 있습니다.

# 4.1 벡터에서 텐서로 이미지 표현하기

앞의 두 장에서는 수치 입력을 다루는 머신 러닝 작업을 살펴보았습니다. 예를 들어 2장의 다운로드 시간 예측 문제는 하나의 숫자(파일 크기)를 입력으로 사용합니다. 보스턴 주택 문제의 입력은 12개의 숫자 배열(방 개수, 범죄율 등)입니다. 이런 문제들의 공통점은 입력 샘플을 (중첩되지 않은) 하나의 1차원 숫자 배열로 표현할 수 있다는 것입니다. TensorFlow.js에서는 1D 텐서에 해당합니다. 하지만 이미지는 딥러닝에서 다르게 표현됩니다.

이미지는 3D 텐서를 사용해 나타냅니다. 이 텐서의 처음 두 개 차원은 높이와 너비 차원으로, 익숙합니다. 세 번째 차원은 컬러 채널입니다. 예를 들어 컬러는 종종 RGB 값으로 인코딩됩니다. 이 경우에 세 개의 컬러 각각이 하나의 채널이 됩니다. 따라서 세 번째 차원의 크기는 3이 됩니다. 224 × 224 픽셀 크기의 RGB 인코딩된 컬러 이미지가 있다면 [224, 224, 3] 크기의 3D 텐서로 나타낼 수 있습니다. 일부 컴퓨터 비전 문제의 이미지는 컬러가 없습니다(즉, 흑백입니다). 이런 경우에는 하나의 채널만 있으므로 3D 텐서로 나타내면 [height, width, 1] 크기[3]가 됩니다(그림 4-1 참조).[4]

---

1  컴퓨터 비전은 그 자체로 광범위한 분야로, 머신 러닝 기술을 사용하지 않는 영역은 이 책의 범위를 넘어섭니다.

2  딥러닝 분야의 컴퓨터 비전에 관심 있고 이 분야를 깊이 탐구하고 싶은 독자는 Mohamed Elgendy의 〈Grokking Deep Learning for Computer Vision〉(Manning, 2020)을 참고하세요.

3  역주 일반적으로 이미지 뷰어나 편집기에서 이미지를 다룰 때와 달리 텐서나 배열로 이미지를 다룰 때는 2차원 배열의 행에 해당하는 이미지의 높이 차원이 먼저 등장합니다.

4  다른 방법으로 이미지의 픽셀과 그 컬러 값을 모두 1D 텐서(1차원 숫자 배열)로 펼칠 수 있습니다. 하지만 이렇게 하면 각 픽셀의 컬러 채널 사이의 연관성과 픽셀 간의 2D 공간상의 관계를 활용하기 힘듭니다.

❖ 그림 4-1 딥러닝에서 MNIST 이미지를 텐서로 표현하기. 그림으로 나타내기 위해 MNIST 이미지를 28 × 28에서 8 × 8로 줄였다. 이 이미지는 흑백 이미지[5]라서 높이, 너비, 컬러 채널로 이루어진 [8, 8, 1] 크기다. 마지막 차원에 있는 하나의 컬러 채널은 이 그림에 나타나 있지 않다.[6]

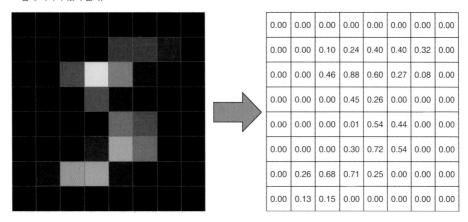

이렇게 이미지를 인코딩하는 방식을 HWC(높이-너비-채널)라고 합니다. 딥러닝으로 이미지를 처리할 때 효율적으로 병렬 계산을 하기 위해 일련의 이미지를 하나의 배치로 연결합니다. 이미지 배치를 만들 때 개별 이미지 차원은 항상 첫 번째 차원이 됩니다. 이는 2장과 3장에서 1D 텐서를 연결하여 배치 2D 텐서로 만드는 것과 비슷합니다. 따라서 이미지 배치는 4D 텐서가 됩니다. 네 개의 차원은 이미지 개수(N), 높이(H), 너비(W), 컬러 채널(C)입니다. 이런 포맷을 NHWC라고 합니다. 네 개 차원의 순서가 이와 다른 NCHW 포맷도 있습니다. 이름에서 알 수 있듯이 채널 차원이 높이와 너비 차원보다 먼저 등장합니다. TensorFlow.js는 NHWC와 NCHW 포맷을 모두 다룰 수 있습니다. 하지만 이 책에서는 기본 NHWC 포맷만 사용하겠습니다.

---

5  역주 일반적인 흑백 이미지라면 흰 바탕에 검은 글자를 생각할 수 있습니다. 컴퓨터는 검은색을 0, 흰색을 255로 나타내기 때문에 글자 부분의 픽셀 값이 0이 되어 신경망이 글자 모양을 학습하기 어렵습니다. 이 때문에 신경망에 흑백 이미지를 주입할 때는 반전시켜 글자(전경)가 흰색에 가깝게 하고 배경을 검은색으로 만듭니다. 왼쪽 그림은 0~255의 픽셀 값을 0~1 사이로 정규화한 것입니다.

6  역주 크기가 1인 차원은 전체 배열의 원소 개수에 영향을 미치지 않습니다. 예를 들어 크기가 [8, 8, 1]인 배열과 [8, 8] 크기의 배열은 모두 64개의 원소를 가집니다. 흑백 이미지의 경우 2D로도 충분하지만 합성곱 신경망을 사용하려면 3D로 만들어야 합니다.

### 4.1.1 MNIST 데이터셋

이 장에서 다루는 컴퓨터 비전 문제는 MNIST[7] 손 글씨 숫자 데이터셋입니다. 이 데이터셋은 컴퓨터 비전과 딥러닝의 '헬로 월드(hello world)'로 불릴 만큼 중요하고 자주 사용됩니다. MNIST 데이터셋은 딥러닝에서 볼 수 있는 대부분의 데이터셋보다 오래되고 규모가 작습니다. 하지만 예제로 널리 사용되고 새로운 딥러닝 기술을 위한 첫 번째 테스트로 종종 사용되기 때문에 잘 알고 있는 것이 좋습니다.

MNIST 데이터셋의 각 샘플은 28 × 28 크기의 흑백 이미지입니다(그림 4-1 참조). 이 이미지는 0에서 9까지 열 개 숫자의 손 글씨를 변환한 것입니다. 보통의 컴퓨터 비전 문제에서 다루는 이미지 사이즈보다는 작지만, 28 × 28 크기는 숫자 같은 간단한 모양을 인식하는 데 충분합니다. 각 이미지는 열 개의 가능한 숫자 중에서 이미지가 실제로 어떤 것인지 나타내는 레이블이 함께 제공됩니다. 다운로드 시간 예측과 보스턴 주택 데이터셋에서 했던 것처럼 이 데이터셋을 훈련 세트와 테스트 세트로 나눕니다. 훈련 세트는 60,000개 이미지로 구성되고, 테스트 세트는 10,000개 이미지로 구성됩니다. MNIST 데이터셋[8]은 열 개의 범주(즉, 열 개의 숫자)에 대해 거의 동일한 개수의 샘플을 가지고 있어 균형을 이루고 있습니다.

## 4.2 첫 번째 합성곱 신경망

이미지 데이터와 레이블의 표현이 주어지면 MNIST 데이터셋을 해결하는 신경망이 어떤 종류의 입력을 받아야 하고 어떤 종류의 출력을 만들어야 하는지 알게 됩니다. 이 신경망의 입력은 크기가 [null, 28, 28, 1]인 NHWC 포맷의 텐서입니다. 출력은 [null, 10] 크기의 텐서이고 두 번째 차원은 가능한 열 개 숫자에 해당합니다. 이는 다중 분류 타깃에 대한 일반적인 원-핫 인코딩

---

7  MNIST는 Modified NIST를 의미합니다. 여기서 'NIST'는 이 데이터셋이 1995년 미국 국립표준기술연구소(US National Institute of Standards and Technology)에서 유래되었다는 사실을 반영합니다. 이름에 있는 'modified'는 원본 NIST 데이터셋에 수정을 가했다는 의미입니다. 1) 훈련 세트와 테스트 세트를 균일하게 만들기 위해 안티 앨리어싱(anti-aliasing) 처리하여 이미지를 동일한 28 × 28 픽셀 비트맵 이미지로 정규화하고 2) 글씨 작성자가 훈련 세트와 테스트 세트에 동시에 등장하지 않도록 합니다. 이런 수정 덕분에 이 데이터셋을 다루기 쉬우며 모델 정확도를 객관적으로 평가하기 좋습니다.

8  Yann LeCun, Corinna Cortes, and Christopher J.C. Burges, "The MNIST Database of Handwritten Digits," http://yann.lecun.com/exdb/mnist/.

입니다. 3장의 붓꽃 예제에서 보았던 붓꽃 품종의 원-핫 인코딩과 같습니다. 이런 정보를 바탕으로 MNIST 같은 이미지 분류 작업을 위해 선택한 합성곱 신경망을 자세히 알아보겠습니다. 합성곱이란 용어가 어렵게 느껴질 수 있습니다. 하지만 이는 수학 연산의 한 종류일 뿐이며, 앞으로 자세히 살펴보겠습니다.

이 코드는 깃허브 저장소의 mnist 폴더에 있습니다. 이전 예제와 마찬가지로 다음 명령으로 예제를 실행할 수 있습니다.

```
> cd deep-learning-with-javascript/
> npx http-server
```

그다음, 브라우저를 열고 http://127.0.0.1:8080/mnist에 접속합니다.[9]

코드 4-1은 mnist 예제의 index.js 파일에서 가져온 것입니다. MNIST 문제를 위한 합성곱 신경망을 정의하는 함수입니다. 이 시퀀셜 모델[10]의 층 개수(일곱 개)는 지금까지 보았던 예제의 층 개수(한 개에서 세 개까지)보다 훨씬 많습니다.

**코드 4-1** MNIST 데이터셋을 위한 합성곱 신경망 모델 정의하기

```
function createConvModel() {
  const model = tf.sequential();

  model.add(tf.layers.conv2d({
    inputShape: [IMAGE_H, IMAGE_W, 1],
    kernelSize: 3,
    filters: 16,                          첫 번째 conv2d 층
    activation: 'relu'
  }));
  model.add(tf.layers.maxPooling2d({
    poolSize: 2,                          합성곱 층 다음에 오는 풀링 층
    strides: 2
  }));

  model.add(tf.layers.conv2d({
    kernelSize: 3, filters: 32, activation: 'relu'}));    conv2d-maxPooling2d 패턴 반복하기
  model.add(tf.layers.maxPooling2d({poolSize: 2, strides: 2}));
```

---

9 [역주] 번역서 데모 사이트(http://ml-ko.kr/tfjs/mnist)에 브라우저로 접속하여 바로 실행해 볼 수 있습니다.

10 [역주] 시퀀셜 모델은 tf.Sequential() 클래스로 만든 텐서플로 모델을 말합니다. 이 클래스는 층을 순서대로 쌓은 신경망 모델을 만듭니다. tf.sequential()은 단순히 tf.Sequential() 클래스 객체를 생성하여 반환하는 함수입니다. 5장에서 시퀀셜 모델 외에 다른 방법으로 텐서플로 모델을 만드는 방법을 소개합니다.

```
model.add(tf.layers.flatten());  ------ 밀집 층에 주입하기 위해 텐서를 펼치기
model.add(tf.layers.dense({
  units: 64,
  activation:'relu'
}));                                      다중 분류 문제이므로 소프트맥스 활성화 함수 사용하기
model.add(tf.layers.dense({units: 10, activation: 'softmax'})); ------
model.summary();  ------ 모델 구조 출력하기
return model;
}
```

코드 4-1에서 만든 시퀀셜 모델은 일곱 개의 층으로 구성됩니다. add() 메서드를 호출하여 층을 하나씩 추가했습니다. 각 층이 수행하는 자세한 연산을 조사하기 전에 그림 4-2에 있는 모델의 전체 구조를 살펴보겠습니다. 그림에서 보듯이 이 모델의 처음 다섯 개 층은 conv2d-maxPooling2d 층 패턴이 반복되고 그 뒤에 flatten 층이 뒤따릅니다. conv2d-maxPooling2d 층 그룹이 특성을 추출하는 데 핵심적인 역할을 수행합니다. 각 층은 입력 이미지를 출력 이미지로 변환합니다. conv2d 층은 입력 이미지의 높이와 너비 차원으로 슬라이드되는 합성곱 커널을 사용합니다. 슬라이딩 각 위치에서 커널과 입력 픽셀을 곱하고 더한 후 비선형 활성화 함수로 주입됩니다. 그 결과가 출력 이미지의 한 픽셀이 됩니다. maxPooling2d 층은 비슷한 방식으로 동작하지만 커널이 없습니다. 입력 이미지를 연속되는 합성곱과 풀링 층에 통과시켜 크기는 점점 더 작고 특성 공간상에서 점점 더 추상적인 텐서를 얻게 됩니다. 마지막 풀링 층의 출력은 flatten 층을 사용해 1D 텐서로 변환됩니다. 이 1D 텐서는 밀집 층으로 전달됩니다(그림에는 나타나 있지 않습니다).

▼ 그림 4-2 코드 4-1에서 만든 간단한 합성곱 신경망의 고수준 구조. 그림으로 표현하기 쉽게 하기 위해 이미지 크기와 중간 텐서는 코드 4-1에서 정의한 모델에서 사용된 것보다 작게 그렸다. 합성곱 커널의 크기도 동일하다. 이 그림은 중간에 생성된 4D 텐서에서 하나의 채널만 나타냈다. 실제 모델의 중간 텐서는 여러 개의 채널을 가진다.

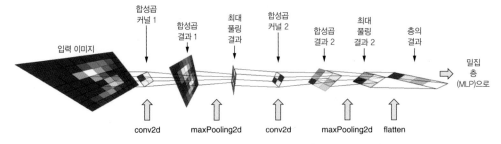

합성곱 신경망을 합성곱과 풀링 전처리를 거친 MLP로 생각할 수 있습니다. MLP는 보스턴 주택 문제와 피싱 감지 문제에서 보았던 것과 정확히 동일합니다. 이 MLP는 밀집 층과 비선형 활

성화 함수로 구성됩니다. 합성곱 신경망에서 다른 점은 이 MLP의 입력이 중첩된 conv2d와 maxPooling2d 층의 출력이라는 것입니다. 이 층들은 이미지 입력에서 유용한 특성을 추출할 수 있도록 특별히 고안되었습니다. 신경망 분야에서 수년간의 연구를 통해 이 구조가 발견되었습니다. 이 구조는 이미지의 픽셀 값을 바로 MLP로 전달하는 것보다 정확도를 크게 높입니다.

MNIST 합성곱 신경망을 고수준에서 이해했으니 모델에 있는 층의 내부 동작을 자세히 알아보겠습니다.

## 4.2.1 conv2d 층

첫 번째 층은 2D 합성곱을 수행하는 conv2d 층입니다. 이 책에서 첫 번째로 등장하는 합성곱 층입니다. 이 층은 무슨 일을 할까요? conv2d는 이미지-대-이미지 변환입니다. 이 층은 4D (NHWC) 이미지 텐서를 또 다른 4D 이미지 텐서로 바꿉니다.[11] 하지만 높이, 너비, 채널 개수는 달라질 수 있습니다(conv2d로 4D 텐서를 다루는 것이 이상하게 보일지 모르지만, 배치 차원과 채널 차원은 부가적이라는 점을 유념하세요). 직관적으로 이 층을 흐리게 하거나 선명하게 만드는 간단한 '포토샵 필터'[12]의 묶음으로 이해할 수 있습니다. 이런 효과는 입력 이미지 위를 작은 픽셀 조각(**합성곱 커널**(convolutional kernel) 또는 간단히 **커널**(kernel)이라 부릅니다)이 슬라이딩하는 2D 합성곱으로 만들어집니다. 슬라이딩 위치마다 커널이 입력 이미지의 겹치는 부분과 픽셀별로 곱해집니다. 그다음, 이 픽셀별 곱셈이 모두 더해져서 출력 이미지의 한 픽셀이 됩니다.

밀집 층과 비교해 보면 conv2d는 훨씬 매개변수가 많습니다. kernelSize와 filters는 conv2d 층의 중요한 두 매개변수입니다. 이 매개변수의 의미를 이해하기 위해 2D 합성곱의 작동 원리를 개념적으로 설명해 보겠습니다.

그림 4-3은 2D 합성곱을 자세히 나타내고 있습니다. 여기에서 입력 이미지 (왼쪽 위) 텐서는 쉽게 종이에 그릴 수 있도록 간단한 샘플로 구성되어 있다고 가정합니다. conv2d 연산은 kernelSize = 3과 filters = 3으로 설정되었다고 가정합니다. 입력 이미지가 두 개의 채널(설명을 위한 것으로 일반적인 채널 개수는 아닙니다)을 가지고 있기 때문에 커널은 [3, 3, 2, 3] 크기의 3D 텐서입니다. 처음 두 개의 숫자(3과 3)는 kernelSize로 결정되는 커널의 높이와 너비입니다. 세 번

---

11  역주 이 장에서는 편의상 합성곱 층이 이미지를 출력한다고 언급하지만, 합성곱 층이 특성을 추출하는 기능을 가지고 있다는 점에서 합성곱 층의 출력을 일반적으로 특성 맵(feature map)이라고 부릅니다. 특성 맵을 시각화하는 예는 7장에서 볼 수 있습니다.

12  이 비유는 Ashi Krishnan의 'Deep Learning in JS'(JSConf EU 2018: http://mng.bz/VPa0)에서 가져왔습니다.

째 차원(2)은 입력 채널의 개수입니다. 네 번째 차원(3)은 무엇일까요? 이는 필터[13]의 개수로, conv2d 출력 텐서의 마지막 차원이 됩니다.

▼ 그림 4-3 conv2d 층의 작동 방식의 예. 간소하게 나타내기 위해 입력 텐서(왼쪽 위)가 하나의 이미지로 이루어져 있고, 따라서 3D 텐서로 가정한다. 이 텐서는 높이, 너비, 깊이(컬러 채널) 차원을 가진다. 배치 차원은 생략했다. 그림이 복잡하지 않게 입력 이미지 텐서의 깊이는 2로 설정했다. 입력 이미지의 높이와 너비(4와 5)는 일반적인 실제 이미지보다 훨씬 작다. 깊이(2)도 전형적인 깊이인 3이나 4보다 작다(예를 들어 RGB나 RGBA). conv2d 층의 filters 속성(필터 개수)은 3, kernelSize는 [3, 3], strides는 [1, 1]로 가정한다.[14] 2D 합성곱의 첫 번째 단계는 높이와 너비 차원 방향으로 슬라이딩하면서 원본 이미지의 패치를 추출한다. 각 패치의 높이와 너비는 층의 filterSize에 해당하는 3이다 필터의 깊이는 원본 이미지와 같다. 두 번째 단계에서 3 × 3 × 2 패치와 합성곱 커널(즉, 필터) 간의 점곱(dot product)을 계산한다. 그림 4-4에 점곱 연산이 자세히 나타나 있다. 커널은 4D 텐서이고 세 개의 3D 필터로 구성된다. 이미지 패치와 필터 사이의 점곱은 세 개의 필터에 대해 각각 수행된다. 이미지 패치와 필터를 픽셀별로 곱하고 더하여 출력 텐서의 한 픽셀이 된다. 커널에 세 개의 필터가 있기 때문에 각 이미지 패치는 세 개의 픽셀 층으로 변환된다. 이런 점곱 연산이 모든 이미지 패치에 대해 수행되고, 그 결과로 만들어진 세 개의 픽셀 층이 합쳐져서 출력 텐서가 된다. 이 경우 출력 텐서의 크기는 [2, 3, 3]이다.

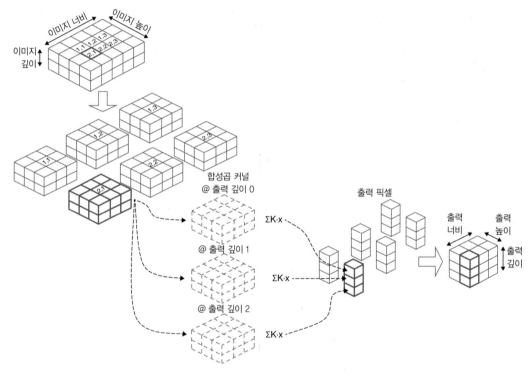

출력을 이미지 텐서로 간주하면(이런 방식으로 보는 것이 유효합니다!), 필터 개수를 출력에 있는 채널 개수로 이해할 수 있습니다. 입력 이미지와 달리 출력 텐서의 채널은 실제로 컬러와 관련이

---

13 역주 합성곱 층은 일반적으로 여러 개의 필터를 사용하며 이런 필터를 합쳐서 커널이라 부릅니다. 하지만 종종 필터와 커널, 가중치를 구분하지 않고 혼용해서 사용하기도 합니다. 그림 4-3에는 표현되어 있지 않지만 합성곱 층에서는 필터마다 하나의 편향이 있습니다.

14 역주 strides 매개변수에는 커널이 슬라이딩할 때 한 번에 이동하는 크기를 지정합니다. kernelSize와 strides의 높이와 너비 방향 크기가 동일하면 코드 4-1에서처럼 하나의 정수로 지정할 수 있습니다. strides의 기본값은 1입니다.

없습니다. 대신 훈련 데이터에서 학습된 입력 이미지의 여러 시각적 특성을 표현합니다. 예를 들어 어떤 필터는 특정 각도에서 밝은 영역과 어두운 영역 사이의 직선 경계에 민감할 수 있습니다. 다른 필터는 갈색의 모서리에 민감할 수 있는 식입니다. 나중에 더 자세히 설명하겠습니다.

앞에서 언급한 슬라이딩은 입력 이미지에서 작은 패치를 추출하는 것으로 표현되었습니다. 각 패치의 높이와 너비는 kernelSize와 같습니다(이 경우는 3). 입력 이미지의 높이가 4이므로 높이 차원을 따라 두 번의 슬라이딩 위치만 가능합니다. 3 × 3 커널 윈도가 입력 이미지 밖으로 나가지 않아야 하기 때문입니다. 비슷하게 입력 이미지의 너비(5)를 따라 세 번의 슬라이딩 위치만 가능합니다. 따라서 2 × 3 = 6개의 이미지 패치가 추출됩니다.

각 슬라이딩 위치에서 점곱 연산이 수행됩니다. 합성곱 커널의 크기는 [3, 3, 2, 3]입니다. 이 4D 텐서를 마지막 차원을 따라 세 개의 3D 텐서로 나누면 그림 4-3에 파선으로 표시된 [3, 3, 2] 크기 텐서가 됩니다. 이미지 패치와 이 3D 텐서 중 하나를 선택하여 픽셀별로 곱셈을 수행하고 3 * 3 * 2 = 18개의 값을 모두 더하여 출력 텐서의 한 픽셀을 얻습니다. 그림 4-4는 점곱 연산을 자세히 설명합니다. 이미지 패치와 합성곱 커널의 한 조각(즉, 필터)이 크기가 같은 것은 우연이 아닙니다. 커널 크기에 맞춰 이미지 패치를 추출했기 때문입니다! 곱셈과 덧셈 연산은 모든 필터에 반복되어 세 개의 숫자를 만듭니다. 그다음, 이 점곱 연산이 나머지 이미지 패치에도 반복되어 그림에 있는 정육면체 세 개로 이루어진 열이 여섯 개가 만들어집니다. 이 열은 연결되어 최종적으로 [2, 3, 3] 크기(HWC)의 출력을 만듭니다.

❤ 그림 4-4 2D 합성곱 연산에 있는 점곱 연산(즉, 곱셈과 덧셈 연산) 그림. 합성곱 연산의 전체 과정은 그림 4-3에 있다. 그림으로 나타내기 위해 이미지 패치(x)가 하나의 컬러 채널만 가지고 있다고 가정한다. 즉, 이미지 패치의 크기는 [3, 3, 1]이다. 합성곱 커널 조각(K)의 크기도 같다. 첫 번째 단계는 원소별 곱셈으로 [3, 3, 1] 크기 텐서를 만든다. 새로운 텐서의 원소를 모두 더해(∑ 기호) 결괏값으로 출력한다.

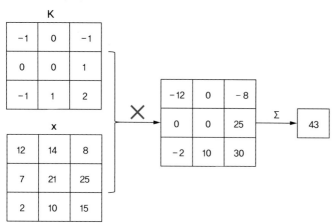

밀집 층과 마찬가지로 conv2d 층은 편향을 가지고 있어 합성곱 결과에 더해집니다. 또한, conv2d 층은 일반적으로 비선형 활성화 함수를 사용합니다. 이 예에서는 렐루 함수를 사용합니다. 3장의 **비선형 함수를 사용하지 않고 층을 쌓는 실수 피하기** 절에서 비선형 활성화 함수가 없이 두 개의 밀집 층을 쌓는 것은 하나의 밀집 층을 사용하는 것과 수학적으로 동일하다는 것을 알았습니다. 비슷한 경고가 conv2d 층에도 적용됩니다. 비선형 활성화 함수가 없이 두 개의 합성곱 층을 쌓는 것은 많은 커널을 가진 하나의 conv2d 층을 사용하는 것과 수학적으로 동일합니다. 따라서 이런 방식으로 합성곱 신경망을 만드는 것은 비효율적이고 피해야 합니다.

휴! 이것이 conv2d 층의 상세 작동 방식입니다. 한걸음 뒤로 물러나서 conv2d가 실제로 어떤 일을 수행하는지 살펴보죠. 간단히 말해서 conv2d는 입력 이미지를 출력 이미지로 변환하는 특별한 방법입니다. 출력 이미지는 입력에 비해 일반적으로 높이와 너비가 작을 것입니다.[15] 줄어드는 크기는 kernelSize 설정에 따라 다릅니다. 출력 이미지의 채널은 입력보다 적거나 많거나 같을 수 있습니다. 이는 filters 설정에 따라 결정됩니다.

따라서 conv2d는 이미지-대-이미지 변환입니다. conv2d 변환의 두 가지 주요 특징은 국소성과 파라미터 공유입니다.

- 국소성(locality)은 출력 이미지에 있는 픽셀 값이 입력 이미지의 전체 픽셀이 아니라 작은 패치에서만 영향을 받는다는 성질입니다. 패치의 크기는 kernelSize입니다. 이것이 conv2d가 밀집 층과 다른 점입니다. 밀집 층에서는 모든 출력 원소가 모든 입력 원소로부터 영향을 받습니다. 다른 말로 하면, 밀집 층에서는 입력 원소와 출력 원소가 '조밀하게 연결'되어 있습니다(그래서 이름이 밀집 층입니다). 따라서 conv2d 층을 '희소한 연결'이라고 말할 수 있습니다. 밀집 층이 입력의 전역 패턴을 학습하는 반면 합성곱 층은 작은 커널 윈도 안에 있는 패턴인 지역 패턴을 학습합니다.
- 파라미터 공유(parameter sharing)는 출력 픽셀 A가 작은 입력 패치로부터 영향을 받는 방식과 정확히 동일하게 출력 픽셀 B도 입력 패치로부터 영향을 받는다는 성질입니다. 이는 모든 슬라이딩 위치에서 수행되는 점곱이 동일한 합성곱 커널을 사용하기 때문입니다(그림 4-3 참조).

---

15 역주 conv2d 층의 padding 매개변수 기본값이 'valid'로, 커널이 입력 이미지 밖으로 슬라이딩하지 않습니다. 이런 경우 출력은 입력보다 작아집니다. padding 매개변수가 'same'일 경우 출력 크기가 입력과 동일해지도록 입력 이미지 주위에 0 픽셀이 패딩됩니다. 이에 대한 예는 9장에서 볼 수 있습니다.

국소성과 파라미터 공유 덕분에 필요한 파라미터 개수 측면에서 conv2d 층은 매우 효율적인 이미지-대-이미지 변환입니다. 특히 합성곱 커널의 크기는 입력 이미지의 높이와 너비에 따라 바뀌지 않습니다. 코드 4-1의 첫 번째 conv2d 층으로 돌아가 보면, 커널 크기는 [kernelSize, kernelSize, 1, filter](즉, [5, 5, 1, 8])이므로 총 $5 \times 5 \times 1 \times 8 = 200$개의 파라미터가 있습니다. 이 크기는 입력되는 MNIST 이미지가 $28 \times 28$이든 혹은 더 크든 상관없습니다. 첫 번째 conv2d 층의 출력 크기는 (배치 차원을 제외하고) [24, 24, 8]입니다. 따라서 conv2d 층은 $28 \times 28 \times 1 = 784$개의 원소로 구성된 텐서를 $24 \times 24 \times 8 = 4,608$개의 원소로 구성된 다른 텐서로 변환합니다. 밀집 층으로 이런 변환을 구현하려면 얼마나 많은 파라미터가 필요할까요? (편향을 제외하고도) $784 \times 4,608 = 3,612,672$개가 필요합니다. conv2d 층보다 18,000배나 많습니다! 이 사고 실험을 통해 합성곱 층의 효율성을 알 수 있습니다.

conv2d의 국소성과 파라미터 공유의 아름다움은 효율성 측면뿐만 아니라 생물학적 시각 시스템의 동작 방식을 (대략적으로) 흉내 냈다는 사실에 있습니다. 망막에 있는 뉴런을 생각해 보죠. 각 뉴런은 **수용장**(receptive field)이라 부르는 작은 시야의 작은 패치에서만 영향을 받습니다. 망막의 다른 위치에 있는 두 뉴런은 각각의 수용장에 있는 빛 패턴에 반응합니다. 이는 conv2d 층에서 파라미터를 공유하는 것과 매우 유사합니다. 더군다나 conv2d 층은 컴퓨터 비전 문제에 잘 동작하는 것으로 입증되었습니다. 이제 곧 MNIST 예제에서 알게 될 것입니다. conv2d는 효율성, 정확도, 생물학적 관련성 등 모든 것을 갖춘 훌륭한 신경망 층입니다. 그러므로 딥러닝에서 널리 사용되는 것이 놀라운 일은 아닙니다.

## 4.2.2 maxPooling2d 층

conv2d 층을 조사했으니 이제 시퀀셜 모델의 다음 층인 maxPooling2d 층을 살펴보겠습니다. conv2d와 마찬가지로 maxPooling2d는 이미지-대-이미지 변환의 한 종류입니다. 하지만 maxPooling2d는 conv2d에 비하면 간단합니다. 그림 4-5처럼 작은 이미지 패치에서 가장 큰 픽셀 값을 골라 출력의 픽셀 값으로 사용합니다. maxPooling2d 층을 정의하고 추가하는 코드는 다음과 같습니다.

```
model.add(tf.layers.maxPooling2d({poolSize: 2, strides: 2}));
```

▼ 그림 4-5 maxPooling2d 층의 동작 방식의 예. 이 예는 4 × 4 이미지를 사용하고 maxPooling2d 층의 poolSize가 [2, 2]이고 strides가 [2, 2]라고 가정한다. 깊이 차원은 나타나 있지 않지만 최대 풀링 연산은 깊이 차원에 독립적으로 동작한다.

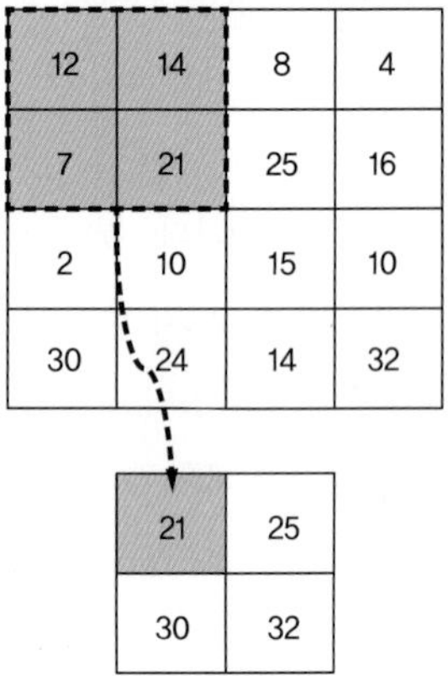

이 경우 poolSize를 [2, 2]로 설정했기 때문에[16] 이미지 패치의 높이와 너비는 2 × 2입니다. 패치는 높이와 너비 차원을 따라 두 픽셀마다 추출됩니다. 패치 사이의 간격은 strides로 설정하며 여기서는 [2, 2]입니다.[17] 따라서 출력 이미지의 HWC 크기 [12, 12, 8]은 입력 이미지([24, 24, 8]) 높이와 너비의 절반이 됩니다. 하지만 채널 개수는 같습니다.

maxPooling2d 층은 합성곱 신경망에서 두 가지 목적이 있습니다. 첫째, 합성곱 신경망이 입력 이미지에서 주요 특성의 정확한 위치에 덜 민감하게 만듭니다. 예를 들어 28 × 28 입력 이미지의 중간에서 왼쪽이나 오른쪽으로 (또는 위나 아래로) 이동한 것과 상관없이 숫자 '8'을 인식해야 합니다. 이런 성질을 **위치 불변성**(positional invariance)이라고 합니다.[18] maxPooling2d가 위치 불변성을 어떻게 향상시키는지 이해해 보죠. maxPooling2d가 연산하는 각 이미지 패치 안에서 가장 밝은 픽셀이 그 패치 안에만 있다면, 어디에 있는지는 상관없습니다. 당연히 하나의 maxPooling2d 층은 풀링 윈도가 고정되어 있기 때문에 합성곱 신경망이 이동에 민감하지 않게 만들 수 있습니다. 하지만 하나의 합성곱 신경망에서 여러 개의 maxPooling2d 층을 사용하면 아주 높은 위치 불변성을 달성할 수 있습니다. 두 개의 maxPooling2d 층을 포함하는 MNIST 모델은 물론 거의 모든 합성곱 신경망에서 사용됩니다.

사고 실험으로 두 개의 conv2d 층(conv2d_1, conv2d_2라고 부르겠습니다)이 순서대로 쌓여 있고 중간에 maxPooling2d 층이 없을 때 어떻게 되는지 생각해 보죠. 두 conv2d 층의

---

16 역주 kernelSize, strides와 마찬가지로 높이와 너비 크기가 같을 경우 poolSize를 하나의 정수로 설정할 수 있습니다.

17 역주 일반적으로 풀링 층은 입력 이미지 위를 겹쳐서 슬라이딩하지 않습니다. 따라서 스트라이드는 항상 풀링 크기와 같도록 설정하게 됩니다. maxPooling2d 층에서 strides 매개변수를 지정하지 않으면 poolSize와 같게 설정됩니다.

18 역주 또는 이동 불변성(translational invariance)이라고도 합니다.

kernelSize는 3입니다. conv2d_2의 출력 텐서에 있는 각 픽셀은 conv2d_1의 원본 입력에 있는 5 × 5 영역에 해당합니다.[19] conv2d_2 층의 각 뉴런이 5 × 5 크기의 수용장을 가졌다고 말할 수 있습니다. (앞에서 만든 MNIST 합성곱 신경망처럼) 두 conv2d 층 사이에 maxPooling2d 층이 추가되면 어떻게 될까요? conv2d_2의 뉴런의 수용장은 훨씬 커져 8 × 8이 됩니다.[20] 물론 이는 풀링 연산 때문입니다. 여러 개의 maxPooling2d 층이 합성곱에 추가되면 나중에 등장하는 층은 더 큰 수용장과 위치 불변성을 가질 수 있습니다. 간단히 말해서 더 넓게 볼 수 있습니다!

둘째, maxPooling2d 층도 입력 텐서의 높이와 너비를 줄이기 때문에 이어지는 층과 합성곱 신경망 전체적으로 필요한 계산량을 크게 줄여 줍니다. 예를 들어 첫 번째 conv2d 층의 출력은 [26, 26, 16] 크기의 텐서입니다. maxPooling2d 층을 통과하고 나면, 이 텐서의 크기는 [13, 13, 16]이 됩니다. 텐서 원소의 개수가 네 배나 줄어듭니다. 이 합성곱 신경망은 또 다른 maxPooling2d 층을 포함하고 있어서 이어지는 층의 가중치 크기와 원소별 연산의 개수를 더 줄여 줍니다.

### 4.2.3 합성곱과 풀링의 반복

첫 번째 maxPooling2d 층을 조사했으므로 이제 코드 4-1에 정의된 합성곱 신경망의 다음 두 층에 초점을 맞춰 보겠습니다.

```
model.add(tf.layers.conv2d(
    {kernelSize: 3, filters: 32, activation: 'relu'}));
model.add(tf.layers.maxPooling2d({poolSize: 2, strides: 2}));
```

이 두 층은 앞의 두 층을 똑같이 반복한 것입니다(conv2d 층의 filters 설정이 더 크고 inputShape 매개변수가 없는 것만 다릅니다). 합성곱 층과 풀링 층으로 구성된 이런 반복 구조는 합성곱 신경망에서 자주 등장합니다. 이 구조는 계층적으로 특성을 추출하는 중요한 역할을 수행합니다. 이 말의 의미를 이해할 수 있도록 이미지에 있는 동물을 분류하는 작업을 위해 훈련한 합성곱 신경망을 생각해 보죠. 합성곱 신경망의 시작 부분에서는 합성곱 층의 필터(즉, 채널)가 직선, 곡선, 모서리 같은 저수준의 기하학적 특성을 인코딩할 수 있습니다. 이런 저수준 특성이 고양

---

19 [역주] 두 합성곱 층의 커널 크기가 3이고 스트라이드가 1일 때 5 × 5 입력이 첫 번째 합성곱 층에서 3 × 3이 되고 두 번째 합성곱 층에서 1 × 1이 됩니다.

20 [역주] 커널과 스트라이드 크기가 앞에서와 동일하면 8 × 8 입력이 첫 번째 합성곱 층에서 6 × 6이 되고, 풀링 층에서는 절반으로 줄어들기 때문에 3 × 3이 됩니다. 이 출력이 두 번째 합성곱을 통과하면 1 × 1이 됩니다.

이 눈, 코, 귀 같은 복잡한 특성으로 변환됩니다(그림 4-6 참조). 합성곱 신경망의 마지막에 있는 층은 이미지에 고양이가 있는지 인코딩할 수 있습니다. 층을 많이 쌓을수록 표현이 더 추상적이 되고 특성에서 픽셀 수준의 값이 제거됩니다. 하지만 이런 추상적인 특성이 합성곱 신경망의 작업에서 높은 정확도를 달성하는 데 필요한 것입니다. 예를 들어 이미지에 있는 고양이를 감지하는 일입니다. 또한, 이런 특성을 수동으로 만들지 않고 지도 학습을 통해 자동으로 데이터에서 추출합니다. 이것이 1장에서 딥러닝의 핵심으로 설명했던 층별 표현 변환의 전형적인 예입니다.

▼ 그림 4-6 합성곱 신경망을 사용해 고양이 입력 이미지에서 계층적으로 특성 추출하기. 이 예에서 신경망의 아래쪽이 입력이고 위쪽이 출력이다.

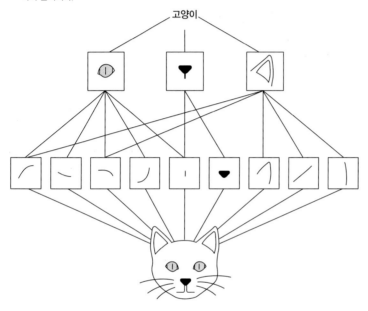

## 4.2.4 flatten 층과 밀집 층

입력 텐서가 두 그룹의 conv2d-maxPooling2d 변환을 통과하고 나면 (배치 차원을 제외하고) HWC 크기가 [4, 4, 16]인 텐서가 됩니다. 이 합성곱 신경망에 있는 다음 층은 flatten 층입니다. 이 층은 conv2d-maxPooling2d 층과 시퀀셜 모델의 다음 층 사이의 다리 역할을 수행합니다.

flatten 층[21]의 코드는 간단하며 어떤 매개변수도 필요하지 않습니다.

```
model.add(tf.layers.flatten());
```

---

21 역주 사실 flatten 층은 텐서를 1차원으로 바꾸는 것이 전부이지만, 텐서플로에서는 tf.layers 아래에 있기 때문에 층으로 부릅니다.

flatten 층은 전체 원소 개수를 유지하면서 다차원 텐서를 1D 텐서로 펼칩니다. 이 경우에 (배치 차원을 제외하고) [3, 3, 32] 크기의 3D 텐서를 [288] 크기의 1D 텐서로 펼칩니다. 원본 3D 공간에는 고유한 순서가 없기 때문에 당연히 어떻게 원소를 나열하는지가 궁금합니다. 원소를 1D 텐서로 펼치고 (3D 텐서의) 원래 인덱스가 어떻게 변하는지 살펴보면 마지막 인덱스가 가장 빠르게 변하고, 그다음 마지막에서는 두 번째 인덱스가 두 번째로 빠르게 변하는 식입니다. 첫 번째 인덱스는 가장 느리게 바뀝니다. 그림 4-7에 이 내용이 잘 나타나 있습니다.

▼ 그림 4-7 flatten 층의 작동 방식. 3D 텐서가 입력된다고 가정한다. 간단하게 나타내기 위해 각 차원의 크기를 2로 가정한다. 원소의 인덱스는 원소를 나타내는 정육면체의 면에 나타나 있다. flatten 층이 원소의 전체 개수를 유지하면서 3D 텐서를 1D 텐서로 변환한다. 출력된 1D 텐서의 원소를 따라가면서 입력 텐서의 원본 인덱스를 조사해 보면 펼쳐진 1D 텐서에 있는 원소의 순서는 마지막 차원이 가장 빨리 변한다.

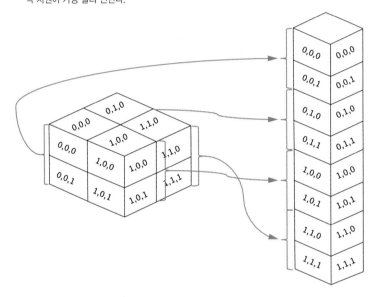

합성곱 신경망에서 flatten 층을 어떤 목적으로 사용할까요? 이 층은 이어지는 밀집 층을 위한 준비 단계에 해당합니다. 2장과 3장에서 배웠듯이 밀집 층은 작동 방식 때문에 일반적으로 (배치 차원을 제외하고) 1D 텐서를 입력으로 받습니다(2.1.4절 참조).

코드 4-1에 있는 다음 두 라인은 합성곱 신경망에 두 개의 밀집 층을 추가합니다.

```
model.add(tf.layers.dense({units: 64, activation: 'relu'}));
model.add(tf.layers.dense({units: 10, activation: 'softmax'}));
```

왜 하나가 아니고 밀집 층 두 개일까요? 3장에서 본 보스턴 주택 예제 및 피싱 URL 감지 예제와 같은 이유입니다. 비선형 활성화 함수를 사용한 층을 더 추가하면 신경망의 용량이 늘어나기 때문입니다. 사실 합성곱 신경망이 다음 두 개의 모델로 구성된 것으로 볼 수 있습니다.

- 입력 이미지에서 시각적 특성을 추출하는 conv2d, maxPooling2d, flatten 층
- 추출된 특성을 사용해 숫자 클래스를 예측하는 두 개의 밀집 층으로 구성된 MLP(이것이 두 개의 밀집 층의 근본적인 역할입니다.)

딥러닝에서 많은 모델이 특성 추출 층과 그다음에 최종 예측을 위한 MLP를 두는 패턴을 따릅니다. 오디오 신호 분류에서부터 자연어 처리 모델까지 이 책에서 이와 같은 예제를 많이 보게 될 것입니다.


## 4.2.5 합성곱 신경망 훈련하기

합성곱 신경망을 성공적으로 정의했으므로 다음 단계는 모델을 훈련하고 훈련 결과를 평가하는 것입니다. 다음 코드에서 이런 작업을 수행합니다.

**코드 4-2** MNIST 합성곱 신경망 훈련하고 평가하기

```
const optimizer = 'rmsprop';
model.compile({
  optimizer,
  loss: 'categoricalCrossentropy',
  metrics: ['accuracy']
});

const batchSize = 320;
const validationSplit = 0.15;
await model.fit(trainData.xs, trainData.labels, {
  batchSize: batchSize,
  validationSplit: validationSplit,
  epochs: trainEpochs,
  callbacks: {
    onBatchEnd: async (batch, logs) => {  ------콜백을 사용하여 훈련하는 동안 정확도와 손실을 그래프로 그립니다.
      trainBatchCount++;
      ui.logStatus(
        '훈련... (' +
        '${(trainBatchCount / totalNumBatches * 100).toFixed(1)}%' +
```

```
          ' 완료). 훈련을 멈추려면 페이지를 새로 고침하거나 종료하세요.');
        ui.plotLoss(trainBatchCount, logs.loss, 'train');
        ui.plotAccuracy(trainBatchCount, logs.acc, 'train');
      },
      onEpochEnd: async (epoch, logs) => {
        valAcc = logs.val_acc;
        ui.plotLoss(trainBatchCount, logs.val_loss, 'validation');
        ui.plotAccuracy(trainBatchCount, logs.val_acc, 'validation');
      }
    }
  });

const testResult = model.evaluate(
  testData.xs, testData.labels);------ 모델이 본 적 없는 데이터를 사용해 모델의 정확도를 평가합니다.
```

이 코드는 훈련이 진행됨에 따라 화면을 업데이트합니다. 예를 들어 손실과 정확도 값을 그래프로 출력합니다. 이는 훈련 과정을 모니터링하는 데 유용하지만, 모델 훈련에 꼭 필요한 것은 아닙니다. 훈련에 필수적인 부분은 다음과 같습니다.

- (model.fit() 메서드의 첫 번째 매개변수인) trainData.xs는 NHWC 크기 [null, 28, 28, 1] 크기 텐서로 표현된 MNIST 입력 이미지를 포함하고 있습니다.

- (model.fit() 메서드의 첫 번째 매개변수인) trainData.labels는 [null, 10] 크기의 원-핫 인코딩된 2D 텐서로 표현된 입력 레이블을 포함하고 있습니다.

- model.compile() 메서드에 사용된 손실 함수 categoricalCrossentropy는 MNIST와 같이 다중 분류 문제에 적합합니다. 3장에서 다룬 붓꽃 분류 문제에서도 같은 손실 함수를 사용했습니다.

- model.compile() 메서드에 지정된 지표는 'accuracy'입니다. 이 함수는 합성곱 신경망의 출력에 있는 열 개의 원소 중에 가장 큰 원소가 예측으로 주어질 때 올바르게 분류된 샘플의 비율을 계산합니다. 이 지표도 붓꽃 문제에 사용된 것과 같습니다. 크로스 엔트로피 손실과 정확도 지표 사이의 차이점을 다시 생각해 보죠. 크로스 엔트로피는 미분 가능하기 때문에 역전파 기반의 훈련이 가능합니다. 반면 정확도 지표는 미분 가능하지 않지만 이해하기 더 쉽습니다.

- model.fit() 메서드에 지정된 batchSize 매개변수. 일반적으로 큰 배치 크기가 작은 배치 크기에 비해 모델의 가중치에 대해 더 일정하고 변동이 덜한 그레이디언트 업데이트를 만듭니다. 하지만 배치 크기가 크면 훈련에 더 많은 메모리가 필요합니다. 같은 양의 훈련 데이터에서 큰 배치 크기는 에포크당 그레이디언트 업데이트 횟수를 줄인다는 것을 기억하세요.

따라서 큰 배치 크기를 사용하면 훈련하는 동안 실수로 가중치 업데이트 횟수를 줄이지 않도록 에포크 횟수를 늘려야 합니다. 따라서 여기에는 균형점이 있습니다. 이 예제에서는 다양한 하드웨어에서 동작할 수 있도록 비교적 작은 배치 크기인 64를 사용합니다. 다른 매개변수와 마찬가지로 소스 코드를 수정하고 페이지를 새로 고침하여 다른 배치 크기의 영향을 실험할 수 있습니다.

- model.fit() 메서드에 지정된 validationSplit 매개변수. 훈련하는 동안 trainData.xs와 trainData.labels의 마지막 15%를 검증을 위해 덜어 놓습니다. 이전 예제에서 배웠듯이 검증 손실과 정확도를 모니터링하는 것은 훈련 과정에서 중요합니다. 모델이 언제 어디서 **과대적합**(overfitting)이 되는지 알 수 있습니다. 과대적합이 무엇일까요? 간단히 말해서 모델이 훈련 데이터의 상세 사항에 너무 주의를 기울이는 것입니다. 이로 인해 훈련하는 동안 못 본 데이터의 정확도에는 좋지 않은 영향을 미칩니다. 과대적합은 지도 학습 머신 러닝에서 매우 중요한 개념입니다. 나중에 (8장에서) 과대적합을 찾고 해결하는 방법에 하나의 장을 할애해서 설명하겠습니다.

model.fit() 메서드는 비동기 함수입니다. 따라서 fit() 호출이 완료된 후 후속 명령을 실행하려면 await를 사용해야 합니다. 모델이 훈련된 후에 테스트 데이터셋을 사용해 모델을 평가하는 작업이 바로 이런 경우입니다. 평가는 동기적인 model.evaluate() 메서드를 사용합니다. model.evaluate() 메서드에 주입되는 데이터는 testData입니다. 앞서 언급한 trainData와 포맷이 같지만 샘플 수는 더 적습니다. 이 샘플들은 fit() 메서드를 실행하는 동안 모델이 만난 적이 없습니다. 이렇게 함으로써 테스트 데이터셋의 평가 결과가 모델에 새 나가지 않고, 이 평가 결과를 모델 품질의 객관적인 평가라고 확신할 수 있습니다.

이 코드로 모델을 (입력 상자에 지정된) 10 에포크 동안 훈련하여 그림 4-8에 있는 손실과 정확도 곡선을 얻었습니다. 그래프에서 볼 수 있듯이 손실과 정확도는 훈련 에포크 끝을 향해 수렴해 갑니다. 검증 손실과 정확도 값은 훈련 손실과 정확도에서 너무 크게 벗어나지 않습니다. 이는 심각한 과대적합이 없다는 것을 의미합니다. 마지막 model.evaluate() 메서드 호출은 99.0%에 가까운 정확도를 보여 줍니다(가중치를 랜덤하게 초기화하고 훈련하는 동안 샘플을 랜덤하게 섞기 때문에 실제 값은 실행할 때마다 조금씩 다릅니다).

✔ 그림 4-8 MNIST 합성곱 신경망의 훈련 곡선. 10 에포크 동안 훈련했으므로 각 에포크는 약 800번의 배치로 구성된다. 왼쪽: 손실 곡선. 오른쪽: 정확도 곡선. 훈련과 검증 세트에 대한 값은 다른 색으로 표시되어 있다. 훈련 배치와 달리 검증은 에포크가 끝날 때마다 한 번씩만 수행되기 때문에 검증 곡선은 훈련 곡선보다 적은 데이터 포인트로 구성되어 있다.

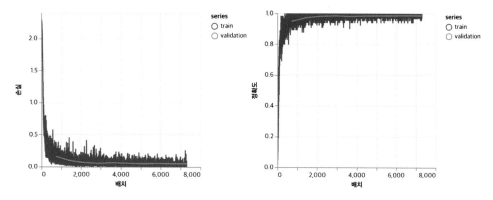

99.0%는 얼마나 좋은가요? 실용적인 관점으로 보면 납득할 만한 수준이지만 최고 수준의 성능은 아닙니다. 모델에 합성곱 층 및 풀링 층의 개수와 필터의 개수를 늘려 99.5%의 정확도를 달성할 수 있습니다. 하지만 규모가 큰 합성곱 신경망은 브라우저에서 훈련하는 데 시간이 많이 걸립니다. 따라서 Node.js와 같이 자원 제약이 적은 환경에서 훈련하는 것이 합리적입니다. 4.3절에서 이렇게 하는 방법을 설명하겠습니다.

이론적 관점에서 보면 MNIST는 열 개의 선택이 가능한 분류 문제입니다. 따라서 확률적인(랜덤하게 추측한) 정확도는 10%입니다. 99.0%는 이보다 훨씬 높습니다. 하지만 랜덤하게 추측한 정확도는 높은 기준이 못 됩니다. 모델에 있는 conv2d와 maxPooling2d 층의 가치를 어떻게 나타낼 수 있나요? 밀집 층만 사용했을 때도 이런 성능을 달성할까요?

이런 질문에 대한 답을 하기 위해 실험을 해 보겠습니다. index.js는 createDenseModel()이라는 또 다른 모델 생성 함수를 포함하고 있습니다. 코드 4-1에서 본 createConvModel()과 달리 createDenseModel()은 이 장에서 새롭게 배운 층을 사용하지 않고 flatten 층과 밀집 층만 가진 시퀀셜 모델을 만듭니다. createDenseModel()로 만든 모델의 전체 파라미터 개수는 앞서 훈련한 합성곱 신경망과 거의 비슷한 수준인 33,000개입니다. 따라서 공정하게 비교할 수 있습니다.

```
function createDenseModel() {
  const model = tf.sequential();
  model.add(tf.layers.flatten({inputShape: [IMAGE_H, IMAGE_W, 1]}));
  model.add(tf.layers.dense({units: 42, activation: 'relu'}));
  model.add(tf.layers.dense({units: 10, activation: 'softmax'}));
  model.summary();
  return model;
}
```

이 모델의 summary() 메서드 출력은 다음에 나타나 있습니다.

| Layer (type) | Output shape | Param # |
|---|---|---|
| flatten_Flatten1 (Flatten) | [null,784] | 0 |
| dense_Dense1 (Dense) | [null,42] | 32970 |
| dense_Dense2 (Dense) | [null,10] | 430 |

Total params: 33400
Trainable params: 33400
Non-trainable params: 0

같은 훈련 설정을 사용해서 합성곱 층을 사용하지 않은 모델의 훈련 결과를 그림 4-8과 같이 얻었습니다. 열 번의 훈련 에포크 후에 얻은 최종 평가 정확도는 97.0%입니다. 2% 포인트 차이가 작게 보일 수 있지만, 에러율의 관점에서 보면 합성곱 층을 사용하지 않은 모델이 합성곱 신경망보다 세 배나 나쁩니다. 간단한 실습으로 createDenseModel() 함수에 있는 은닉층(첫 번째 밀집 층)의 units 매개변수를 증가시켜 합성곱 층을 사용하지 않은 모델의 파라미터 개수를 늘려 보세요. 파라미터 개수를 증가시켜도 밀집 층만 사용한 모델이 합성곱 신경망의 정확도를 달성하기는 어렵습니다. 이를 통해 합성곱 신경망의 강력함을 알 수 있습니다. 파라미터 공유와 시각적 특성의 국소성을 활용하여 합성곱 신경망은 합성곱 층을 사용하지 않은 신경망보다 적거나 비슷한 파라미터 개수로 컴퓨터 비전에서 뛰어난 정확도를 달성합니다.

▼ 그림 4-9 그림 4-8과 비슷하지만, 코드 4-3에 있는 createDenseModel() 함수로 만든 합성곱 층을 사용하지 않은 MNIST
모델

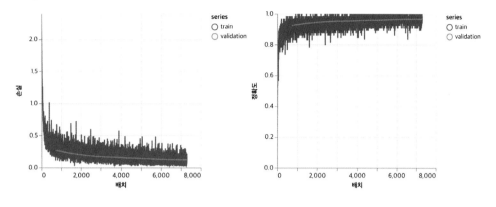

## 4.2.6 합성곱 신경망을 사용해 예측하기

이제 훈련된 합성곱 신경망을 얻었습니다. 손 글씨 숫자 이미지를 분류하는 데 실제 이 모델을 어
떻게 사용할까요? 먼저 이미지 데이터를 준비해야 합니다. TensorFlow.js 모델에서 이미지 데이
터를 사용하는 방법에는 여러 가지가 있습니다. 이런 방법을 적용할 수 있을 때 차례대로 소개하
겠습니다.

### TypedArrays에서 이미지 텐서 만들기

일부 경우에는 필요한 이미지 데이터가 이미 자바스크립트 TypedArray로 저장되어 있습니다.
여기에서 다루는 MNIST 예제가 이런 경우입니다. 자세한 내용은 data.js에 포함되어 있으니
여기서 상세 내용을 설명하지 않겠습니다. MNIST를 표현하는 올바른 길이의 Float32Array가
주어지면(변수 이름은 imageDataArray), 이를 모델이 기대하는 크기의 4D 텐서로 변환할 수 있
습니다.[22]

```
let x = tf.tensor4d(imageDataArray, [1, 28, 28, 1]);
```

tf.tensor4d() 호출의 두 번째 매개변수는 만들 텐서의 크기를 지정합니다. Float32Array(또는 일
반적으로 TypedArray)가 이미지 차원에 대한 정보를 가지고 있지 않은 일차원적인 구조이기 때문
입니다. imageDataArray는 하나의 이미지를 다루기 때문에 첫 번째 차원의 크기는 1입니다. 이전

---

22 TensorFlow.js의 저수준 API를 사용해 텐서를 만드는 자세한 튜토리얼은 부록 C를 참고하세요.

예제와 마찬가지로 이미지가 한 개든 여러 개든 상관없이 모델은 항상 훈련, 평가, 추론에서 배치 차원을 기대합니다. Float32Array가 여러 개의 이미지 배치를 포함하고 있다면 첫 번째 차원의 크기가 이미지 개수와 같은 하나의 텐서로 변환할 수 있습니다.

```
let x = tf.tensor4d(imageDataArray, [numImages, 28, 28, 1]);
```

### tf.browser.fromPixels: HTML img, canvas, video 요소로부터 이미지 텐서 만들기

브라우저에서 이미지 텐서를 얻는 두 번째 방법은 이미지 데이터를 가지고 있는 HTML 요소(img, canvas, video 요소)에 tf.browser.fromPixels() TensorFlow.js 함수를 사용하는 것입니다.

예를 들어 웹 페이지가 다음과 같이 정의된 img 태그를 포함하고 있다고 가정해 보죠.

```
<img id="my-image" src="foo.jpg"></img>
```

다음과 같이 한 라인의 코드로 img 요소에 있는 이미지 데이터를 얻을 수 있습니다.

```
let x = tf.browser.fromPixels(
    document.getElementById('my-image')).asType('float32');
```

이는 [height, width, 3] 크기의 텐서를 만듭니다. 세 개의 채널은 RGB 컬러 인코딩을 위한 것입니다. tf.browser.fromPixels()가 int32 타입의 텐서를 반환하기 때문에 마지막에 asType() 메서드가 필요합니다. 높이와 너비는 img 요소에 의해 결정됩니다. 모델이 기대하는 높이와 너비랑 맞지 않다면 (화면상에 이상하게 보이지 않을 경우) img 요소의 높이와 너비를 바꾸거나, TensorFlow.js에서 제공하는 두 개의 이미지 크기 변환 메서드인 tf.image.resizeBilinear() 또는 tf.image.resizeNearestNeighbor()로 tf.browser.fromPixels()에서 얻은 텐서의 크기를 바꿀 수 있습니다.

```
x = tf.image.resizeBilinear(x, [newHeight, newWidth]);
```

tf.image.resizeBilinear()와 tf.image.resizeNearestNeighbor()는 사용법이 같지만 다른 알고리즘을 사용해 이미지 크기를 바꿉니다. 전자는 이중선형보간법(bilinear interpolation)을 사용해 새로운 텐서의 픽셀 값을 계산합니다. 후자는 최근접 이웃 샘플링을 수행하며 일반적으로 이중선형보간법보다 계산 비용이 덜 듭니다.

tf.browser.fromPixels()로 만든 텐서는 배치 차원을 가지고 있지 않습니다. 따라서 이 텐서를 TensorFlow.js 모델에 주입하려면 다음과 같이 먼저 차원을 확장시켜야 합니다.

```
x = x.expandDims();
```

expandDims()는 일반적으로 차원 매개변수를 받습니다. 하지만 첫 번째 차원(0)이 기본값이기 때문에 이 경우에는 매개변수를 지정하지 않아도 됩니다.

tf.browser.fromPixels()는 img 요소 외에 canvas와 video 요소에도 동일한 방식으로 작동합니다. canvas 요소에 tf.browser.fromPixels()를 적용하는 경우는 TensorFlow.js 모델이 콘텐츠를 사용하기 전에 사용자가 대화식으로 canvas의 콘텐츠를 수정할 수 있을 때 유용합니다. 예를 들어 온라인 손 글씨 숫자 앱이나 온라인 손으로 그린 도형 인식 앱을 상상해 보세요. 정적인 이미지와 달리 video 요소에 tf.browser.fromPixels()를 적용하는 것은 웹캠에서 프레임 단위의 이미지를 얻을 때 유용합니다. 처음 TensorFlow.js를 발표할 때 니킬 소랫(Nikhil Thorat)과 다니엘 스밀코프(Daniel Smilkov)가 시연했던 팩맨(Pac-Man) 데모(http://mng.bz/xl0e)와 PoseNet 데모[23], 웹캠을 사용하는 다른 많은 TensorFlow.js 기반 웹 앱이 바로 이런 식입니다. 깃허브(http://mng.bz/ANYK)에서 팩맨 소스 코드를 확인할 수 있습니다.

이전 장에서 보았듯이 훈련 데이터와 추론 데이터 사이의 불일치를 피하기 위해 주의를 기울여야 합니다. MNIST 합성곱 신경망은 0과 1 사이로 정규화된 이미지 텐서에서 훈련되었습니다. 따라서 x 텐서에 있는 데이터가 다른 범위, 예를 들어 HTML 기반 이미지 데이터에서 일반적인 0~255 사이라면 데이터를 정규화해야 합니다.

```
x = x.div(255);
```

데이터가 준비되었으니 이제 model.predict()를 호출하여 예측을 만들 준비가 되었습니다. 다음 코드를 참고하세요.

**코드 4-4** 훈련된 합성곱 신경망을 추론에 사용하기

```
const testExamples = 100;
const examples = data.getTestData(testExamples);

tf.tidy(() => {  ······ tf.tidy()를 사용해 WebGL의 메모리 누수를 피합니다.
  const output = model.predict(examples.xs);
```

---

23 Dan Oved, "Real-time Human Pose Estimation in the Browser with TensorFlow.js," Medium, 7 May 2018, http://mng.bz/ZeOO.

**183**

```
    const axis = 1;
    const labels = Array.from(examples.labels.argMax(axis).dataSync());
    const predictions = Array.from(
      output.argMax(axis).dataSync()); ⸱⸱⸱⸱⸱⸱ argMax()를 호출하여 가장 큰 확률을 가진 클래스를 얻습니다.

    ui.showTestResults(examples, predictions, labels);
  });
```

이 코드는 예측을 위한 이미지 배치가 이미 하나의 텐서 examples.xs로 준비되었다고 가정합니다. 이 텐서의 크기는 (배치 차원을 포함하여) [100, 28, 28, 1]입니다. 첫 번째 차원은 model.predict() 메서드로 예측을 수행할 샘플이 100개라는 것을 나타냅니다. model.predict()는 [100, 10] 크기의 2D 텐서를 반환합니다. 이 출력의 첫 번째 차원은 샘플 개수에 해당하며, 두 번째 차원은 열 개의 가능한 숫자에 상응합니다. 출력 텐서의 행은 각 이미지 입력에 대해 열 개 숫자에 할당된 확률 값입니다. 예측 값을 결정하려면 이미지별로 가장 큰 확률 값을 가진 인덱스를 찾아야 합니다. 다음 코드에서 이를 수행합니다.

```
  const axis = 1;
  const labels = Array.from(examples.labels.argMax(axis).dataSync());
```

argMax() 함수는 주어진 축을 따라 가장 큰 값의 인덱스를 반환합니다. 이 경우 이 축은 두 번째 차원입니다(const axis = 1). argMax() 메서드가 반환한 값은 [100, 1] 크기의 텐서입니다. dataSync()를 호출하여 [100, 1] 크기 텐서를 길이가 100인 Float32Array로 변환합니다. 그다음, Array.from()이 Float32Array를 0~9 사이의 100개 정수를 담고 있는 일반적인 자바스크립트 배열로 변환합니다. 이 예측 배열은 이해하기 쉽습니다. 100개의 입력 이미지에 대해 모델이 만든 분류 결과입니다. MNIST 데이터셋의 경우 타깃 레이블(0~9)은 출력 인덱스와 동일합니다. 따라서 이 배열을 문자열 레이블로 바꿀 필요가 없습니다. 예측 배열은 다음 라인에서 사용되어 테스트 이미지와 함께 분류 결과를 그리는 함수를 호출합니다(그림 4-10).

▼ 그림 4-10 훈련한 후 모델이 만든 예측 결과와 MNIST 이미지

# 4.3 브라우저를 넘어서: Node.js로 모델 훈련 속도 높이기

이전 절에서는 합성곱 신경망을 브라우저에서 훈련해 99.0%의 테스트 정확도에 도달했습니다. 이 절에서는 99.5%에 가까운 테스트 정확도를 달성하는 조금 더 강력한 합성곱 신경망을 만들겠습니다. 하지만 이런 성능에는 대가가 따릅니다. 훈련과 추론에서 모델이 더 많은 메모리와 계산 자원을 소비합니다. 추론에 수반되는 정방향 계산에 비해 훈련할 때 역전파가 훨씬 계산 집약적이므로 비용 증가는 훈련에서 더 두드러집니다. 대규모 합성곱 신경망은 대부분의 웹 브라우저 환경에서 훈련하기에는 너무 무겁고 느립니다.

## 4.3.1 tfjs-node 사용하기

TensorFlow.js의 Node.js 버전을 시작해 보죠! 백엔드 환경에서 실행되기 때문에 브라우저 탭에서와 같이 자원 제약에 방해받지 않습니다. TensorFlow.js의 Node.js CPU 버전(이후에는 간단히 tfjs-node라고 부르겠습니다)은 텐서플로 파이썬 버전에 있는 C++로 쓰여진 멀티스레드 수학 연산을 직접 사용합니다. CUDA 지원 GPU가 컴퓨터에 있다면 tfjs-node가 CUDA로 쓰여진 GPU 가속 수학 커널을 사용하여 훨씬 속도를 높일 수 있습니다.

성능을 높인 MNIST 합성곱 신경망의 코드는 mnist-node 디렉터리에 있습니다. 다른 예제와 마찬가지로 다음 명령으로 코드에 접근할 수 있습니다.

```
> cd deep-learning-with-javascript/mnist-node
```

이전 예제와 다른 점은 mnist-node 예제는 웹 브라우저가 아니라 터미널에서 실행된다는 것입니다. 의존성을 다운로드하기 위해 yarn 명령을 사용합니다.

```
> yarn
```

package.json 파일을 확인해 보면 @tensorflow/tfjs-node 의존성을 볼 수 있습니다. @tensorflow/tfjs-node 의존성 때문에 TensorFlow.js가 사용할 수 있도록 yarn은 자동으로 C++ 공유

라이브러리(리눅스에서는 libtensorflow.so, macOS에서는 libtensorflow.dylib, 윈도에서는 libtensorflow.dll)를 node_modules 디렉터리에 다운로드합니다.

yarn 명령 실행이 끝나면 다음 명령으로 모델 훈련을 시작할 수 있습니다.

```
> node main.js
```

yarn을 이미 설치했기 때문에 node 바이너리가 현재 경로에서 사용할 수 있다고 가정합니다(이에 대한 자세한 정보는 부록 B를 참고하세요).

앞서 설명한 워크플로는 CPU에서 합성곱 신경망을 훈련합니다. 만약 컴퓨터에 CUDA를 지원하는 GPU가 설치되어 있다면 GPU에서 모델을 훈련할 수도 있습니다. 이는 다음과 같은 단계가 필요합니다.

1. GPU에 맞는 NVIDIA 드라이버 버전을 설치합니다.

2. NVIDIA CUDA 툴킷(toolkit)을 설치합니다. 이 라이브러리는 NVIDIA GPU 제품에서 범용 병렬 컴퓨팅을 제공합니다.

3. CUDA 기반의 NVIDIA 고성능 딥러닝 알고리즘을 위한 라이브러리인 CuDNN을 설치합니다(1~3 단계에 대한 자세한 내용은 부록 B를 참고하세요).

4. package.json에서 @tensorflow/tfjs-node 의존성을 @tensorflow/tfjs-node-gpu로 바꿉니다. 두 패키지는 같이 릴리스되므로 버전 번호는 그대로 둡니다.

5. 다시 yarn을 실행하여 TensorFlow.js가 사용할 CUDA 수학 연산을 담은 공유 라이브러리를 다운로드합니다.

6. main.js에서 다음 라인을

   ```
   require('@tensorflow/tfjs-node');
   ```

   아래와 같이 바꿉니다.

   ```
   require('@tensorflow/tfjs-node-gpu');
   ```

7. 다음 명령으로 훈련을 시작합니다.

   ```
   > node main.js
   ```

단계가 올바르게 수행됐다면 모델이 CUDA GPU에서 실행될 것입니다. 훈련 속도는 CPU 버전 (tfjs-node)보다 일반적으로 다섯 배 빠릅니다. tfjs-node의 CPU나 GPU 버전 모두 같은 모델을 브라우저에서 훈련하는 것보다 훨씬 빠릅니다.

## tfjs-node에서 MNIST를 위한 고성능 합성곱 신경망 훈련하기

20 에포크 동안 훈련이 수행되고 나면, 모델이 약 99.6%의 최종 테스트 (또는 평가) 정확도를 출력합니다. 4.2절에서 달성한 99.0%보다 높습니다. 그럼 노드(node) 기반의 모델과 브라우저 기반 모델의 어떤 차이점이 정확도의 향상을 가져왔을까요? tfjs-node와 TensorFlow.js의 브라우저 버전에서 같은 모델을 훈련하면 (랜덤한 가중치 초기화 등의 영향을 제외하고) 같은 결과를 얻습니다. 이 질문에 대한 답을 얻기 위해 노드 기반 모델의 정의를 살펴보겠습니다. 이 모델은 main.js에서 임포트하는 model.js 파일에 정의되어 있습니다.

코드 4-5 Node.js에서 MNIST를 위한 대규모 합성곱 신경망 정의하기

```javascript
const model = tf.sequential();
model.add(tf.layers.conv2d({
  inputShape: [28, 28, 1],
  filters: 32,
  kernelSize: 3,
  activation: 'relu',
}));
model.add(tf.layers.conv2d({
  filters: 32,
  kernelSize: 3,
  activation: 'relu',
}));
model.add(tf.layers.maxPooling2d({poolSize: [2, 2]}));
model.add(tf.layers.conv2d({
  filters: 64,
  kernelSize: 3,
  activation: 'relu',
}));
model.add(tf.layers.conv2d({
  filters: 64,
  kernelSize: 3,
  activation: 'relu',
}));
model.add(tf.layers.maxPooling2d({poolSize: [2, 2]}));
model.add(tf.layers.flatten());
```

```
model.add(tf.layers.dropout({rate: 0.25})); ·····과대적합을 막기 위해 드롭아웃 층을 추가합니다.
model.add(tf.layers.dense({units: 512, activation: 'relu'}));
model.add(tf.layers.dropout({rate: 0.5}));
model.add(tf.layers.dense({units: 10, activation: 'softmax'}));

model.summary();
model.compile({
  optimizer: 'rmsprop',
  loss: 'categoricalCrossentropy',
  metrics: ['accuracy'],
});
```

모델의 summary() 메서드 출력은 다음과 같습니다.

| Layer (type) | Output shape | Param # |
|---|---|---|
| conv2d_Conv2D1 (Conv2D) | [null,26,26,32] | 320 |
| conv2d_Conv2D2 (Conv2D) | [null,24,24,32] | 9248 |
| max_pooling2d_MaxPooling2D1 | [null,12,12,32] | 0 |
| conv2d_Conv2D3 (Conv2D) | [null,10,10,64] | 18496 |
| conv2d_Conv2D4 (Conv2D) | [null,8,8,64] | 36928 |
| max_pooling2d_MaxPooling2D2 | [null,4,4,64] | 0 |
| flatten_Flatten1 (Flatten) | [null,1024] | 0 |
| dropout_Dropout1 (Dropout) | [null,1024] | 0 |
| dense_Dense1 (Dense) | [null,512] | 524800 |
| dropout_Dropout2 (Dropout) | [null,512] | 0 |
| dense_Dense2 (Dense) | [null,10] | 5130 |

Total params: 594922
Trainable params: 594922
Non-trainable params: 0

tfjs-node 모델과 브라우저 기반 모델 사이의 주요 차이점은 다음과 같습니다.

- 노드 기반 모델은 네 개의 conv2d 층을 가지고 있어서 브라우저 기반 모델보다 한 개가 많습니다.
- 노드 기반 모델에 있는 밀집 층의 유닛(512개)이 브라우저 기반 모델에 있는 밀집 층의 유닛(100개)보다 많습니다.
- 전체적으로 보면 노드 기반 모델의 가중치 개수가 브라우저 기반 모델보다 18배 많습니다.
- 노드 기반 모델은 flatten 층과 밀집 층 사이에 두 개의 **드롭아웃**(dropout) 층이 있습니다.

처음 세 개의 차이점은 노드 기반 모델의 용량을 브라우저 기반 모델보다 크게 만듭니다. 브라우저에서 수용할 만한 속도로 훈련하기에 노드 기반 모델은 너무 메모리 집약적이고 계산 집약적입니다. 3장에서 배웠듯이 모델 용량이 클수록 과대적합의 위험이 커집니다. 늘어난 과대적합의 위험은 드롭아웃 층을 추가하는 네 번째 차이점으로 개선할 수 있습니다.

## 드롭아웃 층으로 과대적합 줄이기

드롭아웃은 이 장에서 보는 또 다른 새로운 TensorFlow.js 층입니다. 심층 신경망에서 과대적합을 감소시키기 위한 방법으로 가장 효과적이고 널리 사용되는 방법 중 하나입니다. 드롭아웃 층의 기능을 간단히 설명하면 다음과 같습니다.

- 훈련 단계(Model.fit())에서 입력 텐서의 일부 원소를 랜덤하게 0으로 설정합니다(즉, 드롭아웃합니다). 이 결과가 드롭아웃 층의 출력 텐서입니다. 이를 위해 드롭아웃 층은 드롭아웃 비율 매개변수 하나를 가집니다(코드 4-5에 있는 rate 매개변수). 예를 들어 드롭아웃 층이 0.25 드롭아웃 비율로 설정되어 있고 입력 텐서가 [0.7, -0.3, 0.8, -0.4]인 1D 텐서라면, 출력 텐서는 [0.7, -0.3, 0.0, -0.4]가 될 수 있습니다. 즉, 입력 텐서의 원소를 랜덤하게 선택하여 0으로 설정합니다. 역전파하는 동안에는 드롭아웃 층의 그레이언트 텐서가 랜덤하게 드롭아웃된 유닛에 영향을 미치지 않습니다.[24]
- 추론 단계(Model.predict()와 Model.evaluate())에서는 드롭아웃이 입력 텐서의 원소를 랜덤하게 0으로 만들지 않습니다. 대신 입력을 바꾸지 않고 출력으로 내보냅니다(즉, 항등 함수(indentity mapping)처럼 동작합니다).[25]

---

24 **역주** 드롭아웃 알고리즘은 원래 신경망 층의 유닛을 끄는 것입니다. 배치 입력의 경우 샘플마다 다른 유닛을 끄는 것보다 랜덤하게 샘플을 선택해 0으로 만드는 것이 간단합니다. 역전파될 때는 입력 원소가 0인 가중치는 업데이트되지 않습니다(그림 2-9 참조).

25 **역주** 드롭아웃이 적용된 층은 추론 단계에서 훈련 때보다 더 많은 유닛을 사용하기 때문에 출력이 커집니다. 따라서 이를 보정하기 위해 (1-rate)를 곱해야 합니다. 텐서플로 같은 경우 훈련할 때 (1-rate)로 나누어 드롭아웃되지 않은 유닛의 출력을 높입니다. 두 번째 방식이 첫 번째와 완전히 같지는 않지만, 실전에서 잘 동작하며 추론 단계에서 추가 연산이 필요하지 않은 장점이 있습니다.

그림 4-11은 훈련과 테스트에서 2D 입력 텐서가 드롭아웃 층에서 어떻게 변하는지 보여 줍니다.

❤ 그림 4-11 드롭아웃 층의 작동 방식. 이 예에서 입력 텐서는 2D이고 크기는 [4, 2]이다. 이 드롭아웃 층의 드롭아웃 비율은 0.25이다. 훈련할 때 입력 텐서의 원소 25%(즉, 여덟 개 중 두 개)를 랜덤하게 선택하여 0으로 만든다. 추론 단계에서 이 층은 입력을 그냥 통과시킨다.

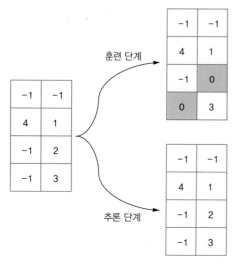

이런 간단한 알고리즘이 과대적합을 해결하는 가장 효과적인 방법 중 하나라는 점이 이상하게 보일 수 있습니다. 왜 이 방식이 효과가 있을까요? 드롭아웃 알고리즘을 발명한 제프리 힌튼(Geoffrey Hinton)은 행원의 부정 행위를 방지하기 위해 은행이 사용하는 메커니즘에서 영감을 얻었다고 합니다(드롭아웃은 그가 신경망에 대해 발명한 여러 가지 중 하나입니다). 그의 말을 직접 들어 보죠.

> 은행에 갔을 때 행원이 계속 바뀌어서 왜 그런지를 물었습니다. 자신들도 이유는 모르지만 이동이 잦다고 말했습니다. 나는 은행에서 부정 행위를 하려면 직원들 사이에 협조가 필요하기 때문이라고 판단했습니다. 이를 통해 샘플마다 뉴런의 일부를 랜덤하게 제거하면 뉴런의 부정한 행위를 방지하고 결국 과대적합을 감소시킨다는 것을 깨달았습니다.

이를 딥러닝 언어로 바꾸어 말하면, 층의 출력 값에 잡음을 추가하면 데이터에 있는 진짜 패턴 관점에서 중요하지 않은 우연한 패턴(힌튼이 이야기한 부정한 행위)이 중단됩니다. 이 장의 끝에 있는 연습 문제 3에서 model.js에 있는 노드 기반 합성곱 신경망에서 두 개의 드롭아웃 층을 제거하고 모델을 다시 훈련해 보세요. 그다음에는 이로 인해 훈련, 검증, 평가 정확도가 어떻게 바뀌는지 확인해 보세요.

코드 4-6은 고성능 합성곱 신경망을 훈련하고 평가하기 위해 사용한 핵심 코드를 보여 줍니다. 코드 4-2와 비교해 보면 두 코드가 비슷하다는 것을 알 수 있습니다. 둘 다 Model.fit()과 Model.evaluate() 메서드가 중심에 있습니다. 손실 값, 정확도 값, 훈련 과정을 다른 사용자 인터페이스(터미널과 브라우저)에 출력하는 것을 제외하고 문법과 스타일이 동일합니다.

이는 프론트엔드와 백엔드를 모두 아우르는 자바스크립트 딥러닝 프레임워크인 TensorFlow.js의 중요한 특징을 보여 줍니다.

> 모델의 생성과 훈련에 관해 TensorFlow.js로 작성한 코드는 웹 브라우저 또는 Node.js에서 작업하는지에 상관없이 동일합니다.

**코드 4-6** tfjs-node에서 고성능 합성곱 신경망 훈련하고 평가하기

```
await model.fit(trainImages, trainLabels, {
  epochs: epochs,
  batchSize: batchSize,
  validationSplit: validationSplit
});

const {images: testImages, labels: testLabels} = data.getTestData();
const evalOutput = model.evaluate ┄┄┄ 모델이 본 적 없는 데이터를 사용해 모델을 평가하기
  testImages, testLabels);
console.log('\n평가 결과:');
console.log(
  `  손실 = ${evalOutput[0].dataSync()[0].toFixed(3)}; ` +
  `정확도 = ${evalOutput[1].dataSync()[0].toFixed(3)}`);
```

## 4.3.2 Node.js에서 모델을 저장하고 브라우저에서 불러오기

모델 훈련은 CPU와 GPU 자원을 소비하고 시간이 걸립니다. 따라서 훈련 결과가 그냥 버려지는 것을 원치 않을 것입니다. 모델을 저장하지 않으면 main.js를 실행할 때 처음부터 다시 시작해야 합니다. 이 절에서는 훈련이 끝난 뒤 모델을 저장하고 저장된 모델을 디스크의 파일(**체크포인트**(checkpoint) 또는 아티팩트(artifact)라고 부릅니다)로 내보내는 방법을 소개합니다. 브라우저에서 체크포인트를 임포트하고 이를 모델로 바꾼 다음 추론에 사용하는 방법도 알아보겠습니다. main.js에 있는 main() 함수의 마지막 부분은 다음과 같은 모델 저장 코드로 구성되어 있습니다.

```
if (modelSavePath != null) {
  await model.save(`file://${modelSavePath}`);
  console.log(`Saved model to path: ${modelSavePath}`);
}
```

model 객체의 save() 메서드는 모델을 파일 시스템의 디렉터리에 저장합니다. 이 메서드는 하나의 매개변수를 받는데, file://로 시작하는 URL 스킴(scheme) 문자열입니다. tfjs-node를 사용하기 때문에 모델을 파일 시스템에 저장할 수 있다는 것을 기억하세요. TensorFlow.js의 브라우저 버전도 model.save() API를 제공하지만, 보안상 브라우저가 이를 거부하기 때문에 컴퓨터의 네이티브 파일 시스템에 직접 저장할 수 없습니다. 브라우저에서 TensorFlow.js를 사용하려면 (브라우저의 로컬 스토리지(local storage)와 IndexedDB 같은) 파일 시스템이 아닌 저장 위치를 사용해야 합니다. 이 경우 URL 스킴은 file://과 다릅니다.[26]

model.save()는 일반적으로 파일이나 네트워크로 입출력을 수행하기 때문에 비동기 함수입니다. 이 때문에 save() 메서드 호출에 await를 사용합니다. modelSavePath가 /tmp/tfjs-node-mnist라고 가정할 경우, model.save() 호출이 끝나면 이 디렉터리의 내용을 확인할 수 있습니다.[27]

```
ls -lh /tmp/tfjs-node-mnist
```

아마 다음과 같은 파일 목록이 출력될 것입니다.

```
-rw-r--r-- 1 user group 4.6K Aug 14 10:38 model.json
-rw-r--r-- 1 user group 2.3M Aug 14 10:38 weights.bin
```

두 개의 파일을 볼 수 있습니다.

- model.json은 모델의 토폴로지(topology)를 담고 있는 JSON 파일입니다. 토폴로지가 의미하는 것은 모델을 구성하는 층 타입과 (conv2d 층의 filters, dropout 층의 rate 매개변수 같은) 설정 매개변수, 층이 서로 연결되는 방식을 포함합니다. MNIST 합성곱 신경망의 경우 시퀀셜 모델이므로 연결이 단순합니다. 간단하지 않은 연결 패턴을 가진 모델을 보게 될 것입니다. 이런 모델도 model.save() 메서드로 디스크에 저장할 수 있습니다.

---

26 역주 붓꽃 예제의 경우 훈련된 모델을 저장하기 위해 IndexedDB를 사용합니다.

27 역주 훈련된 모델을 이 디렉터리에 저장하려면 node main.js --model_save_path /tmp/tfjs-node-mnist와 같이 사용합니다. 제공되는 모든 옵션을 보려면 node main.js --help를 사용하세요.

- 모델 토폴로지 이외에 model.json은 모델 가중치의 매니페스트(manifest)도 담고 있습니다. 여기에는 모든 모델 가중치의 이름, 크기, 데이터 타입, 가중치 값이 저장된 위치가 나열되어 있습니다. 이제 두 번째 파일 weights.bin이 필요합니다.

  이름에서 알 수 있듯이 weights.bin은 모든 모델의 가중치 값을 저장하고 있는 이진 파일입니다. 개별 가중치가 시작되고 끝나는 경계가 없는 단순한 이진 스트림입니다. model.json에 있는 JSON 객체의 weightsManifest 부분에 이에 대한 메타 정보가 있습니다.

tfjs-node를 사용해 모델을 로드하려면 tf.loadLayersModel() 함수를 사용합니다. model.json 파일의 위치를 지정합니다(이 예제 코드에서는 사용하지 않습니다[28]).

```
const loadedModel = await tf.loadLayersModel('file:///tmp/tfjs-node-mnist');
```

tf.loadLayersModel()은 model.json에 저장된 토폴로지 데이터를 역직렬화하여 모델을 만듭니다. 그다음, tf.loadLayersModel()이 model.json에 있는 매니페스트 정보를 사용해 weights.bin에서 이진 가중치 값을 읽어 모델 가중치의 값을 강제로 설정합니다. model.save()와 마찬가지로 tf.loadLayersModel()은 비동기 함수입니다. 따라서 이 함수를 호출할 때 await를 사용합니다. 이 함수는 코드 4-5와 4-6에서 자바스크립트 코드로 만들고 훈련한 모델과 사실상 동일한 loadedModel 객체를 반환합니다. summary() 메서드를 호출하여 모델의 요약 정보를 출력하고, predict() 메서드를 사용해 추론을 수행하고, evaluate() 메서드로 정확도를 평가하고, 심지어 fit() 메서드를 사용해 다시 훈련할 수도 있습니다. 필요하다면 이 모델을 다시 저장할 수도 있습니다. 로드된 모델을 다시 훈련하고 저장하는 워크플로는 5장에서 이야기할 전이 학습(transfer learning)과 관련이 있습니다.

이전 문단에서 언급한 내용은 브라우저 환경에도 적용됩니다. 저장된 파일을 사용해 웹 페이지에서 모델을 재구성할 수 있으며, 재구성한 모델은 tf.LayerModel() 워크플로를 완전히 지원합니다. 만약 브라우저에서 전체 모델을 재훈련하면 고성능 합성곱 신경망의 파라미터가 많기 때문에 느리고 비효율적입니다. tfjs-node와 브라우저가 모델을 로딩하는 데 있어 근본적으로 다른 유일한 차이점은 브라우저에서는 file:// 스킴 대신 다른 URL 스킴을 사용해야 한다는 것입니다. 일반적으로 model.json과 weights.bin 파일을 정적 에셋(asset) 파일로 HTTP 서버에 올려 놓습니다. 호스트 이름(hostname)이 로컬 호스트라 가정하고, /my/models 경로 아래에 파일이 있다면 다음 코드처럼 브라우저에서 모델을 로드할 수 있습니다.

---

28 **역주** 붓꽃 예제의 loader.js 파일에서 tf.loadLayersModel() 함수의 예를 볼 수 있습니다.

```
const loadedModel =
  await tf.loadLayersModel('http:///localhost/my/models/model.json');
```

브라우저에서 HTTP 기반 모델 로딩을 다룰 때 tf.loadLayersModel()은 내부적으로 브라우저의 내장 페치(fetch) 함수를 호출합니다. 따라서 다음과 같은 특징과 성질을 가집니다.

- http://와 https://를 모두 지원합니다.

- 상대 경로를 지원합니다. 사실 상대 경로를 사용하면 URL에서 http://나 https://는 뺄 수 있습니다. 예를 들어 웹 페이지가 my/index.html 경로에 있고 모델 JSON 파일이 my/models/model.json이라면, 상대 경로 model/model.json을 사용할 수 있습니다.

  ```
  const loadedModel = await tf.loadLayersModel('models/model.json');
  ```

- HTTP/HTTPS 요청에 추가적인 옵션을 지정하려면 문자열 매개변수 대신에 tf.io.browserHTTPRequest() 함수를 사용해야 합니다. 예를 들어, 모델을 로딩할 때 HTTP 크리덴셜(credentials)과 헤더를 포함하려면 다음과 같이 쓸 수 있습니다.

  ```
  const loadedModel = await tf.loadLayersModel(tf.io.browserHTTPRequest(
    'http://foo.bar/path/to/model.json',
    {credentials: 'include', headers: {'key_1': 'value_1'}}));
  ```

# 4.4 음성 인식: 합성곱 신경망을 오디오 데이터에 적용하기

지금까지 컴퓨터 비전 작업을 수행하기 위해 합성곱 신경망을 사용하는 방법을 살펴보았습니다. 사람의 지각은 시각만이 아닙니다. 오디오는 중요한 지각 데이터이고 브라우저 API로 접근할 수 있습니다. 음성과 다른 종류의 사운드에 담긴 내용과 의미를 어떻게 인식할 수 있을까요? 놀랍게도 합성곱 신경망은 컴퓨터 비전뿐만 아니라 오디오 관련 머신 러닝에도 크게 도움이 됩니다.

이 절에서는 비교적 간단한 오디오 작업을 MNIST 문제에서 만든 것과 비슷한 합성곱 신경망으로 어떻게 해결하는지 보게 될 것입니다. 이 작업은 짧은 오디오 녹음을 20개 정도의 단어 카테고리로 분류하는 것입니다. 아마존 에코(Amazon Echo)와 구글 홈(Google Home) 같은 장치에서 볼 수 있는 음성 인식보다 간단한 작업입니다. 이런 음성 인식 시스템은 이 예제에서 사용하는 것보다 훨씬 큰 어휘를 다룹니다. 또한, 연속적으로 말한 여러 단어로 구성된 음성을 처리합니다. 반면 이 예제는 한 번에 한 단어만 다룹니다. 따라서 이 예제는 '음성 인식기'로 보기 어렵습니다. 대신 '단어 인식기'나 '음성 명령 인식기'로 기술하는 것이 더 정확합니다. 하지만 이 예제는 (핸즈프리 UI와 접근성 기능(accessibility feature) 같은 곳에) 여전히 실용적으로 사용될 수 있습니다. 또한, 이 예제에 들어 있는 딥러닝 기술은 실제로 고급 음성 인식 시스템의 기초가 됩니다.[29]

## 4.4.1 스펙트로그램: 사운드를 이미지로 표현하기

다른 모든 딥러닝 애플리케이션에서처럼 모델이 어떻게 동작하는지 이해하고 싶다면 먼저 데이터를 이해해야 합니다. 오디오 합성곱 신경망의 동작 방식을 이해하려면 먼저 사운드가 텐서로 표현되는 방법을 이해해야 합니다. 고등학교 물리 시간을 기억해 보면, 사운드는 공기압의 변화 패턴입니다. 마이크는 공기압의 변화를 감지하여 전기 신호로 바꾸고 컴퓨터의 사운드 카드에서 디지털화됩니다. 최신 웹 브라우저는 사운드 카드에 접근하여 디지털화된 오디오 신호를 실시간으로 제공할 수 있는 WebAudio API를 지원합니다(사용자의 권한 부여가 필요합니다). 따라서 자바스크립트 프로그래머의 관점에서 보면 사운드는 실수 값의 배열입니다. 딥러닝에서 이런 숫자 배열은 일반적으로 1D 텐서로 표현됩니다.

지금까지 사용했던 합성곱 신경망을 어떻게 1D 텐서에 적용하는지 궁금할 수 있습니다.[30] 적어도 2D 텐서를 사용한다고 가정하지 않았나요? 합성곱 신경망의 핵심 층인 conv2d와 maxPooling2d는 2D 공간상의 관계를 활용합니다. 사운드는 **스펙트로그램**(spectrogram)이라는 특별한 종류의 이미지로 표현될 수 있습니다. 스펙트로그램을 사용하면 합성곱 신경망을 사운드에 적용할 수 있을 뿐만 아니라 딥러닝을 넘어서 이론적으로도 타당합니다.

그림 4-12에서 보듯이 스펙트로그램은 2D 숫자 배열이며, MNIST 이미지와 매우 비슷한 방식으로 흑백 이미지로 표현할 수 있습니다. 수평 축은 시간이고 수직 축은 주파수입니다. 스펙트로그램의 수직 슬라이스(slice)는 짧은 시간 안에 일어나는 사운드의 스펙트럼입니다. 스펙트럼은 사운드를 여러 가지 주파수 성분으로 분해한 것입니다. 이를 대략적으로 다른 피치(pitch)로 이해할 수

---

29 Ronan Collobert, Christian Puhrsch, and Gabriel Synnaeve, "Wav2Letter: An End-to-End ConvNet-based Speech Recognition System," submitted 13 Sept. 2016, https://arxiv.org/abs/1609.03193.

30 [역주] conv1d 층은 1D 텐서를 사용해 합성곱을 수행합니다. 이에 대한 예는 9장에서 볼 수 있습니다.

있습니다. 프리즘으로 빛을 여러 개의 색상으로 나눌 수 있는 것처럼 사운드는 **푸리에 변환**(Fourier transform)이라는 수학 연산으로 여러 개의 주파수로 분해할 수 있습니다. 간단하게 말해서 스펙트로그램은 사운드의 주파수가 연속적인 짧은 시간(일반적으로 20밀리초)에 걸쳐 어떻게 변하는지 설명해 줍니다.

▼ 그림 4-12 'zero'와 'yes' 단독 음성의 스펙트로그램의 예. 스펙트로그램은 사운드의 시간–주파수 표현이다. 스펙트로그램을 이미지로 표현된 사운드로 생각할 수 있다. 시간 축 기준의 슬라이스(이미지의 열)는 짧은 순간(프레임)이다. 주파수 축 기준의 슬라이스(이미지의 행)는 좁은 범위의 특정 프리퀀시(피치)에 해당한다. 이미지에 있는 각 픽셀 값은 해당 순간의 주파수 대역에 있는 사운드의 상대적 에너지를 나타낸다. 이 그림의 스펙트로그램은 어두운 영역이 높은 양의 에너지에 해당하도록 그린 것이다. 음성마다 다른 특성을 가진다. 예를 들어 'z'와 's' 같은 치찰음은 2~3KHz 이상의 주파수에 집중된 준정상 상태(quasi-steady-state) 에너지를 가지고 있다. 'e'와 'o' 같은 모음은 스펙트럼의 하단(〈3kHz)에 수평 줄무늬(에너지 피크)가 특징이다. 이런 에너지 피크를 음향의 포먼트(formant)라고 부른다. 모음마다 포먼트 주파수가 다르다. 이런 여러 가지 음성의 독특한 특성을 심층 합성곱 신경망에서 단어 인식을 위해 사용할 수 있다.

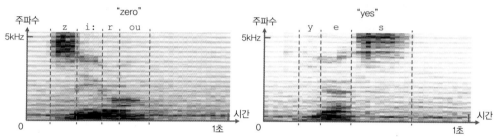

스펙트로그램은 다음과 같은 이유로 적절한 사운드 표현입니다. 첫째, 공간이 절약됩니다. 스펙트로그램의 실수 개수는 일반적으로 원시 파형(waveform)에 있는 실수 개수보다 몇 배 적습니다. 둘째, 거시적인 측면에서 스펙트로그램이 생물학적으로 청각이 작동하는 방식에 해당합니다. 달팽이 관이라 부르는 속귀(inner ear) 안의 해부학적 구조는 기본적으로 생물학적 버전의 푸리에 변환을 수행합니다. 사운드를 다른 주파수로 분해한 다음 여러 청각 뉴런에서 감지합니다. 셋째, 음성의 스펙트로그램 표현 덕분에 여러 종류의 음성을 서로 구분하기 쉽습니다. 이는 그림 4-12에 있는 음성 스펙트로그램 예시에 나타나 있습니다. 모음과 자음은 모두 스펙트로그램에서 패턴이 다릅니다. 머신 러닝이 널리 적용되기 전인 수십 년 전에 음성 인식을 연구하던 사람들은 수동으로 만든 규칙을 사용해 스펙트로그램에서 자음과 모음을 감지하려고 했습니다. 딥러닝은 이런 수작업의 수고를 덜어 줍니다.

잠시 멈추고 생각을 해보죠. 그림 4-1에 있는 MNIST 이미지와 그림 4-12에 있는 사운드 스펙트로그램을 보았을 때 두 데이터셋이 유사하다는 것을 알 수 있습니다. 두 데이터셋은 2D 특성 공간에 패턴을 담고 있습니다. 이런 패턴은 훈련을 통해 구분할 수 있습니다. 두 데이터셋은 상세한 위치, 크기, 특성에 일부 무작위성이 있습니다. 마지막으로 둘 다 다중 분류 작업입니다. MNIST에는 열 개의 클래스가 있지만, 음성 명령 데이터셋에는 20개의 클래스(0에서 9까지 열 개의 숫자와 'up', 'down', 'left', 'right', 'go', 'stop', 'yes', 'no', 그리고 잡음과 모르는 단어를 위한 'unknown' 클래스)가 있습니다. 이런 데이터셋의 유사성 때문에 음성 명령 인식 작업에 합성곱 신경망이 적절합니다.

하지만 두 데이터셋 사이에는 눈에 띄는 차이점도 몇 가지 있습니다. 첫째, 음성 명령 데이터셋에 있는 오디오 녹음에는 일부 잡음이 있습니다. 그림 4-12에 있는 스펙트로그램 예시에서는 음성에 속하지 않은 검은 픽셀을 볼 수 있습니다. 둘째, 음성 명령 데이터셋에 있는 모든 스펙트로그램의 크기는 43 × 232입니다. MNIST 이미지 크기 28 × 28보다 매우 큽니다. 스펙트로그램의 크기에서 시간과 주파수 차원이 비대칭입니다.

이런 차이점들을 반영한 합성곱 신경망의 구조는 다음과 같습니다.

**코드 4-8** 음성 명령의 스펙트로그램을 분류하는 합성곱 신경망

```
function createModel(inputShape: tf.Shape, numClasses: number) {
  const model = tf.sequential();
  model.add(tf.layers.conv2d({ ······conv2d + maxPooling2d 구조를 반복합니다.
    filters: 8,
    kernelSize: [2, 8],
    activation: 'relu',
    inputShape: inputShape
  }));
  model.add(tf.layers.maxPooling2d({poolSize: [2, 2], strides: [2, 2]}));
  model.add(      tf.layers.conv2d({
      filters: 32,
      kernelSize: [2, 4],
      activation: 'relu'
    }));
  model.add(tf.layers.maxPooling2d({poolSize: [2, 2], strides: [2, 2]}));
  model.add(
    tf.layers.conv2d({
      filters: 32,
      kernelSize: [2, 4],
      activation: 'relu'
    }));
  model.add(tf.layers.maxPooling2d({poolSize: [2, 2], strides: [2, 2]}));
  model.add(
    tf.layers.conv2d({
      filters: 32,
      kernelSize: [2, 4],
      activation: 'relu'
    }));
```

```
model.add(tf.layers.maxPooling2d({poolSize: [2, 2], strides: [1, 2]}));
model.add(tf.layers.flatten());    ------ 다층 퍼셉트론 구조를 추가합니다.
model.add(tf.layers.dropout({rate: 0.25}));    ------ 과대적합을 줄이기 위해 드롭아웃을 사용합니다.
model.add(tf.layers.dense({units: 2000, activation: 'relu'}));
model.add(tf.layers.dropout({rate: 0.5}));
model.add(tf.layers.dense({units: numClasses, activation: 'softmax'}));

model.compile({ ;    ------ 다중 분류를 위해 손실과 측정 지표를 설정합니다.
  loss: 'categoricalCrossentropy',
  optimizer: tf.train.sgd(0.01),
  metrics: ['accuracy']
});
model.summary();
return model;
}
```

오디오 합성곱 신경망의 구조는 MNIST 합성곱 신경망과 많이 비슷합니다. 이 시퀀셜 모델은
conv2d 층과 maxPooling2d 층을 반복하면서 시작합니다. 이 모델의 합성곱–풀링 부분은 MLP
바로 앞에 있는 flatten 층에서 끝납니다. MLP는 두 개의 밀집 층으로 구성됩니다. 첫 번째 밀집
층은 렐루 활성화 함수를 사용하고, 마지막 (출력) 층은 분류 작업을 위한 소프트맥스 활성화 함
수를 사용합니다. 이 모델은 손실 함수로 categoricalCrossentropy를 사용하고 훈련과 평가 시에
정확도 지표를 출력하도록 설정합니다. MNIST와 음성 명령 데이터셋 모두 다중 분류이므로 이
런 설정은 MNIST 합성곱 신경망과 정확히 같습니다. 오디오 합성곱 신경망은 MNIST 신경망에
비해 흥미로운 다른 점이 있습니다. 특히 conv2d 층의 kernelSize가 정사각형이 아니라 직사각
형(예를 들어 [2, 8])입니다. 시간 차원보다 주파수 차원이 커서 정사각형이 아닌 스펙트로그램에
맞추기 위해 고른 것입니다.

이 음성 인식 모델은 이미 훈련되어 누구나 무료로 사용할 수 있게 제공되고 있습니다. 이 절에서
는 이 모델을 웹 페이지로 로드하여 단어의 음성 인식을 직접 수행해 보겠습니다. 다음 명령으로
이 예제를 실행할 수 있습니다.

```
> cd deep-learning-with-javascript
> npx http-server
```

그다음, 브라우저를 열고 http://127.0.0.1:8080/speech-commands에 접속합니다.[31]

---

31 역주 번역서 데모 사이트(http://ml-ko.kr/tfjs/speech-commands)에 브라우저로 접속하여 바로 실행해 볼 수 있습니다.

컴퓨터의 마이크에서 음성 데이터를 받아 모델에게 맞는 형태로 전처리하려면 WebAudio API를 잘 알고 있어야 합니다. 편리하게도 훈련된 오디오 합성곱 신경망을 로드하고 데이터 수집과 전처리를 담당하는 래퍼 클래스가 제공됩니다. 이 래퍼 클래스를 사용하려면 index.html에 다음과 같은 스크립트를 추가합니다.

```
<script src="https://cdn.jsdelivr.net/npm/@tensorflow-models/speech-commands"></script>
```

만약 오디오 데이터 입력 파이프라인의 구조에 관심이 있다면 https://github.com/tensorflow/tfjs-models 깃허브 저장소에서 speech-commands/src 폴더 안의 소스 코드를 참고하세요.

코드 4-9는 브라우저에서 실시간으로 음성 단어를 인식하기 위해 래퍼 클래스를 사용하는 방법을 보여 주는 간단한 예제입니다.

음성 인식을 실제로 테스트해 보려면 컴퓨터에 마이크가 있어야 합니다(대부분의 노트북 컴퓨터는 마이크를 가지고 있습니다).[32] 어휘 사전에 있는 단어를 인식할 때마다 화면에 이를 출력합니다. 따라서 이 예제는 WebAudio API와 심층 합성곱 신경망을 사용한 브라우저 기반의 단어 인식 서비스입니다. 그렇다면 단어가 연결된 문장을 인식할 수 있지 않을까요? 이를 위해서는 순차 정보를 처리할 수 있는 다른 종류의 신경망 층이 필요합니다. 8장에서 이에 대한 내용을 다룹니다.

**코드 4-9** 음성 인식 예제

```
const recognizer = SpeechCommands.create('BROWSER_FFT'); ⟵ 브라우저에 내장된 FFT(Fast Fourier
console.log(recognizer.wordLabels()); ⟵                    Transform)를 사용한 음성 인식 객체를
                                                           만듭니다.
('background-noise'와 'unknown' 레이블을 포함하여) 모델이 인식할 수 있는 단어 레이블을 확인합니다.
const words = recognizer.wordLabels();          온라인 스트리밍 인식을 시작합니다. 첫 번째 매개변수는 콜백입
recognizer.listen(({scores}) => { ⟵            니다. 이 콜백은 배경 잡음이나 알 수 없는 단어를 제외한 단어의
    // 점수를 (점수, 단어) 쌍의 리스트로 변환합니다     확률이 어떤 임계값(여기서는 0.75) 이상일 때 호출됩니다.
    scores = Array.from(scores).map((s, i) => ({score: s, word: words[i]}));

    // 가장 높은 확률의 단어를 찾습니다
    scores.sort((s1, s2) => s2.score - s1.score); ⟵ 가장 높은 점수를 가진 단어의 인덱스를 찾습니다.
    document.querySelector('#console').textContent = scores[0].word;
}, {probabilityThreshold: 0.75});
```

---

[32] **역주** 브라우저에서 처음 예제를 시작하면 브라우저가 마이크 사용 권한을 요청하는 팝업을 띄웁니다. 이 권한을 허락해야 브라우저에서 음성 데이터를 처리할 수 있습니다.

# 4.5 연습 문제

1. 브라우저에서 MNIST 이미지를 분류하는 합성곱 신경망(코드 4-1)은 conv2d와 maxPooling2d 층으로 이루어진 그룹 두 개로 구성됩니다. 코드를 수정하여 하나의 그룹만 가지도록 줄여 보세요. 그리고 다음 질문에 답해 보세요.

   **a.** 이 합성곱 신경망의 훈련 가능한 파라미터의 전체 개수에 어떤 영향을 미치나요?

   **b.** 훈련 속도에는 어떤 영향을 미치나요?

   **c.** 훈련된 합성곱 신경망의 최종 정확도에는 어떤 영향을 미치나요?

2. 이 연습 문제는 연습 문제 1번과 비슷합니다. 하지만 conv2d - maxPooling2d 층의 그룹 개수를 바꾸는 대신, 코드 4-1의 합성곱 신경망에 있는 MLP 파트의 밀집 층 개수를 바꾸어 보세요. 첫 번째 밀집 층을 제거하고 두 번째 (출력) 층만 남겨 두면 전체 파라미터 개수, 훈련 속도, 최종 정확도는 어떻게 바뀌나요?

3. mnist-node 예제에 있는 합성곱 신경망(코드 4-5)에서 드롭아웃을 삭제하고 훈련 과정과 최종 테스트 정확도에 어떤 변화가 있는지 살펴보세요. 이런 일이 일어나는 이유는 무엇인가요? 이는 무엇을 의미하나요?

4. tf.browser.fromPixels() 메서드를 사용해 웹 페이지의 이미지와 비디오 관련 요소에서 이미지를 가져오는 연습을 하기 위해 다음 과정을 따라 해보세요.

   **a.** tf.browser.fromPixels()를 사용해 img 태그의 JPG 컬러 이미지를 표현하는 텐서를 얻습니다.

      i. tf.browser.fromPixels()가 반환한 이미지 텐서의 높이와 너비는 얼마인가요? 무엇이 높이와 너비를 결정하나요?

      ii. tf.image.resizeBilinear()를 사용해 이미지의 크기를 100 × 100(높이 × 너비)으로 바꾸어 보세요.

      iii.이전 단계를 반복합니다. 다만 이번에는 tf.image.resizeNearestNeighbor() 함수를 사용합니다. 두 리사이징(resizing) 함수의 결과 사이에 차이점을 찾을 수 있나요?

   **b.** HTML 캔버스를 만들고 rect() 같은 함수를 사용해 임의의 도형을 그려 보세요. 또는 d3.js나 three.js 같은 고급 라이브러리를 사용하여 복잡한 2D와 3D 도형을 그릴 수 있습니다. 그다음, tf.browser.fromPixels()를 사용해 캔버스에서 이미지 텐서 데이터를 가져와 보세요.

# 4.6 요약

- 합성곱 신경망은 conv2d와 maxPooling2d 층의 쌍을 연속적으로 두어 입력 이미지에서 2D 공간 특성을 추출합니다.

- conv2d 층은 여러 개의 채널을 가진 튜닝 가능한 공간 필터입니다. 국소성과 파라미터 공유 성질을 가지고 있어서 강력한 특성 추출기의 역할을 하며 효율적인 표현 변환을 수행합니다.

- maxPooling2d 층은 고정 윈도 안에 최댓값을 선택하는 식으로 입력 이미지 텐서의 크기를 줄입니다. 이를 통해 위치 불변성을 향상시킵니다.

- 합성곱 신경망의 conv2d-maxPooling2d 쌍은 일반적으로 flatten 층으로 끝납니다. 그다음, 분류나 회귀 작업을 위해 밀집 층으로 만든 MLP가 뒤따릅니다.

- 브라우저는 자원에 제약이 많으므로 작은 모델을 훈련하기에 적합합니다. 대규모 모델을 훈련하려면 TensorFlow.js의 Node.js 버전인 tfjs-node를 사용하는 것이 바람직합니다. tfjs-node는 텐서플로의 파이썬 버전이 사용하는 CPU 커널과 GPU 병렬 처리 커널을 동일하게 사용할 수 있습니다.

- 모델 용량이 클수록 과대적합의 위험이 커집니다. 합성곱 신경망에서는 드롭아웃 층을 추가하여 과대적합을 줄일 수 있습니다. 드롭아웃 층은 훈련하는 동안 입력 원소의 일부를 랜덤하게 0으로 만듭니다.

- 합성곱 신경망은 컴퓨터 비전 작업에만 사용하지 않습니다. 오디오 신호가 스펙트로그램으로 표현되면, 합성곱 신경망을 여기에 적용하여 높은 분류 정확도를 달성할 수도 있습니다.

# 5<sup>장</sup>

# 전이 학습:
# 사전 훈련된 신경망
# 재사용하기

5.1 전이 학습: 사전 훈련된 모델을 재사용하기

5.2 합성곱 신경망에서 전이 학습을 통한 객체 탐지

5.3 연습 문제

5.4 요약

이 장에서 다룰 핵심 내용

- 전이 학습의 개념 소개와 전이 학습이 여러 종류의 문제에서 밑바닥부터 모델을 훈련하는 것보다 나은 이유
- 케라스 모델을 TensorFlow.js로 변환하여 최고의 성능을 내는 사전 훈련된 합성곱 신경망의 특성 추출 능력을 활용하는 방법
- 층 동결, 새로운 전이 헤드(transfer head) 만들기, 미세 튜닝과 같은 전이 학습 기술의 자세한 메커니즘
- 전이 학습을 사용해 TensorFlow.js에서 간단한 객체 탐지 모델을 훈련하는 방법

4장에서 이미지를 분류하는 합성곱 신경망을 어떻게 훈련하는지 보았습니다. 여기에서는 다음과 같은 시나리오를 생각해 보죠. 손 글씨 숫자를 분류하는 합성곱 신경망이 어떤 사용자에 대해서는 매우 성능이 떨어집니다. 왜냐하면 이런 사용자의 손 글씨가 원래 훈련 데이터와 매우 다르기 때문입니다. 이런 사용자로부터 얻을 수 있는 작은 양의 데이터(예를 들면, 50개)를 사용해 사용자에게 제공하는 모델을 향상시킬 수 있을까요? 또 다른 시나리오를 생각해 보죠. 한 전자상거래 웹 사이트는 사용자가 업로드한 상품 사진을 자동으로 분류하길 원합니다. 하지만 (MobileNet[1]과 같은) 공개된 합성곱 신경망은 모두 특정 도메인에 속한 이미지로 훈련되지 않았습니다. 적당한 양(예를 들어 수백 개)의 레이블된 사진이 주어지면 공개된 이미지 모델을 사용해 사용자의 분류 문제를 해결할 수 있을까요?

다행히 이 장의 주요 관심사인 **전이 학습**(transfer learning)이라는 기술이 이런 작업을 해결하는 데 도움을 줄 수 있습니다.

# 전이 학습: 사전 훈련된 모델을 재사용하기

전이 학습의 핵심은 이전에 학습한 결과를 재사용하여 새로운 학습 작업의 속도를 높이는 것입니다. 다르지만 관련 있는 머신 러닝 작업을 수행하기 위해 한 데이터셋에서 이미 훈련한 모델을 사용합니다. 미리 훈련된 이런 모델을 **베이스 모델**(base model)이라고 부릅니다. 전이 학습은 이따금 베이스 모델을 다시 훈련하기도 하고 베이스 모델을 기반으로 새로운 모델을 만들기도 합니다. 이런 새로운 모델을 **전이 모델**(transfer model)이라고 합니다. 그림 5-1에서 보듯이 (이 장의 시작 부분에서 본 두 가지 사례에서처럼) 재훈련 과정에 사용되는 데이터양은 일반적으로 베이스 모델을 훈련하기 위한 데이터에 비해 매우 작습니다. 따라서 전이 학습은 베이스 모델의 훈련 과정에 비해 시간과 자원 소모가 훨씬 적습니다. 이런 특징 덕분에 TensorFlow.js를 사용하여 브라우저와 같이 자원이 제약된 환경에서 전이 학습을 수행할 수 있습니다. 따라서 전이 학습은 TensorFlow.js 학습자에게 중요한 주제입니다.

---

Andrew G. Howard et al., "MobileNets: Efficient Convolutional Neural Networks for Mobile Vision Applications," submitted 17 Apr, 2017, https://arxiv.org/abs/1704.04861.

▼ 그림 5-1 전이 학습의 일반적인 워크플로. 베이스 모델 훈련에 대량의 데이터셋이 필요하다. 이 초기 훈련 과정은 종종 길고 계산량이 크다. 그다음, 베이스 모델이 새로운 모델의 일부가 되어 다시 훈련된다. 재훈련 과정에 필요한 데이터셋은 일반적으로 원본 데이터셋보다 훨씬 작다. 재훈련에 드는 계산 비용은 초기 훈련 때보다 훨씬 적다. 이 때문에 TensorFlow.js를 실행할 수 있는 노트북이나 휴대폰 같은 엣지 디바이스(edge device)에서 수행할 수 있다.

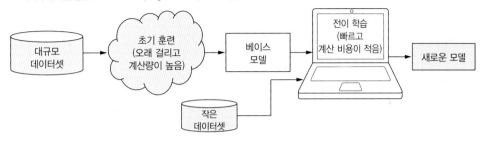

전이 학습 설명에서 핵심 문구인 '다르지만 관련 있는 작업'은 경우에 따라 다른 의미를 가질 수 있습니다.

- 이 장의 시작 부분에서 소개한 첫 번째 시나리오는 특정 사용자의 데이터에 모델을 적응시킵니다. 이 데이터가 원본 훈련 세트와는 다르지만, 작업은 정확히 동일합니다. 이미지를 열 개의 숫자로 분류하는 것이죠. 이런 종류의 전이 학습을 **모델 적응**(model adaption)이라고 합니다.
- 다른 전이 학습 문제는 원래 데이터셋과 다른 타깃(레이블)을 사용합니다. 이 장의 서두에서 소개한 상품 이미지 분류 시나리오가 이런 종류에 속합니다.

밑바닥부터 새로운 모델을 훈련하는 것에 비해 전이 학습의 장점은 무엇일까요? 여기에 대한 답은 두 가지입니다.

- 전이 학습이 필요한 데이터와 계산량 측면에서 더 효율적입니다.
- 베이스 모델의 특성 추출 능력을 재사용하기 때문에 이전 훈련에서 얻은 이점에서 시작합니다.

이런 점은 문제의 종류(예를 들어 분류와 회귀)에 상관없이 유효합니다. 첫 번째 항목을 보면 전이 학습은 베이스 모델의 훈련된 가중치를 사용합니다(또는 일부만 사용합니다). 결국 밑바닥부터 새로운 모델을 훈련하는 것에 비해 일정 수준의 정확도에 수렴하기 위해 필요한 훈련 데이터와 훈련 시간이 덜 듭니다. 이런 점에서 전이 학습은 사람이 새로운 작업을 배우는 방법과 비슷합니다. 한 작업(예를 들면 카드 게임)을 마스터한 다음 비슷한 작업(예를 들면 비슷한 카드 게임)을 배우는 것은 매우 쉽고 빠릅니다. 훈련 시간에서 절약한 비용은 MNIST를 위해 만든 합성곱 신경망 같은 신경망에서는 비교적 작게 보일 수 있습니다. 하지만 대규모 데이터셋에서 훈련한 대규모 모델(예를 들어 테라바이트 이미지 데이터에서 훈련한 산업 제품 수준의 합성곱 신경망)에서는 절약한 비용이 클 수 있습니다.

두 번째 항목을 보면, 전이 학습의 핵심 아이디어는 이전 훈련 결과를 재사용하는 것입니다. 매우 큰 데이터셋에서 학습한 덕분에 원본 신경망은 원본 입력 데이터에서 유용한 특성을 추출하는 데 매우 뛰어납니다. 이런 특성은 전이 학습 작업의 새로운 데이터가 원본 데이터와 많이 다르지 않는 한 유용할 것입니다. 연구자들이 일반적인 머신 러닝 분야를 위한 대규모 데이터셋을 모아 놓았으며, 컴퓨터 비전에서는 약 1,000개의 범주로 레이블된 수백만 개의 이미지를 가진 ImageNet[2]이 있습니다. 딥러닝 연구자들은 ImageNet 데이터셋을 사용해 심층 합성곱 신경망을 훈련했습니다. 이런 신경망으로는 ResNet, Inception, MobileNet 등이 있습니다(마지막 신경망은 곧 사용해 볼 것입니다). ImageNet에는 다양하고 많은 이미지가 있기 때문에 이 데이터셋으로 훈련한 합성곱 신경망은 일반적인 이미지에 대해 좋은 특성을 추출할 수 있습니다. 이런 특성 추출 능력은 앞서 언급한 시나리오와 같이 작은 데이터셋을 사용하는 작업에 유용합니다. 하지만 이런 효율적인 특성 추출 모델을 작은 데이터셋으로 훈련하는 것은 불가능합니다. 전이 학습의 기회는 다른 영역에도 있습니다. 예를 들어 자연어 처리에서는 수십억 개의 단어로 구성된 대규모 텍스트 말뭉치(corpus)에서 단어 임베딩(word embedding)(한 언어에 있는 일반적인 단어 전체의 벡터 표현)을 훈련합니다. 이런 임베딩은 훨씬 작은 데이터셋을 사용하는 언어 이해(language-understanding) 작업에 유용합니다. 설명은 이쯤하고 예제를 통해 실제 전이 학습이 어떻게 동작하는지 알아보겠습니다.

## 5.1.1 출력 크기가 같은 전이 학습: 동결 층

비교적 쉬운 예부터 살펴보겠습니다. MNIST 데이터셋의 처음 다섯 개 숫자(0~4)로만 합성곱 신경망을 훈련하겠습니다. 그다음, 만들어진 모델을 사용해 모델이 훈련할 때 본 적 없는 나머지 다섯 개 숫자(5~9)를 분류해 보겠습니다. 이 예제는 조금 인위적이지만 전이 학습의 기본적인 워크플로를 보여 줍니다. 이 예제는 다음 명령으로 실행할 수 있습니다.

```
> cd deep-learning-with-javascript
> npx http-server
```

---

2　이름을 오해하지 마세요. ImageNet은 신경망이 아니라 데이터셋입니다. 열주 ImageNet의 웹 사이트는 https://www.image-net.org입니다.

그다음에는 브라우저를 열고 http://127.0.0.1:8080/mnist-transfer-cnn에 접속합니다.[3] 데모 웹 페이지에서 **재훈련** 버튼을 클릭하여 전이 학습 과정을 시작합니다.[4] 새로운 다섯 개의 숫자 (5~9)에서 약 96%의 정확도에 도달합니다. 성능이 좋은 노트북에서는 약 30초 정도 걸립니다. 앞으로 보겠지만, 전이 학습을 사용하지 않은 경우(즉, 밑바닥부터 새로운 모델을 훈련하기)보다 크게 빠릅니다. 어떻게 전이 학습이 동작하는지 단계적으로 알아보겠습니다.

이 예제는 전이 학습 워크플로의 핵심 파트를 설명하기 위해 모델을 밑바닥부터 훈련하지 않고 HTTP 서버에서 사전 훈련된 베이스 모델을 로드합니다. 4.3.3절에서 보았듯이 TensorFlow.js 는 사전 훈련된 모델을 로딩하기 위한 tf.loadLayersModel() 함수를 제공합니다. loader.js 파일 에서 이 함수를 호출합니다.

```
const model = await tf.loadLayersModel(url);
model.summary();
```

출력된 모델 구조는 그림 5-2와 같습니다. 여기서 볼 수 있듯이 이 모델은 12개의 층으로 구성됩니다.[5] 지금까지 보았던 모든 TensorFlow.js 모델과 마찬가지로 600,000개 정도의 가중치 파라미터가 모두 훈련 대상입니다. loadLayersModel() 함수는 모델 구조뿐만 아니라 가중치 값도 적재합니다. 결과적으로 로딩된 모델은 숫자 0에서 4까지 클래스를 예측할 준비가 되어 있습니다. 하지만 이대로 모델을 사용하지 않고 대신 새로운 숫자(5~9)를 인식하는 모델을 훈련하겠습니다.

---

3 [역주] 번역서 데모 사이트(http://ml-ko.kr/tfjs/mnist-transfer-cnn)에 브라우저로 접속하여 바로 실행해 볼 수 있습니다.

4 [역주] **재훈련** 버튼을 누르기 전에 먼저 **사전 훈련된 원격 모델 불러오기** 버튼을 눌러 구글 클라우드 스토리지에서 모델을 로드해야 합니다.

5 이 모델에는 활성화 층이 있습니다. 활성화 층(activation layer)은 단순히 입력에 (렐루와 소프트맥스 같은) 활성화 함수를 적용하는 층입니다. 기본 (선형) 활성화 함수를 사용하는 밀집 층을 생각해 보죠. 밀집 층 위에 활성화 층을 쌓는 것은 선형이 아닌 활성화 함수를 사용하는 밀집 층과 동일합니다. 4장의 예제에서는 후자의 방법을 사용했습니다. 하지만 이따금 전자의 방식을 TensorFlow.js에서 볼 수 있습니다. 이런 모델을 만드는 코드는 다음과 같습니다.

```
const model = tf.sequential();
model.add(tf.layers.dense({untis: 5, inputShape}));
model.add(tf.layers.activation({activation: 'relu'}));
```

```
Layer (type)                       Output shape            Param #
=================================================================
conv2d_1 (Conv2D)                  [null,26,26,32]         320
_____
activation_1 (Activation)          [null,26,26,32]         0
_____
conv2d_2 (Conv2D)                  [null,24,24,32]         9248
_____
activation_2 (Activation)          [null,24,24,32]         0
_____
max_pooling2d_1 (MaxPooling2       [null,12,12,32]         0
_____
dropout_1 (Dropout)                [null,12,12,32]         0
_____
flatten_1 (Flatten)                [null,4608]             0
_____
dense_1 (Dense)                    [null,128]              589952
_____
activation_3 (Activation)          [null,128]              0
_____
dropout_2 (Dropout)                [null,128]              0
_____
dense_2 (Dense)                    [null,5]                645
_____
activation_4 (Activation)          [null,5]                0
=================================================================
Total params: 600165
Trainable params: 600165
Non-trainable params: 0
_____
```

전이 학습 동안
훈련되지 않도록
설정합니다(동결합니다).

**재훈련** 버튼의 콜백 함수(index.js의 retrainModel() 함수)를 보면, **베이스 모델을 동결하기** 옵션 (기본값입니다)이 선택되었을 때 모델에 있는 처음 일곱 개 층의 trainable 속성을 false로 지정 하는 코드가 나옵니다.

이 코드가 무슨 역할을 하나요? 기본적으로 loadLayersModel()로 모델을 로드하거나 밑바닥부 터 만들었을 때 각 층의 trainable 속성은 true입니다. trainable 속성은 훈련하는 동안 사용됩 니다(즉, fit()이나 fitDataset() 메서드에서 사용합니다). 이 속성은 옵티마이저에게 층의 가중 치를 업데이트할지 알려 줍니다. 기본적으로 모델에 있는 모든 층의 가중치는 훈련되는 동안 업 데이트됩니다. 하지만 모델의 일부 층에 대해 이 속성을 false로 지정하면 이런 층들의 가중치는 훈련되는 동안 업데이트되지 않습니다. TensorFlow.js 용어로는 이 층들이 '훈련 가능하지 않다 (untrainable)' 또는 '동결되었다(frozen)'고 말합니다. 코드 5-1은 conv2d 층에서 flatten 층까지 모델에 있는 처음 일곱 개 층을 동결합니다. 반면 마지막 몇 개의 층(밀집 층)은 훈련되도록 놔둡 니다.

```
const trainingMode = ui.getTrainingMode();
if (trainingMode === 'freeze-feature-layers') {
  console.log('Freezing feature layers of the model.');
  for (let i = 0; i < 7; ++i) {
    this.model.layers[i].trainable = false; ┄┄┄┄ 층을 동결합니다.
  }
} else if (trainingMode === 'reinitialize-weights') {
  const returnString = false ;
  this.model = await tf.models.modelFromJSON({
    modelTopology: this.model.toJSON(null, returnString)  ┄┄ 베이스 모델과 동일한 토폴로지로
  });                                                          새로운 모델을 만들고 가중치를
}                                                              다시 초기화합니다.
this.model.compile({ ┄┄┄┄ 모델을 컴파일하지 않으면 층 동결이 fit() 호출에 영향을 미치지 않습니다.
  loss: 'categoricalCrossentropy',
  optimizer: tf.train.adam(0.01),
  metrics: ['acc'],
});
this.model.summary(); ┄┄┄┄ compile() 메서드를 호출한 후 모델의 summary() 메서드 결과를 다시 출력
                            합니다. 일부 모델 가중치가 훈련 가능하지 않게 된 것을 볼 수 있습니다.
```

하지만 층의 trainable 속성을 설정하는 것으로는 충분하지 않습니다. trainable 속성을 수정하고 모델의 fit() 메서드를 바로 호출하면 모델이 훈련되는 동안 층의 가중치가 여전히 업데이트될 것입니다. 코드 5-1에서 한 것처럼 trainable 속성이 효과를 내게 하려면 Model.fit()을 호출하기 전에 Model.compile()을 호출해야 합니다. compile() 메서드는 옵티마이저, 손실 함수, 측정 지표를 설정합니다. 하지만 이 메서드는 업데이트될 가중치 변수의 리스트도 새롭게 갱신합니다. compile() 메서드를 호출한 후 summary() 메서드를 호출하여 모델 구조를 다시 출력합니다. 그림 5-2의 기존 구조와 새로운 구조를 비교해 보면 모델의 일부 가중치가 훈련 가능하지 않습니다.

```
Total params: 600165
Trainable params: 590597
Non-trainable params: 9568
```

훈련 가능하지 않은 파라미터의 개수 9,568개가 두 개의 동결된 층(두 개의 conv2d 층)의 가중치 파라미터의 합인지 확인해 볼 수 있습니다. 동결된 것 중에는 가중치가 없는 층이 있습니다 (maxPooling2d 층과 flatten 층[6]). 따라서 층을 동결할 때 훈련 가능하지 않은 파라미터의 개수에 영향을 미치지 않습니다.

---

6    역주 그림 5-2에서 볼 수 있듯이 활성화 층도 가중치를 가지고 있지 않습니다.

실제 전이 학습 코드는 코드 5-2에 있습니다. 모델을 처음 훈련할 때 사용했던 fit() 메서드를 동일하게 사용합니다. 이때 validationData 매개변수를 사용해 훈련하는 동안 본 적 없는 데이터에서 모델이 얼마나 정확한지 측정합니다. 또한, fit() 메서드에 두 개의 콜백을 연결합니다. 하나는 화면에 있는 진행 막대를 업데이트하고, 다른 하나는 tfjs-vis 모듈(7장에서 자세히 설명합니다)을 사용해 손실과 정확도 곡선을 그립니다. fit() 메서드의 이런 기능은 이전에 설명하지 않았습니다. fit() 메서드를 호출할 때 하나의 콜백이나 여러 개의 콜백을 배열로 전달할 수 있습니다. 후자의 경우 훈련하는 동안 모든 콜백이 (배열에 나열된 순서대로) 호출됩니다.

**코드 5-2** Model.fit()을 사용해 전이 학습 수행하기

```
await this.model.fit(this.gte5TrainData.x, this.gte5TrainData.y, {
  batchSize: batchSize,
  epochs: epochs,
  validationData: [this.gte5TestData.x, this.gte5TestData.y],
  callbacks: [ ------fit() 메서드를 호출할 때 여러 개의 콜백을 전달할 수 있습니다.
    ui.getProgressBarCallbackConfig(epochs),

    tfvis.show.fitCallbacks(surfaceInfo, ['val_loss', 'val_acc'], {
      zoomToFit: true,
      zoomToFitAccuracy: true,
      height: 200,
      callbacks: ['onEpochEnd'],
    }),
  ]
});
```

전이 학습하는 동안 tfjs-vis를 사용해 검증 손실과 정확도를 그래프로 그립니다.

전이 학습의 결과는 어떻게 나오나요? 그림 5-3에 있는 패널 A에서 볼 수 있듯이 10 에포크 훈련 후에 약 0.968의 정확도에 도달합니다. 비교적 최신 노트북에서 대략 15초 걸리네요. 나쁘지 않군요. 하지만 밑바닥부터 모델을 훈련하는 것과 비교하면 어떨까요? 밑바닥부터 시작하는 것보다 사전 훈련된 모델로 시작하는 것의 가치를 시연하기 위한 한 가지 방법은 fit() 메서드를 호출하기 전에 사전 훈련된 모델의 가중치를 랜덤하게 다시 초기화하여 실험하는 것입니다. 이 방식이 **훈련 모드** 드롭다운 메뉴의 **가중치를 다시 초기화하기** 옵션입니다. 이 옵션을 선택하고 **재훈련** 버튼을 클릭한 결과가 그림 5-3의 패널 B에 나타나 있습니다.

▼ 그림 5-3 MNIST 합성곱 신경망의 전이 학습에 대한 손실과 정확도 곡선. 패널 A: 사전 훈련된 모델의 처음 일곱 개 층을 동결하여 얻은 곡선. 패널 B: 모델의 모든 가중치를 랜덤하게 다시 초기화하여 얻은 곡선. 패널 C: 사전 훈련된 모델의 가중치를 동결하지 않고 얻은 곡선. 세 패널의 y축은 다르다.

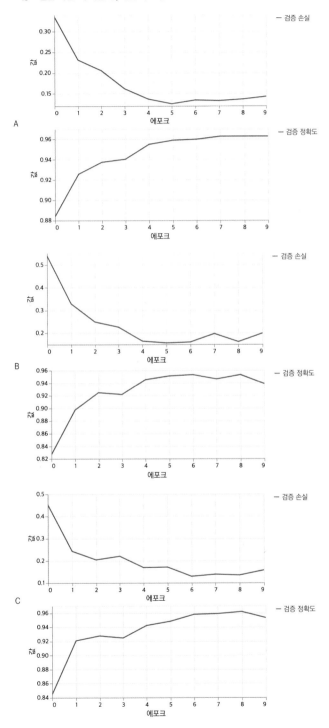

패널 A와 패널 B에서 알 수 있듯이 모델의 가중치를 랜덤하게 초기화하면 상당히 큰 손실 값(0.53 vs. 0.35)과 낮은 정확도(0.83 vs. 0.88)에서 시작합니다. 다시 초기화를 한 모델(0.94)은 베이스 모델의 가중치를 재사용한 모델(0.96)보다 최종 검증 정확도도 낮습니다. 이런 차이점이 전이 학습의 장점을 보여 줍니다. 앞쪽 층(특성 추출 층)의 가중치를 재사용함으로써 처음부터 모두 학습하는 것에 비해 모델이 좋은 출발을 할 수 있습니다. 이는 전이 학습 작업에서 만나는 데이터가 원본 모델을 훈련하는 데 사용한 데이터와 비슷하기 때문입니다. 숫자 5~9의 이미지는 숫자 0~4의 이미지와 공통점이 많습니다. 모두 배경이 검은 흑백 이미지이고, 비슷한 시각적 패턴을 가지고 있습니다(획의 두께와 곡률이 비슷합니다). 따라서 숫자 0~4에서 추출하는 방법을 배운 모델이 만든 특성은 새로운 숫자(5~9)를 분류하기 위해 학습하는 데도 유용합니다.

특성 추출 층의 가중치를 동결하지 않으면 어떻게 될까요? **훈련 모드** 드롭다운 메뉴의 **베이스 모델을 동결하지 않기** 옵션을 선택하면 이에 대한 실험을 수행할 수 있습니다. 그림 5-3의 패널 C에 이 결과가 나타나 있습니다. 패널 A의 결과와 몇 가지 눈에 띄는 차이점이 있습니다.

- 특성 추출 층을 동결하지 않으면 높은 손실 값(예를 들어 첫 번째 에포크의 손실이 0.45 vs. 0.35)과 낮은 정확도(0.85 vs. 0.88)에서 시작합니다. 이유가 무엇일까요? 사전 훈련된 모델이 새로운 데이터셋에서 훈련을 시작할 때, 사전 훈련된 가중치가 새로운 다섯 개 숫자에 대해 랜덤한 예측을 생성하기 때문에 예측 오류가 많습니다. 따라서 손실 값이 매우 높고 경사가 급합니다. 이로 인해 훈련 초기에 계산되는 그레이디언트가 매우 크고 결과적으로 모델의 전체 가중치를 급하게 변동시킵니다. 결과적으로 모든 층의 가중치가 큰 변동을 겪는 시기를 거치므로 패널 C에서 초기 손실이 높습니다. 일반적인 전이 학습 방법(패널 A)에서는 모델의 처음 몇 개 층이 동결되기 때문에 이런 초기 가중치의 큰 변동을 막을 수 있습니다.
- 부분적으로 이런 초기 변동 때문에 동결하지 않는 방식(패널 C, 0.95)이 달성한 최종 정확도가 층을 동결하는 일반 전이 학습 방식(패널 A, 0.96)보다 높지 않습니다.
- 모델의 층을 하나도 동결하지 않을 때 훈련 시간이 훨씬 오래 걸립니다. 예를 들어 저자들이 사용하는 노트북 중 하나에서 특성 층을 동결한 모델은 30초가 걸리는 반면, 층을 동결하지 않은 모델을 훈련하는 데는 거의 두 배의 시간이 걸립니다(60초). 그림 5-4는 이에 대한 이유를 그림으로 설명하고 있습니다. 동결된 층은 역전파 공식에서 빠지기 때문에 fit() 메서드가 각 배치를 처리할 때 훨씬 빠릅니다.

❤ 그림 5-4 모델의 층을 동결했을 때 훈련 속도가 높은 이유를 그림으로 설명한다. 이 그림에서 역전파 경로가 검은색의 왼쪽 방향 화살표로 그려져 있다. 패널 A: 층이 동결되지 않았을 때 모든 모델의 가중치(v1~v5)가 각 훈련 스텝(각 배치)에서 업데이트된다. 따라서 검은 화살표로 나타낸 역전파에 관여한다. 특성(x)과 타깃(y)은 업데이트되지 않기 때문에 역전파에 전혀 포함되지 않는다. 패널 B: 모델의 처음 몇 개 층을 동결하면 일부 가중치(v1~v3)는 더 이상 역전파에 포함되지 않는다. 이 가중치는 손실 계산에서 상 수로 취급하는 x, y와 비슷해진다. 결과적으로 역전파 수행에 필요한 계산량이 감소하므로 훈련 속도가 높아진다.

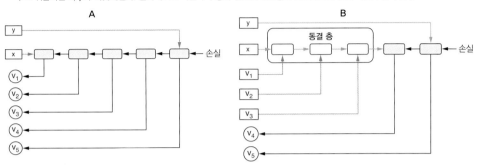

이런 점이 전이 학습의 층 동결 방식에 대한 정당성을 제공합니다. 베이스 모델의 특성 추출 층을 활용하고 새로운 훈련의 초기 단계에서 높은 가중치 변동으로부터 층을 보호합니다. 이렇게 함으로써 짧은 훈련 기간으로 높은 정확도를 달성합니다.

다음 절로 넘어가기 전에 마지막으로 두 가지를 살펴보겠습니다. 첫째, 특정 사용자의 입력 데이터에서 잘 동작하도록 모델을 재훈련하는 과정인 모델 적응은 여기서 본 것과 매우 유사한 기법을 사용합니다. 즉, 베이스 모델을 동결하고 사용자 특화 데이터에서 훈련하여 최상위 몇 개 층의 가중치를 업데이트합니다. 이 절에서 해결한 문제가 다른 사용자에게서 온 데이터가 아니라 다른 레이블을 가진 데이터임에도 그렇습니다. 둘째, 동결 층(여기에서는 conv2d)의 가중치가 fit( ) 메서드의 호출 전과 후에 동일한지 궁금할 수 있습니다. 확인하는 방법이 아주 어렵지 않으므로 이 작업은 연습 문제로 남겨 놓겠습니다(이 장의 끝에 있는 연습 문제 2를 참고하세요).

## 5.1.2 출력 크기가 같지 않은 전이 학습: 베이스 모델의 출력을 사용해 새로운 모델 만들기

이전 절에서 본 전이 학습 예제에서 새로운 모델의 출력 크기는 베이스 모델의 출력 크기와 같습니다. 이런 경우는 전이 학습의 많은 다른 경우에 적용되지 않습니다(그림 5-5 참조). 예를 들어 초기에 다섯 개의 숫자에서 훈련된 베이스 모델을 사용해 네 개의 새로운 숫자를 분류하고 싶다면, 앞서 언급한 방식을 적용하지 못합니다. 조금 더 일반적인 시나리오는 다음과 같습니다. 1,000개의 클래스로 구성된 ImageNet 데이터셋에서 훈련된 심층 합성곱 신경망이 있습니다. 그리고 훨씬 적은 수의 출력 클래스를 가진 이미지 분류 문제가 있습니다(그림 5-5의 B). 아마도 이는 이미지에 사람

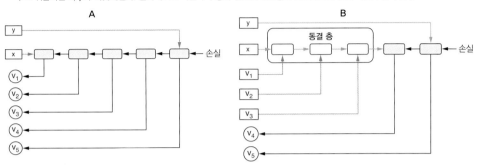

얼굴이 있는지 여부를 예측하는 이진 분류 문제일 수 있습니다. 또는 사진 속의 제품 종류를 예측하는 것(이 장의 서두에서 본 예제를 떠올려 보세요)처럼 소수의 클래스로 이루어진 다중 분류 문제일 수 있습니다. 이런 경우에 베이스 모델의 출력 크기가 새로운 문제에 맞지 않습니다.

▼ **그림 5-5** 전이 학습은 새로운 모델의 출력 크기와 활성화 함수가 원본 모델과 같은지에 따라 세 가지 유형으로 나눌 수 있다. A: 새로운 모델의 출력 크기와 활성화 함수가 베이스 모델과 같다. 5.1.1절에서 새로운 숫자에 MNIST 모델을 전이 학습시킨 것이 이런 유형의 예다. B: 원본 작업과 새로운 작업이 같은 종류이기 때문에(예를 들어 둘 다 다중 분류) 새로운 모델의 활성화 함수가 베이스 모델과 같다. 하지만 출력 크기는 다르다(예를 들어 새로운 작업의 클래스 개수가 다르다). 이런 종류의 전이 학습 예는 5.1.2절(웹캠으로 팩맨(Pac-Man)[7] 스타일의 비디오 게임을 제어한다)과 5.1.3절(새로운 단어 집합을 인식한다)에 등장한다. C: 새로운 작업이 원본 작업과 다른 유형이다(회귀 vs. 분류). MobileNet 기반의 객체 탐지 모델이 이런 유형의 예다.

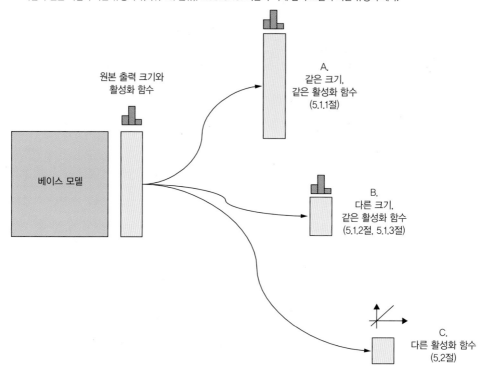

어떤 경우에는 머신 러닝 작업의 유형이 베이스 모델을 훈련했던 작업과 다르기도 합니다. 예를 들어 분류 작업으로 훈련된 베이스 모델에 전이 학습을 적용하여 회귀 작업(그림 5-5의 C의 경우에 해당하는 숫자 예측)을 수행할 수 있습니다. 5.2절에서는 전이 학습의 아주 흥미로운 사용 예를 보게 될 것입니다. 이미지 안의 객체를 감지하고 위치를 추정하기 위해 숫자 하나가 아니라 숫자 배열을 예측합니다.

---

7　Pac-Man은 Bandai Namco Entertainment Inc.의 상표입니다.

이런 경우는 모두 원하는 출력 크기가 베이스 모델과 다릅니다. 이로 인해 새로운 모델을 만들 필요가 있습니다. 하지만 전이 학습을 하기 때문에 새로운 모델을 밑바닥부터 만드는 대신 베이스 모델을 사용할 것입니다. 책 깃허브에 있는 webcam-transfer-learning 예제를 통해 어떻게 하는지 알아보겠습니다.

이 예제를 실행하려면 컴퓨터에 카메라가 있어야 합니다. 카메라로부터 전이 학습에 필요한 데이터를 수집합니다. 요즘 대부분의 노트북이나 태플릿 컴퓨터는 기본적으로 카메라를 갖추고 있습니다. 만약 데스크톱 컴퓨터를 사용한다면 웹캠을 컴퓨터에 설치해야 할 수 있습니다. 이전 예제와 비슷하게 다음 명령으로 이 예제를 실행할 수 있습니다.

```
> cd deep-learning-with-javascript
> npx http-server
```

그다음, 브라우저를 열고 http://127.0.0.1:8080/webcam-transfer-learning에 접속합니다.[8]

이 재미있는 데모는 MobileNet의 TensorFlow.js 구현에 전이 학습을 적용하여 웹캠을 게임 컨트롤러로 바꿉니다. 그다음에는 웹캠을 사용해 팩맨 게임을 할 수 있습니다. 이 데모를 실행하기 위해 데이터 수집, 모델 전이 학습, 게임 플레이 세 단계를 순서대로 진행해 보죠.

전이 학습에 필요한 데이터는 웹캠을 사용해 수집합니다. 브라우저로 데모 페이지를 열면 오른쪽 아래에 네 개의 검은 사각형이 나옵니다. 닌텐도 컨트롤러의 네 방향 키와 비슷한 방식으로 정렬되어 있습니다. 이 사각형은 모델이 훈련하여 실시간으로 인식할 네 개의 클래스에 해당합니다. 이 네 개의 클래스는 팩맨이 움직일 네 방향에 해당합니다. 사각형을 클릭하고 누르고 있으면, 초당 20-30 프레임의 속도로 웹캠에서 이미지를 수집합니다. 사각형 아래 숫자는 지금까지 이 방향을 위해 얼마나 많은 이미지를 수집했는지 보여 줍니다.

최상의 전이 학습 품질을 얻기 위해 1) 클래스마다 최소한 50개의 이미지를 수집하고 2) 훈련 이미지의 다양성을 위해 데이터를 수집할 때 머리와 얼굴을 조금씩 움직이고 씰룩입니다. 이렇게 하면, 전이 학습에서 얻을 모델의 견고성을 높이는 데 도움이 됩니다. 이 데모에서 대부분의 사람들은 팩맨이 가야 할 방향을 지시하기 위해 네 개의 방향으로 머리를 돌립니다(위, 아래, 왼쪽, 오른쪽. 그림 5-6 참조). 하지만 입력이 충분히 시각적으로 클래스 간에 구분된다면 다른 머리 위치, 얼굴 표정, 심지어 손짓도 입력 이미지로 사용할 수 있습니다.

---

8　역주 번역서 데모 사이트(http://ml-ko.kr/tfjs/webcam-transfer-learning)에 브라우저로 접속하여 바로 실행해 볼 수 있습니다.

❤ 그림 5-6 webcam-transfer-learning 예제의 화면[9]

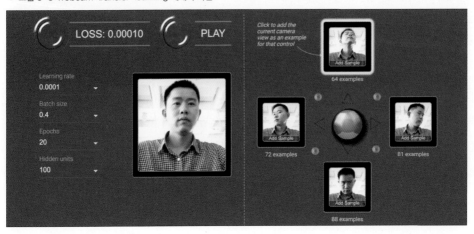

훈련 이미지를 수집한 후에 **모델 훈련** 버튼을 클릭하여 전이 학습 과정을 시작합니다. 전이 학습은 몇 초 만에 완료됩니다. 훈련이 진행될 때 화면에 표시된 손실 값이 점점 줄어들다가 아주 작은 양수 값(예를 들어 0.00010)에 도달하여 변하지 않는 것을 볼 수 있습니다. 이 시점이 되면 전이 학습 모델의 훈련이 완료되고 이 모델을 사용해 게임을 플레이할 수 있습니다. 게임을 시작하려면 **플레이** 버튼을 클릭하고 게임이 준비될 때까지 기다립니다. 그다음, 모델이 웹캠에서 받은 이미지 스트림에 대해 실시간 추론을 수행합니다. 비디오 프레임마다 예측 클래스(전이 학습 모델이 출력한 가장 높은 확률 점수를 가진 클래스)가 화면 오른쪽 아래에 밝은 노란색으로 강조되어 표시됩니다. 또한, 팩맨을 (벽이 막고 있지 않다면) 해당 방향으로 이동시킵니다.

이 데모는 머신 러닝을 잘 모르는 사람들에게는 마술처럼 보일 수 있습니다. 하지만 이 데모는 네 개의 클래스 분류 작업을 수행하기 위해 MobileNet을 사용하는 전이 학습 알고리즘에 불과합니다. 이 알고리즘은 웹캠에서 수집한 적은 양의 이미지 데이터를 사용합니다. 이런 이미지들은 수집될 때 클릭하고 누르고 있는 것으로 간편하게 레이블이 부여됩니다. 전이 학습 덕분에 많은 데이터와 훈련 시간이 필요하지 않습니다(심지어 스마트폰에서도 가능합니다). 이것이 기본적으로 이 데모가 작동하는 방식입니다. 기술적인 상세 내용을 이해하고 싶다면 다음 절에 나오는 TensorFlow.js 코드를 참고하세요.

---

9  webcam-transfer-learning 예제의 화면은 Jimbo Wilson과 Shan Carter가 만들었습니다. 재미있는 이 예제의 동작 영상은 다음 주소에 있습니다. https://youtu.be/YB-kfeNIPCE?t=941

## 웹캠 전이 학습 데모 자세히 알아보기

(webcam-transfer-learning/index.js에서 가져온) 코드 5-3의 코드는 베이스 모델을 로딩합니다. 특별히 TensorFlow.js에서 효율적으로 실행할 수 있는 MobileNet 버전을 로드합니다. INFO BOX 5.1은 이 모델을 파이썬으로 작성된 케라스 딥러닝 라이브러리에서 변환하는 방법을 설명합니다. 모델이 로드되면 getLayer() 메서드를 사용해 모델의 층 중에 하나를 선택합니다. getLayer() 메서드를 사용하면 이름으로 층을 선택할 수 있습니다(여기에서는 'conv_pw_13_relu'). 2.4.2절에서는 모델의 층을 선택하는 또 다른 방법을 설명했습니다. 모델의 모든 층을 자바스크립트 배열로 가지고 있는 layers 속성을 인덱스로 참조하는 것입니다. 이 방식은 모델에 있는 층의 개수가 작을 때 사용하기 좋습니다. 여기서 사용하는 MobileNet 모델은 93개 층을 가지고 있어 이 방식을 사용하기 어렵습니다(예를 들어 나중에 이 모델에 더 많은 층이 추가되면 어떻게 될까요?). 따라서 향후 새 버전의 MobileNet이 릴리스될 때 주요 층의 이름이 바뀌지 않는다고 가정하면 이름 기반의 getLayer() 방식이 안정적입니다.

**코드 5-3** MobileNet을 로드하고 헤드 없는 모델 만들기

```
async function loadTruncatedMobileNet() {
  const mobilenet = await tf.loadLayersModel(
    'https://storage.googleapis.com/' +                    storage.googleapis.com/
      'tfjs-models/tfjs/mobilenet_v1_0.25_224/model.json');  tfjs-models 아래 주소는 영구적
                                                            이고 안정적입니다.
  const layer = mobilenet.getLayer(             MobileNet에서 한 층을 가져옵니다. 이 층은 이미지
    'conv_pw_13_relu');                         분류 작업에 유용한 특성을 가지고 있습니다.
  return tf.model({                    'conv_pw_13_relu' 층으로 끝나
    inputs: mobilenet.inputs,          는 것(즉, 헤드(head)라고 부르는
    outputs: layer.output              마지막 몇 개의 층을 제거)을 제외
  });                                  하고 MobileNet과 동일한 새 모
}                                      델을 만듭니다.
```

**INFO BOX 5.1** ≡ 모델을 파이썬 케라스에서 TensorFlow.js 포맷으로 변환하기

TensorFlow.js는 가장 인기가 많은 파이썬 딥러닝 라이브러리 중 하나인 케라스와의 호환성 및 상호 운영성이 뛰어납니다. 이런 호환성으로 인한 장점 중 하나는 많은 케라스의 '애플리케이션'을 활용할 수 있다는 것입니다. 케라스의 애플리케이션은 사전 훈련된 심층 합성곱 신경망입니다(https://keras.io/applications/ 참조). 케라스 개발자들은 이런 합성곱 신경망을 ImageNet 같은 대규모 데이터셋에서 어렵게 훈련하여 라이브러리를 통해 제공합니다. 따라서 여기에서 한 것처럼 추론과 전이 학습을 위해 이런 모델을 재사용할 수 있습니다. 파이썬에서 케라스를 사용한다면 한 줄의 코드로 애플리케이션을 임포트할 수 있습니다. 앞서 언급한 상호 운영성 덕분에 TensorFlow.js에서도 이런 애플리케이션을 쉽게 사용할 수 있습니다. 다음 단계를 따릅니다.

◐ 계속

1. tensorflowjs 파이썬 패키지를 설치합니다. 가장 쉬운 설치 방법은 pip 명령을 사용하는 것입니다.

```
> pip install tensorflowjs
```

2. 파이썬 소스 파일이나 인터랙티브한 파이썬 셀에서 다음 명령을 실행합니다.

```
import keras
import tensorflowjs as tfjs
model = keras.applications.mobilenet.MobileNet(alpha=0.25)
tfjs.converters.save_keras_model(model, '/tmp/mobilnet_0.25')
```

처음 두 라인은 keras와 tensorflowjs 패키지를 임포트합니다. 세 번째 라인은 MobileNet을 파이썬 객체 (model)로 로드합니다. 사실 TensorFlow.js 모델의 summary() 메서드를 호출하는 것처럼, 같은 식으로 model. summary()를 호출할 수 있습니다. 이 모델의 마지막 층(모델의 출력)의 크기는 (None, 1000)입니다(자바스크립트 의 [null, 1000]과 동일합니다). MobileNet 모델이 1,000개 클래스를 가진 ImageNet 분류 작업에서 훈련된 다는 것을 나타냅니다. 생성자에 지정한 키워드 매개변수 alpha=0.25는 크기가 작은 MobileNet 버전을 선택합니 다. alpha 값을 크게 선택해도 (가령 0.75나 1) 변환 코드는 그대로 사용할 수 있습니다.

이전 코드에서 마지막 라인은 tensorflowjs 모듈에 있는 메서드를 사용해 모델을 지정한 디렉터리에 저장합니다. 이 라인이 실행되고 나면 /tmp/mobilenet_0.25라는 새로운 디렉터리가 생성되고 디렉터리의 내용은 다음과 같을 것입니다.

```
group1-shard1of6
    group1-shard2of6
    ...
    group1-shard6of6
    model.json
```

이 포맷은 4.3.3절에서 본 것과 정확히 동일합니다. 4.3.3절에서는 TensorFlow.js의 Node.js 버전에 있는 save() 메서드를 사용해 훈련된 TensorFlow.js 모델을 디스크에 저장하는 방법을 소개했습니다. 따라서 변환된 모델을 디스크에서 로드하는 TensorFlow.js 기반 프로그램에게는 저장된 이 포맷이 TensorFlow.js에 서 만들고 훈련한 모델과 동일합니다. model.json 파일이 있는 경로를 지정하여 (브라우저 또는 Node.js에서) tf.loadLayersModel()을 호출합니다. 이것이 코드 5-3의 내용입니다.

로딩된 MobileNet 모델은 원래 훈련되었던 머신 러닝 작업을 수행할 준비가 됩니다. 입력 이미지를 ImageNet 데 이터셋에 있는 1,000개 클래스로 분류하는 작업입니다. 이 데이터셋은 동물, 특히 다양한 종의 고양이와 강아지 샘 플이 많습니다(아마도 이런 이미지가 인터넷에 많기 때문일 것입니다!). 이렇게 사용하는 것에 관심이 있다면 tfjs-examples 저장소에 있는 MobileNet 예제(https://github.com/tensorflow/tfjs-examples/tree/master/mobilenet)를 참고하세요. 하지만 MobileNet을 직접 사용하는 것은 이 장의 관심사가 아닙니다. 대신 MobileNet 을 사용해 전이 학습을 수행하는 방법을 살펴봅니다.

tfjs.converters.save_keras_model() 메서드는 MobileNet뿐만 아니라 DenseNet과 NasNet 같은 다른 케라스 애플리케이션도 변환하고 저장할 수 있습니다. 이 장의 끝에 있는 연습 문제 3에서 다른 케라스 애플리케 이션(MobileNetV2)을 TensorFlow.js 포맷으로 변환하고 브라우저에서 로드하는 것을 실습해 보겠습니다. 또한, keras.applications에 있는 모델뿐만 아니라 케라스에서 만들고 훈련한 모든 모델 객체에 tfjs.converters .save_keras_model()을 적용할 수 있습니다.

conv_pw_13_relu 층을 얻은 후에 무엇을 하나요? 첫 번째 (입력) 층부터 conv_pw_13_relu 층까지 원본 MobileNet 모델의 층을 포함한 새로운 모델을 만듭니다. 이런 모델 생성 방식은 이 책에서 처음 등장하기 때문에 자세히 설명하겠습니다. 먼저 **심볼릭 텐서**(symbolic tensor)라는 개념을 소개하겠습니다.

## 심볼릭 텐서로 모델 만들기

지금까지 텐서를 보아 왔습니다. Tensor는 TensorFlow.js에서 기본 데이터 타입(줄여서 dtype으로 씁니다)입니다. 텐서 객체는 어떤 크기와 dtype의 구체적인 수치를 실어 나릅니다. (WebGL 가능 브라우저라면) WebGL 텍스처 또는 (Node.js라면) CPU/GPU 메모리에 저장됩니다. 하지만 SymbolicTensor는 TensorFlow.js에 있는 또 다른 중요한 클래스입니다. 구체적인 값을 가지는 대신 심볼릭 텐서는 크기와 dtype만 지정합니다. 심볼릭 텐서를 나중에 크기와 dtype이 같은 실제 텐서 값이 들어갈 '슬롯(slot)' 또는 '플레이스홀더(placeholder)'로 생각할 수 있습니다. TensorFlow.js에서 층이나 모델 객체는 하나 또는 그 이상의 입력을 받습니다(지금까지는 하나의 입력이 있는 경우만 보았습니다). 이런 입력은 하나 또는 그 이상의 심볼릭 텐서로 표현됩니다.

심볼릭 텐서에 대한 이해를 도울 수 있는 비유를 하나 들어 보죠. 자바(Java)나 타입스크립트 (TypeScript) 같은 프로그래밍 언어에 있는 함수를 생각해 보죠. 함수는 하나 이상의 입력 매개변수를 받습니다. 함수의 각 매개변수는 어떤 종류의 변수가 매개변수로 전달될 수 있는지 정의한 타입이 있습니다. 하지만 이 매개변수는 그 자체로 어떤 구체적인 값을 가지고 있지 않습니다. 매개변수 자체는 단지 플레이스홀더일 뿐입니다. 심볼릭 텐서는 함수 매개변수와 비슷합니다. (크기[10] 와 dtype의 조합으로) 어떤 종류의 텐서가 이 슬롯에 사용될지 지정합니다. 동시에 정적 타입 언어의 함수는 반환 타입을 가집니다. 이는 모델이나 층 객체의 출력 심볼릭 텐서와 비슷합니다. 모델이나 층 객체가 출력할 실제 텐서 값의 크기와 dtype에 대한 '청사진'입니다.

---

10 텐서의 크기와 심볼릭 텐서의 크기 사이에 차이점은 전자는 ([8, 32, 20]처럼) 항상 모든 차원이 완전히 지정되어 있지만 후자는 ([null, null, 20]처럼) 정의되지 않은 차원을 가질 수 있다는 것입니다. 모델의 summary() 메서드 출력에 있는 'Output shape' 열에서 이런 경우를 이미 보았습니다.

TensorFlow.js에서 모델 객체의 두 가지 중요한 속성은 입력과 출력입니다. 입력과 출력은 각각 심볼릭 텐서의 배열입니다. 하나의 입력과 하나의 출력만 가진 모델의 경우 두 배열의 길이는 1입니다. 비슷하게 층 객체는 심볼릭 텐서인 입력과 출력 두 개의 속성을 가집니다. 심볼릭 텐서를 사용해 새로운 모델을 만들 수 있습니다. 이 방법은 TensorFlow.js에서 모델을 만드는 새로운 방법입니다. 지금까지 보았던 이른바 tf.sequential()과 이어지는 add() 메서드 호출로 시퀀셜 모델을 만드는 방식과 다릅니다. 새로운 방식에서는 두 개의 필수 항목 inputs와 outputs를 받는 tf.model() 함수를 사용합니다. inputs 항목은 심볼릭 텐서여야 합니다(또는 심볼릭 텐서의 배열이어야 합니다). outputs 항목도 마찬가지입니다. 따라서 원본 MobileNet 모델에서 심볼릭 텐서를 구해 tf.model() 함수에 전달할 수 있습니다. 이 함수의 결과는 원본 MobileNet 모델의 일부로 구성된 새로운 모델입니다.

이 과정이 그림 5-7에 나타나 있습니다(간단하게 그림을 그리기 위해 실제 MobileNet 모델의 층 개수를 줄여서 나타냈습니다). 원본 모델에서 얻어 tf.model() 함수에 전달한 심볼릭 텐서는 독립된 객체가 아닙니다. 텐서가 속한 층과 이 층이 다른 층과 어떻게 연결되어 있는지에 대한 정보를 가지고 있습니다. 그래프 데이터 구조에 익숙하다면, 원본 모델이 심볼릭 텐서의 그래프이고 층은 텐서를 연결하는 에지(edge)로 볼 수 있습니다. 새로운 모델의 입력과 출력을 원본 모델의 심볼릭 텐서로 지정함으로써 원본 MobileNet 그래프의 서브그래프(subgraph)를 추출합니다. 이 서브그래프는 새로운 모델이 되고 MobileNet의 처음 몇 개 (여기서는 처음 81개) 층을 포함하고 있습니다. 심층 신경망의 마지막 몇 개 층은 이따금 헤드(head)라고 부릅니다. tf.model()로 수행하는 일은 모델을 절단(truncating)한다고 말합니다. 절단된 MobileNet은 헤드가 없고 특성 추출 층을 유지하고 있습니다. 헤드는 왜 여섯 개의 층으로 이루어져 있을까요?[11] 이 층들은 MobileNet이 원래 훈련된 1,000개 클래스를 분류하는 작업에 특화되어 있습니다. 이 층들은 이 데모처럼 네 개의 클래스를 가진 작업에 유용하지 않습니다.

---

11 [역주] MoblieNet의 헤드는 마지막 합성곱 층 블록 이후의 층으로 전역 평균 풀링, 크기 변환, 드롭아웃, conv2d, 크기 변환, 활성화 함수입니다. 자세한 구현은 keras-applications 저장소(https://github.com/keras-team/keras-applications/blob/master/keras_applications/mobilenet.py)를 참고하세요.

❤️ 그림 5-7 MobileNet으로 새로운 (헤드가 없는) 모델을 만드는 방법을 설명하는 그림. 관련 코드는 코드 5-3의 tf.model() 호출이다. 각 층은 입력과 출력을 가지고 있으며 SymbolicTensor 객체다. 원본 모델에서 SymbolicTensor0이 첫 번째 층의 입력이고 전체 모델의 입력이다. 이 텐서는 새로운 모델의 입력 심볼릭 텐서로 사용된다. 또한, (conv_pw_13_relu에 해당하는) 중간 층의 출력 심볼릭 텐서를 새로운 모델의 출력 텐서로 사용한다. 따라서 아래 쪽 그림처럼 원본 모델의 처음 두 개 층으로 구성된 새로운 모델이 만들어진다. 원본 모델의 출력층인 마지막 층을 이따금 모델의 헤드라 부르며 새로운 모델에서는 사용하지 않는다. 이 때문에 이런 방식을 모델을 절단(truncating)한다고 말한다. 이 그림은 이해하기 쉽도록 몇 개의 층을 가진 모델을 사용한다. 코드 5-3은 이 그림에 있는 것보다 훨씬 많은 층(87개)을 가진 모델을 다룬다.

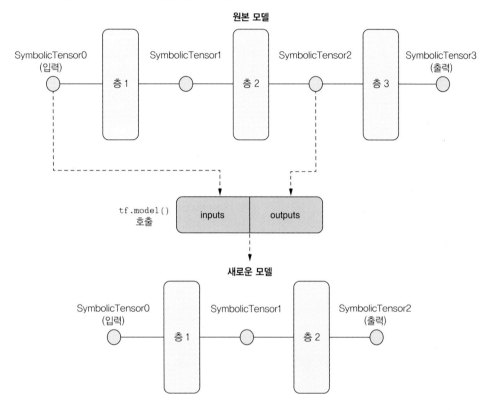

## 임베딩 기반의 전이 학습

헤드가 없는 MobileNet의 출력은 원본 MobileNet에 있는 중간 층의 활성화 출력입니다.[12] 하지만 MobileNet의 중간 층 활성화를 어떻게 사용할까요? 네 개의 검은 사각형을 클릭하고 누르고 있는 이벤트를 다루는 함수에 답이 있습니다(코드 5-4). 입력 이미지가 (capture() 메서드를 통해) 웹캠에서 전달될 때마다 헤드가 없는 MobileNet의 predict() 메서드를 호출하고 나중에 전이 학습에 사용하기 위해 그 결과를 controllerDataset 객체에 저장합니다.

---

12 TensorFlow.js 모델에서 중간 층의 활성화 출력을 구하는 방법은 자주 나오는 질문입니다. 여기에 소개된 방법을 참고하세요. 역주 활성화 또는 활성화 출력은 활성화 함수의 출력을 의미합니다.

헤드가 없는 MobileNet의 출력을 어떻게 해석하나요? 각 이미지 입력마다 출력은 [1, 7, 7, 256] 크기의 텐서입니다. 이 텐서는 분류 문제를 위한 확률 값이나 회귀 문제를 위한 예측 값이 아닙니다. 이 값은 어떤 고차원 공간에 있는 입력 이미지의 한 표현입니다. 이 공간은 7 × 7 × 256 또는 약 12,500개의 차원을 가집니다. 이 공간이 많은 차원을 가지고 있지만, 원본 이미지보다는 차원이 적습니다. 원본 이미지는 224 × 224 크기이고 세 개의 컬러 채널이 있으므로 224 × 224 × 3 ≈ 150k 차원이 됩니다. 따라서 헤드가 없는 MobileNet의 출력은 이미지에 대한 효율적인 표현으로 볼 수 있습니다. 이런 종류의 입력의 저차원 표현을 종종 임베딩(embedding)이라고 부릅니다. 이 전이 학습 예제는 웹캠에서 수집한 네 개 이미지 세트의 임베딩을 기반으로 합니다.

---

**코드 5-4** 헤드가 없는 MobileNet을 사용해 이미지 임베딩을 얻기

```
ui.setExampleHandler(label => {
  tf.tidy(() => {        tf.tidy()를 사용해 img 같은 중간 텐서를 정리합니다. 브라우저에서 TensorFlow.js의
    const img = webcam.capture();   메모리 관리를 위한 튜토리얼인 부록 C의 C.3절을 참조하세요.
    controllerDataset.addExample(
      truncatedMobileNet.predict(img),   입력 이미지에 대한 MobileNet의 중간 활성화를 얻습니다.
      label);

    ui.drawThumb(img, label);
  });
});
```

---

이제 웹캠 이미지의 임베딩을 얻는 방법을 준비했습니다. 이를 사용해서 어떻게 주어진 이미지에 해당하는 방향을 예측할까요? 이를 위해서는 임베딩을 입력으로 받고 네 개의 방향 클래스에 대한 확률 값을 출력하는 새로운 모델이 필요합니다. 다음 코드는 이런 모델을 만듭니다(index.js에서 발췌).

---

**코드 5-5** 이미지 임베딩을 사용해 컨트롤러의 방향을 예측하기

```
model = tf.sequential({
  layers: [
    tf.layers.flatten({
      inputShape: truncatedMobileNet.outputs[0].shape.slice(1)
    }),
```

헤드가 없는 MobileNet에서 얻은 [7, 7, 256] 크기 임베딩을 펼칩니다. 출력 크기에는 배치 차원이 들어가지만 이 층의 inputShape 매개변수에는 배치 차원을 지정하지 않기 때문에 slice(1) 연산으로 첫 번째 (배치) 차원을 버립니다.[13] 임베딩을 펼치고 나면 밀집 층에 사용할 수 있습니다.

---

13 **역주** slice() 메서드의 첫 번째 매개변수는 시작 인덱스이고 두 번째 매개변수는 추출할 크기입니다. 두 번째 매개변수를 지정하지 않으면 시작 인덱스부터 마지막 원소까지 추출합니다.

```
    tf.layers.dense({
      units: ui.getDenseUnits(),
      activation: 'relu',                      ┐  비선형 (렐루) 활성화 함수를 사용하는
      kernelInitializer: 'varianceScaling',    ┆  첫 번째 (은닉) 밀집 층
      useBias: true
    }),
    tf.layers.dense({
      units: NUM_CLASSES,
      kernelInitializer: 'varianceScaling',    ┐  마지막 층의 유닛 개수는 예측하려는
      useBias: false,                          ┆  클래스 개수가 되어야 합니다.
      activation: 'softmax'
    })
  ]
});
```

헤드가 없는 MobileNet과 비교하면 코드 5-5에서 만든 새로운 모델은 매우 크기가 작습니다. 이 모델은 세 개의 층으로 이루어져 있습니다.

- 입력 층은 flatten 층입니다. 이 층은 헤드가 없는 MobileNet에서 출력한 3D 임베딩을 1D 텐서로 바꾸어 이어지는 밀집 층에서 받을 수 있게 합니다. 4장의 MNIST 합성곱 신경망에서 비슷하게 flatten 층을 사용했습니다. inputShape 매개변수는 (배치 차원을 제외한) 헤드가 없는 MobileNet의 출력 크기로 지정합니다. 헤드가 없는 MobileNet이 출력한 임베딩을 새로운 모델에 주입하기 때문입니다.

- 두 번째 층은 은닉층입니다. 모델의 입력층이나 출력층이 아니기 때문에 숨겨져 있는 층입니다. 모델의 용량을 증가시키기 위해 다른 층 사이에 들어가 있습니다. 3장에서 보았던 MLP와 매우 비슷합니다. 이 층은 렐루 활성화 함수를 사용한 밀집 층입니다. 3장의 **비선형 함수를 사용하지 않고 층을 쌓는 실수 피하기** 절에서 이런 은닉층에 비선형 활성화 함수를 사용하는 것이 중요하다는 점을 설명했습니다.

- 세 번째 층은 새로운 모델의 마지막 (출력) 층입니다. 이 층은 주어진 다중 분류 문제(즉, 팩맨의 각 방향에 해당하는 네 개의 클래스를 분류합니다)에 적합한 소프트맥스 활성화 함수를 사용합니다.

따라서 MobileNet의 특성 추출 층 위에 MLP를 만들었습니다. MLP를 MobileNet의 새로운 헤드로 볼 수 있습니다. 다만 여기서는 특성 추출기(헤드가 없는 MobileNet)와 MLP가 두 개의 별개 모델입니다(그림 5-8 참조). 두 개의 모델이 있기 때문에 ([numExamples, 224, 224, 3] 크기의) 이미지 텐서를 사용해 새로운 헤드(MLP)를 바로 훈련할 수 없습니다. 대신 새로운 헤드를 헤

드가 없는 MobileNet의 출력인 이미지의 임베딩에서 훈련시킵니다. 다행히 이런 임베딩 텐서를 미리 수집해 놓았습니다(코드 5-4). 새로운 헤드를 훈련하려면 임베딩 텐서로 fit() 메서드를 호출하기만 하면 됩니다. index.js의 train() 함수 안에 있는 코드는 간단하므로 여기서 더 자세히 설명하지 않겠습니다.

❤ 그림 5-8 webcam-transfer-learning 예제를 위한 전이 학습 알고리즘

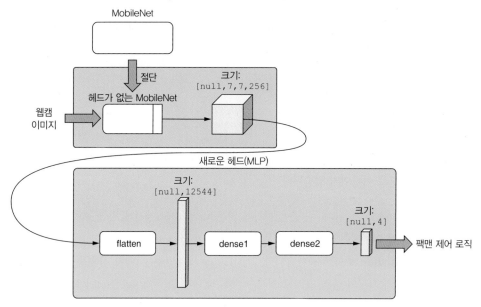

전이 학습이 끝나면 헤드가 없는 모델과 새로운 헤드를 함께 사용해 웹캠에서 받은 입력 이미지에 대한 확률 점수를 계산합니다. 코드 5-6에 있는 이 코드는 index.js의 predict() 함수에서 찾을 수 있습니다. 두 개의 predict() 메서드가 호출됩니다. 첫 번째 호출은 헤드가 없는 MobileNet을 사용해 이미지 텐서를 임베딩으로 바꿉니다. 두 번째는 전이 학습으로 훈련된 새로운 헤드를 사용해 임베딩을 네 개의 방향에 해당하는 확률 점수로 변환합니다. 코드 5-6에 나오는 이후 코드는 네 방향 중에서 가장 높은 확률 값을 가진 인덱스를 찾고, 이를 사용해 팩맨을 조정하고, 화면 상태를 업데이트합니다. 이전 예제와 마찬가지로 이 예제의 화면 구성 부분은 다루지 않습니다. 이는 머신 러닝 알고리즘을 배우는 데 중요하지 않기 때문입니다. 원한다면 다음 코드를 사용해 UI 코드를 연구하고 실험해 볼 수 있습니다.

```
async function predict() {
  ui.isPredicting();
  while (isPredicting) {
    const predictedClass = tf.tidy(() => {
      const img = webcam.capture();     ------ 웹캠에서 한 프레임을 캡처합니다.
      const embedding = truncatedMobileNet.predict( ···
          img);                         ⌐---truncatedMobileNet으로 임베딩을 계산합니다.
                                        새로운 헤드 모델을 사용해 임베딩을
      const predictions = model.predict(activation); ----- 네 방향의 확률 점수로 변환합니다.
      return predictions.as1D().argMax(); ------ 가장 높은 확률 점수의 인덱스를 추출합니다.
    });
    const classId = (await predictedClass.data())[0]; ----- 인덱스를 GPU에서 CPU로 내려받습니다.
    predictedClass.dispose();
    ui.predictClass(classId); ············ ⌐
    await tf.nextFrame();     해당 인덱스로 UI를 업데이트합니다. 즉, 팩맨
  }                          을 움직이고 컨트롤러의 해당 버튼을 강조하는
  ui.donePredicting();        일과 같이 다른 UI 상태를 업데이트합니다.
}
```

지금까지 webcam-transfer-learning 예제에서 전이 학습 알고리즘에 관련된 부분을 설명했습니다. 이 예제에서 사용한 방법 중 흥미로운 점은 두 개의 별개 모델을 사용해 훈련과 추론 과정을 수행했다는 것입니다. 이는 사전 훈련된 모델의 중간 층에서 어떻게 임베딩을 얻는지 설명하는 교육적 목적에 잘 맞습니다. 이 방식의 또 다른 장점은 임베딩을 따로 계산하기 때문에 이를 사용해 머신 러닝 기법을 적용하기 쉽다는 것입니다. 이런 기법의 하나로 k-최근접 이웃(k-Nearest Neighbor, kNN)이 있습니다(INFO BOX 5.2 참조). 하지만 임베딩을 따로 얻는 것은 다음과 같은 이유로 단점으로 볼 수도 있습니다.

- 조금 더 코드가 복잡해집니다. 예를 들어 하나의 이미지에 대한 추론을 수행하기 위해 두 개의 predict()를 호출해야 합니다.

- 나중에 사용하기 위해 모델을 저장하거나 TensorFlow.js 라이브러리가 아닌 다른 라이브러리로 모델을 변환한다고 가정해 보죠. 헤드가 없는 모델과 새로운 헤드 모델을 두 개의 파일로 각각 저장해야 합니다.

- 일부 특별한 경우에 전이 학습이 베이스 모델의 특정 부분에 역전파를 수행합니다(예를 들어 헤드가 없는 MobileNet의 처음 몇 개 층). 이는 베이스 모델과 헤드가 별개의 객체일 경우 불가능합니다.

다음 절에서는 이런 단점을 극복할 수 있도록 전이 학습을 위해 하나의 모델 객체를 만드는 방법을 소개하겠습니다. 원본 포맷의 입력 데이터를 최종 출력으로 변환한다는 점에서 엔드-투-엔드 (end-to-end) 모델이 됩니다.

---

**INFO BOX 5.2** ☰ | 임베딩 기반의 k-최근접 이웃 분류

머신 러닝에는 분류 문제를 풀기 위한 신경망 이외의 다른 방법이 있습니다. 가장 유명한 것 중 하나는 k-최근접 이웃 (kNN) 알고리즘입니다. 신경망과 달리 kNN 알고리즘은 훈련 단계가 없으며 쉽게 이해할 수 있습니다.

kNN 알고리즘의 작동 방식을 다음과 같이 설명할 수 있습니다.

1. 양의 정수 $k$를 선택합니다(예를 들면 3).
2. 진짜 클래스로 레이블된 참조 샘플을 모읍니다. 일반적으로 수집한 참조 샘플의 개수는 $k$보다 적어도 몇 배 큽니다. 각 샘플은 실수 배열 또는 벡터로 표현됩니다. 이 단계는 신경망에서 훈련 샘플을 수집하는 것과 비슷합니다.
3. 새로운 입력의 클래스를 예측하기 위해 새로운 입력의 벡터 표현과 다른 모든 참조 샘플의 벡터 표현 사이의 거리를 계산합니다. 그다음, 이 거리를 크기대로 정렬합니다. 이렇게 하면 벡터 공간상에서 입력에 가장 가까운 $k$개의 참조 샘플을 찾을 수 있습니다. 이 샘플을 입력의 '$k$ 최근접 이웃'이라고 부릅니다(알고리즘의 이름과 같습니다).
4. $k$ 최근접 이웃의 클래스를 보고 가장 많은 클래스를 입력에 대한 예측으로 사용합니다. 다른 말로 하면, $k$ 최근접 이웃이 예측 클래스에 대해 투표합니다.

이 알고리즘의 예가 다음 그림에 나와 있습니다.

♥ 그림 5-9 2D 임베딩 공간에 있는 kNN 분류의 예. 이 예는 $k = 3$이고 두 개의 클래스(삼각형과 원)가 있다. 삼각형 클래스의 참조 샘플은 다섯 개이고 원 클래스의 참조 샘플은 일곱 개다. 입력 샘플은 사각형이다. 입력에 대한 세 개의 최근접 이웃을 둘 사이를 연결하는 선분으로 표시했다. 세 개의 최근접 이웃 중에 두 개가 원이므로 이 입력 샘플의 예측 클래스는 원이 된다.

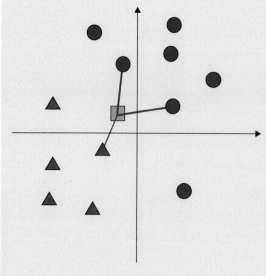

◯ 계속

이전 설명에서 볼 수 있듯이 kNN 알고리즘의 핵심 필수 요소 중 하나는 모든 입력 샘플이 벡터로 표현되어야 한다는 것입니다. 헤드가 없는 MobileNet에서 얻은 것 같은 임베딩이 두 가지 이유로 이런 벡터 표현의 좋은 후보입니다. 첫째, 원본 입력에 비해 저차원인 경우가 많고, 따라서 거리 계산을 위해 필요한 저장 공간과 계산량이 줄어듭니다. 둘째, 대규모 분류 데이터셋에서 훈련되었기 때문에 이 임베딩은 일반적으로 입력에 있는 (그림 4-6에서 보듯이 이미지에 있는 중요한 기하학적 특징 같은) 중요한 특성을 잡아내고 (밝기나 크기 같은) 덜 중요한 특성을 무시합니다. 일부 경우에는 원래 숫자로 표현되지 않았던 것에 대해서도 임베딩이 벡터 표현을 제공합니다(예를 들면 9장에서 볼 단어 임베딩).

신경망에 비해 kNN은 어떤 훈련도 필요하지 않습니다. 참조 샘플의 개수가 너무 크지 않고 입력의 차원이 너무 높지 않은 경우에 신경망을 훈련하고 추론을 위해 실행하는 것보다 kNN이 계산 측면에서 더 효율적일 수 있습니다.

하지만 kNN 추론은 많은 양의 데이터로 잘 확장되지 않습니다. 특히 $N$개의 추론 샘플이 있을 때 kNN 분류기는 모든 입력에 대한 예측을 만들기 위해 $N$개의 거리를 계산해야 합니다.[14] $N$이 커지면 계산의 양이 매우 커질 수 있습니다. 반대로 신경망의 추론은 훈련 데이터의 양에 따라 변하지 않습니다. 신경망이 훈련되고 나면 얼마나 많은 훈련 샘플이 있었는지 상관하지 않습니다. 신경망이 수행하는 정방향 계산의 양은 신경망 토폴로지에 대한 함수일 뿐입니다.

애플리케이션에 kNN을 사용하고 싶다면 TensorFlow.js를 기반으로 구축한 WebGL 가속 kNN 라이브러리를 참고하세요(http://mng.bz/2Jp8).

### 5.1.3 미세 튜닝을 통해 전이 학습을 최대로 활용하기: 오디오 예제

이전 절에 있는 전이 학습의 예는 시각적인 입력을 다루었습니다. 이 예제에서는 스펙트로그램 이미지로 표현된 오디오 데이터를 다루는 전이 학습 예를 살펴보겠습니다. 4.4절에서 (독립된 짧은 단어로 이루어진) 음성 명령을 인식하기 위한 합성곱 신경망을 소개했습니다. 여기서 만든 음성 명령 인식기는 ('one', 'two', 'up', 'down' 같은) 18개의 단어를 인식할 수 있었습니다. 다른 단어를 인식하도록 모델을 훈련하려면 어떻게 해야 할까요? 이 애플리케이션은 사용자에게 'red', 'blue'나 사용자가 스스로 선택한 단어를 말하도록 요청해야 합니다. 아니면 이 애플리케이션이 비영어권의 사용자를 위한 것일 수 있습니다. 이는 전이 학습의 전형적인 사례입니다. 작은 양의 데이터로 밑바닥부터 모델을 훈련할 수 있지만, 사전 훈련된 모델을 베이스 모델로 사용하면 적은 양의 컴퓨팅 자원과 시간을 쓰고도 높은 정확도를 달성할 수 있습니다.

---

14  하지만 kNN보다 빠르고 확장성이 좋은 kNN을 근사하는 알고리즘이 연구되고 있습니다. Gal Yona, "Fast Near-Duplicate Image Search Using Locality Sensitive Hashing," Towards Data Science, 5 May 2018, http://mng.bz/1wm1.

## 음성 명령 예제에서 전이 학습 수행하기

이 예에서 전이 학습 작동 방식을 설명하기 전에 UI를 통해 전이 학습 특징을 사용하는 방법에 익숙해지는 것이 좋습니다. UI를 사용하려면 컴퓨터에 오디오 입력 장치(마이크)가 있어야 하고 시스템 설정에서 오디오 입력 볼륨 값이 0이 아니어야 합니다. 데모 코드를 내려받아 실행합니다.[15]

```
> git clone https://github.com/tensorflow/tfjs-models.git
> cd tfjs-models/speech-commands
> yarn && yarn publish-local
> cd demo
> yarn && yarn link-local && yarn watch
```

UI가 시작되면 브라우저가 요청한 마이크에 접근 권한을 허락합니다. 그림 5-10은 이 데모의 스크린샷입니다. 데모 페이지가 시작되면 자동으로 사전 훈련된 음성 명령 모델을 tf.load LayersModel() 메서드를 사용해 인터넷에서 로드합니다. 모델이 로드된 후에 **Start**와 **Enter Transfer Words** 버튼이 활성화될 것입니다. **Start** 버튼을 클릭하면, 이 데모는 (화면에 출력된 것처럼) 18개의 기본 단어를 연속적으로 감지하는 추론 모드로 들어갑니다. 단어가 감지될 때마다 해당 단어 박스가 화면에 켜집니다. 하지만 **Enter Transfer Words** 버튼을 클릭하면 화면에 여러 개의 추가 버튼이 나타납니다. 이 버튼은 오른쪽 텍스트 입력 상자에 들어 있는 쉼표로 분리된 단어로 만들어집니다. 기본 단어는 'noise', 'red', 'green'입니다. 전이 학습 모델이 인식하기 위해 훈련될 단어입니다. 하지만 다른 단어로 전이 학습 모델을 훈련하고 싶다면 입력 상자에 있는 내용을 마음껏 수정해도 괜찮습니다. 다만 'noise' 항목은 유지해야 합니다. 'noise'는 배경 잡음 샘플을 수집하기 위한 특별한 항목입니다. 즉, 입력 상자에 있는 음성이 아닌 샘플입니다. 이를 통해 전이 학습 모델은 침묵(배경 잡음)에서 단어를 말하는 순간을 감지할 수 있습니다. 이 버튼을 클릭하면, 데모가 마이크로부터 1초짜리 오디오 클립을 기록하고 버튼 옆에 스펙트로그램을 출력합니다. 단어 버튼에 있는 숫자는 해당 단어를 위해 수집한 샘플의 개수입니다.

---

15 **역주** 이 예제의 온라인 데모는 https://bit.ly/3iNaI1J에서 볼 수 있습니다.

▼ 그림 5-10 음성 명령 데모의 전이 학습 특성에 대한 스크린샷. 여기에서는 사용자가 전이 학습을 위해 일련의 단어를 입력했다. 꼭 필요한 'noise' 항목과 'feel', 'seal', 'veal', 'zeal'이다. 또한, 사용자는 각 단어와 잡음 항목에 대해 20개씩 샘플을 수집했다.

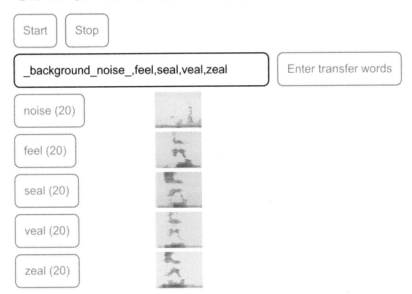

머신 러닝 문제의 일반적인 경우와 마찬가지로 (시간과 자원이 허락하는 한) 더 많은 데이터를 수집할수록 더 훈련이 잘된 모델이 만들어집니다. 이 앱은 각 단어마다 적어도 여덟 개의 샘플이 필요합니다. 직접 사운드 샘플을 만들 수 없다면 http://mng.bz/POGY에서 미리 만들어 놓은 데이터셋을 내려받을 수 있습니다(파일 사이즈 9MB). 그다음, 화면의 **Dataset IO** 섹션에 있는 **Upload** 버튼을 사용해 업로드하세요.

파일을 업로드하거나 직접 샘플을 모아서 데이터셋이 준비되면 **Start Transfer Learning** 버튼이 활성화됩니다. 이 버튼을 클릭하면 전이 학습 모델의 훈련을 시작할 수 있습니다. 이 앱은 수집된 오디오 스펙트로그램을 3:1로 나눕니다. 랜덤하게 선택된 75%를 훈련에 사용하고 남은 25%를 검증에 사용합니다.[16] 전이 학습이 일어날 때 훈련 세트와 검증 세트의 손실과 정확도 값이 출력됩니다. 훈련이 완료된 후 **Start** 버튼을 눌러 전이 학습한 단어를 연속적으로 인식할 수 있습니다. 이 과정에서 전이 학습 모델의 정확도를 경험적으로 평가할 수 있습니다.

다른 단어들을 실험하고 전이 학습을 수행한 후 정확도에 어떻게 영향을 미치는지 확인해 보세요. 기본 단어 집합인 'red'와 'green'은 음소론 측면에서 서로 구분이 매우 잘됩니다. 예를 들어 시작 자음 'r'과 'g'는 소리가 크게 다릅니다. 모음도 매우 구분이 잘됩니다('e'와 'ee'). 마지막 자

---

16 이 데모가 단어마다 최소한 여덟 개의 샘플을 수집해야 하는 이유입니다. 이보다 단어가 적으면 검증 세트에 들어갈 단어당 샘플 개수가 작아 집니다. 이는 안정적이지 않은 손실과 정확도 추정을 만들 수 있습니다.

음도 마찬가지입니다('d'와 'n'). 따라서 단어별로 수집한 샘플 개수가 너무 작지 않다면(즉, 여덟 개보다 크거나 같으면), 전이 학습이 끝나면 거의 완벽한 검증 정확도를 얻게 됩니다. 그리고 (과소적합 때문에) 너무 작은 에포크나 (과대적합(8장 참조) 때문에) 너무 큰 에포크를 사용해서는 안 됩니다.

모델에게 조금 더 어려운 전이 학습 작업이 되려면 1) 혼동하기 쉬운 단어와 2) 많은 어휘로 구성된 데이터셋을 사용해야 합니다. 그림 5-10의 스크린샷이 이런 작업을 나타냅니다. 네 개의 단어 'feel', 'seal', 'veal', 'zeal'은 서로 소리가 비슷합니다. 이 단어들은 모음과 마지막 자음이 동일합니다. 또 시작 자음 네 개도 소리가 비슷합니다. 주의를 기울이지 않거나 통화 상태가 좋지 않다면 사람도 혼동할 수 있습니다. 오른쪽 아래에 있는 정확도 곡선을 보면 90% 이상의 정확도에 도달하는 것이 쉽지 않음을 알 수 있습니다. 전이 학습의 초기 단계는 전이 학습의 한 기법인 **미세 튜닝**(fine tuning)의 추가 단계로 보완되어야 합니다.

## 전이 학습의 미세 튜닝 자세히 알아보기

미세 튜닝은 전이 학습 모델의 새로운 헤드를 훈련하는 것보다 더 높은 정확도를 달성하도록 돕는 기술입니다. 이 절에서 미세 튜닝이 어떻게 동작하는지 매우 자세히 설명하겠습니다. 몇 가지 이해해야 할 기술적인 사항이 있습니다. 하지만 전이 학습과 이와 관련된 TensorFlow.js 구현을 심도 있게 이해하는 일은 그만한 가치가 있습니다.

### 전이 학습을 위한 단일 모델 구성하기

먼저 음성 전이 학습 앱이 전이 학습 모델을 어떻게 만드는지 이해해야 합니다. 코드 5-7 (speech-commands/src/browser_ fft_recognizer.ts에서 발췌)은 베이스 음성 명령 모델을 사용해 새로운 모델을 만듭니다(4.4.1절에서 배운 내용입니다). 베이스 모델의 끝에서 두 번째 밀집 층을 찾고 이 층의 출력 심볼릭 텐서를 얻습니다(truncatedBaseOutput). 그다음에는 하나의 밀집 층만 있는 새로운 모델 헤드를 만듭니다. 새로운 헤드의 입력 크기는 truncatedBaseOutput 심볼릭 텐서의 크기와 같아야 합니다. 출력 크기는 전이 학습 데이터셋에 있는 단어 개수와 같아야 합니다(그림 5-10의 경우 다섯 개). 이 밀집 층은 다중 분류 작업에 맞는 소프트맥스 활성화 함수를 사용합니다. (책에 있는 대부분의 다른 코드와 달리 다음 코드는 타입스크립트(TypeScript)로 쓰여 있습니다. 타입스크립트에 익숙하지 않다면 void, tf.SymbolicTensor 같은 타입 표기를 무시하세요.)

```
private createTransferModelFromBaseModel(): void {
  const layers = this.baseModel.layers;
  let layerIndex = layers.length - 2;
  while (layerIndex >= 0) {
    if (layers[layerIndex].getClassName().toLowerCase() === 'dense') {
      break;
    }
    layerIndex--;
  }
  if (layerIndex < 0) {
    throw new Error('Cannot find a hidden dense layer in the base model.');
  }
  this.secondLastBaseDenseLayer =
      layers[layerIndex];
  const truncatedBaseOutput = layers[layerIndex].output as
      tf.SymbolicTensor;

  this.transferHead = tf.layers.dense({
    units: this.words.length,
    activation: 'softmax',
    inputShape: truncatedBaseOutput.shape.slice(1)
  }));
  const transferOutput =
      this.transferHead.apply(truncatedBaseOutput) as tf.SymbolicTensor;
  this.model =
      tf.model({inputs: this.baseModel.inputs, outputs: transferOutput});
}
```

베이스 모델에서 끝에서 두 번째 밀집 층을 찾습니다.

이 층은 나중에 미세 튜닝할 때 동결되지 않습니다(코드 5-8 참조).

심볼릭 텐서를 구합니다.

모델의 새로운 헤드를 만듭니다.

새로운 헤드를 베이스 모델의 출력에 적용하여 새로운 모델의 최종 출력을 심볼릭 텐서로 얻습니다.

tf.model() API를 사용해 전이 학습을 위한 새로운 모델을 만듭니다. 원본 모델의 입력이 입력이 되고 새로운 심볼릭 텐서가 출력이 됩니다.

새로운 헤드는 새로운 방식으로 사용됩니다. truncatedBaseOutput 심볼릭 텐서를 입력으로 사용해 apply() 메서드를 호출합니다. apply()는 TensorFlow.js의 모든 층과 모델 객체에 있는 메서드입니다. apply() 메서드가 무슨 일을 할까요? 이름에서 알 수 있듯이 입력에 새로운 헤드를 적용하고 출력을 반환합니다. 여기서 중요한 사항은 다음과 같습니다.

- 입력과 출력은 모두 심볼릭입니다. 즉, 실제 텐서 값을 담을 플레이스 홀더입니다.

- 그림 5-11에서 이를 그림으로 보여 줍니다. 심볼릭 입력(truncatedBaseOutput)은 독립된 객체가 아니고 베이스 모델의 끝에서 두 번째 밀집 층의 출력입니다. 이 밀집 층은 다

---

17 이 코드는 1) 재사용 가능한 @tensorflow-models/speech-commands 라이브러리의 일부분이기 때문에 타입스크립트로 쓰여 있습니다. 2) 간단하게 보기 위해 에러를 체크하는 코드는 삭제했습니다.

른 층으로부터 입력을 받고 이 층은 그 위의 층으로부터 입력을 받는 식입니다. 따라서 truncatedBaseOutput은 베이스 모델의 입력과 끝에서 두 번째 층의 출력 사이에 있는 서브그래프를 가지고 있습니다. 다른 말로 하면, 끝에서 두 번째 밀집 층 이후의 부분을 뺀 베이스 모델의 전체 그래프에 해당합니다. 결과적으로 apply() 호출의 출력은 이 서브그래프와 새로운 밀집 층을 이은 그래프를 구성합니다. 이 출력과 원본 입력이 함께 tf.model() 함수에 사용되어 새로운 모델을 만듭니다. 새로운 모델은 헤드가 새로운 밀집 층으로 바뀐 것을 제외하면 베이스 모델과 같습니다(그림 5-11의 아래쪽 그림 참조).

▼ 그림 5-11 전이 학습을 위해 새로운 엔드-투-엔드 모델을 만드는 방식을 보여 주는 그림. 이 그림은 코드 5-7과 함께 봐야 한다. 코드 5-7의 변수에 해당하는 요소는 고정폭 폰트로 쓰여 있다. 단계 1: 원본 모델의 끝에서 두 번째 밀집 층의 심볼릭 출력 텐서를 얻는다(굵은 화살표로 표시되어 있다). 이 텐서는 나중에 단계 3에서 사용된다. 단계 2: 하나의 출력 밀집 층으로 구성된 새로운 헤드를 만든다. 단계 3: 단계 1에서 구한 심볼릭 텐서를 입력으로 사용해 새로운 헤드의 apply() 메서드를 호출한다. 이 호출이 입력을 새로운 헤드와 단계 1의 헤드가 없는 베이스 모델에 연결시킨다. 단계 4: tf.model() 함수를 호출할 때 원본 모델의 입력 심볼릭 텐서와 apply() 메서드 호출의 반환값을 연결한다. 이 호출은 원본 모델의 첫 번째 층부터 끝에서 두 번째 층까지 모든 층과 새로운 헤드에 있는 밀집 층을 포함한 새로운 모델을 반환한다. 결과적으로 원본 모델의 헤드를 새로운 헤드로 바꾸어 전이 학습 데이터에서 훈련하기 위한 후속 단계를 준비한다. 간단하게 그리기 위해 실제 음성 명령 모델의 일부(일곱 개) 층은 이 그림에서 빠져 있다. 이 그림에서 색칠된 층은 훈련되는 층이고 흰색 층은 훈련되지 않는 층이다.

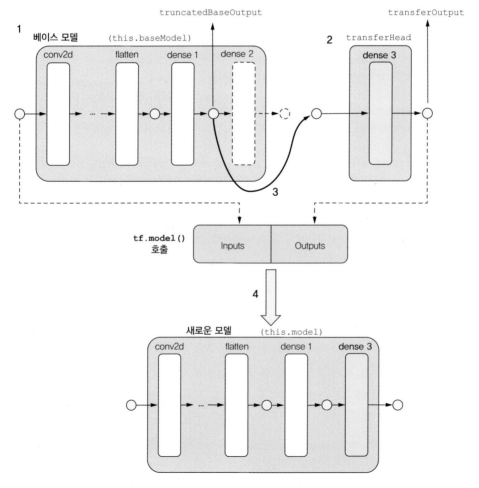

이 방법은 5.1.2절의 모델 결합 방법과 다릅니다. 그때는 헤드가 없는 베이스 모델과 새로운 헤드 모델을 별개의 모델 객체로 만들었습니다. 그 결과 각 입력 샘플에 대해 추론을 수행하면 두 개의 predict() 호출이 관여됩니다. 여기에서는 새로운 모델이 기대하는 입력이 베이스 모델이 기대하는 오디오 스펙트로그램 텐서와 같습니다. 동시에 새로운 모델은 새로운 단어에 대한 확률 점수를 직접 출력합니다. 모든 추론은 딱 한 번의 predict() 호출이 일어나며, 따라서 조금 더 간소화된 프로세스입니다. 하나의 모델이 모든 층을 담고 있기 때문에 이 방법은 애플리케이션에 중요한 또 다른 장점을 제공합니다. 새로운 단어를 인식하는 데 필요한 모든 층에 역전파를 수행할 수 있고, 이로 인해 미세 튜닝 트릭을 수행할 수 있습니다. 다음 절에서 이에 대해 살펴보겠습니다.

### 층 동결을 해제하여 미세 튜닝하기

미세 튜닝은 전이 학습에서 모델 훈련의 초기 단계에 이은 선택적인 단계입니다. 초기 단계에서 베이스 모델의 모든 층이 동결되었습니다(trainable 속성이 false로 설정되었습니다). 따라서 가중치 업데이트는 헤드 층에서만 일어납니다. 이 장의 서두에 있는 mnist-transfer-cnn과 webcam-transfer-learning 예제에서 이런 종류의 훈련을 보았습니다. 미세 튜닝하는 동안 베이스 모델의 일부 층을 동결 해제합니다(trainable 속성을 true로 설정합니다). 그다음, 모델을 전이 학습 데이터에서 다시 훈련합니다. 그림 5-11에 층의 동결을 해제하는 과정이 나타나 있습니다. 코드 5-8(speech-commands/src/browser_fft_recognizer.ts에서 발췌)은 음성 명령 예제를 위해 이런 과정을 TensorFlow.js에서 어떻게 구현하는지 보여 줍니다.

▼ 그림 5-12 코드 5-8에서 구현된 전이 학습의 초기 단계(패널 A)와 미세 튜닝(패널 B) 단계에서 동결 층과 동결되지 않은(즉, 훈련 가능한) 층. dense1이 dense3 바로 뒤에 오는 이유는 (베이스 모델의 원래 출력인) dense2가 전이 학습 첫 번째 단계에서 삭제되었기 때문이다(그림 5-11 참조).

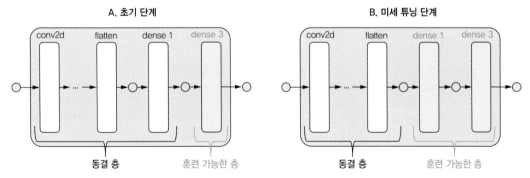

```
async train(config?: TransferLearnConfig):
    Promise<tf.History|[tf.History, tf.History]> {
  if (config == null) {
    config = {};
  }
  if (this.model == null) {
    this.createTransferModelFromBaseModel();
  }
  this.secondLastBaseDenseLayer.trainable = false;
  this.model.compile({
    loss: 'categoricalCrossentropy',
    optimizer: config.optimizer || 'sgd',
    metrics: ['acc']
  });
  const {xs, ys} = this.collectTransferDataAsTensors();
  let trainXs: tf.Tensor;
  let trainYs: tf.Tensor;
  let valData: [tf.Tensor, tf.Tensor];
  try {
    if (config.validationSplit != null) {
      const splits = balancedTrainValSplit(
          xs, ys, config.validationSplit);
      trainXs = splits.trainXs;
      trainYs = splits.trainYs;
      valData = [splits.valXs, splits.valYs];
    } else {
      trainXs = xs;
      trainYs = ys;
    }

    const history = await this.model.fit(trainXs, trainYs, {
      epochs: config.epochs == null ? 20 : config.epochs,
      validationData: valData,
      batchSize: config.batchSize,
      callbacks: config.callback == null ? null : [config.callback]
    });
    if (config.fineTuningEpochs != null && config.fineTuningEpochs > 0) {
      this.secondLastBaseDenseLayer.trainable =
          true;
```

나중에 미세 튜닝할 층을 포함해 헤드가 없는 베이스 모델의 모든 층을 전이 학습 초기 단계에 동결합니다.

초기 전이 학습을 위해 모델을 컴파일합니다.

validationSplit가 지정되면 전이 학습 데이터를 클래스 비율이 동일하도록 훈련 세트와 검증 세트로 나눕니다.

초기 전이 학습을 위해 Model.fit()을 호출합니다.

미세 튜닝을 위해 베이스 모델에서 끝에서 두 번째 밀집 층(헤드가 없는 베이스 모델의 마지막 층)을 동결 해제합니다.

---

18 일부 에러 체크 코드는 알고리즘의 핵심 부분이 아니므로 삭제했습니다.

```
        const fineTuningOptimizer: string|tf.Optimizer =
            config.fineTuningOptimizer == null ? 'sgd' :
                                    config.fineTuningOptimizer;

      this.model.compile({
        loss: 'categoricalCrossentropy',
        optimizer: fineTuningOptimizer,          층을 동결 해제한 후 모델을 다시 컴파일합니다(그렇지 않으면
        metrics: ['acc']                         동결 해제가 영향을 미치지 않습니다).
      });
      const fineTuningHistory = await this.model.fit(trainXs, trainYs, {
        epochs: config.fineTuningEpochs,
        validationData: valData,
        batchSize: config.batchSize,                     미세 튜닝을
        callbacks: config.fineTuningCallback == null ?   위해 Model.
                                                         fit()을 호출합
            null :                                       니다.
            [config.fineTuningCallback]
      });
      return [history, fineTuningHistory];
    } else {
      return history;
    }
  } finally {
    tf.dispose([xs, ys, trainXs, trainYs, valData]);
  }
}
```

코드 5-8에서 중요하게 언급할 몇 가지 내용은 다음과 같습니다.

- trainable 속성을 바꾸어 층을 동결하거나 동결 해제할 때마다 효력을 발휘하려면 모델의 compile( ) 메서드를 다시 호출해야 합니다. 이에 대한 내용은 5.1.1절에 있는 MNIST 전이 학습 예제에 대해 이야기할 때 이미 다루었습니다.

- 검증을 위해 훈련 데이터의 일부분을 따로 떼어 놓습니다. 이렇게 하면 검증 데이터의 손실과 정확도가 역전파 과정 동안에 본 적이 없는 입력에 대해 모델이 얼마나 잘 동작하는지를 반영합니다. 하지만 검증을 위해 수집된 데이터의 일부분을 덜어 놓는 방법이 이전과 다르기 때문에 주의가 필요합니다. MNIST 합성곱 예제(4장의 코드 4-2)에서는 Model. fit( ) 메서드에 validationSplit 매개변수를 사용해 검증용으로 데이터의 마지막 15~20%를 떼어 놓았습니다. 동일한 방법이 여기서는 맞지 않습니다. 왜일까요? 이전 예제의 데이터 크기와 달리 이 예제의 훈련 세트는 매우 작기 때문입니다. 결과적으로, 검증용으로 마지막 몇 개의 샘플을 그냥 분할하면 검증 세트에 일부 단어가 충분히 포함되지 못하는 경우가 발생합니다. 예를 들어 네 개의 단어 'feel', 'seal', 'veal', 'zeal'에 대해 각각 여덟 개

의 샘플을 수집했다고 가정해 보죠. 그다음, 32개 샘플의 25%(여덟 개)를 검증을 위해 선택합니다. 평균적으로 검증 세트에 단어마다 두 개의 샘플만이 들어갈 것입니다. 랜덤하게 뽑기 때문에 일부 단어의 샘플은 검증 세트에 하나만 들어갈 수 있습니다. 어떤 단어는 전혀 들어가지 못할 수도 있습니다! 당연히 검증 세트에 특정 단어가 부족하면 모델의 정확도를 올바르게 측정하지 못합니다. 이런 이유로 여기에서는 사용자 정의 함수(코드 5-8의 balancedTrainValSplit)를 사용합니다. 이 함수는 샘플의 진짜 단어 레이블을 고려하여 모든 단어를 훈련 세트와 검증 세트에 같은 비율로 포함되게 만듭니다. 만약 비슷하게 작은 데이터셋을 다루는 전이 학습 애플리케이션을 만든다면 동일하게 처리하는 것이 좋습니다.

그럼 미세 튜닝이 어떤 이득을 가져다줄까요? 전이 학습의 초기 단계를 넘어서 제공하는 부가 가치는 무엇일까요? 이에 대해 설명하기 위해 그림 5-12의 패널 A에서 초기 단계와 미세 튜닝 단계의 손실과 검증 곡선을 하나의 그래프로 이어서 그려 보겠습니다. 전이 학습 데이터셋은 그림 5-10에서 보았던 네 개의 단어로 구성되었습니다. 각 그래프에서 처음 100번의 에포크는 초기 단계에 해당하고 마지막 300번의 에포크는 미세 튜닝에 해당합니다. 초기 훈련에서 100번의 에포크 끝에 다다르면, 손실과 정확도 곡선이 평평해지고 수확 체감(diminishing returns)[19]의 영역에 들어서기 시작합니다. 검증 세트의 정확도는 약 84% 수준입니다(훈련 세트의 정확도는 쉽게 100%에 도달하기 때문에 이 곡선만 보는 것은 오해를 일으키기 쉽습니다). 하지만 베이스 모델의 밀집층을 동결 해제하고 모델을 다시 컴파일하여 미세 튜닝 단계를 시작하면, 검증 정확도가 다시 증가하여 90~92%까지 올라갈 수 있습니다. 정확도가 6~8퍼센트 포인트 증가했습니다. 비슷한 효과를 검증 손실 곡선에서도 볼 수 있습니다.

---

19 **역주** 수확 체감은 경제학에서 노동력을 추가로 투입할 때 수확량이 그만큼 증가하지 못하는 현상을 말합니다.

▼ 그림 5-13 패널 A: 전이 학습과 미세 튜닝(그래프에서 FT로 표시된 영역)의 손실과 검증 곡선. 초기 훈련과 미세 튜닝이 만나는 점에서 변곡점이 있다. 미세 튜닝은 손실 감소를 가속화하고 정확도를 높인다. 베이스 모델의 상위 몇 개 층의 동결을 해제하여 모델의 용량을 늘리고 전이 학습 데이터에 있는 고유한 특성에 맞춰 훈련했기 때문이다. 패널 B: 미세 튜닝 없이 동일한 에포크 횟수(400번)로 전이 학습 모델을 훈련했을 때 손실과 정확도 곡선. 미세 튜닝이 없으면 패널 A에 비해 검증 손실은 높은 값으로 수렴하고 검증 정확도는 낮은 값으로 수렴한다. (패널 A) 미세 튜닝을 사용했을 때 최종 정확도는 약 0.9에 다다르는 반면, (패널 B) 미세 튜닝이 없으면 동일한 에포크 횟수이지만 0.85에서 멈춘다.

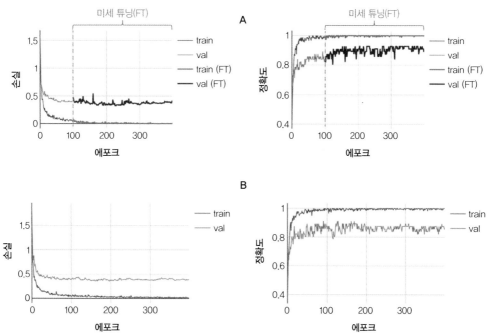

미세 튜닝이 없는 전이 학습 대비 미세 튜닝의 가치를 보여 주기 위해 그림 5-13의 패널 B에 베이스 모델의 상위 몇 개 층을 미세 튜닝 없이 동일한 에포크 횟수(400번) 동안 훈련하면 어떻게 되는지 나타냈습니다. 패널 A의 경우 에포크 100에서 미세 튜닝이 시작될 때 손실과 정확도 곡선에 있었던 변곡점이 패널 B에는 없습니다. 대신 손실과 정확도 곡선이 평평해지고 더 나쁜 값으로 수렴합니다.

그럼 미세 튜닝이 왜 도움이 될까요? 미세 튜닝을 모델 용량을 증가시키는 것으로 이해할 수 있습니다. 베이스 모델의 최상위 층 일부를 동결 해제함으로써 초기 단계보다 더 고차원인 파라미터 공간에서 전이 학습 모델이 손실 함수를 최소화할 수 있습니다. 이는 신경망에 은닉층을 추가하는 것과 비슷합니다. 동결 해제된 밀집 층의 가중치 파라미터는 원본 데이터셋('one', 'two', 'yes', 'no' 같은 단어로 구성된 데이터셋)을 위해 최적화되어 있습니다. 이 가중치가 전이 학습하려는 단어에게는 최적이 아닙니다. 모델이 원래 단어를 구분하는 데 도움이 되는 내부 표현은 전이 학습하려는 단어를 서로 쉽게 구분할 수 있는 표현이 아니기 때문입니다. 이 파라미터를 전이 학습하려는 단어를 위해 더 최적화(즉, 미세 튜닝)함으로써 이 표현을 새로운 단어에 최적화할 수 있습니다. 따라서 전이 학습 단어에서 검증 정확도가 향상됩니다. ('feel', 'seal', 'veal', 'zeal'과 같이 혼동되기 쉬운 단어처럼) 전이 학습 작업이 어려울 때 이런 성능 향상을 더 쉽게 볼 수 있습니다. ('red'와 'green'과 같이 뚜렷이 차이 나는 단어처럼) 쉬운 작업에서는 검증 정확도가 초기 전이 학습만으로도 100%에 도달할 수 있습니다.

궁금한 점이 하나 있습니다. 여기서는 베이스 모델에 있는 한 개 층만 동결을 해제했습니다. 더 많은 층을 동결 해제하면 도움이 될까요? 간단하게 대답하면, 상황에 따라 다릅니다. 더 많은 층을 동결 해제하면 모델의 용량이 더 높아지기 때문입니다. 하지만 4장에서 언급했고 8장에서도 아주 자세히 설명하겠지만, 용량을 높이면 과대적합의 위험이 높아집니다. 특히 브라우저에서 수집한 오디오 샘플처럼 작은 데이터셋을 다룰 때 그렇습니다. 더 많은 층을 훈련하기 위해 필요한 계산량이 추가되는 사실은 말할 것도 없습니다. 이 장의 끝에 있는 연습 문제 4번에서 직접 실험해 보세요.

TensorFlow.js의 전이 학습에 대한 이 절을 마무리해 보죠. 새로운 작업에 사전 훈련된 모델을 재사용하기 위한 세 가지 방법을 소개했습니다. 여러분의 전이 학습 프로젝트에 어떤 방식을 사용할지 결정하는 데 도움이 되도록 세 가지 방법과 각각의 장단점을 표 5-1에 요약했습니다.

▼ 표 5-1 TensorFlow.js의 전이 학습에 대한 세 가지 방법과 각각의 장단점

| 방법 | 장점 | 단점 |
|---|---|---|
| 원본 모델을 사용하고 처음 몇 개의 층(특성 추출 층)을 동결합니다 (5.1.1절). | • 간단하고 편리함 | • 전이 학습에 필요한 출력 크기와 활성화 함수가 베이스 모델과 맞는 경우에만 사용할 수 있음 |
| 입력 샘플에 대한 임베딩으로 원본 모델의 중간 활성화 출력을 구하고, 이 임베딩을 입력으로 받는 새로운 모델을 만듭니다(5.1.2절). | • 출력 크기가 원본 모델과 다른 전이 학습에 적용할 수 있음<br>• 임베딩 텐서를 직접 얻을 수 있기 때문에 k-최근접 이웃 분류기 같은 방법을 사용할 수 있음(INFO BOX 5.2 참조) | • 두 개의 별개 모델 객체를 관리해야 함<br>• 원본 모델의 층을 미세 튜닝하기 어려움 |
| 원본 모델의 특성 추출 층과 새로운 헤드 층을 포함하는 새로운 모델을 만듭니다(5.1.3 절). | • 출력 크기가 원본 모델과 다른 전이 학습에 적용할 수 있음<br>• 하나의 모델 객체만 관리함<br>• 특성 추출 층을 미세 튜닝할 수 있음 | • 중간 활성화 출력(임베딩)을 직접 얻을 수 없음 |

# 5.2 합성곱 신경망에서 전이 학습을 통한 객체 탐지

이 장에서 지금까지 보았던 전이 학습의 예제는 공통점이 있습니다. 머신 러닝 작업의 특징이 전이된 후에도 동일하게 남아 있다는 것입니다. 예를 들어 다중 분류 작업에서 훈련된 컴퓨터 비전 모델을 다른 다중 분류 작업에 적용합니다. 이 절에서는 꼭 그럴 필요가 없다는 것을 알아보겠습니다. 베이스 모델을 원래 작업과 매우 다른 작업에 사용할 수 있습니다. 예를 들어 분류 작업에서 훈련한 베이스 모델을 사용해 (수치를 예측하는) 회귀를 수행합니다. 이런 종류의 교차 영역 전이 학습은 딥러닝의 다재다능함과 재사용성을 잘 보여 줍니다. 다재다능함과 재사용성은 이 분야의 성공을 이끈 주요 원인 중 하나입니다.

이런 점을 설명하기 위해 사용할 새로운 작업은 객체 탐지(object detection)입니다. 이 책에서 처음 만나는 분류가 아닌 컴퓨터 비전 문제입니다. 객체 탐지는 이미지에서 특정 클래스의 객체를 감지하는 작업입니다. 이 작업이 분류와 어떻게 다를까요? 객체 탐지에서 감지된 객체를 보고할 때는 (어떤 종류의 객체인지) 해당 클래스뿐만 아니라 (객체가 어디에 있는지) 이미지 안에 객체의 위치에 해당하는 추가 정보도 함께 보고합니다. 후자는 단순한 분류 모델이 제공하지 않는 정보입니다. 예를 들어 자율주행 자동차에서 사용하는 전형적인 객체 탐지 시스템은 입력 이미지 프레임을 분석하여 이미지에 있는 (자동차나 보행자 같은) 흥미로운 종류의 객체뿐만 아니라, 이미지 좌표 시스템 안에서 이런 객체의 위치, 크기, 자세를 출력합니다.

예제 코드는 깃허브 저장소의 simple-object-detection 디렉터리에 있습니다. 이 예제는 지금까지 본 예제와 다릅니다. 모델 훈련은 Node.js에서 수행하고, 추론은 브라우저에서 수행합니다. 구체적으로 모델 훈련은 tfjs-node(또는 tfjs-node-gpu)로 수행하고 훈련된 모델을 디스크에 저장합니다. 그다음, 저장된 모델 파일을 사용해 추론을 수행합니다. 또는 원격에서 모델을 내려받아 사용할 수도 있습니다.

예제는 다음 명령으로 실행할 수 있습니다.

```
> cd deep-learning-with-javascript
> npx http-server
```

그다음에는 브라우저를 열고 http://127.0.0.1:8080/simple-object-detection에 접속합니다.[20] 이 예제는 로컬에 훈련된 모델이 없으면 구글 클라우드 스토리지에 저장된 모델을 내려받아 사용합니다.

만약 직접 모델을 훈련하고 싶다면 다음 명령을 사용할 수 있습니다(명령을 입력할 때 주석 문자열은 포함시키지 않아도 됩니다).

```
> cd deep-learning-with-javascript/simple-object-detection
> yarn
> # (선택 사항) Node.js를 사용해 직접 모델을 훈련할 수 있습니다
> yarn train \
  --numExamples 20000 \
  --initialTransferEpochs 100 \
  --fineTuningEpochs 200
```

yarn train 명령은 로컬 컴퓨터에서 모델 훈련을 수행하고, 훈련이 끝나면 ./dist 폴더 안에 모델을 저장합니다. 이 훈련은 오래 걸리므로[21] CUDA 지원 GPU를 가지고 있다면 훈련 속도를 3~4배 높일 수 있어 좋습니다. GPU를 사용해 훈련하려면 yarn train 명령에 --gpu 플래그를 추가합니다.

```
> yarn train --gpu \
  --numExamples 20000 \
  --initialTransferEpochs 100 \
  --fineTuningEpochs 200
```

하지만 로컬 컴퓨터에서 모델을 훈련할 시간과 자원이 없더라도 걱정할 필요는 없습니다. yarn train 명령을 건너뛰어도 앞서 언급한 것처럼 이미 훈련된 모델을 HTTP를 통해 로드하여 브라우저에서 추론을 수행할 수 있습니다.

---

20 <u>역주</u> 번역서 데모 사이트(http://ml-ko.kr/tfjs/simple-object-detection)에 브라우저로 접속하여 바로 실행해 볼 수 있습니다.

21 <u>역주</u> 이 훈련은 구글 클라우드의 표준 인스턴스(8 vCPU, 32GB 메모리)에서 약 10시간 소요됩니다. 번역서 깃허브에는 simple-object-detection/object_detection_model 아래에 훈련한 모델의 model.json과 weights.bin 파일이 포함되어 있습니다. 데모 사이트(http://ml-ko.kr/tfjs/simple-object-detection)에서도 이 모델을 로드하여 사용합니다.

## 5.2.1 합성된 장면을 기반으로 한 간단한 객체 탐지 문제

최신 객체 감지 기술은 많은 트릭이 포함되어 있어 초보자 튜토리얼에 적합하지 않습니다. 기술적인 세부 사항에 너무 얽매이지 않고 객체 탐지가 어떻게 동작하는지 핵심을 보여 주는 것이 이 절의 목표입니다. 이를 위해 합성된 이미지 장면을 사용하는 간단한 객체 탐지 문제를 설계했습니다(그림 5-14 참조). 합성 이미지는 224 × 224 차원이고 컬러는 세 개의 채널(RGB 채널)을 가집니다. 따라서 베이스 모델로 사용할 MobileNet의 입력 규격에 맞습니다. 그림 5-14의 예에서 보듯이 각 장면의 배경은 흰색이며, 감지할 객체는 정삼각형 또는 직사각형입니다. 객체가 삼각형일 경우 크기와 방향은 무작위이고, 객체가 직사각형일 경우 높이와 너비가 무작위입니다. 장면은 흰 배경과 관심 대상만으로 구성되면 작업이 너무 쉬워 딥러닝의 능력을 보여 주기 어렵습니다. 작업을 어렵게 만들기 위해 여러 개의 '잡음 객체'를 장면에 랜덤하게 뿌려 놓습니다. 각 이미지마다 열 개의 원과 열 개의 직선이 포함됩니다. 원의 위치와 크기는 랜덤하게 생성되고 직선의 위치와 길이도 그렇습니다. 일부 잡음 객체는 타깃 객체 위에 놓여 객체의 일부를 가릴 수 있습니다. 모든 타깃과 잡음 객체의 색은 랜덤하게 생성됩니다.

▼ 그림 5-14 간단한 객체 탐지에 사용할 합성 장면의 예. 패널 A: 타깃 객체가 회전된 정삼각형일 경우. 패널 B: 타깃 객체가 직사각형일 경우. 'true'로 레이블된 상자는 관심 대상의 정답 바운딩 박스(bounding box)다. 관심 대상 객체는 이따금 잡음 객체(직선과 원)에 의해 부분적으로 가려질 수 있다.

A

B

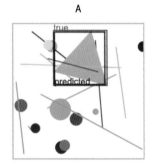 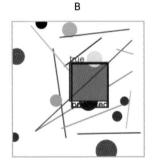

추론 시간 (ms): 23.4
객체의 정답 클래스: **삼각형**
객체의 예측 클래스: 삼각형

추론 시간 (ms): 19.7
객체의 정답 클래스: **직사각형**
객체의 예측 클래스: 직사각형

입력 데이터의 특징을 잘 파악했으므로 훈련할 모델을 위해 작업을 정의할 수 있습니다. 이 모델은 두 개의 그룹으로 구성된 다섯 개의 숫자를 출력할 것입니다.

* 첫 번째 그룹은 (위치, 크기, 방향, 색상에 상관없이) 감지한 객체가 삼각형인지 직사각형인지를 나타내는 하나의 숫자를 포함합니다.

- 두 번째 그룹은 나머지 네 개의 숫자를 포함합니다. 이 숫자는 감지한 객체를 둘러싼 바운딩 박스(bounding box) 좌표입니다. 구체적으로 바운딩 박스의 왼쪽 x-좌표, 오른쪽 x-좌표, 위쪽 y-좌표, 아래쪽 y-좌표입니다. 그림 5-14의 예를 참고하세요.

합성 데이터를 사용할 때 장점은 1) 정답 레이블을 자동으로 알게 되고 2) 원하는 만큼 많은 데이터를 생성할 수 있습니다. 장면 이미지를 생성할 때마다 생성 과정에서 객체 타입과 바운딩 박스를 자동으로 알 수 있습니다. 따라서 훈련 이미지를 수고스럽게 레이블링할 필요가 없습니다. 입력 특성과 레이블을 함께 합성하는 효율적인 이런 프로세스는 딥러닝 모델의 테스팅과 프로토타이핑 환경에 많이 사용되므로 잘 익혀 두어야 할 기술입니다. 하지만 실제 이미지 입력을 위한 객체 탐지 모델을 훈련하려면 수동으로 레이블된 실제 장면이 필요합니다. 다행히 이런 레이블된 데이터셋이 있습니다. COCO(Common Object in Context) 데이터셋이 그중 하나입니다(http://cocodataset.org를 참고하세요).

훈련이 완료되고 나면 (그림 5-14의 예에서 볼 수 있듯이) 이 모델은 상당히 좋은 정확도로 타깃 객체를 분류하고 위치를 파악할 수 있습니다. 모델이 이 객체 탐지 작업을 어떻게 익히는지 이해하기 위해 다음 절에서 코드를 자세히 살펴보겠습니다.

## 5.2.2 간단한 객체 탐지 자세히 알아보기

그럼 합성된 객체 탐지 문제를 풀기 위한 신경망을 만들어 보죠. 이전처럼 합성곱 신경망에 있는 강력한 시각 특성 추출 능력을 사용하기 위해 사전 훈련된 MobileNet 모델을 기반으로 모델을 만듭니다. 코드 5-9의 loadTruncatedBase() 메서드에서 하는 일이 이것입니다. 하지만 이 모델이 당면한 새로운 도전 과제는 동시에 두 가지를 예측하는 것입니다. 타깃 객체의 모양이 무엇인지 결정하고 이미지 안의 좌표를 찾아야 합니다. 지금까지 이런 종류의 '이중 작업 예측'을 본 적이 없습니다. 여기서 사용할 트릭은 모델이 두 가지 예측을 내포한 텐서를 출력하게 만드는 것입니다. 그리고 두 작업을 모델이 얼마나 잘 수행하는지 동시에 측정하는 새로운 손실 함수를 설계하겠습니다. 모양을 분류하는 모델과 바운딩 박스를 예측하는 모델로 나누어 두 개의 모델을 훈련할 수 있습니다. 하지만 두 작업을 수행하는 하나의 모델을 사용하는 것에 비해 두 개의 모델을 실행하면 계산량과 메모리 사용량이 늘어날 것입니다. 또한, 특성 추출 층을 두 작업 간에 공유하지 못합니다. (다음 코드는 simple-object-detection/train.js에서 발췌했습니다.)

```
const topLayerGroupNames = [
  'conv_pw_9', 'conv_pw_10', 'conv_pw_11'];     ---- 미세 튜닝을 위해 동결 해제할 층을 저장합니다.
const topLayerName =
  '${topLayerGroupNames[topLayerGroupNames.length - 1]}_relu';
async function loadTruncatedBase() {
  const mobilenet = await tf.loadLayersModel(
    'https://storage.googleapis.com/' +
      'tfjs-models/tfjs/mobilenet_v1_0.25_224/model.json');

  const fineTuningLayers = [];
  const layer = mobilenet.getLayer(topLayerName);   ------ 중간 (마지막 특성 추출) 층을 얻습니다.
  const truncatedBase =
    tf.model({
      inputs: mobilenet.inputs,          --- 헤드가 없는 MobileNet을 만듭니다.
      outputs: layer.output
    });
  for (const layer of truncatedBase.layers) {
    layer.trainable = false;   ------ 전이 학습의 초기 단계를 위해 모든 특성 추출 층을 동결합니다.
    for (const groupName of topLayerGroupNames) {
      if (layer.name.indexOf(groupName) === 0) {   ------ 미세 튜닝하는 동안 동결 해제할 층을 기록합니다.
        fineTuningLayers.push(layer);
        break;
      }
    }
  }
  return {truncatedBase, fineTuningLayers};
}
function buildNewHead(inputShape) {
  const newHead = tf.sequential();
  newHead.add(tf.layers.flatten({inputShape}));
  newHead.add(tf.layers.dense({units: 200, activation: 'relu'}));   간단한 객체 탐지 작업을
  newHead.add(tf.layers.dense({units: 5}));   -----                  --- 위한 새로운 헤드 모델을
  return newHead;                                                       만듭니다.
}                       길이 5인 출력은 길이 1인 도형 표시자와 길이 4인
                        바운딩 박스로 구성됩니다(그림 5-15 참조).
async function buildObjectDetectionModel() {
  const {truncatedBase, fineTuningLayers} = await loadTruncatedBase();
  const newHead = buildNewHead(truncatedBase.outputs[0].shape.slice(1));
  const newOutput = newHead.apply(truncatedBase.outputs[0]);
  const model = tf.model({
```

---

22 일부 에러 체크 코드는 간단하게 보기 위해 삭제했습니다.

```
      inputs: truncatedBase.inputs,
      outputs: newOutput
    });
    return {model, fineTuningLayers};
  }
```

헤드가 없는 MobileNet 위에 새로운 헤드 모델을 올려 놓아
객체 탐지를 위한 전체 모델을 완성합니다.

코드 5-9의 buildNewHead() 메서드에서 만드는 것이 '이중 작업' 모델의 핵심 부분입니다. 그림
5-16의 왼쪽에 이 모델을 그림으로 나타냈습니다. 새로운 헤드는 세 개의 층으로 구성됩니다.
flatten 층은 헤드가 없는 MobileNet의 마지막 합성곱 층의 출력 크기를 바꾸어 이후에 밀집 층
을 추가할 수 있도록 만듭니다. 첫 번째 밀집 층은 렐루 활성화 함수를 사용하는 은닉층입니다. 두
번째 밀집 층이 이 헤드의 마지막 출력이고, 따라서 전체 객체 탐지 모델의 최종 출력입니다. 이
층은 기본 선형 활성화 함수를 사용합니다. 모델의 작동 방식을 이해하는 열쇠이므로 주의 깊게
살펴봐야 합니다.

❤ 그림 5-15 객체 탐지 모델과 사용자 정의 손실 함수. 모델을 만드는 방법은 코드 5-9를 참고한다. 또한, 사용자 정의 손실 함수를
   작성하는 방법은 코드 5-10을 참고한다.

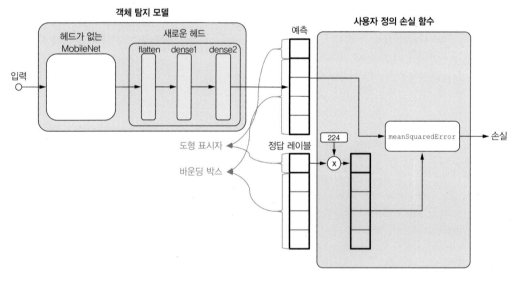

코드에서 볼 수 있듯이 최종 밀집 층은 다섯 개의 출력 유닛을 가집니다. 다섯 개의 숫자가 무엇을
나타낼까요? 이 숫자들은 도형 예측과 바운딩 박스 예측입니다. 흥미롭게도 숫자의 의미를 결정
하는 것은 모델 자체가 아니라 사용할 손실 함수입니다. 이전에 다양한 종류의 손실 함수를 보았
습니다. "meanSquaredError"와 같이 이해하기 쉬운 문자열로 쓸 수 있고, 잘 맞는 머신 러닝 작업
이 있습니다(예를 들어 3장의 표 3-6을 참고하세요). 하지만 이는 TensorFlow.js에서 손실 함수

를 지정하는 두 가지 방법 중 하나입니다. 여기서 사용할 다른 한 가지 방법은 어떤 규격을 만족하는 사용자 정의 자바스크립트 함수를 정의하는 것입니다. 이 규격은 다음과 같습니다.

- 두 개의 입력이 있습니다. 1) 입력 샘플의 정답 레이블과 2) 해당 샘플에 대한 모델의 예측입니다. 두 입력은 2D 텐서로 표현됩니다. 두 텐서의 크기는 동일해야 하고 각 텐서의 첫 번째 차원은 배치 크기입니다.

- 반환되는 값은 배치에 있는 샘플의 평균 손실을 담은 스칼라 텐서(크기가 [ ]인 텐서)입니다.

이런 조건을 따라 작성한 사용자 정의 손실 함수가 코드 5-10에 있고, 그림 5-14의 오른쪽에 그림으로 표현되어 있습니다. customLossFunction 함수의 첫 번째 입력(yTrue)은 정답 레이블 텐서이며 크기가 [batchSize, 5]입니다. 두 번째 입력(yPred)은 모델이 출력한 예측으로 yTrue와 크기가 같습니다. yTrue의 두 번째 축에 있는 다섯 개의 차원 중에(행렬로 본다면 다섯 개의 열 중에) 첫 번째는 타깃 객체의 도형에 대한 0-1 표시입니다(0은 삼각형이고 1은 직사각형). 이는 데이터를 어떻게 합성하는지에 따라 달라집니다(simple-object-detection/synthetic_images.js 참조). 남은 네 개의 차원은 타깃 객체의 바운딩 박스입니다. 즉, 왼쪽, 오른쪽, 위, 아래 값이며 각각은 0에서 CANVAS_SIZE(이 상수의 값은 224입니다)까지 범위를 가집니다. 224는 입력 이미지의 높이와 너비 값이며 여기서 사용하는 MobileNet의 입력 이미지 크기입니다.

**코드 5-10** 객체 탐지 작업을 위한 사용자 정의 손실 함수 만들기

```
const labelMultiplier = tf.tensor1d([CANVAS_SIZE, 1, 1, 1, 1]);
function customLossFunction(yTrue, yPred) {
  return tf.tidy(() => {
    return tf.metrics.meanSquaredError(
        yTrue.mul(labelMultiplier), yPred);  ·····
  });
}
```

yTrue의 첫 번째 열도 CANVAS_SIZE만큼 스케일을 키웁니다. 도형 예측과 바운딩 박스 예측이 손실에 미치는 영향을 근사적으로 동등하게 만들기 위해서입니다.

이 사용자 정의 손실 함수는 yTrue를 받아 첫 번째 열(0-1 도형 표시자)에 CANVAS_SIZE를 곱합니다. 나머지 열은 그대로 둡니다. 그다음, yPred와 스케일 조정된 yTrue 간의 MSE를 계산합니다. 왜 yTrue에 있는 0-1 도형 표시자의 스케일을 바꿀까요? 모델은 객체의 모양이 삼각형인지 직사각형인지 예측하는 숫자를 출력해야 합니다. 구체적으로 삼각형은 0에 가까운 숫자를 출력하고 직사각형은 CANVAS_SIZE에 가까운 숫자를 출력하게 만들고 싶습니다. 따라서 추론을 수행할 때 모델의 출력에 있는 첫 번째 값을 CANVAS_SIZE/2(즉, 224/2 = 112입니다)와 비교하여 모델이 예측한 모양이 삼각형인지 직사각형인지를 판단할 수 있습니다. 문제는 손실 함수를 구성하기 위해

도형 예측의 손실을 어떻게 측정하는지입니다. 여기서 사용한 방법은 0-1 도형 표시자에 CANVAS_SIZE를 곱하여 예측과의 차이를 계산하는 것입니다.

3장의 피싱 감지 예제에서처럼 이진 크로스 엔트로피 대신 왜 이 방식을 사용할까요? 여기서는 두 개의 손실을 연결해야 합니다. 하나는 도형 예측에 대한 것이고, 다른 하나는 바운딩 박스 예측에 대한 것입니다. 후자는 연속적인 값을 예측하는 것이며 회귀 작업으로 볼 수 있습니다. 따라서 MSE가 바운딩 박스에 잘 맞습니다. 두 지표를 연결하기 위해 도형 예측도 회귀 작업으로 간주한 것입니다. 이런 트릭 덕분에 하나의 측정 함수(코드 5-10의 tf.metric.meanSquaredError())로 두 예측의 손실을 계산할 수 있습니다.

하지만 왜 0-1 표시자에 CANVAS_SIZE를 곱할까요? 이렇게 스케일을 바꾸지 않으면 도형을 삼각형(0에 가까운)이나 직사각형(1에 가까운)으로 예측하므로 모델이 0-1 근처의 값을 생성하게 될 것입니다. [0, 1] 범위 안에 있는 값의 차이는 0-224 범위를 갖는 바운딩 박스의 예측과 타깃을 비교해 얻는 차이와 비교할 때 확실히 매우 작습니다. 따라서 도형 예측의 오차 신호는 바운딩 박스 예측의 오차 신호로 인해 완전히 무색하게 되고 정확한 도형 예측을 얻는 데 도움이 되지 않습니다.

0-1 도형 표시자의 스케일을 바꿈으로써 도형 예측과 바운딩 박스 예측이 최종 손실(customLoss Function()의 반환값)에 동등하게 기여하게 되고, 모델이 훈련될 때 동시에 두 종류의 예측을 최적화합니다. 이 장의 끝에 있는 연습 문제 5에서 직접 이런 스케일링을 실험해 보세요.[23]

데이터를 준비하고 모델과 손실 함수를 정의했으므로 이제 모델을 훈련할 준비를 마쳤습니다! 모델 훈련 코드의 핵심 부분이 코드 5-11에 나타나 있습니다(simple-object-detection/train.js에서 발췌). 이전에 본 미세 튜닝(5.1.3절)처럼 훈련은 두 단계로 진행됩니다. 초기 단계는 새로운 헤드 층만 훈련하고 미세 튜닝 단계는 새로운 헤드와 헤드가 없는 MobileNet의 상위 몇 개 층을 함께 훈련합니다. 미세 튜닝에서 fit()을 호출하기 전에 compile() 메서드를 (다시) 호출해야 층의 trainable 속성의 변화가 영향을 미칩니다. 로컬 컴퓨터에서 훈련을 실행한다면 미세 튜닝 단계가 시작하자마자 손실 값이 크게 감소하는 것을 쉽게 볼 수 있습니다. 이는 모델의 용량이 증가하고 동결 해제한 특성 추출 층이 객체 탐지 데이터에 있는 고유한 특성에 적응했다는 것을 의미합니다. 미세 튜닝 단계에서 동결 해제한 층의 목록은 헤드가 없는 MobileNet을 만들 때 구성한 fineTuningLayers 배열에 정의되어 있습니다(코드 5-9의 loadTruncatedBase() 함수를 참고하세

---

23 스케일링과 meanSquaredError 기반의 방법 대신 yPred의 첫 번째 열을 도형 확률 점수로 생각하고 yTrue의 첫 번째 열과 이진 크로스 엔트로피를 계산할 수 있습니다. 그다음, 이진 크로스 엔트로피 값을 yTrue와 yPred의 나머지 열에서 계산한 MSE에 더합니다. 하지만 본문에서 언급한 방식처럼 바운딩 박스 손실과 균형을 맞추기 위해 적절히 크로스 엔트로피의 스케일을 높여야 합니다. 이런 스케일링 파라미터는 임의의 값이므로 주의 깊게 선택해야 합니다. 이 방식의 단점은 모델에 이런 하이퍼파라미터를 추가하며 튜닝하기 위해 시간과 계산 자원을 소비한다는 것입니다. 본문에서 언급한 방식이 단순하기 때문에 책에서는 이를 선택했습니다.

요). 이 층은 헤드가 없는 MobileNet의 상위 아홉 개 층입니다. 이 장의 끝에 있는 연습 문제 6에서 더 적은 층을 동결 해제하거나 더 많은 층을 동결 해제하는 실험을 해보고 훈련 과정에서 모델의 정확도가 어떻게 변하는지 관찰해 보세요.

**코드 5-11** 객체 탐지 모델 훈련의 두 단계

```
const {model, fineTuningLayers} = await buildObjectDetectionModel();
model.compile({
    loss: customLossFunction,
    optimizer: tf.train.rmsprop(5e-3)      ------ 초기 단계에서는 비교적 높은 학습률을 사용합니다.
});
await model.fit(images, targets, {
    epochs: args.initialTransferEpochs,
    batchSize: args.batchSize,             ------ 전이 학습의 초기 단계를 수행합니다.
    validationSplit: args.validationSplit
});
// 전이 학습의 미세 튜닝 단계
for (const layer of fineTuningLayers) {    ------ 미세 튜닝 단계를 시작합니다.
    layer.trainable = true;  ------ 미세 튜닝을 위해 일부 층을 동결 해제합니다.
}
model.compile({
    loss: customLossFunction,
    optimizer: tf.train.rmsprop(2e-3)      ------ 미세 튜닝 단계에서는 조금 낮은 학습률을 사용합니다.
});
await model.fit(images, targets, {
    epochs: args.fineTuningEpochs,
    batchSize: args.batchSize / 2,  -------------------
    validationSplit: args.validationSplit  ------ 미세 튜닝 단계를 수행합니다.
});
```

미세 튜닝 단계에서는 초기 단계보다 많은 가중치가 역전파에 관여하고 더 많은 메모리를 사용하기 때문에 메모리 부족 이슈를 피하기 위해 batchSize를 낮춥니다.

미세 튜닝 단계가 끝나면 모델을 디스크에 저장하고, 그다음으로 브라우저에서 추론을 수행할 때 로드됩니다. 호스팅된 원격 모델을 로드하거나 로컬 컴퓨터에서 시간과 계산 자원을 투여하여 꽤 좋은 모델을 훈련한다면 추론 페이지에서 보는 도형과 바운딩 박스 예측의 성능이 상당히 좋을 것입니다(초기 훈련 단계의 100번 에포크와 미세 튜닝 단계의 200번 에포크를 진행한 후에 검증 손실이 100 이하가 됩니다). 추론 결과는 좋지만 완벽하지는 않습니다(그림 5-14 참조). 결과를 평가할 때 브라우저로 수행한 평가는 공정하고 모델의 진짜 일반화 성능을 반영한다는 것을 유념하세요. 이는 브라우저에서 훈련된 모델이 처리할 샘플이 전이 학습 과정 동안 보았던 훈련 샘플이나 검증 샘플과는 다르기 때문입니다.

이 절을 정리하면서 이미지 분류에서 훈련된 모델을 어떻게 다른 작업인 객체 탐지에 적용할 수 있는지 알아보았습니다. 이를 위해 객체 탐지 문제의 이중 작업(도형 분류 + 바운딩 박스 회귀)을 학습하기 위한 사용자 정의 함수를 만드는 방법과 모델을 훈련하는 동안 사용자 정의 손실을 사용하는 방법을 설명했습니다. 이 예제는 객체 탐지의 기본 원리를 설명할 뿐만 아니라 전이 학습의 유연성을 강조하고 다양한 문제에 사용할 수 있다는 점을 잘 보여 줍니다. 물론 제품 애플리케이션에 사용되는 객체 탐지 모델은 더 복잡하고, 이 절에서 합성 데이터셋을 사용해 만든 작은 예제보다 더 많은 트릭을 사용합니다. INFO BOX 5.3에서 고급 객체 탐지 모델에 관한 흥미로운 몇 가지 사실을 소개하고, 앞에서 본 간단한 예제와 비교했을 때 다른 점과 TensorFlow.js로 이런 모델을 사용할 수 있는 방법을 설명합니다.

---

### INFO BOX 5.3 ≡  제품 수준의 객체 탐지 모델

▼ 그림 5-16 SSD 모델의 TensorFlow.js 버전으로 수행한 객체 탐지 결과의 예. 여러 개의 바운딩 박스, 연관된 객체의 클래스, 신뢰도 점수를 출력한다.

객체 탐지는 이미지 이해, 산업 자동화, 자율주행 자동차와 같은 많은 애플리케이션에서 중요한 작업입니다. 가장 잘 알려진 최고 수준의 객체 탐지 모델은 SSD(Single-Shot Detection)[24](앞의 그림이 이 모델의 추론 결과입니다)와 YOLO(You Only Look Once)[25]입니다. 이 모델들이 simple-object-detection 예제의 모델과 비슷한 점은 다음과 같습니다.

🔵 계속

---

24  Wei Liu et al., "SSD: Single Shot MultiBox Detector," Lecture Notes in Computer Science 9905, 2016, http://mng.bz/G4qD.

25  Joseph Redmon et al., "You Only Look Once: Unified, Real-Time Object Detection," Proceedings IEEE Conference on Computer Vision and Pattern Recognition (CVPR), 2016, pp. 779-788, http://mng.bz/zlp1.

- 객체의 클래스와 위치를 예측합니다.

- MobileNet이나 VGG16[26] 같은 사전 훈련된 이미지 분류 모델을 사용하여 만들고 전이 학습을 통해 훈련합니다.

하지만 예제 모델과 다른 점도 많습니다.

- 실전 객체 탐지 모델은 예제 모델보다 훨씬 많은 종류의 객체를 예측합니다(예를 들어 COCO 데이터셋은 80개의 객체 카테고리가 있습니다. http://cocodataset.org/ 참조).

- 하나의 이미지에서 여러 개의 객체를 감지할 수 있습니다(앞의 그림 참조).

- 예제 모델보다 모델 구조가 더 복잡합니다. 예를 들어, SSD 모델은 입력 이미지에서 여러 객체의 클래스 신뢰도 점수와 바운딩 박스를 예측하기 위해 헤드가 없는 사전 훈련된 이미지 모델 위에 여러 개의 새로운 헤드를 추가합니다.

- 손실 함수로 meanSquaredError 지표 하나를 사용하는 것이 아니라 실전 객체 탐지 모델의 손실 함수는 두 종류 손실의 가중치 합입니다. 1) 객체 클래스의 확률 점수를 예측하기 위한 소프트맥스 크로스 엔트로피와 유사한 손실 과 2) 바운딩 박스를 위한 meanSquaredError나 meanAbsoluteError 같은 손실입니다. 이 두 종류 손실 값의 상대적인 가중치는 양쪽의 오류가 균형 있게 기여되도록 주의 깊게 튜닝되어야 합니다.

- 실전 객체 탐지 모델은 입력 이미지에 대해 많은 개수의 바운딩 박스 후보를 만듭니다. 이런 바운딩 박스는 가지치기되어 가장 높은 객체 클래스 확률을 가진 것만 최종 출력에 남습니다.

- 실전 객체 탐지 모델은 객체 바운딩 박스의 위치에 대한 사전 지식을 활용합니다. 대량의 레이블된 실전 이미지 분석을 기반으로 이미지에 바운딩 박스가 있는 위치를 학습하여 추측합니다. 이런 사전 지식은 (simple-object-detection 예제와 같이) 완전한 랜덤 추측 대신에 합리적인 초기 상태에서 시작하므로 모델 훈련 속도를 높입니다.

몇 개의 실전 객체 탐지 모델이 TensorFlow.js로 포팅되어 있습니다. 예를 들어 당장 사용할 수 있는 최고의 모델 중 하나는 tfjs-models 저장소의 coco-ssd 디렉터리에 있습니다. 이 모델의 데모를 실행해 보려면 다음 명령을 실행 하세요.

```
> git clone https://github.com/tensorflow/tfjs-models.git
> cd tfjs-models/coco-ssd/demo
> yarn && yarn watch
```

실전 객체 탐지 모델을 더 자세히 알고 싶다면 다음 블로그 글을 읽어 보세요. 각기 다른 모델 구조와 후처리 기술을 사용하는 SSD 모델과 YOLO 모델에 관한 글입니다.

- "Understanding SSD MultiBox—Real-Time Object Detection In Deep Learning" by Eddie Forson: http://mng.bz/07dJ.

- "Real-time Object Detection with YOLO, YOLOv2, and now YOLOv3" by Jona-than Hui: http://mng.bz/KEqX.

26 Karen Simonyan and Andrew Zisserman, "Very Deep Convolutional Networks for Large-Scale Image Recognition," submitted 4 Sept. 2014, https://arxiv.org/abs/1409.1556.

지금까지 이 책에서 미리 준비되어 탐색할 수 있는 머신 러닝 데이터셋을 다루었습니다. 이런 데이터셋의 포맷은 잘 정의되어 있고 데이터 과학자와 머신 러닝 연구자들이 미리 수고스러운 작업을 통해 정제해 놓았습니다. 데이터를 수집하는 방법이나 데이터가 올바른지 걱정하지 않고도 모델링에 집중할 수 있습니다. 이 장에서 사용했던 MNIST와 오디오 데이터셋이 여기에 해당됩니다. 3장에서 사용했던 피싱 웹 사이트와 붓꽃 데이터셋에도 해당됩니다.

실제로 마주하게 될 머신 러닝 문제에서는 절대로 이렇지 않다고 확실히 말할 수 있습니다. 머신 러닝 기술자들은 데이터 수집, 전처리, 정제, 검증, 포매팅에 대부분의 시간을 보냅니다.[27] 다음 장에서는 데이터 랭글링(wrangling)과 수집 워크플로를 쉽게 할 수 있도록 도와주는 TensorFlow. js 도구를 알아보겠습니다.

# 5.3 연습 문제

1. 5.1.1절에 있는 mnist-transfer-cnn 예제에서 훈련 전에 모델의 compile() 메서드를 호출하지 않으면 층의 trainable 속성에 지정한 값이 훈련에서 효과를 내지 못한다고 언급했습니다. index.js 파일에 있는 retrainModel() 메서드를 수정하여 이를 확인해 보세요.

   a. this.model.compile() 라인 바로 전에 this.model.summary()를 추가하고 훈련 가능한 파라미터와 훈련되지 않는 파라미터의 개수를 확인하세요. 출력 결과가 어떤가요? compile() 메서드 호출 후에 얻은 개수와 어떻게 다른가요?

   b. 이전 항목과 별개로 특성 층의 trainable 속성을 지정하기 바로 직전으로 this.model. compile() 호출을 옮겨 보세요. 다른 말로 하면, compile() 호출 다음에 trainable 속성을 지정해 보세요. 훈련 속도가 어떻게 바뀌나요? 모델의 마지막 몇 개 층만 업데이트되는 것과 속도가 일치하나요? 훈련하는 동안 모델의 처음 일곱 개 층의 가중치가 업데이트되는 것을 확인할 다른 방법을 찾을 수 있나요?

---

27 Gil Press, "Cleaning Big Data: Most Time-Consuming, Least Enjoyable Data Science Task, Survey Says," Forbes, 23 Mar. 2016, http://mng.bz/9wqj.

2. 5.1.1절의 전이 학습(코드 5-1)에서 fit() 메서드를 호출하기 전에 처음 두 개의 conv2d 층의 trainable 속성을 false로 지정하여 동결했습니다. mnist-transfer-cnn 예제의 index.js 파일에 코드를 추가하여 fit() 메서드가 정말로 conv2d 층의 가중치를 바꾸지 않는지 확인할 수 있나요? 해당 절에서 층을 동결하지 않고 fit() 메서드를 호출하는 방법을 실험했습니다. 이 경우 층의 가중치 값이 fit() 메서드에 의해 정말 변경되었는지 확인할 수 있나요? (힌트: 2장의 2.4.2절에서 모델 객체의 layers 속성과 이 속성의 getWeights() 메서드를 사용해 가중치 값을 구했습니다.)

3. (본문에서 사용한 MobileNetV1 대신에) 케라스 MobileNetV2[28] 애플리케이션을 Tensor Flow.js 포맷으로 변경하고 브라우저에서 TensorFlow.js로 로드하세요. 자세한 단계는 INFO BOX 5.1을 참고하세요. summary() 메서드를 사용해 MobileNetV2의 구조를 조사하고 MobileNetV1과의 주요 차이점을 확인할 수 있나요?

4. 코드 5-8에 있는 미세 튜닝 코드에서 중요한 점 하나는 모델의 compile() 메서드를 베이스 모델의 밀집 층을 동결 해제한 후에 다시 호출한다는 것입니다. 다음 과정을 따라 해보세요.

   a. 연습 문제 2와 동일한 메서드를 사용해 (전이 학습의 초기 단계에 있는) 첫 번째 fit() 메서드가 정말로 밀집 층의 가중치(커널과 편향)를 바꾸지 않고 (미세 튜닝 단계의) 두 번째 fit() 메서드가 바꾸는지 확인해 보세요.

   b. 동결 해제 라인(trainable 속성을 바꾸는 라인) 다음의 compile() 메서드를 주석 처리하고 이것이 가중치 값 변화에 어떻게 영향을 주는지 확인해 보세요. 모델의 동결/해제 상태의 변화가 효과를 내려면 compile() 메서드 호출이 필수라는 것을 확인하세요.

   c. 베이스 음성 명령 모델에서 코드를 수정해 가중치가 많은 층(예를 들어 끝에서 두 번째 밀집 층 이전에 있는 conv2d 층)을 동결 해제하고, 미세 튜닝의 결과에 어떻게 영향을 미치는지 확인하세요.

5. simple-object-detection 예제를 위해 정의한 사용자 정의 손실 함수에서 도형 예측의 오차 신호를 바운딩 박스 예측의 오차 신호와 맞추기 위해 0-1 도형 레이블의 스케일을 변경했습니다(코드 5-10 참조). 코드 5-10에서 mul() 함수를 삭제하여 스케일링을 적용하지 않으면 어떤 일이 일어나는지 실험해 보세요. 정확한 도형 예측을 위해 스케일링이 필수라는 것을 확인하세요. compile() 메서드 호출에서 customLossFunction 객체를 meanSquaredError로 바꾸어 간단히 수행할 수도 있습니다(코드 5-11 참조). 훈련할 때 스케일링을 적용하지 않으면 추론 시

---

28 Mark Sandler et al., "MobileNetV2: Inverted Residuals and Linear Bottlenecks," revised 21 Mar. 2019, https://arxiv.org/abs/1801.04381.

에 임계값을 바꾸어야 합니다. (simple-object-detection/index.js에 있는) 추론 로직에서 임계값을 CANVAS_SIZE/2에서 1/2로 바꾸세요.

6. simple-object-detection 예제의 미세 튜닝 단계는 헤드가 없는 MobileNet 베이스 모델의 상위 아홉 개 층을 동결 해제했습니다(코드 5-9의 fineTuningLayers를 참고하세요). 자연스럽게 '왜 아홉 개일까?'라는 의문이 생깁니다. 이 연습 문제에서 fineTuningLayers 배열에 더 적은 층을 넣거나 더 많은 층을 넣어 동결 해제 층의 개수를 바꾸어 보세요. 미세 튜닝 단계에서 적은 개수의 층을 동결 해제했을 때 다음 측정값을 어떻게 예상할 수 있나요? 1) 최종 손실 값 2) 미세 튜닝 단계에서 에포크당 걸리는 시간. 실험 결과가 기대했던 것과 일치하나요? 미세 튜닝에서 더 많은 층을 동결 해제하면 어떻게 되나요?

# 5.4 요약

- 전이 학습은 사전 훈련된 모델이나 모델의 일부를 모델이 원래 훈련했던 작업과 관련이 있지만 다른 작업에 재사용하는 프로세스입니다. 이런 재사용은 새로운 학습 작업의 속도를 높입니다.

- 전이 학습의 실용적인 애플리케이션에서는 ImageNet 데이터셋에서 훈련한 MobileNet과 같이 매우 큰 분류 데이터셋에서 훈련한 합성곱 신경망을 재사용합니다. 원본 데이터셋의 크기와 포함된 샘플의 다양성 때문에 이런 사전 훈련된 모델의 합성곱 층을 다양한 컴퓨터 비전 문제를 위해 강력하고 범용적인 특성 추출기로 사용할 수 있습니다. 일반적인 전이 학습 문제에서 사용하는 적은 양의 데이터로는 이런 층을 훈련하는 것이 불가능하지 않지만 어렵습니다.

- TensorFlow.js의 일반적인 전이 학습 방법을 몇 가지 소개했습니다. 이 방법들은 다음과 같은 면에서 서로 다릅니다. 1) 전이 학습을 위해 새로운 층을 '새로운 헤드'로 만드는지 여부, 2) 전이 학습이 하나의 모델 또는 두 개의 모델로 수행되는지 여부. 각 방법은 장단점이 있고 각기 다른 상황에 잘 맞습니다(표 5-1 참조).

- 모델 층의 trainable 속성을 사용해 훈련하는 동안 (Model.fit() 호출에서) 가중치가 업데이트되는 것을 막을 수 있습니다. 이를 동결한다고 말하며, 전이 학습하는 동안 베이스 모델의 특성 추출 층을 보호하는 데 사용합니다.

- 일부 전이 학습 문제에서 훈련 초기 단계 이후에 베이스 모델의 상위 몇 개 층을 동결 해제 함으로써 새로운 모델의 성능을 높일 수 있습니다. 동결 해제한 층이 새로운 데이터셋에 있는 고유한 특성에 적응했다는 것을 의미합니다.

- 전이 학습은 다재다능하고 유연한 기법입니다. 베이스 모델은 원래 훈련했던 것과 다른 문제를 푸는 데 도움이 될 수 있습니다. MobileNet 기반의 객체 탐지 모델을 훈련하는 방법을 소개하면서 이런 점을 설명했습니다.

- TensorFlow.js의 손실 함수는 텐서 입력과 출력을 갖는 사용자 정의 자바스크립트 함수로 정의할 수 있습니다. simple-object-detection 예제에서 보았듯이 사용자 정의 함수는 종종 실용적인 머신 러닝 문제를 해결하는 데 필요합니다.

# 제 **3** 부

# TensorFlow.js를 사용한 고급 딥러닝

1부와 2부를 읽고 나면 TensorFlow.js로 기본적인 딥러닝을 수행하는 방법에 익숙해졌을 것입니다. 3부는 이 기술을 조금 더 확실히 익히고 딥러닝을 폭넓게 이해하는 데 도움이 됩니다. 6장은 머신 러닝을 위해 데이터를 수집하고 변환하고 사용하는 기술을 다룹니다. 7장은 데이터와 모델을 시각화하는 도구를 소개합니다. 8장은 과소적합과 과대적합의 현상을 설명하고 이를 효과적으로 다루는 방법을 소개합니다. 이런 내용을 바탕으로 머신 러닝의 범용 워크플로를 소개합니다. 9-11장에서는 세 가지 고급 분야를 배웁니다. 시퀀스 모델, 생성 모델, 강화 학습입니다. 가장 흥미로운 최첨단 딥러닝 기술을 배울 수 있습니다.

# 6<sup>장</sup>

# 데이터 다루기

6.1 tf.data를 사용해 데이터 관리하기

6.2 model.fitDataset으로 모델 훈련하기

6.3 데이터 추출의 일반적인 패턴

6.4 데이터에 있는 문제 처리하기

6.5 데이터 증식

6.6 연습 문제

6.7 요약

이 장에서 다룰 핵심 내용

- tf.data API를 사용해 대용량 데이터셋으로 모델을 훈련하는 방법

- 잠재적인 이슈를 찾고 고치기 위해 데이터 탐색하기

- 데이터 증식으로 새로운 '유사 샘플'을 만들어 모델 품질을 향상하는 방법

다양하고 많은 양의 데이터가 오늘날 머신 러닝 혁명을 이끈 주요 요인입니다. 고품질의 대용량 데이터를 얻을 수 없었다면 머신 러닝 분야의 드라마틱한 성장은 일어나지 않았을 것입니다. 데이터셋은 캐글(Kaggle)과 OpenML 등과 같은 사이트에서 무료로 공유될 뿐만 아니라, 이제 인터넷 전체에 퍼져 있고 최고 성능을 비교하기 위한 벤치마크로 사용됩니다. 머신 러닝의 전체 분야가 도전적인 데이터셋의 등장으로 성장했고, 기준과 공통적인 벤치마크를 만들었습니다.[1] 머신 러닝이 우리 세대의 우주 경쟁(Space Race)과 같다면 데이터는 로켓의 연료입니다.[2] 강력하고, 가치가 있으며, 빠르게 변하면서 머신 러닝 시스템 구축을 위해 절대적으로 중요합니다. 말할 필요도 없이 오염된 연료처럼 오염된 데이터는 금방 시스템 장애로 이어질 수 있습니다. 이 장은 데이터에 관한 것입니다. 데이터를 구성하고, 이슈를 감지하여 처리하며, 데이터를 효율적으로 사용하는 방법에 대한 모범 사례를 다루겠습니다.

"하지만 계속 데이터를 다루지 않았나요?"라고 주장할 수 있습니다. 네, 사실입니다. 이전 장에서 여러 종류의 데이터로 작업했습니다. 합성 데이터셋과 웹캠 이미지 데이터셋을 사용해 이미지 모델을 훈련했습니다. 오디오 샘플 데이터셋으로 전이 학습을 사용해 음성 인식기를 만들었습니다. 또 표 형식의 데이터셋을 사용해 가격을 예측했습니다. 자, 그럼 무엇이 남았나요? 이미 데이터를 잘 다루지 않나요?

이전 예제들에서 데이터를 사용하는 패턴을 생각해 보세요. 일반적으로 먼저 데이터를 원격 저장소에서 내려받습니다. 그다음, 알맞은 포맷으로 데이터에 어떤 변환을 적용합니다. 예를 들어 문자열을 원-핫 단어 벡터로 변경하거나 표 형식 데이터를 평균과 분산으로 정규화합니다. 그다음, 모델에 전달하기 전에 항상 데이터를 배치로 묶고 텐서로 표현되는 수치 블록으로 바꿉니다. 첫 번째 훈련 단계를 실행하기 전에 이런 작업을 수행합니다.

다운로드-변환-배치 패턴은 매우 일반적이어서 TensorFlow.js는 이런 종류의 작업을 쉽게 만들고, 모듈화할 수 있으며 오류 발생을 줄이는 도구를 제공합니다. 이 장은 tf.data 네임스페이스 아래에 있는 도구를 소개합니다. 가장 중요한 것은 게으른 스트리밍(lazy-streaming) 데이터를 사용할 수 있는 tf.data.Dataset입니다. 게으른 스트리밍 방식은 데이터를 모두 내려받고 메모리에 저장하여 사용하는 대신 필요한 만큼 데이터를 다운로드하고, 변환하고, 사용합니다. 데이터가 너무 커서 하나의 브라우저 탭에서 로드되지 않거나 심지어 컴퓨터 메모리보다도 큰 경우 게으른 스트리밍으로 쉽게 작업할 수 있습니다.

---

1  ImageNet이 객체 인식 분야를 어떻게 발전시켰고 넷플릭스 대회가 협업 필터링(collaborative filtering) 분야를 어떻게 성장시켰는지 확인해 보세요.

2  Credit for the analogy to Edd Dumbill, "Big Data Is Rocket Fuel," Big Data, vol. 1, no. 2, pp. 71-72.

먼저 tf.data.Dataset API를 소개하고 설정하여 모델에 연결하는 방법을 설명하겠습니다. 그다음에는 데이터를 리뷰하고 탐색하며, 등장할 수 있는 문제를 해결하는 데 도움이 되는 이론과 도구를 소개하겠습니다. 모델의 품질을 향상시키기 위해 합성 유사 샘플을 만들어 데이터셋을 확장하는 방법인 데이터 증식(data augmentation)을 소개하는 것으로 이 장을 마칩니다.

# 6.1 tf.data를 사용해 데이터 관리하기

특별한 접근 권한이 필요한 수백 기가바이트의 이메일 데이터베이스가 있다면 스팸 필터를 어떻게 훈련해야 할까요? 한 대의 컴퓨터에서 처리하기에 훈련용 이미지 데이터베이스가 너무 클 경우 이미지 분류기를 어떻게 만들 수 있을까요?

대용량 데이터를 다루고 조작하는 것은 머신 러닝 엔지니어의 핵심 기술입니다. 하지만 지금까지 애플리케이션 메모리 안에 들어갈 수 있는 데이터를 다루었습니다. 이런 기술이 맞지 않는, 용량이 크고 복잡하며 민감한 개인 정보 데이터가 있는 데이터를 다루어야 하는 애플리케이션이 많습니다. 대규모 애플리케이션은 필요할 때마다 원격 저장소에서 데이터를 하나씩 가져오는 기술이 필요합니다.

TensorFlow.js는 이런 종류의 데이터 관리를 위해 설계된 라이브러리를 포함하고 있습니다. 파이썬 버전의 TensorFlow에 있는 tf.data API를 기반으로 구축한 라이브러리를 사용해 간결하고 읽기 쉽게 데이터를 수집, 정제, 전달할 수 있습니다. 다음과 같이 TensorFlow.js를 임포트했다고 가정해 보죠.[3]

```
import * as tf from '@tensorflow/tfjs';
```

그럼 tf.data 네임스페이스 아래에 이런 데이터를 수집, 정제, 전달하는 기능이 포함되어 있습니다.

---

3  역주 또는 <script src="https://cdn.jsdelivr.net/npm/@tensorflow/tfjs"></script>와 같이 스크립트 태그를 사용했을 때입니다.

## 6.1.1 tf.data.Dataset 객체

대부분 tfjs-data와의 상호 작용은 Dataset이라는 하나의 객체 타입을 통합니다. tf.data.Dataset 객체는 대량의 (무한도 가능한) 데이터 원소 리스트를 반복하고 처리하기 위한 간단하고, 조합할 수 있고, 성능이 높은 방법을 제공합니다.[4] 대략적으로 비유하면, 데이터셋을 임의의 원소로 구성된 반복 가능한 컬렉션으로 볼 수 있습니다. Node.js의 Stream과 비슷합니다. 데이터셋의 다음 원소가 필요할 때마다 내부적으로 이를 내려받아 읽거나, 필요하면 함수를 실행합니다. 이런 추상화 덕분에 한 번에 메모리에 담을 수 있는 것보다 많은 데이터에서 모델을 쉽게 훈련할 수 있습니다. 또한, 관리할 데이터셋이 하나 이상일 때 일급 객체로 데이터셋을 구성하고 공유하기 편리합니다. Dataset은 융통성 없이 전체 데이터를 가져오지 않고 필요한 만큼 데이터를 스트리밍하므로 메모리 사용에 장점이 있습니다. Dataset API는 곧 필요할 값을 미리 가져오기 때문에 단순한 구현에 비해 성능을 더 최적화할 수 있습니다.

## 6.1.2 tf.data.Dataset 만들기

TensorFlow.js 버전 1.2.7에서 tf.data.Dataset을 데이터 프로바이더(provider)와 연결하는 방법은 세 가지입니다.[5] 각각을 자세히 살펴보겠지만 표 6-1에 간단한 정보를 요약했습니다.

---

4 이 장에서 Dataset에 있는 항목을 언급하는 데 '원소'란 용어를 자주 사용합니다. 대부분의 경우 원소는 샘플이나 데이터 포인트와 동의어입니다. 즉, 훈련 데이터셋에서 원소는 (x, y) 쌍입니다. CSV 파일을 읽었을 때 원소는 파일의 한 행입니다. Dataset은 유연하기 때문에 여러 타입의 원소를 다룰 수 있지만 권장되지는 않습니다.

5 역주 이 외에도 마이크와 웹캠을 통해 데이터를 가져오는 방법을 6.3.2절과 6.3.3절에서 소개합니다.

| 새로운 tf.data.Dataset을 만드는 방법 | API | API를 사용해 데이터셋을 얻는 방법 |
|---|---|---|
| 자바스크립트 배열 또는 Float32Array와 같이 타입을 가진 배열에서 | `tf.data.array(items)` | `const dataset =`<br>`tf.data.array([1,2,3,4,5]);`<br><br>자세한 내용은 코드 6-1을 참조하세요. |
| 각 행이 하나의 원소인 (로컬이나 원격에 있는) CSV 파일에서 | `tf.data.csv(`<br>`    source,`<br>`    csvConfig)` | `const dataset =`<br>`tf.data.csv("https://path/to/my.csv");`<br><br>자세한 내용은 코드 6-2를 참조하세요.<br><br>필수 매개변수는 데이터를 읽을 URL입니다. 추가적으로 csvConfig 매개변수는 다음과 같이 CSV 파일을 파싱하는 데 도움이 되는 키를 가진 객체를 받습니다.<br><br>• columnNames: CSV 헤더가 없거나 이름을 바꿀 필요가 있다면 string[]으로 열 이름을 수동으로 지정할 수 있습니다.<br>• delimiter: CSV 기본 구분자인 콤마 대신에 사용할 문자를 지정합니다.<br>• columnConfigs: columnName 문자열과 columnConfig 객체를 연결한 맵(map)으로 파싱과 데이터셋의 반환 타입을 지정할 수 있습니다. columnConfig는 원소의 타입(문자열 또는 정수)이나 열이 데이터셋 레이블로 간주되어야 하는지 파서(parser)에게 알려 줍니다.<br>• configuredColumnsOnly: CSV에 있는 모든 열에 대한 데이터를 반환할지, 또는 columnConfigs 객체에 포함된 열만 반환할지 지정합니다.<br><br>더 자세한 내용은 js.tensorflow.org에 있는 API 문서를 참고하세요. |
| 제너레이터 함수 (generator function) 에서 | `tf.data.generator(`<br>`    generatorFunction)` | ```function* countDownFrom10() {     for (let i=10; i>0; i--) {         yield(i);     } }   const dataset =     tf.data.generator(countDownFrom10);```<br><br>자세한 내용은 코드 6-3을 참조합니다.<br>tf.data.generator()로 전달된 객체를 매개변수 없이 호출할 때 생성자 객체가 반환됩니다. |

## 배열에서 tf.data.Dataset 만들기

새로운 tf.data.Dataset을 만드는 가장 쉬운 방법은 원소로 구성된 자바스크립트 배열로 만드는 것입니다. 배열이 메모리에 있으면 tf.data.array() 함수를 사용해 이 배열을 바탕으로 데이터셋을 만들 수 있습니다. 물론 배열을 직접 사용하는 것에 비해 훈련 속도나 메모리 사용에 대한 장점을 주진 못하지만, 데이터셋을 통해 배열을 참조하면 중요한 다른 장점을 가져다줍니다. 예를 들어 데이터셋을 사용하면 전처리 단계를 구성하기 쉽고, 6.2절에서 보는 것처럼 model.fitDataset()이나 model.evaluateDataset() API를 사용해 훈련과 평가를 쉽게 수행할 수 있습니다. model.fit(x, y)와 달리 model.fitDataset(myDataset)은 모든 데이터를 바로 GPU 메모리로 옮기지 않기 때문에 GPU 메모리보다 큰 데이터셋을 처리할 수 있습니다. V8 자바스크립트 엔진의 메모리 한계(64비트 시스템에서 1.4GB)는 일반적으로 TensorFlow.js가 한 번에 점유할 수 있는 WebGL 메모리보다 큽니다. tf.data API를 사용하면 코드를 많이 바꾸지 않고 모듈 방식으로 다른 종류의 데이터로 쉽게 바꿀 수 있기 때문에 좋은 소프트웨어 엔지니어링 방법입니다. 데이터셋을 추상화하지 않으면 데이터셋 소스의 구현 상세가 모델 훈련에 사용되어 노출되기 쉬우며 다른 구현을 사용하려면 바로 교체해야 합니다.

기존의 배열에서 데이터셋을 만들려면 다음 코드처럼 tf.data.array(itemsAsArray)를 사용합니다.

**코드 6-1** 배열에서 tf.data.Dataset 만들기

```
const myArray = [{xs: [1, 0, 9], ys: 10},
                 {xs: [5, 1, 3], ys: 11},
                 {xs: [1, 1, 9], ys: 12}];
const myFirstDataset = tf.data.array(myArray);  ──── 배열을 기반으로 tfjs-data 데이터셋을 만듭니다.
                                                      이 명령은 배열이나 원소를 복사하지 않습니다.
await myFirstDataset.forEachAsync(
    e => console.log(e));  ─────────────────
// 출력 결과                    forEachAsync() 메서드를 사용해 데이터셋에 있는 모든 값을 순회합니다.
// {xs: Array(3), ys: 10}      forEachAsync()는 비동기 함수이므로 await와 함께 사용해야 합니다.
// {xs: Array(3), ys: 11}
// {xs: Array(3), ys: 12}
```

forEachAsync() 함수를 사용해 데이터셋의 원소를 순회하면서 차례대로 원소를 출력합니다. forEachAsync() 함수에 대한 자세한 설명은 6.1.3절을 참고하세요.

데이터셋은 텐서 외에도 (숫자와 문자열 같은) 자바스크립트 기본 자료형[6]은 물론 튜플, 배열, 이런 구조를 중첩한 객체를 원소로 가질 수 있습니다. 앞의 예에서 데이터셋의 세 원소는 모두 동일한 구조를 가집니다. 객체의 키와 키에 해당하는 값의 타입이 같습니다. 일반적으로 tf.data.Dataset은 여러 타입이 섞인 원소를 지원합니다. 하지만 일반적으로 데이터셋 원소는 동일한 타입을 가진 의미 있는 단위입니다. 따라서 아주 드문 경우를 제외하면 각 원소는 동일한 타입과 구조를 가집니다.

## CSV 파일에서 tf.data.Dataset 만들기

자주 사용하는 데이터셋 원소 타입은 CSV 파일의 행과 같이 테이블의 한 행을 나타내는 키-값 객체입니다. 다음은 2장에서 사용했던 보스턴 주택 데이터셋을 가져와 출력하는 코드입니다.

**코드 6-2** CSV 파일에서 tf.data.Dataset 만들기

```
const myURL =
      "https://storage.googleapis.com/tfjs-examples/" +
          "multivariate-linear-regression/data/train-data.csv";
const myCSVDataset = tf.data.csv(myURL); ---- 원격 CSV 파일을 기반으로 tfjs-data 데이터셋을 만듭니다.
await myCSVDataset.forEachAsync(e => console.log(e)); ----- forEachAsync() 메서드를 사용해 데이터셋에
                                                           있는 모든 값을 순회합니다. forEachAsync()는
// 다음과 같은 행이 333개 출력됩니다                             비동기 함수입니다.
// {crim: 0.327, zn: 0, indus: 2.18, chas: 0, nox: 0.458, rm: 6.998,
// age: 45.8, tax: 222}
// ...
```

tf.data.array() 대신에 여기에서는 tf.data.csv()에 CSV 파일의 URL을 전달합니다. 이 명령은 CSV 파일을 기반으로 데이터셋을 만듭니다. 이 데이터셋을 순회하는 것은 CSV 행을 순회하게 됩니다. Node.js에서는 다음과 같이 file://로 시작하는 URL을 사용해 로컬 CSV 파일을 읽을 수 있습니다.

```
const data = tf.data.csv(
    'file://./relative/fs/path/to/boston-housing-train.csv');
```

이 데이터셋을 반복할 때 CSV의 각 행이 자바스크립트 객체로 변환됩니다. 데이터셋이 반환한 원소는 CSV의 각 열이 하나의 속성으로 표현된 객체이며, 이 속성의 이름은 CSV 파일의 열 이름입

---

6　tf.data의 파이썬 텐서플로 구현에 익숙하다면 tf.data.Dataset이 텐서 외에 자바스크립트 기본 자료형을 포함할 수 있다는 점에 놀랄지 모릅니다.

니다. 속성의 순서를 기억하지 않아도 되기 때문에 원소를 다룰 때 편리합니다. 6.3.1절에서 CSV 파일을 사용하는 방법을 더 자세히 설명하겠습니다.

## 제너레이터 함수에서 tf.data.Dataset 만들기

tf.data.Dataset을 만드는 세 번째 방법이자 가장 유연한 방법은 tf.data.generator() 메서드와 제너레이터 함수를 사용하는 것입니다. tf.data.generator()는 자바스크립트 제너레이터 함수(또는 function*)[7]를 매개변수로 받습니다. 자바스크립트를 다룬 지 얼마 되지 않아 제너레이터 함수에 익숙하지 않다면 잠시 시간을 내어 온라인 문서를 읽어 보는 것이 좋습니다. 제너레이터 함수의 목적은 끊김 없이 또는 시퀀스가 소진될 때까지 필요에 따라 값을 연속적으로 생성하는 것입니다. 제너레이터 함수에서 반환된 값이 데이터셋의 값으로 전달됩니다. 예를 들어 가장 간단한 제너레이터 함수는 랜덤한 난수나 외부 장치로부터 읽은 데이터를 반환할 수 있습니다. 비디오 게임과 연동된 복잡한 제너레이터는 화면 캡처, 점수, 제어 입출력을 반환할 수 있습니다. 다음 코드에서 아주 간단한 제너레이터 함수가 랜덤하게 두 개의 주사위 숫자를 반환합니다.

**코드 6-3** 랜덤한 주사위 숫자를 위한 tf.data.Dataset 만들기

```
let numPlaysSoFar = 0; ┈┈┈┈ numPlaysSoFar는 rollTwoDice() 함수 안에서 사용되며
                              데이터셋이 이 함수를 몇 번이나 호출하는지 계산합니다.

function rollTwoDice() {
  numPlaysSoFar++;
  return [Math.ceil(Math.random() * 6), Math.ceil(Math.random() * 6)];
}


function* rollTwoDiceGeneratorFn() { ┈┐
  while(true) {                        │ rollTwoDice() 함수의 결과를 무제한으로 반환하는 제너레이터
    yield rollTwoDice();               │ 함수를 (function* 문법을 사용해) 정의합니다.
  }                                  ┈┘
}


const myGeneratorDataset = tf.data.generator( ┈┐
    rollTwoDiceGeneratorFn);                   └┈┈┈┈ 데이터셋을 만듭니다.
await myGeneratorDataset.take(1).forEachAsync( ┈┐ 데이터셋에서 하나의 원소를 추출합니다. take()
    e => console.log(e));                       └┈ 메서드는 6.1.4절에서 설명합니다.
// 콘솔에 다음과 같은 값이 출력됩니다
// [4, 2]
```

---

7  ECMA스크립트의 제너레이터 함수에 대한 더 자세한 내용은 다음 주소를 참고하세요. http://mng.bz/Q0rj

코드 6-3에서 만든 주사위 시뮬레이션 데이터셋에 대해 몇 가지 흥미로운 점이 있습니다. 첫째, 여기서 만든 데이터셋 myGeneratorDataset은 무한합니다. 이 제너레이터 함수는 끝이 없기 때문에 데이터셋에서 무한하게 샘플을 가져올 수 있습니다. 이 데이터셋에서 forEachAsync()나 toArray()(6.1.3절 참조)를 실행하면 절대 종료되지 않기 때문에 서버나 브라우저에 문제가 생기므로 조심해야 합니다. 이런 객체를 사용하려면 take(n)을 사용하여 제한된 개수의 샘플을 가진 다른 데이터셋을 만들어야 합니다. 잠시 후에 이에 대해 자세히 알아보겠습니다.

둘째, 이 데이터셋은 지역 변수 하나를 감싸고 있습니다. 이렇게 하면 제너레이터 함수가 몇 번이나 실행되었는지 로깅하고 디버깅하는 데 도움이 됩니다.

셋째, 요청이 있을 때까지 데이터를 만들지 않습니다. 이 경우에는 데이터셋에서 하나의 샘플만 추출했습니다. 이 호출은 numPlaysSoFar 값에 반영될 것입니다.

제너레이터 데이터셋은 강력하고 매우 유연합니다. 데이터베이스 쿼리를 사용해 가져온 데이터, 네트워크를 통해 조금씩 내려받은 데이터, 외부 장치에서 받은 데이터 같은 모든 종류의 데이터 제공 API와 모델을 연결할 수 있습니다. tf.data.generator() API에 대한 더 자세한 내용은 INFO BOX 6.1을 참고하세요.

---

**INFO BOX 6.1 ≡　tf.data.generator() 매개변수**

tf.data.generator() API는 유연하고 강력하며 많은 종류의 데이터 제공 API와 모델을 연결할 수 있습니다. tf.data.generator()에 전달하는 매개변수는 다음 사양을 만족해야 합니다.

- 매개변수 없이 호출 가능해야 합니다.
- 매개변수 없이 호출할 때 반복자(iterator)와 반복자 프로토콜을 준수하는 객체를 반환해야 합니다. 즉, 반환된 객체가 next() 메서드를 가져야 한다는 의미입니다. 매개변수 없이 next() 메서드를 호출할 때 자바스크립트 객체 {value: ELEMENT, done: false}를 반환해야 합니다. 이때 ELEMENT가 데이터셋으로 전달됩니다. 더 이상 반환할 값이 없다면 {value: undefined, done: true}를 반환해야 합니다.

자바스크립트 제너레이터 함수는 이런 규칙에 맞는 Generator 객체를 반환하기 때문에 가장 쉽게 tf.data. generator()를 사용할 수 있는 방법입니다. 이 함수는 지역 변수를 참조하거나 하드웨어와 네트워크 등에 연결할 수 있습니다.

다음은 표 6-1에 포함된 tf.data.generator()를 사용하는 방법을 설명하는 코드입니다.

```
function* countDownFrom10() {
  for (let i = 10; i > 0; i--) {
    yield(i);
  }
}
const dataset = tf.data.generator(countDownFrom10);
```

○ 계속

어떤 이유로 제너레이터 함수를 사용하지 않고 직접 반복자 프로토콜을 구현하고 싶다면 앞의 코드를 다음과 같이 작성할 수도 있습니다.

```javascript
function countDownFrom10Func() {
  let i = 10;
  return {
    next: () => {
      if (i > 0) {
        return {value: i--, done: false};
      } else {
        return {done: true};
      }
    }
  }
}
const dataset = tf.data.generator(countDownFrom10Func);
```

### 6.1.3 데이터셋에서 데이터 가져오기

데이터셋이 준비되었다면 당연히 그 안의 데이터를 가져오고 싶을 것입니다. 만들기만 하고 사용하지 않는 데이터 구조는 실제로 유용하지 않습니다. 데이터셋에서 데이터를 가져오는 API는 두 개가 있지만, tf.data 사용자는 자주 사용하지 않아야 합니다. 일반적으로 고수준 API를 사용해 데이터셋에 있는 데이터를 활용합니다. 예를 들어 모델을 훈련할 때 6.2절에 설명한 model.fitDataset() API를 사용하여 데이터셋에 있는 데이터를 참조하기 때문에 직접 데이터를 가져올 필요가 없습니다. 그럼에도 불구하고 디버깅, 테스팅하거나 Dataset 객체의 작동 방식을 이해하기 위해 데이터셋의 내용을 들여다보는 방법을 아는 것이 중요합니다.

데이터셋에서 데이터를 가져오는 첫 번째 방법은 Dataset.toArray()를 사용해 모든 데이터를 배열로 내보내는 것입니다. 이 함수는 설명한 그대로 수행됩니다. 전체 데이터셋을 순회하면서 모든 원소를 배열로 보내고 이 배열을 사용자에게 반환합니다. 이 함수를 실행할 때 자바스크립트 런타임에 대해 너무 큰 배열을 만들지 않도록 주의해야 합니다. 예를 들어 데이터셋이 아주 큰 원격 데이터 저장소나 센서에서 값을 읽는 무한한 데이터셋에 연결되어 있을 때 이런 실수를 저지르기 쉽습니다.

데이터셋에서 데이터를 가져오는 두 번째 방법은 dataset.forEachAsync(f)를 사용해 데이터셋의 샘플마다 어떤 함수를 실행하는 것입니다. forEachAsync()에 제공하는 매개변수는 자바스크립트 배열이나 집합의 forEach() 생성자(즉, Array.forEach()와 Set.forEach())와 비슷한 방식으로 순서대로 각 원소에 적용됩니다.

Dataset.forEachAsync()와 Dataset.toArray()는 모두 비동기 함수라는 점이 중요합니다. 동기 함수인 Array.forEach()와 다르기 때문에 실수하기 쉽습니다. Dataset.toArray()는 프로미스를 반환하므로 동기적으로 처리하려면 일반적으로 await나 .then()이 필요합니다. await를 빼먹으면 프로미스가 기대한 순서대로 수행되지 않아 버그가 발생할 수 있습니다. 프로미스가 수행되기 전에 내용을 추출하기 때문에 데이터셋이 비어 있는 것처럼 보이는 버그가 발생합니다.

Array.forEach()와 다르게 Dataset.forEachAsync()가 비동기인 이유는 데이터셋이 접근하는 데이터는 일반적으로 원격 저장소로부터 만들고 계산하고 추출하기 때문입니다. 비동기성을 통해 기다리는 동안 가용한 계산 자원을 효율적으로 사용할 수 있습니다. 표 6-2에 두 메서드를 요약해 놓았습니다.

▼ 표 6-2 데이터셋을 순회하는 메서드

| tf.data.Dataset 객체의 메서드 | 수행 내용 | 예 |
|---|---|---|
| .toArray() | 비동기적으로 전체 데이터셋을 순회하면서 각 원소를 하나의 배열에 넣은 다음 이 배열을 반환합니다. | const a = tf.data.array([1, 2, 3, 4, 5, 6]);<br>const arr = await a.toArray();<br>console.log(arr);<br>// 1,2,3,4,5,6 |
| .forEachAsync(f) | 비동기적으로 데이터셋의 전체 원소를 순회하면서 각 원소에 대해 함수 f를 실행합니다. | const a = tf.data.array([1, 2, 3]);<br>await a.forEachAsync(e => console.log("hi " + e));<br>// hi 1<br>// hi 2<br>// hi 3 |

## 6.1.4 tfjs-data 데이터셋 다루기

데이터를 정제하거나 처리하지 않고 제공된 대로 바로 사용할 수 있다면 매우 좋습니다. 하지만 경험상 교육이나 벤치마크를 위해 만들어진 예제가 아니고서는 거의 해당되지 않습니다. 일반적으로는 머신 러닝 작업에 사용하거나 분석하기 전에 데이터를 어떤 식으로든 변환해야 합니다. 예를 들면 소스에 필터링해야 하는 원소가 있거나 특정 키의 데이터를 파싱하고, 역직렬화하고, 이름을 바꾸어야 합니다. 또는 데이터가 순서대로 저장되어 있어 모델을 훈련하고 평가하기 전에 랜덤하게 섞어야 합니다. 아마도 데이터셋을 중복되지 않도록 훈련과 테스트 세트로 나누어야 할 것입니다. 이런 식으로 전처리는 거의 불가피합니다. 잘 정제되어 있고 바로 사용할 수 있는 데이터셋이 있다면, 누군가가 이미 정제와 전처리를 수행한 것입니다!

tf.data.Dataset은 이런 종류의 연산을 수행하는 메서드를 제공합니다. 표 6-3에 있는 tf.data.Dataset 메서드는 연결하여 사용할 수 있습니다. 각 메서드는 새로운 Dataset 객체를 반환합니다. 하지만 데이터셋의 모든 원소를 복사하거나 메서드를 호출할 때마다 모든 원소를 순회하지 않습니다! tf.data.Dataset API는 게으른 방식으로 원소를 로드하거나 변환합니다. 여러 개의 메서드를 연결하여 만든 데이터셋을 마지막으로 연결된 메서드에서 요청한 원소에 대해서만 수행하는 작은 프로그램으로 생각할 수 있습니다. Dataset 객체가 연결된 연산을 거슬러 올라갈 때 원격 소스에서 데이터를 요청합니다.

❤ 표 6-3 tf.data.Dataset 객체의 연결 가능한 메서드

| tf.data.Dataset 객체의 메서드 | 수행 내용 | 예 |
|---|---|---|
| .filter(predicate) | predicate가 true로 평가된 원소만를 담은 데이터셋을 반환합니다. | myDataset.filter(x => x < 10);<br>myDataset에서 10보다 작은 값만 추출한 데이터셋을 반환합니다. |
| .map(transform) | 데이터셋에 있는 모든 원소에 제공된 함수를 적용하고 매핑된 원소로 이루어진 새로운 데이터셋을 반환합니다. | myDataset.map(x => x * x);<br>원본 데이터셋의 원소를 제곱한 데이터셋을 반환합니다. |
| .mapAsync(asyncTransform) | map과 같지만 제공된 함수가 비동기 함수여야 합니다. | myDataset.mapAsync(fetchAsync);<br>fetchAsync가 URL에서 추출한 데이터를 반환하는 비동기 함수라고 가정하면, 이 코드는 각 URL에 있는 데이터를 담은 새로운 데이터셋을 반환합니다. |
| .batch(batchSize, smallLastBatch?) | 연속적으로 늘어선 원소를 하나의 원소 그룹으로 묶고 원시 자료형을 텐서로 변환합니다. | const a = tf.data.array(<br>  [1, 2, 3, 4, 5, 6, 7, 8])<br>  .batch(4);<br>await a.forEachAsync(e => e.print());<br>// 출력:<br>// Tensor [1, 2, 3, 4]<br>// Tensor [5, 6, 7, 8] |
| .concatenate(dataset) | 두 데이터셋의 원소를 연결하여 새로운 데이터셋을 만듭니다. | myDataset1.concatenate(myDataset2)<br>먼저 myDataset1의 모든 원소를 순회하고, 그다음에는 myDataset2의 모든 원소를 순회하는 데이터셋을 반환합니다. |

⟳ 계속

266

| tf.data.Dataset 객체의 메서드 | 수행 내용 | 예 |
|---|---|---|
| .repeat(count) | 원본 데이터셋을 여러 번 (혹은 무한하게) 순회하는 데이터셋을 반환합니다. | myDataset.repeat(NUM_EPOCHS)<br>myDataset의 모든 값을 NUM_EPOCHS 횟수만큼 순회하는 데이터셋을 반환합니다. NUM_EPOCHS가 음수이거나 정의되어 있지 않으면 무제한 반복됩니다. |
| .take(count) | 처음 count개 샘플을 담은 데이터셋을 반환합니다. | myDataset.take(10);<br>myDataset의 처음 열 개 원소를 담은 데이터셋을 반환합니다. myDataset의 원소가 열 개보다 적다면 아무런 변화가 없습니다. |
| .skip(count) | 처음 count개 샘플을 건너뛴 데이터셋을 반환합니다. | myDataset.skip(10);<br>myDataset의 처음 열 개를 제외한 모든 원소를 담은 데이터셋을 반환합니다. myDataset의 원소가 열 개보다 적다면 빈 데이터셋이 반환됩니다. |
| .shuffle(<br>  bufferSize,<br>  seed?<br>) | 원본 데이터셋의 원소를 섞은 데이터셋을 만듭니다.<br>주의: bufferSize 크기 윈도 안에서 랜덤하게 선택하여 데이터셋을 섞습니다. 따라서 윈도 크기를 넘어선 순서 정보는 유지됩니다. | const a = tf.data.array(<br>  [1, 2, 3, 4, 5, 6]).shuffle(3);<br>await a.forEachAsync(e => console.log(e));<br>// prints, e.g., 2, 4, 1, 3, 6, 5<br>1에서 6까지 값을 랜덤한 순서로 출력합니다. 윈도 크기가 전체 데이터 크기보다 작기 때문에 모든 순서가 가능하지 않다는 점에서 완전한 랜덤은 아닙니다. 예를 들면, 마지막 원소 6이 bufferSize(3) 간격보다 더 앞으로 이동해야 하기 때문에 맨 처음 원소가 되는 것은 불가능합니다. |

이런 연산을 서로 연결하여 간단하지만 강력한 처리 파이프라인을 만들 수 있습니다. 예를 들어 데이터셋을 랜덤하게 훈련 데이터셋과 테스트 데이터셋으로 나누려면 다음 코드와 같이 쓸 수 있습니다(https://github.com/tensorflow/tfjs-examples/tree/master/iris-fitDataset/data.js 참조).

**코드 6-4** tf.data.Dataset을 사용해 훈련/테스트 세트 분할하기

```
const seed = Math.floor(
    Math.random() * 10000);
const trainData = tf.data.array(IRIS_RAW_DATA)
    .shuffle(IRIS_RAW_DATA.length, seed);
    .take(N); ------ 훈련 데이터로 처음 N개의 샘플을 선택합니다.
    .map(preprocessFn);
const testData = tf.data.array(IRIS_RAW_DATA)
    .shuffle(IRIS_RAW_DATA.length, seed);
```

훈련 데이터와 테스트 데이터에 동일한 랜덤 시드(seed)를 사용합니다. 그렇지 않으면 독립적으로 섞이기 때문에 같은 샘플이 훈련 세트와 테스트 세트에 포함될 수 있습니다.

```
  .skip(N); ······ 테스트 데이터를 위해 처음 N개의 샘플을 건너뜁니다.
  .map(preprocessFn);
```

이 코드에서 주의해야 할 몇 가지 중요한 사항이 있습니다. 샘플을 랜덤하게 훈련 세트와 테스트 세트로 나누기 위해 먼저 데이터를 섞습니다. 그다음, 훈련 데이터로 처음 N개 샘플을 가져옵니다. 테스트 데이터를 위해 이런 샘플을 건너뛰고 나머지를 선택합니다. 샘플을 가져올 때 데이터가 동일한 방식으로 섞여 있어야 합니다. 그래야 같은 샘플이 두 세트에 들어가지 않습니다. 이 때문에 두 샘플링 파이프라인에 같은 랜덤 시드를 사용합니다.

skip() 연산 다음에 map() 함수를 적용하는 것도 중요합니다. skip() 메서드 전에 .map(preprocessFn)을 호출하는 것도 가능하지만, preprocessFn이 건너뛸 샘플에도 실행되기 때문에 계산 낭비가 됩니다. 이런 동작은 다음 코드로 검증할 수 있습니다.

**코드 6-5** skip()과 map()의 호출 순서 영향

```
let count = 0;
// 카운트만 증가시키고 입력을 그대로 반환하는 함수
function identityFn(x) {
  count += 1;
  return x;
}

console.log('skip 다음에 map 호출');
await tf.data.array([1, 2, 3, 4, 5, 6])
    .skip(6) ······ skip()을 map()보다 먼저 호출합니다.
  .map(identityFn)
  .forEachAsync(x => undefined);
console.log(`카운트: ${count}`);

console.log('map 다음에 skip 호출');
await tf.data.array([1, 2, 3, 4, 5, 6])
    .map(identityFn) ······ map()을 skip()보다 먼저 호출합니다.
  .skip(6)
  .forEachAsync(x => undefined);
console.log(`카운트: ${count}`);
// 출력:
// skip() --> map()
// 카운트: 0
// map() --> skip()
// 카운드: 6
```

dataset.map()을 자주 사용하는 또 다른 경우는 입력 데이터를 정규화할 때입니다. 입력의 평균을 0으로 정규화하고 싶지만 입력 샘플의 개수가 무한한 경우를 생각할 수 있습니다. 샘플에서 평균을 빼려면 먼저 전체 샘플의 평균을 계산해야 합니다. 하지만 무한한 집합의 평균을 계산하는 것은 불가능합니다. 대표 샘플을 선택해 이 샘플들의 평균을 계산할 수도 있지만, 정확한 샘플 크기를 알지 못하면 실수를 저지를 수 있습니다. 거의 모든 값이 0에 가깝지만 1,000만 번째 샘플마다 1e9의 값을 가지는 분포를 생각해 보죠. 이 분포의 평균은 100이지만, 처음 100만 개 샘플에서 평균을 계산하면 차이가 크게 납니다.

다음과 같은 방식으로 데이터셋 API를 사용해 스트리밍 정규화를 수행할 수 있습니다(코드 6-6). 이 코드에서는 지금까지 본 샘플의 개수와 이 샘플들의 합을 계속 기록합니다. 이런 식으로 스트리밍 정규화를 수행할 수 있습니다. 이 코드는 (텐서가 아니라) 스칼라에 대해 수행하지만 텐서용 버전도 비슷한 구조입니다.

**코드 6-6** tf.data.map()을 사용한 스트리밍 정규화

```
function newStreamingZeroMeanFn() {
  let samplesSoFar = 0;
  let sumSoFar = 0;
  return (x) => {
    samplesSoFar += 1;
    sumSoFar += x;
    const estimatedMean = sumSoFar / samplesSoFar;
    return x - estimatedMean;
  }
}
const normalizedDataset1 =
  unNormalizedDataset1.map(newStreamingZeroMeanFn());
const normalizedDataset2 =
  unNormalizedDataset2.map(newStreamingZeroMeanFn());
```

> 매개변수 하나를 받는 함수를 반환합니다. 이 함수는 입력에서 지금까지 본 모든 입력의 평균을 뺀 값을 반환합니다.

샘플 카운트 변수와 누적 변수를 포함하는 새로운 매핑 함수를 생성합니다. 이렇게 하면 여러 데이터셋을 독립적으로 정규화할 수 있습니다. 그렇지 않으면 두 데이터셋이 카운트와 누적에 동일한 변수를 사용하게 됩니다. 이 방법은 sumSoFar와 samplesSoFar에 수치 오버플로 가능성이 있기 때문에 제약이 없는 것은 아니므로 주의가 필요합니다.

# 6.2 model.fitDataset으로 모델 훈련하기

스트리밍 데이터셋 API는 훌륭하고 이를 사용해 데이터를 우아하게 처리할 수 있습니다. 하지만 tf.data API의 주된 목적은 훈련과 평가를 위해 데이터와 모델의 연결을 단순화하는 것입니다. tf.data가 어떻게 도움이 될까요?

2장부터는 모델을 훈련할 때마다 model.fit() API를 사용했습니다. model.fit()은 적어도 두 개의 필수 매개변수인 xs와 ys를 받습니다. xs 변수는 입력 샘플의 묶음을 표현하는 텐서여야 합니다. ys 변수는 입력에 해당하는 출력 타깃을 표현하는 텐서여야 합니다. 예를 들어 이전 장의 코드 5.11에서는 다음과 같이 합성 장면의 객체 탐지 모델을 훈련하고 미세 튜닝했습니다.

```
model.fit(images, targets, modelFitArgs
```

여기에서 images는 2,000개 이미지의 묶음을 표현하는 [2000, 224, 224, 3] 크기의 랭크 4인 텐서입니다. modelFitArgs 설정 객체는 옵티마이저를 위해 배치 크기를 지정합니다. 배치 크기의 기본값은 32입니다. TensorFlow.js가 메모리에 올라간 전체 데이터에 해당하는 2,000개 샘플을 받아 에포크할 때마다 한 번에 32개 샘플씩 처리합니다.[8]

데이터가 충분하지 않고 더 큰 데이터셋으로 훈련해야 한다면 어떻게 할까요? 이런 상황에서는 이상적이지는 않지만 두 개의 옵션이 가능합니다. 옵션 1은 더 큰 배열을 로드하고 문제가 없는지 확인하는 것입니다. 하지만 어느 시점에 TensorFlow.js가 메모리 부족 문제를 일으키고 훈련 데이터를 위해 메모리를 할당할 수 없다는 에러를 내뱉을 것입니다. 옵션 2는 데이터를 청크(chunk)로 나누어 GPU에 업로드하고 이 청크에 대해 model.fit()을 호출하는 것입니다. 이렇게 하려면 데이터가 준비될 때마다 훈련하도록 model.fit() 호출을 직접 관리해야 합니다. 한 번 이상 에포크를 수행하려면, 처음으로 돌아가 일정(혹은 섞은) 순서대로 청크를 다시 내려받아야 합니다. 이런 관리는 번거롭고 오류가 발생하기 쉬울 뿐만 아니라 텐서플로 자체의 에포크 카운트와 측정 지표 리포팅을 훼방하기 때문에 직접 연동시켜야 합니다.

TensorFlow.js는 이런 작업을 훨씬 편리하게 도와주는 model.fitDataset() API를 제공합니다.

```
model.fitDataset(dataset, modelFitDatasetArgs)
```

---

8  GPU 메모리는 일반적으로 시스템에 있는 RAM보다 훨씬 작습니다!

model.fitDataset()은 첫 번째 매개변수로 데이터셋을 받습니다. 이 데이터셋은 특정 패턴을 따라야 합니다. 구체적으로 이 데이터셋은 두 개의 속성을 가진 객체를 산출해야 합니다. 첫 번째 속성은 xs이고 Tensor 타입의 값으로 배치 샘플의 특성을 나타냅니다. model.fit()의 xs 매개변수와 비슷하지만, 데이터셋은 한 번에 전체 배열이 아니라 하나의 배치에 해당하는 샘플을 반환합니다. 두 번째 필수 속성은 ys이며 타깃 텐서를 담고 있습니다.[9] model.fit()에 비해 model.fitDataset()은 여러 장점이 있습니다. 무엇보다도 데이터 청크 다운로드를 관리할 코드를 작성하지 않아도 됩니다. 필요할 때마다 스트리밍 방식으로 효율적으로 처리됩니다. 데이터셋에 내장된 캐싱 구조는 필요할 것으로 예상되는 데이터를 프리페치(prefetch)하기 때문에 계산 자원을 효율적으로 사용할 수 있습니다. 이 API는 GPU 메모리보다 훨씬 큰 데이터셋에서 훈련할 수 있으므로 아주 강력합니다. 사실 새로운 훈련 샘플을 얻는 한 계속 훈련할 수 있기 때문에 훈련할 수 있는 데이터셋의 크기는 훈련에 쓸 수 있는 시간에만 제한될 뿐입니다. data-generator 예제에서 이런 동작을 볼 수 있습니다.

이 예제에서 간단한 확률 게임의 승리 가능성을 예측하는 모델을 훈련합니다. 이전처럼 다음 명령으로 데모를 실행할 수 있습니다.

```
> cd deep-learning-with-javascript
> npx http-server
```

그다음, 브라우저를 열고 http://127.0.0.1:8080/data-generator에 접속합니다.[10] 여기서 사용하는 게임은 포커와 비슷한 간단한 카드 게임입니다. 두 플레이어는 N개의 카드를 받습니다. N은 양의 정수이고, 각 카드는 1과 13 사이의 랜덤한 정수로 표현됩니다. 이 게임의 규칙은 다음과 같습니다.

- 같은 값의 카드를 많이 가진 플레이어가 이깁니다. 예를 들어 플레이어 1이 한 종류의 카드를 세 개 가지고 있고 플레이어 2는 두 개만 같다면 플레이어 1이 이깁니다.
- 두 플레이어가 같은 개수의 동일한 카드를 가지고 있다면 더 큰 값을 가진 플레이어가 이깁니다. 예를 들어 5를 두 장 가진 플레이어가 4를 두 장 가진 플레이어를 이깁니다.
- 두 플레이어가 모두 같은 값을 가진 카드가 없다면 단일 카드 중에 가장 값이 높은 플레이어가 이깁니다.
- 동점일 경우 랜덤하게 50:50 확률로 승자를 결정합니다.

---

9  여러 입력을 사용하는 모델의 경우 개별 특성 텐서 대신에 텐서의 배열을 받을 수 있습니다. 모델이 학습하는 타깃이 여러 개인 경우도 비슷한 패턴을 따릅니다.

10  역주 번역서 데모 사이트(https://ml-ko.kr/tfjs/data-generator)에 브라우저로 접속하여 바로 실행해 볼 수 있습니다.

각 플레이어의 승리 확률이 동일하다고 가정합니다. 따라서 카드에 대해 아는 정보가 없다면, 절반의 확률로만 승리할지 패할지 추측할 수 있습니다. 플레이어 1의 카드를 입력으로 받고 이 플레이어가 이길지 예측하는 모델을 만들고 훈련하겠습니다. 그림 6-1의 스크린샷을 보면, 약 250,000개의 샘플(50 에포크 × 50 배치/에포크 × 100 샘플/배치)에서 훈련한 뒤 대략 75%의 정확도를 달성했습니다. 이 시뮬레이션에서는 다섯 개의 카드를 사용했지만 다른 개수에서도 비슷한 정확도를 달성합니다. 더 많은 배치와 에포크에서 실행하면 더 높은 정확도를 달성할 수 있습니다. 하지만 75% 수준에서도 이 지능적인 플레이어는 승리할 확률을 예측하는 데 보통 플레이어보다 큰 장점을 가집니다.

❤ 그림 6-1 data–generator 예제의 화면. 게임 규칙 설명과 시뮬레이션 실행 버튼이 왼쪽 위에 있다. 아래쪽에는 생성된 특성과 데이터 파이프라인이 보인다. **데이터셋에서 배열 만들기** 버튼을 클릭하면 연결된 데이터셋 연산이 실행되고, 게임을 시뮬레이션하여 특성을 만들고, 샘플을 배치로 묶고, N개의 배치를 선택한 다음 배열로 변환한다. 그리고 이 배열을 출력한다. 오른쪽 위에는 이 데이터 파이프라인을 사용해 모델을 훈련하는 버튼이 있다. **fitDataset으로 모델 훈련하기** 버튼을 클릭하면 model.fitDataset() 연산이 구동되어 파이프라인에서 샘플을 가져온다. 그 아래에 손실과 정확도 곡선이 출력된다. 오른쪽 아래에 플레이어 1의 카드 값을 적고 **예측하기** 버튼을 클릭하면 모델의 예측을 확인할 수 있다. 플레이어가 승리할 가능성이 높다고 모델이 판단하면 높은 확률이 출력된다. 카드 값은 중복을 허용하므로 한 숫자가 다섯 번 등장할 수 있다.

model.fit()으로 이 작업을 수행하면 입력 특성을 표현하기 위해 250,000개 샘플의 텐서를 만들고 저장해야 합니다. 이 예제의 데이터는 (샘플마다 열 개의 실수뿐이라) 아주 작지만, 이전 장의 객체 탐지 작업에서는 250,000개 샘플을 저장하려면 150GB의 GPU 메모리가 필요합니다.[11] 현재 대부분의 브라우저에서는 이런 크기를 감당할 수 없습니다.

이 예제의 코드를 자세히 살펴보죠. 먼저 데이터셋을 어떻게 생성하는지 알아보겠습니다. 다음 코드(data-generator/index.js에서 발췌)는 코드 6-3에 있는 주사위 숫자 생성 데이터셋과 비슷합니다. 다만 더 많은 정보를 저장하기 때문에 조금 더 복잡합니다.

**코드 6-7** 카드 게임을 위해 tf.data.Dataset 만들기

```
import * as game from './game.js';
                                          게임 라이브러리에서 포커와 유사한 단순한 카드 게임의 카드를 생성하는
let numSimulationsSoFar = 0;              randomHand()와 두 카드를 비교하여 어느 플레이어가 이겼는지 알려
                                          주는 compareHands() 함수를 가져옵니다.

function runOneGamePlay() {
  const player1Hand = game.randomHand();        포커와 유사한 간단한 카드 게임에서
  const player2Hand = game.randomHand();        두 플레이어를 시뮬레이션합니다.
  const player1Win = game.compareHands(
    player1Hand, player2Hand);                  게임의 승자를 계산합니다.
  numSimulationsSoFar++;
  return {player1Hand, player2Hand, player1Win};      두 플레이어의 카드와 승자를 반환합니다.
}

function* gameGeneratorFunction() {
  while (true) {
    yield runOneGamePlay();
  }
}

export const GAME_GENERATOR_DATASET =
    tf.data.generator(gameGeneratorFunction);
await GAME_GENERATOR_DATASET.take(1).forEach(
    e => console.log(e));
// 출력
// {player1Hand: [11, 9, 7, 8],
// player2Hand: [10, 9, 5, 1],
// player1Win: 1}
```

---

11 샘플 개수 × 너비 × 높이 × 컬러 채널 × int32 크기 = 250,000 × 224 × 224 × 3 × 4바이트

기본적인 생성기 데이터셋을 게임 로직과 연결하고 나면 학습 작업에 맞게 데이터 형태를 변환합니다. 구체적으로 이 작업은 player1Hand에서 player1Win을 예측하는 것입니다. 이렇게 하기 위해 [batchOf-Features, batchOfTargets] 형태의 원소를 반환하는 데이터셋을 만들려고 합니다. 여기서 특성은 플레이어 1의 카드에서 계산됩니다. 다음 코드는 data-generator/index.js에서 발췌한 것입니다.

**코드 6-8** 플레이어 특성 데이터셋 만들기

```
function gameToFeaturesAndLabel(gameState) {       ┈┈┐
  return tf.tidy(() => {      하나의 게임 상태를 받아 플레이어 1의 특성 표현과 승리 여부를 반환합니다.
    const player1Hand = tf.tensor1d(gameState.player1Hand, 'int32');
    const handOneHot = tf.oneHot(
      tf.sub(player1Hand, tf.scalar(1, 'int32')),
      game.GAME_STATE.max_card_value);       handOneHot의 크기는 [numCards,
                                             max_value_card]입니다. 이 연산은 카드
    const features = tf.sum(handOneHot, 0); ┈┈┈┈┈┈┈ 종류 개수를 더하여 [max_value_card]
    const label = tf.tensor1d([gameState.player1Win]); 크기의 텐서를 만듭니다.
    return {xs: features, ys: label};
  });
}
let BATCH_SIZE = 50;
                                게임 출력 객체의 각 원소를 두 개의 텐서 배열로 변환합니다.
                                하나는 특성이고, 다른 하나는 타깃입니다.
export const TRAINING_DATASET =
    GAME_GENERATOR_DATASET.map(gameToFeaturesAndLabel) ┈┈┈┈┈┈┐
                              .batch(BATCH_SIZE); ┈┈┈┐
await TRAINING_DATASET.take(1).forEach(
    e => console.log([e.shape, e.shape]));   연속적인 BATCH_SIZE개의 원소를 하나의 원소로 모읍니다.
// 텐서 크기:                                이 명령은 자바스크립트 배열에서 가져온 데이터가 텐서가 아닐
// [[50, 13], [50, 1]]                       경우 텐서로 바꾸기도 합니다.
```

적절한 형태로 데이터셋이 준비되었으므로 다음 코드처럼 model.fitDataset()을 사용해 모델에 연결할 수 있습니다(data-generator/index.js에서 발췌).

**코드 6-9** 데이터셋에서 모델을 훈련하기

```
// 모델 구성
model = tf.sequential();
model.add(tf.layers.dense({
  inputShape: [game.GAME_STATE.max_card_value],
  units: 20,
  activation: 'relu'
}));
model.add(tf.layers.dense({units: 20, activation: 'relu'}));
```

```
model.add(tf.layers.dense({units: 1, activation: 'sigmoid'}));

// 모델 훈련
await model.fitDataset(TRAINING_DATASET, {  ------훈련을 시작합니다.
  batchesPerEpoch: ui.getBatchesPerEpoch(),------
  epochs: ui.getEpochsToTrain(),
  validationData: TRAINING_DATASET, ------------------
  validationBatches: 10,------------
  callbacks: {
    onEpochEnd: async (epoch, logs) => {
      trainLogs.push(logs);
      tfvis.show.history(
        ui.lossContainerElement, trainLogs, ['loss', 'val_loss'])
      tfvis.show.history( ------model.fitDataset()은 model.fit()과 마찬가지로 tfvis와 호환되는 로그를 만듭니다.
        ui.accuracyContainerElement, trainLogs, ['acc', 'val_acc'],
        {zoomToFitAccuracy: true})
    },
  }
}
```

에포크당 배치 횟수. 이 데이터셋은 무한대이므로 언제 에포크 종
료 콜백을 실행할지 TensorFlow.js에게 알려 주어야 합니다.

훈련 데이터를 검증 데이터로 사용합니다. 일반적으로 이렇게
하면 얼마나 성능이 좋은지에 대한 편향된 정보를 얻기 때문에
나쁜 방법입니다. 이 경우에는 훈련과 검증에 사용하는 데이터
가 제너레이터를 통해 독립적이라는 것이 보장되기 때문에 문제
가 되지 않습니다.

검증 데이터셋에서 얼마나 많은 샘플을 한 번의 평가에
사용할지 TensorFlow.js에게 알려 주어야 합니다.

6

데이터 다루기

이전 코드에서 보았듯이, 데이터셋에서 모델을 훈련하는 것은 x, y 텐서 쌍에서 모델을 훈련하는
것만큼 간단합니다. 데이터셋이 올바른 포맷의 값을 생성하는 한 모든 것이 문제없이 동작합니다.
원격 소스에서 스트리밍 데이터를 사용할 수 있고 직접 이런 과정을 관리할 필요가 없습니다. 텐서
쌍 대신에 데이터셋을 전달하는 것 외에도 설정 객체에는 언급할 만한 몇 가지 다른 점이 있습니다.

- **batchesPerEpoch**: 코드 6-9에서 보았듯이 model.fitDataset()의 설정 객체는 에포크를
구성하는 배치 횟수를 지정하는 옵션 필드를 가집니다. model.fit()에 전체 데이터를 주
입할 때 전체 데이터셋의 샘플 개수를 쉽게 계산할 수 있습니다. data.shape[0]입니다!
fitDataset()을 사용할 때 두 가지 방법으로 에포크 끝을 TensorFlow.js에게 알려 줄 수
있습니다. 첫 번째 방법이 이 설정 옵션을 사용하는 것입니다. fitDataset()이 지정된 배치
횟수가 끝난 후에 onEpochEnd와 onEpochStart 콜백을 실행할 것입니다. 두 번째 방법은 데
이터셋이 끝났다는 신호로 데이터셋 자체를 종료하는 것입니다. 코드 6-7에서 이 방식을 적
용하려면

  while (true) { ... }

  를

  for (let i = 0; i<ui.getBatchesPerEpoch(); i++) { ... }

  로 바꿉니다.

- **validationData**: fitDataset()을 사용할 때 validationData도 데이터셋으로 지정할 수 있습니다. 하지만 그렇지 않아도 됩니다. 원한다면 validationData에 계속 텐서를 사용할 수 있습니다. 검증 데이터셋은 반환되는 원소의 포맷에 대해 훈련 데이터셋과 동일한 사양을 따라야 합니다.
- **validationBatches**: 검증 데이터로 데이터셋을 사용하면, 한 번의 평가를 구성하기 위해 데이터셋에서 몇 개의 샘플을 가져올지 TensorFlow.js에게 알려 주어야 합니다. 아무런 값을 지정하지 않으면 TensorFlow.js는 종료 신호가 올 때까지 데이터셋에서 계속 데이터를 추출합니다. 코드 6-7은 데이터셋을 생성하는 끝이 없는 제너레이터를 사용하기 때문에 절대 끝나지 않고 프로그램은 먹통이 될 것입니다.

다른 설정은 model.fit() API와 동일하므로 변경할 필요가 없습니다.

# 6.3 데이터 추출의 일반적인 패턴

모든 개발자는 데이터를 모델에 연결하는 솔루션이 필요합니다. 이런 연결은 일반적인 주식에서부터 MNIST처럼 잘 알려진 실험 데이터셋, 완전한 사용자 정의 연결, 기업 내의 독점 데이터 포맷까지 다양합니다. 이 절에서는 tf.data를 사용하여 이런 연결을 간단하고 유지하기 쉽게 만드는 방법을 알아보겠습니다.

## 6.3.1 CSV 데이터 다루기

보통의 주식 데이터셋을 넘어서 가장 일반적인 데이터 수집 방법은 어떤 파일 포맷으로 저장된 미리 준비된 데이터를 로드하는 것입니다. 데이터 파일은 간단하고 읽기 쉽고 광범위하게 사용되기 때문에 CSV 포맷[12]으로 저장된 경우가 많습니다. 다른 포맷은 저장 효율이나 접근 속도에서 장점이 있지만, CSV가 데이터셋의 공용어로 간주되고 있습니다. 자바스크립트 커뮤니티에서

---

12 2019년 1월 기준으로 데이터 과학과 머신 러닝 경연 대회 사이트인 캐글(kaggle.com/datasets)은 13,971개의 공개된 데이터셋을 가지고 있습니다. 이 중에 3분의 2가 CSV 포맷으로 제공됩니다. 역주 2021년 말에는 112,038개의 공개 데이터셋을 제공하며 이 중에 CSV 데이터는 절반에 가까운 54,257개입니다.

는 어떤 HTTP 엔드포인트(endpoint)에서 편리하게 데이터를 스트리밍받기를 원합니다. 이 때문에 TensorFlow.js는 CSV 파일에서 데이터 스트리밍과 조작을 기본으로 지원합니다. 6.1.2절에서는 CSV 파일 기반으로 tf.data.Dataset을 만드는 방법을 간단히 설명했습니다. 이 절에서는 tf.data를 사용해 CSV 파일을 얼마나 쉽게 사용할 수 있는지 확인하고자 CSV API를 자세히 알아보겠습니다. 원격 CSV 데이터셋에 연결하고, CSV 구조를 출력하고, 데이터셋의 원소를 카운트하고, 개별 샘플을 선택하여 출력하는 예제를 설명하겠습니다. 다음 명령으로 예제를 실행할 수 있습니다.

이전처럼 다음 명령으로 데모를 실행할 수 있습니다.

```
> cd deep-learning-with-javascript
> npx http-server
```

그다음, 브라우저를 열고 http://127.0.0.1:8080/data-csv에 접속합니다.[13] 이 데모는 원격 CSV 파일 URL을 입력하거나 보스턴 주택 CSV처럼 클릭하여 네 개의 추천 URL 중 하나를 사용할 수 있습니다. 그림 6-2가 이 데모 화면입니다. URL 입력 상자 아래에 세 개의 행동을 수행할 수 있는 버튼이 제공됩니다. 1) 데이터셋의 행을 카운트합니다. 2) CSV에 열 이름이 있다면 이를 출력합니다. 3) 데이터셋에서 지정한 샘플 행을 가져와 출력합니다. 이 데모가 작동하는 방법을 살펴보고 tf.data API를 사용해 얼마나 쉽게 처리하는지 알아보겠습니다.

▼ 그림 6-2 tfjs-data CSV 예제의 웹 UI. 상단에 미리 준비된 CSV 버튼을 클릭하거나 자신의 CSV 파일의 경로를 입력한다. 직접 호스팅한 원격 파일을 사용하려면 CORS 접근이 가능한지 확인하자.

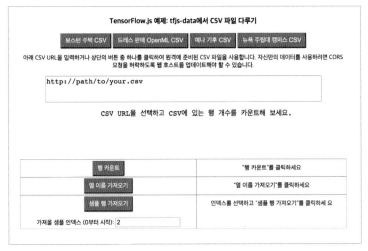

---

13 [역주] 번역서 데모 사이트(https://ml-ko.kr/tfjs/data-csv)에 브라우저로 접속하여 바로 실행해 볼 수 있습니다.

다음과 같은 명령을 사용해 원격 CSV로부터 tfjs-data 데이터셋을 매우 쉽게 만들 수 있는 사실을 확인했습니다.

```
const myData = tf.data.csv(url);
```

여기서 url은 http://, https://, file:// 프로토콜을 사용한 문자열 또는 RequestInfo 객체입니다. 게으른 방식을 사용하기 때문에 이 호출이 실제로 URL에 어떤 요청을 보내 파일이 있는지, 가져올 수 있는지 등을 확인하지 않습니다. 코드 6-10의 비동기 myData.forEachAsync() 호출에서 이 CSV 파일의 내용을 처음으로 읽습니다. forEachAsync()에서 호출한 함수는 데이터셋에 있는 원소를 문자열로 만들고 출력합니다. 하지만 이 반복 구문으로 다른 것을 할 수 있습니다. 예를 들어 데이터셋에 있는 원소마다 UI 요소를 생성하거나 리포트를 위해 통계를 계산할 수 있습니다.

**코드 6-10** 원격 CSV 파일에서 처음 열 개의 행 출력

```
const url = document.getElementById('queryURL').value;
const myData = tf.data.csv(url); ······ URL을 tf.data.csv()에 전달하여 tfjs-data 데이터셋을 만듭니다.
await myData.take(10).forEachAsync(          이 CSV 데이터셋의 처음 열 개 행으로 구성된 데이터셋을 만듭니다.
    x => console.log(JSON.stringify(x)))); ···· 그다음, forEachAsync() 메서드로 데이터셋에 있는 모든 값을 순
// 출력:                                        회합니다. forEachAsync() 메서드는 비동기 함수입니다.
// {"crim":0.26169,"zn":0,"indus":9.9,"chas":0,"nox":0.544,"rm":6.023, …
// ,"medv":19.4}
// {"crim":5.70818,"zn":0,"indus":18.1,"chas":0,"nox":0.532,"rm":6.75, …
// ,"medv":23.7}
// …
```

CSV 데이터셋은 첫 번째 행을 각 열에 연관된 이름을 담은 메타데이터 헤더(header)로 사용합니다. 기본적으로 tf.data.csv()는 이를 가정하지만, 두 번째 매개변수로 전달하는 csvConfig 객체를 사용해 제어할 수 있습니다. CSV 파일에 열 이름이 없다면 다음과 같이 생성자에게 직접 전달할 수 있습니다.

```
const myData = tf.data.csv(url, {
  hasHeader: false,
  columnNames: ["firstName", "lastName", "id"]
});
```

CSV 데이터셋에 수동으로 columnNames 설정을 전달하면 데이터 파일에서 읽은 헤더 행보다 우선됩니다. 첫 번째 행이 헤더가 아니면 hasHeader와 columnNames 옵션을 수동으로 설정해야 합니다.

CSVDataset 객체를 만들고 나면 dataset.columnNames()를 사용해 열 이름을 가져올 수 있습니다. 이 메서드는 이름 순서대로 정렬된 열 이름 리스트를 반환합니다. columnNames() 메서드는 CSVDataset 클래스에만 있으며 다른 소스에서 만들어진 데이터셋에서는 제공하지 않습니다. 이 예제에서 **열 이름 가져오기** 버튼이 이 API를 사용하는 핸들러에 연결되어 있습니다. 열 이름을 요청하면 Dataset 객체가 주어진 URL에 접속하여 첫 번째 행을 파싱합니다. 다음 코드는 비동기 호출입니다(data-csv/index.js에서 요약 발췌).

**코드 6-11** CSV 파일에서 열 이름 가져오기

```
const url = document.getElementById('queryURL').value;
const myData = tf.data.csv(url);
    const columnNames = await myData.columnNames();  ------ 원격 CSV 파일에 접근하여 열 이름을 파싱합니다.
console.log(columnNames);
// 보스턴 주택 데이터의 경우 출력은 다음과 같습니다
//      "crim", "zn", "indus", ..., "tax",
//      "ptratio", "lstat"]
```

이제 열 이름을 얻었으니 데이터셋에서 행을 가져와 보죠. 코드 6-12는 CSV 파일로부터 사용자가 HTML 입력 요소에서 선택한 한 행을 출력하는 방법을 보여 줍니다. 이 요청을 수행하기 위해 먼저 Dataset.skip() 메서드를 사용해 원본과 같지만 처음 n − 1 원소를 건너뛴 새로운 데이터셋을 만듭니다. 그다음, Dataset.take() 메서드를 사용해 하나의 원소를 담은 데이터셋을 만듭니다. 마지막으로, Dataset.toArray()를 사용해 이 데이터를 표준 자바스크립트 배열로 추출합니다. 모든 작업이 정상적으로 수행된다면 정확히 지정한 위치에 있는 한 원소만 담은 배열을 만들 것입니다. 다음 코드에 이런 과정이 나타나 있습니다(data-csv/index.js에서 발췌).

**코드 6-12** 원격 CSV 파일에서 선택한 하나의 행 가져오기

```
const url = document.getElementById('queryURL').value;
const sampleIndex = document.getElementById(
    'whichSampleInput').valueAsNumber;          ----- sampleIndex는 UI 요소에서 가져온 숫자입니다.
const myData = tf.data.csv(url);  ----- URL에서 CSV 파일을 읽는 myData 데이터셋을 만듭니다.
                                  하지만 실제로 아직 연결된 것은 아닙니다.
const sample = await myData
                    .skip(sampleIndex)  ------ 처음 sampleIndex개까지 건너뛴 새로운 데이터셋을 만듭니다.
                    .take(1)  ------ 처음 한 개 원소만 담은 새로운 데이터셋을 만듭니다.
                    .toArray();  ---------
console.log(sample);          이 메서드 호출로 인해 실제로 Dataset 객체가 URL에 접속해 데이터를 추출합니
// 보스턴 주택 데이터의 경우 출력    다. 반환값은 객체의 배열입니다. 이 경우 하나의 객체만 담고 있습니다. 이 객체의
// [{crim: 0.3237, zn: 0, indus: 2.18, ..., tax:   키는 열 이름이고 값은 해당 열의 값입니다.
// 222, ptratio: 18.7, lstat: 2.94}]
```

이제 행을 출력할 수 있습니다. 코드 6-12에서 (주석으로 적은) console.log의 출력을 볼 수 있듯이 열 이름과 값이 매핑된 객체이고 원소가 결과 배열에 삽입되는 형태입니다. 주의해야 할 점은 300개의 원소가 있는 데이터셋에서 400번째 원소를 가져오려는 것처럼 존재하지 않는 행을 요청하면 빈 배열이 반환된다는 것입니다.

원격 데이터셋에 연결할 때 실수를 하거나 잘못된 URL 또는 적절하지 않은 인증을 사용하는 일이 자주 있습니다. 이런 상황에서는 오류를 감지하여 사용자에게 합리적인 에러 메시지를 제공하는 것이 최선입니다. Dataset 객체는 데이터를 요청하기 전까지 실제로 원격 소스에 접속하지 않기 때문에 올바른 지점에서 에러 처리를 수행하는 것이 중요합니다. 다음 코드는 이 CSV 예제 데모에서 오류 처리를 어떻게 수행하는지 보여 줍니다(data-csv/index.js에서 발췌). 인증이 필요한 CSV 파일에 접속하는 방법은 INFO BOX 6.2를 참고하세요.

**코드 6-13** 잘못된 연결로 발생하는 에러의 처리

```
const url = 'http://some.bad.url';
const sampleIndex = document.getElementById(
    'whichSampleInput').valueAsNumber;
const myData = tf.data.csv(url);            이 라인을 try 블록으로 감싸는 것은 도움이 되지 않습니다.
let columnNames;                            잘못된 URL이 여기서 사용되지 않기 때문입니다.
try {
  columnNames = await myData.columnNames();  잘못된 연결로 인한 에러는 이 단계에서 발생됩니다.
} catch (e) {
  ui.updateColumnNamesMessage('Could not connect to ${url}');
}
```

6.2절에서 model.fitDataset()의 사용 방법을 배웠습니다. 이 메서드는 특별한 형태로 원소를 반환하는 데이터셋이 필요합니다. 두 개의 속성 {xs, ys}로 구성된 객체입니다. 여기에서 xs는 배치 입력을 나타내는 텐서이고, ys는 연관된 타깃의 배치를 나타내는 텐서입니다. 기본적으로 CSV 데이터셋은 자바스크립트 객체로 원소를 반환합니다. 하지만 훈련에 필요한 형태로 원소를 반환하도록 설정할 수 있습니다. 이를 위해 tf.data.csv() 함수의 csvConfig.columnConfigs 옵션을 사용합니다. 골프에 대한 CSV 파일이 있다고 가정해 보죠. 이 파일에는 'club', 'strength', 'distance'라는 세 개의 열이 있습니다. 'club'과 'strength'로 'distance'를 예측하려면 xs와 ys 필드를 구성하기 위해 원본 출력에 map 함수를 적용할 수 있습니다. 또는 더 간단하게 CSV 데이터셋을 설정할 수 있습니다. 표 6-4는 특성과 레이블 속성을 나누고, 출력이 model.fitDataset()에 적절하도록 배치를 구성하기 위해 CSV 데이터셋을 설정하는 방법을 보여 줍니다.

| 데이터셋을 만들고 설정하는 방법 | 데이터셋 생성 방법 | dataset.take(1).toArray()[0]의 결과(데이터셋의 첫 번째 원소) |
|---|---|---|
| 원시 CSV | `dataset = tf.data.csv(csvURL)` | `{club: 1, strength: 45, distance: 200}` |
| columnConfigs에서 설정한 레이블을 사용하는 CSV | `columnConfigs = {distance: {isLabel: true}};`<br>`dataset = tf.data.csv(csvURL, {columnConfigs});` | `{xs: {club: 1, strength: 45}, ys: {distance: 200}}` |
| columnConfigs와 배치를 사용한 CSV | `columnConfigs = {distance: {isLabel: true}};`<br>`dataset = tf.data`<br>`  .csv(csvURL, {columnConfigs})`<br>`  .batch(128);` | `[xs: {club: Tensor, strength: Tensor}, ys: {distance:Tensor}]`<br><br>세 텐서의 크기는 모두 [128]입니다. |
| columnConfigs와 배치 그리고 객체를 배열로 바꾸는 맵 함수를 사용한 CSV | `columnConfigs = {distance: {isLabel: true}};`<br>`dataset = tf.data`<br>`  .csv(csvURL, {columnConfigs})`<br>`  .map(({xs, ys}) =>`<br>`    {`<br>`      return {xs:Object.`<br>`values(xs), ys:Object.`<br>`values(ys)};`<br>`    })`<br>`  .batch(128);` | `{xs: Tensor, ys: Tensor}`<br><br>매핑 함수는 {xs: [number, number], ys: [number]} 형태의 원소를 반환합니다. 배치 연산은 자동으로 수치 배열을 텐서로 변환합니다. 따라서 첫 번째 텐서(xs)의 크기는 [128, 2]이고, 두 번째 텐서(ys)의 크기는 [128, 1]입니다. |

**INFO BOX 6.2 ≡  인증이 필요한 CSV 데이터 가져오기**

앞의 예제에서는 간단히 URL을 사용해 원격 파일로부터 데이터를 가져왔습니다. 이 방식은 Node.js와 브라우저에서 모두 사용할 수 있고 매우 간단하지만, 이따금 데이터가 보호되고 있는 경우에는 Request 객체를 제공해야 합니다. tf.data.csv() API는 문자열 URL 대신에 다음 코드에서처럼 RequestInfo 객체를 받을 수 있습니다. 추가적인 인증 매개변수 외에는 데이터셋에 다른 변경이 없습니다.

```
const url = 'http://path/to/your/private.csv'
const requestInfo = new Request(url);
const API_KEY = 'abcdef123456789'
requestInfo.headers.append('Authorization', API_KEY);
const myDataset = tf.data.csv(requestInfo);
```

**6**

데이터 다루기

## 6.3.2 tf.data.webcam()을 사용해 비디오 데이터 가져오기

TensorFlow.js 프로젝트에서 가장 흥미로운 애플리케이션 중 하나는 머신 러닝 모델을 모바일 장치에 있는 센서에 바로 적용하여 훈련하는 것입니다. 모바일 장치에 내장된 가속도계를 사용한 모션(motion) 감지는 어떤가요? 마이크를 사용한 소리 해석이나 음성 이해는 어떤가요? 카메라를 사용한 시각 장애 지원은 어떤가요? 세상에는 좋은 아이디어가 정말 많으며, 이제 막 적용하기 시작했습니다.

5장에서는 전이 학습 입장에서 웹캠과 마이크를 다루어 보았습니다. 카메라를 사용해 팩맨 게임을 제어하는 방법을 알아보았고 마이크를 사용해 음성 인식 시스템을 미세 조정했습니다. 모든 장치가 편리한 API로 제공되지는 않지만, tf.data는 웹캠을 위한 간단하고 쉬운 API를 제공합니다. 이 API의 작동 방법과 훈련된 모델을 사용해 예측을 수행하는 방법을 알아보겠습니다.

tf.data API를 사용하면 웹캠에서 이미지 스트림을 받는 데이터셋을 매우 쉽게 만들 수 있습니다. 코드 6-14는 온라인 문서에서 제공하는 간단한 예제를 보여 줍니다. 이 예제에서 tf.data.webcam() 호출이 눈에 띕니다. 이 생성자는 옵션 매개변수인 HTML 요소를 받아 웹캠 반복자를 반환합니다. 이 생성자는 브라우저 환경에서만 동작합니다. Node.js 환경에서 이 API를 호출하거나 웹캠이 없는 경우에는 생성자가 소스 에러를 나타내는 예외를 발생시킵니다. 브라우저는 웹캠을 구동하기 전에 사용자에게 권한을 요청합니다. 권한을 거부하면 생성자가 예외를 발생시킬 것입니다. 이런 경우에는 사용자가 이해하기 쉬운 메시지를 출력하는 것이 바람직합니다.

**코드 6-14** tf.data.webcam()과 HTML 요소를 사용해 데이터셋 만들기

```
const videoElement = document.createElement('video'); ······
videoElement.width = 100;                    웹캠 비디오를 보여줄 요소를 만들고 텐서 크기를 결정합니다.
videoElement.height = 100;             비디오 데이터셋 객체를 위한 생성자입니다. HTML 요소에 웹캠에서 받은
                                       비디오가 출력됩니다. 이 요소는 만들어질 텐서의 크기도 결정합니다.
const webcam = await tf.data.webcam(videoElement); ·····
const img = await webcam.capture(); ······ 비디오에서 한 프레임을 받아 텐서로 제공합니다.
img.print();
webcam.stop(); ······ 비디오 스트림과 웹캠 반복자를 중지합니다.
```

웹캠 반복자를 만들 때 이 반복자가 생성할 텐서의 크기를 알아야 한다는 것이 중요합니다. 이 크기를 제어하는 방법은 두 가지입니다. 첫 번째 방법은 코드 6-14에 나와 있듯이 HTML 요소의 크기를 사용하는 것입니다. HTML 요소와 크기가 달라야 하거나 비디오를 브라우저에 출력하지 않는다면 코드 6-15처럼 설정 객체를 통해 원하는 크기를 제공할 수 있습니다. HTML 요소를 undefined로 지정하면 DOM 안에 숨겨진 요소를 만들어 비디오를 처리합니다.

**코드 6-15 설정 객체를 사용해 웹캠 데이터셋 만들기**

```
const videoElement = undefined;
const webcamConfig = {
  facingMode: 'user',
  resizeWidth: 100,
  resizeHeight: 100};
const webcam = await tf.data.webcam(
  videoElement, webcamConfig);
```

HTML 요소 대신에 설정 객체를 사용해 웹캠 반복자를 만듭니다. 여기에서는 여러 카메라를 가진 장치에서 어떤 카메라를 사용할지 지정합니다. 'user'는 사용자 쪽 카메라를 의미합니다. 'environment'는 장치 후면 카메라를 의미합니다.

설정 객체를 사용해 비디오 스트림의 일부를 크롭(crop)하거나 크기를 바꾸는 것도 가능합니다. HTML 요소와 설정 객체를 함께 사용하면 크롭할 위치와 원하는 출력 크기를 지정할 수 있습니다. 출력 텐서는 원하는 크기에 맞춰 보간될 것입니다. 다음 코드는 작은 모델에 맞춰 정사각형 비디오에서 직사각형 부분을 선택하여 크기를 줄이는 예입니다.

**코드 6-16 웹캠에 크롭과 크기 변경 적용하기**

```
const videoElement = document.createElement('video');
videoElement.width = 300;
videoElement.height = 300;  ------ 따로 설정하지 않으면 videoElement의 크기 300 × 300이 출력 크기를 결정합니다.

const webcamConfig = {
  resizeWidth: 150,
  resizeHeight: 100,  ------ 비디오에서 150 × 100 크기를 추출합니다.
  centerCrop: true  ------ 원본 비디오의 중앙부에서 데이터를 추출합니다.
};

const webcam = await tf.data.webcam(
  videoElement, webcamConfig);
```

이 웹캠 반복자에서 캡처한 데이터는 HTML 요소와 webcamConfig에 의해 결정됩니다.

이 데이터셋과 지금까지 보았던 데이터셋 사이에는 몇 가지 뚜렷한 차이점이 있습니다. 예를 들어, 웹캠이 출력한 값은 추출하는 시점에 따라 다릅니다. 추출 속도에 상관없이 순서대로 행을 반환하는 CSV 데이터셋과 다릅니다. 또한, 사용자가 원하는 만큼 웹캠에서 샘플을 추출할 수 있습니다. 스트림 사용이 끝나면 스트림을 닫도록 명시적으로 API를 호출해야 합니다.

capture() 메서드를 사용해 웹캠 반복자에서 가져온 데이터는 가장 최근 프레임을 나타내는 텐서입니다. 이 텐서를 머신 러닝 작업에 사용할 때 메모리 누수를 막도록 삭제하는 것을 기억해야 합니다. 웹캠 데이터의 비동기 처리에 연관된 복잡성 때문에 tf.data()에서 제공하는 map() 함수보다 캡처된 프레임에 직접 전처리 함수를 적용하는 것이 좋습니다.

다음은 data.map()을 사용하여 전처리를 하는 코드입니다.

```
// 나쁨:
let webcam = await tf.data.webcam(myElement)
webcam = webcam.map(myProcessingFunction);
const imgTensor = webcam.capture();
// 여기서 imgTensor를 사용합니다
tf.dispose(imgTensor)
```

이 방식보다 이미지에 직접 함수를 적용하는 것이 좋습니다.

```
// 좋음:
let webcam = await tf.data.webcam(myElement);
const imgTensor = myPreprocessingFunction(webcam.capture());
// 여기서 imgTensor를 사용합니다
tf.dispose(imgTensor)
```

forEachAsync()와 toArray() 메서드를 웹캠 반복자에 사용해서는 안 됩니다. 장치에서 연속적으로 긴 프레임을 처리하려면 tf.nextFrame()을 사용해 반복 루프를 정의하고 적절한 프레임률(frame rate)로 capture() 메서드를 호출해야 합니다. 이렇게 하는 이유는 웹캠에 forEachAsync()를 호출하면 브라우저의 자바스크립트 엔진이 장치에서 요청할 수 있는 한 최대로 빠르게 프레임을 추출하기 때문입니다. 일반적으로 이는 장치의 프레임률보다 빠르게 텐서를 만들기 때문에 중복된 프레임을 만들고 계산 자원이 낭비됩니다. 비슷한 이유로 웹캠 반복자는 model.fit() 메서드의 매개변수로 전달되어서는 안 됩니다.

코드 6-17은 5장에서 본 webcam-transfer-learning(팩맨) 예제의 예측 루프를 간소화한 것입니다. 바깥쪽 루프는 UI 요소에서 제어하는 isPredicting이 참일 경우 계속 반복됩니다. 안쪽 루프의 속도는 tf.nextFrame()에서 조정하며 UI의 새로 고침 비율을 결정합니다. 다음 코드는 webcam-transfer-learning/index.js에서 발췌했습니다.

**코드 6-17** 예측 루프에 tf.data.webcam() 사용하기

```
async function getImage() { ┈┈┈┈┈┈┈┈┈┈┈┈┈┈┈
  return (await webcam.capture()) ┈┈┈┈   웹캠에서 프레임을 캡처해 -1~1 사이로 정규화합니다. (배치 크기 1인)
    .expandDims(0)                        [1, w, h, c] 크기의 배치 이미지를 반환합니다.
    .toFloat()
    .div(tf.scalar(127))         여기서 webcam은 tf.data.webcam에서 반환한 반복자입니다.
    .sub(tf.scalar(1));          코드 6-18의 init() 함수를 참고하세요.
```

```
while (isPredicting) {
  const img = await getImage();  ------ 웹캠 반복자에서 다음 프레임을 추출합니다.
  const predictedClass = tf.tidy(() => {
    // 웹캠에서 프레임을 캡처합니다
    // 이미지를 처리하고 예측을 만듭니다

     ...
    await tf.nextFrame();  ------ 추가 예측을 수행하기 전에 다음 프레임이 준비될 때까지 기다립니다.
  }
```

마지막으로, 웹캠을 사용할 때는 실제 예측을 수행하기 전에 이미지 하나를 뽑아 처리하고 버리는 것이 좋습니다. 이렇게 하는 것이 좋은 이유는 두 가지입니다. 첫째, 이미지를 모델에 전달하면 모델 가중치가 GPU에 로드되어 처음에 느리게 시작되는 것을 방지할 수 있습니다. 둘째, 웹캠 하드웨어를 준비하고 실제 프레임 전송을 시작할 시간을 제공합니다. 하드웨어에 따라서는 장치에 전원이 들어오는 동안 웹캠이 빈 프레임을 보내는 경우가 있습니다. 다음은 webcam-transfer-learning 예제에 적용한 예입니다(webcam-transfer-learning/index.js에서 발췌).

**코드 6-18** tf.data.webcam()에서 비디오 데이터셋 만들기

```
async function init() {
  try {
    webcam = await tf.data.webcam(
      document.getElementById('webcam'));  -------  비디오 데이터셋 객체를 만듭니다. 'webcam' 요소는
                                                    HTML 문서에 있는 비디오 요소입니다.
  } catch (e) {
    console.log(e);
    document.getElementById('no-webcam').style.display = 'block';
  }
  truncatedMobileNet = await loadTruncatedMobileNet();

  ui.init();
  // 모델을 워밍업합니다. GPU에 가중치를 로드하고 WebGL 프로그램을 컴파일하기 때문에
  // 웹캠에서 데이터를 추출하기 시작할 때 빠르게 수행됩니다
  const screenShot = await webcam.capture();                              웹캠에서 반환된 첫 번째 프레임에서
  truncatedMobileNet.predict(screenShot.expandDims(0));  -------  예측을 수행하여 모델이 완전히 하드
  screenShot.dispose();  -------                                  웨어에 로드되게 만듭니다.
}
              webcam.capture()에서 반환된 값은 텐서입니다. 메모리 누수를 막기 위해 반드시 삭제해야 합니다.
```

## 6.3.3 tf.data.microphone()을 사용해 오디오 데이터 가져오기

이미지 데이터에 이어 tf.data는 장치에 있는 마이크를 통해 오디오 데이터를 수집하기 위한 도구도 포함하고 있습니다. 웹캠 API와 비슷하게 마이크 API는 필요할 때 프레임을 요청할 수 있도록 게으른 반복자를 만들어 모델에서 직접 소비하기에 적합한 텐서를 반환합니다. 전형적인 사용 방법은 예측에 사용할 프레임을 수집하는 것입니다. 기술적으로는 이 API를 사용해 훈련 스트림을 생성할 수 있지만, 이를 레이블과 함께 엮는 것은 어려운 일입니다.

코드 6-19는 tf.data.microphone() API를 사용해 1초 동안의 오디오 데이터를 수집하는 예입니다. 이 코드를 실행하면 브라우저가 마이크 접근 권한을 허용하도록 요청할 것입니다.

**코드 6-19** tf.data.microphone() API를 사용해 1초간 오디오 데이터 수집하기

```
const mic = await tf.data.microphone({          ┈┈┈┈┈┈┈┈┈
  fftSize: 1024,                         마이크 설정을 통해 일반적인 오디오 파라미터를 제어할 수
  columnTruncateLength: 232,             있습니다. 본문에서 일부 설정을 자세히 설명하겠습니다.
  numFramesPerSpectrogram: 43,
  sampleRateHz: 44100,
  smoothingTimeConstant: 0,
  includeSpectrogram: true,                      [43, 232, 1] 크기의 텐서로 오디오
  includeWaveform: true                          스펙트럼 데이터가 반환됩니다.
});                           마이크에서 오디오 캡처를 실행합니다.    스펙트럼 데이터 외에도 직접 파형(waveform)
const audioData = await mic.capture(); ┈┈┈┈┈┈        데이터를 추출할 수 있습니다. 이 데이터의 크기는
const spectrogramTensor = audioData.spectrogram; ┈┈┈┈   [fftSize * numFramesPerSpectrogram, 1]
const waveformTensor = audioData.waveform; ┈┈┈┈┈┈┈┈┈┈┈   = [44032, 1]입니다.
mic.stop(); ┈┈┈┈┈ 오디오 스트림을 중단하고 마이크를 끄려면 stop() 메서드를 호출해야 합니다.
```

마이크에는 여러 설정 파라미터가 있어서 오디오 데이터에 고속 푸리에 변환(Fast Fourier Transform, FFT)을 어떻게 적용할지 상세히 제어할 수 있습니다. 주파수 기반 오디오 데이터의 스펙트럼당 프레임 수를 많거나 적게 할 수 있고, 가청 주파수와 같이 오디오 스펙트럼의 특정 주파수 범위에만 관심을 가질 수 있습니다. 코드 6-19에 있는 설정 옵션의 의미는 다음과 같습니다.

- sampleRateHz: 44100
  - 마이크 파형의 샘플링 레이트(sampling rate)입니다. 이는 44,100 또는 44,800이어야 하고 장치 자체에서 지정한 값과 같아야 합니다. 설정한 값이 장치와 맞지 않을 경우에는 에러가 발생됩니다.

- fftSize: 1024

  - 중첩되지 않은 오디오 프레임을 계산하는 데 사용하는 샘플 수를 제어합니다. 각 프레임은 FFT를 거칩니다. 프레임이 클수록 주파수 감도는 높아지지만 시간 분해 능력은 줄어듭니다. 프레임 안의 시간 정보는 사라지기 때문입니다.

  - 16과 8,192를 포함하여 그 사이에 있는 2의 거듭제곱이어야 합니다. 여기서 지정한 1024는 한 주파수 대역 안에 있는 에너지가 약 1,024개 샘플에 걸쳐 계산된다는 의미입니다.

  - 측정 가능한 가장 높은 주파수는 샘플링 레이트의 절반 또는 약 22kHz입니다.

- columnTruncateLength: 232

  - 얼마나 많은 주파수 정보를 유지할지 제어합니다. 기본적으로 각 오디오 프레임은 0에서 최대(22kHz)까지 전체 스펙트럼을 커버하는 fftSize개를 담고 있습니다(이 예제의 경우 1,024개). 하지만 일반적으로 더 적은 주파수에만 관심이 있습니다. 사람의 음성은 보통 최대 5kHz이므로 0~5kHz 영역의 데이터만 유지합니다.

  - 여기서는 232 = (5kHz/22kHz) × 1,024입니다.

- numFramesPerSpectrogram: 43

  - 오디오 샘플의 중첩되지 않는 연속적인 윈도(또는 프레임)에서 FFT를 계산하여 스펙트럼을 만듭니다. 이 파라미터는 반환되는 각 스펙트럼에 얼마나 많은 프레임을 포함시킬지 제어합니다. 이 예제에서 반환되는 스펙트럼의 크기는 [numFramesPerSpectrogram, fftSize, 1] 또는 [43, 232, 1]입니다.

  - 각 프레임에서 걸린 시간은 fftSize/sampleRate입니다. 이 예제에서는 1,024/44kHz이므로 약 0.023초입니다.

  - 프레임 사이에 지연이 없으므로 전체 스펙트럼의 시간은 43 × 0.023 = 0.98 또는 약 1초입니다.

- smoothingTimeConstant: 0

  - 이전 프레임의 데이터를 이번 프레임에 얼마나 혼합할지 나타냅니다. 0~1 사이로 지정해야 합니다.

- includeSpectogram: true

  - true로 지정하면 스펙트로그램을 텐서로 계산하여 제공합니다. 애플리케이션이 스펙트로그램을 계산할 필요가 없다면 false로 지정합니다. 예를 들면 파형 데이터만 필요한 경우입니다.

- includeWaveform: true

  - true로 지정하면 파형 데이터를 유지하여 텐서로 제공합니다. 파형 데이터가 필요하지 않으면 false로 지정할 수 있습니다. includeSpectrogram과 includeWaveform 중 하나는 true여야 합니다. 둘 다 false이면 오류가 발생합니다. 이 예에서는 둘 다 true로 지정했지만, 일반적인 애플리케이션에서는 둘 중 하나만 필요할 것입니다.

비디오 스트림과 비슷하게 오디오 스트림은 이따금 시작하는 데 시간이 조금 걸리고 장치에서 받은 데이터는 시작하기에 적절하지 않을 수 있습니다. 0과 무한대는 어디에나 있지만 실제 값과 기간은 플랫폼마다 다릅니다. 가장 좋은 방법은 데이터가 오염되지 않을 때까지 처음 몇 개의 샘플을 버리는 식으로 짧은 시간 동안 마이크를 워밍업하는 것입니다. 일반적으로 200ms 데이터를 버리면 깨끗한 샘플을 얻기 시작하는 데 충분합니다.

# 6.4 데이터에 있는 문제 처리하기

원시 데이터에 문제가 있을 가능성은 매우 높습니다. 자체 데이터 소스를 사용하고 전문가와 몇 시간을 들여 개별 특성, 분포, 상관관계를 분석하지 않으면 머신 러닝 모델을 약화시키거나 무력화시키는 결함이 발생할 가능성이 매우 높습니다. 이 책의 저자들은 여러 분야에서 많은 머신 러닝 시스템 구축을 멘토링하고 직접 구축한 경험을 바탕으로 이에 대한 확신을 가지고 있습니다. 가장 일반적인 증상은 모델이 수렴하지 않거나 기대보다 낮은 정확도로 수렴하는 것입니다. 데이터 문제와 관련되어 있지만 훨씬 나쁘고 디버깅하기 어려운 패턴은 모델이 수렴하고 검증 데이트와 테스트 데이터에서 잘 동작하지만 제품 환경에서 기대에 못미치는 것입니다. 이따금 모델링에 진짜 문제가 있거나 잘못된 하이퍼파라미터가 있거나 또는 그냥 운이 없을 수 있습니다. 하지만 지금까지 이런 버그의 가장 일반적인 원인은 데이터에 있는 결함이었습니다.

이 책에서 사용한 모든 데이터셋(MNIST, 붓꽃, 음성 명령)은 사람이 직접 검사하고, 나쁜 샘플은 제외하고, 표준적이고 적절한 포맷으로 만들고, 책에서 다루지 않은 다른 데이터 과학 연산을 통해 나온 것입니다. 데이터 이슈는 누락된 필드, 상관관계가 있는 샘플, 편향된 분포를 포함해 다양한 형태로 나타날 수 있습니다. 데이터 처리 작업에는 이처럼 여러 가지 복잡성이 있어 책으로 쓸 수 있을 정도입니다. 더 자세한 설명은 애슐리 데이비스(Ashley Davis)의 〈Data Wrangling with JavaScript〉[14] 책을 참고하세요.

데이터 과학자와 데이터 관리자는 많은 회사에서 전문 직업이 되었습니다. 이런 전문가들이 사용하는 도구와 모범 사례는 다양하고, 종종 분석하는 구체적인 분야에 따라 다릅니다. 이 절에서는 데이터 자체에 결함이 있다는 것을 알아내기 위해 긴 시간 동안 디버깅하는 고통을 피하는 데 도움이 되는 몇 가지 도구와 기본 사항을 소개하겠습니다. 완벽한 데이터 과학 작업을 위해 더 배울 수 있는 참고 자료를 제공하겠습니다.

## 6.4.1 데이터 이론

나쁜 데이터를 감지하고 고치는 방법을 알기 위해 먼저 어떤 데이터가 좋은 것인지 알아야 합니다. 머신 러닝 분야를 뒷받침하는 대부분의 이론은 데이터가 어떤 **확률 분포**(probability distribution)에서 나온다는 전제를 근거로 합니다. 이 이론에서는 훈련 데이터가 독립된 **샘플**(sample)의 모음으로 구성됩니다. 각 훈련 샘플은 $(x, y)$ 쌍으로 표현됩니다. 여기에서 $y$는 $x$로 예측하려는 대상입니다. 이 전제를 이어가면 추론 데이터는 훈련 데이터와 정확히 같은 분포에서 나온 샘플의 모음으로 구성됩니다. 훈련 데이터와 추론 데이터 사이의 유일한 주요 차이점은 추론할 때는 $y$가 없다는 것입니다. 훈련 데이터에서 학습한 통계적 관계를 사용해 $x$로 $y$를 추정해야 합니다.

현실 데이터가 이런 이상향에 속하지 못하는 여러 가지 이유가 있습니다. 예를 들어, 훈련 데이터와 추론 데이터가 다른 분포에서 샘플링된다면 데이터셋이 왜곡되었다고 말합니다. 간단한 예로 날씨와 시간 같은 특성을 기반으로 교통량을 추정할 때 모든 훈련 데이터를 월요일과 화요일에 수집하고 테스트 데이터는 토요일과 일요일에 수집한다면 모델의 정확도가 최적이 아닐 것으로 예상할 수 있습니다. 주중의 교통량 분포는 주말의 교통량 분포와 다르기 때문입니다. 또 다른 예로, 얼굴 인식 시스템을 구축한다고 상상해 보죠. 국내에서 수집한 레이블된 데이터를 기반으로 얼굴 인식 시스템을 훈련합니다. 이 시스템을 다른 나라에서 사용할 때 문제가 생기거나 실패하는 것은

---

14 www.manning.com/books/data-wrangling-with-javascript

놀라운 일이 아닙니다. 실제 머신 러닝 환경에서 마주치는 대부분의 데이터 왜곡 문제는 이 두 예시보다 더 감지하기 어렵습니다.

데이터셋이 왜곡될 수 있는 또 다른 경우는 데이터를 수집하는 동안 어떤 변화가 있을 때입니다. 예를 들어 음성 신호를 학습하기 위해 오디오 샘플을 모으고 있습니다. 훈련 세트의 절반을 구성했을 때 마이크가 고장 나서 새로운 마이크를 구매했다면, 훈련 세트의 나머지 절반은 이전 데이터의 잡음 및 오디오 분포와 다를 것으로 예상할 수 있습니다. 아마도 추론 시에는 새로운 마이크로만 테스트할 것이므로 훈련 세트와 테스트 세트 사이에도 데이터 왜곡이 들어갑니다.

일정 수준의 데이터 왜곡은 피할 수 없습니다. 많은 애플리케이션에서 훈련 데이터는 과거에 만들어지고 애플리케이션에 전달할 데이터는 현재 데이터입니다. 이런 샘플을 만드는 분포는 문화, 관심, 패션 그리고 시간에 따라 변하는 다른 복잡한 요소 때문에 바뀝니다. 이런 상황에서 할 수 있는 것은 왜곡을 이해하고 그 영향을 최소화하는 것이 전부입니다. 이런 이유 때문에 제품으로 사용하는 많은 머신 러닝 모델은 계속 바뀌는 분포를 따라잡기 위해 새로운 훈련 데이터를 사용해 지속적으로 다시 훈련됩니다.

이상적인 데이터 샘플이 되지 못하는 또 다른 이유는 독립성이 깨지기 때문입니다. 이상적인 샘플은 **독립동일분포**(Independent and Identically Distributed, IID)입니다. 하지만 일부 데이터셋에서 한 샘플은 다음 샘플 값의 단서를 제공합니다. 이런 데이터셋에 있는 샘플은 독립적이지 않습니다. 샘플 간 의존성이 데이터셋에 들어가는 가장 일반적인 원인은 정렬입니다. 컴퓨터 과학자는 접근 속도나 정당한 다른 이유 때문에 데이터를 조직화하는 법을 배웁니다. 사실 데이터베이스 시스템은 사람이 직접 시도하지 않아도 데이터를 조직화합니다. 그 결과로 어떤 소스에서 데이터를 받아올 때 그 순서에 어떤 패턴이 있는지 주의해야 합니다.

다음 가설을 생각해 보죠. 캘리포니아 주택 가격을 추정하는 부동산 애플리케이션을 만들려고 합니다. 이 지역의 주택 가격과 방 개수, 건축 연도 등과 같은 관련 특성을 담은 CSV 데이터셋을 얻습니다.[15] 데이터가 있고 방법을 알고 있기 때문에 바로 특성에서 가격을 예측하는 함수의 훈련을 시작할 수 있습니다. 하지만 데이터에 종종 결함이 있다는 것을 알기 때문에 먼저 살펴보려고 합니다. 일부 특성과 샘플 인덱스를 Plotly.js를 사용해 그래프로 그려 보겠습니다. 이 그래프는 그림 6-3에 나와 있습니다.[16] 이 그래프의 생성 방법은 다음 코드(https://codepen.io/tfjs-book/pen/MLQOem에서 발췌)를 참고하세요.

---

15 여기서 사용하는 캘리포니아 주택 데이터셋에 대한 설명은 머신 러닝 단기 강좌(http://mng.bz/Xpm6)를 참고하세요.

16 그림 6-3의 그래프는 Codepen(https://codepen.io/rickiepark/pen/NWvNMNx)에서 만들었습니다.

▼ 그림 6-3 네 개의 특성과 샘플 인덱스의 그래프. 이상적으로 완벽한 IID 데이터셋에서는 샘플 인덱스가 특성 값에 대해 어떤 정보도 주지 않아야 한다. 일부 특성의 그래프를 보면 y축의 값이 확실히 x축에 의존한다. 가장 문제가 되는 '경도' 특성은 샘플 인덱스로 정렬된 것 같다.

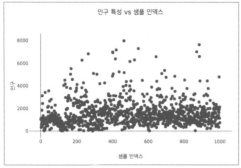
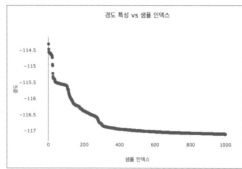
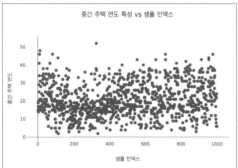
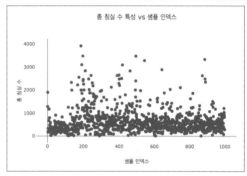

**코드 6-20** tfjs-data를 사용해 인덱스에 대한 특성의 그래프 그리기

```
const plottingData = {
  x: [],
  y: [],
  mode: 'markers',
  type: 'scatter',
  marker: {symbol: 'circle', size: 8}
};
const filename = 'https://storage.googleapis.com/learnjs-data/csv-
    datasets/california_housing_train.csv';
const dataset = tf.data.csv(filename);
await dataset.take(1000).forEachAsync(row => {
  plottingData.x.push(i++);
  plottingData.y.push(row['longitude']);
});
Plotly.newPlot('plot', [plottingData], {
  width: 700,
  title: 'Longitude feature vs sample index',
```

처음 1,000개 샘플을 뽑아 특성 값과 인덱스를 저장합니다. await를 잊지 마세요. 그렇지 않으면 (아마도) 텅 빈 그래프가 그려질 것입니다!

6

데이터 다루기

```
  xaxis: {title: 'sample index'},
  yaxis: {title: 'longitude'}
});
```

데이터셋에서 처음 500개의 샘플을 훈련 세트로 사용하고 나머지를 테스트 세트로 사용하도록 나누었다고 가정해 보죠. 어떤 일이 일어날까요? 앞에서 분석한 것에 따르면, 한 지역의 데이터 모델을 훈련하고 다른 지역의 데이터로 테스트하게 될 것입니다. 그림 6-3의 경도 그래프는 문제의 핵심을 보여 줍니다. 첫 번째 샘플의 경도가 다른 모든 샘플보다 큽니다(서쪽에 있습니다). 여전히 정보가 풍부한 특성 덕분에 모델은 어느 정도 작동할 수 있습니다. 하지만 데이터가 진짜 IID일 때처럼 정확하거나 품질이 높지 않을 것입니다. 이를 알지 못하면, 무엇이 잘못되었는지 파악하고 데이터를 살펴보기 전에 다른 모델과 하이퍼파라미터를 가지고 며칠 혹은 몇 주를 허비할 수 있습니다!

이 문제를 어떻게 해결할 수 있을까요? 여기서 나타난 문제를 고치는 것은 간단합니다. 데이터와 인덱스 사이의 관계를 제거하기 위해 랜덤한 순서로 데이터를 섞으면 됩니다. 하지만 주의해야 할 것이 있습니다. TensorFlow.js 데이터셋은 기본적으로 내장된 셔플(shuffle) 루틴이 있지만, 이는 스트리밍 윈도 셔플 루틴입니다. 이는 샘플이 고정된 윈도 크기 내에서 랜덤하게 섞인다는 의미입니다. TensorFlow.js 데이터셋이 데이터를 스트리밍하고 무한한 개수의 샘플을 스트리밍할 수 있기 때문에 필수적입니다. 끝이 없는 데이터 소스를 완벽하게 섞으려면 먼저 데이터가 끝날 때까지 기다려야 하기 때문입니다.

그렇다면 경도 특성을 스트리밍 윈도로 섞을 수 있을까요? 데이터셋의 크기(여기서는 17,000)를 알고 있다면 전체 데이터셋보다 큰 윈도를 지정할 수 있습니다. 매우 큰 윈도 크기를 지정하면 윈도 셔플링이나 일반 전체 셔플링이나 동일합니다. 데이터셋의 크기를 모르거나 크기가 엄청나게 크다면(즉, 메모리에 한 번에 전체를 저장할 수 없다면) 작은 윈도 크기로 작업해야 할 수 있습니다.

그림 6-4는 tf.data.Dataset의 shuffle() 메서드를 사용해 네 개의 다른 윈도 크기로 데이터를 섞은 그래프입니다. 이 그래프를 만든 코드는 https://codepen.io/rickiepark/pen/eYEZKYP 에 있습니다.

```
for (let windowSize of [10, 50, 250, 6000]) {
  shuffledDataset = dataset.shuffle(windowSize);
  myPlot(shuffledDataset, windowSize)
}
```

❤ 그림 6-4 셔플된 네 개의 데이터셋으로 그린 경도와 샘플 인덱스 그래프. 셔플 윈도 크기는 10에서 6,000까지 각기 다르다. 윈도 크기가 250일 때도 여전히 인덱스와 특성 값 사이에 강한 관계가 있다. 높은 경도 값이 인덱스 시작 부분에 더 많다. 하지만 셔플 윈도 크기를 거의 데이터셋만큼 크게 했을 때는 IID 속성이 거의 복원되었다.

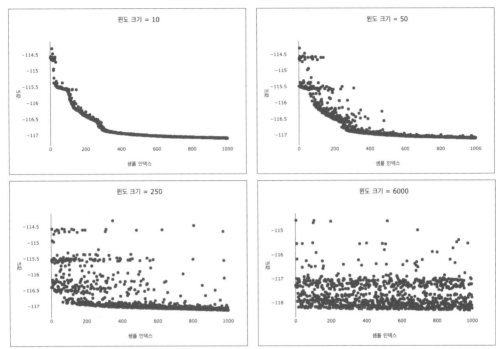

비교적 큰 윈도 크기에서도 인덱스와 특성 값 사이의 구조적인 관계는 명확하게 남아 있습니다. 하지만 윈도 크기가 6,000이 되면 그렇지 않습니다. 이때는 데이터를 IID로 다룰 수 있어 보입니다. 그럼 6,000이 올바른 윈도 크기일까요? 250과 6,000 사이에 알맞은 숫자가 있을까요? 이 그림에서 확인하지 못한 분포 문제를 잡아내는 데 6,000은 여전히 충분하지 않은가요? 올바른 접근 방법은 windowSize >= (데이터셋 샘플 개수)로 전체 데이터셋을 셔플하는 것입니다. 메모리 용량, 시간 제한 때문에 불가능한 데이터셋이거나 무한한 데이터셋이라면 데이터 과학자 입장에서 분포를 조사해 적절한 윈도 크기를 결정해야 합니다.

## 6.4.2 데이터 문제를 감지하고 처리하기

이전 절에서는 데이터 문제의 한 종류인 샘플 간 종속성을 감지하고 해결하는 방법을 알아보았습니다. 물론 데이터에서 발생할 수 있는 여러 종류의 문제 중 하나일 뿐입니다. 문제가 될 수 있는 모든 종류를 다루는 것은 이 책의 범위를 넘어섭니다. 코드에서 발생할 수 있는 문제만큼 데이터에서 일어날 수 있는 문제도 많기 때문입니다. 하지만 여기서 몇 가지 문제를 알아보겠습니다. 이를 통해 관련된 문제를 만났을 때 알아차리고 더 많은 정보를 찾기 위해 검색할 용어를 알 수 있습니다.

## 이상치

이상치(outlier)는 데이터셋에 있지만 매우 특이하고 내재된 분포를 따르지 않는 샘플입니다. 예를 들어 건강 통계 데이터셋을 다룬다면 일반적인 어른의 몸무게는 40~130kg 사이로 예상할 수 있습니다. 데이터셋의 샘플 99.9%가 이 범위에 있지만 145,000kg, 0kg 또는 더 심하게 NaN[17] 같은 상식적이지 않은 샘플을 자주 만난다면 이런 샘플을 이상치로 생각할 수 있습니다. 온라인 검색을 해보면 이상치를 다루는 올바른 방법에 대해 여러 가지 의견을 볼 수 있습니다. 훈련 데이터에 이상치가 아주 적고 이를 처리하는 방법을 알고 있다면 이상적입니다. 이상치를 거르는 프로그램을 작성할 수 있다면 데이터셋에서 이를 제거한 후 훈련을 수행할 수 있습니다. 물론 추론 시에는 동일한 로직을 적용해야 합니다. 그렇지 않으면 왜곡이 발생합니다. 이 경우 동일한 로직을 사용해 사용자에게 샘플이 이상치로 분류되었다는 것을 알리고 다른 시도를 하도록 만들 수 있습니다.

특성 수준에서 이상치를 처리하는 일반적인 다른 방법은 합리적인 최솟값과 최댓값을 적용하여 값의 범위를 고정하는 것입니다. 몸무게 특성의 경우에는 다음과 같이 처리할 수 있습니다.

```
weight = Math.min(MAX_WEIGHT, Math.max(weight, MIN_WEIGHT));
```

이런 경우 이상치의 값이 바뀌었다는 것을 알리는 새로운 특성을 추가하는 것이 좋습니다. 이렇게 하면, 원래 40kg 값과 –5kg이 40kg으로 바뀐 것을 구분할 수 있고, 신경망이 이상치 상태와 타깃 사이의 관계가 있다면 이를 학습할 수 있습니다. 예를 들어 새로운 추가 특성은 다음과 같습니다.

```
isOutlierWeight = weight > MAX_WEIGHT | weight < MIN_WEIGHT;
```

## 누락된 데이터

종종 일부 샘플에 특성이 누락된 경우가 있습니다. 여러 가지 이유로 이런 일이 일어납니다. 손으로 입력한 양식에서 데이터를 만들기도 하는데, 어떤 항목은 그냥 건너뛴 경우도 있습니다. 데이터 수집 도중에 센서가 고장 나거나 멈추기도 합니다. 일부 샘플에서 어떤 특성은 상식에 맞지 않을 수도 있습니다. 예를 들어 한 번도 팔린 적이 없는 집의 최근 판매 가격은 얼마일까요? 전화가 없는 사람의 전화번호는 무엇일까요?

---

17 입력 특성에 NaN이 들어 있으면 모델 전체에 NaN이 전파됩니다.

이상치와 마찬가지로 누락된 데이터 문제를 해결하는 방법은 많습니다. 어떤 기술이 어떤 상황에 적절한지에 대해서는 데이터 과학자들마다 의견이 다릅니다. 최선의 기술은 몇 가지 고려 사항에 따라 달라집니다. 특성이 누락될 가능성이 특성 자체의 값에 따라 달라지는지, 또는 샘플의 다른 특성으로 누락될 것을 예측할 수 있는지 등입니다. INFO BOX 6.3에서 데이터 누락의 종류를 소개합니다.

---

### INFO BOX 6.3 ≡ 데이터 누락의 종류

**무작위 누락(Missing At Random, MAR)**
- 특성이 누락될 가능성이 누락된 값에 따라 달라지지 않지만 다른 관측 값에 의존할 수 있습니다.
- 예: 교통량을 기록하는 자동화된 시각 시스템이 있다면 다른 것보다도 자동차 번호판과 시간을 기록할 것입니다. 이따금 날씨가 어두우면 자동차 번호판을 읽을 수 없습니다. 번호판 기록 여부는 자동차 번호판의 값에 따라 달라지지 않지만 (관측된) 시간 특성에 영향을 받습니다.

**무작위 완전 누락(Missing Completely At Random, MCAR)**
- 특성이 누락될 가능성이 누락된 값이나 다른 어떤 관측된 값에 따라 달라지지 않습니다.
- 예: 우주 방사선(cosmic ray)은 장비를 방해하고 이따금 데이터셋의 값을 오염시킵니다. 오염될 가능성은 저장될 값이나 데이터셋에 있는 다른 값에 따라 달라지지 않습니다.

**무작위가 아닌 누락(Missing Not At Random, MNAR)**
- 특성이 누락될 가능성이 관측된 값과 누락된 값에 따라 달라집니다.
- 예: 한 개인 기상 관측소는 기압, 강우량, 일사량과 같은 많은 종류의 통계를 기록합니다. 하지만 눈이 올 때는 일사량 측정기는 신호를 보내지 않습니다.

---

훈련 세트에서 데이터가 누락되었을 때 데이터를 모든 셀에 값이 들어 있는 고정 크기의 텐서로 만들기 위해 몇 가지 수정안을 적용해야 합니다. 누락된 데이터를 다루는 핵심적인 방법은 네 가지입니다.

가장 간단한 기법으로 훈련 데이터가 많고 누락된 항목이 거의 없다면 누락된 데이터가 있는 훈련 샘플을 버리는 것입니다. 하지만 이로 인해 훈련 모델을 편향되게 만들 수 있다는 점을 주의하세요. 이 문제를 확실히 이해하기 위해 누락된 데이터가 음성 클래스보다 양성 클래스에 더 많이 등장하는 문제를 상상해 보죠. 잘못된 클래스 가능성을 학습하게 될 것이며, 누락된 데이터가 MCAR일 경우에만 샘플을 버려도 안전합니다.

```
const filteredDataset =
    tf.data.csv(csvFilename)
    .filter(e => e['featureName']);
```
'featureName'이 참인 샘플만 유지합니다. 즉 0, null,
undefined, NaN, 빈 문자열이 아닌 경우입니다.

누락된 데이터를 다루는 다른 기법은 누락된 부분을 어떤 값으로 채우는 것입니다. 이를 값 대체
(imputation)라고 합니다. 널리 사용하는 대체 방법은 누락된 수치 특성을 해당 특성의 평균, 중간값
또는 가장 많이 등장하는 값으로 바꾸는 것입니다. 누락된 범주형 특성은 가장 많이 등장하는 값으
로 바꿀 수 있습니다. 조금 더 고급화된 기술은 다른 특성에서 누락된 특성을 예측하는 모델을 만
들어 사용하는 것입니다. 사실 신경망을 사용하는 것이 누락된 값을 대체하기 위한 고급 기술 중
하나입니다. 대체의 단점은 특성이 누락되었는지 학습 모델이 알지 못하게 된다는 것입니다. 누락
되었다는 사실에 타깃 변수에 관한 정보가 있다면 대체로 인해 이 정보를 잃게 될 것입니다.

코드 6-22 대체로 누락된 특성 처리하기

```
async function calculateMeanOfNonMissing(
    dataset, featureName) {
  let samplesSoFar = 0;
  let sumSoFar = 0;
  await dataset.forEachAsync(row => {
    const x = row[featureName];
    if (x != null) {
      samplesSoFar += 1;
      sumSoFar += x;
    }
  });
  return sumSoFar / samplesSoFar;
}

function replaceMissingWithImputed(
    row, featureName, imputedValue)) {
  const x = row[featureName];
  if (x == null) {
    return {...row, [featureName]: imputedValue};
  } else {
    return row;
  }
}

const rawDataset tf.data.csv(csvFilename);
```

대체에 사용할 값을 계산하는 함수입니다. 평균을 계산할 때
유효한 값만 포함시킨다는 것을 기억하세요.

undefined와 null 값을 누락되었다고 간주합니다. 일부 데이터셋은 −1 또는 0
같은 값을 사용해 누락되었다는 것을 나타냅니다. 데이터를 보고 확인하세요!

모든 데이터가 누락되었다면 NaN을 반환합니다.

featureName의 값이 누락되었는지에
따라 행을 업데이트하는 함수입니다.

```
const imputedValue = await calculateMeanOfNonMissing(
    rawDataset, 'myFeature');
const imputedDataset = rawDataset.map(
    row => replaceMissingWithImputed(
        row, 'myFeature', imputedValue));
```

tf.data.Dataset의 map() 메서드를 사용해 모든 행에 대해 대체를 수행합니다.

이따금 누락된 값을 **센티넬 값**(sentinel value)으로 바꿉니다. 예를 들어 누락된 몸무게 값을 –1로 바꾸어 무게가 없다는 것을 표시합니다. 이런 경우에 해당하는 데이터라면 센티넬 값을 이상치로 간주하여 일정 범위 안으로 바꾸기 전에(예를 들어, 앞의 예시처럼 –1을 40kg으로 바꾸기 전에) 주의를 기울여야 합니다.

특성 누락과 예측할 타깃 사이에 관계가 있다면 모델이 센티넬 값을 사용할 수 있습니다. 실제로 모델이 특성을 값으로 사용할 때와 표시로 사용할 때를 구분하는 것을 배우는 데 일정 계산 자원을 사용할 것입니다.

아마도 누락된 데이터를 다루는 가장 안정적인 방법은 대체로 값을 채우고 특성이 누락되었다는 것을 모델에게 알리기 위해 표시 특성을 모두 사용하는 것입니다. 앞선 예제의 경우 누락된 몸무게를 예상치로 바꾸고 새로운 특성 weight_missing을 추가합니다. 이 특성은 몸무게가 누락되면 1이고, 그렇지 않으면 0입니다. 이렇게 하면, 누락되었다는 사실이 유용할 경우 모델이 이를 활용할 수 있고 실제 몸무게 값과 혼동하지 않을 수 있습니다.

**코드 6-23** 누락을 표시하는 특성 추가하기

```
function addMissingness(row, featureName)) {
    const x = row[featureName];
    const isMissing = (x == null) ? 1 : 0;
    return {...row, [featureName + '_isMissing']: isMissing};
}

const rawDataset tf.data.csv(csvFilename);
const datasetWithIndicator = rawDataset.map(
    (row) => addMissingness(row, featureName);
```

featureName 특성이 누락되면 1, 그렇지 않으면 0인 새로운 특성을 추가하는 함수입니다.

tf.data.Dataset의 map() 메서드를 사용해 각 행에 새로운 특성을 추가합니다.

## 왜곡

이 장의 서두에서 데이터셋 간의 분포 차이인 왜곡 개념을 설명했습니다. 왜곡은 머신 러닝 기술자가 훈련된 모델을 제품으로 배포할 때 만나는 주요 문제 중 하나입니다. 왜곡을 감지하려면 데이터셋의 분포를 모델링하고 두 분포가 맞는지 비교해야 합니다. 데이터셋의 통계를 간단하고 빠르게 확인하는 방법은 Facets(https://pair-code.github.io/facets/) 같은 도구를 사용하는 것입니다. 그림 6-5의 스크린샷을 참고하세요. Facets는 데이터셋을 분석하고 요약하여 특성별 분포를 살필 수 있습니다. 이를 통해 데이터셋 간의 분포 차이로 인한 문제를 빠르게 알아차리는 데 도움이 됩니다.

▼ 그림 6-5 UC Irvine Census Income 데이터셋(http://archive.ics.uci.edu/ml/datasets/Census+Income 참조)의 훈련 세트와 테스트 세트에 대해 Facets에서 제공하는 특성별 값 분포의 스크린샷. 이 데이터셋은 https://pair-code.github.io/facets/에서 기본으로 로드되는 데이터셋이다. 하지만 사이트를 둘러보고 자신의 CSV 파일을 업로드하여 비교해 볼 수 있다. 이 화면을 Facets Overview라고 한다.

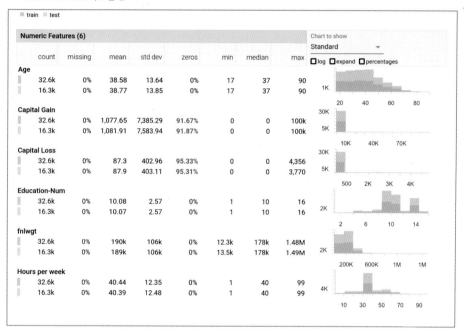

간단하고 기본적인 왜곡 감지 알고리즘은 각 특성의 평균, 중간값, 분산을 계산하고 데이터셋 간의 차이가 수용할 만한 범위 내에 있는지 확인하는 것입니다. 조금 더 정교한 방법은 샘플이 주어졌을 때 어느 데이터셋에서 온 것인지 예측하는 것입니다. 이상적인 경우에는 샘플이 동일한 분포에서 오기 때문에 가능하지 않아야 합니다. 데이터 포인트가 훈련 세트에 속하는지 테스트 세트에 속하는지 예측할 수 있다면, 이는 왜곡되었다는 신호입니다.

## 잘못된 문자열

범주형 데이터는 문자열 특성으로 제공되는 것이 매우 일반적입니다. 예를 들어 사용자가 웹 페이지에 접속했을 때 어떤 브라우저를 사용했는지 알 수 있도록 FIREFOX, SAFARI, CHROME 같은 문자열로 로그를 남길 수 있습니다. 보통 이런 값을 딥러닝 모델에 주입하기 전에 (어휘 사전을 사용하거나 해싱을 통해) 정수로 바꿉니다. 그다음, n차원 벡터 공간에 매핑합니다(9.2.3절의 단어 임베딩을 참고하세요). 자주 발생하는 문제는 데이터셋 간의 문자열 포맷이 다른 경우입니다. 예를 들어 훈련 데이터에는 FIREFOX가 들어 있는데, 모델이 서비스될 때 개행 문자가 포함된 FIREFOX\n이나 따옴표가 포함된 "FIREFOX"를 받는 것입니다. 이는 의외로 위험한 형태의 왜곡이며 반드시 처리되어야 합니다.

## 데이터에서 주의할 다른 사항

이전 절에서 언급한 문제 외에도 데이터를 머신 러닝 시스템에 주입할 때 알아야 할 몇 가지가 더 있습니다.

- **과도하게 불균형한 데이터**: 데이터셋의 거의 모든 샘플에 동일한 값을 가진 특성이 있다면 이를 삭제하는 것을 고려해 볼 수 있습니다. 딥러닝은 이런 데이터에 과대적합되기 쉬우며 매우 희소한 데이터를 잘 다루지 못합니다.

- **숫자/범주 구분**: 일부 데이터셋은 정수를 사용해 열거형 집합의 원소를 표현합니다. 이런 정수의 순서에 의미가 없을 때 문제가 발생할 수 있습니다. 예를 들어 ROCK, CLASSICAL과 같이 음악 장르의 열거형 집합이 있고 어휘 사전으로 이 값을 정수로 매핑한다면 모델에 전달할 때 열거형처럼 이 값을 다루는 것이 중요합니다. 원-핫 인코딩이나 임베딩을 사용해 값을 인코딩해야 한다는 의미입니다(9장 참조). 그렇지 않으면 이 숫자가 실수로 해석되기 때문에 숫자 사이의 거리를 기반으로 범주 사이의 관계를 잘못 인식합니다.[18]

- **큰 스케일 차이**: 이전에 언급했지만, 잘못된 데이터로서 이 절에서 반복합니다. 스케일 차이가 큰 수치 특성을 주의하세요. 이런 특성은 훈련을 불안정하게 만들 수 있습니다. 일반적으로 훈련하기 전에 데이터를 z-정규화하는 것이 최선입니다(평균과 표준 편차로 정규화합니다). 훈련 과정에서 수행했던 것과 동일한 전처리를 추론에 사용해야 합니다. 3장에서 보았던 붓꽃 예제에서 이런 예를 볼 수 있습니다.

- **편향, 보안, 개인 정보**: 머신 러닝 개발에는 많은 책임이 뒤따르며, 하나의 장으로 설명하기에도 벅찰 만큼 그 내용이 방대합니다. 머신 러닝 솔루션을 개발한다면 시간을 할애하여 적어도 편향, 보안, 개인 정보를 위한 기본적인 모범 사례를 익히는 것이 중요합니다. 책임 있는 AI 실천 사례(https://ai.google/education/responsible-ai-practices) 페이지가 시작점으로 좋습니다. 좋은 사람과 책임 있는 엔지니어가 되려면 이런 실천 사례를 따르는 것이 바람직하며, 그 자체로 분명히 중요한 목표입니다. 또한, 이런 이슈에 관심을 기울이는

---

18 **역주** 예를 들어 ROCK, CLASSICAL, POP을 1, 2, 3 정수로 나타내면 모델은 ROCK과 POP 사이보다 ROCK과 CLASSICAL 사이가 더 가깝다고 생각할 수 있습니다.

것은 순전히 이기적인 관점에서도 현명한 선택입니다. 편향, 보안, 개인 정보에 생긴 작은 오류라도 난처한 시스템 장애로 이어져서 고객이 더 믿을 만한 솔루션을 찾게 만들 수 있기 때문입니다.

일반적으로 데이터가 예상대로라는 것을 확신하는 데 시간을 할애해야 합니다. Observable, Jupyter, Kaggle Kernel, Colab 같은 노트북에서부터 Facets 같은 그래픽 UI 도구까지 이런 작업을 도와주는 도구가 많습니다. 그림 6-6에 Facets에서 데이터를 탐색하는 다른 방법이 나와 있습니다. 여기에서는 Facets Dive라는 Facets의 그래프 기능을 사용해 SUNY(State Universities of New York) 데이터셋의 샘플을 보여 줍니다. Facets Dive를 사용하면 데이터에서 열을 선택하고 사용자의 입맛에 맞게 시각적으로 표현할 수 있습니다. 여기서는 드롭다운 메뉴를 사용해 x축은 Longitude1, y축은 Latitude1, 레이블은 도시 이름, 색상은 학생 수로 지정했습니다. 2D 평면에 그려진 위도와 경도 위치가 뉴욕주의 지도 모습일 것으로 기대하며, 실제로 그렇습니다. SUNY 웹 페이지에서 이 지도를 비교해 볼 수 있습니다.

▼ 그림 6-6 또 다른 Facets의 스크린샷. 여기서는 data-csv 예제에서 사용했던 뉴욕주립대 캠퍼스 데이터셋을 사용한다. Facets Dive를 사용하면 데이터셋에 있는 특성 간의 관계를 탐색할 수 있다. 원 하나는 데이터셋에 있는 하나의 데이터 포인트에 해당한다. x축은 Longitude1, y축은 Latitude1, 색은 학생 수, 레이블은 도시 이름이다. 이 그래프의 서쪽에 버팔로(Buffalo)가 있고 남동쪽에 브룩클린(Brooklyn)이 있어 뉴욕주의 대략적인 형태를 볼 수 있다. 버팔로에 있는 학교가 학생이 가장 많은 캠퍼스 중 하나임을 알 수 있다.

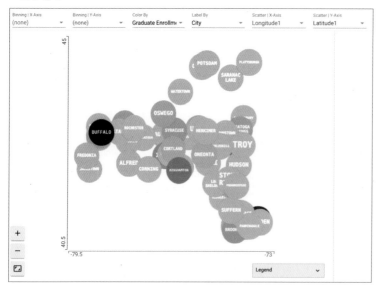

# 6.5 데이터 증식

데이터를 수집하고 간편한 처리를 위해 tf.data.Dataset에 연결하고 문제를 면밀하게 조사하여 데이터를 정제했습니다. 모델의 성공을 위해 또 어떤 일을 할 수 있을까요?

이따금 데이터가 충분하지 않아 기존 데이터를 조금 바꾸어 새로운 샘플을 만드는 식으로 프로그램을 사용해 데이터셋을 확장할 필요가 있습니다. 예를 들어 4장의 MNIST 손 글씨 숫자 분류 문제를 생각해 보죠. MNIST는 열 개 숫자에 대한 60,000개의 훈련 이미지, 즉 숫자마다 6,000개의 이미지를 가지고 있습니다. 이 개수는 숫자 분류기가 모든 종류의 변형을 학습하는 데 충분한가요? 누군가가 너무 크거나 작은 숫자를 쓰면 어떨까요? 조금 회전하거나 기울여 쓰면 어떨까요? 두껍거나 얇은 펜으로 쓰면 어떻게 될까요? 모델이 여전히 이를 인식할 수 있을까요?

MNIST 샘플 하나를 선택하여 한 픽셀 왼쪽으로 숫자를 이동시키더라도 이 샘플의 레이블은 바뀌지 않습니다. 왼쪽으로 이동한 9는 여전히 9이지만 새로운 훈련 샘플이 됩니다. 실제 샘플을 변경시켜 프로그래밍적으로 생성된 이런 종류의 샘플을 **유사 샘플**(pseudo-example)이라고 합니다. 그리고 유사 샘플을 데이터에 추가하는 과정을 **데이터 증식**(data augmentation)이라고 합니다.

데이터 증식은 기존 훈련 샘플에서 추가로 훈련 데이터를 생성하는 기법입니다. 이미지 데이터의 경우 회전, 자르기, 크기 조정과 같은 다양한 변환을 통해 그럴듯한 이미지를 만듭니다. 모델의 일반화 성능을 높이도록(다른 말로 하면, 과대적합을 완화하도록) 훈련 데이터의 다양성을 높이는 것이 목적입니다. 훈련 데이터셋의 크기가 작을 때 특히 유용합니다.

그림 6-7은 레이블된 이미지 데이터셋에서 고양이 샘플에 적용한 데이터 증식을 보여 줍니다. 샘플의 레이블인 'CAT'이 변경하지 않고 입력 샘플을 크게 바꾸는 식으로 이미지를 회전시키고 기울여서 만든 데이터입니다.

❤ 그림 6-7 랜덤한 데이터 증식을 통해 고양이 이미지 생성. 하나의 레이블된 샘플을 랜덤하게 회전, 반전, 변환시키고 기울임을 적용해 다양한 훈련 샘플을 만들 수 있다.

데이터 증식을 사용해 새로운 신경망을 훈련하면 이 네트워크는 동일한 입력을 두 번 만나지 못할 것입니다. 하지만 네트워크가 만난 입력은 작은 개수의 원본 이미지에서 만들어졌기 때문에 여전히 크게 상호 연관되어 있습니다. 하지만 새로운 정보를 생성할 수 없고 기존의 정보만 혼합할 수 있습니다. 따라서 과대적합을 완전히 제거하기에 충분하지 않을 수 있습니다. 데이터 증식을 사용하면 추론 데이터의 분포와 일치할 가능성이 낮아져 데이터 왜곡이 발생할 위험이 있습니다. 훈련 세트에 유사 샘플을 추가하여 얻는 장점이 데이터 왜곡으로 인한 비용보다 큰지는 애플리케이션마다 다릅니다. 테스트와 실험이 필요할 수 있습니다.

코드 6-24는 dataset.map() 함수로 데이터셋에 가능한 변환을 적용하여 데이터 증식을 추가하는 방법을 보여 줍니다. 증식은 샘플 단위로 적용해야 합니다. 또한, 검증 세트와 테스트 세트에는 증식을 적용하지 않는 것이 중요합니다. 증식된 데이터에서 테스트하면 모델의 성능을 편향되게 측정하게 됩니다. 왜냐하면 추론 시에는 증식이 적용되지 않기 때문입니다.

```
function augmentFn(sample) {  ┄┄┄┄┄ {image, label} 형식의 샘플을 받아 새롭게 수정된
  const img = sample.image;            샘플을 같은 형식으로 반환하는 함수
  const augmentedImg = randomRotate(                randomRotate, randomSkew, randomMirror
    randomSkew(randomMirror(img))));  ┄┄┄┄┄┄┄┄┄┄┄┄┄  는 다른 곳에서 정의되었다고 가정합니다. 회전과 기울
  return {image: augmentedImg, label: sample.label};   임 등의 양은 호출될 때마다 랜덤하게 생성됩니다. 증
}                                                       식은 샘플의 레이블에는 상관없이 특성만을 기반으로
                                                        합니다.

const (trainingDataset, validationDataset} =  ┄┄┄  이 함수는 원소가 {image, label} 형태인
    getDatsetsFromSource();                           tf.data.Dataset 두 개를 반환합니다.
augmentedDataset = trainingDataset           ┄┄┄
    .repeat().map(augmentFn).batch(BATCH_SIZE);  ┄┄┄┄ 배치를 만들기 전에 개별 원소에 증식을 적용합니다.
// 모델 훈련
await model.fitDataset(augmentedDataset, {  ┄┄┄┄┄ 증식된 데이터에서 모델을 훈련합니다.
  batchesPerEpoch: ui.getBatchesPerEpoch(),
  epochs: ui.getEpochsToTrain(),
  validationData: validationDataset.repeat(),  ┄┄┄┄┄
  validationBatches: 10,       중요합니다! 검증 세트에는 증식을 적용하지 않습니다. 자동으로 반복되지
  callbacks: { ... },          않기 때문에 validationData의 repeat() 메서드를 호출합니다. 검증 점
  }                            수를 측정할 때마다 열 개의 배치만 추출하도록 설정합니다.
}
```

이 장에서 머신 러닝 모델에 데이터를 주입하기 전에 데이터를 이해하는 중요성을 배웠길 바랍니다. 데이터셋을 조사하고 깊게 이해하는 데 사용할 수 있는 Facets 같은 준비되어 있는 도구에 대해 이야기했지만, 데이터를 유연하고 입맛에 맞게 시각화하려면 어느 정도 코드를 작성하는 것이 필요합니다. 다음 장에서는 이런 데이터 시각화에 사용하기 위해 TensorFlow.js 개발 팀이 만든 시각화 모듈인 tfjs-vis의 기본 내용을 배워 보겠습니다.

# 6.6 연습 문제

TENSORFLOW.JS

1. 5장의 simple-object-detection 예제를 확장해서 미리 전체 데이터를 생성하지 말고 tf.data.generator()와 model.fitDataset()을 사용해 보세요. 이 구조의 장점은 무엇인가요? 모델에 훨씬 더 큰 이미지 데이터셋이 제공되면 유의미하게 성능이 향상되나요?

2. MNIST 샘플을 조금 이동하고 크기를 변경하고 회전시켜 데이터 증식을 적용하세요. 이것이 성능에 도움이 되나요? 증식을 적용한 데이터 스트림에서 검증과 테스트를 하는 것이 합리적 인가요? 아니면 실제 자연스러운 샘플에서 테스트하는 것이 적절한가요?

3. 6.4.1절에서 언급한 기술을 사용해 다른 장에서 보았던 데이터셋의 특성을 그래프로 출력해 보세요. 데이터가 기대하는 독립성을 만족시키나요? 이상치가 있나요? 누락된 값은 어떤가요?

4. 여기서 언급했던 CSV 데이터셋 중 일부를 Facets 도구로 로드하세요. 문제를 일으킬 만한 특성은 무엇인가요? 놀라운 점이 있다면 무엇인가요?

5. 이전 장에서 사용한 데이터셋에 어떤 데이터 증식을 적용할 수 있을까요?

# 6.7 / 요약

- 데이터는 딥러닝 혁명을 이끄는 핵심 동력입니다. 잘 구성된 대규모 데이터셋이 없었다면 대부분의 딥러닝 애플리케이션은 존재하지 않았을 것입니다.

- TensorFlow.js는 쉽게 대량의 데이터셋을 스트리밍하고, 다양한 방법으로 데이터를 변환하고, 훈련과 예측을 위해 모델에 연결해 주는 tf.data API를 제공합니다.

- tf.data.Dataset 객체를 만드는 여러 가지 방법이 있으며 그 각각은 자바스크립트 배열, CSV 파일, 데이터 생성 함수입니다. 한 줄의 자바스크립트 코드로 원격 CSV 파일에서 스트리밍되는 데이터셋을 만들 수 있습니다.

- tf.data.Dataset 객체는 체인처럼 연결할 수 있는 API를 제공합니다. 따라서 머신 러닝 애플리케이션에 필요한 자주 사용되는 셔플, 필터링, 배치, 매핑과 그 외 다른 연산을 쉽고 간편하게 수행할 수 있습니다.

- tf.data.Dataset은 게으른 스트리밍 방식으로 데이터를 제공합니다. 따라서 대용량의 원격 데이터셋을 간단하고 효율적으로 사용할 수 있지만 비동기 연산에 대한 비용이 발생합니다.

- tf.Model 객체는 fitDataset() 메서드를 사용해 tf.data.Dataset으로부터 직접 훈련될 수 있습니다.

- 데이터를 감시하고 정제하는 데는 시간과 관심이 필요하지만, 실제 사용하는 모든 머신 러닝 시스템에 필요한 과정입니다. 데이터 처리 단계에서 데이터 왜곡, 누락된 데이터, 이상치 같은 문제를 감지하고 관리하면 모델링 단계에서 디버깅 시간을 절약할 수 있습니다.

- 데이터 증식을 사용하면 프로그램으로 생성된 유사 샘플을 포함하도록 데이터셋을 확장할 수 있습니다. 원본 데이터셋에 샘플이 다양한 형태로 충분히 표현되지 못한 경우 모델에게 도움이 됩니다.

# 7<sup>장</sup>

# 데이터와
# 모델 시각화

7.1 데이터 시각화

7.2 훈련된 모델 시각화

7.3 추가 자료

7.4 연습 문제

7.5 요약

이 장에서 다룰 핵심 내용

- tfjs-vis를 사용해 데이터 시각화를 수행하는 방법
- 훈련된 모델의 내부 동작을 살펴보고 통찰을 얻는 방법

시각화는 머신 러닝 워크플로의 모든 단계에 관련되기 때문에 머신 러닝 기술자에게 중요한 기술입니다. 모델을 만들기 전에 데이터를 시각화하여 검사합니다. 모델을 구성하고 훈련하는 동안에 시각화를 통해 훈련 과정을 모니터링합니다. 모델을 훈련한 다음에는 어떻게 동작하는지 이해하기 위해 시각화를 사용합니다.

6장에서는 머신 러닝을 데이터에 적용하기 전에 데이터를 시각화하고 이해하는 것의 장점을 배웠습니다. 또 인터랙티브하고 빠르게 데이터를 둘러보는 것을 도와주는 브라우저 기반 도구인 Facets의 사용 방법을 설명했습니다. 이 장에서는 프로그램을 작성해 입맛에 맞게 데이터를 시각화할 수 있는 새로운 도구인 tfjs-vis를 소개하겠습니다. 원시 포맷 형태로 데이터를 보거나 Facets 같은 제품 형태의 도구를 사용하는 것에 비해 이런 방식의 장점은 더 유연하고 다양하게 시각화하여 데이터를 잘 이해할 수 있다는 점입니다.

데이터 시각화 외에 훈련한 딥러닝 모델을 시각화하는 방법을 보여 줍니다. 신경망의 블랙박스 같은 내부를 들여다보는 예제를 통해 신경망 내부의 활성화를 시각화하고 합성곱 신경망의 층을 최대로 활성화하는 패턴을 찾아보겠습니다. 이로써 딥러닝의 모든 단계에서 시각화가 어떻게 활용되는지 설명될 것입니다.

이 장을 마치면 왜 시각화가 머신 러닝 워크플로에서 필수적인지 알게 될 것입니다. 또한, TensorFlow.js로 데이터와 모델을 시각화하는 대표적인 방법에 익숙해지고 자신만의 머신 러닝 문제에 이를 적용할 수 있을 것입니다.

# 7.1  데이터 시각화

데이터 시각화부터 시작해 보죠. 이것이 머신 러닝 기술자가 새로운 문제를 접할 때 가장 먼저 하는 일입니다. 시각화 작업이 Facets에서 다룰 수 있는 것보다 더 복잡하다고 가정합니다(예를 들어 데이터가 작은 CSV 파일이 아닙니다). 먼저 브라우저에서 간단하고 널리 사용하는 그래프를 만드는 기본적인 차트(chart) API를 소개하겠습니다. 여기에는 선 그래프, 산점도(scatter plot), 막대 그래프, 히스토그램(histogram) 등이 있습니다. 간단한 데이터를 사용해 기본적인 예제를 다루고 나서 흥미로운 실전 데이터셋을 사용한 예제를 만들어 보겠습니다.

## 7.1.1 tfjs-vis를 사용해 데이터 시각화하기

tfjs-vis는 TensorFlow.js에 밀접하게 통합되어 있는 시각화 라이브러리입니다. 이 장에서 다루는 많은 기능 중에는 `tfvis.render.*` 네임스페이스(namespace) 아래에 있는 경량 차트 API가 있습니다.[1] 단순하고 직관적인 API를 사용해 머신 러닝에서 자주 사용되는 차트를 브라우저에서 만들 수 있습니다. Codepen(https://codepen.io/rickiepark/pen/BadQNrQ)을 사용해 `tfvis.render`로 여러 가지 기본적인 그래프를 그리는 방법을 배워 보겠습니다.

### tfjs-vis의 기본

먼저 tfjs-vis는 메인 TensorFlow.js 라이브러리와는 별개입니다. 그래서 CodePen에서 tfjs-vis를 〈script〉 태그로 따로 임포트합니다.

```
<script src="https://cdn.jsdelivr.net/npm/@tensorflow/tfjs-vis@latest">
</script>
```

메인 TensorFlow.js 라이브러리를 임포트하는 태그는 이와 다릅니다.

```
<script src="https://cdn.jsdelivr.net/npm/@tensorflow/tfjs@latest">
</script>
```

이런 차이는 tfjs-vis와 TensorFlow.js의 npm 패키지에도 적용됩니다(각각 `@tensorflow/tfjs-vis`와 `@tensorflow/tfjs`입니다). TensorFlow.js와 tfjs-vis를 사용하는 웹 페이지와 자바스크립트 프로그램은 두 라이브러리 모두 임포트해야 합니다.

### 선 그래프

가장 많이 사용하는 그래프는 아마도 **선 그래프**(순서가 있는 값에 대한 어떤 양을 선으로 나타내는 그래프)일 것입니다. 선 그래프는 수평 축과 수직 축을 가지며, 종종 x축과 y축으로 부릅니다. 이 그래프는 일상생활에서 많이 볼 수 있습니다. 예를 들어 하루 동안의 온도 변화를 나타낸 선 그래프를 볼 수 있습니다. 여기에서 수평 축은 하루 동안의 시간이고 수직 축은 온도계에서 읽은 값입니다. 선 그래프의 수평 축이 시간이 아니라 다른 것이 될 수도 있습니다. 예를 들어 선 그래프를 사용해 고혈압 약의 치료 효과(혈압을 낮추는 정도)와 복용량(하루 투약량) 사이의 관계를 나타

---

1  이 차트 API는 Vega 시각화 라이브러리(https://vega.github.io/vega/)를 기반으로 합니다.

낼 수 있습니다. 이런 그래프를 **용량-반응 곡선**(dose-response curve)이라고 합니다. 시간에 상관없는 선 그래프의 또 다른 예는 3장에서 보았던 ROC 곡선입니다. 이 곡선의 x축과 y축은 모두 시간에 관련되어 있지 않습니다(이진 분류기의 거짓 양성 비율과 진짜 양성 비율입니다).

tfvis.render로 선 그래프를 그리려면 linechart() 함수를 사용합니다. CodePen의 첫 번째 예제(코드 7-1)에서 보듯이 이 함수는 세 개의 매개변수를 받습니다.

1. 첫 번째 매개변수는 그래프가 그려질 HTML 요소입니다. 빈 〈div〉 요소면 충분합니다.

2. 두 번째 매개변수는 그래프에 그릴 데이터 포인트 값입니다. 배열을 가리키는 values 필드를 가진 POJO(Plain Old JavaScript Object) 객체입니다. 이 배열은 x와 y 필드를 가진 POJO로 표현된 여러 개의 x-y 값의 쌍으로 구성됩니다. 물론 x와 y 값은 데이터 포인트의 x 좌표와 y 좌표입니다.

3. 세 번째 매개변수는 선택적이며 선 그래프의 추가 설정 필드를 담을 수 있습니다. 이 예에서는 width 필드를 사용해 결과 그래프의 너비를 (픽셀 단위로) 지정합니다. 이어지는 예제에서 다른 설정 필드도 볼 수 있을 것입니다.[2]

---

**코드 7-1** tfvis.render.linechart()를 사용해 간단한 선 그래프 그리기

```
let values = [{x: 1, y: 20}, {x: 2, y: 30},
              {x: 3, y: 5}, {x: 4, y: 12}];  ------ 데이터는 x-y 쌍의 배열입니다.
                              첫 번째 매개변수는 차트가 그려질 HTML 요소입니다. 여기서 'plot1'은 빈 div 태그의 ID입니다.
tfvis.render.linechart(document.getElementById('plot1'), --------
              {values: values},  ------ 두 번째 매개변수는 values 키를 가진 객체입니다.
     사용자 설정 옵션은 세 번째 매개변수로 전달합니다. 여기서는 그래프의 너비만 지정했습니다.
              {width: 400});  --------
```

---

코드 7-1로 만든 선 그래프가 그림 7-1의 왼쪽 패널에 나타나 있습니다. 네 개의 포인트만 있는 간단한 곡선입니다. 하지만 linechart() 함수는 훨씬 더 많은 (예를 들어 수천 개의) 데이터 포인트를 받을 수 있습니다. 하지만 한 번에 너무 많은 데이터 포인트를 다룬다면 결국 브라우저의 자원이 고갈될 것입니다. 제한은 브라우저와 플랫폼에 따라 다르고 경험적으로 찾아야 합니다. 일반적으로 부드럽고 반응이 좋은 UI를 위해 인터랙티브한 시각화에서 렌더링될 데이터 크기를 제한하는 것이 좋습니다.

---

2  https://js.tensorflow.org/api_vis/latest/에서 이 함수의 다른 설정 필드에 대한 정보뿐 아니라 tfjs-vis API 전체 문서도 볼 수 있습니다.

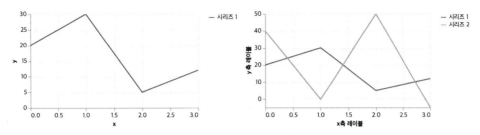

❤ 그림 7-1 tfvis.render.linechart()를 사용해 만든 선 그래프. 왼쪽: 코드 7-1로 만든 한 개의 시리즈. 오른쪽: 코드 7-2로 동일 축에 그린 두 개의 시리즈

이따금 한 차트 안에 두 개의 그래프를 그려서 둘 사이의 관계를 (예를 들어 서로 대조하기 위해) 보일 때가 있습니다. tfvis.render.linechart()를 사용해 이런 그래프를 그릴 수 있습니다. 그림 7-1의 오른쪽 패널과 코드 7-2에 이런 예가 나타나 있습니다.

이를 **다중 시리즈**(multi series) 차트라고 하며 각 선을 **시리즈**(series)라고 부릅니다. 다중 시리즈 차트를 만들려면 linechart()의 두 번째 매개변수에 series 필드가 추가되어야 합니다. 이 필드의 값은 문자열 배열입니다. 문자열은 시리즈의 이름이며 차트의 범례에 표시됩니다. 예제 코드에서는 시리즈 이름을 '시리즈 1'과 '시리즈 2'로 지정합니다.

두 번째 매개변수의 value 필드도 다중 시리즈 차트에 적절하게 지정되어야 합니다. 첫 번째 예제에서는 포인트의 배열을 전달했지만 다중 시리즈 그래프에서는 배열의 배열을 전달해야 합니다. 중첩된 배열의 각 원소는 한 시리즈의 데이터 포인트이며 단일 시리즈 차트를 그리는 코드 7-1에서 보았던 배열과 동일한 포맷입니다. 따라서 중첩된 배열의 길이는 series 배열의 길이와 같아야 하며, 다른 경우 에러가 발생합니다.

코드 7-2로 만든 차트는 그림 7-1의 오른쪽 패널에 나타나 있습니다. 이 그림에서 볼 수 있듯이 tfjs-vis는 두 그래프를 그리기 위해 다른 색(파란색과 오렌지색)을 사용합니다. 파란색과 오렌지색은 쉽게 구분할 수 있기 때문에 기본 색 구성은 일반적으로 잘 맞습니다. 시리즈가 더 많다면 자동으로 다른 색을 추가로 선택합니다.

이 예제 차트에 있는 두 개의 시리즈는 x 좌표 값(1, 2, 3, 4)이 똑같다는 점에서 약간 특별합니다. 하지만 일반적으로 다중 시리즈 차트에 있는 각 시리즈의 x 좌표가 동일할 필요는 없습니다. 이 장의 끝에 있는 연습 문제 1에서 이런 예를 만들어 보세요. 두 개의 그래프를 하나의 차트에 그리는 것이 항상 좋은 생각은 아닙니다. 예를 들어 두 그래프가 매우 다르고 y 값의 범위가 중첩되지 않을 때 하나의 차트에 두 그래프를 그리면 각 그래프의 변화를 파악하기 힘듭니다. 이런 경우에는 별도의 선 그래프로 따로 그리는 것이 더 낫습니다.

코드 7-2에서 언급할 만한 또 다른 점은 축 이름의 지정입니다. (linechart()의 세 번째 매개변수인) 설정 객체의 xLabel과 yLabel 필드를 사용해서 x축과 y축의 레이블을 위해 별도의 문자열을 지정했습니다. 일반적으로 차트를 이해하기 좋기 때문에 항상 축 레이블을 지정하는 것이 좋습니다. xLabel과 yLabel을 지정하지 않으면 tfjs-vis는 축 레이블을 x와 y로 지정합니다. 코드 7-1과 그림 7-1의 왼쪽 패널이 이런 경우에 해당합니다.

**코드 7-2** tfvis.render.linechar()를 사용해 두 개의 시리즈가 포함된 차트 그리기

```
values = [
  [{x: 1, y: 20}, {x: 2, y: 30}, {x: 3, y: 5}, {x: 4, y: 12}],    동일한 축에 여러 개의 시리즈를
  [{x: 1, y: 40}, {x: 2, y: 0}, {x: 3, y: 50}, {x: 4, y: -5}]     그리기 위해 values 배열을 x-y
];                                                                 쌍의 배열 여러 개로 구성합니다.
let series = ['시리즈 1', '시리즈 2'];  ------ 다중 시리즈 차트를 그릴 때 시리즈 이름을 제공해야 합니다.
tfvis.render.linechart(
        document.getElementById('plot2'), {values, series}, {
  width: 400,
  xLabel: 'x축 레이블',
                            ------ x축과 y축의 기본 이름을 바꿉니다.
  yLabel: 'y축 레이블'
});
```

## 산점도

**산점도**(scatter plot)는 tfvis.render로 그릴 수 있는 또 다른 종류의 차트입니다. 산점도와 선 그래프 간의 가장 두드러진 차이점은 산점도는 데이터 포인트를 선분과 연결하지 않는다는 점입니다. 따라서 데이터 포인트 간의 순서가 중요하지 않은 경우에 산점도가 적합합니다. 예를 들어 산점도를 사용해 일부 국가의 1인당 GDP에 대한 인구수를 나타낼 수 있습니다. 이런 그래프에서 중요한 정보는 x와 y 값 사이의 관계이지 데이터 포인트 간의 순서가 아닙니다.

tfvis.render에서 산점도를 그리는 함수는 scatterplot()입니다. 코드 7-3의 예에서 볼 수 있듯이 scatterplot()은 linechart()와 같이 여러 개의 시리즈를 그릴 수 있습니다. 코드 7-2와 코드 7-3을 비교해 보면 알 수 있듯이 사실 scatterplot()과 linechart() API는 실제로 동일합니다. 코드 7-3으로 만든 산점도가 그림 7-2에 나타나 있습니다.

```
values = [
  [{x: 20, y: 40}, {x: 32, y: 0}, {x: 5, y: 52}, {x: 12, y: -6}],
  [{x: 15, y: 35}, {x: 0, y: 9}, {x: 7, y: 28}, {x: 16, y: 8}]
];
series = ['시리즈 1', '시리즈 2'];
tfvis.render.scatterplot(
    document.getElementById('plot4'),
  {values, series},
   {
    width: 400,
    xLabel: 'x 값',
    yLabel: 'y 값'
  });
```

linechart()처럼 x-y 쌍 배열의 배열을 사용해 산점도의 다중 시리즈를 표현합니다.

항상 축 이름을 지정하는 것을 기억하세요.

▼ 그림 7-2 코드 7-3으로 만든 두 개의 시리즈가 포함된 산점도

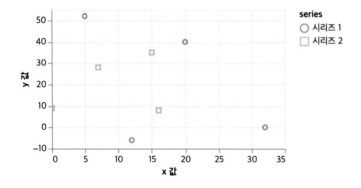

## 막대 그래프

이름 그대로 막대 그래프(bar chart)는 막대를 사용해 양의 크기를 나타냅니다. 막대의 상대적인 높이로 수량 사이의 비율을 알 수 있도록 막대의 아래는 일반적으로 0에서 시작합니다. 따라서 상대적인 양의 비율이 중요할 때는 막대 그래프가 좋은 선택입니다. 예를 들어 몇 년간 회사의 연간 수익을 나타내는 데 막대 그래프를 사용하는 것이 자연스럽습니다. 이 경우에 막대의 상대적인 높이를 통해 수익이 분기마다 어떻게 변하는지 직관적으로 알 수 있습니다. 이런 점에서 막대 그래프는 0에서부터 시작될 필요가 없는 선 그래프나 산점도와 다릅니다.

tfvis.render로 막대 그래프를 만들려면 barchart() 함수를 사용합니다. 코드 7-4에 예가 있습니다. 이 코드로 만든 막대 그래프가 그림 7-3입니다. barchart() API는 linechart()나 scatterplot()과 비슷합니다. 하지만 중요한 차이점이 있습니다. barchart()의 두 번째 매개변수는 values 필드가 있는 객체가 아닙니다. 대신 index-value 쌍으로 구성된 단순한 배열입니다. 수평 축의 값을 x 필드에 지정하지 않고 index 필드에 지정합니다. 비슷하게 수직 축의 값을 y 필드에 지정하지 않고 value 필드에 지정합니다. 왜 이런 차이가 있을까요? 막대 그래프의 수평 축의 값은 숫자일 필요가 없기 때문입니다. 그림 7-3의 예에서 볼 수 있듯이 문자열이나 숫자 모두 될 수 있습니다.

▼ 그림 7-3 코드 7-4로 만든 문자열과 숫자 인덱스로 구성된 막대 그래프

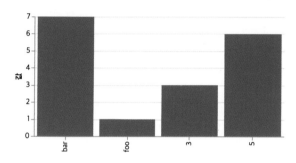

**코드 7-4** tfvis.render.barchart()를 사용하여 막대 그래프 만들기

```
const data = [
  {index: 'foo', value: 1},{index: 'bar', value: 7},
  {index: 3, value: 3},
  {index: 5, value: 6}];
tfvis.render.barchart(document.getElementById('plot5'), data, {
  yLabel: '값',
  width: 400
});
```

막대 그래프의 인덱스는 숫자나 문자열이 될 수 있습니다. 원소의 순서가 중요합니다.

## 히스토그램

앞서 설명한 세 종류의 그래프는 어떤 수량을 표현합니다. 이따금 자세한 수량보다 값의 분포가 더 중요한 경우가 있습니다. 예를 들어 국가 인구 조사 결과에서 가구의 연간 소득을 살펴보는 경제학자를 생각해 보죠. 경제학자에게는 구체적인 소득량은 흥미로운 정보가 아닙니다. 여기에는 너무 많은 정보가 포함되어 있습니다(네, 맞습니다. 이따금 너무 많은 정보는 해로울 수 있습니다!). 대신 경제학자는 간결한 소득 정보를 원합니다. 값이 어떻게 분포되어 있는지에 관심이 있습

니다. 즉, 20,000달러 아래의 비율, 20,000~40,000달러 사이의 비율, 40,000~60,000달러 사이의 비율 등입니다. **히스토그램**(histogram)이 이런 시각화 작업에 맞는 그래프입니다.

히스토그램은 값을 구간(bin)에 할당합니다. 각 구간은 단순하게 낮은 쪽 경계와 높은 쪽 경계가 있는 연속적인 값의 범위입니다. 구간은 모든 값을 포함할 수 있도록 서로 인접하게 배치됩니다. 앞선 예에서 경제학자는 0~20k, 20k~40k, 40k~60k 등의 구간을 사용할 수 있습니다. N개의 구간이 선택되면, 각 구간에 해당되는 데이터 포인트의 개수를 카운트하는 프로그램을 만들 수 있습니다. 이 프로그램을 실행하면 (구간마다 하나씩) N개의 숫자를 출력할 것입니다. 수직 막대를 사용해 이 숫자를 그래프로 그릴 수 있습니다. 이 그래프가 히스토그램입니다.

tfvis.render.histogram()이 이런 작업을 수행합니다. 구간의 경계를 결정하고 구간에 속한 샘플 개수를 세는 수고를 대신 해 줍니다. histogram() 함수를 실행하려면 다음 코드에서처럼 단순히 숫자 배열을 전달하면 됩니다. 이 숫자는 정렬될 필요가 없습니다.

**코드 7-5** tfvis.render.histogram()을 사용해 값의 분포 시각화하기

```
const data = [1, 5, 5, 5, 5, 10, -3, -3];
tfvis.render.histogram(document.getElementById('plot6'), data, {      ┈┈ 자동으로 생성한 구간을
  width: 400                                                               사용합니다.
});
// 구간 개수를 지정한 히스토그램
// 데이터는 위와 동일합니다
tfvis.render.histogram(document.getElementById('plot7'), data, {
  maxBins: 3,   ┈┈┈┈ 구간 개수를 명시적으로 지정합니다.
  width: 400
});
```

코드 7-5에서 histogram() 함수를 두 번 호출합니다. 첫 번째는 그래프의 너비 외에는 다른 옵션을 지정하지 않습니다. 이 경우 histogram() 함수는 내장된 규칙을 사용하여 구간을 계산합니다. 그 결과 그림 7-4의 왼쪽 패널에서 보듯이 일곱 개의 구간 −4 ~ −2, −2 ~ 0, 0 ~ 2, ..., 8 ~ 10이 만들어졌습니다. 이렇게 일곱 개의 구간으로 나눌 때 히스토그램에서 가장 높은 값은 4~6 구간입니다. 데이터 배열에 있는 값 중에 네 개가 5이기 때문입니다. 이 히스토그램의 세 구간(−2 ~ 0, 2 ~ 4, 6 ~ 8)의 값은 0입니다. 데이터 포인트 중에서 이 세 구간에 속한 원소가 하나도 없기 때문입니다.

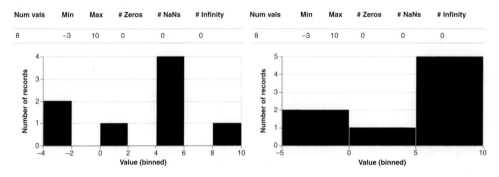

▼ 그림 7-4 동일한 데이터를 사용해 자동으로 생성한 구간을 가진 히스토그램(왼쪽)과 구간의 개수를 명시적으로 지정한 히스토그램 (오른쪽). 코드 7-5를 사용해 이 히스토그램을 만들었다.

따라서 특정 데이터 배열에는 기본 규칙이 너무 많은 구간을 만들 수 있습니다. 구간이 적으면 비어 있는 구간이 나타날 가능성이 적습니다. maxBins 설정 필드를 사용해 기본 구간 규칙 대신에 구간 개수를 지정할 수 있습니다. 코드 7-5에 있는 두 번째 histogram()에서 이런 방식을 사용합니다. 이 결과가 그림 7-4의 오른쪽에 나타나 있습니다. 이 그래프에는 세 개의 구간이 있으며 비어 있는 구간이 없습니다.

## 히트맵

**히트맵**(heatmap)은 색이 입혀진 그리드로 2D 숫자 배열을 나타냅니다. 각 셀(cell)의 색상은 2D 배열 원소의 상대적인 크기를 반영합니다. 전통적으로 파란색이나 녹색 같은 시원한 색을 사용해 낮은 값을 표현하고 오렌지색이나 빨간색을 사용해 높은 값은 나타냅니다. 그래서 이 그래프를 히트맵이라고 부릅니다. 딥러닝에서 가장 자주 볼 수 있는 히트맵의 예는 오차 행렬(3장의 붓꽃 예제 참고)과 어텐션(attention) 행렬(9장의 날짜 변환 예제 참고)입니다. tfjs-vis는 이런 종류의 그래프를 위해 tfvis.render.heatmap() 함수를 제공합니다.[3]

코드 7-6은 세 개의 클래스를 가진 오차 행렬의 히트맵을 만드는 방법을 보여 줍니다. 오차 행렬의 값은 두 번째 입력 매개변수의 values 필드로 전달합니다. 히트맵의 행과 열의 레이블로 사용되는 클래스 이름은 xTickLabels와 yTickLabels에 지정합니다. 이 레이블을 세 번째 매개변수에 지정하는 x축과 y축 전체 레이블인 xLabel, yLabel과 혼동하지 마세요. 그림 7-5에 이 히트맵 그래프가 나타나 있습니다.

---

3  역주 오차 행렬의 히트맵만을 위한 tfvis.render.confusionMatrix() 함수도 있습니다.

♥ 그림 7-5 코드 7-6으로 그린 히트맵. 세 개의 클래스를 가진 가상의 오차 행렬을 나타낸다.

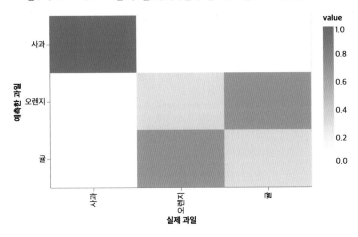

**코드 7-6** tfvis.render.heatmap()을 사용하여 2D 텐서 시각화하기

```
tfvis.render.heatmap(document.getElementById('plot8'), {
  values: [[1, 0, 0], [0, 0.3, 0.7], [0, 0.7, 0.3]],-----  heatmap()에 전달하는 값은 (여기에서처럼) 중첩
  xTickLabels: ['Apple', 'Orange', 'Tangerine'],         된 자바스크립트 배열 또는 2D tf.Tensor입니다.
  yTickLabels: ['Apple', 'Orange', 'Tangerine']
}, {                      xTickLabels는 x축을 따라 놓인 개별 행의 레이블을 나타냅니다. xLabel과 혼동하지
  width: 500,            마세요. 비슷하게 yTickLabel은 y축을 따라 놓인 개별 열의 레이블입니다.
  height: 300,
  xLabel: 'Actual Fruit',       xTickLabels와 yTickLabels가 아니라 xLabel과
  yLabel: 'Recognized Fruit',   yLabel을 사용해 전체 축의 레이블을 지정합니다.
  colorMap: 'blues' ------ 여기서 사용한 'blues' 컬러 맵 외에도 'greyscale'과 'viridis'가 있습니다.
});
```

이것으로 tfvis.render에서 제공하는 네 개의 주요 차트에 대한 소개를 마치겠습니다. tfjs-vis를 사용해 데이터 시각화 작업을 수행한다면 이런 차트를 많이 사용할 것입니다. 표 7-1에서는 시각화 작업에 사용할 차트를 결정하는 데 도움이 되도록 차트에 대해 간략히 요약했습니다.

| 차트 이름 | tfjs-vis 함수 | 적합한 시각화 작업과 머신 러닝 예제 |
| --- | --- | --- |
| 선 그래프 | `tfvis.render.linechart()` | 한 스칼라 값(y 값)이 고유한 순서(시간, 복용량 등)가 있는 다른 스칼라(x 값)에 따라 달라지는 경우. 동일한 축에 여러 개의 시리즈를 그릴 수 있습니다. 예를 들어 훈련 에포크 횟수에 대한 훈련 세트와 검증 세트의 측정값 |
| 산점도 | `tfvis.render.scatterplot()` | CSV 데이터셋의 두 숫자 열 사이의 관계처럼 고유한 순서가 없는 x-y 스칼라 값의 쌍. 동일한 축에 여러 개의 시리즈를 그릴 수 있습니다. |
| 막대 그래프 | `tfvis.render.barchart()` | 동일한 분류 문제에서 여러 개의 모델이 달성한 정확도(퍼센트 값)와 같이 적은 개수의 범주에 속한 값의 집합 |
| 히스토그램 | `tfvis.render.histogram()` | 밀집 층의 커널에 있는 파라미터 값의 분포처럼 분포가 주요 관심 대상인 값의 집합 |
| 히트맵 | `tfvis.render.heathmap()` | 2D 그리드로 시각화할 2D 숫자 배열. 그리드 셀의 컬러는 해당 값의 크기를 반영합니다. 예를 들어 (3.3절의) 다중 분류기의 오차 행렬이나 (9.3절의) 시퀀스-투-시퀀스 모델의 어텐션 행렬 |

## 7.1.2 통합 사례 연구: tfjs-vis를 사용한 날씨 데이터 시각화

이전 절의 CodePen 예제에서는 수동으로 입력한 작은 데이터를 사용했습니다. 이 절에서는 훨씬 크고 흥미로운 실제 데이터셋에서 tfjs-vis의 차트 기능을 사용하는 방법을 알아보겠습니다. 이를 통해 tfjs-vis API의 진정한 성능과 브라우저에서 데이터 시각화의 가치를 알게 될 것입니다. 또한, 이런 예제에서 차트 API를 실전에서 사용할 때 만날 수 있는 미묘한 문제와 해결책을 배워보겠습니다.

사용할 데이터셋은 예나(Jena) 날씨 데이터셋으로, 독일 예나 지역에서 8년(2009년~2017년) 동안 다양한 기상 관측 장비로 수집된 측정값입니다. 이 데이터셋은 캐글 페이지(www.kaggle.com/pankrzysiu/weather-archive-jena)에서 내려받을 수 있으며 42MB 크기의 CSV 파일입니다. 이 파일은 15개의 열로 구성되어 있습니다. 첫 번째 열은 타임스탬프(timestamp)이고, 나머지 열은 온도(T deg(C)), 기압(p (mbar)), 상대 습도(rh (%s)), 풍속(wv (m/s)) 등과 같은 날씨 데이터입니다. 타임스탬프가 10분 간격이므로 10분마다 측정되었다는 것을 알 수 있습니다. 시각화, 탐색, 머신 러닝을 수행하기에 풍부한 데이터셋입니다. 다음 절에서 여러 가지 머신 러닝 모델

---

4 　[역주] 이 외에도 표를 그리는 `tfvis.render.table()` 함수가 있습니다.

을 사용해 날씨를 예측해 보겠습니다. 특히 10일 전 날씨 데이터를 사용해 다음 며칠의 온도를 예측하겠습니다. 흥미로운 이 날씨 예측 작업을 시작하기 전에 '항상 머신 러닝을 수행하기 전에 데이터를 살펴보세요'라는 원칙을 따라서 tfjs-vis를 사용해 명확하고 직관적으로 데이터를 시각화하는 방법을 알아보겠습니다.

이 예제는 다음 명령으로 실행할 수 있습니다.

```
> cd deep-learning-with-javascript
> npx http-server
```

그다음, 브라우저를 열고 http://127.0.0.1:8080/jena-weather에 접속합니다.[5]

## 효율적이고 효과적인 시각화를 위해 데이터의 양을 제한하기

예나 날씨 데이터셋은 매우 큽니다. 파일 크기가 42MB라서 지금까지 이 책에서 본 CSV나 테이블 형태 데이터셋 중에서 가장 큽니다. 이로 인해 두 가지 어려움이 있습니다.

- 첫 번째로 컴퓨터에게 어렵습니다. 한 번에 8년치 데이터를 모두 그리려면 브라우저 탭(tab)의 자원이 고갈되어 응답이 느려지고 아마도 먹통이 될 것입니다. 14개 열에서 하나만 선택하더라도 420,000개의 데이터 포인트를 보여 주어야 합니다. 이는 tfjs-vis가 (또는 다른 어떤 자바스크립트 그래프 라이브러리가) 한 번에 안정적으로 렌더링할 수 있는 것보다 많습니다.

- 두 번째로 사람에게 어렵습니다. 사람은 한 번에 많은 양의 데이터를 보고 이해하기 어렵습니다. 예를 들어, 어떤 사람이 420,000개의 데이터 포인트를 보고 여기에서 유용한 정보를 추출할 수 있을까요? 컴퓨터처럼 사람의 뇌는 정보 처리량이 제한되어 있습니다. 시각화 설계자의 일은 효율적으로 데이터에서 가장 관련이 높고 유용한 정보를 제시하는 것입니다.

이런 어려움을 해결하기 위해 세 가지 기법을 사용합니다.

- 한 번에 8년치 전체 데이터를 그리는 대신 인터랙티브한 UI를 사용해 사용자가 출력할 시간 범위를 선택하게 합니다. 이것이 UI에 있는 **기간** 드롭다운 메뉴의 목적입니다(그림 7-6과 7-7의 스크린샷 참조). **기간** 드롭다운의 옵션은 **일, 주, 10일, 월, 연, 전체**입니다. 마지막의 **전체** 항목은 8년에 해당합니다. 다른 기간의 경우 UI를 사용해 시간 간격을 앞뒤로 이동할 수 있습니다. 왼쪽 화살표와 오른쪽 화살표 버튼이 있는 이유입니다.

---

5 <kbd>역주</kbd> 번역서 데모 사이트(http://ml-ko.kr/tfjs/jena-weather)에 브라우저로 접속하여 바로 실행해 볼 수 있습니다.

❤ 그림 7-6 예나 날씨 데이터셋을 사용하여 두 개의 다른 기간에서 출력한 온도(T (degC))와 기압(p (mbar))의 선 그래프. 위: 10일 옵션. 온도 곡선에 일간 사이클이 보인다. 아래: 연 옵션. 온도 곡선에 연간 사이클이 보인다. 다른 계절보다 봄과 여름 동안에 기압이 조금 더 안정적이다.

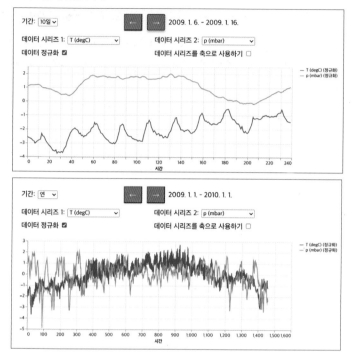

❤ 그림 7-7 예나 날씨 데모의 산점도 예시. 이 그래프는 10일 동안 공기 밀도(rho, 수직축)와 온도(T, 수평축) 사이의 관계를 보여 준다. 이 산점도에서 음의 관계를 볼 수 있다.

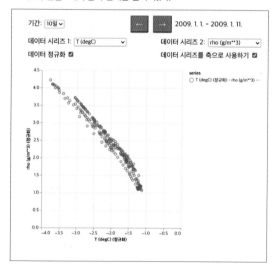

- 기간이 주보다 길 때는 화면에 그래프를 그리기 전에 이 시계열(time series) 데이터에서 **다운샘플링**(downsampling)을 수행합니다. 예를 들어 기간이 **월**(30일)일 때를 생각해 보죠. 이 기간 동안 전체 데이터는 약 $30 \times 24 \times 6 = 4.32k$ 포인트를 포함합니다. 코드 7-7을 보면 월 데이터를 출력할 때 여섯 번째 데이터 포인트마다 출력합니다. 이렇게 하면 출력할 데이터 포인트의 개수를 0.72k로 줄일 수 있어 화면에 렌더링하는 비용이 훨씬 감소됩니다. 하지만 데이터 포인트를 여섯 배로 줄여도 사람의 눈에는 거의 차이가 없습니다.

- **기간** 드롭다운 메뉴로 했던 것과 비슷하게 주어진 기간 동안 출력할 날씨 데이터를 선택하는 드롭다운 메뉴를 UI에 추가합니다. **데이터 시리즈 1**과 **데이터 시리즈 2** 드롭다운 메뉴입니다. 이 드롭다운 메뉴를 사용해 14개의 열 중 한 개 또는 두 개를 선택해 동일 축에 선 그래프를 그릴 수 있습니다.

코드 7-7은 그림 7-6에 있는 차트를 만드는 코드입니다. 이전 절의 CodePen 예제와 같이 tfvis.render.linechart()를 사용하지만 이전 코드와 비교해 보면 훨씬 추상적입니다. 웹 페이지에서 UI 상태에 따라 어떤 양을 그릴지 결정되기 때문입니다.

**코드 7-7** 날씨 데이터를 다중 시리즈 선 그래프로 그리기(jena-weather/index.js에서 발췌)

```
function makeTimeSerieChart(
    series1, series2, timeSpan, normalize, chartContainer) {
  const values = [];
  const series = [];
  const includeTime = true;          jenaWeatherData는 CSV 파일의 날씨 데이터를 추출하여
  if (series1 !== 'None') {          관리하는 객체입니다. jena-weather/data.js 참조
    values.push(jenaWeatherData.getColumnData(
        series1, includeTime, normalize, currBeginIndex,
        TIME_SPAN_RANGE_MAP[timeSpan],   ------ 시각화할 기간을 지정합니다.
        TIME_SPAN_STRIDE_MAP[timeSpan]));  ------ 적절한 샘플링 간격을 지정합니다.
    series.push(normalize ? '${series1} (정규화)' : series1);
  }
  if (series2 !== 'None') {  ------ 다중 시리즈를 지원하는 tfjs-vis의 선 그래프의 장점을 활용합니다.
    values.push(jenaWeatherData.getColumnData(
        series2, includeTime, normalize, currBeginIndex,
        TIME_SPAN_RANGE_MAP[timeSpan],
        TIME_SPAN_STRIDE_MAP[timeSpan]));
    series.push(normalize ? '${series2} (정규화)' : series2);
  }
  tfvis.render.linechart({values, series: series}, chartContainer, {
    width: chartContainer.offsetWidth * 0.95,
    height: chartContainer.offsetWidth * 0.3,
```

```
    xLabel: '시간',  ······ 항상 축 이름을 지정합니다.
    yLabel: series.length === 1 ? series[0] : ''
  });
}
```

이 데모에 있는 데이터 시각화 UI 섹션을 이리저리 탐색해 보세요. 날씨에 관해 발견할 수 있는 흥미로운 패턴이 많이 있습니다. 예를 들어 그림 7-6의 위쪽 패널은 정규화된 온도(T (degC))와 정규화된 기압(p (mbar))이 10일 동안에 어떻게 변하는지 보여 줍니다. 온도 그래프에서는 일간 사이클이 확연하게 보입니다. 온도는 정오 부근에서 가장 높고 자정 이후에 최저가 되기 때문입니다. 일간 사이클을 넘어서 10일에 걸친 (점점 증가하는) 전역 트렌드도 볼 수 있습니다. 이에 반해 기압 그래프는 패턴이 확실하지 않습니다. 그림 7-6의 아래쪽 패널은 동일한 항목을 1년 기간으로 지정했을 때의 그래프입니다. 여기에서는 온도에서 연간 사이클을 볼 수 있습니다. 8월 부근에서 최고가 되고 1월 부근에서 최저가 됩니다. 기압은 온도보다 덜 명확한 패턴을 보여 줍니다. 하지만 겨울보다 여름에 변동이 적은 경향을 보입니다. 동일한 날씨 측정값을 다른 기간으로 살펴보면 다양한 흥미로운 패턴을 볼 수 있습니다. CSV 형태의 원시 데이터를 본다면 이런 패턴을 알아채기가 불가능합니다.

그림 7-6에 있는 차트에서 알 수 있는 한 가지는 온도와 기압의 절댓값이 아니라 정규화된 값을 사용한 것입니다. 이 그래프를 그릴 때 UI에 있는 **데이터 정규화** 체크박스를 선택했기 때문입니다. 2장에서 보스턴 주택 모델을 설명할 때 정규화를 간단히 언급했습니다. 여기서 정규화는 평균을 빼고 그 결과를 표준 편차로 나누는 것입니다. 모델 훈련을 향상시키기 위해 이런 작업을 수행했습니다. 여기서 수행한 정규화도 정확히 동일합니다. 하지만 머신 러닝 모델(다음 절에서 다룹니다)의 정확도뿐만 아니라 시각화를 위해서입니다. 왜일까요? 온도와 기압의 차트를 그릴 때 **데이터 정규화** 체크박스를 선택하지 않으면 바로 그 이유를 알 수 있습니다. 온도는 (섭씨로) −10부터 40 사이에서 변화합니다. 반면 기압은 980에서 1,000 사이에 있습니다. 정규화하지 않고 동일한 축에 그리면 두 측정값이 범위가 크게 다르기 때문에 y축의 범위가 매우 커집니다. 이로 인해 그래프 곡선의 변화가 작고 거의 직선에 가깝게 보입니다. 정규화는 모든 측정값을 평균이 0이고 단위 표준 편차를 갖는 분포로 매핑하기 때문에 이런 문제를 피할 수 있습니다.

그림 7-7은 두 개의 날씨 측정값을 사용해 그린 산점도를 보여 줍니다. 산점도는 **데이터 시리즈를 축으로 사용하기** 체크박스를 선택하고 **데이터 시리즈** 드롭다운 메뉴 두 개를 모두 선택해야 합니다. 이런 산점도를 그리는 코드는 코드 7-7에 있는 makeTimeSeriesChart() 함수와 비슷하므로 책에는 포함하지 않았습니다. 자세한 내용에 관심이 있다면 같은 파일(jena-weather/index.js)을 참고하세요.

이 산점도는 정규화된 공기 밀도(y축)와 정규화된 온도(x축) 사이의 관계를 보여 주며, 두 측정값 사이에는 강한 음의 상관관계가 있음을 확인할 수 있습니다. 온도가 증가할수록 공기 밀도가 낮아 집니다. 이 그래프는 기간으로 **10일**을 사용했지만 다른 기간에서도 이런 트렌드가 거의 유지되는 것을 확인할 수 있습니다. 변수 간의 이런 상관관계는 산점도로 쉽게 확인할 수 있지만 텍스트 형 태의 데이터를 보아서는 찾아내기가 매우 어렵습니다. 이는 데이터 시각화가 제공할 수 있는 가치 에 대한 또 다른 예입니다.

## 7.2 훈련된 모델 시각화

TENSORFLOW.JS

이전 절에서 시각화가 데이터에 어떻게 유용한지 알아보았습니다. 이 절에서는 모델을 훈련한 후 유용한 인사이트를 얻기 위해 다양한 측면을 시각화하는 방법을 알아보겠습니다. 이를 위해 이미 지를 입력으로 받는 합성곱 신경망에 주로 초점을 맞추겠습니다. 합성곱 신경망은 널리 사용되며 흥미로운 시각적 결과를 만들기 때문입니다.

심층 신경망은 '블랙박스'라는 말을 들어 보았을 것입니다. 이 말 때문에 추론이나 훈련하는 동안 신경망의 내부에서 어떤 정보도 얻기 힘들다고 오해하지는 마세요. 이와 달리 TensorFlow.js로 만든 모델의 층이 어떤 일을 하는지 쉽게 살펴볼 수 있습니다.[6] 또한, 합성곱 신경망이 학습한 내 부 표현은 대부분 시각적 개념이므로 시각화하기 아주 좋습니다. 2013년부터 이런 표현을 시각화 하고 해석하기 위한 많은 기술이 개발되었습니다. 모든 기술을 다루는 것은 불가능하기 때문에 가 장 기본적이고 유용한 세 가지 방법을 소개하겠습니다.

---

6  이 말이 실제 의미하는 것은 심층 신경망에서 일어나는 수많은 수학 연산이 접근 가능하더라도 결정 트리나 로지스틱 회귀 같은 다른 머신 러 닝 알고리즘에 비해 이해하기 쉬운 용어로 설명하기 어렵다는 뜻입니다. 예를 들어 결정 트리는 하나씩 분기점을 따라 내려가면서 'X가 0.35 보다 크다'와 같은 간단한 문장으로 특정 분기를 선택한 이유를 설명할 수 있습니다. 이런 문제를 모델 해석 가능성(interpretability)이라고 하 며, 이 절에서 다루려는 것과는 다릅니다.

- **합성곱 신경망에서 중간 층의 출력(중간 활성화) 시각화하기**: 연속적인 합성곱 신경망의 층이 입력을 변환하는 방법과 개별 합성곱 필터가 학습한 시각적 특성을 이해하는 데 유용합니다.

- **합성곱 필터를 최대로 활성화하는 입력 이미지 찾기**: 각 필터에 민감한 시각 패턴이나 개념이 무엇인지 이해하는 데 유용합니다.

- **입력 이미지에 클래스 활성화의 히트맵 시각화하기**: 입력 이미지의 어느 부분이 합성곱 신경망이 최종 분류 결과를 만드는 데 가장 중요한 역할을 하는지 이해하는 데 도움이 됩니다. 또한, 합성곱 신경망이 어떻게 출력을 만드는지 해석하고 잘못된 출력을 디버깅하는 데 유용합니다.

이런 기술을 visualize-convnet 예제에서 사용해 보겠습니다. 이 예제는 다음 명령으로 실행할 수 있습니다.[7]

```
> cd deep-learning-with-javascript/visualize-convnet
> yarn && yarn visualize
```

yarn visualize 명령은 이전에 보았던 yarn watch 명령과 다릅니다. 웹 페이지를 만들고 시작하는 것 외에도 브라우저 밖에서 추가적인 단계를 수행합니다. 먼저, 필요한 파이썬 라이브러리를 설치하고, (심층 합성곱 신경망에 널리 사용되는) VGG16 모델을 내려받아 TensorFlow.js 포맷으로 변환합니다. 이 VGG16 모델은 대규모 ImageNet 데이터셋에서 사전 훈련되었고 케라스 애플리케이션 패키지로 제공됩니다. 모델 변환이 완료되면 yarn visualize는 tfjs-node에서 변환된 모델로 일련의 분석을 수행합니다. 왜 이런 단계를 브라우저가 아니라 Node.js에서 수행할까요? VGG16은 비교적 큰 합성곱 신경망입니다.[8] 따라서 계산량이 많기 때문에 자원 제약이 덜한 Node.js 환경에서 수행하는 것이 훨씬 빠릅니다. 기본 tfjs-node 대신에 tfjs-node-gpu를 사용하면 훨씬 속도를 높일 수 있습니다(CUDA 가능 GPU와 필요한 드라이버 및 라이브러리를 설치해야 합니다. 부록 B를 참고하세요).

```
> yarn visualize --gpu
```

Node.js에서 계산 부하가 큰 단계가 완료되면 dist 폴더에 이미지 파일을 생성합니다. 마지막 단계로, yarn visualize는 이런 이미지를 포함하여 정적 웹 페이지를 컴파일하고 웹 서버를 실행하며 웹 브라우저에서 index.html 페이지를 엽니다.

---

7  [역주] 번역서 데모 사이트(http://ml-ko.kr/tfjs/visualize-convnet)에 브라우저로 접속하여 실행된 결과를 확인해 볼 수 있습니다.

8  VGG16의 전체 가중치 크기는 528MB입니다. MobileNet의 가중치 크기((10MB)에 비하면 얼마나 큰지 알 수 있습니다.

yarn visualize 명령에는 추가적으로 몇 가지 설정 옵션이 있습니다. 예를 들어 기본적으로 관심 대상의 합성곱 층마다 여덟 개의 필터를 계산해서 시각화합니다. --filters 플래그를 사용해 필터 개수를 바꿀 수 있습니다. 예를 들어 yarn visualize --filters 32입니다. 또한, yarn visualize를 사용할 때 기본 입력 이미지는 소스 코드와 함께 제공되는 cat.jpg입니다. --image 플래그를 사용해 다른 이미지를 사용할 수 있습니다.[9] 여기에서는 cat.jpg와 여덟 개 필터를 사용하여 만든 시각화 결과를 확인해 보겠습니다.

## 7.2.1 합성곱 신경망의 내부 활성화 값 시각화하기

여기에서는 입력 이미지가 주어졌을 때 VGG16 모델의 여러 합성곱 층이 생성한 특성 맵을 계산하고 시각화합니다. 이런 특성 맵이 모델의 최종 출력이 아니기 때문에 내부 활성화라고 부릅니다(이 모델의 최종 출력은 1,000개의 ImageNet 클래스에 대한 확률 점수를 나타내는 길이가 1,000인 벡터입니다). 최종 단계가 아니라 모델의 중간 계산 단계입니다. 이런 내부 활성화는 입력이 신경망이 학습한 여러 특성으로 어떻게 분해되는지 알려 줍니다.

4장에서 보았듯이 합성곱 층의 출력은 NHWC 크기인 [numExamples, height, width, channels]입니다. 여기에서는 하나의 입력 이미지만 처리하기 때문에 numExamples는 1입니다. 남은 세 차원인 높이, 너비, 채널을 따라 합성곱 층의 출력을 시각화하겠습니다. 합성곱 층의 출력 높이와 너비는 필터 크기, 패딩, 스트라이드는 물론 입력의 높이와 너비에 따라 결정됩니다. 일반적으로 합성곱 신경망이 깊어질수록 출력의 크기는 점점 더 작아집니다. 반면 channels는 신경망이 깊어질수록 점점 더 커집니다. 합성곱 신경망이 표현 변환을 수행하는 연속적인 층을 통과시키면서 점점 더 많은 특성을 추출하기 때문입니다. 합성곱 층의 이런 채널은 다른 색상 요소로 해석할 수 없습니다. 이는 학습한 특성의 차원이며, 별개의 패널에 채널을 나누어 회색조로 그린 이유입니다. 그림 7-8은 cat.jpg가 입력되었을 때 VGG16의 다섯 개 합성곱 층에서 얻은 활성화입니다.

---

9 가장 널리 사용되는 JPEG과 PNG 포맷이 지원됩니다.

▼ 그림 7-8 VGG16으로 cat.jpg 이미지에서 추론을 수행한 후 몇 개의 합성곱 층에서 얻은 내부 활성화 출력. 왼쪽에 원본 이미지와 모델이 출력한 최상위 세 개의 클래스와 확률 점수가 나타나 있다. 시각화에 사용한 다섯 개의 층은 block1_conv1, block2_conv1, block3_conv2, block4_conv2, block5_conv3이다. VGG16 모델의 위에서 아래로 순서대로 나열되어 있다. 즉, block1_conv1이 입력에 가장 가깝고 block5_conv3가 출력층에 가장 가깝다. 연속적인 합성곱과 풀링 때문에 (해상도가 낮은) 아래 층에 있는 활성화가 크기가 더 작지만 시각화를 위해 모두 동일한 크기로 스케일을 맞추었다. 이 때문에 아래 층의 픽셀 패턴이 더 거칠다.

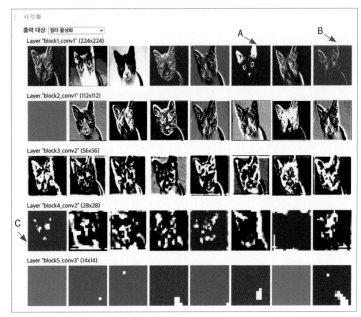

내부 활성화 값을 보고 알 수 있는 가장 첫 번째 사실은 신경망이 깊어질수록 점점 더 원본 입력 이미지와 달라진다는 것입니다. (block1_conv1과 같은) 앞부분의 층은 에지(edge)나 색 같은 비교적 단순한 시각 특성을 인코딩하는 것으로 보입니다. 예를 들어 화살표 'A'가 가리키는 활성화는 노란색과 핑크색에 반응하는 것 같습니다. 화살표 'B'가 가리키는 활성화는 입력 이미지에 있는 특정 방향의 에지에 반응하는 것 같습니다.

하지만 (block4_conv2와 block5_conv3 같은) 뒷부분의 층은 입력 이미지에서 단순한 픽셀 수준의 특성이 점점 더 제거되는 활성화 패턴을 보여 줍니다. 예를 들어 그림 7-8의 화살표 'C'가 가리키는 block4_conv2의 필터는 귀, 눈, 코 등과 같은 고양이의 얼굴 특징을 인코딩하는 것처럼 보입니다. 이는 4장의 그림 4-6에서 보았던 점진적인 특성 추출의 구체적인 예입니다. 하지만 뒷부분의 층에 있는 모든 필터를 간단하게 설명할 수는 없습니다. 또 다른 재미있는 발견은 층이 깊어질수록 활성화 맵이 점점 더 희소해진다는 것입니다. 그림 7-8에 있는 첫 번째 층에서는 입력 이미지에 의해 (일정하지 않은 픽셀 패턴으로) 모든 필터가 활성화됩니다. 하지만 마지막 층에서는 일부 활성화 맵이 검은색입니다(예를 들어 그림 7-8의 오른쪽 패널에 있는 마지막 행에서 볼 수 있듯이 일정한 픽셀 패턴을 가집니다). 이런 필터가 인코딩하는 특성이 해당 입력 이미지에 없다는 의미입니다.

심층 합성곱 신경망이 학습한 중요한 일반적인 표현 특징을 알아보았습니다. 층이 깊어질수록 층이 추출한 특성은 점점 더 추상화됩니다. 층이 깊을수록 활성화에는 입력의 상세 정보가 덜 실리고 타깃(이 경우에는 이미지가 속할 1,000개의 ImageNet 클래스 중 하나)에 대한 정보를 점점 더 많이 포함합니다. 따라서 심층 신경망은 원시 데이터가 들어가서 반복적으로 변환되는 정보 추출 파이프라인으로 동작하므로 작업에 관련이 없는 입력 정보는 제거되고 작업에 유용한 정보는 점점 더 확대되고 정제됩니다. 합성곱 신경망의 예를 들었지만, 이런 특징은 (MLP 같은) 다른 심층 신경망에도 적용됩니다.

합성곱 신경망이 유용하다고 찾은 입력 이미지의 정보는 사람의 시각 시스템이 유용하다고 찾은 것과 다를 수 있습니다. 합성곱 신경망은 데이터로 훈련하므로 훈련 데이터에 편향되기 쉽습니다. 예를 들어, 이 장의 끝에 있는 **추가 자료** 절에서 소개하는 마르코 리베이로(Marco Ribeiro)와 동료들의 논문은 배경에 눈이 있기 때문에 강아지 이미지를 늑대로 잘못 분류한 경우를 다룹니다. 아마도 훈련 이미지에는 눈을 배경으로 한 늑대 이미지가 포함되어 있지만 강아지 사진은 그렇지 못하기 때문입니다.

이는 심층 합성곱 신경망의 내부 활성화를 시각화하여 얻을 수 있는 유용한 통찰입니다. 다음 절에서는 TensorFlow.js로 이런 내부 활성화를 추출하는 방법을 설명하겠습니다.

## 내부 활성화 추출 방법 알아보기

내부 활성화를 추출하는 단계는 writeInternalActivationAndGetOutput() 함수에 캡슐화되어 있습니다(코드 7-8). 이 함수는 이미 생성되거나 로드된 TensorFlow.js 모델 객체와 관심 대상인 층 이름(layerNames)을 입력으로 받습니다. 핵심 단계는 여러 개의 출력을 가진 새로운 모델 객체 (compositeModel)를 만드는 것입니다. 이 모델은 지정한 층의 출력과 원본 모델의 출력을 내보냅니다. compositeModel은 5장의 팩맨과 simple-object-detection 예제에서 보았던 tf.model() API로 만듭니다. compositeModel의 predict() 메서드는 모델의 최종 예측과 모든 층의 활성화를 반환합니다(outputs 상수 참조). 코드 7-8의 나머지 코드(visualize-convnet/main.js에서 발췌)는 층의 출력을 개별 필터로 나누고 디스크에 파일로 저장하는 평범한 작업입니다.

```
async function writeInternalActivationAndGetOutput(
    model, layerNames, inputImage, numFilters, outputDir) {
  const layerName2FilePaths = {};
  const layerOutputs =
      layerNames.map(layerName => model.getLayer(layerName).output);
  const compositeModel = tf.model( ⸺ 원본 모델의 최종 출력과 필요한 내부 활성화를 모두 반환하는 모델을 만듭니다.
      {
        inputs: model.input,
        outputs: layerOutputs.concat(model.outputs[0])
      });                              outputs는 내부 활성화와 최종 출력을 포함한 tf.Tensor 배열입니다.
  const outputs = compositeModel.predict(inputImage); ⸺
  for (let i = 0; i < outputs.length - 1; ++i) {
    const layerName = layerNames[i];
    const activationTensors = ⸺ 합성곱 층의 활성화를 필터별로 나눕니다.
        tf.split(outputs[i],
                outputs[i].shape[outputs[i].shape.length - 1],
                -1);
    const actualNumFilters = filters <= activationTensors.length ?
        numFilters :
        activationTensors.length;
    const filePaths = [];
    for (let j = 0; j < actualNumFilters; ++j) {
      const imageTensor = tf.tidy( ⸺ 활성화 텐서의 포맷을 맞추고 디스크로 저장합니다.
          () => deprocessImage(tf.tile(activationTensors[j],
                              [1, 1, 1, 3])));
      const outputFilePath = path.join(
          outputDir, `${layerName}_${j + 1}.png`);
      filePaths.push(outputFilePath);
      await utils.writeImageTensorToFile(imageTensor, outputFilePath);
    }
    layerName2FilePaths[layerName] = filePaths;
    tf.dispose(activationTensors);
  }
  tf.dispose(outputs.slice(0, outputs.length - 1));
  return {modelOutput: outputs[outputs.length - 1], layerName2FilePaths};
}
```

## 7.2.2 합성곱 층을 최대로 활성화하는 이미지 시각화하기

합성곱 신경망이 학습한 것을 시각화하는 또 다른 방법은 여러 내부 층이 민감해 하는 입력 이미지를 찾는 것입니다. 특정 입력 이미지에 필터가 민감하다는 것은 이 입력 이미지에서 필터의 출력이 (높이와 너비 차원에 대해 평균적으로) 최대로 활성화된다는 의미입니다. 합성곱 신경망의 여러 층에 대해 최대로 활성화하는 입력을 살펴보면 각 층이 응답하기 위해 학습한 것을 추론할 수 있습니다.

최대로 활성화하는 이미지를 찾는 방법은 '보통'의 신경망 훈련 과정을 뒤집는 것입니다. 그림 7-9의 패널 A는 tf.Model.fit()으로 신경망을 훈련할 때 일어나는 일을 보여 줍니다. 입력 데이터를 고정하고 모델의 가중치(훈련 가능한 층의 커널과 편향)를 역전파를 통해 손실 함수로부터 업데이트합니다.[10] 하지만 입력과 가중치의 역할을 바꾸지 못할 이유는 없습니다. 즉, 가중치를 고정하고 역전파로 입력을 업데이트할 수 있습니다. 그리고 높이와 너비 차원에 걸쳐 평균적으로 특정 합성곱 필터의 출력이 최대화되는 방향으로 역전파가 입력을 조정하도록 손실 함수를 바꿉니다. 이 과정이 그림 7-9의 패널 B에 나타나 있으며, 통상적인 모델 훈련에서 일어나는 가중치 공간에서의 경사 하강법과는 반대로 입력 공간에 대한 **경사 상승법**(gradient ascent)이라고 부릅니다. 관심 있는 독자를 위해 입력 공간에 경상 상승법을 구현하는 코드는 다음 절에 소개하겠습니다.

❤ 그림 7-9 입력 공간에 경사 상승법을 적용하여 합성곱 필터를 최대로 활성화하는 이미지를 찾는 방법을 보여 주는 그림(패널 B)과 가중치 공간에서 경사 하강법 기반의 일반적인 신경망 훈련 과정과 어떻게 다른지 보여 주는 그림(패널 A). 이 그림은 이전에 보았던 모델 그림과 달리 모델에서 가중치를 분리했다. 이는 역전파를 통해 업데이트되는 두 종류의 값인 가중치와 입력을 강조하기 위해서다.

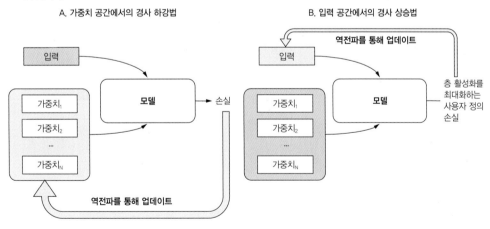

---

10 이 그림은 2장에서 역전파를 소개하는 데 사용한 그림 2–9의 단순화된 버전으로 볼 수 있습니다.

그림 7-10은 (내부 활성화에서 사용한 모델인) VGG16 모델의 네 개 합성곱 층에서 입력 공간의 경사 상승법을 수행한 결과를 보여 줍니다. 이전 그림과 마찬가지로 층의 깊이는 그림 위에서 아래로 갈수록 깊어집니다. 최대 활성화 입력 이미지에서 몇 가지 흥미로운 패턴을 볼 수 있습니다.

- 이전 절에서 본 흑백 내부 활성화가 아니라 컬러 이미지입니다. 이는 합성곱 신경망의 실제 입력 포맷이 세 개의 채널(RGB)로 구성되어 있기 때문입니다. 따라서 컬러 이미지로 출력할 수 있습니다.

- 위에 있는 층(block1_conv1)이 컬러 값이나 특정 방향의 에지 같은 단순한 패턴에 민감합니다.

- 중간 깊이 층(block2_conv1)은 여러 가지 에지 패턴을 조합하여 만든 단순한 질감에 최대로 활성화됩니다.

- 깊은 층에 있는 필터는 조금 더 복잡한 패턴에 반응합니다. 이런 패턴은 곡식, 구멍, 화려한 줄무늬, 깃털, 파도 등과 같이 자연적인 이미지에 있는 (물론 ImageNet 훈련 데이터에 있는) 시각 특징을 닮았습니다.

❤ 그림 7-10 VGG16 심층 합성곱 신경망의 네 개 층을 최대로 활성화하는 입력 이미지. 이 입력은 입력 공간에 대해 경사 상승법을 80회 반복하여 계산한 것이다.

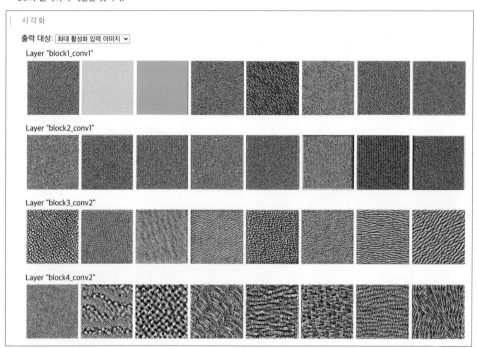

일반적으로 층 깊이가 깊어질수록 픽셀 수준의 패턴이 사라지고 점점 더 크고 복잡한 패턴이 됩니다. 이는 심층 합성곱 신경망이 층별로 특성을 추출하여 패턴을 조합한다는 것을 반영합니다. 같은 층의 필터가 동일한 수준의 추상화를 형성하더라도 구체적인 패턴은 확연히 다릅니다. 이는 훈련된 신경망이 문제를 풀기 위해 사용할 수 있는 유용한 정보를 최대로 감지하려고 각 층이 상호 보완적인 방법으로 동일한 입력의 여러 표현을 제공한다는 것을 강조합니다.

## 입력 공간에 경사 상승법 수행하기

visualize-convnet 예제에서 입력 공간에 경사 상승법을 적용하는 핵심 로직은 main.js에 있는 inputGradientAscent() 함수에 있습니다. 이 함수가 코드 7-9에 나타나 있습니다. 시간과 메모리 자원이 많이 필요하기 때문에 이 코드는 Node.js에서 실행됩니다.[11] 입력 공간에서 경사 상승법은 가중치 공간에서 경사 하강법으로 모델을 훈련하는 것과 비슷하지만(그림 7-10 참조) tf.Model.fit() 메서드를 바로 사용할 수 없습니다. 이 메서드는 입력을 고정하고 가중치를 업데이트하는 데 특화되어 있기 때문입니다. 그 대신 입력 이미지가 주어졌을 때 손실을 계산하는 사용자 정의 함수를 정의해야 합니다. 이 함수는 다음과 같이 정의됩니다.

```
const lossFunction = (input) =>
        auxModel.apply(input, {training: true}).gather([filterIndex], 3);
```

여기에서 auxModel은 tf.model() 함수로 만든 보조 모델 객체입니다. 원본 모델과 동일한 입력을 받지만 합성곱 층의 활성화를 출력합니다. 보조 모델의 apply() 메서드를 호출해 층의 활성화 값을 얻습니다. apply()는 모델의 정방향 계산을 실행한다는 점에서 predict()와 비슷합니다. 하지만 apply()는 더 세밀하게 제어할 수 있습니다. 앞의 코드에서 training을 true로 지정하는 것이 한 예입니다. training을 true로 지정하지 않으면 정방향 계산에서 기본적으로 메모리 효율성을 위해 중간 층의 활성화를 삭제하기 때문에 역전파가 불가능합니다. training 플래그를 true로 지정하면 apply()를 호출할 때 내부 활성화를 유지하기 때문에 역전파가 가능합니다. gather()는 특정 필터의 활성화를 추출합니다. 최대 활성화 입력이 필터마다 계산되므로 같은 층이더라도 필터 간의 결과가 다르기 때문에 필요합니다(그림 7-10 참조).

---

11 (MobileNet이나 MobileNetV2와 같이) VGG16보다 작은 합성곱 신경망의 경우 웹 브라우저에서 적절한 시간 안에 이 알고리즘을 실행할 수 있습니다.

사용자 손실 함수가 준비되면 이를 tf.grad()에 전달하여 입력에 대한 손실의 그레이디언트를 구합니다.

```
const gradFunction = tf.grad(lossFunction);
```

여기서 중요한 점은 tf.grad()가 바로 그레이디언트 값을 주지 않는다는 것입니다. 대신 호출했을 때 그레이디언트 값을 반환하는 함수를 전달합니다(위 코드의 gradFunction).

그레이디언트 함수를 얻으면 루프 안에서 이를 호출합니다. 각 반복마다 반환된 그레이디언트 값을 사용해 입력 이미지를 업데이트합니다. 여기에서 한 가지 중요한 트릭은 입력 이미지에 그레이디언트를 더하기 전에 정규화하는 것입니다. 이는 각 반복에서 업데이트가 일정한 크기를 갖도록 만듭니다.

```
const norm = tf.sqrt(tf.mean(tf.square(grads))).add(EPSILON);
return grads.div(norm);
```

이런 반복 업데이트를 입력 이미지에 80회 수행합니다. 이 결과가 그림 7-10에 나타나 있습니다.

**코드 7-9** 입력 공간에 대한 경사 상승법(Node.js에서 수행. visualize-convnet/main.js에서 발췌)

```
function inputGradientAscent(
    model, layerName, filterIndex, iterations = 80) {
  return tf.tidy(() => {
    const imageH = model.inputs[0].shape[1];
    const imageW = model.inputs[0].shape[2];
    const imageDepth = model.inputs[0].shape[3];
    const layerOutput = model.getLayer(layerName).output;
    const auxModel = tf.model({          입력은 원본 모델과 동일하지만 관심 대상 합성곱 층의
      inputs: model.inputs,              활성화를 출력하는 보조 모델을 만듭니다.
      outputs: layerOutput
    });                                              이 함수는 지정된 필터 인덱스에서 합성곱 층
                                                     출력의 그레이디언트를 계산합니다.
    const lossFunction = (input) =>
        auxModel.apply(input, {training: true}).gather([filterIndex], 3);
    const gradFunction = tf.grad(lossFunction);
             이 함수는 입력 이미지에 대한 합성곱 필터 출력의 그레이디언트를 계산합니다.
    let image = tf.randomUniform([1, imageH, imageW, imageDepth], 0, 1)
                  .mul(20).add(128);
    for (let i = 0; i < iterations; ++i) {           경사 상승법의 시작점으로 랜덤한
      const scaledGrads = tf.tidy(() => {            이미지를 생성합니다.
        const grads = gradFunction(image);
        const norm = tf.sqrt(tf.mean(tf.square(grads))).add(EPSILON);
        return grads.div(norm);    중요 트릭: 그레이디언트의 크기(노름)로 그레이디언트를 정규화합니다.
```

```
        });
        image = tf.clipByValue(
                image.add(scaledGrads), 0, 255); ┈┈┐
    }                                              경사 상승법 한 단계를 수행합니다. 즉, 그레이디언트
    return deprocessImage(image);                  방향을 따라서 이미지를 업데이트합니다.
  });
}
```

## 7.2.3 합성곱 분류 결과에 대한 시각적 해석

훈련 후 합성곱 신경망 시각화에서 마지막으로 소개할 기법은 **클래스 활성화 맵**(Class Activation Map, CAM) 알고리즘입니다. CAM이 대답하려는 질문은 "입력 이미지의 어느 부분이 합성곱 신경망의 최상위 분류 결정을 만드는 데 가장 중요한 역할을 하는가?"입니다. 예를 들어 cat.jpg 이미지를 VGG16 신경망에 통과시켰을 때 0.89의 확률 점수로 'Egyptian cat' 클래스를 가장 높은 순위로 얻었습니다. 하지만 이미지 입력과 분류 결과 출력을 바라보는 것만으로는 이미지의 어느 부분이 이런 결정에 중요한지 알 수 없습니다. 분명히 이미지의 어느 부분(예를 들어 고양이 머리)은 다른 부분(예를 들어 흰색 배경)보다 중요한 역할을 수행할 것입니다. 하지만 어떤 입력 이미지에 대해서도 이런 것을 정량화하는 객관적인 방법이 있을까요?

네, 있습니다! 여러 가지 방법이 있으며 CAM은 그중에 하나입니다.[12] 입력 이미지와 합성곱의 분류 결과가 주어지면, CAM이 이미지의 각 부분에 중요도 점수를 매긴 히트맵을 만듭니다. 그림 7-11은 고양이, 부엉이, 코끼리 세 이미지 위에 덧씌운 CAM 히트맵을 보여 줍니다. 고양이의 경우 히트맵에서 고양이 얼굴 윤곽이 가장 높은 값을 나타내고 있음을 알 수 있습니다. 이는 윤곽이 고양이의 독특한 특성인 얼굴 모양을 드러내기 때문입니다. 부엉이 이미지의 히트맵도 머리와 날개를 강조하기 때문에 기대한 대로입니다. 두 코끼리가 있는 이미지는 이미지에 한 마리가 아닌 두 마리의 동물이 있다는 점에서 다른 두 이미지와 다르기 때문에 흥미롭습니다. CAM이 생성한 히트맵은 이미지에 있는 두 코끼리의 머리 부분에 높은 중요도 점수를 부여하고 있습니다. 히트맵에서 코끼리의 코와 귀에 초점을 맞추는 경향이 명확합니다. 이는 아프리카 코끼리(신경망이 예측한 최상위 클래스)와 인도 코끼리(신경망이 예측한 세 번째 클래스)를 구분하는 데 코의 길이와 귀의 크기가 중요하다는 사실을 나타냅니다.

---

12 CAM은 Bolei Zhou 등이 "Learning Deep Features for Discriminative Localization," 2016, http://cnnlocalization.csail.mit.edu/에서 처음 소개했습니다. 유명한 다른 방법으로는 LIME(Local Interpretable Model-Agnostic Explanations)이 있습니다. http://mng.bz/yzpq를 참고하세요.

**A**        **B**        **C**

- Egyptian cat (p = 0.8856)
- tabby, tabby cat (p = 0.0425)
- lynx, catamount (p = 0.0125)

- great grey owl (p = 0.9850)
- marmoset (p = 0.0042)
- quail (p = 0.0040)

- African elephant (p = 0.6495)
- tusker (p = 0.2529)
- Indian elephant (p = 0.0971)

## CAM 알고리즘 구현

CAM 알고리즘이 강력하지만 그 이면의 아이디어는 실제로 복잡하지 않습니다. 간단히 말해서 CAM 맵의 각 픽셀은 단위 양만큼 픽셀 값이 증가할 때 최상위 클래스의 확률 점수가 얼마나 변하는지 보여 줍니다. 조금 더 자세히 설명하면 CAM의 수행 단계는 다음과 같습니다.

1. 합성곱 신경망에서 마지막(즉, 가장 깊은) 합성곱 층을 찾습니다. VGG16에서 이 층은 block5_conv3입니다.

2. 이 합성곱 층의 출력에 대한 신경망이 출력한 최상위 클래스 확률의 그레이디언트를 계산합니다.

3. 이 그레이디언트의 크기는 [1, h, w, numFilters]입니다. 여기에서 h, w, numFilters는 층 출력의 높이, 너비, 필터 개수입니다. 그다음에는 샘플, 높이, 너비 차원에 걸쳐 그레이디언트를 평균하여 [numFilters] 크기의 텐서를 얻습니다. 이것이 합성곱 층의 각 필터마다 하나씩 대응되는 중요도 점수 배열입니다.

4. ([numFilters] 크기의) 중요도 점수 텐서를 받아 브로드캐스팅으로 ([1, h, w, numFilters] 크기의) 합성곱 층의 실제 출력을 곱합니다(브로드캐스팅은 부록 C의 C.2.2절 참조). 여기에서 만들어진 [1, h, w, numFilters] 크기의 새로운 텐서가 중요도가 적용된 층의 출력입니다.

5. 마지막으로, 중요도가 적용된 층 출력을 마지막 (필터) 차원에 걸쳐 평균하고 첫 번째 (샘플) 차원으로 압축하여 [h, w] 크기의 흑백 이미지를 만듭니다. 이 이미지에 있는 값이 최상위 클래스 결과를 얻는 데 이미지의 각 부분이 얼마나 중요한지 나타냅니다. 하지만 이 이미지는 음수 값을 포함하고 있고 원본 입력 이미지보다 크기가 작습니다(즉, VGG16의 경우 14 × 14

와 224 × 224입니다). 따라서 음수 값을 0으로 자르고 입력 이미지에 덧씌우기 전에 이 이미지를 업샘플링합니다.

구체적인 코드는 visualize-convnet/main.js에 있는 gradClassActivationMap() 함수에 있습니다. 기본적으로 이 함수는 Node.js에서 실행되지만 필요한 계산량은 이전 절에서 본 입력 공간의 경사 상승법보다 훨씬 적습니다. 따라서 동일한 코드를 사용해 브라우저에서 CAM 알고리즘을 수행할 수 있습니다.

이 장에서는 두 가지를 알아보았습니다. 머신 러닝 모델을 훈련하기 전에 데이터를 시각화하는 방법과 모델을 훈련한 후에 시각화하는 방법입니다. 의도적으로 둘 사이의 중요한 단계를 건너뛰었습니다. 즉, 모델을 훈련하는 동안 시각화하는 것입니다. 이는 다음 장에서 알아보겠습니다. 훈련 과정을 따로 떼어낸 이유는 과소적합(underfitting)과 과대적합(overfitting) 개념에 관련이 있기 때문입니다. 이 현상은 모든 지도 학습 작업에 중요하므로 특별히 다룰 가치가 있습니다. 시각화를 사용하면 과소적합과 과대적합을 아주 쉽게 감지하고 고칠 수 있습니다. 다음 장에서는 tfjs-vis 라이브러리가 이 장에서 소개한 데이터 시각화의 장점 외에도 모델 훈련 진행 과정을 파악하는 데 얼마나 유용한지 알아보겠습니다.

# 7.3 추가 자료

TENSORFLOW.JS

- Marco Tulio Ribeiro, Sameer Singh, Carlos Guestrin, "Why Should I Trust You? Explaining the Predictions of Any Classifier," 2016, https://arxiv.org/pdf/1602.04938.pdf.

- TensorSpace(tensorspace.org)는 브라우저에서 애니메이션된 3D 그래픽을 사용해 합성곱 신경망의 구성과 내부 활성화를 시각화합니다. 이 라이브러리는 TensorFlow.js, three.js, tween.js로 만들었습니다.

- TensorFlow.js tSNE 라이브러리(github.com/tensorflow/tfjs-tsne)는 WebGL 기반의 효율적인 tSNE(t-distributed Stochastic Neighbor Embedding) 알고리즘 구현입니다. 데이터에 있는 중요한 구조를 유지하면서 고차원 데이터셋을 2D 공간에 투영하여 시각화하는 데 도움이 됩니다.

# 7.4 연습 문제

1. tfjs.vis.linechart()의 다음 기능을 실험해 보세요.

   a. 코드 7-2를 수정하여 두 개의 시리즈가 다른 x축 값을 가질 때 어떻게 되는지 알아보세요. 예를 들어 첫 번째 시리즈의 x축 값이 1, 3, 5, 7이고 두 번째 시리즈가 2, 4, 6, 8인 경우를 시도해 보세요. https://codepen.io/rickiepark/pen/BadQNrQ에 있는 CodePen 코드를 포크해서 수정할 수 있습니다.

   b. CodePen에 있는 모든 선 그래프는 x축의 값이 중복되지 않은 데이터 시리즈로 만들었습니다. linechart() 함수가 동일한 x축 값의 데이터 포인트를 어떻게 처리하는지 실험해 보세요. 예를 들어, 한 데이터 시리즈에서 두 데이터 포인트의 x 값은 모두 0이지만 y 값은 (-5와 5처럼) 다른 경우입니다.

2. visualize-convnet 예제에서 yarn visualize 명령에 --image 플래그를 사용해 자신만의 입력 이미지를 지정해 보세요. 7.2절에서 동물 이미지만 사용했지만 사람, 자동차, 가정용품, 자연 경관 같은 다른 종류의 이미지를 사용해 보세요. 내부 활성화와 CAM으로 어떤 유용한 통찰을 얻었는지 확인해 보세요.

3. VGG16의 CAM을 계산하는 예제에서 마지막 합성곱 층의 출력에 대한 최상위 클래스의 확률 점수의 그레이디언트를 계산했습니다. 만약 최상위가 아닌 (즉, 조금 더 낮은 확률을 가진) 클래스에 대한 그레이디언트를 계산하면 어떻게 될까요? 만들어진 CAM은 이미지를 실제 드러내는 핵심 부분을 강조하지 못할 것입니다. visualize-convnet 예제 코드를 수정하고 다시 실행하여 이를 확인해 보세요. 구체적으로, 계산할 그레이디언트의 클래스 인덱스를 visualize-convnet/cam.js에 있는 gradClassActivationMap() 함수의 매개변수로 지정합니다. 이 함수는 visualize-convnet/main.js에서 호출됩니다.

# 7.5 요약

- TensorFlow.js에 밀접하게 통합된 시각화 라이브러리인 tfjs-vis의 기본 사용법을 배웠습니다. 이 라이브러리를 사용하여 브라우저에서 기본적인 차트를 그릴 수 있습니다.

- 데이터 시각화는 머신 러닝에서 필수적입니다. 예나 날씨 데이터를 사용해서 알아보았듯이, 효율적이고 효과적인 데이터 표현은 패턴을 찾고 다른 방법으로는 구하기 어려운 통찰을 제공할 수 있습니다.

- 훈련된 신경망에서부터 다양한 패턴과 통찰을 추출할 수 있습니다. 이와 관련된 방법과 그 결과를 알아보았습니다.

  - 심층 합성곱 신경망의 내부 층 활성화 시각화

  - 층이 최대로 반응하는 입력 계산하기

  - 입력 이미지의 어느 부분이 합성곱 신경망의 분류 결정에 가장 많이 관련되어 있는지 찾아내기. 이는 합성곱 신경망이 학습한 것과 추론에서 어떻게 동작하는지를 이해하는 데 도움이 됩니다.

7

데이터와 모델 시각화

# 8 <sup>장</sup>

8<sup>장</sup>

# 과소적합, 과대적합과 머신 러닝의 일반적인 워크플로

8.1 **온도 예측 문제 구성**

8.2 **과소적합, 과대적합 그리고 해결책**

8.3 **머신 러닝의 일반적인 워크플로**

8.4 **연습 문제**

8.5 **요약**

이 장에서 다룰 핵심 내용

- 모델 훈련 과정을 시각화하는 이유와 무엇을 살펴봐야 하는지 알아봅니다.
- 과소적합과 과대적합을 이해하고 시각화하는 방법
- 과대적합을 다루는 주요 방법: 규제와 그 효과를 시각화하는 방법
- 머신 러닝의 일반적인 워크플로는 무엇이고 어떤 단계를 포함하는지 알아봅니다. 또 이것이 모든 지도 학습 작업의 중요한 지침인 이유를 살펴봅니다.

이전 장에서 머신 러닝 모델을 설계하고 훈련하기 전에 tfjs-vis를 사용해 데이터를 시각화하는 방법을 배웠습니다. 이 장에서는 그다음부터 시작하여 tfjs-vis를 사용해 훈련 도중 모델 구조와 성능을 시각화하는 방법을 설명하겠습니다. 여기에서 가장 중요한 목표는 **과소적합**(underfitting)과 **과대적합**(overfitting)의 중요한 모든 현상을 파악하는 것입니다. 이를 감지할 수 있다면, 이를 해결하는 방법과 이 방법이 올바른지 시각화를 사용해 검증하는 방법을 다루어 보겠습니다.

# 8.1 온도 예측 문제 구성

과소적합과 과대적합을 시연하기 위해 구체적인 머신 러닝 문제가 필요합니다. 이전 장에서 보았던 예나 날씨 데이터셋 기반의 온도 예측 문제를 사용하겠습니다. 7.1절에서는 브라우저에서 데이터를 시각화하는 강력함과 예나 데이터셋을 사용해 시각화의 장점을 알아보았습니다. 이전 장에서 시각화 UI를 통해 이 데이터셋과 친숙해졌기를 기대합니다. 이제 이 데이터셋에 머신 러닝을 적용할 준비가 되었습니다. 하지만 그 전에 먼저 문제를 정의해야 합니다.

이 예측 작업을 간단한 날씨 예보 문제로 생각할 수 있습니다. 특정 순간에서 24시간 이후의 온도를 예측하려고 합니다. 그 순간 이전의 10일 동안 얻은 14가지 날씨 측정값을 사용해 예측합니다.

문제를 쉽게 정의할 수 있지만, CSV 파일에서 훈련 데이터를 생성하는 방법은 지금까지 이 책에서 본 문제들의 데이터 생성 과정과 다르기 때문에 상세한 설명이 필요합니다. 지금까지의 문제들에서 원시 데이터의 각 행은 하나의 훈련 샘플에 대응됩니다. 붓꽃, 보스턴 주택, 피싱 감지 예제가 여기에 해당합니다(2장과 3장 참조). 하지만 이 문제에서 각 샘플은 CSV 파일의 여러 행을 샘플링하고 연결하여 형성됩니다. 온도 예측이 한 순간의 데이터를 바라보는 것이 아니라 일정 기간에 걸쳐 데이터를 바라봐야 하기 때문입니다. 그림 8-1에 샘플 생성 과정이 나타나 있습니다.

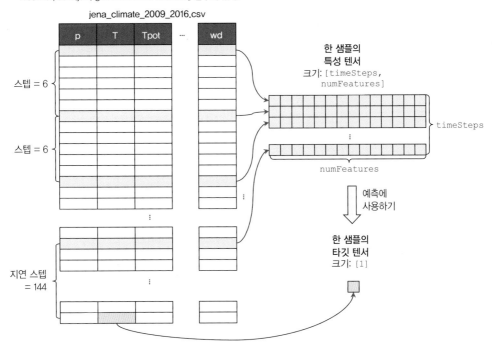

▼ 그림 8-1 표 형식 데이터에서 하나의 훈련 샘플을 생성하는 방법. 샘플의 특성 텐서를 생성하기 위해 CSV 파일에서 각 step 행 (예를 들어 step = 6)마다 샘플링하여 timeSteps개의 행(예를 들어 timeSteps = 240)을 만든다. 이 텐서의 크기는 [timeSteps, numFeatures]이다. 여기에서 numFeatures는 CSV 파일에 있는 특성 열의 개수다(기본값 14). 타깃을 만들기 위해 특성 텐서 의 마지막 행 이후 일정 스텝(예를 들어 144)만큼 떨어진 행의 온도(T) 값을 샘플링한다. 다른 샘플은 CSV 파일의 다른 행에서 시 작하여 생성하지만 같은 규칙을 따른다. 이를 통해 온도 예측 문제를 구성한다. 지금까지 일정 기간 동안(예를 들어 10일)의 14개의 온도 측정값이 주어지면 지금부터 일정 시간 후(예를 들어 24시간)의 온도를 예측했으며, 이 그림의 내용을 수행하는 코드는 jena- weather/data.js의 getNextBatchFunction() 함수에 있다.

훈련 샘플의 특성을 생성하기 위해 10일 동안의 일련의 행을 샘플링합니다. 10일치 행을 모두 사 용하지 않고 여섯 번째 행마다 샘플링합니다. 왜일까요? 두 가지 이유가 있습니다. 첫째, 모든 행 을 사용하면 데이터가 여섯 배 많아져 모델이 커지고 훈련 시간이 오래 걸립니다. 둘째, 1시간 범 위에 있는 데이터는 중복이 많습니다(6시간 전의 기압은 일반적으로 6시간 10분 전의 기압과 비 슷합니다). 데이터의 5/6를 제거해서 예측 성능을 크게 훼손하지 않고 가볍고 높은 성능의 모델을 얻을 수 있습니다. 샘플링된 행은 훈련 샘플을 위해 [timeSteps, numFeatures] 크기의 2D 특성 텐서로 연결됩니다(그림 8-1 참조). 기본적으로 timeSteps는 240입니다. 10일이라는 기간에 걸 쳐 균등하게 분산된 240개의 샘플링 시간에 해당합니다. numFeatures는 14입니다. 이는 CSV 데 이터셋에 있는 14개의 날씨 측정값에 해당합니다.

훈련 샘플의 타깃은 쉽게 얻을 수 있습니다. 특성 텐서에 포함된 마지막 행에서부터 일정 시간을 건너뛰어 온도 열의 값을 추출하면 됩니다. 그림 8-1에서 하나의 훈련 샘플을 생성하는 방법을 보 여 줍니다. 여러 개의 훈련 샘플을 만들려면 CSV 파일의 다른 행에서 시작하면 됩니다.

온도 예측 문제를 위한 특성 텐서에서 특이한 점을 눈치챘을지 모릅니다(그림 8-1 참조). 지금까지의 모든 문제는 하나의 샘플의 특성 텐서가 1D여서 여러 샘플을 배치로 모았을 때 2D 텐서가 됩니다. 하지만 이 문제에서는 하나의 샘플에 해당하는 특성 텐서가 이미 2D입니다. 여러 샘플을 배치로 연결하면 ([batchSize, timeSteps, numFeatures] 크기의) 3D 텐서를 얻게 됩니다. 예리한 관찰력입니다! 특성 텐서가 2D라는 것은 이 특성이 사건의 연속에서 비롯된다는 사실에 기인합니다. 특히 240개 데이터 포인트에 해당하는 날씨 측정값입니다. 이것이 지금까지 보았던 다른 문제들과 이 문제가 다른 점입니다. 지금까지 보았던 문제들은 주어진 샘플에 해당하는 입력 특성이 여러 순간에 걸쳐서 형성되지 않습니다. 붓꽃 문제의 꽃 크기나 MNIST 이미지의 28 × 28 픽셀 값이 그렇습니다.[1]

이번이 책에서 순차 입력 데이터를 만나는 첫 번째 순간입니다. 다음 장에서는 TensorFlow.js로 순차 데이터(sequential data)를 위해 전문적이고 강력한 모델(RNN)을 만드는 방법을 다루겠습니다. 여기에서는 이미 알고 있는 두 종류의 모델(선형 회귀와 MLP)을 사용해 이 문제를 풀어 보겠습니다. 이를 통해 RNN을 이해하는 기초를 닦고 고급 모델과 비교할 수 있는 기준점을 만들겠습니다.

그림 8-1에 있는 데이터 생성 과정을 수행하는 실제 코드는 jena-weather/data.js의 getNextBatchFunction()에 있습니다. 이 함수는 흥미롭게도 구체적인 값이 아니라 next()라는 함수를 담은 객체를 반환합니다. next() 함수를 호출할 때 실제 데이터가 반환됩니다. next() 함수를 감싼 객체를 **반복자**(iterator)라고 부릅니다. 왜 반복자를 바로 만들지 않고 간접적인 방법을 사용할까요? 첫째, 자바스크립트의 생성자/반복자 사양에 맞습니다.[2] 모델 훈련용 데이터셋 객체를 만들기 위해 이를 tf.data.generator() API에 전달할 것입니다. 이 API는 이런 함수가 필요합니다. 둘째, 반복자는 설정이 가능해야 합니다. 반복자를 반환하는 함수가 설정을 가능하게 만드는 좋은 방법입니다.

getNextBatchFunction() 함수 정의에서 설정 가능한 옵션을 볼 수 있습니다.

```
getNextBatchFunction(
    shuffle, lookBack, delay, batchSize, step, minIndex, maxIndex,
      normalize,
    includeDateTime)
```

---

1  사실 4장의 음성 명령 인식 문제는 사건의 연속을 다룹니다. 즉, 스펙트로그램을 형성하는 오디오 스펙트럼의 연속된 프레임입니다. 하지만 전체 스펙트로그램을 이미지로 처리했기 때문에 시간 차원을 공간 차원으로 다루어 무시했습니다.

2  "Iterators and Generators" MDN 웹 문서를 참고하세요(http://mng.bz/RPWK).

설정 가능한 매개변수가 여러 개 있습니다. 예를 들어 lookBack 매개변수를 사용해 온도를 예측할 때 얼마나 긴 과거의 기간을 사용할지 지정할 수 있습니다. delay 매개변수를 사용하면 얼마나 먼 미래의 온도를 예측할지 지정할 수 있습니다. minIndex와 maxIndex는 데이터를 추출할 행 범위를 지정합니다.

getNextBatchFunction() 함수를 tf.data.generator() 함수에 전달하여 tf.data.Dataset 객체로 변환합니다. 6장에서 설명했듯이 tf.data.Dataset 객체를 tf.Model 객체의 fitDataset() 메서드에 사용하면 WebGL 메모리(또는 다른 유형의 백엔드 메모리)보다 큰 데이터에서도 모델을 훈련할 수 있습니다. Dataset 객체는 훈련을 시작할 때 GPU에 훈련 데이터의 배치를 만듭니다. 온도 예측 문제를 위해 여기서 해야 할 일입니다. 사실 샘플의 개수가 많고 크기 때문에 모델의 fit() 메서드로는 모델을 훈련할 수 없습니다. fitDataset() 호출은 jena-weather/models.js 파일에서 찾을 수 있고 다음 코드와 같습니다.

**코드 8-1** tfjs-vis로 fitDataset 기반의 모델 훈련을 시각화하기

```
const trainShuffle = true;
const trainDataset = tf.data.generator( ------ 첫 번째 Dataset 객체가 훈련 데이터를 생성합니다.
  () => jenaWeatherData.getNextBatchFunction(
    trainShuffle, lookBack, delay, batchSize, step, TRAIN_MIN_ROW,
    TRAIN_MAX_ROW, normalize, includeDateTime)).prefetch(8);
const evalShuffle = false;
const valDataset = tf.data.generator( ------ 두 번째 Dataset 객체가 검증 데이터를 생성합니다.
  () => jenaWeatherData.getNextBatchFunction(
    evalShuffle, lookBack, delay, batchSize, step, VAL_MIN_ROW,
    VAL_MAX_ROW, normalize, includeDateTime));
await model.fitDataset(trainDataset, {
  batchesPerEpoch: 500,
  epochs,
  callbacks: customCallback,          fitDataset()의 validationData 옵션은 Dataset
  validationData: valDataset ------- 객체나 일련의 텐서를 받을 수 있습니다. 여기서는
});                                   첫 번째 방식을 사용합니다.
```

fitDataset() 설정 객체의 처음 두 개 필드는 에포크마다 뽑을 배치 개수와 모델의 훈련 에포크 수를 지정합니다. 6장에서 배운 것처럼 fitDataset()의 기본 설정 필드입니다. 하지만 세 번째 필드(callbacks: customCallback)는 처음 등장했습니다. 이 필드로 훈련 과정을 시각화합니다. customCallback은 모델 훈련이 브라우저나 (다음 장에서 보겠지만) Node.js에서 수행되는지에 따라 다른 값을 받습니다.

브라우저에서는 `tfvis.show.fitCallbacks()`가 `customCallback`의 값을 제공합니다. 이 함수는 한 줄의 자바스크립트 코드로 웹 페이지에서 모델 훈련을 시각화합니다. 배치와 에포크의 손실과 측정값을 저장하고 참조하는 작업을 덜어줄 뿐만 아니라 그래프를 렌더링할 HTML 요소를 만들고 관리할 필요도 없애 줍니다.

```
const trainingSurface =
    tfvis.visor().surface({tab: modelType, name: '모델 훈련'});
const customCallback = tfvis.show.fitCallbacks(trainingSurface,
    ['loss', 'val_loss'], {
  callbacks: ['onBatchEnd', 'onEpochEnd'],
  yLabel: 'Loss'
}));
```

`fitCallbacks()`의 첫 번째 매개변수는 `tfvis.visor().surface()`로 만든 렌더링 영역을 지정합니다. 이를 tfjs-vis 용어로 **바이저 서피스**(visor surface)라고 부릅니다. 바이저는 브라우저 안에서 수행되는 머신 러닝 작업에 관련된 모든 시각화를 편리하게 구성할 수 있는 컨테이너입니다. 바이저는 두 단계로 구성되며, 고수준에서 사용자가 클릭하여 이동할 수 있는 하나 이상의 탭을 가집니다. 저수준에서 각 탭은 하나 이상의 서피스를 포함합니다. `tfvis.visor().surface()` 메서드는 `tab`과 `name` 설정 필드를 사용하여 특정 탭 아래에 지정한 이름의 서피스를 만들 수 있습니다. 바이저 서피스는 손실과 측정값 그래프를 그리는 데 그치지 않습니다. 사실 7.1절의 CodePen 예제에서 본 모든 기본 차트를 바이저 서피스에서 그릴 수 있습니다. 이 작업은 이 장의 끝에 있는 연습 문제로 남겨 놓겠습니다.

`fitCallback()`의 두 번째 매개변수는 바이저 서피스에 어떤 손실과 측정값을 렌더링할지 지정합니다. 여기에서는 훈련 데이터셋의 손실과 검증 데이터셋의 손실을 그립니다. 세 번째 매개변수는 그래프가 업데이트될 주기를 제어하는 필드를 포함합니다. `onBatchEnd`와 `onEpochEnd`를 사용하면 배치와 에포크가 끝날 때마다 업데이트됩니다. 다음 절에서 `fitCallback()`으로 만든 손실 곡선을 조사하여 과소적합과 과대적합을 판단해 보겠습니다.

# 8.2 과소적합, 과대적합 그리고 해결책

머신 러닝 모델을 훈련하는 동안 데이터에 있는 패턴을 모델이 얼마나 잘 감지하는지 모니터링해야 합니다. 모델이 패턴을 잘 감지하지 못하면 **과소적합**(underfitting)이라 부르고, 패턴을 너무 잘 감지하여 새로운 데이터에 일반화가 제대로 되지 않으면 **과대적합**(overfitting)이라 부릅니다. 과대적합 모델은 규제 같은 방법을 사용해 정상으로 돌릴 수 있습니다. 이 절에서는 시각화가 이런 현상과 대책의 효과를 파악하는 데 어떻게 도움이 되는지 알아보겠습니다.

## 8.2.1 과소적합

온도 예측 문제를 풀기 위해 먼저 가장 간단한 머신 러닝 모델인 선형 회귀를 시도해 보겠습니다. 코드 8-2(jena-weather/index.js에서 발췌)에서 이 모델을 만듭니다. 하나의 유닛을 가진 밀집 층 하나를 사용하고 기본 선형 활성화 함수로 예측을 만듭니다. 하지만 2장의 다운로드 시간 예측 문제에서 만든 선형 회귀와 달리 이 모델은 추가적으로 flatten 층이 있습니다. 이 문제에서 입력 특성의 크기가 2D이기 때문입니다. 선형 회귀에 사용할 밀집 층의 요구 사항에 맞게 이를 1D 텐서로 펼쳐야 합니다. 이런 과정이 그림 8-2에 나타나 있습니다. 펼침 연산은 데이터에 있는 순차(시간) 정보를 삭제한다는 점에 유의하세요.

▼ 그림 8-2 코드 8-2의 선형 회귀와 코드 8-3의 MLP에 적용된 [timeSteps, numFeatures] 크기의 2D 특성 텐서를 [timeSteps × numFeatures] 크기의 1D 텐서로 펼치기

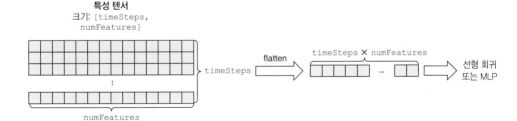

```
function buildLinearRegressionModel(inputShape) {
    const model = tf.sequential();
    model.add(tf.layers.flatten({inputShape}));        밀집 층에 적용하기 위해 [batchSize, timeSteps,
                                                        numFeatures] 크기의 입력을 [batchSize,
    model.add(tf.layers.dense({units: 1}));            timeSteps * numFeatures]로 펼치기
    return model;                          기본 (선형) 활성화 함수를 사용하는 단일 유닛의
}                                          밀집 층은 선형 회귀 모델이 됩니다.
```

모델을 만들었으면 훈련을 위해 컴파일합니다.

```
model.compile({loss: 'meanAbsoluteError', optimizer: 'rmsprop'});
```

연속적인 값(정규화된 온도)을 예측하는 문제이므로 meanAbsoluteError 손실 함수를 사용합니다. 이전의 예제와 달리 MAE 손실 함수는 자체로 사람이 이해할 수 있기 때문에 따로 측정할 값을 정의하지 않습니다. 하지만 정규화된 온도를 예측하기 때문에 MAE 손실에 온도 열의 표준 편차 (8.476도)를 곱해야 절댓값 예측 오차로 바꿀 수 있습니다. 예를 들어 MAE가 0.5이면 8.476 × 0.5 = 4.238도의 예측 오차입니다.

데모 화면에서 **모델 종류** 드롭다운 메뉴에 있는 선형 회귀를 선택하고 **모델 훈련** 버튼을 클릭하여 선형 회귀 훈련을 시작합니다. 훈련이 시작되자마자 페이지 오른쪽에 뜨는 팝업에서 모델 요약 정보를 볼 수 있습니다(그림 8-3 참조). 모델 요약 표는 model.summary()의 텍스트 출력과 비슷하지만 HTML에 렌더링됩니다. 이 표를 만드는 코드는 다음과 같습니다.

```
const surface = tfvis.visor().surface({name: '모델 요약', tab});
tfvis.show.modelSummary(surface, model);
```

▼ 그림 8-3 선형 회귀 모델의 훈련을 시각화하는 tfjs-vis 바이저. 위: 모델의 요약 정보 표. 아래: 20번 에포크 동안의 훈련 손실 곡선. 이 그래프는 tfvis.show.fitCallbacks()로 만들었다(jena-weather/index.js 참조).

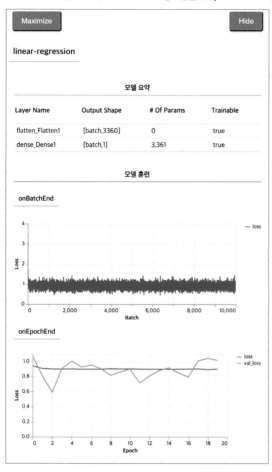

이전 코드의 두 번째 라인처럼 서피스를 tfvis.show.modelSummary()에 전달하여 모델 요약 표를 만듭니다.

선형 회귀 탭의 모델 요약 표 아래에 모델을 훈련하는 동안 손실 곡선이 출력됩니다(그림 8-3). 이 그래프는 이전 절에서 설명한 fitCallbacks() 호출로 만들어집니다. 이 그래프를 통해 선형 회귀 모델이 온도 예측 문제에 얼마나 잘 동작하는지 확인할 수 있습니다. 훈련 손실과 검증 손실이 0.9 근처에서 진동합니다. 절맷값 온도로 바꾸면 8.476 × 0.9 = 7.6도에 해당합니다(8.476은 CSV 파일에 있는 온도 열의 표준 편차입니다). 즉, 훈련이 끝난 후 이 선형 회귀 모델은 평균적으로 7.6도의 예측 오차를 만든다는 뜻입니다. 이런 예측 성능은 매우 나쁩니다. 이 모델의 날씨 예보를 믿는 사람이 아무도 없을 것 같군요! 이 모델이 과소적합의 예입니다.

과소적합은 일반적으로 특성-타깃 관계를 모델링하는 데 부족한 표현 용량을 사용하기 때문에 발생합니다. 이 예에서 선형 회귀 모델은 구조적으로 너무 간단하고, 이로 인해 이전 10일간 날씨 데이터와 다음 날 온도 사이의 관계를 감지하기 부족합니다. 과소적합을 극복하기 위해 모델을 크게 만들어 성능을 높입니다. 전형적인 방법은 모델에 층을 (비선형 활성화 함수와 함께) 추가하거나 층의 크기(밀집 층의 유닛 개수)를 늘리는 것입니다. 이 선형 회귀 모델에 은닉층을 추가하고 이렇게 만든 MLP에서 얼마나 성능이 향상되는지 알아보겠습니다.

## 8.2.2 과대적합

MLP 모델을 만드는 함수는 코드 8-3에 있습니다(jena-weather/index.js에서 발췌). 이 MLP는 두 개의 밀집 층을 포함합니다. 하나는 은닉층이고 다른 하나는 출력층입니다. 또한, 선형 회귀 모델과 동일한 목적을 위해 flatten 층이 있습니다. 이 함수는 코드 8-2에 있는 buildLinearRegressionModel()보다 두 개의 매개변수가 더 많습니다. 구체적으로 kernelRegularizer와 dropoutRate를 사용해 나중에 과대적합에 대항해 보겠습니다. 지금은 kernelRegularizer와 dropoutRate를 사용하지 않는 MLP의 예측 정확도가 얼마나 되는지 알아보겠습니다.

**코드 8-3** 온도 예측 문제를 위한 MLP 만들기

```
function buildMLPModel(inputShape, kernelRegularizer, dropoutRate) {
    const model = tf.sequential();
    model.add(tf.layers.flatten({inputShape}));
    model.add(tf.layers.dense({
      units: 32,
      kernelRegularizer ------ 함수를 호출할 때 지정되면 은닉층의 커널에 규제를 추가합니다.
      activation: 'relu',
    }));
    if (dropoutRate > 0) {
      model.add(tf.layers.dropout({rate: dropoutRate}));
    }
    model.add(tf.layers.dense({units: 1}));  ------
    return model;                    함수를 호출할 때 지정되면 은닉층과 출력층
    }                                사이에 드롭아웃 층을 추가합니다.
```

그림 8-4의 패널 A는 MLP의 손실 곡선을 보여 줍니다. 선형 회귀의 손실 곡선과 비교하면 몇 가지 중요한 차이점이 있습니다.

- 훈련 손실 곡선과 검증 손실 곡선이 발산하는 패턴을 보입니다. 두 손실 곡선이 대체로 일관성 있는 트렌드를 보이는 그림 8-3과 다릅니다.

- 훈련 손실은 이전보다 훨씬 낮은 오차로 수렴합니다. 20번의 에포크 훈련 후에 훈련 손실은 약 0.2입니다. 이는 8.476 × 0.2 = 1.7도에 해당하는 값으로, 선형 회귀 결과보다 훨씬 나아졌습니다.

- 하지만 검증 손실은 처음 두 번의 에포크에서 짧게 감소하다가 천천히 상승하기 시작합니다. 20번의 에포크 후에는 훈련 손실보다 훨씬 높아집니다(0.35로 약 3도에 해당합니다).

❤ 그림 8-4 온도 예측 문제에 두 개의 MLP 모델을 적용하여 얻은 손실 곡선. 패널 A: 규제가 없는 MLP. 패널 B: 패널 A 모델과 층 개수와 크기가 같지만 밀집 층에 L2 규제를 적용한 MLP 모델. 두 패널 간의 y축 범위가 조금 다르다.

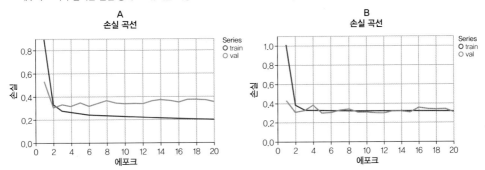

이전 결과에 비해 훈련 손실이 네 배 이상 감소한 것은 선형 회귀 모델보다 MLP가 더 성능이 높기 때문입니다. 층이 하나 더 있고 훈련 가능한 가중치 파라미터가 몇 배 더 많습니다. 하지만 늘어난 모델 성능에는 부작용이 있습니다. 모델이 검증 데이터(훈련 동안 모델이 본 적 없는 데이터)에서보다 훈련 데이터에서 훨씬 더 높은 성능을 냅니다. 이는 과대적합의 한 예입니다. 모델이 훈련 데이터에 있는 관련 없는 상세 사항에 너무 많은 주의를 기울이기 때문입니다. 이로 인해 모델을 예측할 때 본 적 없는 데이터에 잘 일반화되지 못합니다.

## 8.2.3 가중치 규제로 과대적합 감소하고 시각화하기

4장에서 모델에 드롭아웃 층을 추가하여 합성곱 신경망의 과대적합을 감소시켰습니다. 여기에서는 자주 사용하는 다른 과대적합 감소 방법을 사용해 보겠습니다. 가중치에 규제를 추가하는 것입니다. 예나 날씨 데모 화면에서 모델 종류를 L2 규제를 적용한 MLP로 선택하면 다음과 같이 (코드 8-3에 있는) buildMLPModel()을 호출해 MLP를 만듭니다.

```
model = buildMLPModel(inputShape, tf.regularizers.l2());
```

tf.regularizers.l2()의 반환값인 두 번째 매개변수가 L2 규제입니다. buildMLPModel() 함수에 있는 코드와 함께 보면, 이 L2 규제가 은닉층의 kernelRegularizer 설정에 적용된다는 것을 알 수 있습니다. 이렇게 하면 밀집 층의 커널에 L2 규제를 추가합니다. 가중치(밀집 층의 커널)에 규제가 추가될 때 가중치가 규제된다고 말합니다. 비슷하게 모델의 일부 또는 전체 가중치가 규제될 때 모델이 규제된다고 말합니다.

규제가 밀집 층의 커널과 MLP 모델에 어떤 일을 할까요? 규제는 손실 함수에 항을 추가합니다. 규제가 없는 MLP의 손실이 어떻게 계산되는지 생각해 보죠. 손실은 타깃과 모델의 예측 사이에 MAE로 간단히 정의됩니다. 의사 코드로 쓰면 다음과 같습니다.

```
loss = meanAbsoluteError(targets, predictions)
```

가중치를 규제하면 모델의 손실에 항이 추가됩니다. 의사 코드로 쓰면 다음과 같습니다.

```
loss = meanAbsoluteError(targets, prediciton) + l2Rate * l2(kernel)
```

여기에서 l2Rate * l2(kernel)이 손실 함수에 추가된 L2 규제입니다. MAE와 달리 이 항은 모델의 예측에 영향을 받지 않습니다. 대신 규제할 커널(층의 가중치)에만 의존합니다. 커널 값이 주어지면 커널 값에 연관된 숫자를 출력합니다. 이 숫자를 커널의 현재 값이 얼마나 바람직하지 않은지를 나타내는 척도로 생각할 수 있습니다.

L2 규제 함수 l2(kernel)의 자세한 정의를 살펴보겠습니다. 이 함수는 가중치 값의 제곱합을 계산합니다. 예를 들어 커널의 크기가 [2, 2]이고 값이 [[0.1, 0.2], [-0.3, -0.4]]라고 가정해 보죠. 그럼 다음과 같이 계산됩니다.

```
l2(kernel) = 0.1^2 + 0.2^2 + (-0.3)^2 + (-0.4)^2 = 0.3
```

따라서 l2(kernel)은 항상 kernel에 있는 큰 가중치 값에 페널티를 주는 양수 값을 반환합니다. 이 값을 전체 손실에 추가하면 kernel의 모든 원소가 작은 절댓값을 가지도록 유도합니다. 그 외 나머지는 동일합니다.

이제 전체 손실은 다른 두 개의 항을 가집니다. 타깃-예측 불일치와 kernel의 크기에 관련된 항입니다. 결과적으로 훈련 과정은 타깃-예측 불일치를 최소화하는 것뿐만 아니라 커널 원소의 제곱합을 감소시켜야 합니다. 종종 두 목표는 충돌을 일으킵니다. 예를 들어 커널 원소의 크기를 감소시키면 두 번째 항을 줄일 수 있지만 첫 번째 항(MAE 손실)이 증가됩니다. 어떻게 전체 손실이 충돌하는 두 항의 상대적인 중요도에 균형을 잡을까요? 이것이 l2Rate의 역할입니다. 이 값이 타깃-예측 오차 항에 대한 L2 항의 중요도를 결정합니다. l2Rate 값이 커지면 훈련 과정은 타깃-예측 오차가 증가하더라도 L2 규제 항을 감소시키려는 경향을 띱니다. l2Rate는 하이퍼파라미터로 기본값은 1e-3이며 하이퍼파라미터 최적화를 통해 튜닝합니다.

L2 규제가 어떻게 도움이 될까요? 그림 8-4의 패널 B에서 규제가 적용된 MLP의 손실 곡선을 보여 줍니다. 규제가 없는 MLP(패널 A)의 손실 곡선과 비교해 보면 규제가 있는 모델의 훈련 손실 곡선과 검증 곡선이 덜 발산한다는 것을 알 수 있습니다. 모델이 훈련 데이터셋에 있는 독특한 패턴에 더 이상 과도하게 주의를 기울이지 않는다는 의미입니다. 그 대신 훈련 세트에서 학습한 패턴을 검증 세트에 있는 처음 본 샘플에 잘 일반화합니다. 규제가 있는 MLP에서 첫 번째 밀집 층에만 규제를 적용하고 두 번째 밀집 층에는 적용하지 않습니다. 하지만 여기에서는 과대적합을 충분히 해결할 수 있었습니다. 다음 절에서는 작은 값의 커널이 과대적합을 억제할 수 있는지 자세히 알아보겠습니다.

## 가중치 규제의 효과를 시각화하기

L2 규제는 은닉층의 커널 값을 작게 만들기 때문에 규제가 없는 MLP보다 규제가 있는 MLP에서 훈련된 모델의 커널 값이 작아야 합니다. TensorFlow.js로 어떻게 확인할 수 있을까요? tfjs-vis의 tfvis.show.layer() 함수는 한 줄의 코드로 TensorFlow.js 모델의 가중치를 시각화해 줍니다. 코드 8-4에 이 방법이 나타나 있습니다. 이 코드는 MLP 모델의 훈련이 끝날 때 실행합니다. tfvis.show.layer()는 두 개의 매개변수를 받습니다. 그래프를 그릴 바이저 서피스와 렌더링할 층입니다.

**코드 8-4** 층의 가중치 분포를 시각화하기(jena-weather/index.js에서 발췌)

```
function visualizeModelLayers(tab, layers, layerNames) {
  layers.forEach((layer, i) => {
    const surface = tfvis.visor().surface({name: layerNames[i], tab});
    tfvis.show.layer(surface, layer);
  });
}
```

이 코드로 만든 그래프가 그림 8-5에 나타나 있습니다. 패널 A와 B는 각각 규제가 있는 MLP와 규제가 없는 MLP의 결과입니다. 각 패널에서 tfvis.show.layer()는 층의 가중치 표를 출력합니다. 여기에는 가중치 이름, 크기, 파라미터 개수, 최대/최소 파라미터 값, 0과 NaN 파라미터 개수가 담겨 있습니다(마지막 항목은 훈련 실행의 문제점을 진단하는 데 유용합니다). 층 시각화는 각 층의 가중치를 위해 **Show Values Distribution** 버튼을 포함하고 있습니다. 이 버튼을 클릭하면 가중치 값의 히스토그램을 출력합니다.

▼ 그림 8-5 L2 규제가 있는 MLP(패널 A)와 규제가 없는 MLP(패널 B)의 커널에 있는 값의 분포. 이 그래프는 tfvis.show.layer()로 만들었다. 두 히스토그램의 x축 스케일이 다르다.

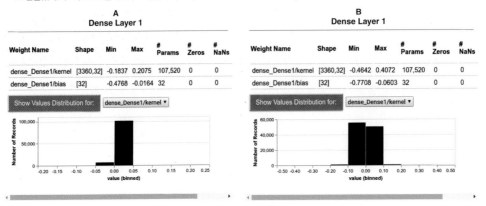

두 MLP의 그래프를 비교하면 명확한 차이점을 볼 수 있습니다. L2 규제가 있는 모델이 그렇지 않은 모델보다 커널 값이 더 좁은 범위에 걸쳐 분포되어 있습니다. (첫 번째 행의) min/max 값과 히스토그램에서 모두 확인할 수 있습니다. 이것이 규제의 효과입니다!

하지만 왜 작은 커널 값이 과대적합을 감소시키고 일반화를 향상시킬까요? 이를 직관적으로 이해하는 방법은 L2 규제가 오캄의 면도날(Occam's razor) 이론을 따른다는 사실을 떠올리는 것입니다. 일반적으로 말해서 가중치 파라미터의 크기가 클수록 모델이 훈련 특성에 있는 상세한 세부 내용을 학습하게 만드는 경향이 있고, 크기가 작을수록 모델이 이런 세부 내용을 무시하도록 만드는 경향이 있습니다. 극단적으로 커널 값이 0이면 모델은 입력 특성에 전혀 주의를 기울이지 않습니다. L2 규제는 절댓값이 큰 가중치를 피함으로써 모델을 조금 더 경제적으로 만들고 가치가 있을 때(타깃-예측 불일치 항의 감소가 규제 손실보다 클 경우)만 가중치를 유지합니다.

L2 규제는 과대적합을 해결하기 위해 머신 러닝 기술자가 사용하는 도구 중 하나입니다. 4장에서 드롭아웃 층의 효과를 시연해 보았습니다. 드롭아웃은 과대적합에 대한 강력한 해결책입니다. 온도 예측 문제의 과대적합을 줄이는 데도 도움이 됩니다. 데모 화면에서 **드롭아웃을 적용한 MLP**를 선택하여 확인해 볼 수 있습니다. 드롭아웃을 적용한 MLP에서 얻는 훈련 성능은 L2 규제가 있는 MLP와 비슷합니다. 4.3.2절에서 MNIST 합성곱 신경망에 적용하면서 드롭아웃의 작동 원리를 설명했으므로 여기에서는 반복하지 않겠습니다. 하지만 표 8-1에서 과대적합을 방지하기 위해 널리 사용하는 도구를 정리했습니다. 동작 원리를 간단히 설명하고 TensorFlow.js에 있는 해당 API를 소개합니다. 특정 문제에 어떤 방식을 사용해야 하는지 궁금할 수 있습니다.

1) 비슷한 문제를 해결한 잘 구성된 모델을 참고하고, 2) 이런 도구를 하이퍼파라미터로 간주하고 하이퍼파라미터 최적화(3.1.2절)를 통해 찾습니다. 또한, 과대적합 감소 방법은 자체적으로 튜닝 가능한 파라미터를 가지고 있어 하이퍼파라미터 최적화를 통해 결정할 수 있습니다(표 8-1의 마지막 열 참조).

▼ 표 8-1 TensorFlow.js에서 과대적합을 줄이기 위해 널리 사용하는 방법

| 방법 | 작동 원리 | TensorFlow.js의 API | 주요 파라미터 |
|---|---|---|---|
| L2 규제 | 가중치 파라미터 값의 제곱합을 계산하여 가중치에 양수 값의 손실(페널티)을 부여합니다. 가중치가 작은 값이 되도록 만듭니다. | `tf.regularizers.l2()`<br>8.2.3절 참조 | L2 규제 비율 |
| L1 규제 | L2 규제와 비슷하게 가중치 파라미터가 작도록 만듭니다. 하지만 가중치에 할당한 손실이 제곱합이 아니라 가중치 파라미터의 절댓값 합을 기반으로 합니다. 이런 규제 손실 정의 때문에 더 많은 가중치 파라미터가 0이 됩니다(즉, 희소한 가중치를 만듭니다). | `tf.regularizers.l1()` | L1 규제 비율 |
| L1-L2 규제 | L1과 L2 규제 손실의 가중치 합 | `tf.regularizers.l1l2()` | L1 규제 비율<br>L2 규제 비율 |
| 드롭아웃 | 훈련하는 동안 가중치 파라미터 사이에 나타나는 가짜 상관관계(또는 제프리 힌튼의 말을 빌리면 음모)를 깨뜨리기 위해 훈련하는 동안 입력의 일부를 랜덤하게 0으로 설정합니다(하지만 추론에는 적용하지 않습니다). | `tf.layers.dropout()`<br>4.3.2절 참조 | 드롭아웃 비율 |
| 배치 정규화 | 훈련하는 동안 입력 값의 평균과 표준 편차를 학습하고 학습된 통계치를 사용해 입력을 평균이 0이고 단위 표준 편차를 가지도록 정규화합니다. | `tf.layers.`<br>`batchNormalization()` | 여러 가지<br>(https://js.tensorflow.org/api/latest/#layers.batchNormalization 참고) |
| 검증 세트 손실을 기반으로 훈련 조기 종료 | 검증 세트에 대한 에포크 종료 손실 값이 더 이상 감소하지 않으면 모델 훈련을 멈춥니다. | `tf.callbacks.`<br>`earlyStopping()` | minDelta: 차이를 무시할 임계값<br>patience: 연속적으로 개선되지 않는 에포크를 인내할 최대 횟수 |

과소적합과 과대적합 시각화에 대한 이 절을 마무리하면서 이런 상태를 감지하기 위한 간단한 법칙을 그림으로 제공하겠습니다(그림 8-6). 패널 A가 보여주듯이 과소적합은 훈련 세트나 검증 세트에 상관없이 모델이 최적이 아닌 (높은) 손실 값을 달성할 때입니다. 패널 B에서 전형적인 과대적합을 볼 수 있습니다. 훈련 손실은 매우 만족스럽지만(낮지만) 검증 손실은 비교적 나쁩니다(높습니다). 훈련 세트 손실이 계속 감소하더라도 검증 손실은 평편하거나 오히려 상승하기 시작할 수 있습니다. 패널 C가 원하는 상태입니다. 훈련 세트와 검증 세트의 손실이 너무 발산하지 않으므로 최종 검증 손실이 낮은 상태입니다. '충분히 낮다'라는 말은 상대적입니다. 특히 해당 문제를 완벽하게 해결할 수 있는 기존 모델이 없을 때 그렇습니다. 새로운 모델이 미래에 나올 수 있고, 패널 C에서 얻은 것보다 상대적으로 낮은 손실을 달성할 수 있습니다. 이때에는 패널 C의 패턴이 과소적합이 됩니다. 이를 해결하려면 새로운 모델을 적용해야 하고 과대적합과 규제의 사이클을 다시 거쳐야 할 것입니다.

▼ 그림 8-6 모델 훈련에서 과소적합(패널 A), 과대적합(패널 B), 알맞은 상태(패널 C)에 해당하는 손실 곡선

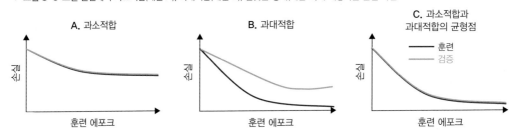

마지막으로, 훈련 시각화는 손실에 국한되지 않습니다. 훈련 과정을 모니터링하기 위해 다른 지표도 종종 시각화합니다. 예를 들어 3장에서 피싱 웹 사이트 감지를 위한 이진 분류기를 훈련할 때 ROC 곡선을 그렸습니다. 붓꽃 분류 모델을 훈련할 때 오차 행렬도 그렸습니다. 9장에서는 텍스트 생성 모델을 훈련할 때 모델이 생성한 텍스트를 출력하는 예를 보겠습니다. 이 예제는 GUI를 사용하지 않지만 모델 훈련 상태에 대한 유용하고 직관적인 실시간 정보를 제공합니다. 구체적으로, 모델이 생성한 텍스트를 봄으로써 모델이 현재 얼마나 좋은 텍스트를 생성하는지 쉽게 알 수 있습니다.

# 8.3 머신 러닝의 일반적인 워크플로

지금까지 머신 러닝 모델을 설계하고 훈련하는 중요한 단계를 모두 보았습니다. 여기에는 데이터를 수집하고 포맷을 맞추고 시각화하고 주입하는 과정이 포함됩니다. 이 데이터셋에 적절한 모델 구조와 손실 함수를 선택하여 모델을 훈련합니다. 훈련 과정 동안에 나타날 수 있는 가장 중요한 잘못된 현상인 과소적합과 과대적합도 보았습니다. 이제 지금까지 배운 것을 되돌아보고, 여러 데이터셋에서 머신 러닝 모델을 만드는 과정 간의 공통점을 살펴보겠습니다. 이 결과로 만들어진 개념을 머신 러닝의 일반적인 워크플로라고 부릅니다. 워크플로를 단계별로 나열하고 각 단계의 핵심 사항을 설명하겠습니다.

1. **머신 러닝이 올바른 접근 방법인지 결정합니다.** 먼저 머신 러닝이 해당 문제에 적절한 방법인지 고려해 봐야 합니다. 이에 대한 대답이 'yes'일 때만 다음 단계를 진행합니다. 어떤 경우에는 머신 러닝을 사용하지 않는 방법이 비용이 적게 들면서 동일하거나 더 나을 수 있습니다. 예를 들어 모델을 충분히 튜닝하면 텍스트 입력 데이터로 정수를 받아 두 정수의 합을 예측하는 신경망을 훈련할 수 있습니다(tfjs-examples 저장소의 addition-rnn을 참고하세요). 하지만 이 문제에 가장 효율적이고 신뢰할 수 있는 해결책은 아닙니다. 이 경우에는 CPU의 덧셈 기능을 사용하는 것으로 충분합니다.

2. **머신 러닝 문제와 데이터를 사용해 예측하려는 것을 정의합니다.** 이 단계에서는 다음 두 질문에 답을 해야 합니다.

   a. 어떤 종류의 데이터를 사용할 수 있나요? 지도 학습에서는 레이블된 훈련 데이터가 있을 때만 예측하는 법을 학습할 수 있습니다. 예를 들어 이 장에서 본 날씨 예측 모델은 예나 데이터셋을 사용할 수 있기 때문에 가능합니다. 이 단계에서 일반적으로 데이터 가용성은 제한 요소입니다. 가용 데이터가 충분하지 않으면 더 많은 데이터를 수집하거나 데이터셋에 수동으로 레이블을 달기 위해 사람을 고용해야 합니다.

   b. 어떤 종류의 문제를 다루고 있나요? 이진 분류, 다중 분류, 회귀 또는 다른 종류인가요? 문제의 종류를 식별하면 모델 구조, 손실 함수 등을 선택하는 데 도움이 됩니다.

   입력과 출력이 무엇인지, 사용할 데이터가 무엇인지를 알 때까지 다음 단계로 이동할 수 없습니다. 이 단계에서 암묵적으로 만든 가정에 주의하세요.

a. 입력으로 출력을 예측할 수 있다고 가정합니다(이 문제에서 사용할 수 있는 모든 샘플에 대해 모델이 출력을 예측하기 위한 충분한 정보가 입력에 포함되어 있습니다).

b. 모델이 입력-출력 관계를 학습하기에 데이터가 충분하다고 가정합니다.

이는 작동하는 모델을 얻기까지 검증되거나 무효화되기를 기다리는 가설입니다. 모든 문제를 풀 수 있는 것은 아닙니다. X와 Y를 매핑하는 레이블된 대량의 데이터셋이 있다는 것이 X에 Y 값에 대한 충분한 정보가 있다는 뜻은 아닙니다. 주식 가격 기록을 기반으로 미래 주식 가격을 예측한다면 실패할 가능성이 높습니다. 왜냐하면 주식 가격 기록에는 미래 가격에 대한 예측 정보가 충분히 담겨 있지 않기 때문입니다. 해결할 수 없는 문제의 한 종류는 시간에 따라 입력-출력 관계가 변하는 비정상(nonstationary) 문제입니다. (사용자의 의류 구매 이력을 기반으로) 의류 추천 엔진을 만들기 위해 1년치 데이터로만 모델을 훈련한다고 가정해 보죠. 이때 사용자의 옷 취향이 시간에 따라 변한다는 것이 큰 문제입니다. 작년 검증 데이터에서 정확하게 동작한 모델이 올해 똑같이 정확하게 동작한다는 보장을 할 수 없습니다. 머신 러닝은 훈련 데이터에 있는 패턴을 학습하는 데만 사용할 수 있다는 것을 유념하세요. 이 경우 데이터를 업데이트하고 새로운 모델을 지속적으로 훈련하는 것이 해결책입니다.

3. **목표에 대한 훈련된 모델의 성공을 측정할 수 있는 신뢰할 만한 방법을 찾습니다.** 간단한 작업일 경우 예측 정확도, 정밀도, 재현율 또는 ROC 곡선이나 AUC 값(3장 참조)일 수 있습니다. 하지만 많은 경우에 고객 유지율(retention rate)이나 매출과 같이 도메인에 특화된 더 복잡한 지표가 필요할 것입니다. 비즈니스 성공과 같이 높은 수준의 목표에 잘 맞는 지표입니다.

4. **평가 과정을 준비합니다.** 모델 평가에 사용할 검증 과정을 설계합니다. 구체적으로 데이터를 균일하지만 겹치지 않도록 훈련 세트, 검증 세트, 테스트 세트 세 개로 나눕니다. 검증 세트와 테스트 세트 레이블은 훈련 데이터에 노출되면 안 됩니다. 예를 들어 온도 예측의 경우 검증 세트와 테스트 세트는 훈련 데이터 이후의 시간대에서 가져와야 합니다. 버그를 막기 위해서는 데이터 전처리 코드가 테스트 커버리지에 포함되어야 합니다.

5. **데이터를 벡터화합니다.** 데이터를 텐서로 바꿉니다. 텐서는 $n$차원 배열이며 TensorFlow.js나 텐서플로 같은 머신 러닝 모델 프레임워크의 공용어입니다. 데이터 벡터화를 위해 다음 가이드를 따르세요.

a. 텐서로 변환한 수치는 일반적으로 평균이 0이고 작은 범위로 맞추어야 합니다. 예를 들면 [-1, 1]이나 [0, 1] 범위입니다.

**b.** (온도와 풍속처럼) 특성이 다른 경우 값의 범위가 다르면(이종 데이터(heterogeneous data)이면), 각 특성의 데이터를 일반적으로 평균이 0이고 단위 표준 편차인 z-점수로 정규화해야 합니다.

입력 데이터와 타깃(출력) 데이터의 텐서가 준비되면 모델 개발을 시작할 수 있습니다.

6. **상식 수준의 기준을 뛰어넘는 모델을 개발합니다.** (회귀 문제의 경우 평균을 예측하거나 시계열 예측 문제의 경우 마지막 데이터 포인트를 예측으로 사용하는 것처럼) 머신 러닝을 사용하지 않는 기초적인 방법을 뛰어넘는 모델을 개발합니다. 이를 통해 머신 러닝 모델이 정말 가치가 있는지 알 수 있습니다. 머신 러닝 모델이 항상 가치가 있는 것은 아니기 때문입니다(1단계 참조).

잘 진행된다고 가정하면, 상식적인 기준을 뛰어넘는 첫 번째 머신 러닝 모델을 만들기 위해 세 개의 핵심 요소를 선택해야 합니다.

**a.** **마지막 층의 활성화 함수**: 모델 출력을 위한 제약 조건을 설정합니다. 활성화 함수는 해결하려는 문제의 종류에 맞아야 합니다. 예를 들어, 3장의 피싱 웹 사이트 분류기는 이진 분류 문제이므로 마지막 (출력) 층에 시그모이드 활성화 함수를 사용했습니다. 이 장의 온도 예측 모델은 회귀 문제이기 때문에 선형 활성화 함수를 사용했습니다.

**b.** **손실 함수**: 마지막 층의 활성화 함수와 비슷하게 손실 함수는 해결하려는 문제에 맞아야 합니다. 예를 들어 이진 분류 문제에는 `binaryCrossentropy`를 사용하고, 다중 분류에는 `categoricalCrossentropy`를 사용하고, 회귀 문제에는 `meanSquaredError`를 사용합니다.

**c.** **옵티마이저 선택**: 옵티마이저는 신경망 가중치를 업데이트하는 방법을 결정합니다. 어떤 종류의 옵티마이저를 사용해야 하나요? 학습률은 얼마로 해야 하나요? 이런 질문에 대한 대답은 하이퍼파라미터 튜닝입니다. 하지만 대부분의 경우 `rmsprop` 옵티마이저와 기본 학습률로 시작하는 것이 안전합니다.

7. **훈련 데이터를 과대적합할 만큼 충분한 용량을 가진 모델을 개발하세요.** 하이퍼파라미터를 수동으로 바꾸어 모델 구조를 점진적으로 늘리세요. 이렇게 해서 훈련 세트에 과대적합되는 모델에 도달합니다. 지도 학습 머신 러닝에서 일반적이고 중요한 긴장 관계는 (훈련 데이터에 맞추는) 최적화와 (본 적 없는 데이터에서 정확한 예측을 만들 수 있는) 일반화 사이에서 일어난다는 것을 기억하세요. 이상적인 모델은 과소적합과 과대적합 사이의 경계에 있는 모델입니다. 즉, 용량 부족과 용량 과다의 중간에 있는 모델입니다. 이 경계를 찾으려면 먼저 경계를 넘어가 봐야 합니다.

이를 위해 과대적합된 모델을 만듭니다. 일반적으로 이는 매우 쉽습니다.

a. 더 많은 층을 추가합니다.

b. 각 층의 크기를 늘립니다.

c. 더 많은 에포크 동안 모델을 훈련합니다.

훈련과 검증 손실뿐만 아니라 (AUC와 같이) 훈련 세트와 검증 세트에서 관심 있는 지표를 모니터링하기 위해 시각화를 사용합니다. 검증 세트에서 모델 손실이 감소하기 시작하면(그림 8-6의 패널 B) 과대적합에 도달한 것입니다.

8. **모델에 규제를 추가하고 하이퍼파라미터를 튜닝합니다.** 다음 단계는 과소적합이나 과대적합이 아닌 가능한 한 이상적인 모델에 가깝도록 모델에 규제를 추가하고 (일반적으로 자동화된 방법으로) 하이퍼파라미터를 튜닝하는 것입니다. 이 단계가 자동화되더라도 가장 많은 시간이 걸립니다. 반복적으로 모델을 수정하고, 훈련하고, 검증 세트에서 평가하고, 다시 모델을 수정합니다(이 시점에서는 테스트 세트를 사용하지 않습니다). 모델이 가능한 한 좋아질 때까지 이를 반복합니다. 시도해 볼 만한 규제는 다음과 같습니다.

a. 드롭아웃 층을 추가하고 여러 가지 드롭아웃 비율을 시도해 봅니다.

b. L1 또는 L2 규제, 혹은 두 가지 모두 적용합니다.

c. 다른 구조를 시도해 봅니다. 몇 개의 층을 추가하거나 삭제합니다.

d. 다른 하이퍼파라미터를 바꾸어 봅니다(예를 들면 밀집 층의 유닛 개수).

하이퍼파라미터를 튜닝할 때 검증 세트에 과대적합되는 것을 주의하세요. 검증 세트 성능을 기반으로 하이퍼파라미터를 결정하기 때문에 하이퍼파라미터 값이 과도하게 검증 세트에 맞춰지게 되고, 이로 인해 다른 데이터에 일반화되지 못할 수 있습니다. 이는 하이퍼파라미터 튜닝 후에 테스트 세트로 편향되지 않은 모델의 정확도를 추정하는 이유입니다. 따라서 하이퍼파라미터를 튜닝할 때 테스트 세트를 사용해서는 안 됩니다.

이것이 일반적인 머신 러닝의 워크플로입니다! 12장에서는 두 개의 실무적인 단계를 추가하겠습니다(평가 단계와 배포 단계). 하지만 지금은 명확하지 않은 머신 러닝 아이디어를 훈련된 모델로 바꾸고 쓸모 있는 예측을 만드는 방법을 나열한 것입니다.

이런 기초적인 지식을 바탕으로 앞으로 조금 더 고급화된 신경망 구조를 살펴보겠습니다. 먼저 9장에서 순차 데이터를 위한 모델부터 시작해 보죠.

# 8.4 연습 문제

1. 온도 예측 문제에서 선형 회귀는 데이터에 많이 과소적합되고 훈련 세트와 검증 세트에서 모두 나쁜 예측 결과를 만들었습니다. 선형 회귀에 L2 규제를 추가하면 이런 과소적합된 모델의 정확도를 향상하는 데 도움이 될까요? jena-weather/models.js 파일에서 `buildLinearRegressionModel()` 함수를 직접 수정하여 확인해 보세요.

2. 예나 날씨 예제에서 다음 날의 온도를 예측할 때 과거 10일 동안의 데이터를 입력 특성으로 사용했습니다. 더 긴 기간을 사용하면 어떻게 될까요? 데이터가 많으면 더 정확한 예측을 얻는 데 도움이 될까요? jena-weather/index.js 파일의 const `lookBack`을 수정하고 브라우저에서 훈련하여 확인해 볼 수 있습니다(예를 들면 **L2 규제를 적용한 MLP**). 물론 기간이 길수록 입력 특성의 크기가 증가하기 때문에 훈련 시간이 늘어납니다. 그럼 질문을 바꾸어 예측 정확도를 크게 훼손하지 않고 더 짧은 기간을 사용할 수 있나요? 이것도 실험해 보세요.

# 8.5 요약

- tfjs-vis는 브라우저에서 머신 러닝 모델의 훈련 과정을 시각화하는 데 도움을 줄 수 있습니다. 구체적으로 다음과 같은 tfjs-vis 사용 방법을 알아보았습니다.

  - TensorFlow.js 모델의 구조 시각화하기
  - 훈련하는 동안 손실과 측정값의 그래프 그리기
  - 훈련이 끝난 후 가중치 분포 출력하기

이런 시각화 작업의 구체적인 예를 살펴보았습니다.

- 과소적합과 과대적합은 머신 러닝 모델의 기본적인 성질이며 모든 머신 러닝 문제에서 모니터링하고 분석해야 합니다. 훈련할 때 훈련 세트와 검증 세트의 손실 곡선을 비교해서 확인할 수 있습니다. tfvis.show.fitCallbacks() 메서드를 사용하면 브라우저에서 이런 그래프를 쉽게 시각화할 수 있습니다.

- 머신 러닝의 일반적인 워크플로는 공통적인 단계와 여러 지도 학습 작업의 모범 사례를 나열한 것입니다. 문제를 정의하고 데이터 요구 사항을 결정하는 것부터 과소적합과 과대적합의 경계에 위치한 모델을 찾는 것까지입니다.

# 9 장

# 시퀀스와 텍스트를 위한 딥러닝

9.1 두 번째 날씨 예측: RNN 소개

9.2 텍스트를 위한 딥러닝 모델 만들기

9.3 어텐션 메커니즘을 사용한 시퀀스-투-시퀀스 작업

9.4 추가 자료

9.5 연습 문제

9.6 요약

이 장에서 다룰 핵심 내용

- 순차 데이터가 순차적이지 않은 데이터와 다른 점
- 순차 데이터에 관계된 문제에 잘 맞는 딥러닝 기술
- 딥러닝에서 텍스트 데이터를 표현하는 방법: 원-핫 인코딩, 멀티-핫 인코딩, 단어 임베딩
- RNN의 개념과 순차 데이터에 잘 맞는 이유
- 1D 합성곱의 개념과 RNN의 좋은 대안인 이유
- 시퀀스-투-시퀀스 작업의 독특한 특징과 어텐션 메커니즘을 사용해 이를 해결하는 방법

이 장은 순차 데이터(sequential data)를 사용하는 문제에 초점을 맞춥니다. 본질적으로 순차 데이터는 원소 사이에 순서가 있습니다. 알고 있겠지만, 이미 이 책에서 순차 데이터를 다루어 보았습니다. 7장에서 소개한 예나 날씨 데이터가 순차 데이터입니다. 이 데이터는 숫자 배열의 배열로 표현할 수 있습니다. 시간에 따라 측정되기 때문에 바깥쪽 배열은 순서가 중요합니다. 바깥쪽 배열의 순서를 거꾸로 하면(예를 들어 기압이 증가하는 트렌드를 감소하는 것으로 바꾸면), 미래 날씨를 예측할 때 완전히 다른 영향을 미칩니다. 순차 데이터는 일상생활에 널리 퍼져 있습니다. 주식 가격, 심전도 판독 값, 소프트웨어 코드의 문자열, 비디오에 있는 연속적인 프레임, 로봇이 수행하는 연속 동작 등입니다. 3장의 붓꽃 데이터 같은 비순차 데이터와는 다릅니다. 붓꽃 데이터는 네 개의 수치 특성(꽃받침과 꽃잎의 길이와 너비)의 순서를 바꾸어도 문제가 되지 않습니다.[1]

이 장의 첫 번째 부분은 1장에서 언급한 매우 흥미로운 모델인 RNN 또는 순환 신경망을 소개합니다. RNN은 특별히 순차 데이터를 학습하도록 고안되었습니다. RNN의 어떤 특별한 속성이 원소의 순서와 여기에 포함된 정보에 민감하게 만드는지 알아보겠습니다.

이 장의 두 번째 부분에서는 특별한 종류의 순차 데이터인 텍스트에 대해 논의해 보겠습니다. 텍스트는 (특히 웹에) 가장 널리 퍼져 있는 순차 데이터일 것입니다. 먼저 딥러닝에서 텍스트를 표현하는 방법과 이런 표현을 RNN에 적용하는 방법을 알아보겠습니다. 그다음, 1D 합성곱 신경망으로 넘어가서 이 신경망이 텍스트를 처리하는 데 뛰어난 이유와 특정 종류의 문제에서 RNN의 좋은 대안이 될 수 있는지에 대해 이야기하겠습니다.

이 장의 마지막 부분에서는 조금 더 심화하여 하나의 숫자나 클래스를 예측하는 것보다 조금 더 복잡한 시퀀스(sequence) 기반의 작업을 살펴보겠습니다. 특히 입력 시퀀스로 출력 시퀀스를 예측하는 시퀀스-투-시퀀스(sequence-to-sequence) 작업에 도전해 보겠습니다. 예제를 사용해 **어텐션 메커니즘**(attention mechanism)이라 불리는 새로운 모델 구조로 기본적인 시퀀스-투-시퀀스 작업을 해결하는 방법을 설명합니다. 어텐션 메커니즘은 딥러닝 기반의 자연어 처리(natural language processing) 분야에서 점점 더 중요해지고 있습니다.

이 장의 끝에 다다르면 딥러닝에서 널리 사용하는 순차 데이터와 이를 텐서로 표현하는 방법에 익숙해질 것입니다. 또한, 기본적인 RNN, 1D 합성곱 신경망, 어텐션 네트워크를 사용해 순차 데이터가 있는 머신 러닝 작업을 해결하는 방법을 알게 될 것입니다.

이 장에서 보게 될 층과 모델은 책에 등장하는 것 중에 가장 복잡합니다. 순차 데이터를 학습해야 하는 작업을 위한 고급 능력 때문입니다. 그림과 의사 코드를 사용해 가능한 한 직관적인 방법으

---

1 이 장의 끝에 있는 연습 문제 1에서 직접 확인해 보세요.

로 설명하려 노력하겠지만, 이 중에 일부는 처음 보았을 때 이해하기 어려울 수 있습니다. 그런 경우에는 예제 코드를 실행해 보고 이 장의 끝에 제시된 연습 문제를 풀어 보세요. 실전 경험이 이 장에 소개된 복잡한 개념과 구조를 훨씬 쉽게 이해할 수 있도록 도와줄 것입니다.

# 9.1 두 번째 날씨 예측: RNN 소개

8장에서 예나 날씨 문제를 위해 만든 모델은 순서 정보를 무시합니다. 이 절에서는 그 이유와 RNN을 사용해 순서 정보를 다시 복원하는 방법을 소개하겠습니다. 이렇게 하면 온도 예측 작업에서 높은 예측 정확도를 달성할 수 있습니다.

## 9.1.1 밀집 층이 순서를 모델링하지 못하는 이유

이전 장에서 예나 날씨 데이터셋을 자세히 설명했기 때문에 여기서는 데이터셋과 이와 관련된 머신 러닝 작업을 간단히 언급하겠습니다. 이 작업은 지난 10일 동안 14개 날씨 측정값(온도, 기압, 풍속 등)을 사용해 특정 순간에서 24시간 이후의 온도를 예측합니다. 10분 간격으로 규칙적으로 측정되지만, 적절한 모델 크기와 훈련 시간에 맞도록 데이터를 여섯 배로 줄이기 위해 시간마다 한 개씩 다운샘플링합니다. 따라서 각 훈련 샘플은 [240, 14] 크기의 특성 텐서입니다. 여기에서 240은 10일 동안의 타임 스텝 횟수이고 14는 날씨 측정값 개수입니다.

이전 장의 작업에 선형 회귀와 MLP를 적용할 때 tf.layers.flatten 층을 사용해 2D 입력 특성을 1D로 펼쳤습니다(코드 8-2와 그림 8-2 참조). 선형 회귀와 MLP는 밀집 층을 사용하여 입력 데이터를 다루고 밀집 층은 각 샘플에 대한 입력 데이터가 1D여야 하기 때문에 이런 펼침 단계는 필수적입니다. 이는 모든 타임 스텝의 정보가 혼합된다는 의미입니다. 어떤 스텝이 먼저 오고 나중에 오는지, 어떤 타임 스텝이 다른 타임 스텝의 뒤를 따르는지, 두 타임 스텝이 얼마나 멀리 떨어져 있는지 등과 같은 정보가 지워집니다. 다른 말로 하면, 훈련과 추론에서 동일하게 수행하기만 한다면 [240, 14] 크기의 2D 텐서를 [3360] 크기의 1D 텐서로 펼칠 때 240개 타임 스텝을 어떻게 나열하는지 중요하지 않습니다. 이 장의 끝에 있는 연습 문제 1번을 통해 이런 점을 확인할 수 있습니다. 하지만 데이터 원소의 순서를 인식하지 못한다는 것을 이론적인 관점에서 다음과 같이 이해할 수 있습니다. 밀집 층의 핵심은 일련의 선형 방정식입니다. 각 방정식은 모든 입력 특성 값 $[x_1, x_2, \cdots, x_n]$과 커널의 수정 가능한 계수 $[k_1, k_2, \cdots, k_n]$을 곱합니다.

$$y = f(k_1 \cdot x_1 + k_2 \cdot x_2 + \cdots + k_n \cdot x_n) \qquad \text{(식 9-1)}$$

그림 9-1은 밀집 층의 동작 방식을 시각적으로 보여 줍니다. 입력 원소에서 층의 출력으로 이어지는 경로는 그래픽상으로 서로 대칭입니다. 이는 식 9-1에 있는 수학적 대칭을 반영합니다. 이 대칭은 원소 간의 순서를 모델이 보지 못하게 만들기 때문에 순차 데이터를 다룰 때 적합하지 않습니다.

▼ 그림 9-1 밀집 층의 내부 구조. 밀집 층에서 수행되는 곱셈과 덧셈은 입력에 대해 대칭이다. 스텝별로 계산을 수행하여 이 대칭을 깨뜨리는 simpleRNN 층과 다르다(그림 9-2). 입력이 네 개의 원소만 가지고 있다고 가정하며 간단하게 나타내기 위해 편향을 제외했다. 또한, 밀집 층의 출력 유닛 하나에 대해서만 연산 과정을 나타냈다. 다른 유닛은 뒤쪽에 겹쳐 있는 상자로 표현되어 있다.

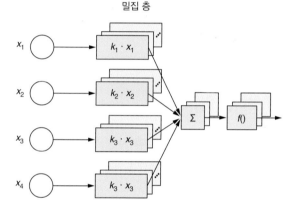

사실 (규제가 있더라도 MLP 같은) 밀집 층 기반의 방식이 온도 예측 문제에 좋은 솔루션이 아니라는 것을 쉽게 확인할 수 있습니다. 머신 러닝을 사용하지 않는 상식적인 방식으로 얻을 수 있는 정확도와 밀집 층 방식의 정확도를 비교하는 것입니다.

여기서 말하는 상식적인 방식은 무엇일까요? 입력 특성의 마지막 온도를 예측으로 사용하는 것입니다. 간단히 말해 지금부터 24시간 후의 온도가 현재의 온도와 같다고 가정하는 것입니다! 오늘 온도가 내일 온도(즉, 정확히 같은 시간의 온도)와 비슷한 경향이 있다는 일상의 경험 때문에 이 방식은 직관에 기반합니다. 매우 간단한 알고리즘이며, 비슷한 다른 모든 간단한 알고리즘(예를 들어 48시간 전의 온도로 예측하는 것)보다 나은 합리적인 예측을 제공합니다.

8장에서 사용한 jena-weather 예제는 상식 수준의 정확도를 제공하는 명령을 가지고 있습니다. 이 코드는 deep-learning-with-javascript 저장소의 jena-weather-rnn 디렉터리에 저장되어 있습니다.

```
> cd deep-learning-with-javascript/jena-weather-rnn
> yarn
> yarn train-rnn --modelType baseline
```

yarn train-rnn 명령은 train-rnn.js를 호출하고 Node.js 기반의 백엔드 환경에서 계산을 수행합니다.[2] 잠시 후에 RNN을 알아볼 때 이런 방식을 다시 사용해 보겠습니다. 이 명령은 다음과 같은 출력을 만듭니다.

상식 수준의 MAE: 0.290331

머신 러닝을 사용하지 않는 간단한 방법은 (정규화된 값으로) 0.29의 평균 절댓값 오차를 냅니다. 8장에서 MLP로 얻은 최상의 검증 오차(그림 8-4)와 (더 낮지는 않지만) 거의 동일한 값입니다. 다른 말로 하면, 규제를 사용하거나 사용하지 않는 MLP는 상식 수준의 방법으로 얻은 정확도를 넘지 못합니다!

이런 현상은 머신 러닝에 드물지 않습니다. 머신 러닝이 상식 수준의 방법을 이기는 것이 항상 쉽지만은 않습니다. 이를 넘어서려면 머신 러닝 모델을 잘 설계하거나 하이퍼파라미터 최적화를 통해 튜닝해야 합니다. 또한, 머신 러닝 문제를 다룰 때 비교를 위해 머신 러닝을 사용하지 않는 기준점을 만드는 것이 얼마나 중요한지 보여주고 있습니다. 매우 간단하고 값싸게 계산할 수 있는 기준값을 이길 수도 없는 머신 러닝 알고리즘을 만드는 데 드는 모든 노력을 피해야 합니다! 온도 예측 문제에서 이 기준점을 넘을 수 있을까요? 네, 가능합니다. RNN을 사용하여 상식 수준을 넘어 보겠습니다. 그럼 RNN이 순서 정보를 어떻게 감지하고 처리하는지 알아보겠습니다.

## 9.1.2 RNN이 순서를 모델링하는 방법

그림 9-2의 패널 A는 짧은 네 개의 아이템으로 구성된 시퀀스를 사용하는 RNN 층의 내부 구조를 보여 줍니다. RNN 층은 여러 종류가 있습니다. 이 그림은 가장 간단한 버전이며 TensorFlow.js에 tf.layers.simpleRNN() 함수로 구현되어 있습니다. 이 장에서 더 복잡한 RNN 모델을 알아보겠지만 지금은 simpleRNN에 집중하겠습니다.

---

2  머신 러닝을 사용하지 않는 상식 수준의 방법을 구현한 코드는 jena-weather-rnn/models.js 안에 있는 getBaselineMean AbsoluteError() 함수에 있습니다. 이 함수는 Dataset 객체의 forEachAsync() 메서드를 사용해 검증 세트의 모든 배치를 순회하면서 각 배치에 대한 MAE를 계산합니다. 그다음에는 모든 손실을 누적하여 최종 손실을 구합니다.

❤ 그림 9-2 simpleRNN의 내부 구조에 대한 펼친(unrolled) 표현(패널 A)과 말린(rolled) 표현(패널 B). 말린 표현(패널 B)은 펼친 표현과 알고리즘이 동일하지만 더 단순한 형태. 패널 B는 더 간결한 형태로 simpleRNN이 입력 데이터를 순차 처리하는 것을 보여 준다. 패널 B의 말린 표현에서 출력(y)에서 모델로 되돌아가는 연결 때문에 이 층을 순환(recurrent)한다고 부른다. 그림 9-1에서처럼 단순하게 그리기 위해 네 개의 입력 원소만 나타내고 편향은 제외했다.

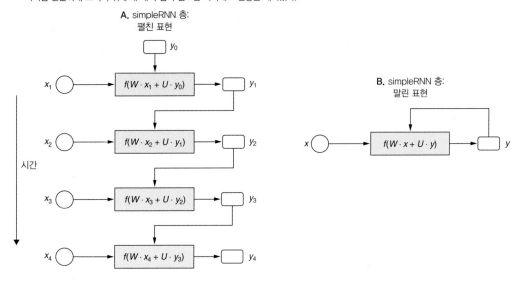

이 그림은 입력 $(x_1, x_2, x_3, \cdots)$의 타임 슬라이스가 스텝별로 어떻게 처리되는지 보여 줍니다. 각 스텝에서 그림 중앙에 사각 상자로 표현된 함수($f()$)가 $x_i$를 처리합니다. 이 함수는 출력($y_i$)을 만들고, 이 출력은 다음 스텝에서 함수 $f()$의 입력으로 다음 입력 슬라이스($x_{i+1}$)와 결합됩니다. 이 그림은 함수 정의가 포함된 네 개의 상자가 별도로 있지만 사실 같은 함수라는 점이 중요합니다. 이 함수($f()$)를 RNN 층의 **셀**(cell)이라 부릅니다. 셀은 RNN 층을 호출할 때 반복적으로 사용됩니다. 따라서 RNN 층을 'for 반복문을 감싼 RNN 셀'로 볼 수 있습니다.[3]

simpleRNN 구조를 밀집 층의 구조(그림 9-1)와 비교하면 두 가지 큰 차이점을 볼 수 있습니다.

- simpleRNN은 한 번에 한 스텝씩 입력 원소(타임 스텝)를 처리합니다. 이는 밀집 층이 할 수 없는 입력의 순차 특징을 의미합니다.

- simpleRNN에서 모든 타임 스텝의 처리 과정은 출력($y_i$)을 만듭니다. 이전 타임 스텝의 출력(예를 들어 $y_1$)은 다음 타임 스텝($x_2$)을 처리할 때 이 층에서 사용됩니다. 이것이 RNN 이름에 'recurrent'가 붙은 이유입니다. 이전 타임 스텝의 출력이 뒤로 흘러가 다음 타임 스텝의 입력이 됩니다. 순환은 밀집 층, conv2d, maxPooling2d 같은 층에서는 일어나지 않습니다. 이런 층은 출력이 뒤로 흐르지 않기 때문에 **피드포워드**(feedforward) 층이라고 부릅니다.

---

3 Eugene Brevdo의 말을 인용했습니다.

이런 독특한 특징 때문에 simpleRNN은 입력 원소 사이에 있는 대칭성을 깨뜨립니다. 즉, 입력 원소의 순서에 민감합니다. 순차 입력 원소의 순서를 바꾸면 이로 인해 출력이 바뀔 것입니다. 이것이 simpleRNN과 밀집 층이 다른 점입니다.

그림 9-2의 패널 B는 simpleRNN을 조금 더 추상화한 표현입니다. 패널 A의 펼친 그림과 달리 하나의 루프에 모든 타임 스텝을 말아 놓았기 때문에 이를 말린 RNN 그림이라 부릅니다. 말린 RNN은 프로그래밍 언어의 for 루프에 해당합니다. 실제로 TensorFlow.js에 있는 simpleRNN 과 다른 종류의 RNN이 구현된 방식입니다. 하지만 simpleRNN의 실제 코드를 보는 대신 훨씬 짧은 의사 코드를 살펴보겠습니다. 이를 그림 9-2에 있는 simpleRNN 구조의 구현으로 볼 수 있으며, RNN 층의 작동 방식의 핵심에 집중하는 데 도움이 될 것입니다.

**코드 9-1** simpleRNN의 내부 계산을 표현한 의사 코드

```
y = 0 ······ y는 그림 9-2의 y에 해당합니다. 이 상태는 시작할 때 0으로 초기화됩니다.
for x in input_sequence: ······x는 그림 9-2의 x에 해당합니다. for 루프는 입력 시퀀스의 모든 타임 스텝을 반복합니다.
    y = f(dot(W, x) + dot(U, y)) ······
```

W와 U는 입력과 상태(즉, 뒤로 돌아가 순환 입력이 되는 출력을 말합니다)를 위한 가중치 행렬입니다. 여기에서 타임 스텝 i의 출력이 타임 스텝 i + 1의 상태가 됩니다.

코드 9-1에서 타임 스텝 i의 출력이 다음 타임 스텝(다음 반복)의 상태가 됩니다. **상태**(state)는 RNN에서 중요한 개념입니다. 이것이 RNN이 이미 본 입력 시퀀스의 스텝에서 일어나는 일을 기억하는 방법입니다. for 루프에서 이 메모리 상태가 미래 입력 스텝과 결합되어 새로운 메모리 상태가 됩니다. 이 때문에 같은 입력 원소라도 이전에 시퀀스에 나타난 원소에 따라서 simpleRNN 이 다르게 동작하는 것이 가능합니다. 이런 종류의 메모리 기반 민감성이 순차 처리의 핵심입니다. 간단한 예로 (점과 대시로 구성된) 모르스 부호를 해독한다면 대시의 의미는 이전(그리고 이후)에 나온 점과 대시의 시퀀스에 따라 달라집니다. 또 다른 예로 영어에서 단어 last는 이전 단어에 따라서 완전히 다른 의미를 가질 수 있습니다.

출력과 상태가 같기 때문에 simpleRNN이란 이름이 적절합니다. 나중에 조금 더 복잡하고 강력한 RNN 구조를 살펴보겠습니다. 이런 모델들은 출력과 상태가 다릅니다. 일부 모델에는 여러 개의 상태가 있기도 합니다.

RNN에 대해 언급할 또 다른 점은 for 루프 덕분에 임의의 개수의 입력 스텝으로 구성된 입력 시퀀스를 처리할 수 있는 것입니다. 밀집 층은 고정된 입력 크기만 받을 수 있기 때문에 밀집 층에 순차 입력을 펼쳐서 주입하는 방식으로는 임의의 개수의 입력 스텝을 처리할 수 없습니다.

또한, for 루프는 RNN의 또 다른 중요한 성질인 **파라미터 공유**(parameter sharing)를 반영합니다. 이는 같은 가중치 파라미터(W와 U)가 모든 타임 스텝에 사용된다는 의미입니다. 이와 다르게 모든 타임 스텝마다 W (그리고 U) 값이 고유하다면 바람직하지 않습니다. 왜냐하면 1) RNN이 처리할 수 있는 타임 스텝의 수가 제한되고, 2) 튜닝할 파라미터 개수가 급격하게 늘어나서 계산량이 증가되고 훈련하는 동안 과대적합될 가능성이 높기 때문입니다. 따라서 RNN 층은 합성곱 신경망의 conv2d 층과 비슷하게 파라미터 공유를 사용하여 효율적인 계산을 달성하고 과대적합을 방지합니다. 하지만 RNN 층과 conv2d 층은 다른 방식으로 파라미터를 공유합니다. conv2d 층은 공간 차원을 따라 이동 불변성(translational invariance)을 활용하지만, RNN 층은 시간 차원을 따라 이동 불변성을 활용합니다.

그림 9-2는 추론(정방향 계산)할 때 simpleRNN에서 일어나는 일을 보여 줍니다. 여기에서는 가중치 파라미터(W와 U)가 훈련하는 동안(역방향 계산) 어떻게 업데이트되는지를 보여주지 않습니다. 하지만 RNN 훈련은 2.2.2절(그림 2-8)에서 소개한 것과 동일한 역전파 규칙을 따릅니다. 즉, 손실에서 시작하여 연산의 목록을 거슬러 올라가면서 도함수를 계산하고 그레이디언트 값을 누적합니다. 수학적으로 순환 신경망의 역방향 계산은 피드포워드 신경망과 기본적으로 동일합니다. 유일한 차이점은 RNN 층의 역방향 계산이 그림 9-2의 패널 A에 있는 펼친 그래프에서 시간을 거슬러 진행한다는 것입니다. 그래서 RNN 훈련 과정을 이따금 **시간을 거슬러 역전파**(BackproPagation Through Time, BPTT)한다고 말합니다.

## simpleRNN 사용하기

simpleRNN과 일반적인 RNN의 개념을 충분히 알아보았습니다. 이제 simpleRNN 층을 만들고 모델 객체에 포함시키는 방법을 살펴보겠습니다. 이를 사용해 이전보다 더 정확하게 온도를 예측할 수 있습니다. 코드 9-2(jena-weather-rnn/train-rnn.js에서 발췌)는 이런 과정을 보여 줍니다. simpleRNN 층 내부의 모든 복잡성에 비해 모델 자체는 매우 간단합니다. 이 모델은 두 개의 층을 가집니다. 첫 번째 층이 simpleRNN으로, 32개의 유닛을 가집니다. 두 번째 층은 밀집 층으로, 기본 선형 활성화 함수를 사용하여 연속적인 수치로 온도를 예측합니다. 모델이 RNN으로 시작하기 때문에 순차 입력을 더 이상 펼칠 필요가 없습니다(이전 장에서 같은 문제를 위해 MLP를 만든 코드 8-3과 비교해 보세요). 사실 simpleRNN 층 이전에 flatten 층을 두면 에러가 발생합니다. TensorFlow.js의 RNN 층은 입력이 (배치 차원을 포함하여) 최소한 3D일 것으로 기대하기 때문입니다.

```
function buildSimpleRNNModel(inputShape) {
    const model = tf.sequential();
    const rnnUnits = 32;  ················ 하드 코딩된 simpleRNN 층의 유닛 개수는 수동으로
                                          하이퍼파라미터 튜닝하여 찾은 잘 동작하는 값입니다.
    model.add(tf.layers.simpleRNN({  ········
        units: rnnUnits,          모델의 첫 번째 층은 simpleRNN 층입니다. [null, 240, 14]
        inputShape                크기의 순차 입력을 펼칠 필요가 없습니다.
    }));
    model.add(tf.layers.dense({units: 1}));  ·········
    return model;              회귀 문제를 위해 하나의 유닛과 기본 선형 활성화
}                             함수를 사용하는 밀집 층으로 모델을 끝냅니다.
```

simpleRNN 모델을 실행하려면 다음 명령을 사용합니다.

> `yarn train-rnn --modelType simpleRNN --logDir /tmp/jean-weather-simpleRNN-logs`

RNN 모델은 tfjs-node를 사용한 백엔드 환경에서 훈련됩니다. BPTT 기반의 RNN 훈련은 많은 계산이 동반되기 때문에 불가능하지는 않지만 자원이 제약된 브라우저 환경에서 같은 모델을 훈련하는 것이 훨씬 어렵고 느립니다. 올바르게 설정된 CUDA 환경이 있다면 명령에 --gpu 플래그를 추가하여 훈련 속도를 더 높일 수 있습니다.

앞선 명령에서 --logDir 플래그는 모델 훈련 과정에서 지정된 디렉터리에 손실 값을 기록하게 만듭니다. 텐서보드(TensorBoard) 도구를 사용해 브라우저에서 손실 곡선을 볼 수 있습니다. 그림 9-3은 텐서보드 스크린샷입니다. 이를 위해 자바스크립트 코드에서 tf.LayersModel.fit()에 로그 디렉터리를 지정한 특별한 콜백을 적용합니다. INFO BOX 9.1에 이에 대한 더 자세한 정보가 실려 있습니다.

▼ 그림 9-3 예나 온도 예측 문제를 위해 만든 simpleRNN 모델의 MAE 손실 곡선. 이 그래프는 simpleRNN 모델의 Node.js 기반 훈련에서 기록한 로그로 실행한 텐서보드 화면을 캡처한 것이다.

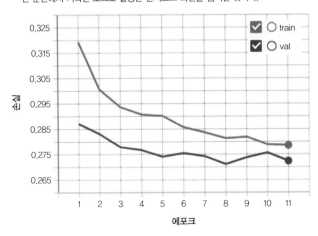

8장에서는 브라우저에서 tf.LayerModel.fit() 호출을 모니터링하기 위해 tfjs-vis 라이브러리의 콜백을 소개했습니다. 하지만 tfjs-vis는 브라우저 기반의 라이브러리이고 Node.js에서 사용할 수 없습니다. 기본적으로 tfjs-node(또는 tfjs-node-gpu)의 tf.LayerModel.fit()은 터미널에 진행 막대를 렌더링하고 손실과 훈련 시간을 출력합니다. 이 형식이 가볍고 유익하지만, 텍스트와 숫자는 종종 직관적이지 않고 오래 실행되는 모델 훈련을 모니터링하는 데 GUI보다 시각적으로 끌리는 방법은 아닙니다. 모델 훈련의 후반부에서 흔히 볼 수 있는 광범위한 기간에 걸친 손실 값의 작은 변화는 텍스트보다 (적절한 범위와 그리드를 설정한) 그래프에서 훨씬 쉽게 감지할 수 있습니다.

다행히 **텐서보드**(TensorBoard)라는 도구가 백엔드 환경에서 도움이 됩니다. 텐서보드는 원래 (파이썬 버전의) 텐서플로를 위해 설계되었습니다. 하지만 tfjs-node와 tfjs-node-gpu는 텐서보드와 호환되는 로그를 기록할 수 있습니다. tf.LayersModel.fit()이나 tf.LayersModel.fitDataset() 호출에서 텐서보드에 손실과 측정값을 기록하려면 다음과 같은 형식을 따릅니다.

```
import * as tf from '@tensorflow/tfjs-node';
// 또는 '@tensorflow/tfjs-node-gpu'
    // …
 await model.fit(xs, ys, {
   epochs,
   callbacks: tf.node.tensorBoard('/path/to/my/logdir')
 });
      // fitDataset()의 경우:
 await model.fitDataset(dataset, {
   epochs,
   batchesPerEpoch,
   callbacks: tf.node.tensorBoard('/path/to/my/logdir')
 });
```

이렇게 하면 compile() 메서드에서 설정한 측정 지표와 손실 값을 /path/to/my/logdir 디렉터리에 기록합니다. 브라우저에서 이 로그를 보려면 다음과 같은 단계를 따릅니다.

1. 별도의 터미널을 엽니다.

2. (이미 설치되어 있지 않다면) 다음 명령으로 텐서보드를 설치합니다.

```
> pip install tensorboard
```

3. 콜백에서 지정한 로그 디렉터리를 사용해 텐서보드 서버를 시작합니다.

```
> tensorboard --logdir /path/to/my/logdir
```

4. 웹 브라우저에서 텐서보드 프로세스가 출력한 http URL에 접속합니다. 그림 9–3이나 그림 9–5와 같은 손실 그래프와 측정 지표의 그래프가 텐서보드의 멋진 웹 UI에 나타날 것입니다.

코드 9-2에서 만든 simpleRNN 모델의 요약 정보는 다음과 같습니다.

```
Layer (type)                    Output shape            Param #
=================================================================
simple_rnn_SimpleRNN1 (Simpl [null,32]                  1504
_____
dense_Dense1 (Dense)            [null,1]                33
=================================================================
Total params: 1537
Trainable params: 1537
Non-trainable params: 0
_____
```

전에 사용했던 MLP보다 가중치 파라미터가 훨씬 적습니다(1,537 vs. 107,585로 70배나 줄었습니다). 하지만 훈련 과정에서 MLP보다 더 적은 검증 MAE 손실(0.271 vs. 0.289)을 달성했습니다(즉, 더 정확하게 예측합니다). 온도 예측 오차의 차이는 작지만 확실히 감소했습니다. 이는 시간 차원의 이동 불변성을 기반으로 하는 파라미터 공유의 강력함과 날씨 데이터 같은 시퀀스 데이터를 학습하는 RNN의 장점을 드러냅니다.

simpleRNN이 비교적 작은 개수의 가중치 파라미터를 사용하지만 훈련과 추론은 MLP 같은 피드포워드 모델보다 훨씬 오래 걸립니다. 이것이 시간 스텝에 걸쳐 연산을 병렬화할 수 없는 RNN의 주요 단점입니다. 나중 스텝은 이전 스텝에서 계산한 상태 값에 의존하기 때문에 이런 병렬화는 불가능합니다(그림 9-2와 코드 9-1의 의사 코드 참조). Big-O 표기법을 사용하면 RNN의 정방향 계산은 $O(n)$만큼의 시간이 걸립니다. 여기서 $n$은 입력 타임 스텝의 개수입니다. 역방향 계산(BPTT)은 $O(n)$만큼의 시간이 걸립니다. 예나 날씨 문제의 입력 특성은 많은 수의 타임 스텝(240)으로 구성되어 있습니다. 따라서 앞서 보았던 것처럼 훈련 속도가 느립니다. 이것이 브라우저가 아니라 tfjs-node에서 모델을 훈련하는 주요 이유입니다.

RNN의 이런 상황은 밀집 층이나 conv2d 같은 피드포워드 층과 대조됩니다. 이런 층들은 한 입력 원소에 대한 계산이 다른 입력 원소의 계산 결과에 의존하지 않기 때문에 입력 원소에 대해 병렬화할 수 있습니다. 따라서 이런 피드포워드 층은 GPU 가속을 사용해 정방향 계산과 역방향 계산을 수행하는 데 $O(n)$보다 적은 시간이 걸립니다(어떤 경우는 $O(1)$에 가깝습니다). 9.2절에서 1D 합성곱처럼 병렬화할 수 있는 순차 모델링 방법을 살펴보겠습니다. 하지만 RNN은 1D 합성곱이 감지하지 못하는 순서 위치에 민감하기 때문에 RNN을 잘 아는 것이 여전히 중요합니다(나중에 자세히 설명하겠습니다).

## GRU: 더 복잡한 종류의 RNN

simpleRNN이 TensorFlow.js에 있는 유일한 순환 층은 아닙니다. 두 개의 순환 층이 더 있습니다. GRU(Gated Recurrent Unit)[4]와 LSTM(Long Short-Term Memory)[5]입니다. 대부분의 실제 사용에서 이 둘 중 하나를 사용하게 될 것입니다. simpleRNN은 GRU와 LSTM보다 내부 구조를 이해하기 쉽고 계산량이 훨씬 적지만, 대부분의 실전 문제에 적용하기에는 너무 단순합니다. simpleRNN의 주요 문제는 이론적으로는 시간 t에서 이전의 여러 타임 스텝에서 본 입력 정보를 유지하지만 이런 장기 의존성은 실전에서 학습하기 어렵습니다.

이는 **그레이디언트 소실 문제**(vanishing-gradient problem) 때문입니다. 많은 층을 가진 피드포워드 신경망에서 관측되는 것과 비슷한 효과입니다. 네트워크에 층을 추가할수록 손실 함수에서 입력에 가까운 층에 역전파되는 그레이디언트의 크기는 점점 작아집니다. 그 이후에는 가중치 업데이트가 점점 작아져 신경망이 훈련할 수 없게 됩니다. RNN의 경우 많은 타임 스텝 수는 이런 문제에서 많은 층의 역할을 담당합니다. GRU와 LSTM은 그레이디언트 소실 문제를 해결하기 위해 고안된 RNN입니다. GRU는 LSTM보다 간단합니다. 그럼 GRU의 동작 방식을 살펴보겠습니다.

simpleRNN에 비해 GRU는 내부 구조가 훨씬 복잡합니다. 그림 9-4는 GRU 내부 구조의 말린 표현(rolled representation)을 보여 줍니다. simpleRNN의 말린 표현(그림 9-2의 패널 B)과 비교하면 훨씬 많은 세부 사항이 있습니다. 입력($x$)과 (일반적으로 RNN 논문에서 $h$로 부르는) 출력/상태가 새로운 출력/상태를 만들기 위해 네 개의 식을 통과합니다. simpleRNN에서는 하나의 식만 있었습니다. 이런 복잡도가 코드 9-3의 의사 코드에도 반영되어 있습니다. 이 코드는 그림 9-4의 메커니즘을 구현한 것으로 볼 수 있습니다. 간단하게 나타내기 위해 의사 코드에서 편향은 제외했습니다.

---

4  조경현 외, "Learning Phrase Representations using RNN Encoder-Decoder for Statistical Machine Translation," 2014, https://arxiv.org/abs/1406.1078.

5  Sepp Hochreiter와 Jürgen Schmidhuber, "Long Short-Term Memory," Neural Computation, vol. 9, no. 8, 1997, pp. 1735–1780.

❤ 그림 9-4 simpleRNN보다 더 강력하고 복잡한 RNN 층인 GRU 셀의 말린 표현. 이 그림은 그림 9-2의 패널 B와 비교할 수 있는 말린 표현이다. 간단하게 나타내기 위해 편향을 식에 포함하지 않았다. 파선은 GRU 셀의 출력(h)에서 후속 타임 스텝의 같은 셀로 전달되는 피드백 연결을 나타낸다.

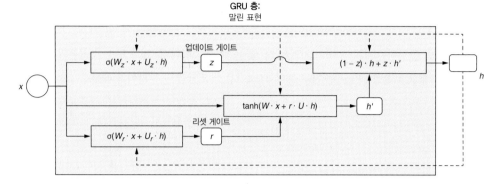

**코드 9-3** GRU 층의 의사 코드

```
h = 0 ······ 이것이 그림 9-4의 h입니다. simpleRNN에서처럼 시작할 때 상태는 0으로 초기화됩니다.
for x_i in input_sequence: ······ 입력 시퀀스의 모든 타임 스텝에 대해 반복하는 for 루프입니다.
  z = sigmoid(dot(W_z, x) + dot(U_z, h)) ······ z는 업데이트(update) 게이트라 부릅니다.
  r = sigmoid(dot(W_r, x) + dot(W_r, h)) ······ r은 리셋(reset) 게이트라 부릅니다.
  h_prime = tanh(dot(W, x) + dot(r, dot(U, h))) ······ h_prime은 현재 임시 상태입니다.
  h = dot(1 - z, h) + dot(z, h_prime) ············
                                      h_prime(현재 임시 상태)과 h(이전 상태)에 가중치를 적용하여
                                      새로운 상태를 만듭니다(z가 가중치가 됩니다).
```

GRU 내부 구조 중에서 가장 중요한 두 가지는 다음과 같습니다.

1. GRU는 많은 타임 스텝에 걸쳐 정보를 쉽게 나를 수 있습니다. 이는 **업데이트 게이트**(update gate)라 부르는 중간 계산값 $z$ 때문입니다. 업데이트 게이트 덕분에 GRU는 최소한의 변화로 많은 타임 스텝에 걸쳐 같은 상태를 전달할 수 있습니다. 특히 식 $(1 - z) \cdot h + z \cdot h'$에서 $z$ 값이 0이면, 상태 $h$가 현재 타임 스텝에서 다음 타임 스텝으로 단순하게 복사됩니다. 이렇게 통째로 실어 나르는 능력은 GRU가 그레이디언트 소실 문제를 해결하는 방법에서 중요한 역할을 담당합니다. 리셋 게이트 $z$는 입력 $x$와 현재 상태 $h$를 선형 조합하고 시그모이드 비선형 함수를 사용해 계산됩니다.

2. 업데이트 게이트 $z$ 외에도 GRU에는 **리셋 게이트**(reset gate)라 부르는 또 다른 게이트 $r$이 있습니다. 업데이트 게이트 $z$처럼 $r$은 입력과 현재 상태 $h$의 선형 조합에 시그모이드 비선형 함수를 적용해 계산됩니다. 리셋 게이트는 현재 상태를 얼마나 잊을지 제어합니다. 특히 식 $\tanh(W \cdot x + r \cdot U \cdot h)$에서 $r$ 값이 0이면 현재 상태의 효과가 사라집니다. 이어지는 식에서 $(1 - z)$도 0에 가까우면, 다음 타임 스텝에 대한 현재 상태 $h$의 영향은 최소화될 것입니다. 따

**9**

시퀀스와 텍스트를 위한 딥러닝

라서 $r$과 $z$가 함께 동작하여 GRU가 과거 또는 과거 중 일부를 적절한 조건하에서 잊는 법을 학습합니다. 예를 들어 영화 리뷰를 긍정이나 부정으로 분류한다고 가정해 보죠. 이 리뷰가 "this movie is pretty enjoyable"로 시작되지만 중간을 지나서 "however, the movie isn't as good as other movies based on similar ideas"라고 쓰여 있을 수 있습니다. 이 지점에서 초기의 긍정적인 내용에 대한 기억은 대부분 잊혀져야 합니다. 왜냐하면 이 리뷰의 최종 감성 분석 결과를 결정하기 위해 더 가중치를 둘 곳은 리뷰의 후반 부분이기 때문입니다.

이는 GRU의 동작 방식에 대한 매우 대략적인 고수준의 개요입니다. 기억해야 할 중요한 점은 GRU의 내부 구조가 RNN이 이전 상태를 실어 나를 때와 입력의 정보로 상태를 업데이트할 때를 학습하게 만든다는 것입니다. 이런 학습은 수정 가능한 가중치 $W_z$, $U_z$, $W_r$, $W_r$, $W$, $U$에 대한 업데이트로 구현됩니다(편향은 포함하지 않았습니다).

당장 모든 세부 사항을 이해하지 못해도 걱정하지 마세요. 마지막 몇 개의 문단에서 언급한 GRU에 대한 직관적인 설명은 그다지 중요하지 않습니다. GRU가 순차 데이터를 어떻게 처리하는지 매우 상세한 수준에서 이해하는 것은 엔지니어의 일이 아닙니다. 합성곱 신경망이 이미지 입력을 출력 클래스 확률로 어떻게 바꾸는지를 상세히 이해하는 것이 엔지니어의 일이 아닌 것과 같습니다. 데이터 주도 훈련 과정을 통해 RNN 구조가 설명하는 가설 공간에서 신경망이 자세한 내용을 찾을 것입니다.

온도 예측 문제에 GRU를 적용하기 위해 GRU 층을 포함한 TensorFlow.js 모델을 만듭니다. 이 코드(jena-weather/train-rnn.js에서 발췌)는 simpleRNN 모델에서 사용한 코드(코드 9-2)와 거의 동일합니다. 유일한 차이점은 모델에 있는 첫 번째 층의 종류입니다(GRU vs. simpleRNN).

---

**코드 9-4** 예나 날씨 온도 문제를 위해 GRU 모델 만들기

```
function buildGRUModel(inputShape) {
  const model = tf.sequential();
  const rnnUnits = 32; ······ 하드 코딩된 유닛 개수는 수동으로 하이퍼파라미터 튜닝하여 찾은 잘 동작하는 값입니다.
  model.add(tf.layers.gru({ ······ 모델의 첫 번째 층은 GRU 층입니다.
    units: rnnUnits,
    inputShape
  }));
  model.add(tf.layers.dense({units: 1})); ··········
  return model;                            회귀 문제를 위해 하나의 유닛과 기본 선형 활성화
}                                          함수를 사용하는 밀집 층으로 모델을 끝냅니다.
```

---

예나 날씨 데이터셋에서 GRU 모델을 훈련하려면 다음 명령을 사용합니다.

```
> yarn train-rnn --modelType gru
```

그림 9-5는 GRU 모델의 훈련 손실과 검증 손실 곡선을 보여 줍니다. 최상의 검증 오차는 약 0.266이라 이전 절의 simpleRNN 모델이 얻은 점수(0.271)보다 높습니다. 이는 simpleRNN에 비해 순차 패턴을 학습하는 데 GRU 용량이 크다는 것을 반영합니다. 실제로 날씨 측정값에는 숨겨진 순차 패턴이 있고 온도 예측의 정확도를 높이는 데 도움을 줄 수 있습니다. GRU는 이런 정보를 감지하지만 simpleRNN은 그렇지 못합니다. 대신 훈련 시간이 오래 걸립니다. 예를 들어 한 컴퓨터에서 GRU 모델은 3,000ms/배치 속도로 훈련하지만, simpleRNN의 속도는 950ms/배치입니다.[6] 하지만 목표가 가능한 한 정확하게 온도를 예측하는 것이라면 이 비용은 그만한 가치가 있습니다.

✔ 그림 9-5 온도 예측 문제를 위해 GRU 모델을 훈련하여 얻은 손실 곡선. simpleRNN 모델에서 얻은 손실 곡선(그림 9-3)과 비교하면, GRU 모델이 달성한 최상의 검증 손실이 크기는 작지만 실제 감소되었다.

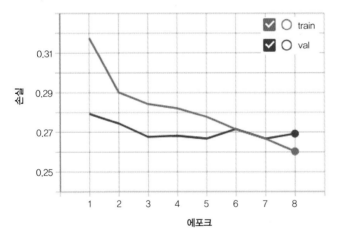

---

6  이 값은 CPU 백엔드에서 실행한 tfjs-node에서 측정한 것입니다. tfjs-node-gpu와 CUDA GPU 백엔드를 사용한다면 두 모델의 훈련 속도가 모두 비례하여 증가할 것입니다.

# 9.2 텍스트를 위한 딥러닝 모델 만들기

날씨 예측 문제는 순차적인 수치 데이터를 다룹니다. 가장 보편적인 순차 데이터는 아마도 숫자가 아니라 텍스트일 것입니다. 영어와 같은 알파벳 기반의 언어에서는 텍스트를 문자의 시퀀스나 단어의 시퀀스로 볼 수 있습니다. 두 가지 방법이 각기 다른 문제에 적합합니다. 이 절에서 다른 작업에 두 방법을 모두 사용해 보겠습니다. 다음 절에서 소개할 텍스트 데이터를 위한 딥러닝 모델은 다음과 같은 텍스트 관련 작업을 수행할 수 있습니다.

- 텍스트에 감성 점수를 할당합니다(예를 들어 제품 리뷰가 긍정인지 부정인지).
- 텍스트를 토픽에 따라 분류합니다(예를 들어 뉴스 기사가 정치, 경제, 스포츠, 건강, 날씨, 기타에 속하는지).
- 텍스트 입력을 텍스트 출력으로 변환합니다(예를 들어 포맷 표준화나 기계 번역).
- 텍스트의 다음 부분을 예측합니다(예를 들어 모바일 입력 도구의 스마트 추천 기능).

이는 텍스트와 관련된 흥미로운 머신 러닝 문제 중 극히 일부분에 불과합니다. 이런 문제들은 자연어 처리 분야에서 체계적으로 연구되고 있습니다. 이 장에서 다루는 신경망 기반의 자연어 처리 기술은 겉핥기 수준이지만, 여기서 소개한 개념과 예제는 추가적인 탐구를 위한 좋은 출발점이 될 것입니다(이 장의 끝에 있는 **추가 자료** 절을 참고하세요).

이 장에 나오는 어떤 심층 신경망도 진짜 사람처럼 텍스트나 언어를 이해하는 것이 아니라는 점을 유념하세요. 이 모델들은 텍스트의 통계적 구조를 특정 타깃 공간에 매핑합니다. 이 공간은 연속적인 감성 점수나 다중 분류 결과, 또는 새로운 시퀀스가 될 수 있습니다. 이는 텍스트와 관련된 많은 실전 문제를 해결하는 데 충분합니다. 자연어 처리를 위한 딥러닝이 문자와 단어에 적용하는 패턴 인식에 지나지 않습니다. 이는 딥러닝 기반의 컴퓨터 비전(4장)이 픽셀에 적용하는 패턴 인식과 같은 방식입니다.

텍스트를 위해 고안된 심층 신경망으로 들어가기 전에 먼저 머신 러닝에서 텍스트를 표현하는 방법을 알아보겠습니다.

## 9.2.1 머신 러닝에서의 텍스트 표현 방법: 원-핫 인코딩과 멀티-핫 인코딩

지금까지 이 책에서 본 대부분의 입력 데이터는 연속적입니다. 예를 들어 붓꽃의 꽃잎 길이는 특정 범위 안에서 연속적으로 변합니다. 예나 날씨 데이터셋의 날씨 측정값은 모두 실수입니다. 이런 값들은 float 타입의 텐서(부동 소수점 숫자)로 표현됩니다. 하지만 텍스트는 다릅니다. 텍스트는 실수가 아니라 문자나 단어로 이루어진 문자열입니다. 문자와 단어는 이산적입니다. 예를 들어 0.13과 0.14 사이에는 숫자가 있지만 'j'와 'k' 사이에는 문자가 없습니다. 이런 점에서 문자와 단어는 (세 개의 붓꽃 품종이나 1,000개의 MobileNet 출력 클래스처럼) 다중 분류의 클래스와 비슷합니다. 텍스트 데이터를 딥러닝 모델에 주입하기 전에 벡터(숫자의 배열)로 변환해야 합니다. 이런 변환 과정을 **텍스트 벡터화**(text vectorization)라고 합니다.

텍스트를 벡터화하는 방법은 여러 가지입니다. (3장에서 소개한) **원-핫 인코딩**(one-hot encoding)은 그중 하나입니다. 영어에서는 기준을 정하기에 따라 약 10,000개의 가장 널리 사용되는 단어가 있습니다. 이 10,000개의 단어를 모아서 **어휘 사전**(vocabulary)을 만듭니다. 어휘 사전에 있는 고유한 단어에 정수 인덱스를 할당하기 위해 특정 순서로 정렬되어 있을 수 있습니다(예를 들어 등장 횟수의 역순).[7] 그다음, 모든 영어 단어를 해당 인덱스의 원소만 1이고 나머지 원소는 모두 0인 길이가 10,000인 벡터로 표현할 수 있습니다. 이것이 단어의 **원-핫 벡터화**(one-hot vectorization)입니다. 그림 9-6의 패널 A에 이 방식이 나타나 있습니다.

---

[7] 10,000개 단어의 어휘 사전에 없는 희귀한 단어가 나오면 어떻게 될까요? 이는 모든 텍스트 관련 딥러닝 알고리즘이 직면하는 실질적인 문제입니다. 어휘 사전에 OOV라 부르는 특별한 아이템을 추가하여 이 문제를 해결합니다. OOV는 out-of-vocabulary의 약자입니다. 어휘 사전에 속하지 않은 모든 희귀한 단어는 이 특별한 아이템에 함께 묶여서 동일한 원-핫 인코딩이나 임베딩 벡터가 됩니다. 조금 더 복잡한 기법은 여러 개의 OOV 버킷(bucket)을 사용하고 해시(hash) 함수로 희귀한 단어를 버킷에 할당하는 것입니다.

▼ 그림 9-6 단어의 원-핫 인코딩(벡터화)(패널 A)과 단어의 시퀀스인 문장의 원-핫 인코딩(패널 B). 패널 C는 패널 B에 있는 문장의 간소화된 멀티-핫 인코딩이다. 간결하고 확장성 있는 문장의 표현이지만 순서 정보가 무시된다. 그림으로 나타내기 위해 어휘 사전의 크기를 14로 가정한다. 실제로 딥러닝에서 사용하는 영어 단어의 어휘 사전 크기는 훨씬 크다(수천이나 수만 개, 예를 들어 10,000개).

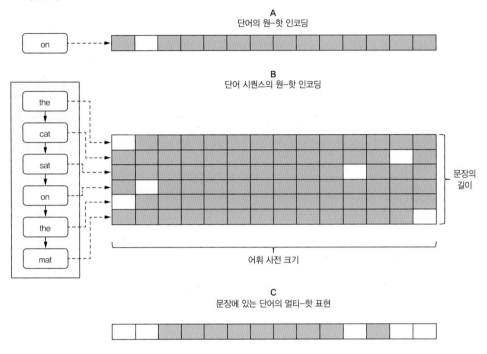

단어가 아니라 문장일 경우는 어떻게 할까요? 문장을 구성하는 모든 단어의 원-핫 벡터를 만들고 이를 합쳐서 문장의 단어에 대한 2D 표현을 만들 수 있습니다(그림 9-6의 패널 B). 이 방식은 간단하고 명확합니다. 문장에 등장하는 단어와 순서에 대한 정보를 완벽하게 보존합니다.[8] 하지만 텍스트가 길어지면 벡터의 크기가 너무 커져 처리하기 어려울 수 있습니다. 예를 들어 영어 문장은 평균적으로 18개의 단어를 담고 있습니다. 어휘 사전의 크기가 10,000이라면 하나의 문장을 표현하기 위해 180,000개의 단어가 필요하고, 이미 문장 자체보다 훨씬 큰 공간을 차지합니다. 일부 텍스트 관련 문제는 문장이나 전체 기사를 다룹니다. 여기에는 훨씬 많은 단어가 있기 때문에 벡터 표현의 크기와 계산량이 크게 늘어납니다.

이 문제를 처리하는 한 가지 방법은 모든 단어를 하나의 벡터에 넣어 벡터의 각 원소가 텍스트에 해당 단어가 등장하는지를 나타내는 것입니다. 그림 9-6의 패널 C가 이런 방법을 보여 줍니다. 이 표현에서 벡터의 여러 원소가 1이 될 수 있습니다. 그래서 이를 **멀티-핫 인코딩**(multi-hot encoding)이라고 부릅니다. 멀티-핫 인코딩의 길이는 텍스트 길이에 상관없이 (어휘 사전의 길이로) 고정되

---

8 OOV 단어가 없다고 가정한 것입니다.

어 있습니다. 따라서 크기가 너무 커져버리는 문제를 해결합니다. 하지만 그 댓가로 순서 정보를 잃습니다. 멀티-핫 벡터에서 어떤 단어가 먼저 등장하고 어떤 단어가 나중에 등장하는지는 알 수 없습니다. 일부 문제에서는 괜찮을 수 있지만, 다른 문제에서는 허용되지 않을 수 있습니다. 순서 정보를 유지하면서 크기 문제를 해결하는 더 정교한 표현이 있습니다. 하지만 먼저 멀티-핫 인코딩을 사용해 합리적인 정확도로 해결할 수 있는 구체적인 텍스트 관련 머신 러닝 문제를 살펴보겠습니다.

## 9.2.2 감성 분석 문제를 위한 첫 번째 모델

텍스트에 머신 러닝을 적용하는 첫 번째 예제를 위해 IMDb(Internet Movie Database) 데이터셋을 사용하겠습니다. 이 데이터셋은 imdb.com에서 수집한 약 25,000개의 영화 리뷰 텍스트의 모음입니다. 각 리뷰는 긍정이나 부정으로 레이블되어 있습니다. 이 머신 러닝 작업은 이진 분류입니다. 즉, 주어진 영화 리뷰가 긍정인지 부정인지 분류합니다. 이 데이터셋은 균형이 잡혀 있습니다 (50%는 긍정 리뷰이고, 나머지 50%는 부정 리뷰입니다). 온라인 리뷰다 보니 샘플의 단어 길이는 다양합니다. 단어 열 개로 이루어진 짧은 리뷰도 있고, 2,000개의 단어로 이루어진 긴 리뷰도 있습니다. 다음은 전형적인 리뷰 중 하나의 예입니다. 이 샘플은 부정으로 레이블되어 있습니다. 데이터셋에는 구두점이 제외되어 있습니다.

> the mother in this movie is reckless with her children to the point of neglect i wish i wasn't so angry about her and her actions because i would have otherwise enjoyed the flick what a number she was take my advise and fast forward through everything you see her do until the end also is anyone else getting sick of watching movies that are filmed so dark anymore one can hardly see what is being filmed as an audience we are impossibly involved with the actions on the screen so then why the hell can't we have night vision

이 데이터는 훈련 세트와 검증 세트로 나누어져 있습니다. 다음과 같은 모델 훈련 명령을 내릴 때 두 데이터 세트가 자동으로 다운로드되어 임시 디렉터리에 저장됩니다.

```
> cd deep-learning-with-javascript/sentiment
> yarn
> yarn train multihot
```

sentiment/data.js 파일을 주의 깊게 살펴보면 다운로드하고 읽은 데이터 파일에 문자열로 된 실제 단어가 들어 있지 않습니다. 그 대신 단어는 32비트 정수로 표현되어 있습니다. 이 파일에 있는 데이터 로딩 코드를 자세히 설명하지는 않지만, 다음에 나오는 문장의 멀티-핫 벡터화를 수행하는 파트는 언급할 가치가 있습니다.

**코드 9-5** loadFeatures() 함수에 있는 문장의 멀티-핫 벡터화

```
const buffer = tf.buffer([sequences.length, numWords]); ⋯⋯⋯
                            원소 값을 다음에 설정하기 때문에 텐서 대신에 TensorBuffer를 만듭니다.
sequences.forEach((seq, i) => { ⋯⋯⋯각각 문장으로 된 샘플을 모두 순회합니다.
  seq.forEach(wordIndex => { ⋯⋯⋯각 시퀀스(문장)는 정수 배열입니다.
    if (wordIndex !== OOV_INDEX) { ⋯⋯⋯멀티-핫 인코딩을 위해 OOV 단어는 제외합니다.
      buffer.set(1, i, wordIndex); ⋯⋯⋯
    }                       버퍼에 해당하는 인덱스를 1로 설정합니다. 인덱스 i에서 여러 개의
  });                       wordIndex 값이 1로 설정될 수 있으므로 멀티-핫 인코딩입니다.
});
```

멀티-핫 인코딩된 특성은 [numExamples, numWords] 크기의 2D 텐서로 표현됩니다. 여기서 numWords는 어휘 사전의 크기(이 예제의 경우 10,000)입니다. 이 크기는 개별 문장의 길이에 영향을 받지 않는 간단한 벡터화 방법입니다. 데이터 파일에서 로드된 타깃의 크기는 [numExamples, 1]이고 0과 1로 표현된 부정과 긍정 레이블을 가지고 있습니다.

이 멀티-핫 데이터에 적용할 모델은 MLP입니다. 사실 멀티-핫 인코딩에서 순서 정보를 잃기 때문에 이 데이터에 RNN 모델을 적용할 방법이 없습니다. 다음 절에서 RNN 기반의 방법을 알아보겠습니다. MLP 모델을 만드는 코드는 sentiment/train.js 파일의 buildModel() 함수에서 가져왔습니다. 이를 정리한 코드는 다음과 같습니다.

**코드 9-6** 멀티-핫 인코딩된 IMDb 영화 리뷰를 위한 MLP 모델 만들기

```
const model = tf.sequential();
model.add(tf.layers.dense({ ⋯⋯⋯더 좋은 표현을 만들기 위해 렐루 활성화 함수를 사용하는 두 개의 은닉층을 추가합니다.
  units: 16,
  activation: 'relu',
  inputShape: [vocabularySize] ⋯⋯⋯멀티-핫 벡터를 사용하기 때문에 입력 크기는 어휘 사전의 크기입니다.
}));
model.add(tf.layers.dense({
  units: 16,
  activation: 'relu'
}));
model.add(tf.layers.dense({
```

```
    units: 1,
    activation: 'sigmoid' ······ 이진 분류 작업에 맞도록 출력층은 시그모이드 활성화 함수를 사용합니다.
 }));
```

yarn train multhot --maxLen 500 명령을 실행하면 모델의 최고 검증 정확도가 약 0.89를 달성합니다. 이 정확도는 만족할 만하며 랜덤한 예측 확률(0.5)보다 아주 높습니다. 리뷰에 어떤 단어가 등장하는지 아는 것만으로도 감성 분석 문제에서 어느 정도 수준의 정확도를 달성할 수 있습니다. 예를 들어 enjoyable과 sublime 같은 단어는 긍정적인 리뷰에 관련되어 있습니다. sucks와 bland 같은 단어는 비교적 강하게 부정적인 리뷰에 연관되어 있습니다. 물론 단어만 봐서는 오해할 수 있는 경우가 많습니다. 가상의 예를 들어, "Don't get me wrong, I hardly disagree this is an excellent film" 같은 문장의 진짜 의미를 이해하려면 순서 정보가 필요합니다. 즉, 등장한 단어뿐만 아니라 등장하는 순서도 필요합니다. 다음 절에서 순서 정보를 삭제하지 않는 텍스트 벡터화와 순서 정보를 활용할 수 있는 모델을 사용하여 이 기준 성능을 뛰어넘어 보겠습니다. 이제 단어 임베딩과 1D 합성곱 신경망의 작동 방식을 알아보겠습니다.

## 9.2.3 더 효율적인 단어 표현: 단어 임베딩

**단어 임베딩**(word embedding)이 무엇일까요? 원-핫 인코딩(그림 9-6)처럼 단어 임베딩은 단어를 벡터(TensorFlow.js에서는 1D 텐서)로 표현하는 방법입니다. 하지만 원-핫 인코딩의 단어-인덱스 매핑 같은 고정된 규칙에 따라 벡터 원소의 값을 하드 코딩하는 것이 아니라 단어 임베딩의 벡터 원소 값은 훈련됩니다. 다른 말로 하면, 텍스트를 처리하는 신경망이 단어 임베딩을 사용할 때 임베딩 벡터는 이 모델의 훈련 가능한 가중치 파라미터가 됩니다. 모델의 다른 모든 가중치 파라미터처럼 동일한 역전파 규칙을 통해 업데이트됩니다.

이 과정이 그림 9-7에 나타나 있습니다. 단어 임베딩을 수행하는 TensorFlow.js의 층은 tf.layer.embedding()입니다. 이 층은 [vocabularySize, embeddingDims] 크기의 훈련 가능한 가중치 행렬을 가집니다. 여기서 vocabularySize는 어휘 사전에 있는 고유한 단어 개수입니다. embeddingDims는 사용자가 선택한 임베딩 벡터의 차원입니다. 예를 들어 'the'라는 단어가 주입될 때마다 단어-인덱스 룩업 테이블(lookup table)을 사용해 임베딩 행렬에서 해당하는 행을 찾습니다. 이 행이 해당 단어의 임베딩 벡터입니다. 단어-인덱스 룩업 테이블은 임베딩 벡터의 일부분이 아닙니다. 이 테이블은 모델과 별개로 관리됩니다(코드 9-9 참조).

▼ 그림 9-7 임베딩 행렬의 동작 방식을 나타낸 그림. 임베딩 행렬의 각 행은 어휘 사전에 있는 한 단어에 해당한다. 각 열은 하나의 임베딩 차원이다. 이 그림에서 회색 음영으로 표시된 임베딩 행렬의 원소 값은 랜덤하게 선택된다.

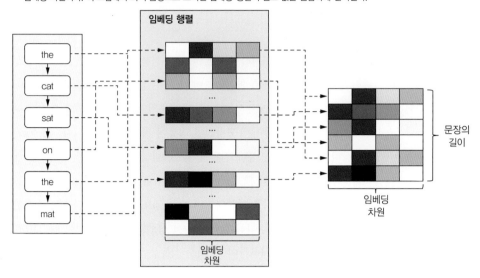

그림 9-7의 문장 같은 단어의 시퀀스가 있다면 올바른 순서로 모든 단어에 대해 룩업 과정을 반복하고, 이렇게 찾은 임베딩 벡터를 [sequenceLength, embeddingDims] 크기의 2D 텐서에 쌓습니다. 여기에서 sequenceLength는 시퀀스에 있는 단어 개수입니다.[9] 문장에 반복되는 단어가 있다면 어떻게 될까요(예를 들어 그림 9-7에 있는 the)? 문제가 되지 않습니다. 만들어진 2D 텐서에 동일한 임베딩 벡터가 반복해 나타날 뿐입니다.

단어 임베딩의 장점은 다음과 같습니다.

- 원-핫 인코딩의 크기 문제를 해결합니다. embeddingDims는 일반적으로 vocabularySize보다 훨씬 작습니다. 예를 들어 IMDb 데이터셋에서 사용할 1D 합성곱 신경망의 vocabularySize는 10,000이고 embeddingDims는 128입니다. IMDb 데이터셋에 500개 단어로 이루어진 리뷰가 있다면 이 샘플을 표현하는 데 500 × 128 = 64k개의 부동 소수가 필요합니다. 원-핫 인코딩의 경우 500 × 10,000 = 5M개의 숫자가 필요하기 때문에 임베딩이 훨씬 경제적인 벡터화 방법입니다.

- 어휘 사전에 있는 단어의 순서를 유지하면서 다른 신경망의 가중치처럼 역전파를 통해 임베딩 행렬을 훈련하기 때문에 단어 임베딩은 단어 사이에 있는 의미 관계를 학습할 수 있습니다. 비슷한 의미의 단어들은 임베딩 공간에서 가깝게 위치한 임베딩 벡터를 가져야 합니다.

---

9  tf.gather() 메서드를 사용해 여러 단어의 임베딩 룩업을 효율적으로 수행할 수 있습니다. TensorFlow.js의 임베딩 층이 이 방식으로 구현되어 있습니다.

예를 들어 very와 truly와 같이 비슷한 단어는 very와 barely처럼 의미가 다른 단어보다 서로 더 가깝게 위치해야 합니다. 왜 그럴까요? 다음과 같이 생각하면 직관적으로 이해할 수 있습니다. 영화 리뷰 입력에서 여러 단어를 비슷한 의미의 단어로 바꾼다고 가정해 보죠. 잘 훈련된 신경망은 동일한 훈련 결과를 출력해야 합니다. 임베딩 벡터가 모델에 있는 다음 층의 입력이 되기 때문에 비슷한 단어의 임베딩 벡터가 서로 가깝게 있을 때 동일한 훈련 결과를 내는 것이 가능합니다.

- 또한, 임베딩 공간은 여러 차원(예를 들어 128)을 가지므로 임베딩 벡터는 단어의 여러 측면을 학습합니다. 예를 들어 fast 같은 형용사가 (house 같은) 명사보다 (warm 같은) 다른 형용사에 더 가까운 식으로 어떤 품사를 표현하는 차원이 있을 수 있습니다. 단어의 성별을 인코딩한 차원이나, actress 같은 단어가 (actor 같은) 남성 명사보다 (queen 같은) 여성 명사에 더 가까운 차원이 있을 수 있습니다. 다음 절에서는 단어 임베딩을 시각화하고 IMDb 데이터셋에서 임베딩 기반의 신경망을 훈련하여 만든 흥미로운 구조를 탐색해 보겠습니다 (INFO BOX 9.2 참조).

표 9-1에서 가장 많이 사용되는 단어 벡터화 방법인 원-핫/멀티-핫 인코딩과 단어 임베딩의 차이를 간단히 요약했습니다.

▼ 표 9-1 두 개의 단어 벡터화 방법 비교: 원-핫/멀티-핫 인코딩과 단어 임베딩

|  | 원-핫 또는 멀티-핫 인코딩 | 단어 임베딩 |
| --- | --- | --- |
| 하드 코딩 또는 학습 | 하드 코딩 | 학습: 임베딩 행렬은 훈련 가능한 가중치 파라미터입니다. 이 값은 훈련을 통해 어휘 사전의 의미 구조를 나타냅니다. |
| 희소 벡터 또는 밀집 벡터 | 희소 벡터: 대부분의 원소가 0이고 일부만 1입니다. | 밀집 벡터: 원소의 값은 연속적으로 바뀝니다. |
| 확장성 | 대규모 어휘 사전으로 확장하지 못합니다. 벡터의 크기가 어휘 사전의 크기에 비례하기 때문입니다. | 대규모 어휘 사전으로 확장이 가능합니다. 임베딩 크기(임베딩 차원의 개수)는 어휘 사전에 있는 단어의 개수에 따라 증가할 필요가 없습니다. |

## 9.2.4 1D 합성곱 신경망

4장에서는 이미지 입력을 위해 심층 신경망의 2D 합성곱 층이 수행하는 핵심 역할을 알아보았습니다. conv2d 층은 이미지에 있는 작은 2D 패치에서 국부적인 특성에 대한 표현을 학습합니다. 합성곱의 아이디어는 시퀀스로 확장할 수 있습니다. 이 알고리즘을 **1D 합성곱**이라고 하며 TensorFlow.js는 tf.layers.conv1d() 함수로 제공합니다. conv1d와 conv2d 이면의 아이디

어는 같습니다. 이동 불변성이 있는 국부적인 특성을 찾는 훈련 가능한 추출기입니다. 예를 들어 conv2d 층은 어떤 이미지 작업에서 훈련된 후 특정 방향이나 특정 색 변화가 있는 모서리 패턴에 민감할 수 있습니다. 반면 conv1d 층은 어떤 텍스트 관련 작업에서 훈련된 후 칭찬하는 형용사 뒤에 부정적인 동사가 오는 패턴에 민감할 수 있습니다.[10]

그림 9-8은 conv1d 층의 동작 방식을 자세히 나타내고 있습니다. 4장의 그림 4-3을 보면 conv2d 층은 입력 이미지에서 가능한 모든 위치를 슬라이딩하는 커널을 가집니다. conv1d에도 슬라이딩 커널이 있습니다. 하지만 슬라이딩이 한 차원에서만 일어나기 때문에 더 간단합니다. 슬라이딩 위치마다 입력 텐서의 슬라이스가 추출됩니다. 이 슬라이스의 길이는 kernelSize(conv1d 층의 매개변수)입니다. 이 예제의 경우 두 번째 차원의 길이는 임베딩 차원의 개수와 같습니다. 그 다음, 입력 슬라이스와 conv1d 층의 커널 간의 점곱 연산을 수행하여 하나의 출력 시퀀스 슬라이스를 만듭니다. 이 연산을 전체 출력이 생성될 때까지 가능한 모든 슬라이딩 위치에서 반복합니다. conv1d의 입력 텐서와 마찬가지로 전체 출력도 시퀀스입니다. 다만 길이(입력 시퀀스 길이, kernelSize, conv1d 층의 다른 매개변수에 따라 결정됩니다)와 특성 차원의 개수(conv1d 층의 filters 매개변수에 따라 결정됩니다)가 다릅니다. 따라서 2D 합성곱 신경망에서 여러 개의 conv2d 층을 쌓는 것이 널리 사용되는 방법인 것처럼, 여러 개의 conv1d 층을 쌓아 심층 1D 합성곱 신경망을 만들 수 있습니다.

▼ 그림 9-8 1D 합성곱(tf.layers.conv1d())의 작동 방식. 간단하게 나타내기 위해 (맨 왼쪽 부분에) 하나의 입력 샘플만 표현했다. 입력 이미지의 길이는 12이고 conv1d 층의 커널 크기는 5라고 가정한다. 각 슬라이딩 위치마다 입력 시퀀스에서 길이 5인 슬라이스를 추출한다. 이 슬라이스와 conv1d 층의 커널과 점곱을 수행하여 출력 시퀀스의 한 슬라이스를 생성하는데, 이를 가능한 모든 슬라이딩 위치에서 반복하여 (맨 오른쪽에 있는) 출력 시퀀스를 만든다.

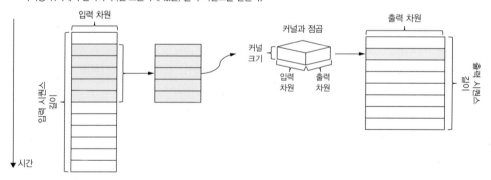

---

10  예상했겠지만 3D 합성곱도 있습니다. 이 층은 의료 이미지나 지질 데이터와 같이 3D (볼륨) 데이터를 다루는 딥러닝 작업에 유용합니다.

## 시퀀스를 자르고 패딩하기

이제 텍스트 관련 머신 러닝을 위해 conv1d란 도구를 준비했습니다. 그럼 IMDb 데이터에 1D 합성곱을 훈련할 준비가 되었을까요? 아직 아닙니다. 한 가지 더 설명할 것이 있습니다. 시퀀스 자름(truncating)과 패딩(padding)입니다. 왜 자르거나 패딩을 해야 할까요? TensorFlow.js 모델은 fit() 입력이 텐서여야 합니다. 텐서는 구체적인 크기를 가져야 합니다. 따라서 영화 리뷰의 길이가 서로 다르지만 입력 특성 텐서의 두 번째 차원(maxLen)으로 특정 길이를 선택해야 합니다. 결국 입력 텐서의 전체 크기는 [numExamples, maxLen]이 됩니다. 멀티-핫 인코딩의 두 번째 차원은 시퀀스 길이에 영향을 받지 않기 때문에 이전 절에서 멀티-핫 인코딩을 사용할 때 이런 문제가 없었습니다.

maxLen 값을 선택할 때 고려할 사항은 다음과 같습니다.

* 대부분의 리뷰에서 유용한 부분을 잡아낼 정도로 충분히 길어야 합니다. maxLen을 20으로 선택하면 너무 짧아서 대부분의 리뷰에서 유용한 것을 버리는 셈이 됩니다.
* 너무 크게 잡아 대부분의 리뷰가 이 길이보다 너무 짧아서는 안 됩니다. 메모리와 계산 시간을 낭비하기 때문입니다.

두 가지를 절충하여 리뷰마다 (최대) 500개 단어를 선택하겠습니다. 1D 합성곱을 훈련하는 명령에서 --maxLen 플래그로 지정합니다.

```
> yarn train --maxLen 500 cnn
```

maxLen이 선택되면 모든 리뷰 샘플은 이 길이로 변환되어야 합니다. 더 긴 리뷰는 잘리고, 짧은 리뷰는 패딩됩니다. 이것이 padSequences() 함수에서 하는 일입니다(코드 9-7). 긴 시퀀스를 자르는 방법은 두 가지입니다. 시작 부분을 자르거나(코드 9-7의 'pre' 옵션) 끝부분을 자르는 것입니다. 여기서는 전자의 방법을 사용했습니다. 영화 리뷰의 끝부분이 시작 부분보다 감정에 관련된 정보를 포함할 가능성이 더 많다고 생각했기 때문입니다. 비슷하게 짧은 시퀀스를 원하는 길이로 패딩하는 방법도 두 가지입니다. 패딩 문자(PAD_CHAR)를 문장의 앞(코드 9-7의 'pre' 옵션)이나 끝에 추가합니다. 여기서는 전자의 방법을 선택합니다. 다음 코드는 sentiment/sequence_utils.js에서 발췌했습니다.

```
export function padSequences(
    sequences, maxLen,
    padding = 'pre',
    truncating = 'pre',
    value = PAD_CHAR) {
  return sequences.map(seq => {  ⸻ 모든 입력 시퀀스에 대해 반복합니다.
    if (seq.length > maxLen) {  ⸻ 시퀀스가 지정된 길이(maxLen)보다 길면 이 길이로 자릅니다.
      if (truncating === 'pre') {  ⸻⸻⸻⸻⸻⸻⸻⸻⸻⸻
        seq.splice(0, seq.length - maxLen);   시퀀스를 자르는 방법은 두 가지입니다. 시작 부분을
      } else {                                자르거나('pre') 끝부분을 자릅니다.
        seq.splice(maxLen, seq.length - maxLen);
      }
    }
    if (seq.length < maxLen) {  ⸻ 시퀀스가 지정된 길이보다 짧으면 패딩됩니다.
      const pad = [];
      for (let i = 0; i < maxLen - seq.length; ++i) {
        pad.push(value);  ⸻ 패딩된 시퀀스를 만듭니다.
      }
      if (padding === 'pre') {  ⸻⸻ 자를 때와 비슷하게 시퀀스를 패딩하는 방법은 두 가지입니다.
        seq = pad.concat(seq);                시퀀스 앞('pre')에 추가하거나 끝에 추가합니다.
      } else {
        seq = seq.concat(pad);
      }
    }
    return seq;  ⸻ seq의 길이가 정확히 maxLen과 같으면 아무런 변경 없이 반환합니다.
  });
}
```

## IMDb 데이터셋에서 1D 합성곱 신경망을 만들고 실행하기

이제 1D 합성곱 신경망을 위한 모든 준비를 마쳤습니다. 이를 연결하여 IMDb 감성 분석 작업에서 더 높은 정확도를 달성할 수 있는지 확인해 보겠습니다. 다음에 나오는 코드 9-8에서는 1D 합성곱 신경망을 만듭니다(sentiment/train.js에서 발췌). 만들어진 tf.Model 객체의 요약 정보가 그다음에 나타나 있습니다.

코드 9-8 IMDb 문제를 위한 1D 합성곱 신경망 만들기

```
                                이 모델은 임베딩 층으로 시작합니다. 임베딩 층은
const model = tf.sequential();   입력 정수 인덱스를 단어 벡터로 변환합니다.
model.add(tf.layers.embedding({  ⸻
```

```
    inputDim: vocabularySize,
    outputDim: embeddingSize,        임베딩 층은 어휘 사전의 크기를 알아야 합니다. 그렇지
    inputLength: maxLen              않으면 임베딩 행렬의 크기를 결정할 수 없습니다.
}));
model.add(tf.layers.dropout({rate: 0.5}));  ······ 과대적합을 막기 위해 드롭아웃 층을 추가합니다.
model.add(tf.layers.conv1d({  ······ conv1d 층을 추가합니다.
    filters: 250,
    kernelSize: 5,
    strides: 1,
    padding: 'valid',            globalMaxPool1d 층은 각 필터에서 가장 큰 원소 값을 추출하
    activation: 'relu'           기 때문에 시간 차원을 삭제합니다. 이 출력을 다음 밀집 층(MLP)
}));                             의 입력으로 사용할 수 있습니다.
model.add(tf.layers.globalMaxPool1d({}));  ·······
model.add(tf.layers.dense({
    units: 250,                  모델의 최상단에 두 개의 층으로
    activation: 'relu'           구성된 MLP를 추가합니다.
}));
model.add(tf.layers.dense({units: 1, activation: 'sigmoid'}));
```

코드를 실행하면 다음과 같은 결과가 출력됩니다.

| Layer (type) | Output shape | Param # |
|---|---|---|
| embedding_Embedding1 (Embedd | [null,500,128] | 1280000 |
| dropout_Dropout1 (Dropout) | [null,500,128] | 0 |
| conv1d_Conv1D1 (Conv1D) | [null,496,250] | 160250 |
| global_max_pooling1d_GlobalM | [null,250] | 0 |
| dense_Dense1 (Dense) | [null,250] | 62750 |
| dense_Dense2 (Dense) | [null,1] | 251 |

```
Total params: 1503251
Trainable params: 1503251
Non-trainable params: 0
```

자바스크립트 코드와 텍스트 요약을 함께 보면 도움이 됩니다. 몇 가지 언급할 가치가 있는 사항
은 다음과 같습니다.

- 이 모델의 입력 크기는 [null, 500]입니다. 여기서 null은 결정되지 않은 배치 차원(샘플 개수)이고 500은 최대 허용 가능한 리뷰 단어 길이입니다(maxLen). 입력 텐서는 잘리거나 패딩된 정수 단어 인덱스의 시퀀스를 포함하고 있습니다.

- 모델의 첫 번째 층은 임베딩 층입니다. 단어 인덱스를 단어 벡터로 변환하여 [null, 500, 128] 크기의 출력을 만듭니다. 여기서 볼 수 있듯이 시퀀스 길이(500)는 보존되고 임베딩 차원(128)은 출력 크기의 마지막 원소에 반영됩니다.

- 임베딩 층 다음에 오는 층이 이 모델의 핵심 부분인 conv1d 층입니다. 이 층은 커널 크기 5, 기본 스트라이드 크기 1, 'valid' 패딩을 사용합니다. 결과적으로 시퀀스 차원을 따라 500 − 5 + 1 = 496개의 가능한 슬라이딩 위치가 있습니다. 따라서 출력 크기([null, 496, 250])의 두 번째 원소가 496이 됩니다. 출력 크기의 마지막 원소(250)는 conv1d 층의 필터 개수를 나타냅니다.

- conv1d 층 다음에 오는 globalMaxPool1d 층은 이미지 합성곱 신경망에서 보았던 maxPooling2d 층과 조금 비슷합니다. 하지만 더 극적인 풀링을 수행합니다. 시퀀스 차원을 따라 모든 원소 중에서 하나의 최댓값을 선택합니다. 따라서 이 층의 출력 크기는 [null, 250]입니다.

- 이제 텐서의 크기는 (배치 차원을 제외하고) 1D이므로, 그다음에 두 개의 밀집 층을 놓아 전체 모델의 최상단에 MLP를 구성할 수 있습니다.

yarn train --maxLen 500 cnn 명령으로 1D 합성곱 신경망을 훈련합니다. 훈련 에포크를 두 세 번 수행한 후 모델이 약 0.903의 최대 검증 정확도에 달성한 것을 볼 수 있습니다. 멀티-핫 벡터화를 기반으로 MLP로 얻은 정확도(0.890)보다 아주 크지는 않지만 확실히 높습니다. 이는 1D 합성곱 신경망이 순서 정보를 학습하지만 멀티-핫 MLP는 학습할 수 없다는 사실을 반영합니다.

그럼 1D 합성곱 신경망은 어떻게 순서 정보를 감지할까요? 합성곱 커널을 통해 이를 수행합니다. 커널의 점곱은 원소의 순서에 민감합니다. 예를 들어 I like it so much와 같이 입력이 다섯 개의 단어로 구성되어 있다면 1D 합성곱이 하나의 특정 값을 출력할 것입니다. 하지만 단어의 순서가 much so I like it으로 바뀌면 전체 원소 집합은 정확히 동일하더라도 1D 합성곱이 다른 값을 출력할 것입니다.

하지만 conv1d 층은 커널 크기를 넘어선 순차 패턴을 학습할 수 없습니다. 예를 들어 멀리 떨어진 단어 두 개의 순서가 문장의 의미에 영향을 미친다고 가정해 보죠. 이 거리보다 작은 커널 크기를 가진 conv1d 층은 이렇게 긴 범위의 상호 작용을 학습할 수 없습니다. 이것이 GRU와 LSTM 같은 RNN이 1D 합성곱보다 뛰어난 부분입니다.

1D 합성곱이 이 단점을 극복할 수 있는 한 가지 방법은 여러 개를 중첩하는 것입니다. 즉, 위쪽의 conv1d 층의 수용장(receptive field)이 이런 긴 범위의 의존성을 감지하기 충분하도록 여러 개의 conv1d 층을 쌓습니다. 하지만 많은 텍스트 관련 머신 러닝 문제에서 이런 긴 범위의 의존성은 중요한 역할을 수행하지 않습니다. 따라서 적은 개수의 conv1d 층으로 구성한 1D 합성곱 신경망으로 충분합니다. IMDb 감성 분석 예제에서 1D 합성곱 신경망과 동일한 maxLen과 임베딩 차원으로 LSTM 모델을 훈련해 볼 수 있습니다.

```
> yarn train --maxLen 500 lstm
```

(그림 9-4에 나온 GRU와 비슷하지만 조금 더 복잡한) LSTM의 최대 검증 정확도는 1D 합성곱 신경망과 거의 비슷합니다. 단어와 구 사이에 있는 긴 범위의 상호 작용이 영화 리뷰와 감성 분류 작업에 중요한 역할을 하지 않기 때문일 것입니다.

따라서 이런 종류의 텍스트 문제에서는 1D 합성곱 신경망을 RNN의 매력적인 대안으로 생각할 수 있습니다. RNN보다 1D 합성곱 신경망의 계산 비용이 훨씬 저렴한 것을 고려하면 특히 그렇습니다. cnn과 lstm 명령에서 1D 합성곱 신경망이 LSTM 모델보다 약 여섯 배나 훈련이 빠른 것을 볼 수 있습니다. LSTM과 RNN의 느린 속도는 병렬화할 수 없는 단계별 내부 연산과 관련되어 있습니다. 하지만 합성곱은 병렬화하기 쉽습니다.

INFO BOX 9.2 ☰ **임베딩 프로젝터를 사용해 학습한 임베딩 벡터 시각화하기**

❤ 그림 9-9 임베딩 프로젝터(Embedding Projector)에서 1D 합성곱 신경망으로 훈련한 단어 임베딩을 t-SNE 차원 축소 알고리즘으로 시각화하기

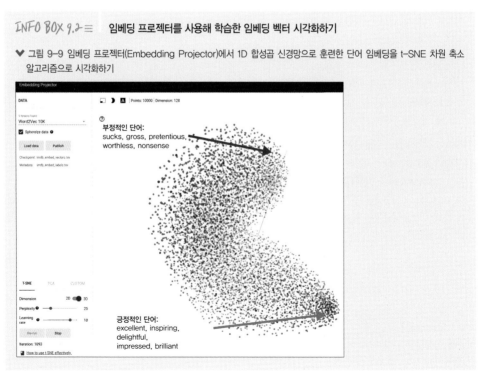

● 계속

1D 합성곱 신경망을 훈련한 후 단어 임베딩에 흥미로운 구조가 나타날까요? 이를 찾아보려면 yarn train 명령에 --embeddingFilesPrefix 플래그를 사용합니다.

```
> yarn train --maxLen 500 cnn --epochs 2 --embeddingFilesPrefix /tmp/imdb_embed
```

이 명령은 두 개의 파일을 생성합니다.[11]

- /tmp/imdb_embed_vectors.tsv: 단어 임베딩의 수치 값을 탭으로 구분한 파일. 각 라인은 한 단어의 임베딩 벡터를 담고 있습니다. 이 예제의 경우 (어휘 사전 크기인) 10,000개의 라인이 있고, 각 라인은 (임베딩 차원인) 128개의 숫자를 담고 있습니다.

- /tmp/imdb_embed_labels.tsv: 이전 파일에 있는 벡터에 상응하는 단어 레이블로 구성된 파일. 각 라인이 하나의 단어로 구성됩니다.

이 파일들을 시각화하기 위해 임베딩 프로젝터(https://projector.tensorflow.org)에 업로드합니다(앞의 그림 참조). 이 임베딩 벡터는 고차원 공간(128D)에 놓여 있으므로 사람이 이해하려면 두 개나 세 개의 차원으로 축소해야 합니다. 임베딩 프로젝터는 차원 축소를 위해 두 개의 알고리즘을 제공합니다. 여기서 자세히 설명하지는 않지만 t-SNE(t-distributed stochastic neighbor embedding)와 PCA(principal component analysis)입니다.[12] 간단히 소개하면, 이 알고리즘들은 벡터 사이의 관계를 최대한 유지하면서 고차원 임베딩 벡터를 3D로 매핑합니다. 둘 중에 t-SNE가 조금 더 복잡하고 계산량이 많습니다. t-SNE로 생성한 시각화가 앞의 그림에 나타나 있습니다.

하나의 점은 어휘 사전에 있는 하나의 단어에 해당합니다. 마우스 커서를 점 위에 올리면 해당 단어가 나타납니다. 작은 규모의 감성 분석 데이터셋에서 훈련한 임베딩 벡터는 이미 단어의 의미에 관련된 흥미로운 구조를 보여 줍니다. 특히 점 구름(dot cloud)의 한쪽 끝은 (excellent, inspiring, delightful과 같이) 긍정적인 영화 리뷰에 많이 등장하는 단어가 많습니다. 반면 반대쪽 끝은 부정적인 단어(sucks, gross, pretentious)가 많습니다. 대규모 텍스트 데이터셋에서 대용량 모델을 훈련하면 더 흥미로운 구조를 발견할 수 있지만, 이 작은 예제에서도 이미 단어 임베딩의 강력함을 볼 수 있습니다.

단어 임베딩은 텍스트를 다루는 심층 신경망에서 중요한 부분입니다. 따라서 기술자들이 IMDb 합성곱 예제처럼 각자의 단어 임베딩을 훈련할 필요 없이 바로 사용할 수 있는 사전 훈련된 단어 임베딩을 연구자들이 만들어 놓았습니다. 가장 잘 알려진 사전 훈련된 단어 임베딩 중 하나는 스탠포드 자연어 처리 그룹의 GloVe(Global Vectors의 약자)입니다(https://nlp.stanford.edu/projects/glove/ 참조).

GloVe 같은 사전 훈련된 단어 임베딩을 사용할 때의 장점은 두 가지입니다. 첫째, 임베딩 층이 더 이상 훈련될 필요가 없어 동결할 수 있기 때문에 계산량이 줄어듭니다. 둘째, GloVe 같은 사전 훈련된 임베딩은 수십억 개의 단어에서 훈련되기 때문에 매우 고품질입니다. 이런 품질은 IMDb 데이터셋 같은 작은 데이터셋에서 훈련하여 얻을 수 없습니다. 이런 점에서 자연어 처리 문제에서 사전 훈련된 단어 임베딩의 역할은 컴퓨터 비전에서 (5장에서 본 MobileNet과 같은) 사전 훈련된 심층 합성곱 신경망과 비슷합니다.

---

11 **역주** 번역서 깃허브 저장소에는 sentiment/pretrained_word_embedding 디렉터리 아래에 이 파일들이 포함되어 있습니다.

12 **역주** t-SNE와 PCA에 대한 설명과 예제는 〈머신 러닝 교과서 개정 3판〉(길벗, 2021)을 참고하세요.

## 1D 합성곱 신경망을 사용해 웹 페이지에서 추론하기

웹 브라우저에서 사용하기 위해 Node.js로 훈련한 모델을 배포하는 코드를 sentiment/index.js 에서 찾을 수 있습니다. 클라이언트 애플리케이션을 실행하려면 이 책의 다른 예제와 마찬가지로 npx http-server를 실행합니다. 이어서 브라우저를 열고 http://127.0.0.1:8080/sentiment에 접속합니다.[13] 그다음에는 화면에서 **사전 훈련된 원격 모델 로드하기** 버튼이나 **사전 훈련된 로컬 모델 로드하기** 버튼을 클릭해 사전 훈련된 모델을 로드하여 텍스트 상자에 있는 영화 리뷰의 감성 분석을 수행할 수 있습니다.[14] 텍스트 상자에 있는 영화 리뷰 샘플은 수정 가능하므로 마음대로 수정하여 이진 분류 예측에 어떻게 영향을 미치는지 실시간으로 확인할 수 있습니다. 이 페이지는 시작점으로 사용할 두 개의 리뷰 샘플을 포함하고 있습니다(긍정적인 리뷰와 부정적인 리뷰). 로딩된 1D 합성곱 신경망은 충분히 빠르기 때문에 텍스트 상자의 글을 수정하는 즉시 감성 점수를 생성할 수 있습니다.

추론 코드의 핵심은 간단하지만(코드 9-9 참조. sentiment/index.js에서 발췌), 몇 가지 흥미로운 점은 다음과 같습니다.

- 이 코드는 입력 텍스트를 단어 인덱스로 바꾸기 전에 소문자로 바꾸고, 구두점은 삭제하고, 여분의 공백을 지웁니다. 이렇게 하는 이유는 어휘 사전에는 소문자 단어만 포함되어 있기 때문입니다.

- 어휘 사전에 없는 OOV 단어는 특별한 단어 인덱스(OOV_INDEX)로 표현됩니다. 여기에는 희귀한 단어와 오타가 포함됩니다.

- 훈련에 사용했던(코드 9-7 참조) padSequences() 함수를 사용해 모델에 입력할 텐서 입력을 올바른 길이로 만듭니다. 이전에 보았듯이 이를 위해 텍스트를 자르거나 패딩합니다. 이런 머신 러닝 작업을 위해 TensorFlow.js를 사용하는 장점을 볼 수 있습니다. 동일한 데이터 전처리 코드를 백엔드 훈련 환경과 프론트엔드 추론 환경에 사용할 수 있어 데이터 왜곡의 위험을 줄일 수 있습니다(데이터 왜곡에 대한 자세한 내용은 6장을 참고하세요).

**코드 9-9** 훈련된 1D 합성곱 신경망을 사용해 프론트엔드에서 추론하기

입력 텍스트를 소문자로 바꾸고, 구두점과 여분의 공백을 삭제합니다.

```
predict(text) {
  const inputText =
      text.trim().toLowerCase().replace(/(\.|\,|\!)/g, '').split(' ');
  const sequence = inputText.map(word => {
```

---

13 [역주] 번역서 데모 사이트(http://ml-ko.kr/tfjs/sentiment)에 브라우저로 접속하여 바로 실행해 볼 수 있습니다.

14 [역주] 번역서 깃허브 저장소에는 사전 훈련된 모델 데이터가 포함되어 있으므로 별도로 모델을 훈련하지 않고 바로 테스트해 볼 수 있습니다.

```
    let wordIndex =
            this.wordIndex[word] + this.indexFrom; ·····┐  모든 단어를 단어 인덱스로 매핑합니다. this.
                                                      ·┘  wordIndex는 JSON 파일에서 로드한 것입니다.
    if (wordIndex > this.vocabularySize) {
      wordIndex = OOV_INDEX; ······ 어휘 사전에 없는 단어는 특별한 단어 인덱스인 OOV_INDEX로 표현됩니다.
    }
    return wordIndex;
  });
  const paddedSequence =                               ·····┐  원하는 길이에 맞도록 긴 리뷰는 자르고
          padSequences([sequence], this.maxLen); ·····┘  짧은 리뷰는 패딩을 추가합니다.
  const input = tf.tensor2d(                         ·····┐  모델에 주입할 수 있도록 데이터를
          paddedSequence, [1, this.maxLen]); ·····┘  텐서 표현으로 바꿉니다.
  const beginMs = performance.now(); ······ 모델 추론에 걸리는 시간을 추적합니다.
  const predictOut = this.model.predict(input); ······ 실제 추론(모델의 정방향 계산)이 여기서 수행됩니다.
  const score = predictOut.dataSync()[0];
  predictOut.dispose();
  const endMs = performance.now();
  return {score: score, elapsed: (endMs - beginMs)};
}
```

# 9.3 어텐션 메커니즘을 사용한 시퀀스-투-시퀀스 작업

예나 날씨와 IMDb 감성 분석 예제에서는 입력 시퀀스에서 하나의 숫자나 클래스를 예측하는 방법을 알아보았습니다. 하지만 가장 흥미로운 순차 데이터 문제는 입력 시퀀스를 기반으로 출력 시퀀스를 생성하는 것입니다. 이런 종류의 작업을 **시퀀스-투-시퀀스**(sequence-to-sequence)(또는 줄여서 seq2seq) 작업이라고 합니다. seq2seq 작업은 매우 다양합니다. 다음은 그중 일부입니다.

- **텍스트 요약**(text summarization): 수만 개의 단어가 포함된 기사에 대해 간결한 요약을 생성합니다(예를 들어 100개나 그보다 적은 단어로).
- **기계 번역**(machine translation): (영어와 같은) 한 언어로 된 문단에서 (한국어와 같은) 다른 언어로 번역합니다.

- **자동 완성을 위한 단어 예측**: 문장의 처음 몇 개 단어가 주어지면 그 이후에 올 단어를 예측합니다. 자동 완성이나 이메일 앱에서의 추천 기능, 검색 엔진의 UI에 유용합니다.
- **음악 작곡**: 악보의 시작 시퀀스가 주어지면 이 악보로 시작하는 멜로디를 생성합니다.
- **챗봇**(chat bot): 사용자가 입력한 문장에서 대화의 목적(예를 들면, 특정 종류의 사용자 지원이나 단순한 재미를 위한 채팅)에 맞는 응답을 생성합니다.

어텐션 메커니즘(attention mechanism)[15]은 seq2seq 작업을 위해 널리 사용되는 강력한 방법입니다. 이 방법은 종종 RNN과 함께 사용됩니다. 이 절에서는 어텐션과 LSTM을 사용해 간단한 seq2seq 작업을 해결하는 방법을 알아보겠습니다. 이 작업은 다양한 달력 날짜 포맷을 표준 날짜 포맷으로 변환하는 일입니다. 의도적으로 간단한 작업을 선택했지만, 여기서 얻은 지식을 앞서 나열한 것과 같은 복잡한 seq2seq 작업에 적용할 수 있습니다. 먼저 날짜 변환 문제를 정의해 보겠습니다.

## 9.3.1 시퀀스-투-시퀀스 작업 정의

달력 날짜를 쓰는 방법이 많기 때문에 혼돈이 생기곤 합니다(또는 조금 짜증이 납니다). 특히 다른 나라를 여행할 때 그렇습니다. 어떤 사람들은 월-일-년 순서를 사용하고, 다른 사람들은 일-월-년 순서를 사용합니다. 또 다른 사람들은 연-월-일 순서를 사용합니다. 같은 순서라도 월을 단어(January)로 쓰는지, 약어(Jan)로 쓰는지, 숫자(1)로 쓰는지 또는 0을 포함한 두 자리 숫자(01)로 쓰는지에 따라 달라집니다. 날짜의 경우 0을 앞에 붙이는지, 서수로 쓰는지(4th vs. 4)에 따라 다릅니다. 년도의 경우 네 자리 숫자로 쓰거나 마지막 두 자리만 쓸 수 있습니다. 또한, 연, 월, 일을 공백, 콤마, 점, 슬래시로 연결할 수 있습니다. 심지어 연결 문자를 전혀 사용하지 않고 그냥 붙여 쓸 수도 있습니다! 이런 옵션이 조합되어 동일한 날짜를 쓰는 방법이 적어도 수십 가지가 됩니다.

따라서 달력 날짜 문자열을 입력으로 받고 ISO-8601 포맷(예를 들면 2019-02-05)의 날짜 문자열로 출력하는 알고리즘이 있다면 좋을 것입니다. 전통적인 프로그램을 만들어 머신 러닝을 사용하지 않는 방법으로 이 문제를 풀 수 있습니다. 하지만 가능한 포맷이 많기 때문에 다소 번거롭고 시간이 많이 드는 작업입니다. 따라서 만들어진 코드는 금방 수백 라인에 도달할 수 있습니다. 그 대신 딥 러닝 방법을 시도해 보겠습니다. 특히 LSTM 기반의 어텐션 인코더-디코더 구조를 사용합니다.

---

15 Alex Graves, "Generating Sequences with Recurrent Neural Networks, submitted 4 Aug. 2013, https://arxiv.org/abs/1308.0850 와 Dzmitry Bahdanau, Kyunghyun Cho, and Yoshua Bengio, "Neural Machine Translation by Jointly Learning to Align and Translate," submitted 1 Sept. 2014, https://arxiv.org/abs/1409.0473을 참고하세요.

예제 작업의 범위를 제한하기 위해 다음에 나오는 자주 볼 수 있는 18개의 날짜 포맷으로 시작합니다. 이 문자열은 모두 같은 날짜를 다르게 쓴 것입니다.

```
"23Jan2015", "012315", "01/23/15", "1/23/15",
"01/23/2015", "1/23/2015", "23-01-2015", "23-1-2015",
"JAN 23, 15", "Jan 23, 2015", "23.01.2015", "23.1.2015",
"2015.01.23", "2015.1.23", "20150123", "2015/01/23",
"2015-01-23", "2015-1-23"
```

물론 다른 날짜 포맷도 있습니다.[16] 하지만 모델 훈련과 추론의 기초를 만들어 놓으면 포맷을 추가하는 것은 기본적으로 반복적인 작업입니다. 입력 데이터 포맷 추가는 이 장의 끝에 연습 문제로 남겨 놓겠습니다(연습 문제 3).

먼저 예제를 실행해 보죠. 앞서 감성 분석 예제와 비슷하게 이 예제는 훈련 부분과 추론 부분으로 구성되어 있습니다. 훈련 부분은 tfjs-node나 tfjs-node-gpu를 사용하여 백엔드 환경에서 실행됩니다. 다음 명령으로 훈련을 시작합니다.

```
> cd deep-learning-with-javascript/date-conversion-attention
> yarn
> yarn train
```

GUDA GPU를 사용하여 훈련을 수행하려면 yarn train 명령에 --gpu 플래그를 사용합니다.

```
> yarn train --gpu
```

훈련은 기본적으로 두 번의 에포크를 실행합니다. 손실 값이 0에 가깝고 변환 정확도가 완벽에 가깝기 때문에 두 번으로 충분합니다. 훈련이 끝나면 테스트 추론 결과가 출력됩니다. 전부는 아니지만 대부분 결과가 올바릅니다. 이 추론 샘플은 훈련 세트와 겹치지 않는 테스트 세트에서 추출한 것입니다. 훈련된 모델은 dist/model 경로에 저장되고 브라우저로 추론을 할 때 사용됩니다. 추론 UI를 실행하려면 다음 명령을 사용합니다.

```
> cd deep-learning-with-javascript
> npx http-server
```

---

16 여기서는 모호하지 않은 날짜 포맷만 사용합니다. 만약 MM/DD/YYYY와 DD/MM/YYYY를 포함한다면 이 둘은 의미가 모호한 문자열입니다. 즉, 확실하게 해석할 수 없는 문자열입니다. 예를 들어 "01/02/2019"는 January 2, 2019뿐 아니라 February 1, 2019로도 해석할 수 있습니다.

그다음, 브라우저를 열고 http://127.0.0.1:8080/date-conversion-attention에 접속합니다.[17] 웹 페이지에서 **입력 날짜 문자열** 텍스트 상자에 날짜를 입력하고 엔터를 치면 변환된 출력 문자열을 확인할 수 있습니다. 또한, 여러 음영으로 표시된 히트맵이 변환하는 동안 사용된 어텐션 행렬을 보여 줍니다(그림 9-10 참조). 이 어텐션 행렬에는 몇 가지 흥미로운 정보가 포함되어 있으며, 이 seq2seq 모델의 핵심입니다. 특히 사람이 해석하기 쉬우므로 어텐션 행렬에 익숙해지는 것이 좋습니다.

❤ 그림 9-10 날짜 변환을 위한 어텐션 기반의 인코더–디코더의 동작 화면. 오른쪽 아래에 특정 입력–출력 쌍에 대한 어텐션 행렬이 나타나 있다.

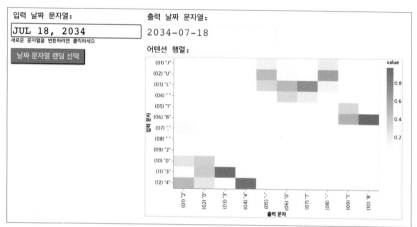

그림 9-10의 결과를 예로 들어 보죠. 모델의 출력("2034-07-18")은 입력 날짜("JUL 18, 2034")를 정확하게 변환했습니다. 어텐션 행렬의 행은 입력 문자("J", "U", "L", "" 등)에 해당합니다. 열은 출력 문자("2", "0", "3" 등)에 해당합니다. 따라서 어텐션 행렬의 각 원소는 출력 문자가 생성될 때 이에 상응하는 입력 문자에 얼마나 많이 주의(어텐션)를 기울이는지 나타냅니다. 원소의 값이 높을수록 더 많은 주의를 기울입니다. 예를 들어 마지막 행의 네 번째 열을 보죠. 즉, 마지막 입력 문자("4")와 네 번째 출력 문자("4")에 해당하는 원소입니다. 컬러 범위에서 볼 수 있듯이 이 원소는 비교적 값이 높습니다. 출력 연도의 마지막 숫자가 주로 입력 연도의 마지막 숫자에 의존한다는 의미입니다. 반대로 낮은 값을 가진 열의 다른 원소는 출력 문자열에서 문자 "4"를 생성하는 데 입력 문자열의 다른 문자에서 많은 정보를 사용하지 않았다는 뜻입니다. 비슷한 패턴을 출력 문자열의 월과 일 부분에서 볼 수 있습니다. 다른 입력 포맷을 테스트해 보고 어텐션 행렬이 어떻게 바뀌는지 확인해 보세요.

---

17 역주 번역서 데모 사이트(http://ml-ko.kr/tfjs/speech-commands)에 브라우저로 접속하여 바로 실행해 볼 수 있습니다.

## 9.3.2 인코더-디코더 구조와 어텐션 메커니즘

이 절에서 인코더-디코더 구조가 seq2seq 문제를 해결하는 방법과 어텐션 메커니즘의 역할을 이해해 보겠습니다. 이 메커니즘에 대한 자세한 논의는 9.3.3절의 코드와 함께 제공됩니다.

지금까지 본 모든 신경망은 하나의 항목을 출력합니다. 회귀 모델의 경우 출력은 하나의 숫자입니다. 분류 모델의 경우 가능한 여러 카테고리에 대한 하나의 확률 분포를 출력합니다. 하지만 날짜 변환 문제는 다릅니다. 하나의 항목이 아니라 여러 개를 예측해야 합니다. 구체적으로 ISO-8601 날짜 포맷의 정확한 열 개 문자를 예측해야 합니다. 신경망을 사용해 어떻게 이를 달성할 수 있을까요?

해결 방법은 항목의 시퀀스를 출력하는 신경망을 만드는 것입니다. 출력 시퀀스가 정확히 11개 항목(0~9와 하이픈)의 알파벳 기호로 구성되기 때문에 신경망의 출력 텐서를 [numExamples, OUTPUT_LENGTH, OUTPUT_VOCAB_SIZE] 크기의 3D로 만듭니다. 첫 번째 차원(numExamples)은 이 책의 다른 신경망과 마찬가지로 배치 처리를 위한 샘플 차원입니다. OUTPUT_LENGTH는 10입니다. 즉, 출력 날짜 문자열의 길이는 ISO-8601 포맷으로 고정됩니다. OUTPUT_VOCAB_SIZE는 출력 어휘 사전(더 정확하게는 출력 알파벳)의 크기입니다. 0~9까지의 숫자와 하이픈(-)을 포함합니다. 나중에 이야기하겠지만, 특별한 의미를 가진 몇 개의 문자도 포함합니다.

모델 출력에 대한 설명이었습니다. 모델 입력은 어떤가요? 이 모델은 하나가 아니라 두 개의 입력을 받습니다. 이 모델은 그림 9-11에 나온 것처럼 크게 인코더와 디코더 두 개의 부분으로 나눌 수 있습니다. 모델의 첫 번째 입력은 인코더 부분으로 들어갑니다. 이것은 입력 날짜 문자열 자체이며 [numExamples, INPUT_LENGTH] 크기의 문자 인덱스의 시퀀스로 표현됩니다. INPUT_LENGTH는 지원되는 입력 날짜 포맷 중에서 최대 길이입니다(이 값은 12입니다). 이 길이보다 짧은 입력은 끝에 0으로 패딩됩니다. 두 번째 입력은 모델의 디코더 부분으로 들어갑니다. 이 입력은 변환된 결과를 한 타임 스텝 오른쪽으로 이동한 것이며 [numExamples, OUTPUT_LENGTH] 크기입니다.

❤ 그림 9-11 인코더–디코더 구조가 입력 날짜 문자열을 출력 문자열로 변환하는 방법. ST는 디코더의 입력과 출력을 위한 특별한 시작 토큰이다. 패널 A와 B는 처음 두 번의 변환 스텝을 보여 준다. 첫 번째 변환 스텝을 통해 출력에 첫 번째 문자("2")가 생성된다. 두 번째 변환 스텝을 통해 두 번째 문자("0")가 생성되며, 남은 스텝도 동일한 패턴을 따른다.

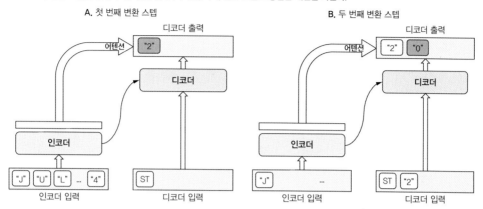

잠시만요. 첫 번째 입력은 날짜 문자열이기 때문에 이해가 되지만 모델이 변환된 결과를 추가적인 입력으로 받는 이유는 무엇인가요? 이 입력은 모델의 출력이 아닌가요? 핵심은 한 스텝 이전의 변환 결과라는 것입니다. 즉, 두 번째 입력은 정확히 변환된 결과가 아니며 변환된 결과의 시간 지연 버전입니다. 시간 지연은 딱 한 스텝입니다. 예를 들어 훈련 과정이라면 기대하는 변환 결과가 "2034-07-18"일 때 모델의 두 번째 입력은 "〈ST〉2034-07-1"이 될 것입니다. 여기서 〈ST〉는 시퀀스의 시작 기호입니다. 이런 이동된 입력을 통해 디코더가 지금까지 생성된 출력 시퀀스를 인지하고 변환 과정을 쉽게 추적할 수 있습니다.

이는 사람이 말하는 방식과 유사합니다. 생각을 말로 표현할 때는 두 가지에 정신을 쏟습니다. 말하려는 생각 자체와 지금까지 말한 것입니다. 후자는 일관되고 완전한 반복적이지 않은 대화를 위해 중요합니다. 앞의 모델도 비슷한 방식으로 동작합니다. 각 출력 문자를 생성하기 위해 입력 날짜 문자열과 지금까지 생성한 출력 문자로부터 얻은 정보를 사용합니다.

훈련하는 동안에는 정확한 변환 결과를 이미 알고 있기 때문에 변환 결과의 시간 지연 버전을 구할 수 있습니다. 하지만 추론에서는 어떻게 할까요? 출력 문자를 하나씩 생성하는[18] 그림 9-11의 두 패널에서 답을 찾을 수 있습니다. 패널 A에서 보듯이 디코더 입력의 시작으로 ST 기호를 사용합니다. 추론을 한 번 실행(Model.predict() 호출)하면 새로운 출력 항목을 얻습니다(패널의 "2"). 이 새로운 출력 항목이 디코더 입력에 추가됩니다. 그러고 나서 다음 변환 스텝이 이어집니다. 이제 디코더 입력에서 새로 생성된 출력 문자 "2"를 볼 수 있습니다(그림 9-10의 패널 B). 이 스텝에서 다시 Model.predict()가 호출되고 새로운 출력 문자("0")가 생성되어 디코더 입력에 다시 추

---

18 한 스텝씩 변환하는 알고리즘을 구현한 코드는 date-conversion-attention/model.js의 runSeq2SeqInference() 함수에 있습니다.

가됩니다. 이 과정이 원하는 출력 길이(여기에서는 10)에 도달할 때까지 반복됩니다. 출력에는 ST 항목이 포함되지 않습니다. 따라서 전체 알고리즘의 최종 출력으로 사용할 수 있습니다.

## 어텐션 메커니즘의 역할

어텐션 메커니즘의 역할은 각 출력 문자가 입력 시퀀스에 있는 올바른 문자에 주의를 기울이게 하는 것입니다. 예를 들어 출력 문자열 "2034-07-18"의 "7"은 입력 날짜 문자열의 "JUL" 부분에 주의를 기울여야 합니다. 이것도 사람이 언어를 사용하는 방식과 유사합니다. 예를 들어, A 언어의 문장을 B 언어로 번역할 때 출력 문장의 각 단어는 일반적으로 입력 문장에 있는 몇 개의 단어로 결정됩니다.

이는 당연하게 보일 수 있습니다. 즉, 더 나은 다른 방법을 생각하기 어렵습니다. 하지만 2014~2015년에 딥러닝 연구자들이 소개한 어텐션 메커니즘은 이 분야의 주요한 발전이었습니다. 이에 대한 역사적인 이유를 이해하려면, 그림 9-10의 패널 A에 있는 인코더와 디코더를 연결하는 화살표를 봐야 합니다. 이 화살표는 모델의 인코더 부분에 있는 LSTM의 마지막 출력을 나타냅니다. 이 값은 모델의 디코더에 있는 LSTM의 초기 상태로 전달됩니다. RNN의 초기 상태는 일반적으로 모두 0입니다(예를 들어 9.1.2절에서 사용한 simpleRNN). 하지만 TensorFlow.js에서는 RNN의 초기 상태를 올바른 크기의 텐서 값으로 설정할 수 있습니다. 이것이 업스트림 정보를 LSTM에 전달하는 방법입니다. 이 경우 디코더 LSTM이 인코딩된 입력 시퀀스를 참조하기 위해 인코더-디코더 연결에서 이런 메커니즘을 사용합니다.

하지만 초기 상태는 하나의 벡터로 압축된 전체 입력 시퀀스입니다. 이 표현은 디코더가 풀기에는 조금 과하게 압축되어 있습니다. (전형적인 기계 번역 문제에서 볼 수 있는 문장처럼) 시퀀스가 길고 복잡할 때는 특히 더 그렇습니다. 여기에 어텐션 메커니즘의 역할이 있습니다.

어텐션 메커니즘은 디코더의 시야를 확장합니다. 인코더의 최종 출력만 사용하는 것이 아니라 어텐션 메커니즘은 인코더 출력 시퀀스 전체를 참조합니다. 각 변환 스텝에서 이 메커니즘은 어떤 출력 문자를 생성할지 결정하기 위해 인코더 출력 시퀀스의 특정 타임 스텝에 주의를 기울입니다. 예를 들어 첫 번째 변환 스텝에서 처음 두 개의 입력 문자에 주의를 기울이지만, 두 번째 변환 스텝에서는 두 번째와 세 번째 입력 문자에 주의를 기울일 수 있습니다(어텐션 행렬의 구체적인 예는 그림 9-11 참조). 신경망의 가중치 파라미터와 마찬가지로 어텐션 모델은 하드 코딩된 규칙이 아니라 주의를 할당할 방법을 학습합니다. 이는 모델을 유연하고 강력하게 만듭니다. 입력 시퀀스 자체와 지금까지 출력 시퀀스로 생성된 것을 기반으로 입력 시퀀스의 여러 부분에 주의를 기울이는 방법을 학습할 수 있습니다.

이것이 코드를 보거나 인코더, 디코더, 어텐션 메커니즘의 블랙박스를 열지 않고 인코더-디코더 메커니즘에 대해 이야기할 수 있는 전부입니다. 너무 고수준이거나 모호하게 느껴진다면 이 모델의 세부 사항을 자세히 다루는 다음 절을 참고하세요. 어텐션 기반의 인코더-디코더 구조를 자세히 이해하고 싶은 사람에게는 좋은 자료입니다. 다음 절을 읽을 만한 동기를 부여해 보면, 이와 동일한 구조가 최첨단 기계 번역 모델(구글 신경망 기계 번역(GNMT)) 같은 시스템의 기초라는 사실입니다. 제품 수준의 모델은 더 많은 LSTM 층을 사용하고, 예제에서 사용한 간단한 날짜 변환 모델보다 훨씬 더 많은 데이터를 사용해 훈련됩니다.

### 9.3.3 어텐션 기반의 인코더-디코더 모델 자세히 알아보기

그림 9-12는 그림 9-10의 상자를 확장하여 조금 더 자세한 내부 구조를 보여 줍니다. date-conversion-attention/model.js에 있는 createModel() 함수에서 모델을 만드는 코드와 함께 보는 것이 좋습니다. 다음으로 중요한 코드를 살펴보겠습니다.

▼ 그림 9-12 자세한 어텐션 기반의 인코더-디코더 모델. 이 그림을 세부 정보가 묘사된 그림 9-11에 있는 인코더-디코더 구조의 확장 버전으로 생각할 수 있다.

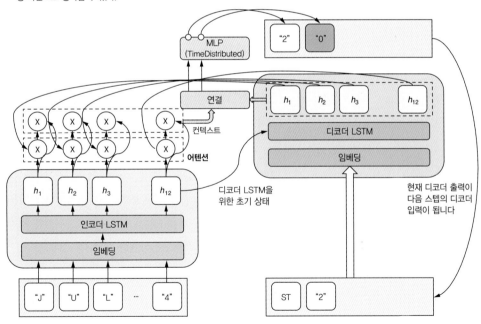

먼저, 인코더와 디코더에 있는 임베딩과 LSTM 층을 위해 몇 개의 상수를 정의합니다.

```
const embeddingDims = 64;
const lstmUnits = 64;
```

앞으로 만들 모델은 두 개의 입력을 받기 때문에 시퀀셜 API 대신에 함수형 API를 사용해야 합니다. 인코더 입력과 디코더 입력을 위한 모델의 심볼릭 입력을 먼저 만듭니다.

```
const encoderInput = tf.input({shape: [inputLength]});
const decoderInput = tf.input({shape: [outputLength]});
```

인코더와 디코더는 모두 각자의 입력 시퀀스에 임베딩 층을 적용합니다. 인코더 코드는 다음과 같습니다.

```
let encoder = tf.layers.embedding({
    inputDim: inputVocabSize,
    outputDim: embeddingDims,
    inputLength,
    maskZero: true
}).apply(encoderInput);
```

이는 IMDb 감성 분석 문제에 사용했던 임베딩 층과 비슷합니다. 하지만 단어 대신 문자를 임베딩합니다. 임베딩은 단어에 국한되지 않습니다. 사실 충분히 유연하기 때문에 음악 장르, 뉴스 웹사이트의 기사, 한 나라의 공항 등과 같이 유한하고 이산적인 어떤 집합에도 적용할 수 있습니다. 임베딩 층의 maskZero: true 설정은 이어지는 LSTM이 0인 값을 건너뛰도록 만듭니다. 이는 이미 끝난 시퀀스에 대해 불필요한 계산이 수행되지 않도록 방지합니다.

LSTM은 아직 자세히 설명하지 않은 RNN의 한 종류입니다. 여기서 내부 구조를 자세히 설명하지는 않겠습니다. 여러 타임 스텝에 걸쳐 상태를 이동시키기 좋으므로 그레이디언트 소실 문제를 해결한다는 점에서 GRU(그림 9-4)와 비슷합니다. 이 장의 끝에 있는 **추가 자료** 절에서 소개하는 Chris Olah의 블로그 'Understanding LSTM Networks'를 참고하세요. LSTM의 구조와 메커니즘을 그림과 함께 훌륭하게 설명합니다. 이제 문자 임베딩 벡터에 인코더 LSTM을 적용합니다.

```
encoder = tf.layers.lstm({
    units: lstmUnits,
    returnSequences: true
}).apply(encoder);
```

returnSequences: true 설정은 LSTM이 (온도 예측 문제와 감성 분석 문제에서처럼) 최종 출력으로 하나의 벡터를 출력하는 대신 출력 벡터의 시퀀스를 출력하도록 합니다. 이 단계는 이어지는 어텐션 메커니즘에 의해 필요합니다.

인코더 LSTM 다음에 오는 GetLastTimestepLayer 층은 사용자 정의 층입니다.

```
const encoderLast = new GetLastTimestepLayer({
  name: 'encoderLast'
}).apply(encoder);
```

이 층은 단순히 시간 차원(두 번째 차원)을 따라 시퀀스 텐서를 나누고 마지막 타임 스텝을 출력합니다. 이를 통해 인코더 LSTM의 마지막 상태를 디코더 LSTM의 초기 상태로 보낼 수 있습니다. 이 연결이 디코더가 입력 시퀀스에 대한 정보를 얻는 방법 중 하나입니다. 그림 9-12의 녹색 인코더 블록에 있는 $h_{12}$를 파란 디코더 블록에 있는 디코더 LSTM 층으로 연결한 화살표로 표시했습니다.

코드에서 디코더 부분은 인코더 구조와 비슷하게 임베딩 층과 LSTM 층으로 시작합니다.

```
let decoder = tf.layers.embedding({
  inputDim: outputVocabSize,
  outputDim: embeddingDims,
  inputLength: outputLength,
  maskZero: true
}).apply(decoderInput);
decoder = tf.layers.lstm({
  units: lstmUnits,
  returnSequences: true
}).apply(decoder, {initialState: [encoderLast, encoderLast]});
```

이 코드의 마지막 라인에서 인코더의 최종 상태를 디코더의 초기 상태로 사용하는 방법을 볼 수 있습니다. 마지막 라인에서 심볼릭 텐서 encoderLast가 반복된 이유가 궁금할지 모르겠습니다. 이는 하나의 상태를 가진 simpleRNN과 GRU와 달리 LSTM 층이 두 개의 상태를 가지고 있기 때문입니다.

물론 디코더가 입력 시퀀스에 대한 정보를 얻는 추가적이고 강력한 방법은 어텐션 메커니즘입니다. 어텐션은 인코더 LSTM의 출력과 디코더 LSTM의 출력 간의 점곱(원소별 곱셈)에 소프트맥스 활성화 함수를 적용한 것입니다.

```
let attention = tf.layers.dot({axes: [2, 2]}).apply([decoder, encoder]);
attention = tf.layers.activation({
  activation: 'softmax',
  name: 'attention'
}).apply(attention);
```

인코더 LSTM 출력의 크기는 [null, 12, 64]입니다. 여기서 12는 입력 시퀀스의 길이이고, 64는 LSTM의 크기입니다. 디코더 LSTM의 출력 크기는 [null, 10, 64]입니다. 여기서 10은 출력 시퀀스의 길이이고, 64는 LSTM의 크기입니다. 이 둘 사이의 점곱이 마지막 (LSTM 특성) 차원을 따라 수행되어 [null, 10, 12] 크기가 됩니다(즉, [null, inputLength, outputLength]). 점곱에 소프트맥스 함수를 적용하면 값을 확률 점수로 변환합니다. 이 점수는 양수이고, 행렬의 열을 따라 더하면 1이 됩니다. 이것이 이 모델의 핵심인 어텐션 행렬입니다. 이 값이 앞서 그림 9-10에서 본 것입니다.

그다음, 어텐션 행렬을 인코더 LSTM의 순차 출력에 적용합니다. 이를 통해 변환 과정에서 각 스텝마다 (인코딩된) 입력 시퀀스의 다른 원소에 주의를 기울이는 방법을 학습합니다. 인코더 출력에 어텐션을 적용한 결과를 **컨텍스트**(context)라고 부릅니다.

```
const context = tf.layers.dot({
  axes: [2, 1],
  name: 'context'
}).apply([attention, encoder]);
```

컨텍스트의 크기는 [null, 10, 64]입니다(즉, [null, outputLength, lstmUnits]). 컨텍스트는 [null, 10, 64] 크기의 디코더 출력과 연결됩니다. 따라서 연결된 후의 크기는 [null, 10, 128]입니다.

```
const decoderCombinedContext =
  tf.layers.concatenate().apply([context, decoder]);
```

decoderCombinedContext는 모델의 마지막 단계, 즉 출력 문자를 생성하는 단계로 들어가는 특성 벡터를 담고 있습니다.

하나의 은닉층과 소프트맥스 출력층을 가진 MLP를 사용해 출력 문자를 생성합니다.

```
let output = tf.layers.timeDistributed({
  layer: tf.layers.dense({
    units: lstmUnits,
    activation: 'tanh'
```

```
      })
   }).apply(decoderCombinedContext);
   output = tf.layers.timeDistributed({
      layer: tf.layers.dense({
         units: outputVocabSize,
         activation: 'softmax'
      })
   }).apply(output);
```

timeDistributed 층 덕분에 모든 스텝이 동일한 MLP를 공유합니다. timeDistributed는 하나의 층을 입력받아 입력의 시간 차원(즉, 두 번째 차원)을 따라 모든 스텝에 대해 이 층을 반복해서 호출합니다. 이 층은 [null, 10, 128] 크기의 입력 특성을 [null, 10, 13] 크기로 바꿉니다. 여기에서 13은 ISO-8601 날짜 포맷에서 가능한 11개 문자와 두 개의 특별한 문자(패딩과 시작 토큰)입니다.

모든 부분이 준비되면, 이를 조합하여 두 개의 입력과 하나의 출력을 가진 tf.Model 객체를 만듭니다.

```
const model = tf.model({
   inputs: [encoderInput, decoderInput],
   outputs: output
});
```

훈련을 준비하기 위해 범주형 크로스 엔트로피 손실 함수로 compile() 메서드를 호출합니다. 이 손실 함수를 선택한 이유는 이 변환 문제가 기본적으로는 분류 문제라는 사실 때문입니다. 각 타임 스텝에서 가능한 모든 문자 집합에서 하나의 문자를 선택합니다.

```
model.compile({
   loss: 'categoricalCrossentropy',
   optimizer: 'adam'
});
```

추론 시에는 모델의 출력 텐서에 argMax() 함수를 적용하여 가장 높은 확률을 가진 출력 문자를 얻을 수 있습니다. 모든 변환 단계에서 이렇게 얻은 출력 문자를 디코더의 입력으로 추가합니다. 따라서 다음 변환 단계에서 이를 사용할 수 있습니다(그림 9-11의 오른쪽 끝에 있는 화살표 참조). 앞서 언급했듯이 이런 반복적인 과정은 결국 전체 출력 시퀀스를 만들게 됩니다.

# 9.4 추가 자료

- Chris Olah, "Understanding LSTM Networks," blog, 27 Aug. 2015, http://mng.bz/m4Wa.

- Chris Olah and Shan Carter, "Attention and Augmented Recurrent Neural Networks," Distill, 8 Sept. 2016, https://distill.pub/2016/augmented-rnns/.

- Andrej Karpathy, "The Unreasonable Effectiveness of Recurrent Neural Networks," blog, 21 May 2015, http://mng.bz/6wK6.

- Zafarali Ahmed, "How to Visualize Your Recurrent Neural Network with Attention in Keras," Medium, 29 June 2017, http://mng.bz/6w2e.

- 날짜 변환 예제에서 argMax() 기반의 디코딩 기법을 설명했습니다. 이 방법은 모든 스텝에서 가장 높은 확률을 가진 출력 기호를 선택하기 때문에 **그리디 디코딩**(greedy decoding)이라고 부릅니다. 그리디 디코딩 이외의 잘 알려진 다른 방법은 **빔-서치 디코딩**(beam-search decoding)입니다. 이 방법은 최상의 시퀀스를 결정하기 위해 더 넓은 범위의 가능한 출력 시퀀스를 조사합니다. 이에 대한 자세한 내용은 다음을 참고하세요. Jason Brownlee, "How to Implement a Beam Search Decoder for Natural Language Processing," 5 Jan. 2018, https://machinelearningmastery.com/beam-search-decoder-natural-language-processing/.

- Stephan Raaijmakers, Deep Learning for Natural Language Processing, Manning Publications, in press, www.manning.com/books/deep-learning-for-natural-language-processing.

# 9.5 연습 문제

1. 순차적이지 않은 다양한 데이터에서 원소의 순서를 다시 정렬해 보세요. 이런 순서 재정렬이 모델의 손실 값(예를 들면 정확도)에 (가중치 파라미터의 랜덤 초기화로 인한 변동을 넘어선) 영향을 미치지 않는지 확인하세요. 다음 두 개의 문제에 대해 이를 수행해 볼 수 있습니다.

   a. (3장의) 붓꽃 예제에서 iris/data.js 파일에 있는 다음 코드를 수정하여 네 개의 수치 특성(꽃잎 길이, 꽃잎 너비, 꽃받침 길이, 꽃받침 너비)의 순서를 바꿉니다.

   ```
   shuffledData.push(data[indices[i]]);
   ```

   구체적으로 data[indices[i]]에 있는 네 원소의 순서를 바꿉니다. 자바스크립트 배열의 slice()와 concat() 메서드를 호출하여 처리할 수 있습니다. 순서 재정렬은 모든 샘플에 대해 동일해야 합니다. 재정렬을 위한 자바스크립트 함수를 작성할 수 있습니다.

   b. 예나 날씨 문제를 위해 만들었던 선형 회귀와 MLP에서 240개의 타임 스텝과 14개의 수치 특성(날씨 측정값)을 재정렬해 보세요. 구체적으로 jena-weather/data.js에 있는 nextBatchFn() 함수를 수정하여 이를 달성할 수 있습니다. 가장 쉽게 재정렬을 구현할 수 있는 라인은 다음과 같습니다.

   ```
   samples.set(value, j, exampleRow, exampleCol++);
   ```

   고정된 치환을 수행하는 함수를 사용해 인덱스 exampleRow를 새로운 값으로 매핑하고 비슷한 방식으로 exampleCol을 매핑할 수 있습니다.

2. IMDb 감성 분석을 위해 만든 1D 합성곱 신경망은 한 개의 conv1d 층으로만 구성되어 있습니다(코드 9-8 참조). 더 많은 conv1d 층을 쌓으면 더 넓은 범위의 단어에 대해 순서 정보를 감지할 수 있습니다. 이 연습 문제에서 sentiment/train.js의 buildModel() 함수에 있는 코드를 수정해 봅니다. 기존의 conv1d 층 다음에 다른 conv1d 층을 추가하고 모델을 재훈련하고 분류 정확도가 높아졌는지 확인하는 것이 목표입니다. 새로운 conv1d 층은 기존 층과 동일한 필터 개수와 커널 크기를 사용할 수 있습니다. 또한, 수정된 모델의 요약 정보에서 출력 크기를 확인하고 filters와 kernelSize 파라미터가 어떻게 새로운 conv1d 층의 출력 크기를 결정하는지 이해해 보세요.

3. 날짜 변환 예제에서 몇 개의 입력 날짜 포맷을 추가해 보세요. 다음은 코딩 난이도가 높은 순서대로 정렬한 포맷입니다. 또한, 자신만의 날짜 포맷을 추가할 수도 있습니다.

    a. YYYY-MMM-DD 포맷: 예를 들어 '2012-MAR-08'이나 '2012-MAR-18'. 하나의 숫자로 된 날짜에 (12/03/2015처럼) 0을 패딩하는지에 따라 실제로 두 개의 다른 포맷이 됩니다. 하지만 패딩에 상관없이 이 포맷의 최대 길이는 12보다 작으며, 가능한 모든 문자는 date-conversion-attention/date_format.js에 있는 INPUT_VOCAB에 포함되어 있습니다. 따라서 한 개나 두 개의 함수를 파일에 추가하면 되며, dateTupleToMMMSpaceDDSpaceYY()와 같이 기존의 함수를 본떠서 만들 수 있습니다. 새로운 함수를 이 파일의 INPUT_FNS 배열에 추가하여 훈련에 포함되도록 합니다.

    b. 'Mar 8th, 2012'와 같이 날짜 부분이 서수인 포맷: 날짜에 서수 접미사("st", "nd", "th")가 붙는 것을 제외하면 기존의 dateTupleToMMMSpaceDDComma-SpaceYYYY() 포맷과 같습니다. 새로운 함수에는 날짜 값에 따라 접미사를 결정하는 로직이 포함되어야 합니다. 또한, 이 포맷의 최대 날짜 길이는 12를 넘기 때문에 INPUT_LENGTH 상수를 수정해야 합니다. 문자 "t"와 "h"는 세 글자로 된 월 표현에 등장하지 않기 때문에 별도로 INPUT_VOCAB에 추가해야 합니다.

    c. 'March 8th, 2012'와 같이 월이 완전한 영어 이름으로 표현된 포맷을 고려해 보세요. 이 입력 날짜 문자열의 최대 가능한 길이는 얼마인가요? date_format.js에 있는 INPUT_VOCAB를 어떻게 바꾸어야 하나요?

# 9.6   요약

- 순서에 있는 정보를 추출하고 학습할 수 있기 때문에 RNN은 순차적인 입력 데이터에 관련된 작업에서 피드포워드 모델(예를 들어 MLP)의 성능을 뛰어넘습니다. 온도 예측 문제에 simpleRNN과 GRU를 적용한 예제를 통해 이를 확인했습니다.

- TensorFlow.js에는 simpleRNN, GRU, LSTM이라는 세 종류의 RNN이 있습니다. 마지막 두 개는 simpleRNN보다 정교합니다. 그레이디언트 소실 문제를 감소시키기 위해 많은 타임 스텝에 걸쳐 메모리 상태를 실어나를 수 있도록 복잡한 내부 구조를 사용합니다. GRU

가 LSTM보다 계산량이 덜 듭니다. 아마도 실전 문제에서는 GRU와 LSTM을 사용할 것입니다.

- 텍스트를 위한 신경망을 만들 때 텍스트 입력을 먼저 숫자의 벡터로 표현해야 합니다. 이를 텍스트 벡터화라고 합니다. 텍스트 벡터화에 가장 널리 사용하는 방법은 원-핫 인코딩과 멀티-핫 인코딩, (가장 강력한 방법인) 임베딩입니다.

- 단어 임베딩에서 각 단어는 희소하지 않은 벡터로 표현됩니다. 벡터의 원소 값은 신경망의 다른 가중치 파라미터와 마찬가지로 역전파를 통해 학습됩니다. TensorFlow.js에 있는 임베딩 함수는 `tf.layers.embedding()`입니다.

- seq2seq 문제는 출력으로 새로운 시퀀스를 만든다는 점에서 시퀀스 기반의 회귀나 분류 문제와 다릅니다. seq2seq 문제를 해결하기 위해 RNN(그리고 다른 종류의 층)을 사용하여 인코더-디코더 구조를 만들 수 있습니다.

- seq2seq 문제에서 어텐션 메커니즘은 입력 시퀀스에 있는 특정 원소에 따라 출력 시퀀스의 항목을 바꿉니다. 날짜 변환 문제를 위해 어텐션 기반의 인코더-디코더 신경망을 훈련하는 방법과 추론하는 동안 어텐션 행렬을 시각화하는 방법을 알아보았습니다.

**9**

시퀀스와 텍스트를 위한 딥러닝

# 10장

# 생성적 딥러닝

10.1 LSTM을 사용해 텍스트 생성하기

10.2 변이형 오토인코더: 이미지를 위한 효율적이고 구조적인 벡터 표현 찾기

10.3 GAN으로 이미지 생성하기

10.4 추가 자료

10.5 연습 문제

10.6 요약

이 장에서 다룰 핵심 내용

- 생성적 딥러닝이 무엇이고, 어떤 애플리케이션이 있으며, 지금까지 본 딥러닝과 어떻게 다른지를 알아봅니다.
- RNN을 사용해 텍스트를 생성하는 방법
- 변이형 오토인코더의 예를 통해 잠재 공간이 무엇이고, 잠재 공간이 어떻게 새로운 이미지를 생성하는 기반이 되는지를 알아봅니다.
- 생성적 적대 신경망의 기본 사항

심층 신경망을 사용한 가장 인상적인 작업 중 하나는 진짜처럼 보이거나 들리는 이미지, 사운드, 텍스트를 생성하는 것입니다. 오늘날 심층 신경망의 성과 중 하나는 진짜 같은 사람 얼굴 이미지를 생성하고,[1] 자연스럽게 들리는 음성을 합성하고,[2] 일관성 있는 텍스트를 생성[3]하는 것입니다. 이런 생성 모델은 여러 가지 이유로 유용합니다. 예술가의 창작을 돕고, 조건에 따라 기존 콘텐츠를 수정하고, 다른 딥러닝 작업을 지원하기 위해 기존 데이터셋을 증식하는 등의 일입니다.[4]

잠재적인 화장품 고객의 셀카에 메이크업을 입히는 것과 같이 실용적인 애플리케이션 외에도 생성 모델은 이론적인 이유에서 공부할 가치가 있습니다. 생성 모델과 판별 모델은 머신 러닝에서 근본적으로 다른 두 종류의 모델입니다. 이 책에서 공부한 모든 모델은 **판별 모델**(discriminative model)입니다. 이런 모델은 입력이 생성된 과정을 고려하지 않고 입력을 이산적이거나 연속적인 값에 매핑하도록 설계되어 있습니다. 피싱 웹 사이트, 붓꽃, MNIST 숫자, 음성을 위한 분류기와 주택 가격을 위한 회귀 모델이 그렇습니다. 반면에 생성 모델은 여러 클래스의 샘플이 생성된 과정을 수학적으로 모방하도록 고안되었습니다. 하지만 생성 모델이 이런 생성 지식을 학습하고 나면 판별 작업도 수행할 수 있습니다. 따라서 생성 모델이 판별 모델에 비해 데이터를 더 잘 이해한다고 말할 수 있습니다.

이 절은 텍스트와 이미지를 위한 생성적 딥러닝 모델의 기초를 다룹니다. 이 장의 끝에서 RNN 기반의 언어 모델, 이미지를 위한 오토인코더, 생성적 적대 신경망의 이면에 있는 아이디어에 익숙해질 것입니다. 또한, 이런 모델을 TensorFlow.js에서 구현하는 패턴에 익숙해지고 이런 모델을 자신의 데이터셋에 적용할 수 있어야 합니다.

---

1  Tero Karras, Samuli Laine, and Timo Aila, "A Style-Based Generator Architecture for Generative Adversarial Networks," submitted 12 Dec. 2018, https://arxiv.org/abs/1812.04948. See a live demo at https://thispersondoesnotexist.com/.

2  Aäron van den Oord and Sander Dieleman, "WaveNet: A Generative Model for Raw Audio," blog, 8 Sept. 2016, http://mng.bz/MOrn.

3  "Better Language Models and Their Implications," OpenAI, 2019, https://openai.com/blog/better-language-models/.

4  Antreas Antoniou, Amos Storkey, and Harrison Edwards, "Data Augmentation Generative Adversarial Networks," submitted 12 Nov. 2017, https://arxiv.org/abs/1711.04340.

# 10.1 LSTM을 사용해 텍스트 생성하기

텍스트 생성부터 시작해 보죠. 이를 위해 이전 장에서 소개한 RNN을 사용하겠습니다. 여기서 볼 기법은 텍스트를 생성하지만 특정 도메인에 국한되지 않습니다. 이 기법을 음악 같은 다른 종류의 시퀀스를 생성하는 데 적용할 수 있습니다. 알맞은 방법으로 음악 악보를 표현하고 적절한 훈련 데이터셋이 주어지면 가능합니다.[5] 비슷한 아이디어를 멋진 스케치[6]나 진짜 같은 한자어[7]를 생성하기 위해 펜 획을 생성하는 데 적용할 수 있습니다.

## 10.1.1 다음 문자 예측기: 간단하게 텍스트를 생성하는 방법

먼저 텍스트 생성 작업을 정의해 보죠. 세익스피어의 전체 작품(매우 긴 문자열)과 같이 훈련에 적당한 크기(적어도 몇 메가바이트)의 텍스트 말뭉치(corpus)가 있다고 가정해 보죠. 가능한 한 훈련 데이터처럼 보이는 새로운 텍스트를 생성하는 모델을 훈련하려고 합니다. 여기서 핵심은 '처럼 보이는'입니다. 지금은 '처럼 보이는' 것이 의미하는 바를 정확히 정의하지 않겠습니다. 방법과 그 결과를 본 후에 이 의미가 명확해질 것입니다.

딥러닝 패러다임에서 이 작업을 정의하는 방법을 생각해 보죠. 이전 장의 날짜 변환 예제에서는 입력 시퀀스에서 정확한 포맷의 출력 시퀀스를 생성하는 방법을 보았습니다. 텍스트-투-텍스트 변환 작업은 잘 정의된 답을 가지고 있습니다. ISO-8601 포맷의 정확한 날짜 문자열입니다. 하지만 텍스트 생성 작업은 이 규칙에 맞지 않습니다. 명시적인 입력 시퀀스가 없고 정확한 출력도 잘 정의되어 있지 않습니다. 단지 진짜처럼 보이는 어떤 것을 생성하길 원합니다. 어떻게 할 수 있을까요?

해결 방법은 문자 시퀀스 다음에 어떤 문자가 올지 예측하는 모델을 만드는 것입니다. 이를 **다음 문자 예측**(next-character prediction)이라고 합니다. 예를 들어 세익스피어 데이터셋에서 잘 훈련된 모델은 "Love looks not with the eyes, b"라는 문자열이 입력으로 주어졌을 때 문자 'u'를 높은 확률로 예측해야 합니다. 하지만 이는 하나의 문자만 생성합니다. 어떻게 이 모델을 사용해 문자 시퀀스를 생성할 수 있을까요? 이렇게 하려면 이전 입력에서 첫 번째 문자를 무시하고 한 글자

---

5   Performance-RNN from Google's Magenta Project: https://magenta.tensorflow.org/performance-rnn

6   Sketch-RNN by David Ha and Douglas Eck: http://mng.bz/omyv.

7   David Ha, "Recurrent Net Dreams Up Fake Chinese Characters in Vector Format with TensorFlow," blog, 28 Dec. 2015. http://mng.bz/nvX4.

씩 왼쪽으로 이동한 다음, 끝에 새로 생성한 문자('u')를 추가하여 이전과 동일한 길이의 새로운 입력 시퀀스를 만들면 됩니다. 이렇게 하면 다음 문자 예측기를 위한 새로운 입력 "ove looks not with the eyes, bu"가 준비됩니다. 이 새로운 입력 시퀀스를 주입하면 모델은 높은 확률로 문자 't'를 예측해야 합니다. 그림 10-1에 있는 이런 과정을 원하는 길이의 시퀀스를 생성할 때까지 반복할 수 있습니다. 물론 시작점으로 초기 텍스트 문자열이 필요합니다. 이를 위해 텍스트 말뭉치에서 랜덤하게 샘플링할 수 있습니다.

❤ 그림 10-1 RNN 기반의 다음 문자 예측기를 사용해 초기 텍스트 입력에서 텍스트 시퀀스를 생성하는 방법. 각 단계에서 RNN이 입력 텍스트를 사용해 다음 문자를 예측한다. 그다음, 입력 텍스트의 첫 번째 문자를 삭제하고 마지막에 예측된 다음 문자를 연결한다. 만들어진 문자열이 다음 단계의 입력이 된다. 각 단계에서 RNN이 문자 집합에 있는 가능한 모든 문자에 대한 확률 점수를 출력한다. 실제 다음 문자를 결정하려면 랜덤 샘플링을 수행하면 된다.

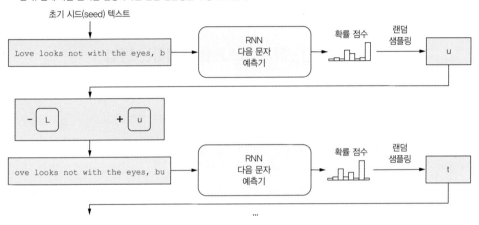

이렇게 하면 시퀀스 생성 작업을 시퀀스 기반 분류 문제로 바꿀 수 있습니다. 이 문제는 고정된 길이의 입력에서 두 개의 클래스를 예측하는 9장의 IMDb 감성 분석 문제와 비슷합니다. 텍스트 생성 모델은 기본적으로 동일하게 동작합니다. 다만 $N$개의 가능한 클래스가 있는 다중 분류 문제입니다. 여기서 $N$은 문자 집합의 크기입니다. 즉, 텍스트 데이터셋에 있는 고유한 문자의 개수입니다.

다음 문자 예측 문제는 자연어 처리와 컴퓨터 과학 분야에서 오랜 역사를 가지고 있습니다. 정보 이론의 선구자인 클로드 섀넌(Claude Shannon)은 사람에게 짧은 영어 텍스트를 보여준 후 다음 문자를 추측하게 하는 실험을 수행했습니다.[8] 이 실험을 통해 주어진 문맥에서 전형적인 영어 텍스트의 문자에 있는 평균적인 불확실성의 양을 추정할 수 있었습니다. 약 1.3비트의 엔트로피[9]에 해당하는 이 불확실성에서 영어에 있는 각 문자가 전달하는 평균적인 정보량을 알 수 있습니다.

---

8  1951년의 원본 논문은 다음 주소에서 볼 수 있습니다. http://mng.bz/5AzB.

9  역주 섀넌의 엔트로피는 발생 가능한 모든 경우의 수에 밑이 2인 로그를 취한 것입니다. 실험 결과가 1.3비트이므로 실험에 참여한 사람들은 평균적으로 $2^{1.3} = 2.46$개 중에서 다음 문자를 예측합니다.

26개의 문자가 완전히 랜덤하게 나타난다면 $\log_2(26) = 4.7$비트[10]가 필요하므로 1.3비트는 이보다 적습니다. 이는 영어에서 문자가 랜덤하게 나타나지 않는다는 직관에 맞습니다. 대신 어떤 패턴을 따릅니다. 저수준으로 보면 특정 문자의 시퀀스만이 유효한 영어 단어가 됩니다. 고수준에서 보면 특정 단어 배열만이 영어 문법을 만족합니다. 더 고수준에서 보면 문법적으로 유효한 일부 문장만이 실제 의미가 있습니다.

생각해 보면 이것이 텍스트 생성 작업이 근본적으로 하는 일입니다. 이런 모든 수준의 패턴을 학습하는 일입니다. 모델은 섀넌의 피실험자들이 했던 일, 즉 다음 문자를 추측하도록 훈련됩니다. 예제 코드를 보고 어떻게 동작하는지 알아보겠습니다. 섀넌의 1.3비트 결과를 기억하세요. 나중에 다시 이에 대해 이야기하겠습니다.

## 10.1.2 LSTM 텍스트 생성 예제

저장소에 있는 lstm-text-generation 예제는 LSTM 기반의 다음 문자 예측기를 훈련하고 이를 사용해 새로운 텍스트를 생성합니다. 훈련과 생성 단계는 모두 TensorFlow.js를 사용해 자바스크립트에서 일어납니다. 브라우저나 Node.js 백엔드 환경에서 이 예제를 실행할 수 있습니다. 브라우저가 조금 더 시각적이고 인터랙티브한 인터페이스를 제공하지만 백엔드에서 훈련 속도가 훨씬 빠릅니다.

브라우저에서 이 예제를 실행하려면 다음 명령을 사용하세요.

```
> cd deep-learning-with-javascript
> npx http-server
```

그다음, 브라우저를 열고 http://127.0.0.1:8080/lstm-text-generation에 접속합니다.[11] 화면에서 모델을 훈련하기 위해 네 개의 텍스트 데이터셋 중 하나를 선택해 로딩할 수 있습니다. 여기서는 세익스피어 데이터셋을 사용하겠습니다. 데이터가 로딩되면 **모델 생성** 버튼을 클릭하여 모델을 생성할 수 있습니다. 텍스트 상자에서 LSTM의 유닛 개수를 조정할 수 있으며, 기본값은 128입니다. 하지만 64와 같이 다른 값으로 실험해 볼 수 있습니다. 여러 개의 숫자를 콤마로 구분해 지정하면(예를 들어 128, 128), 여러 개의 LSTM 층을 쌓은 모델이 만들어집니다.

tfjs-node나 tfjs-node-gpu를 사용해 백엔드에서 훈련하려면 yarn train 명령을 사용하세요.

---

10 [역주] 26개의 문자를 표현하려면 4.7비트가 필요하다는 의미입니다.

11 [역주] 번역서 데모 사이트(http://ml-ko.kr/tfjs/lstm-text-generation)에 브라우저로 접속하여 바로 실행해 볼 수 있습니다.

```
> yarn && yarn train shakespeare \
    --lstmLayerSize 128,128 \
    --epochs 120 \
    --savePath ./my-shakespeare-model
```

CUDA 지원 GPU가 적절하게 설정되어 있다면 --gpu 플래그를 명령에 추가하여 GPU에서 훈련을 수행할 수 있습니다. 이렇게 하면 훈련 속도가 더 빨라집니다. --lstmLayerSize 플래그는 브라우저에 있는 LSTM 크기 텍스트 상자와 동일한 역할을 수행합니다. 앞의 명령은 128개의 유닛을 가진 두 개의 LSTM 층을 가진 모델을 만들고 훈련합니다.

여기서 훈련한 모델은 적층 LSTM 구조입니다. 적층(stacking) LSTM 층이란 무엇일까요? 이는 MLP의 용량을 늘리기 위해 여러 개의 밀집 층을 쌓는 것과 개념적으로 비슷합니다. 여러 개의 LSTM 층을 쌓으면 입력 시퀀스가 마지막 LSTM 층에 의해 최종 회귀나 분류 출력으로 바뀌기 전에 여러 번의 seq2seq 표현 변환 단계를 거칠 수 있습니다. 그림 10-2는 이 구조를 그림으로 보여 줍니다. 중요한 점은 첫 번째 LSTM의 returnSequence 속성을 true로 지정하여 입력 시퀀스의 개별 항목에 대한 출력을 담고 있는 출력의 시퀀스를 생성한다는 것입니다. LSTM 층은 하나의 항목을 가진 입력이 아니라 순차 입력을 기대하기 때문에 첫 번째 LSTM 층의 출력을 두 번째 LSTM 층에 주입할 수 있습니다.

▼ 그림 10-2 여러 개의 LSTM 층을 하나의 모델에 쌓는 방법. 이 경우는 두 개의 LSTM 층이 쌓여 있다. 첫 번째 층의 returnSequence 속성을 true로 설정했기 때문에 항목의 시퀀스를 출력한다. 첫 번째 LSTM의 순차 출력을 두 번째 LSTM 층의 입력으로 주입한다. 두 번째 LSTM 층은 항목의 시퀀스가 아니라 하나의 항목을 출력한다. 이 항목은 모델의 최종 출력으로 회귀 예측이나 소프트맥스 확률의 배열일 수 있다.

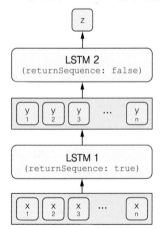

코드 10-1은 그림 10-2에 있는 것과 같은 다음 문자 예측 모델을 만드는 코드입니다(lstm-text-generation/model.js에서 발췌). 그림과 달리 코드는 모델의 최종 출력으로 밀집 층을 포함하고

있습니다. 이 밀집 층은 소프트맥스 활성화 함수를 사용합니다. 소프트맥스 함수는 출력을 정규화하여 확률 분포처럼 값이 0과 1 사이이고 합이 1이 되도록 만듭니다. 따라서 마지막 밀집 층의 출력은 고유한 문자의 예측 확률을 나타냅니다.

createModel() 함수의 lstmLayerSize 매개변수는 LSTM 층의 개수와 크기를 제어합니다. 첫 번째 LSTM 층은 sampleLen(모델이 한 번에 받을 문자 개수)과 charSetSize(텍스트 데이터에 있는 고유한 문자 개수) 기반의 입력 크기를 가집니다. 브라우저를 사용할 경우 sampleLen은 40으로 고정되어 있습니다. Node.js를 사용해 훈련할 경우에는 --sampleLen 플래그를 사용해 바꿀 수 있습니다. 세익스피어 데이터셋에서 charSetSize 값은 71입니다. 이 문자 집합은 영어의 대소문자, 구두점, 공백, 줄 바꿈, 몇 개의 특수 문자를 포함합니다. 이런 매개변수 설정으로 코드 10-1에 있는 함수로 만든 모델의 입력 크기는 (배치 차원을 제외하고) [40, 71]입니다. 이 크기는 40개의 원-핫 인코딩된 문자에 해당합니다. 모델의 출력 크기는 (여기서도 배치 차원을 제외하고) [71]입니다. 이는 가능한 71개 다음 문자에 대한 소프트맥스 확률 값입니다.

**코드 10-1** 다음 문자 예측을 위한 다층 LSTM 모델 만들기

```
export function createModel(sampleLen, ------ 모델의 입력 시퀀스 길이
                           charSetSize, ------ 가능한 고유 문자 개수
                           lstmLayerSizes) { ------ 모델의 LSTM 층의 크기. 하나의 숫자 또는 숫자 배열
  if (!Array.isArray(lstmLayerSizes)) {
    lstmLayerSizes = [lstmLayerSizes];
  }
  const model = tf.sequential();
  for (let i = 0; i < lstmLayerSizes.length; ++i) {
    const lstmLayerSize = lstmLayerSizes[i];
    model.add(tf.layers.lstm({ ------ 이 모델은 먼저 LSTM 층을 쌓습니다.
      units: lstmLayerSize,          여러 개의 LSTM 층을 쌓을 수 있도록 returnSequences를 true로 설정합니다.
      returnSequences: i < lstmLayerSizes.length - 1, ---------
      inputShape: i === 0 ?
        [sampleLen, charSetSize] : undefined ------ 첫 번째 LSTM 층은 입력 크기를 지정해야 합니다.
    }));
  }
  model.add(
    tf.layers.dense({
      units: charSetSize,
      activation: 'softmax'
  })); ---------------------
  return model;      모델은 가능한 모든 문자에 대한 활성화 함수를 가진 밀집 층으로 끝납니다.
}                    이는 다음 문자 예측 문제가 분류 문제라는 것을 나타냅니다.
```

모델 훈련을 준비하기 위해 범주형 크로스 엔트로피 손실로 모델을 컴파일합니다. 이 모델은 기본적으로 71가지를 분류하기 때문입니다. 옵티마이저는 순환 신경망 모델에서 인기가 많은 RMSProp을 사용합니다.

```
const optimizer = tf.train.rmsprop(learningRate);
model.compile({optimizer: optimizer, loss: 'categoricalCrossentropy'});
```

모델 훈련에 사용되는 데이터는 입력 텍스트와 그 뒤를 따르는 문자로 이루어집니다. 모두 원-핫 벡터(그림 10-1 참조)로 인코딩됩니다. lstm-text-generation/data.js에 정의된 TextData 클래스는 훈련 텍스트 말뭉치에서 이런 텐서 데이터를 생성하는 로직을 담고 있습니다. 코드가 조금 복잡하지만 아이디어는 단순합니다. 텍스트 말뭉치와 같이 매우 긴 문자열에서 고정 길이의 텍스트를 랜덤하게 샘플링하고 원-핫 텐서 표현으로 변환합니다.

웹 브라우저로 데모를 실행한다면 **모델 훈련** 섹션에서 훈련 에포크 횟수, 에포크에 사용할 샘플 개수, 학습률 등과 같은 하이퍼파라미터를 수정할 수 있습니다. **모델 훈련** 버튼을 클릭하면 모델 훈련 과정이 시작됩니다. 노드 기반 훈련일 경우 명령줄 옵션으로 이런 하이퍼파라미터를 조정할 수 있습니다. 자세한 내용은 yarn train --help 명령으로 나온 메시지를 참고하세요.

지정한 훈련 에포크 횟수와 모델 크기에 따라 훈련 시간은 몇 분에서 몇 시간이 걸릴 수 있습니다. Node.js 기반 훈련은 자동으로 에포크가 끝날 때마다 모델이 생성한 샘플 텍스트를 보여 줍니다(표 10-1). 초기 손실 값이 약 3.2에서 훈련이 진행됨에 따라 지속적으로 내려가 1.4~1.5에서 수렴하는 것을 볼 수 있습니다. 120번째 에포크 이후 손실이 감소함에 따라 생성된 텍스트의 품질이 향상되고, 훈련의 끝에 가까워지면 텍스트가 세익스피어의 글과 비슷하게 보이고 검증 손실은 1.5 부근에 도달해야 합니다. 이는 섀넌 실험의 1.3비트/문자 정보 불확실성과 비교해 그다지 큰 차이가 나지 않습니다. 하지만 훈련 방식과 모델 용량을 고려하면 생성된 텍스트는 실제 세익스피어의 글처럼 보이지 않을 것입니다.

▼ 표 10-1 LSTM 기반의 다음 문자 예측 모델이 생성한 텍스트 샘플.[12] 초기 시드 텍스트 "in hourly synod about thy particular prosperity, and lo"[13]를 기반으로 생성한 것이다. (비교를 위해) 시드 텍스트 다음의 실제 텍스트는 "ve thee no worse than thy old father Menenius does! ..."이다

| 훈련 에포크 | 검증 손실 | T = 0 | T = 0.25 | T = 0.5 | T = 0.75 |
|---|---|---|---|---|---|
| 5 | 2.44 | "rle the the the the the the the the the the the the the the the the the the the the the the the the the the " | "te ans and and and and and warl torle an at an yawl and tand and an an ind an an in thall ang ind an tord and and and wa" | "te toll nlatese ant ann, tomdenl, teur teeinlndting fall ald antetetell linde ing thathere taod winld mlinl theens tord y" | "p, af ane me pfleh ; fove this? lretltard efidestind ants anl het insethou loellr ard, |
| 25 | 1.96 | "ve tray the stanter an truent to the stanter to the stanter to the stanter to the stanter to the stanter to the stanter " | "ve to the enter an truint to the surt an truin to me truent me the will tray mane but a bean to the stanter an trust tra" | "ve of marter at it not me shank to an him truece preater the beaty atweath and that marient shall me the manst on hath s" | "rd; not an an beilloters An bentest the like have bencest on it love gray to dreath avalace the lien I am sach me, m" |
| 50 | 1.67 | "rds the world the world the world the world the world the world the world the world the world the world the world the worl" | "ngs they are their shall the englents the world the world the stand the provicess their string shall the world l" | "nger of the hath the forgest as you for sear the device of thee shall, them at a hame, The now the would have bo" | "ngs, he coll, As heirs to me which upon to my light fronest prowirness foir. I be chall do vall twell. SIR C" |
| 100 | 1.61 | "nd the sough the sought That the more the man the forth and the strange as the sought That the more the man the " | "nd the sough as the sought In the consude the more of the princes and show her art the compont " | "rds as the manner. To the charit and the stranger and house a tarron. A tommern the bear you art this a contents, " | "nd their cons wents That thou be three as me a thout thou do end, The longers and an heart and not strange. A G" |

○ 계속

---

12 [역주] 번역서 깃허브에는 Node.js에서 훈련한 모델이 my-shakespeare-model 디렉터리에 포함되어 있습니다. Node.js 환경에서 텍스트를 생성하려면 yarn gen shakespeare ./my-shakespeare-model/model.json과 같은 명령을 실행합니다. 자세한 텍스트 생성 옵션을 보려면 yarn gen --help 명령을 사용하세요.

13 셰익스피어의 '코리올레이너스(Coriolanus)' 5막 2장 중에서 가져왔습니다. 이 샘플은 줄 바꿈 문자를 포함하고 있고 'love'라는 단어의 중간에서 끊어졌습니다.

| 훈련<br>에포크 | 검증<br>손실 | T = 0 | T = 0.25 | T = 0.5 | T = 0.75 |
|---|---|---|---|---|---|
| 120 | 1.49 | "ve the strike the strike the strike the strike the strikes the strike And the strike the strike the strike A" | "ve the fair brother, And this in the strike my sort the strike, The strike the sound in the dear strike And " | "ve the stratter for soul. Monty to digning him your poising. This for his brother be this did fool. A mock'd" | "ve of his trusdum him. poins thinks him where sudy's such then you; And soul they will I would from in my than s" |

표 10-1은 네 개의 다른 온도 값으로 샘플링한 텍스트를 보여 줍니다. 온도는 생성 텍스트의 무작위성을 제어하는 파라미터입니다. 생성된 텍스트 샘플을 보면, 낮은 온도 값은 반복적이고 기계가 만든 텍스트처럼 보이는 반면 높은 온도 값은 예측하기 어려운 텍스트와 관련되어 있습니다. Node.js 훈련 스크립트의 높은 온도 값은 기본적으로 0.75로, 실제 영어는 아니지만 (표에 있는 샘플 중에 'stratter'와 'poins'와 같이) 영어 단어 같은 문자 시퀀스를 만듭니다. 다음 절에서 온도 값이 어떻게 동작하고 왜 온도라고 부르는지 알아보겠습니다.

### 10.1.3 온도: 생성된 텍스트의 무작위성 조절하기

코드 10-2에 있는 함수 sample()은 텍스트 생성 과정의 스텝마다 모델의 출력 확률을 기반으로 어떤 문자를 선택할지 결정합니다. 여기서 볼 수 있듯이 이 알고리즘은 조금 복잡합니다. TensorFlow.js의 저수준 연산 tf.div(), tf.log(), tf.multinomial() 세 개를 사용합니다. argMax()를 사용해 그냥 가장 높은 확률 점수를 가진 문자를 선택하지 않고 왜 복잡한 알고리즘을 사용할까요?

그렇게 한다면 텍스트 생성 과정의 출력이 결정적이 될 것입니다. 즉, 여러 번 실행해도 동일한 출력을 만듭니다. 지금까지 본 심층 신경망은 모두 결정적입니다. 입력 텐서가 주어지면 출력 텐서는 신경망의 구조와 가중치에 따라 결정됩니다. 필요하면 출력 값을 확인할 수 있는 단위 테스트를 만들 수 있습니다(머신 러닝 알고리즘의 테스트에 대해서는 12장을 참고하세요). 이런 결정적인 특징은 텍스트 생성에 이상적이지 않습니다. 글쓰기는 창조적인 과정이기 때문입니다. 동일한 시드 텍스트가 주입되더라도 생성된 텍스트에 무작위성이 포함되는 것이 훨씬 흥미롭습니다. 이것이 tf.multinomial() 연산과 온도 파라미터가 유용한 이유입니다. tf.multinomial()가 무작위성을 만들며, 온도는 무작위성의 정도를 제어합니다.

```
export function sample(probs, temperature) {
    return tf.tidy(() => {
        const logPreds = tf.div(
            tf.log(probs),
            Math.max(temperature, 1e-6));
        const isNormalized = false;
        return tf.multinomial(logPreds, 1, null, isNormalized).dataSync()[0];
    });
}
```

이 모델의 밀집 층은 정규화된 확률 점수를 출력합니다. 따라서 온도 값으로 나누기 전에 log() 함수를 사용해 이를 정규화되지 않은 로짓(logit)으로 바꿉니다.

작은 양수 값을 사용해 0 나눗셈 오류를 방지합니다. 이 나눗셈의 결과는 불확실성이 조정된 로짓입니다.

tf.multinomial()은 확률적 샘플링 함수입니다. 온도 값으로 스케일 조정된 로짓인 logPreds에 의해 면마다 다른 확률을 가진 다면체 주사위와 같습니다.

코드 10-2에 있는 sample() 함수에서 가장 중요한 부분은 다음 코드입니다.

```
const logPreds = tf.div(tf.log(probs),
                        Math.max(temperature, 1e-6));
```

(모델의 확률 출력인) probs를 받아 스케일 조정된 확률의 로그 값인 logPreds로 바꿉니다. 로그 연산(tf.log())과 스케일링(tf.div())은 어떤 일을 할까요? 예를 들어 이에 대해 설명해 보겠습니다. 간단하게 나타내기 위해 여기에서는 세 개의 선택(전체 문자 집합에서 세 개의 문자)만 있다고 가정합니다. 어떤 입력 시퀀스에 대해 다음 문자 예측기가 다음과 같은 확률 점수를 출력했다고 가정해 보죠.

```
[0.1, 0.7, 0.2]
```

두 개의 다른 온도가 이 확률을 어떻게 바꾸는지 알아보겠습니다. 먼저 비교적 낮은 온도인 0.25를 알아보죠. 로짓의 스케일을 바꾸면 다음과 같습니다.

```
log([0.1, 0.7, 0.2]) / 0.25 = [-9.2103, -1.4267, -6.4378]
```

이 로짓이 무엇을 의미하는지 이해하기 위해 소프트맥스 함수를 사용해 원래 확률 점수로 되돌립니다. 이 로짓에 지수 함수를 적용하고 정규화합니다.

```
exp([-9.2103, -1.4267, -6.4378]) / sum(exp([-9.2103, -1.4267, -6.4378]))
= [0.0004, 0.9930, 0.0066]
```

여기서 볼 수 있듯이 온도 = 0.25로 만든 로짓은 다른 두 선택에 비해 두 번째 선택이 훨씬 높은 확률을 갖도록 매우 집중된 확률 분포를 만듭니다(그림 10-3의 두 번째 패널 참조).

▼ 그림 10-3 다른 온도 값(T)으로 스케일링된 확률 점수. 낮은 T 값은 더 집중된 (덜 확률적인) 분포를 만든다. 높은 T 값은 클래스가 균일한 (더 확률적인) 분포를 만든다. T 값이 1이면 원본 확률이다(변화가 없다). 세 가지 선택의 상대적인 순위는 T 값에 상관없이 항상 동일하다.

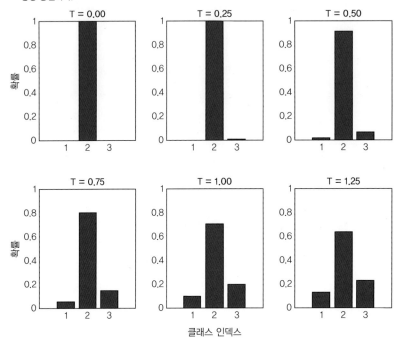

0.75 같은 높은 온도를 선택하면 어떻게 될까요? 앞에서와 동일한 계산을 반복해 보면 다음과 같은 값을 얻습니다.

```
log([0.1, 0.7, 0.2]) / 0.75 = [-3.0701, -0.4756, -2.1459]
exp([-3.0701, -0.4756, -2.1459]) / sum([-3.0701, -0.4756, -2.1459])
= [0.0591, 0.7919 0.1490]
```

이는 0.25를 선택했을 때보다 훨씬 덜 집중된 분포입니다(그림 10-3의 네 번째 패널). 눈치챘을지 모르지만 온도 1은 정확히 원본 확률과 같습니다(그림 10-3의 다섯 번째 패널). 온도가 1보다 크면 선택 간의 더 균등한 확률 분포를 만듭니다(그림 10-3의 여섯 번째 패널). 하지만 선택 항목의 순서는 항상 동일합니다.

그다음, 변환된 확률(또는 이 확률의 로그 값)을 tf.multinomial() 함수에 주입합니다. 이 함수는 입력 값에 따라 면의 확률이 달라지는 다면체 주사위와 같이 동작합니다. 이 함수를 통해 다음 문자를 최종적으로 선택하게 됩니다.

이것이 온도 파라미터가 생성된 텍스트의 무작위성을 제어하는 방법입니다. 온도라는 용어는 열역학에서 유래했습니다. 높은 온도를 가진 시스템은 높은 수준의 혼돈(chaos)을 가집니다. 이런 비유는 코드에 있는 온도 값을 높이면 조금 더 혼란스러워 보이는 텍스트를 얻기 때문에 적절해 보입니다. 모델마다 적당한 값의 온도가 있습니다. 이보다 낮으면 생성된 텍스트가 너무 반복적이고 기계적으로 보입니다. 이보다 높으면 너무 예측하기 어렵고 이상해 보입니다.

이것으로 텍스트 생성 LSTM에 대한 소개를 마칩니다. 매우 일반적인 방법이므로 적당히 수정하여 다른 시퀀스에 적용할 수 있습니다. 예를 들어, 충분히 많은 악보 데이터셋에서 훈련한다면 LSTM을 사용해 이전의 음표에서 다음 음표를 반복적으로 예측하는 식으로 노래를 작곡할 수 있습니다.[14]

# 10.2 변이형 오토인코더: 이미지를 위한 효율적이고 구조적인 벡터 표현 찾기

이전 절에서 딥러닝을 사용해 텍스트 같은 순차 데이터를 생성하는 방법을 알아보았습니다. 이 장의 남은 부분에서는 이미지를 생성하는 신경망을 어떻게 만드는지 알아보겠습니다. 두 종류의 모델을 살펴보겠습니다. **변이형 오토인코더**(Variational AutoEncoder, VAE)와 **생성적 적대 신경망**(Generative Adversarial Network, GAN)입니다. GAN에 비해 VAE는 역사가 길고 구조가 단순합니다. 따라서 VAE가 딥러닝 기반의 이미지 생성 세계로 들어가는 좋은 관문이 됩니다.

## 10.2.1 오토인코더와 VAE: 기본 아이디어

그림 10-4는 오토인코더의 전체적인 구조를 보여 줍니다. 처음 보면 오토인코더의 입력과 출력 이미지가 동일한 크기이므로 이상해 보입니다. 가장 기본적인 수준에 있는 오토인코더의 손실 함수는 입력과 출력 사이의 MSE입니다. 오토인코더를 제대로 훈련한다면 입력과 동일한 이미지를 출력한다는 의미입니다. 도대체 이런 모델이 무슨 소용이 있을까요?

---

14 Allen Huang and Raymond Wu, "Deep Learning for Music," submitted 15 June 2016, https://arxiv.org/abs/1606.04930.

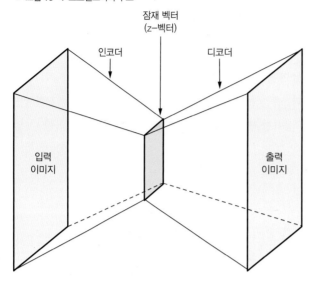

잠재 벡터
(z-벡터)

인코더          디코더

입력            출력
이미지          이미지

사실 오토인코더는 중요한 생성 모델의 하나이며 쓸모없는 것과는 거리가 멉니다. 앞선 질문의 답은 모래시계 모양의 구조에 있습니다(그림 10-4). 오토인코더에서 가장 좁은 중간 부분은 입력과 출력 이미지에 비해 훨씬 적은 개수의 원소를 가진 벡터입니다. 따라서 오토인코더가 수행하는 이미지-투-이미지 변환은 간단하지 않습니다. 먼저 입력 이미지를 많이 압축된 표현으로 바꿉니다. 그다음, 어떤 추가 정보를 사용하지 않고 이 표현에서 이미지를 재구성합니다. 중간에 있는 이 효율적인 표현을 **잠재 벡터**(latent vector) 또는 z-벡터라고 합니다. 두 용어를 혼용하여 사용하겠습니다. 이 벡터가 있는 공간을 **잠재 공간**(latent space) 또는 z-공간이라고 부릅니다. 오토인코더가 입력 이미지를 잠재 벡터로 바꾸는 부분을 **인코더**(encoder)라고 하며, 잠재 벡터에서 이미지로 바꾸는 부분을 **디코더**(decoder)라고 합니다.

잠시 후에 구체적인 예를 보겠지만, 잠재 벡터는 이미지에 비해 수백 배 작을 수 있습니다. 따라서 훈련된 오토인코더의 인코더 부분은 아주 효율적인 차원 축소기법입니다. 입력 이미지를 아주 간결하게 요약하지만, 디코더가 어떤 추가 정보 없이 입력 이미지를 복원할 수 있을 정도로 핵심 정보를 충분하게 포함하고 있습니다. 디코더가 이렇게 할 수 있다는 것도 놀라운 일입니다.

오토인코더를 정보 이론의 관점에서 볼 수도 있습니다. 입력과 출력 이미지가 $N$비트의 정보를 가지고 있다고 가정해 보죠. $N$은 단순히 픽셀 개수에 각 픽셀의 채널 비트를 곱한 값입니다. 반면에 오토인코더의 중간에 있는 잠재 벡터는 크기가 작기 때문에(가령 $m$비트) 매우 적은 정보만 담을 수 있습니다. $m$이 $N$보다 작다면, 잠재 벡터에서 이미지를 재구성하는 것은 이론적으로 불가능합니다. 하지만 이미지에 있는 픽셀은 완전히 무작위가 아닙니다(완전히 랜덤한 픽셀로 구성된 이미지는 잡음처럼 보입니다). 픽셀은 색 연속성이나 이미지에 나타난 실제 물체의 특징 같은 특정 패턴을 따릅니다. 이 때문에 픽셀 개수와 채널로 계산한 것보다 $N$이 훨씬 작을 수 있습니다. 이 패턴을 배우는 것이 오토인코더의 일입니다. 또한, 이것이 오토인코더가 작동할 수 있는 이유입니다.

오토인코더가 훈련한 뒤에 인코더 없이 디코더 부분을 사용할 수 있습니다. 어떤 잠재 벡터가 주어지면, 디코더는 훈련 이미지의 패턴과 스타일에 맞는 이미지를 생성할 수 있습니다. 이는 생성 모델의 조건에 잘 맞습니다. 게다가 잠재 공간은 해석하기 좋은 구조를 가질 수 있습니다. 잠재 공간의 각 차원은 이미지에서 의미 있는 특징에 연관될 수 있습니다. 예를 들어 사람 얼굴 이미지에서 오토인코더를 훈련했다고 가정해 보죠. 잠재 공간의 한 차원이 미소의 정도와 연관될 수 있습니다. 잠재 벡터의 다른 모든 차원은 고정하고 '미소 차원'에 해당하는 값만 변경하면, 디코더가 동일한 얼굴에 미소 정도만 바뀌는 이미지를 만들 것입니다(그림 10-5 참조). 입력된 얼굴 이미지에서 다른 모든 부분은 그대로 두고 미소 정도를 바꾸는 것과 같이 흥미로운 애플리케이션을 만들 수 있습니다. 이는 다음과 같은 단계로 수행됩니다. 먼저 입력을 인코더에 적용하여 잠재 벡터를 얻습니다. 그다음, 이 벡터에서 '미소 차원'만 수정합니다. 마지막으로, 수정된 잠재 벡터를 디코더에 통과시킵니다.

▼ 그림 10-5 '미소 차원.' 오토인코더가 학습한 잠재 공간에서 기대하는 구조의 한 예

안타깝게도 그림 10-4에 있는 고전적인 오토인코더 구조는 유용하고 잘 구성된 잠재 공간을 만들지 못합니다. 그리고 압축도 잘하지 못합니다. 이런 이유로 2013년까지 널리 사용되지 못했습니다. 2013년 12월 Diederik Kingma, Max Welling[15]과 2014년 1월 Danilo Rezende, Shakir Mohamed, Daan Wiestra[16]가 거의 동시에 발견한 VAE는 통계적 기법을 조금 추가하여 오토인코더가 연속적이고 잘 구성된 잠재 공간을 학습하도록 만들었습니다. 이로 인해 VAE가 강력한 이미지 생성 모델이 되었습니다.

---

VAE는 입력 이미지를 잠재 공간에 있는 고정 벡터에 압축하는 것이 아니라 이미지를 통계적 분포인 **가우스 분포**(Gaussian distribution)의 파라미터로 변환시킵니다. 고등학교 수학을 떠올려 보면, 가우스 분포는 평균과 분산(또는 표준 편차)이라는 두 개의 파라미터를 가집니다. VAE는 모든 입력 이미지를 평균과 분산에 매핑합니다. 이어지는 예에서 보겠지만, 추가되는 복잡성은 잠재 공간이 1D 이상이면 평균과 분산이 1차원보다 높을 수 있다는 것입니다. 기본적으로 이미지는 확률적 과정을 통해 생성되고 이 과정의 무작위성이 인코딩과 디코딩에서 고려되어야 한다고 가정합니다. VAE는 평균과 분산 파라미터를 사용해 이 분포의 한 벡터를 랜덤하게 샘플링하고 원본 입력 크기로 디코딩합니다(그림 10-6 참조). 이런 확률성 덕분에 VAE의 견고성이 높아지고 잠재 공간이 모든 곳에서 의미 있는 표현을 인코딩하도록 만듭니다. 즉, 잠재 공간에서 샘플링된 모든 포인트가 디코더로 디코딩했을 때 유효한 이미지 출력이 되어야 합니다.

▼ 그림 10-6 오토인코더(패널 A)와 VAE(패널 B)의 작동 방식 비교. 오토인코더는 입력 이미지를 고정된 잠재 벡터에 매핑하고 이 벡터를 사용해 디코딩을 수행한다. 이에 비해 VAE는 입력 이미지를 평균과 분산을 가진 분포로 매핑하고 이 분포에서 랜덤한 잠재 벡터를 뽑는다. 그다음, 이 랜덤 벡터를 사용해 디코딩된 이미지를 생성한다. T-셔츠 이미지는 패션 MNIST 데이터셋에서 가져온 것이다.

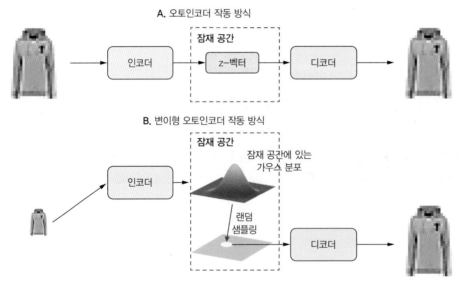

다음 절에서 패션 MNIST 데이터셋을 사용해 VAE 예를 살펴보겠습니다. 이름에서 알 수 있듯이 패션 MNIST[17]는 MNIST 손 글씨 숫자 데이터셋에서 영감을 받은 데이터셋이며, 옷이나 패션 아이템에 관한 이미지를 담고 있습니다. MNIST 이미지와 마찬가지로 패션 MNIST 이미지는

---

17 Han Xiao, Kashif Rasul, and Roland Vollgraf, "Fashion-MNIST: A Novel Image Dataset for Benchmarking Machine Learning Algorithms," submitted 25 Aug. 2017, https://arxiv.org/abs/1708.07747.

28 × 28 흑백 이미지이고, 옷과 패션 아이템에 대한 클래스 열 개를 가지고 있습니다(T-셔츠, 풀오버, 신발, 가방 등. 그림 10-6 참조). 하지만 패션 MNIST 데이터셋은 MNIST 데이터셋에 비해 머신 러닝 알고리즘에게 조금 더 어렵습니다. 현재 최고 수준의 테스트 세트 정확도는 약 96.5%로, MNIST 데이터셋의 99.75%보다 많이 낮습니다.[18] TensorFlow.js를 사용해 VAE를 만들고 패션 MNIST 데이터셋에서 훈련하겠습니다. 그다음, 이 VAE의 디코더를 사용해 2D 잠재 공간으로부터 샘플링해서 이 공간의 구조를 관찰해 보겠습니다.

## 10.2.2 VAE 예제: 패션 MNIST

fashion-mnist-vae 예제를 준비하려면 다음 명령을 사용하세요.

```
> cd deep-learning-with-javascript/fashion-mnist-vae
> yarn
> yarn download-data
```

이 예제는 두 부분으로 구성됩니다. Node.js에서 VAE를 훈련하는 것과 VAE 디코더를 사용해 브라우저에서 이미지를 생성하는 것입니다. 훈련을 시작하려면 다음 명령을 사용합니다.[19]

```
> yarn train
```

CUDA 지원 GPU가 적절하게 설정되어 있다면 --gpu 플래그를 사용해 훈련 속도를 높일 수 있습니다.

```
> yarn train --gpu
```

CUDA GPU를 가진 최신 데스크톱에서 훈련하는 데 약 5분 정도 걸립니다. GPU가 없다면 한 시간 정도 걸립니다. 훈련이 끝나면 다음 명령을 사용해 브라우저에서 이미지를 생성하는 페이지를 열 수 있습니다.

```
> cd deep-learning-with-javascript
> npx http-server
```

18 "State-of-the-Art Result for All Machine Learning Problems," GitHub, 2019, http://mng.bz/6w0o.

19 역주 번역서 깃허브에는 훈련된 모델이 포함되어 있으므로 브라우저에서 바로 모델을 사용할 수 있습니다.

그다음, 브라우저를 열고 http://127.0.0.1:8080/fashion-mnist-vae에 접속합니다.[20] 웹 페이지는 VAE 디코더를 로드하고 일정 간격을 둔 잠재 벡터의 2D 격자를 사용해 여러 이미지를 생성한 후 화면에 출력합니다. 이를 통해 잠재 공간을 잘 이해할 수 있습니다.

기술적으로 보면 VAE 작동 방식은 다음과 같습니다.

1. 인코더가 입력 샘플을 잠재 공간의 두 파라미터 zMean과 zLogVar로 바꿉니다. 각각 평균과 분산의 로그 값입니다. 두 벡터는 잠재 공간의 차원과 길이가 같습니다.[21] 예를 들어 잠재 공간이 2D이면 zMean과 zLogVar는 길이가 2인 벡터입니다. 분산을 그대로 쓰지 않고 왜 로그 분산(zLogVar)을 사용할까요? 분산은 음수가 될 수 없지만 층의 출력 값에 부호를 강제하기가 쉽지 않습니다. 이에 비해 로그 분산은 어떤 부호도 가능합니다. 로그 함수를 사용하면 층의 출력 값이 양수인지 음수인지 걱정할 필요가 없습니다. 로그 분산은 간단한 지수 연산(tf.exp())으로 쉽게 분산으로 바꿀 수 있습니다.

2. VAE 알고리즘은 epsilon이라 부르는 벡터를 사용해 잠재 정규 분포에서 랜덤하게 잠재 벡터를 샘플링합니다. epsilon은 zMean, zLogVar와 길이가 같은 랜덤 벡터입니다. 간단한 수학 공식으로 나타내면 **재파라미터화**(reparameterization)라고 부르는 이 단계는 다음과 같습니다.

```
z = zMean + exp(zLogVar * 0.5) * epsilon
```

표준 편차는 분산의 제곱근이므로 0.5를 곱해 분산에서 표준 편차로 바꿉니다. 자바스크립트 코드로 쓰면 다음과 같습니다.

```
z = zMean.add(zLogVar.mul(0.5).exp().mul(epsilon));
```

(코드 10-3 참조). 그다음, z를 VAE의 디코더에 주입하면 출력 이미지를 생성할 수 있습니다.

예제의 VAE 구현에서는 잠재 벡터 샘플링 단계를 사용자 정의 층인 ZLayer에서 수행합니다(코드 10-3). 9장에서 사용자 정의 TensorFlow.js 층을 간단히 보았습니다(어텐션 기반의 날짜 변환에서 사용한 GetLastTimestepLayer 층). VAE에서 사용하는 사용자 정의 층은 조금 더 복잡하여 설명이 필요합니다.

ZLayer 클래스는 두 개의 핵심 메서드 computeOutputShape()와 call()이 있습니다. computeOutputShape()은 입력 크기가 주어졌을 때 TensorFlow.js가 Layer 객체의 출력 크기를 계산하기

---

20 **역주** 번역서 데모 사이트(http://ml-ko.kr/tfjs/fashion-mnist-vae)에 브라우저로 접속하여 바로 실행해 볼 수 있습니다.

21 엄격히 말해서 길이가 $N$인 잠재 벡터의 공분산 행렬은 $N \times N$ 행렬입니다. 하지만 잠재 벡터의 원소 간의 상관관계가 없기 때문에 이 공분산 행렬은 대각 행렬이고 zLogVar는 길이가 $N$인 벡터가 됩니다.

위해 사용합니다. call() 메서드는 실제 계산을 포함하며 앞서 소개한 방정식 계산 라인이 들어 있습니다. 다음 코드는 fashion-mnist-vae/model.js에서 발췌한 것입니다.

**코드 10-3** 사용자 층을 사용해 잠재 공간(z-공간)에서 샘플링하기

```
class ZLayer extends tf.layers.Layer {
  constructor(config) {
    super(config);
  }
  computeOutputShape(inputShape) {
    tf.util.assert(inputShape.length === 2 && Array.isArray(inputShape[0]),
        () => 'Expected exactly 2 input shapes. ' +
            'But got: ${inputShape}');  ┈┈┈ 정확하게 입력이 두 개(zMean과 zLogVar)인지 확인합니다.
    return inputShape[0];  ┈┈┈ 출력(z)의 크기는 zMean의 크기와 같습니다.
  }
  call(inputs, kwargs) {
    const [zMean, zLogVar] = inputs;
    const batch = zMean.shape[0];
    const dim = zMean.shape[1];
    const mean = 0;
    const std = 1.0;
    const epsilon = tf.randomNormal(       ┈┈ 단위 가우스 분포에서 랜덤한 epsilon의
        [batch, dim], mean, std);          ┈┘ 배치를 얻습니다.
    return zMean.add(                    ┈┐ z-벡터 샘플링이 수행됩니다: zMean +
        zLogVar.mul(0.5).exp().mul(epsilon));  ┈┘ standardDeviation * epsilon
  }
  static get ClassName() {  ┈┈┈┈ 층을 직렬화하려면 className 정적 속성을 설정합니다.
    return 'ZLayer';
  }
}
tf.serialization.registerClass(ZLayer);  ┈┈┈┈ 역직렬화를 위해 클래스를 등록합니다.
```

코드 10-4에서 보듯이 ZLayer의 객체를 만들어 인코더의 일부로 사용합니다. 인코더는 간단한 시퀀셜 모델이 아니라 함수형 API로 만든 모델입니다. 내부 구조가 선형적이지 않고 zMean, zLogVar, z 세 개를 출력하기 때문입니다(그림 10-7 참조). 디코더에서 사용될 z를 인코더가 출력합니다. 하지만 왜 인코더의 출력에 zMean과 zLogVar가 포함되어 있을까요? 이는 잠시 후에 소개할 VAE의 손실 함수에 사용되기 때문입니다.

❤ 그림 10-7 TensorFlow.js로 구현한 VAE 구조. 인코더와 디코더의 내부 구조, VAE 훈련을 위한 옵티마이저, 손실 함수가 자세히 나타나 있다.

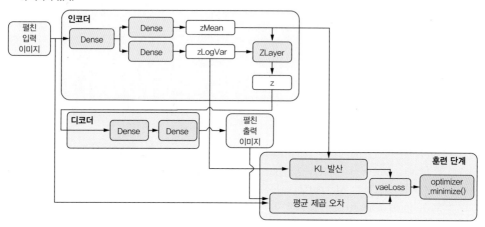

ZLayer 이외에도 인코더는 하나의 은닉층으로 이루어진 MLP 두 개를 가지고 있으며, 펼쳐진 패션 MNIST 입력 이미지를 각각 zMean과 zLogVar 벡터로 변환하는 데 사용합니다. 두 MLP는 동일한 은닉층을 공유하지만 출력층은 따로 사용합니다. 이렇게 두 갈래로 나뉘는 구조는 인코더를 함수형 API로 만들었기 때문에 가능합니다.

**코드 10-4** VAE의 인코더 부분(fashion-mnist-vae/model.js에서 발췌)

```
function encoder(opts) {
  const {originalDim, intermediateDim, latentDim} = opts;
  const inputs = tf.input({shape: [originalDim], name: 'encoder_input'});
  const x = tf.layers.dense({units: intermediateDim, activation: 'relu'})
              .apply(inputs); ------ 인코더의 기본층은 하나의 은닉층을 가진 간단한 MLP입니다.
  const zMean = tf.layers.dense({units: latentDim, name: 'z_mean'}).apply(x);2
  const zLogVar = tf.layers.dense({
        units: latentDim,          일반 MLP와 달리 이 은닉층에 두 개의 층을 연결하여 zMean과
        name: 'z_log_var'          zLogVar를 예측합니다. 이 때문에 간단한 시퀀셜 모델을 사용하지
     }).apply(x);                  않고 함수형 API를 사용해 모델을 만듭니다.
  const z =
     new ZLayer({name: 'z', outputShape: [latentDim]}).apply([zMean,
     zLogVar]);
  const enc = tf.model({          사용자 정의 ZLayer의 객체를 만들고 이를 사용해
    inputs: inputs,                zMean과 zLogVar로 지정된 분포를 따르는 랜덤
    outputs: [zMean, zLogVar, z],  샘플을 뽑습니다.
    name: 'encoder',
  })
  return enc;
}
```

코드 10-5는 디코더를 만듭니다. 인코더에 비해 디코더는 구조가 단순합니다. MLP를 사용해 입력 z-벡터(즉, 잠재 벡터)를 인코더의 입력과 동일한 크기의 이미지로 바꿉니다. 이 VAE는 조금 단순하고 특이하게 이미지를 다룹니다. 이미지를 1D 벡터로 펼쳤기 때문에 공간 방향 정보가 사라집니다. 일반적으로 이미지를 다루는 VAE는 합성곱과 풀링 층을 사용합니다. 하지만 이 예제의 이미지는 (크기가 작고 컬러 채널이 하나뿐이라) 단순하기 때문에 이미지를 펼쳐서 사용해도 충분히 잘 동작합니다.

**코드 10-5** VAE의 디코더 부분(fashion-mnist-vae/model.js에서 발췌)

```
function decoder(opts) {
  const {originalDim, intermediateDim, latentDim} = opts;
  const dec = tf.sequential({name: 'decoder'});      디코더는 잠재 (z) 벡터를 (펼친) 이미지로
  dec.add(tf.layers.dense({                           바꾸는 간단한 MLP입니다.
    units: intermediateDim,
    activation: 'relu',
    inputShape: [latentDim]
  }));
  dec.add(tf.layers.dense({
    units: originalDim,                  출력층에는 시그모이드 활성화 함수가 좋은 선
    activation: 'sigmoid'                택입니다. 출력 이미지의 픽셀 값을 0~1 사이
  }));                                   로 만들기 때문입니다.
  return dec;
}
```

인코더와 디코더를 하나의 tf.LayerModel 객체(이것이 VAE입니다)로 연결하기 위해 코드 10-6은 인코더의 세 번째 출력(z-벡터)을 디코더에 통과시킵니다. 그다음, 연결된 모델이 디코드된 이미지와 추가적인 세 개의 출력(zMean, zLogVar, z-벡터)을 내보냅니다. 이로써 VAE 모델 구조의 정의가 완료됩니다. 모델을 훈련하려면 손실 함수와 옵티마이저 두 개가 더 필요합니다. 다음 코드는 fashion-mnist-vae/model.js에서 발췌했습니다.

**코드 10-6** 인코더와 디코더를 연결하여 VAE를 구성한다.

```
function vae(encoder, decoder) {
  const inputs = encoder.inputs;       VAE 입력은 인코더의 입력과 동일하게 원본 입력 이미지입니다.
  const encoderOutputs = encoder.apply(inputs);
  const encoded = encoderOutputs[2];   인코더의 출력 세 개 중에 마지막 원소(z)만 디코더로 보냅니다.
  const decoderOutput = decoder.apply(encoded);
  const v = tf.model({               선형적이지 않은 모델 구조 때문에 함수형 API를 사용합니다.
    inputs: inputs,
```

```
    outputs: [decoderOutput, ...encoderOutputs],
    name: 'vae_mlp',                           VAE 모델은 디코드된 이미지와 zMean,
  })                                           zLogVar, z를 출력합니다.
  return v;
}
```

5장에서 객체 감지 모델을 만들었을 때 TensorFlow.js에서 사용자 정의 손실 함수를 만드는 방법을 소개했습니다. 여기에서도 VAE를 훈련하기 위해 사용자 정의 손실 함수가 필요합니다. 손실함수가 두 개의 항을 더해서 구성되기 때문입니다. 하나는 입력과 출력의 차이를 정량화하고, 다른 하나는 잠재 공간의 통계적 성질을 정량화합니다. 이와 비슷하게 객체 감지 모델의 사용자 정의 손실 함수는 객체 분류를 위한 항과 객체 위치를 위한 항을 더했습니다.

(fashion-mnist-vae/model.js에서 발췌한) 코드 10-7에서 볼 수 있듯이 입출력 차이에 대한 항은 간단하게 정의됩니다. 원본 입력과 디코더의 출력 간의 MSE를 계산합니다. 하지만 쿨백-라이블러 발산(Kullbach-Liebler(KL) divergence)으로 부르는 통계적 항은 수학이 조금 필요합니다. 자세한 수학 공식은 생략하지만,[22] 직관적으로 생각해 보면 KL 발산 항(코드의 klLoss)은 여러 입력 이미지에 대한 분포를 잠재 공간의 중심 주위에 고르게 분포시켜 디코더가 이미지 사이의 보간을 쉽게 수행할 수 있게 합니다. 따라서 klLoss 항을 VAE의 입출력 차이 항 위에 더하는 규제 항으로 생각할 수 있습니다.

**코드 10-7** VAE의 손실 함수

```
function vaeLoss(inputs, outputs) {
  const originalDim = inputs.shape[1];
  const decoderOutput = outputs[0];
  const zMean = outputs[1];                    '재구성 손실' 항을 계산합니다. 이 항을 최소화하는 목적은
  const zLogVar = outputs[2];                  모델 출력을 입력 데이터에 일치시키기 위해서입니다.
  const reconstructionLoss =
      tf.losses.meanSquaredError(inputs, decoderOutput).mul(originalDim);
  let klLoss = zLogVar.add(1).sub(zMean.square()).sub(zLogVar.exp());
  klLoss = klLoss.sum(-1).mul(-0.5);
              zLogVar와 zMean 사이의 KL 발산을 계산합니다. 이 항을 최소화하는 목적은 잠
              재 변수의 분포가 잠재 공간의 중심 주위에 정규 분포되도록 만드는 것입니다.
  return reconstructionLoss.add(klLoss).mean();
}                       이미지 재구성 손실과 KL 발산 손실을 더해 최종 VAE 손실을 만듭니다.
```

---

22 Irhum Shafkat의 블로그에서 KL 발산의 이면에 있는 수학을 자세히 설명합니다. http://mng.bz/vlvr

VAE 훈련에서 아직 언급하지 않은 것은 사용할 옵티마이저와 훈련 스텝입니다. 옵티마이저는 인기가 많은 ADAM 옵티마이저(tf.train.adam())를 사용합니다. VAE의 훈련 스텝은 이 책에서 본 다른 모든 모델과 달리 모델 객체의 fit()이나 fitDataset() 메서드를 사용하지 않습니다. 대신 옵티마이저의 minimize() 메서드를 호출합니다(코드 10-8). 사용자 손실 함수의 KL 발산 항이 모델의 네 출력 중 두 개를 사용하지만 TensorFlow.js에서 fit()과 fitDataset() 메서드는 모델의 각 출력이 다른 출력에 의존하지 않는 손실 함수를 가질 경우에만 동작하기 때문입니다.

코드 10-8에서 볼 수 있듯이 minimize() 함수를 유일한 매개변수인 화살표 함수(arrow function)로 호출합니다. 이 화살표 함수는 현재 펼친 이미지의 배치(코드의 reshaped)에 대한 손실을 반환합니다. minimize() 함수는 (인코더와 디코더를 포함해) VAE의 훈련 가능한 모든 가중치에 대한 손실의 그레이디언트를 계산하고, ADAM의 알고리즘에 따라 그레이디언트를 조정하고, 수정된 그레이디언트 반대 방향으로 가중치를 업데이트합니다. 이로써 훈련의 한 단계가 완료됩니다. 패션 MNIST 데이터셋에 있는 모든 이미지에 대해 이 단계를 반복하여 수행함으로써 훈련의 한 에포크를 구성합니다. yarn train 명령은 여러 훈련 에포크를 수행합니다(기본값 5 에포크). 손실 값이 수렴된 후에 VAE의 디코더 부분이 디스크에 저장됩니다. 인코더 부분을 저장하지 않는 이유는 브라우저에서 데모를 실행할 때 사용하지 않기 때문입니다.

**코드 10-8** VAE의 훈련 반복(fashion-mnist-vae/train.js에서 발췌)

```
for (let i = 0; i < epochs; i++) {
  console.log('\n에포크: #${i} / ${epochs}\n')
  for (let j = 0; j < batches.length; j++) {
    const currentBatchSize = batches[j].length
    const batchedImages = batchImages(batches[j]); ------(펼친) 패션 MNIST 이미지의 배치를 가져옵니다.
    const reshaped =
        batchedImages.reshape([currentBatchSize, vaeOpts.originalDim]);
    optimizer.minimize(() => { ------
                    VAE 훈련의 한 단계: optimizer.minimize가 훈련 가능한 모델의 모든 가
                    중치를 조정할 수 있도록 VAE로 예측을 만들고 손실을 계산합니다.
      const outputs = vaeModel.apply(reshaped);
      const loss = vaeLoss(reshaped, outputs, vaeOpts);
      process.stdout.write('.'); ---------fit() 메서드를 사용하지 않기 때문에 기본으로 제공되는 진행 막대를 사용할
                                         수 없습니다. 따라서 콘솔에 직접 진행 상태를 출력합니다.
      if (j % 50 === 0) {
        console.log('\n손실:', loss.dataSync()[0]);
      }
      return loss;
    });
    tf.dispose([batchedImages, reshaped]);
  }
```

```
    console.log('');
    await generate(decoderModel, vaeOpts.latentDim); ------ 훈련 에포크가 끝날 때마다 디코더를 사용해 이미지를
                                                            생성하고 확인을 위해 콘솔에 출력합니다.
}
```

웹 페이지는 저장된 디코더를 로드하고 그림 10-8과 비슷한 격자 이미지를 생성합니다. 이 이미지는 2D 잠재 공간에서 일정한 간격으로 잠재 벡터를 추출하여 만든 것입니다. 두 잠재 차원의 상한과 하한 값은 UI에서 바꿀 수 있습니다.

▼ 그림 10-8 VAE 훈련이 끝난 후 잠재 공간을 샘플링하기. 이 그림은 디코더 출력으로 만든 20 × 20 격자판이다. 이 격자는 일정 간격으로 뽑은 20 × 20 2D 잠재 벡터에 대응된다. 각 차원은 [-4, 4] 범위를 가진다.

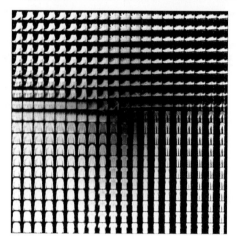

이 격자 이미지는 패션 MNIST 데이터셋에 있는 여러 종류의 의류가 완벽하게 연속적으로 분포되어 있다는 것을 보여 줍니다. 잠재 공간을 따라 이동하면 한 종류의 의류가 점진적으로 다른 종류로 바뀝니다(예를 들어 풀오버에서 T 셔츠로, T 셔츠에서 바지로, 부츠에서 신발로). 잠재 공간의 특정 방향은 잠재 공간의 어떤 하위 영역에서 의미가 있습니다. 예를 들어 이 잠재 공간의 맨 윗부분에서 수평 차원은 '부츠 vs. 신발'을 표현하는 것 같습니다. 잠재 공간의 오른쪽 아래에 있는 수평 차원은 'T 셔츠 vs. 바지'를 나타내는 것 같습니다.

다음 절에서는 또 다른 종류의 이미지 생성 모델인 GAN을 알아보겠습니다.

# 10.3 GAN으로 이미지 생성하기

2014년 이안 굿펠로우(Ian Goodfellow)와 동료들이 GAN을 소개[23]한 이후로 이 기술은 큰 관심을 끌었고 정교하게 발전했습니다. 오늘날 GAN은 이미지와 다른 종류의 데이터를 생성하기 위한 강력한 도구가 되었습니다. 일부 경우에 사람의 눈으로는 진짜와 구별할 수 없을 정도의 고해상도 이미지를 만들 수 있습니다. 그림 10-9에서 NVIDIA StyleGAN이 생성한 사람 얼굴 이미지를 참고하세요.[24] 얼굴에 가끔 생기는 인공적인 요소와 자연스럽지 않은 배경이 없다면 사람이 생성된 이미지와 진짜 이미지를 구별하는 것은 사실상 불가능합니다.

▼ 그림 10-9 NVIDIA StyleGAN을 생성한 사람 얼굴 이미지의 예. https://thispersondoesnotexist.com에서 가져왔다.[25]

매력적인 이미지를 바로 생성하는 것 외에도 GAN은 특정 입력 데이터나 파라미터로 이미지를 생성할 수 있습니다. 이는 작업에 특화된 여러 가지 유용한 애플리케이션을 가능하게 만듭니다. 예를 들어 GAN을 사용해 저해상도 입력에서 고해상도 이미지를 생성할 수 있습니다(이미지 초해상도(super-resolution)). 또는 이미지에서 빠진 부분을 채우거나(이미지 인페인팅(inpainting)), 흑백 이미지를 컬러 이미지로 바꾸거나(이미지 채색), 주어진 텍스트에서 이미지를 생성하거나, 어떤 포즈의 사람 이미지가 주어지면 동일한 사람이 특정 포즈를 취한 이미지를 생성할 수 있습니다. 이미지가 아닌 출력(예를 들면 음악)을 생성하도록 새로운 종류의 GAN도 개발되었습니다.[26] 무한한 양의 진짜처럼 보이는 대상을 생성하는 것은 예술, 음악 제작, 게임 디자인과 같은 영역에서

---

23 Ian Goodfellow et al., "Generative Adversarial Nets," NIPS Proceedings, 2014, http://mng.bz/4ePv.

24 https://thispersondoesnotexist.com에서 가져온 샘플. Tero Karras, Samuli Laine, and Timo Aila, "A Style-Based Generator Architecture for Generative Adversarial Networks," submitted 12 Dec. 2018, https://arxiv.org/abs/1812.04948.

25 역주 이 웹 사이트는 현재 StyleGAN2로 만든 이미지를 제공하며, 진짜와 가짜를 구분하기가 더욱 어렵습니다.

26 MuseGAN 프로젝트 참고. Hao-Wen Dong et al.: https://salu133445.github.io/musegan/. 역주 〈미술관에 GAN 딥러닝〉(한빛미디어, 2019)에서 음악을 작곡하는 MuseGAN 예제를 참고하세요.

필요합니다. 이런 가치 외에, 샘플을 수집하는 데 비용이 많이 드는 경우에는 GAN으로 훈련 샘플을 생성하여 딥러닝 모델을 도와주는 애플리케이션도 가능합니다. 예를 들어 GAN을 사용해 자율주행 신경망을 훈련하는 데 필요한 진짜 같은 거리 장면을 생성할 수 있습니다.[27]

VAE와 GAN 모두 생성 모델이지만 기본 아이디어는 다릅니다. VAE는 원본 입력과 디코더 출력 간의 MSE 손실을 사용해 생성된 샘플의 품질을 평가합니다. 잠시 후에 설명하겠지만, GAN은 판별자를 사용해 출력이 진짜 같은지 판단합니다. 또한, 여러 종류의 GAN은 잠재 공간 벡터뿐만 아니라 원하는 이미지 클래스처럼 조건부 입력을 사용할 수 있습니다. 다음에 살펴볼 ACGAN이 이에 대한 좋은 예입니다. 여러 종류의 입력을 사용하는 이런 종류의 GAN은 신경망 입력에 대해 잠재 공간이 더 이상 연속적이지 않습니다.

이 절에서 비교적 간단한 GAN을 살펴보겠습니다. 구체적으로 MNIST 손 글씨 숫자 데이터셋에서 ACGAN을 훈련하겠습니다.[28] 진짜 MNIST 숫자처럼 보이는 숫자 이미지를 생성하는 모델을 만듭니다. 동시에 ACGAN의 보조 분류기(auxiliary classifier) 덕분에 생성된 이미지가 속할 숫자 클래스(0에서 9까지)를 제어할 수 있습니다. ACGAN의 작동 방식을 이해하기 위해 한 번에 하나씩 살펴보겠습니다. 먼저 ACGAN의 기본 GAN 부분이 어떻게 동작하는지 설명하겠습니다. 그다음, 클래스를 제어할 수 있는 추가적인 ACGAN의 메커니즘을 설명하겠습니다.


## 10.3.1 GAN의 기본 아이디어

어떻게 GAN이 진짜처럼 보이는 이미지를 생성하는 방법을 학습할까요? **생성자**(generator)와 **판별자**(discriminator)라고 부르는 두 부분의 상호 작용을 통해 이를 달성합니다. 생성자는 고품질의 가짜 피카소 그림을 만드는 것이 목표인 위조범으로 생각할 수 있습니다. 판별자는 가짜 피카소 그림과 진짜를 구분하는 미술품 감정사와 같습니다. 위조범(생성자)은 감정사(판별자)를 속이기 위해 더욱 나은 가짜 그림을 만들고자 노력합니다. 반면 감정사의 일은 위조범에게 속지 않기 위해 더 나은 그림 평가자가 되는 것입니다. 이런 두 선수 간의 적대적인 경쟁으로 인해 GAN 이름에 '적대적(adversarial)'이라는 말이 붙게 되었습니다. 흥미롭게도 서로 적대적임에도 불구하고 위조범과 감정사는 서로 더 낫게 되도록 돕습니다.

---

27  James Vincent, "Nvidia Uses AI to Make it Snow on Streets that Are Always Sunny," The Verge, 5 Dec. 2017, http://mng.bz/Q0oQ.

28  Augustus Odena, Christopher Olah, and Jonathon Shlens, "Conditional Image Synthesis with Auxiliary Classifier GANs," submitted 30 Oct. 2016, https://arxiv.org/abs/1610.09585.

초기에 위조범(생성자)은 가중치가 랜덤하게 초기화되어 있기 때문에 피카소처럼 보이는 이미지를 잘 만들지 못합니다. 결국 감정사(평가자)는 진짜 피카소 그림과 가짜 피카소 그림을 구분하는 방법을 빠르게 학습합니다. 이 모든 것이 동작하는 방법은 다음과 같습니다. 위조범이 감정사에게 새로운 그림을 보여줄 때마다 그림의 어느 부분이 잘못되었는지, 더 진짜처럼 보이려면 어떻게 그림을 바꾸어야 하는지 (감정사로부터) 자세한 피드백을 받습니다. 위조범은 이를 기억하고 학습하므로, 다음 번에 감정사에게 갈 때는 조금 더 그림이 나아집니다. 이런 과정을 많이 반복합니다. 모든 파라미터가 올바르게 정착되면 결국 뛰어난 위조범(생성자)을 얻게 될 것입니다. 물론, 뛰어난 감정사(판별자)도 얻게 됩니다. 하지만 일반적으로 GAN을 훈련하고 난 후에는 생성자만 필요합니다.

그림 10-10은 일반적인 GAN 모델의 판별자를 훈련하는 방법을 자세히 보여 줍니다. 판별자를 훈련하기 위해 생성된 이미지의 배치와 진짜 이미지의 배치가 필요합니다. 생성자를 사용해 이미지를 생성합니다. 생성자는 아무것도 없이 이미지를 만들 수 없습니다. 입력으로 랜덤 벡터가 주어져야 합니다. 이 잠재 벡터는 개념적으로 10.2절에 있는 VAE를 위해 사용했던 것과 비슷합니다. 생성자가 생성한 각 이미지에 대한 잠재 벡터는 [latentSize] 크기의 1D 텐서입니다. 하지만 이 책에 있는 대부분의 훈련 과정과 마찬가지로 한 번에 이미지 배치를 처리합니다. 따라서 잠재 벡터의 크기는 [batchSize, latentSize]가 됩니다. 진짜 이미지는 실제 MNIST 데이터셋에서 바로 뽑습니다. 대칭을 위해 각 훈련 스텝에서 (생성된 이미지 개수와 같은) batchSize개의 진짜 이미지를 뽑습니다.

▼ 그림 10-10 GAN의 판별자 훈련 알고리즘. 이 그림은 간단하게 그리기 위해 ACGAN의 숫자 클래스 부분을 생략했다. ACGAN에서 판별자를 훈련하는 완전한 그림은 그림 10-13을 참고하자.

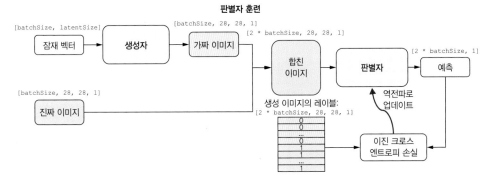

생성된 이미지와 진짜 이미지를 연결하여 하나의 이미지 배치를 만듭니다. 이 텐서의 크기는 [2 * batchSize, 28, 28, 1]입니다. 합친 이미지 배치에서 판별자를 실행하여 각 이미지가 진짜일 확률 점수를 예측합니다. 이진 크로스 엔트로피 손실 함수를 사용해 이 확률 점수를 정답(진짜 이미지와 가짜 이미지를 이미 알고 있습니다!)과 쉽게 비교할 수 있습니다. 그다음, 익숙한 역전파 알고리즘이 (이 그림에는 나타나지 않지만) 옵티마이저의 도움을 받아 판별자의 가중치 파라미터를 업데이트합니다. 이 단계에서 판별자는 올바른 예측을 만들도록 조금 더 나아집니다. 생성자는 이 훈련 단계에서 가짜 샘플을 제공하는 것이 전부이고 역전파 과정에서 업데이트되지 않습니다. 다음 훈련 단계에서 생성자를 업데이트합니다(그림 10-11).

❤ 그림 10-11 GAN의 생성자 훈련 알고리즘. 이 그림은 간단하게 그리기 위해 ACGAN의 숫자 클래스 부분을 생략했다. ACGAN에서 생성자를 훈련하는 완전한 그림은 그림 10-14를 참고하자.

**생성자 훈련**

그림 10-11은 생성자 훈련 단계를 보여 줍니다. 생성자가 또 다른 이미지 배치를 생성하지만, 판별자 훈련 단계와 달리 진짜 MNIST 이미지는 필요하지 않습니다. 판별자는 생성된 이미지 배치와 이진 레이블 배치를 받습니다. 이 레이블을 모두 1로 지정하여 생성된 이미지가 모두 진짜인 척합니다. 잠시 멈추고 생각해 보죠. GAN 훈련에서 이 부분이 가장 중요한 트릭입니다. 물론 이미지는 모두 생성되었지만(진짜가 아니지만) 레이블은 진짜로 설정합니다. 판별자는 이 입력 이미지 일부 혹은 전체에 대해 (제대로 된) 낮은 확률을 할당할 수 있습니다. 하지만 그렇게 된다면 가짜 레이블 덕분에 이진 크로스 엔트로피 손실이 큰 값을 가지게 됩니다. 이로 인해 역전파가 판별자의 확률 점수를 조금 더 높이도록 생성자를 업데이트합니다. 이 역전파는 생성자만 업데이트하고 판별자는 그대로 둡니다. 이는 또 다른 중요한 트릭입니다. 판별자는 진짜를 구별하는 기준을 낮추는 대신에 생성자가 조금 더 진짜 같은 이미지를 만들게 합니다. 이를 위해 5장의 전이 학습에서 사용했던 것처럼 모델의 판별자 부분을 동결합니다.

생성자 훈련 단계를 정리해 보죠. 판별자를 동결하고 생성자가 만든 이미지임에도 불구하고 레이블을 모두 1로 지정하여 주입합니다. 그 결과, 생성자의 가중치를 업데이트하여 판별자에게 조금 더 진짜처럼 보이는 이미지를 생성합니다. 이런 생성자 훈련 방법은 판별자가 진짜와 가짜를 잘 구분해야만 가능합니다. 이를 어떻게 확신할까요? 답은 앞서 이야기한 판별자 훈련 단계에 있습니다. 따라서 두 훈련 단계가 GAN의 두 부분이 서로 대립하고 동시에 협력하는 복잡한 음양의 역학을 형성합니다.

이것으로 일반적인 GAN 훈련의 고수준 개요를 마칩니다. 다음 절에서 판별자와 생성자의 내부 구조를 살펴보고 이미지 클래스에 대한 정보를 사용하는 방법을 알아보겠습니다.

## 10.3.2 ACGAN의 구성 요소

코드 10-9는 MNIST ACGAN의 판별자 부분을 만드는 TensorFlow.js 코드입니다(mnist-acgan/gan.js에서 발췌). 판별자의 핵심 부분은 4장에서 보았던 심층 합성곱 신경망과 비슷합니다. 입력은 MNIST 이미지의 크기인 [28, 28, 1]입니다. 입력 이미지는 네 개의 2D 합성곱 층(conv2d)을 통과한 후 펼쳐져서 두 개의 밀집 층에 의해 처리됩니다. 하나의 밀집 층은 입력 이미지가 진짜인지에 대한 이진 예측을 출력합니다. 다른 밀집 층은 열 개 숫자 클래스에 대한 소프트맥스 확률을 출력합니다. 판별자는 함수형 API로 만든 모델로서 두 개의 밀집 층에서 만든 출력을 가집니다. 그림 10-12의 패널 A는 판별자가 한 개의 입력과 두 개의 출력을 가진 구조임을 보여 줍니다.

▼ 그림 10-12 ACGAN의 판별자 내부 구조(패널 A)와 생성자 내부 구조(패널 B). 간단하게 나타내기 위해 특정 세부 사항(판별자에 있는 드롭아웃 층)은 생략했다. 자세한 코드는 코드 10-9와 코드 10-10을 참고하자.

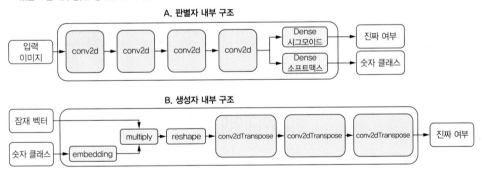

**코드 10-9** ACGAN의 판별자 부분 만들기

```
function buildDiscriminator() {
  const cnn = tf.sequential();
  cnn.add(tf.layers.conv2d({
    filters: 32,
    kernelSize: 3,
    padding: 'same',
```

```
    strides: 2,
    inputShape: [IMAGE_SIZE, IMAGE_SIZE, 1] ------ 판별자의 입력은 MNIST 포맷의 이미지 하나만 받습니다.
  }));
  cnn.add(tf.layers.leakyReLU({alpha: 0.2}));
  cnn.add(tf.layers.dropout({rate: 0.3})); ------ 과대적합을 막기 위해 드롭아웃 층을 사용합니다.
  }));
  cnn.add(tf.layers.conv2d(
      {filters: 64, kernelSize: 3, padding: 'same', strides: 1}));
  cnn.add(tf.layers.leakyReLU({alpha: 0.2}));
  cnn.add(tf.layers.dropout({rate: 0.3}));
  cnn.add(tf.layers.conv2d(
      {filters: 128, kernelSize: 3, padding: 'same', strides: 2}));
  cnn.add(tf.layers.leakyReLU({alpha: 0.2}));
  cnn.add(tf.layers.dropout({rate: 0.3}));
  cnn.add(tf.layers.conv2d(
      {filters: 256, kernelSize: 3, padding: 'same', strides: 1}));
  cnn.add(tf.layers.leakyReLU({alpha: 0.2}));
  cnn.add(tf.layers.dropout({rate: 0.3}));
  cnn.add(tf.layers.flatten());
  const image = tf.input({shape: [IMAGE_SIZE, IMAGE_SIZE, 1]});
  const features = cnn.apply(image);
  const realnessScore =
      tf.layers.dense({units: 1, activation: 'sigmoid'}).apply(features);
  const aux = tf.layers.dense({units: NUM_CLASSES, activation: 'softmax'})
                  .apply(features);
  return tf.model({inputs: image, outputs: [realnessScore, aux]});
}
```

판별자의 두 출력 중에 첫 번째는 진짜인지 구분하는 이진 분류에 대한 확률 점수입니다.

판별자의 두 번째 출력은 열 개 MNIST 숫자 클래스에 대한 소프트맥스 확률입니다.[30]

코드 10-10에서 ACGAN 생성자를 만듭니다. 이전에 언급했듯이 생성자의 생성 과정에는 **잠재 벡터**(코드의 latent)가 입력으로 필요합니다. 첫 번째 밀집 층의 inputShape 매개변수에 이 벡터의 크기가 반영됩니다. 하지만 주의 깊게 코드를 살펴보면 생성자는 실제로 두 개의 입력을 받습니다. 이는 그림 10-12의 패널 B에 나타나 있습니다. [latentShape] 크기의 1D 텐서인 잠재 벡터 외에도 생성자는 크기가 [1]인 imageClass라는 추가적인 입력이 필요합니다. 이를 통해 모델에게 어떤 MNIST 숫자 클래스(0에서 9)를 생성할지 알려 줍니다. 예를 들어 숫자 8 이미지를 생성하려면, 모델의 두 번째 입력으로 tf.tensor2d([[8]])의 텐서 값을 주입해야 합니다(하나의 샘플만 있더라도 모델은 항상 배치 차원을 기대합니다). 비슷하게 모델이 8과 9 두 개의 이미지를 생성하려면 tensor2d([[8], [9]]) 텐서를 주입해야 합니다.

---

29 **역주** 숫자 클래스에 대한 확률을 출력하는 이 밀집 층이 보조 분류기(auxiliary classifier)입니다.

imageClass 입력이 생성자로 들어가면, 바로 임베딩 층이 이를 latent와 동일한 크기 ([latentSize])의 텐서로 변환합니다. 이 단계는 9장의 감성 분석과 날짜 변환 모델에서 사용한 임베딩 룩업 과정과 수학적으로 비슷합니다. 원하는 숫자 클래스는 감성 분석 데이터의 단어 인덱스와 날짜 변환 데이터의 문자 인덱스와 비슷한 정수 양입니다. 단어와 문자 인덱스가 1D 벡터로 변환된 것과 동일한 방식으로 숫자 클래스를 1D 벡터로 변환합니다. 하지만 여러 가지 목적으로 imageClass에 대한 임베딩 룩업을 사용합니다. latent 벡터와 합치고, 하나의 연결된 벡터(코드 10-10의 h)를 구성하기 위해서입니다. 이 과정이 multiply 층에서 수행됩니다. 크기가 동일한 두 벡터 간의 원소별 곱셈을 수행합니다. 만들어진 텐서는 입력과 동일한 크기([latentSize])이며 생성자의 뒷부분으로 이동합니다.

생성자는 연결된 잠재 벡터(h)에 밀집 층을 적용하고 크기를 [3, 3, 384]의 3D로 변경합니다. 크기 변환을 통해 이미지와 유사한 형태의 텐서를 만듭니다. 생성자의 이후 부분이 이 텐서를 MNIST 크기([28, 28, 1])로 변환합니다.

생성자가 입력을 변환하기 위해 익숙한 conv2d 층을 사용하지 않고 conv2dTranspose 층을 사용해 이미지 텐서를 변환합니다. 대략적으로 말하면 conv2dTranspose는 conv2d와 반대로 동작합니다(이따금 **역합성곱**(deconvolution)이라고 부르기도 합니다). 4장의 합성곱 신경망에서 보았듯이 일반적으로 conv2d 층의 출력은 입력에 비해 높이와 너비가 작습니다(kernelSize를 1로 정하는 드문 경우를 제외하고). 하지만 conv2dTranspose 층은 일반적으로 입력보다 출력의 높이와 너비가 큽니다. 다른 말로 하면, conv2d 층은 입력의 차원을 줄이는 반면 conv2dTranspose 층은 차원을 늘립니다. 이 때문에 첫 번째 conv2dTranspose 층의 입력은 높이와 너비가 3이지만, 마지막 conv2dTranspose 층의 출력은 높이와 너비가 28입니다. 이것이 생성자가 입력 잠재 벡터와 숫자 클래스를 MNIST 이미지 차원과 같은 이미지로 변환하는 방법입니다. 다음 코드는 mnist-acgan/gan.js에서 가져왔습니다. 가독성을 위해 일부 에러 체크 코드는 생략했습니다.

**코드 10-10** ACGAN의 생성자 부분 만들기

```
function buildGenerator(latentSize) {
  const cnn = tf.sequential();
  cnn.add(tf.layers.dense({
    units: 3 * 3 * 384,            출력의 크기를 바꾸어 이어지는 conv2dTranspose 층에 주입했을 때 마지막에 나오는
    inputShape: [latentSize],     텐서의 크기가 MNIST 이미지([28, 28, 1])와 맞도록 유닛 개수를 지정합니다.
    activation: 'relu'
  }));
  cnn.add(tf.layers.reshape({targetShape: [3, 3, 384]}));
  cnn.add(tf.layers.conv2dTranspose({  ------[3, 3, …]을 [7, 7, …]로 업샘플링합니다.
    filters: 192,
```

```
      kernelSize: 5,
      strides: 1,
      padding: 'valid',
      activation: 'relu',
      kernelInitializer: 'glorotNormal'
    }));
    cnn.add(tf.layers.batchNormalization());
    cnn.add(tf.layers.conv2dTranspose({      ------[14, 14, …]로 업샘플링합니다.
      filters: 96,
      kernelSize: 5,
      strides: 2,
      padding: 'same',
      activation: 'relu',
      kernelInitializer: 'glorotNormal'
    }));
    cnn.add(tf.layers.batchNormalization());
    cnn.add(tf.layers.conv2dTranspose({      ------ [28, 28, …]로 업샘플링합니다.
      filters: 1,
      kernelSize: 5,
      strides: 2,
      padding: 'same',
      activation: 'tanh',
      kernelInitializer: 'glorotNormal'      생성자의 두 입력 중 첫 번째입니다. 가짜 이미지 생성을 위한
    }));                                      시드 값으로 사용되는 잠재 (z-공간) 벡터입니다.
    const latent = tf.input({shape: [latentSize]});  ------
    const imageClass = tf.input({shape: [1]});  ------  생성자의 두 번째 입력입니다. 생성될 이미지가 속할 열 개의
    const classEmbedding = tf.layers.embedding({ ---      MNIST 숫자 클래스를 제어하는 클래스 레이블입니다.
      inputDim: NUM_CLASSES,            임베딩 룩업을 사용해 레이블을 latentSize 길이의
      outputDim: latentSize,            벡터로 바꿉니다.
      embeddingsInitializer: 'glorotNormal'
    }).apply(imageClass);
    const h = tf.layers.multiply().apply( ---      잠재 벡터와 클래스 조건을 임베딩한
        [latent, classEmbedding]);    ---          벡터를 곱셈을 통해 합칩니다.
    const fakeImage = cnn.apply(h);
    return tf.model({
      inputs: [latent, imageClass],          마지막으로 모델을 만듭니다. 이 모델의 핵심 부분은
      outputs: fakeImage                     순서대로 쌓은 합성곱 층입니다.
    });
}
```

### 10.3.3 ACGAN 훈련 자세히 알아보기

이전 절에서 ACGAN의 판별자와 생성자의 내부 구조를 잘 이해했고 (ACGAN 이름의 'AC' 부분에 해당하는) 숫자 클래스 정보를 사용하는 방법을 알았을 것입니다. 이런 지식을 바탕으로 그림 10-10과 10-11을 확장하여 ACGAN 훈련 방법을 자세히 이해해 보겠습니다.

그림 10-13은 그림 10-10을 확장한 것으로, ACGAN의 판별자를 훈련하는 방법을 보여 줍니다. 이전과 비교해 보면 훈련 단계가 진짜 이미지와 생성된 (가짜) 이미지를 구분하는 판별자의 능력을 향상시킬 뿐만 아니라 (진짜와 생성된) 이미지가 속할 숫자 클래스를 결정하는 능력도 높입니다. 이전의 그림과 비교하기 쉽도록 그림 10-10에서 이미 보았던 부분은 흐리게 표시하고 새로운 부분은 진하게 나타냈습니다. 먼저 생성자는 생성할 숫자를 지정할 수 있는 조건 입력(숫자 클래스)을 받습니다. 또한, 판별자는 진짜 여부에 대한 예측뿐만 아니라 숫자 클래스도 예측합니다. 결과적으로 판별자의 두 헤드(head)는 모두 훈련이 필요합니다. 진짜 여부 예측 부분의 훈련은 이전 (그림 10-10)과 동일합니다. 클래스 예측 부분의 훈련은 생성 이미지와 진짜 이미지가 속할 숫자 클래스를 이미 알고 있기 때문에 가능합니다. 모델의 두 헤드는 예측이 다르기 때문에 다른 손실 함수로 컴파일합니다. 진짜 여부 예측의 경우 이진 크로스 엔트로피 손실을 사용하지만, 숫자 클래스 예측의 경우 희소한 범주형 크로스 엔트로피 손실을 사용합니다. mnist-acgan/gan.js에서 가져온 다음 코드에서 이를 확인할 수 있습니다.

```
discriminator.compile({
  optimizer: tf.train.adam(args.learningRate, args.adamBeta1),
  loss: ['binaryCrossentropy', 'sparseCategoricalCrossentropy']
});
```

❤ 그림 10-13 ACGAN의 판별자 훈련 알고리즘. 그림 10-10에 숫자 클래스를 다루는 부분을 추가한 것이다. 그림 10-10에 이미 나타난 그림의 나머지 부분은 흐리게 처리했다.[30]

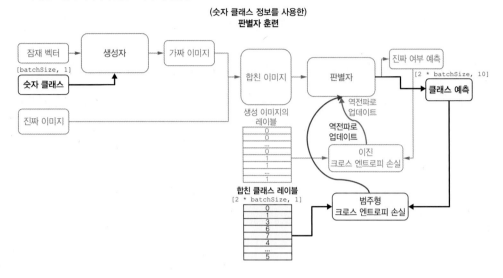

그림 10-13에 있는 두 곡선 화살표가 보여주듯이 두 손실에서 역전파된 그레이디언트는 서로 더해져 판별자의 가중치를 업데이트합니다. 그림 10-14는 그림 10-11을 확장한 버전으로, ACGAN의 생성자를 훈련하는 방법을 자세히 보여 줍니다. 이 그림은 주어진 숫자 클래스에 맞는 이미지를 생성하는 방법과 진짜처럼 보이는 이미지를 생성하는 방법을 생성자가 어떻게 배우는지 보여 줍니다. 그림 10-13과 비슷하게 새로운 부분은 진하게 표시하고 그림 10-11에 있던 부분은 흐리게 나타냈습니다. 진하게 표시된 부분을 보면, 훈련 스텝에 주입하는 레이블에는 생성 이미지의 레이블뿐만 아니라 숫자 클래스 레이블도 포함됩니다. 이전처럼 생성 이미지를 위한 레이블은 모두 의도적으로 틀리게 만듭니다. 하지만 새로 추가된 숫자 클래스 레이블은 실제로 생성자에게 전달되는 레이블이라는 점에서 조금 더 정직하다고 할 수 있습니다.

---

30 [역주] 합친 클래스 레이블은 생성자에게 주입된 숫자 클래스와 진짜 이미지의 클래스를 합친 것입니다.

▼ 그림 10-14 ACGAN의 생성자 훈련 알고리즘. 그림 10-11에 숫자 클래스를 다루는 부분을 추가한 것이다. 그림 10-11에 이미 나타난 그림의 나머지 부분은 흐리게 처리했다.

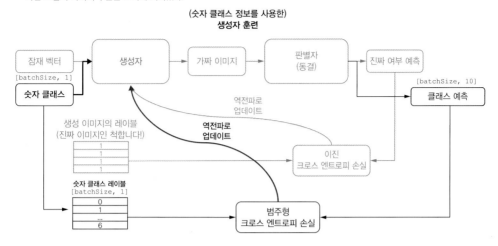

이전에 진짜인 척 만든 생성 이미지의 레이블과 판별자의 진짜 여부에 대한 확률 출력 사이의 차이를 사용하여 판별자를 더 잘 속이도록 ACGAN의 생성자를 업데이트했습니다. 여기서는 판별자의 숫자 클래스 예측이 비슷한 역할을 합니다. 예를 들어 생성자가 숫자 8인 이미지를 생성하지만 판별자가 이를 9로 분류한다면, 범주형 크로스 엔트로피 값은 높고 이와 관련된 그레이디언트가 클 것입니다. 결과적으로 (판별자에 의해) 생성자의 가중치는 더욱 8처럼 보이는 이미지를 만들도록 업데이트될 것입니다. 확실히 이런 방식의 생성자 훈련은 판별자가 이미지를 열 개의 MNIST 숫자 클래스로 충분히 잘 분류할 수 있어야만 가능합니다. 판별자 훈련 단계가 이를 확신하는 데 도움이 됩니다. 여기에서도 ACGAN을 훈련하는 동안 판별자와 생성자 사이에 작용하는 음양의 역학을 볼 수 있습니다.

## GAN 훈련의 트릭

GAN 훈련과 튜닝 과정은 어렵기로 유명합니다. mnist-acgan에 있는 훈련 스크립트는 연구자들이 수많은 시행착오를 거쳐 얻은 결과물입니다. 딥러닝의 대부분이 그렇듯이 이는 과학보다는 예술에 가깝습니다. 이런 트릭과 경험은 체계적인 이론으로 뒷받침되지 않습니다. 주어진 현상을 직관적으로 이해하는 수준에서 설명됩니다. 모든 상황에서 반드시 그런 것은 아니지만 경험적으로 잘 동작한다고 알려져 있습니다.

다음은 이 절에서 사용하는 ACGAN 훈련의 중요한 트릭입니다.

- 생성자에 있는 마지막 conv2dTranspose 층의 활성화 함수로 tanh를 사용합니다. tanh 함수는 다른 종류의 모델에서는 자주 사용되지 않습니다.

- 무작위성은 모델을 견고하게 하는 데 도움이 됩니다. GAN 훈련은 동적 평형(dynamic equilibrium) 상태를 만들기 때문에 여러 가지 이유로 훈련이 막히기 쉽습니다. 훈련에 무작위성을 도입하면 이를 방지하는 데 도움이 됩니다. 두 가지 방법으로 무작위성을 주입합니다. 판별자에 드롭아웃을 사용하고, 판별자를 위한 생성 이미지의 레이블로 소프트한 값 (0.95)을 사용합니다.

- 희소한 그레이디언트(많은 값이 0인 그레이디언트)는 GAN 훈련을 방해할 수 있습니다. 다른 종류의 딥러닝에서는 희소성이 바람직한 속성이지만 GAN에서는 그렇지 않습니다. 두 가지가 그레이디언트를 희소하게 만들 수 있습니다. 최대 풀링 연산과 렐루 활성화 함수입니다. 다운샘플링을 위해 최대 풀링 대신에 스트라이드 합성곱[31]이 권장됩니다. 코드 10-10에서 생성자를 만들 때 볼 수 있습니다. 렐루 함수 대신에는 음수 부분을 완전히 0으로 만들지 않고 작은 음수 값으로 바꾸는 leakyReLU 활성화 함수를 사용하는 것이 좋습니다. 역시 코드 10-9에서 이를 볼 수 있습니다.

## 10.3.4 MNIST ACGAN 훈련과 이미지 생성

다음 명령으로 mnist-acgan 예제를 준비합니다.

```
> cd deep-learning-with-javascript/mnist-acgan
> yarn
```

이 예제는 두 단계로 실행합니다. Node.js에서 훈련하고 브라우저에서 이미지를 생성합니다. 훈련 과정을 시작하려면 다음 명령을 사용합니다.

```
> yarn train
```

기본적으로 tfjs-node를 사용하여 훈련합니다. 하지만 이전에 본 합성곱 신경망 예제와 같이 tfjs-node-gpu를 사용하면 훈련 속도를 크게 높일 수 있습니다. 컴퓨터에 CUDA 지원 GPU가 적절하게 설정되어 있다면 yarn train 명령에 --gpu 플래그를 추가하여 속도를 높일 수 있습니다. ACGAN 훈련은 적어도 몇 시간이 걸립니다. 이렇게 오래 실행되는 훈련에서는 --logDir 플래그를 사용해 텐서보드로 훈련 과정을 모니터링할 수 있습니다.

---

31 역주 strides 매개변수가 1 이상인 합성곱 층을 말합니다.

```
> yarn train --logDir /tmp/mnist-acgan-logs
```

별도의 터미널에서 다음 명령을 사용해 텐서보드 프로세스를 실행합니다.

```
> tensorboard --logdir /tmp/mnist-acgan-logs
```

브라우저로 (텐서보드 서버 프로세스가 출력한) 텐서보드 URL에 접속하면 손실 곡선을 볼 수 있습니다. 그림 10-15는 훈련 과정의 손실 곡선 예입니다. GAN 훈련에서 손실 곡선의 특징 중 하나는 다른 신경망의 손실 곡선처럼 항상 감소하는 경향을 가지지 않는다는 점입니다. 판별자의 손실(그림의 dLoss)과 생성자의 손실(그림의 gLoss)은 일정하지 않은 방식으로 변화하며 복잡한 형태를 띱니다.

▼ 그림 10-15 ACGAN 훈련 손실 곡선. dLoss는 판별자 훈련의 손실이다. 구체적으로는 진짜 여부 예측에 대한 이진 크로스 엔트로피와 숫자 클래스 예측에 대한 범주형 크로스 엔트로피의 합이다. gLoss는 생성자 훈련의 손실이다. dLoss처럼 gLoss는 진짜 여부에 대한 이진 분류 손실과 숫자에 대한 다중 분류 손실의 합이다.

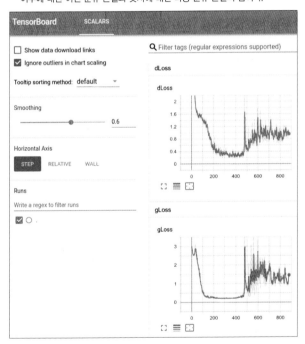

훈련 막바지에서 두 손실은 모두 0에 가까워지지 않습니다. 대신 수평을 유지합니다(수렴합니다). 그 시점에 훈련 과정을 마치고, 브라우저에서 이미지를 생성하는 데 사용하기 위해 모델의 생성자를 디스크에 저장합니다.

```
> await generator.save(saveURL);
```

이미지 생성 데모를 브라우저에서 실행하려면 다음 명령을 실행합니다.

```
> cd deep-learning-with-javascript
> npx http-server
```

그다음, 브라우저를 열고 http://127.0.0.1:8080/mnist-acgan에 접속합니다.[32] 데모 페이지는 이전 단계에서 저장한 훈련된 ACGAN의 생성자를 로드합니다. 판별자는 데모에 필요하지 않으므로 저장하거나 로드하지 않습니다. 생성자를 로드한 다음 잠재 벡터의 배치와 원하는 숫자 클래스의 배치를 만듭니다. 그다음, 생성자의 predict() 메서드를 호출합니다. 다음 코드가 이런 작업을 수행합니다. 이 코드는 mnist-acgan/index.js에서 가져왔습니다.

```
const latentVectors = getLatentVectors(10);
const sampledLabels = tf.tensor2d(
    [0, 1, 2, 3, 4, 5, 6, 7, 8, 9], [10, 1]);
const generatedImages =
    generator.predict([latentVectors, sampledLabels]).add(1).div(2);
```

숫자 클래스 레이블의 배치는 항상 0에서 9까지 정렬된 열 개 원소를 가진 벡터입니다. 이렇게 하는 이유는 생성된 이미지를 0에서 9까지 정렬된 배열로 만들기 위해서입니다. 이 이미지를 tf.concat()으로 연결한 다음 페이지의 div 요소에 렌더링합니다(그림 10-16의 위쪽 이미지). 랜덤하게 샘플링한 진짜 MNIST 이미지(그림 10-16의 아래쪽 이미지)와 비교해 보면 ACGAN이 생성한 이미지가 진짜 같아 보입니다. 또한, 숫자 클래스도 잘 맞습니다. ACGAN을 성공적으로 훈련한 것 같습니다. ACGAN 생성자의 출력을 더 만들어 보려면 페이지의 **이미지 생성** 버튼을 클릭하세요. 버튼을 클릭할 때마다 새로운 가짜 이미지 열 개가 생성되어 페이지에 보여집니다. 여러 번 실험을 해보면서 이미지 생성의 품질을 판단해 보세요.

---

32 역주 번역서 데모 사이트(http://ml-ko.kr/tfjs/mnist-acgan)에 브라우저로 접속하여 바로 실행해 볼 수 있습니다.

▼ 그림 10-16 훈련된 ACGAN의 생성자로부터 생성된 이미지(10 x 1 위쪽 패널). 비교를 위해 아래쪽 패널에 10 x 10 격자로 실제 MNIST 이미지가 나타나 있다. z-벡터 슬라이드 보기 버튼을 클릭하면 100개의 슬라이더로 채워진 섹션이 열린다. 이 슬라이더를 사용해 잠재 벡터(z-벡터)의 원소를 바꾸고 생성된 MNIST 이미지에 미치는 영향을 관찰할 수 있다. 하지만 이따금 눈에 띄는 효과를 내는 슬라이더가 있다.

## 10.4 추가 자료

- Ian Goodfellow, Yoshua Bengio, and Aaron Courville, "Deep Generative Models," Deep Learning, chapter 20, MIT Press, 2017.

- Jakub Langr and Vladimir Bok, GANs in Action: Deep Learning with Generative Adversarial Networks, Manning Publications, 2019.[33]

- Andrej Karpathy, "The Unreasonable Effectiveness of Recurrent Neural Networks," blog, 21 May 2015, http://karpathy.github.io/2015/05/21/rnn-effectiveness/.

---

33 역주 이 책의 번역서는 《GAN 인 액션》(한빛미디어, 2020)입니다.

- Jonathan Hui, "GAN—What is Generative Adversary Networks GAN?" Medium, 19 June 2018, http://mng.bz/Q0N6.
- GAN 작동 방식을 이해하고 탐험하기 위해 TensorFlow.js로 만든 인터랙티브한 웹 기반 환경인 GAN Lab: Minsuk Kahng et al., https://poloclub.github.io/ganlab/.

# 10.5 연습 문제

1. 세익스피어 텍스트 말뭉치 말고도 lstm-text-generation 예제는 몇 가지 다른 텍스트 데이터 셋을 가지고 있어 사용해 볼 수 있습니다. 이런 데이터셋으로 훈련해 보고 효과를 관찰하세요. 예를 들어 훈련 데이터셋으로 압축되지 않은 TensorFlow.js 코드를 사용합니다. 훈련하는 동 안과 훈련한 후에 생성된 텍스트가 자바스크립트 소스 코드의 패턴을 보이는지와 온도 파라미 터가 이 패턴에 어떤 영향을 미치는지를 관찰해 보세요.

   a. 키워드(예를 들면 'for'와 'function') 같은 짧은 범위 패턴

   b. 코드를 라인별로 구성하는 중간 범위 패턴

   c. 괄호와 대괄호의 쌍 또는 'function' 키워드는 괄호와 중괄호 쌍이 뒤따라야 한다는 사실과 같은 긴 범위 패턴

2. fashion-mnist-vae 예제의 경우 VAE 사용자 정의 손실에서 KL 발산을 빼면 어떤 일이 일어 나나요? fashion-mnist-vae/model.js(코드 10-7)에 있는 vaeLoss() 함수를 수정해서 테스 트해 보세요. 잠재 공간에서 샘플링한 이미지가 여전히 패션 MNIST 이미지처럼 보이나요? 이 공간이 여전히 해석 가능한 패턴을 보여주나요?

3. mnist-acgan 예제에서 열 개의 숫자 클래스를 다섯 개로 줄여 보세요(0과 1은 첫 번째 클래 스가 되고, 2와 3은 두 번째 클래스가 되는 식으로). 훈련한 다음 ACGAN의 출력이 어떻게 변 하는지 관찰해 보세요. 어떤 생성된 이미지를 기대할 수 있나요? 예를 들어 첫 번째 클래스를 생성하라고 지정할 때 ACGAN이 무엇을 생성할 것이라고 기대할 수 있나요? 힌트: 이렇게 바꾸려면 mnist-acgan.data.js에 있는 loadLabels() 함수를 수정해야 합니다. gan.js에 있는 NUM_CLASSES도 함께 바꾸어야 합니다. 또한, (index.js의) generateAnd-VisualizeImages() 함 수에 있는 sampledLabels 변수도 수정되어야 합니다.

# 10.6 요약

- 생성 모델은 이전에 배웠던 판별 모델과 다릅니다. 훈련 데이터셋의 샘플을 생성하는 과정과 통계적 분포를 모델링하도록 설계되었으며, 이런 설계 때문에 이 분포를 따르고 실제 훈련 데이터와 비슷한 새로운 샘플을 생성할 수 있습니다.

- 텍스트 데이터셋의 구조를 모델링하는 한 가지 방법인 다음 문자 예측을 소개했습니다. 이런 작업을 수행하기 위해 LSTM을 사용해 반복적인 방법으로 임의의 길이를 가진 텍스트를 생성할 수 있습니다. 온도 파라미터는 생성된 텍스트의 확률성(랜덤하고 예측하기 어려운 정도)을 제어합니다.

- 오토인코더는 인코더와 디코더로 구성된 생성 모델의 한 종류입니다. 먼저 인코더가 입력 데이터를 잠재 벡터 또는 z-벡터라 부르는 간결한 표현으로 압축합니다. 그다음, 디코더가 잠재 벡터를 사용해 입력 데이터를 재구성합니다. 훈련을 통해 인코더는 효율적인 데이터 요약기가 되고, 디코더는 샘플의 통계적 분포에 대한 지식을 가지게 됩니다. VAE는 잠재 벡터에 통계적 제약을 추가하여 VAE를 훈련한 뒤 잠재 벡터가 연속적으로 변하며 잠재 공간이 해석 가능한 구조를 가지도록 만듭니다.

- GAN은 판별자와 생성자 사이에서 동시에 일어나는 경쟁과 협력을 기반으로 합니다. 판별자는 생성된 샘플과 진짜 샘플을 구별합니다. 생성자의 목표는 판별자를 속이는 가짜 샘플을 생성하는 것입니다. 판별자와 생성자를 함께 훈련시키면 생성자는 진짜처럼 보이는 샘플을 생성할 수 있습니다. ACGAN은 기본 GAN 구조에 클래스 정보를 추가하여 생성할 샘플의 클래스를 지정할 수 있습니다.

# 11<sup>장</sup>

# 심층 강화 학습

11.1 강화 학습 문제 정의

11.2 정책 네트워크와 정책 그레이디언트: 카트–막대 예제

11.3 가치 네트워크와 Q–러닝: 스네이크 게임 예제

11.4 추가 자료

11.5 연습 문제

11.6 요약

이 장에서 다룰 핵심 내용

- 강화 학습이 이전 장에서 다룬 지도 학습과 어떻게 다른지 알아봅니다.
- 강화 학습의 기본적인 패러다임: 에이전트, 환경, 행동, 보상과 이들 간의 상호 작용
- 강화 학습 문제를 풀기 위한 두 가지 주요 방법인 정책 기반 방법과 가치 기반 방법의 이면에 있는 일반적인 아이디어

책에서 지금까지는 주로 **지도 학습**(supervised learning)이라 부르는 머신 러닝 종류에 집중했습니다. 지도 학습에서는 주어진 입력에 정확한 답을 내기 위해 모델을 훈련합니다. 입력 이미지에 클래스 레이블을 할당하거나(4장), 과거의 날씨 데이터를 기반으로 미래 온도를 예측하거나(8장, 9장), 정적인 입력을 정적인 출력으로 매핑하는 패러다임은 동일합니다. 9장과 10장에서 본 시퀀스 생성 모델은 출력이 하나가 아니라 시퀀스라는 점에서 조금 더 복잡합니다. 하지만 이런 문제도 시퀀스를 스텝으로 나누어 입력과 출력의 일대일 매핑으로 축소함으로써 볼 수 있습니다.

이 장에서는 **강화 학습**(Reinforcement Learning, RL)이라 부르는 매우 다른 종류의 머신 러닝을 알아보겠습니다. 강화 학습의 주요 관심사는 정적인 출력이 아닙니다. 대신 어떤 환경에서 행동을 수행하여 보상이라 부르는 성공 지표를 최대화하는 모델(RL 용어로는 **에이전트**(agent))을 훈련합니다. 예를 들어 강화 학습을 사용하여 빌딩 내부를 돌아다니며 쓰레기를 수집하는 로봇을 훈련할 수 있습니다. 사실 물리적인 환경일 필요도 없습니다. 에이전트가 행동을 수행하는 어떤 실제 또는 가상 공간일 수 있습니다. 체스판은 체스 게임을 플레이할 수 있도록 에이전트를 훈련할 수 있는 환경입니다. 주식 시장은 증권 거래를 할 수 있도록 에이전트를 훈련할 수 있는 환경입니다. 강화 학습 패러다임은 광범위한 실제 세상의 문제에 적용할 수 있습니다(그림 11-1). 또한, 가장 눈부신 딥러닝의 발전 중 일부는 강화 학습에 딥러닝을 접목한 것입니다. 초인적인 기술로 아타리(Atari) 게임에서 승리하는 봇과 바둑이나 체스 게임의 세계 챔피언을 이기는 알고리즘이 여기에 해당합니다.[1]

❤ 그림 11-1 강화 학습의 실제 애플리케이션. 왼쪽 위: 체스와 바둑 같은 보드 게임 문제 해결하기. 오른쪽 위: 주식 거래 알고리즘. 왼쪽 아래: 데이터 센터의 자동화된 자원 관리. 오른쪽 아래: 로봇 제어와 행동 계획. 모두 무료 라이선스 이미지이고 www.pexels.com에서 내려받았다.

1 David Silver et al., "Mastering Chess and Shogi by Self-Play with a General Reinforcement Learning Algorithm," submitted 5 Dec. 2017, https://arxiv.org/abs/1712.01815.

매력적인 주제인 강화 학습은 몇 가지 근본적인 점에서 이전 장에서 본 지도 학습 문제와 다릅니다. 지도 학습에서 입출력의 매핑을 학습하는 것과 달리 강화 학습은 환경과의 상호 작용을 통해 최적의 의사 결정 과정을 찾습니다. 강화 학습에서는 레이블된 훈련 데이터셋이 없습니다. 대신 여러 종류의 환경을 탐색합니다. 또한, 많은 지도 학습 문제에서 시간을 무시하거나 시간을 공간 차원처럼 다루는 것과 달리 강화 학습 문제에서는 시간이 필수적이고 근본적인 차원입니다. 강화 학습의 독특한 특징 때문에 이 장에서는 이전 장과 많이 다른 개념과 용어가 등장합니다. 하지만 걱정하지 마세요. 간단하고 구체적인 예제를 사용하여 강화 학습의 기본 개념과 방식을 설명하겠습니다. 이 장에서도 심층 신경망과 TensorFlow.js 구현을 사용합니다. (유일한 방법은 아니지만) 이런 도구들을 사용해 이 장에서 만날 강화 학습 알고리즘의 중요한 뼈대를 구축할 것입니다.

이 장의 끝에 다다르면 강화 학습 문제의 기본 구조에 익숙해지고, 강화 학습에서 널리 사용하는 두 종류의 신경망(정책 네트워크와 Q-네트워크)을 이해하고, TensorFlow.js API를 사용해 이런 신경망을 훈련하는 방법을 알게 될 것입니다.

# 11.1 강화 학습 문제 정의

그림 11-2는 강화 학습 문제의 주요 구성 요소를 보여 줍니다. 에이전트는 강화 학습 기술자들이 직접 제어하는 대상입니다. (빌딩에서 쓰레기를 수집하는 로봇과 같은) 에이전트는 세 가지 방법으로 환경과 상호 작용합니다.

- 각 단계에서 에이전트는 환경의 상태를 변경하는 **행동**(action)을 선택합니다. 쓰레기 수집 로봇의 경우 선택할 수 있는 행동은 {앞으로 가기, 뒤로 가기, 왼쪽으로 돌기, 오른쪽으로 돌기, 쓰레기 잡기, 컨테이너에 쓰레기 넣기}가 될 수 있습니다.

- 이따금 환경은 에이전트에게 **보상**(reward)을 제공합니다. 보상은 의인화된 용어로, 즉각적인 기쁨이나 성취감으로 이해할 수 있습니다. 하지만 조금 더 추상적인 용어로 보면 보상(또는 잠시 후에 보겠지만 시간에 따른 보상의 합)은 에이전트가 최대화하려는 숫자입니다. 손실 값이 지도 학습 알고리즘을 안내하는 것과 비슷하게 보상은 강화 학습 알고리즘을 안내하는 중요한 숫자 값입니다. 보상은 양수나 음수가 될 수 있습니다. 쓰레기 수집 로봇의 경우 쓰레기 봉투를 로봇의 쓰레기 컨테이너에 성공적으로 넣으면 양의 보상을 받을 수 있습니다.

쓰레기통을 쓰러뜨리거나, 사람이나 가구와 부딪히거나, 쓰레기를 컨테이너 밖으로 던지면 음의 보상을 받을 것입니다.

- 보상과는 별도로 에이전트는 **관측**(observation)이라는 또 다른 채널을 통해 환경의 상태를 관찰할 수 있습니다. 관측은 환경 전체의 상태이거나, 에이전트에게 보이는 일부이거나, 특정한 불완전한 채널을 통해 왜곡될 수 있습니다. 쓰레기 수집 로봇의 경우 로봇 몸체에 붙어 있는 카메라와 다양한 종류의 센서를 통한 이미지 스트림이나 시그널이 관측됩니다.

▼ 그림 11-2 강화 학습 문제의 기본 구조. 각 타임 스텝에서 에이전트는 가능한 행동 집합 중 하나의 행동을 선택하고, 이로 인해 환경의 상태가 바뀐다. 환경은 현재 상태와 선택된 행동에 따라 보상을 에이전트에게 제공한다. 에이전트가 관측하는 환경의 상태는 완전하거나 부분적이다. 이 상태를 사용해 미래 행동에 대한 결정을 내린다.

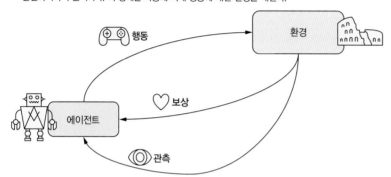

앞의 정의는 조금 추상적입니다. 몇 가지 구체적인 강화 학습 문제를 살펴보고 이 정의가 포함할 수 있는 범위를 가늠해 보겠습니다. 이 과정 중에 강화 학습 문제의 분류 체계도 살펴보겠습니다. 먼저 행동을 생각해 보죠. 에이전트가 행동으로 선택할 수 있는 공간은 이산적이거나 연속적일 수 있습니다. 예를 들어 보드 게임을 플레이하는 에이전트는 일반적으로 이산적인 행동 공간을 가집니다. 이런 문제에서는 선택할 수 있는 이동이 제한되어 있기 때문입니다. 하지만 두 발로 걷는 가상 휴머노이드(humanoid) 로봇을 제어하는 강화 학습 문제는 연속적인 행동 공간을 가집니다.[2] 왜냐하면 관절의 토크(torque)는 연속적으로 변하는 양이기 때문입니다. 이 장에서 다룰 예제는 이산적인 행동 공간을 다룹니다. 일부 강화 학습 문제에서는 연속적인 행동 공간을 이산화(discretization)를 통해 이산적인 공간으로 바꿀 수 있습니다. 예를 들어 딥마인드(DeepMind)의 '스타크래프트 II' 게임의 에이전트는 고해상도 2D 화면을 낮은 해상도의 사각형으로 나누어 유닛 이동이나 공격 시작의 위치를 결정합니다.[3]

---

2   OpenAI 짐(Gym)의 휴머노이드 환경(https://gym.openai.com/envs/Humanoid-v2/)을 참조하세요.

3   Oriol Vinyals et al., "StarCraft II: A New Challenge for Reinforcement Learning," submitted 16 Aug. 2017, https://arxiv.org/abs/1708.04782.

강화 학습 문제에서 중요한 역할을 수행하는 보상도 여러 가지입니다. 먼저, 일부 강화 학습 문제는 양의 보상만 사용합니다. 예를 들어 잠시 후에 보겠지만, 움직이는 카트에 서 있는 막대의 균형을 잡는 것이 목표인 강화 학습 에이전트는 양의 보상만 받습니다. 막대가 쓰러지지 않도록 유지하는 타임 스텝마다 작은 양의 보상을 받습니다. 하지만 많은 강화 학습 문제는 양의 보상과 음의 보상이 함께 있습니다. 음의 보상은 '벌칙' 또는 '처벌'로 생각할 수 있습니다. 예를 들어, 골대에 농구공을 쏘는 방법을 배우는 에이전트는 골이 들어갔을 때 양의 보상을 받고 실패하면 음의 보상을 받아야 합니다.

보상의 발생 빈도도 다양할 수 있습니다. 일부 강화 학습 문제는 연속적으로 보상을 제공합니다. 앞서 언급한 카트-막대 문제에서 막대가 쓰러지지 않는 한 에이전트는 타임 스텝마다 (양의) 보상을 받습니다. 한편 체스 게임 플레이를 하는 강화 학습 에이전트는 게임의 결과(승리, 패배 또는 무승부)가 결정되는 마지막에만 보상을 받습니다. 이 두 극단 사이에 있는 강화 학습 문제도 있습니다. 예를 들어 쓰레기 수집 로봇은 쓰레기를 수거하는 사이, 즉 A 지점에서 B 지점으로 그냥 이동하는 동안에는 보상을 받지 못할 수 있습니다. 아타리 게임 '퐁(Pong)'을 플레이하도록 훈련된 강화 학습 에이전트는 비디오 게임의 스텝(프레임)마다 보상을 받지 못합니다. 대신 몇 번의 스텝을 거쳐서 공을 맞춰 상대 쪽으로 넘길 때마다 양의 보상을 받습니다. 이 장에서 볼 강화 학습 문제들은 보상이 자주 등장하는 것과 그렇지 않은 것이 섞여 있습니다.

관측은 강화 학습 문제의 또 다른 중요한 요소입니다. 에이전트가 환경의 상태를 볼 수 있는 창이고 보상과 별개로 결정을 내릴 수 있는 근거가 됩니다. 행동과 마찬가지로 관측은 (보드 게임이나 카드 게임처럼) 이산적이거나 (물리적 환경에서처럼) 연속적일 수 있습니다. 강화 학습에서 관측과 보상이 모두 환경이 에이전트에게 전달하는 피드백임에도 왜 나누어져 있는지 궁금할 수 있습니다. 이에 대한 답은 개념적으로 명확하고 간단합니다. 보상을 관측으로 간주할 수 있지만 에이전트가 궁극적으로 관심을 두는 것이기 때문입니다. 관측에는 관련이 있거나 없는 정보가 포함될 수 있어 에이전트는 이런 정보를 거르거나 사용하는 방법을 학습해야 합니다.

일부 강화 학습 문제는 관측을 통해 에이전트에게 전체 환경 상태를 제공합니다. 어떤 경우에는 상태의 일부분만 제공합니다. 체스나 바둑 같은 보드 게임이 전자에 해당합니다. 후자의 예로는 주식 거래나 상대의 패를 볼 수 없는 포커 같은 카드 게임이 있습니다. 주가는 회사 내부 운영과 시장의 주식 거래자들의 사고방식과 같은 많은 요소에 의해 결정됩니다. 하지만 이런 상태는 에이전트가 직접 관찰할 수 있는 경우가 거의 없습니다. 결과적으로 에이전트의 관측은 순간순간의 주가 기록과 금융 뉴스 같은 공개된 정보로 제한됩니다.

이런 설명은 강화 학습의 동작 환경을 나타냅니다. 이 정의에서 흥미로운 점은 에이전트와 환경 사이의 정보 흐름이 양방향이라는 것입니다. 에이전트는 환경에 대해 작용하고 환경은 에이전트에게 보상과 상태 정보를 제공합니다. 이것이 강화 학습과 정보 흐름이 대부분 단방향인 지도 학습이 다른 점입니다. 지도 학습에서는 알고리즘이 출력을 예측하기에 충분한 정보가 입력에 담겨 있지만 출력이 어떤 방법으로도 입력에 대해 작용하지 않습니다.

강화 학습 문제의 흥미롭고 독특한 또 다른 사실은 에이전트-환경 상호 작용이 시간 차원을 따라 일어나서 여러 라운드(round)나 스텝으로 구성된다는 점입니다. 시간은 이산적이거나 연속적일 수 있습니다. 예를 들어 보드 게임을 해결하기 위한 강화 학습 에이전트는 일반적으로 이산적인 시간 축을 따라 동작합니다. 왜냐하면 이런 게임은 돌아가며 진행되기 때문입니다. 비디오 게임에도 동일하게 적용됩니다. 하지만 물체를 조작하기 위해 물리적인 로봇 팔을 제어하는 강화 학습 에이전트는 개별 시간 포인트에 동작을 선택할 수 있지만 연속적인 시간 축을 다루어야 합니다. 이 장에서는 이산적인 시간을 다루는 강화 학습 문제에 초점을 맞추겠습니다.

강화 학습의 이론적인 설명은 이것으로 충분합니다. 다음 절에서는 실제적인 강화 학습 문제와 알고리즘을 알아보겠습니다.

## 11.2 정책 네트워크와 정책 그레이디언트: 카트-막대 예제

TENSORFLOW.JS

첫 번째로 해결할 강화 학습 문제는 막대를 실은 카트가 1차원 트랙을 따라 움직이는 물리적인 시스템을 시뮬레이션한 것입니다. **카트-막대**(cart-pole) 문제는 1983년 Andrew Barto, Richard Sutton, Charles Anderson이 처음 소개했습니다.[4] 그 이후로 이 문제는 제어 시스템 엔지니어링을 위한 벤치마크 문제가 되었습니다(지도 학습의 MNIST 숫자 인식 문제와 비슷합니다). 이 문제는 단순하고 물리학적으로나 수학적으로 잘 정의되었을 뿐만 아니라 해결하기 쉽지 않기 때문

---

4   Andrew G. Barto, Richard S. Sutton, and Charles W. Anderson, "Neuronlike Adaptive Elements that Can Solve Difficult Learning Control Problems," IEEE Transactions on Systems, Man, and Cybernetics, Sept./Oct. 1983, pp. 834–846, http://mng.bz/Q0rG.

입니다. 이 문제에서 에이전트의 목표는 가능한 한 오래 막대가 균형을 잡고 서 있도록 왼쪽이나 오른쪽으로 힘을 가해 카트의 움직임을 제어하는 것입니다.

## 11.2.1 카트-막대 강화 학습 문제

더 자세한 내용을 다루기 전에 이 문제를 직관적으로 이해하려면 카트-막대 예제를 실행해 봐야 합니다. 카트-막대 문제는 간단하고 브라우저에서 시뮬레이션과 훈련을 모두 수행하기에 충분히 가볍습니다. 그림 11-3은 카트-막대 문제의 그림을 보여 줍니다. 이 예제를 실행하려면 다음 명령을 실행하세요.

```
> cd deep-learning-with-javascript
> npx http-server
```

그다음, 브라우저를 열고 http://127.0.0.1:8080/cart-pole에 접속합니다.[5]

❤ 그림 11-3 카트-막대 문제를 표현한 그림. 패널 A: 네 개의 물리량(카트 위치 x, 카트 속도 x′, 막대 기울기 각도 θ, 막대 각속도 θ′)이 환경 상태와 관측을 구성한다. 각 타임 스텝에서 에이전트는 왼쪽으로 미는 동작이나 오른쪽으로 미는 동작을 선택할 수 있으며, 이에 따라 환경 상태가 바뀐다. 패널 B와 C: 게임이 종료되는 두 조건이다. 카트가 왼쪽이나 오른쪽으로 너무 많이 이동(B)하거나 막대가 수직 위치에서 너무 많이 기울어질 때(C)다.

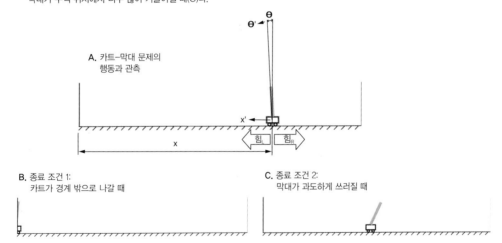

모델 생성 버튼을 클릭하고 그다음에는 훈련 버튼을 클릭하세요. 화면 아래에 훈련되지 않은 에이전트가 카트-막대 문제를 수행하고 있는 애니메이션이 나타납니다. 에이전트 모델(나중에 모델에

---

5    역주 번역서 데모 사이트(http://ml-ko.kr/tfjs/cart-pole)에 브라우저로 접속하여 바로 실행해 볼 수 있습니다.

대해 자세히 설명하겠습니다)의 가중치는 랜덤하게 초기화되기 때문에 성능이 매우 나쁩니다. 한 게임의 시작에서 끝까지 일어나는 모든 타임 스텝을 강화 학습에서는 **에피소드**(episode)라고 부릅니다. 이 책에서는 게임과 에피소드라는 용어를 혼용해서 사용하겠습니다.

그림 11-3의 패널 A에 있는 것처럼 어떤 타임 스텝에서 트랙 위에 있는 카트의 위치는 변수 $x$로 나타냅니다. 순간 속도는 $x'$로 표시합니다. 또한, 막대의 기울기 각도는 또 다른 변수인 $\theta$에 저장됩니다. 막대의 각속도($\theta$가 어느 방향으로 얼마나 빨리 변하는지 나타내는 값)는 $\theta'$로 표현합니다. 매 스텝에서 에이전트는 네 개의 물리량($x, x', \theta, \theta'$)을 완전하게 관측합니다. 즉, 이 강화 학습 문제의 관측이 네 개의 물리량입니다.

다음 두 조건 중 하나를 만족하면 시뮬레이션이 종료됩니다.

- $x$의 값이 미리 지정된 경계를 벗어날 때. 물리적으로 설명하면 카트가 트랙의 양쪽 끝에 있는 벽에 부딪힐 때(그림 11-3의 패널 B)
- $\theta$의 절댓값이 어떤 임계값을 초과할 때. 물리적으로 설명하면 막대가 수직 위치에서 너무 기울어질 때(그림 11-3의 패널 C)

시뮬레이션이 500번째 스텝을 넘어가도 에피소드가 끝납니다. 이는 너무 오래 게임이 지속되는 것을 막아줍니다(에이전트가 학습되어 게임을 너무 잘할 때 이런 일이 일어날 수 있습니다). 최대 스텝 수는 화면에서 조정할 수 있습니다. 게임이 끝날 때까지 에이전트는 시뮬레이션 스텝마다 단위 보상(1)을 받습니다. 따라서 누적된 보상을 높이려면 에이전트는 막대가 쓰러지지 않도록 하는 방법을 찾아야 합니다. 하지만 에이전트가 카트-막대 시스템을 어떻게 제어할까요? 이는 강화 학습 문제의 행동에 해당합니다.

그림 11-3의 패널 A에 있는 힘을 나타낸 화살표에서 알 수 있듯이 에이전트는 스텝마다 두 개의 행동만 가능합니다. 카트를 왼쪽으로 밀거나 오른쪽으로 미는 것입니다. 힘의 크기는 고정되어 있습니다. 힘을 가하고 나면, 시뮬레이션은 일련의 수학 방정식을 사용해 환경의 다음 상태(새로운 $x, x', \theta, \theta'$)를 계산합니다. 세부적으로는 잘 알려진 뉴턴 역학을 사용합니다. 방정식을 이해할 필요는 없기 때문에 여기서는 자세히 다루지 않겠습니다. 하지만 관심이 있다면 cart-pole 디렉터리 아래에 있는 cart_pole.js 파일을 참고하세요.

비슷하게 카트-막대 시스템을 HTML 캔버스에 렌더링하는 코드는 cart-pole/ui.js에 있습니다. 이 코드는 자바스크립트로(특히 TensorFlow.js로) 강화 학습 알고리즘을 구현하는 장점을 보여줍니다. UI와 학습 알고리즘을 동일한 언어로 작성하고 긴밀하게 통합시킬 수 있습니다. 강화 학습 문제를 시각화하고 직관적으로 이해하는 데 도움이 되며 개발 속도를 높일 수 있습니다. 강화 학습 문제를 정의하는 표준적인 방법으로 카트-막대 문제를 요약할 수 있습니다(표 11-1).

| 추상적인 강화 학습 개념 | 카트-막대 문제 적용 |
|---|---|
| 환경 | 막대를 싣고 1차원 트랙 위를 움직이는 카트 |
| 행동 | 각 스텝마다 왼쪽으로 미는 힘과 오른쪽으로 미는 힘 중 (이산적인) 하나의 선택. 힘의 크기는 고정되어 있습니다. |
| 보상 | (빈번하게 받는 양의 보상) 게임 에피소드의 스텝마다 에이전트는 고정된 보상(1)을 받습니다. 카트가 트랙의 양쪽 끝에 있는 벽에 부딪히거나 막대가 수직 위치에서 너무 기울어지면 에피소드가 끝납니다. |
| 관측 | (연속적이고 완전한 상태) 각 스텝에서 에이전트는 카트-막대 시스템의 전체 상태를 볼 수 있습니다. 여기에는 카트의 위치($x$)와 속도($x'$), 막대의 기울기 각도($\theta$)와 각속도($\theta'$)가 포함됩니다. |

## 11.2.2 정책 네트워크

이제 카트-막대 강화 학습 문제를 정의했으므로 해결하는 방법을 알아보겠습니다. 과거에 제어 이론가들은 이 문제에 대해 독창적인 해결 방법을 고안했습니다. 이런 해결 방법들은 이 시스템을 구성하는 물리학을 기반으로 합니다.[6] 하지만 이 책에서는 이런 방법을 사용하지 않습니다. 이런 방법들은 이 책에서 언급했듯이 숫자를 분류하기 위해 MNIST 이미지의 에지와 모서리를 분석하는 규칙을 작성하는 것과 다소 비슷합니다. 그 대신 이 시스템의 물리학을 무시하고 에이전트가 반복적인 시행착오를 통해 배우도록 만듭니다. 이는 책의 다른 부분과 일맥상통합니다. 알고리즘을 하드 코딩하거나 사람의 지식에 기반하여 특성을 수동으로 만들지 않고 모델이 스스로 학습할 수 있는 알고리즘을 설계합니다.

어떻게 에이전트가 각 스텝에서 취할 행동(왼쪽 또는 오른쪽으로 밀기)을 결정하게 만들 수 있을까요? 에이전트에게 제공되는 관측과 에이전트가 스텝마다 내리는 결정을 기반으로 이 문제를 지도 학습과 같은 입출력 매핑 문제로 다시 정의할 수 있습니다. 쉽게 생각할 수 있는 솔루션은 관측을 기반으로 행동을 선택하는 신경망을 만드는 것입니다. 이것이 **정책 네트워크**(policy network)이면에 있는 기본적인 아이디어입니다.

이 신경망은 길이가 4인 관측 벡터($x$, $x'$, $\theta$, $\theta'$)를 받고 왼쪽-오른쪽 결정을 나타내는 숫자를 출력합니다. 신경망 구조는 3장의 피싱 웹 사이트 예제에서 구축했던 이진 분류기와 비슷합니다. 요약하면 각 스텝에서 신경망이 환경을 보고 어떤 행동을 취할지 결정합니다. 신경망을 여러 번 수

---

6  카트-막대 문제에 대한 전통적이면서 강화 학습을 사용하지 않는 방식이 궁금하고 수학에 대한 두려움이 없다면 Russ Tedrake의 MIT 제어 이론 강의에서 제공하는 공개 자료를 읽을 수 있습니다. http://mng.bz/j5lp

행하여 이런 결정을 평가할 데이터를 모읍니다. 그다음, 이런 결정에 품질을 할당할 방법을 고안하여 미래에 좋은 결정은 더 많이, 나쁜 결정은 더 적게 내리도록 만들겠습니다.

이 시스템의 상세 사항은 이 책에서 본 다른 분류기와 다음과 같은 측면에서 다릅니다.

- 이 모델은 한 게임 에피소드 동안 여러 번 실행됩니다(타임 스텝마다).
- 모델 출력(그림 11-4에 있는 정책 네트워크의 출력)은 확률 점수가 아니라 로짓입니다. 이 로짓은 시그모이드 함수를 사용해 확률 점수로 변환됩니다. 시그모이드 비선형 함수를 정책 네트워크의 마지막 (출력) 층에 포함하지 않는 이유는 잠시 후에 설명하겠지만 훈련에 로짓이 필요하기 때문입니다.

▼ 그림 11-4 정책 네트워크를 카트–막대 문제에 대한 솔루션으로 사용하기. 정책 네트워크는 관측 벡터(x, x', θ, θ')를 입력으로 사용해 왼쪽으로 미는 행동의 확률을 출력하는 TensorFlow.js 모델이다. 확률은 랜덤 샘플링을 통해 실제 행동으로 변환된다.

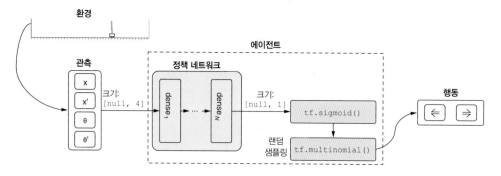

- 시그모이드 함수가 출력한 확률은 실제 동작(왼쪽 또는 오른쪽)으로 변환되어야 합니다. 이를 위해 tf.multinomial() 함수로 랜덤 샘플링을 수행합니다. 10장의 lstm-text-generation 예제에서 알파벳 문자에 대한 소프트맥스 확률을 사용해 다음 문자를 샘플링할 때 tf.multinomial() 함수를 사용했습니다. 여기에서는 선택 사항이 두 개뿐이므로 조금 더 간단합니다.

마지막 항목은 조금 더 깊은 의미가 있습니다. tf.sigmoid() 함수의 출력을 어떤 임계값을 기준으로 바로 행동으로 바꿀 수 있습니다(예를 들어 신경망의 출력이 0.5보다 크면 왼쪽 행동을 선택하고, 그렇지 않으면 오른쪽 행동을 선택합니다). 왜 이런 간단한 방법 대신 tf.multinomial()로 복잡한 랜덤 샘플링을 사용할까요? 이는 tf.multinomial() 함수의 무작위성이 필요하기 때문입니다. 훈련 초기 단계에 정책 네트워크는 가중치가 랜덤하게 초기화되어 있기 때문에 어떻게 방향을 선택해야 하는지 모릅니다. 랜덤 샘플링을 사용해 무작위로 행동을 선택해 보고 어떤 것이 더 좋은지 알아봐야 합니다. 랜덤한 시도 일부는 나쁜 결과를 가져오지만 어떤 것은 좋은 결과를 가져다줍니다. 알고리즘은 좋은 선택을 기억하고 미래에 이를 더 많이 사용할 것입니다. 하지만 에이전트가 랜덤하게 시도하지 못한다면 더 좋은 선택을 발견하지 못할 것입니다. 결정적인 임계값 방식을 선택하면 모델은 초기 선택에 갇혀 있게 됩니다.

이는 **탐험**(exploration)과 **활용**(exploitation)이라는 강화 학습의 고전적이고 중요한 주제입니다. 탐험은 무작위 시도를 의미합니다. 이는 강화 학습 에이전트가 좋은 행동을 발견하기 위한 근간이 됩니다. 활용은 에이전트가 보상을 최대화하기 위해 학습한 최적의 솔루션을 만든다는 의미입니다. 이 둘은 서로 호환되지 않습니다. 둘 사이의 좋은 균형점을 찾는 것이 강화 학습 알고리즘을 설계하는 데 중요합니다. 초기에는 가능한 한 다양한 전략을 탐험하길 원하지만, 좋은 전략으로 수렴함에 따라 이런 전략을 미세 조정하는 것이 좋습니다. 따라서 일반적으로 많은 알고리즘에서 훈련이 진행됨에 따라 점진적으로 탐험이 줄어듭니다. 카트-막대 문제에서 탐험 감소는 `tf.multinomial()` 샘플링 함수에 내재되어 있습니다. 훈련이 진행되면서 모델의 신뢰 수준이 증가함에 따라 이 함수는 더욱 결정적인 결과를 내기 때문입니다.

코드 11-1(cart-pole/index.js에서 가져옴)은 정책 네트워크를 만드는 TensorFlow.js 코드를 보여 줍니다. 코드 11-2(cart-pole/index.js에서 가져옴)는 정책 네트워크의 출력을 에이전트의 행동으로 바꾸고 훈련을 위해 로짓을 반환합니다. 지금까지 보았던 지도 학습 모델에 비해 모델 관련 코드가 크게 다르지 않습니다.

하지만 근본적으로 다른 점은 모델에게 어떤 행동 선택이 좋고 나쁜지 가르치기 위해 사용할 레이블된 데이터가 없다는 사실입니다. 이런 데이터셋이 있다면, 이 문제를 풀기 위해 지금까지 보았던 다른 모델처럼 간단하게 정책 네트워크의 `fit()`이나 `fitDataset()`을 호출할 수 있습니다. 하지만 이런 데이터셋이 없기 때문에 에이전트가 게임을 플레이하고 획득한 보상을 확인하여 어떤 행동이 좋은지 찾아야 합니다. 다른 말로 하면, '수영하면서 수영하는 방법을 배웁니다.' 이것이 강화 학습 문제의 핵심 특징입니다. 그럼 어떻게 이렇게 하는지 자세히 알아보겠습니다.

**코드 11-1** 정책 네트워크 MLP: 관측을 기반으로 행동 선택하기

```
createModel(hiddenLayerSizes) {  ┄┄┄┄ hiddenLayerSize는 마지막 (출력) 층을 제외하고 정책
    if (!Array.isArray(hiddenLayerSizes)) {      네트워크에 있는 모든 층의 크기를 결정합니다.
        hiddenLayerSizes = [hiddenLayerSizes];
    }
    this.model = tf.sequential();
    hiddenLayerSizes.forEach((hiddenLayerSize, i) => {
        this.model.add(tf.layers.dense({
            units: hiddenLayerSize,
            activation: 'elu',
            inputShape: i === 0 ? [4] : undefined  ┄┄┄┄ inputShape은 첫 번째 층에만 필요합니다.
        }));
```

```
    });
    this.model.add(tf.layers.dense({units: 1}));  ..... 마지막 층은 하나의 유닛을 가집니다. 하나의 출력 숫자는
  }                                                      왼쪽으로 미는 행동을 선택하는 확률로 바뀝니다.
}
```

코드 11-2 정책 네트워크의 출력에서 로짓을 얻어 행동을 결정하기

```
getLogitsAndActions(inputs) {
  return tf.tidy(() => {
    const logits = this.policyNet.predict(inputs);
    const leftProb = tf.sigmoid(logits);  ...... 로짓을 왼쪽으로 미는 행동에 대한 확률 값으로 바꿉니다.
    const leftRightProbs = tf.concat(          tf.multinomial() 함수를 위해 두 행동에
        [leftProb, tf.sub(1, leftProb)], 1);   대한 확률 값을 계산합니다.
    const actions = tf.multinomial(
        leftRightProbs, 1, null, true);
    return [logits, actions];              이 확률 값을 기반으로 랜덤하게 행동을 선택합니다. 네 개의 매
  });                                       개변수는 확률 값, 샘플 개수, 랜덤 시드(사용하지 않음), 정규화된
}                                           확률 값인지 나타내는 플래그입니다.
```

## 11.2.3 정책 네트워크 훈련하기: REINFORCE 알고리즘

이제 궁금한 것은 어떤 행동이 좋은지 나쁜지를 계산하는 방법입니다. 이 질문에 대한 답을 찾을 수 있다면, 지도 학습과 비슷한 방식으로 정책 네트워크의 가중치를 업데이트하여 미래에 좋은 행동을 선택할 가능성을 높일 수 있습니다. 금방 생각할 수 있는 것은 보상을 사용해 얼마나 행동이 좋은지 측정하는 것입니다. 하지만 카트-막대 문제의 보상은 1) 항상 고정 값(1)이고 2) 에피소드가 끝나지 않는 한 스텝마다 주어집니다. 따라서 스텝마다 주어지는 보상을 측정 기준으로 사용할 수 없습니다. 그렇지 않으면 모든 행동을 좋다고 표시하게 될 것입니다. 에피소드가 얼마나 오래 지속되는지를 고려해야 합니다.

단순한 방법은 에피소드의 모든 보상을 더하는 것입니다. 이렇게 하면 에피소드 길이를 알 수 있습니다. 하지만 이 덧셈이 행동에 대한 좋은 평가가 될까요? 이 방법이 잘 동작하지 않는다는 것을 알기는 어렵지 않습니다. 에피소드 마지막 부분의 스텝을 생각해 보면 됩니다. 긴 에피소드에서 에이전트가 거의 끝까지 카트-막대 시스템의 균형을 계속 잘 잡았지만 몇 개의 나쁜 선택 때문에 에피소드가 끝났다고 가정해 보죠. 단순한 덧셈 방식은 이전의 좋은 행동과 마지막의 나쁜 행동을 동일하게 좋게 평가할 것입니다. 그 대신 초기와 중간 행동에 높은 점수를 할당하고 마지막 부분의 행동에 낮은 점수를 할당하고 싶습니다.

이로 인해 **보상 할인**(reward discounting)이라는 아이디어가 생깁니다. 강화 학습에서 간단하지만 중요한 아이디어로, 어떤 스텝의 가치는 중간의 보상에 미래에 기대하는 보상을 더한 값이라는 것입니다. 미래 보상은 중간 보상만큼 중요하거나 덜 중요할 수 있습니다. 상대적인 균형은 **할인 계수**(discounting factor) $\gamma$(감마(gamma))로 조절합니다. $\gamma$는 일반적으로 1에 가깝지만 조금 작은 값인 0.95나 0.99로 지정합니다. 수학 공식으로는 다음과 같이 씁니다.

$$v_i = r_i + \gamma \cdot r_{i+1} + \gamma^2 \cdot r_{i+2} + \cdots + \gamma^{N-i} \cdot r_N \qquad \text{(식 11-1)}$$

식 11-1에서 $v_i$는 스텝 $i$의 환경에서 할인된 총보상입니다. 이를 이 상태의 가치로 이해할 수 있습니다. 이는 특정 스텝에서 에이전트가 받은 즉각적인 보상($r_i$)에 $\gamma$에 의해 할인된 다음 스텝의 보상을 더하고, 그다음에는 두 스텝 다음에 더 할인된 보상($r_{i+1}$)을 더하는 식으로 에피소드 끝(스텝 $N$)까지 계속됩니다.

보상 할인을 설명하기 위해 이 식이 원래 보상을 더 유용한 가치 기준으로 변환하는 방법을 그림 11-5에 나타냈습니다. 패널 A의 위쪽 그래프는 네 개의 스텝으로 이루어진 짧은 에피소드에서 얻은 모든 원래 보상을 나타냅니다. 아래쪽 그래프는 (식 11-1에 따라) 할인된 보상을 보여 줍니다. 패널 B는 비교를 위해 더 긴 에피소드(길이 = 20)에서 받은 원래 보상과 할인된 총보상을 보여 줍니다. 두 패널에서 할인된 총보상 가치가 초기에 더 높고 마지막에 낮아지는 것을 볼 수 있습니다. 게임 종료를 유발하는 에피소드 마지막 부분의 행동에 낮은 가치를 부여하기 때문입니다. 또한, 긴 에피소드(패널 B)의 초기 가치와 중간 부분의 가치가 짧은 에피소드(패널 A)의 초기보다 더 높습니다. 이는 에피소드를 길게 만드는 행동에 높은 가치를 할당하기 때문에 합리적입니다.

❤ 그림 11-5 패널 A: 네 개의 스텝으로 이루어진 에피소드에서 얻은 보상에 할인 적용하기(식 11-1). 패널 B: 패널 A와 같지만 20개의 스텝으로 이루어진 에피소드를 사용(즉, 패널 A의 에피소드보다 다섯 배 길다). 할인 결과, 에피소드 마지막에 가까운 행동에 비해 시작 부분의 행동에 높은 가치가 할당된다.

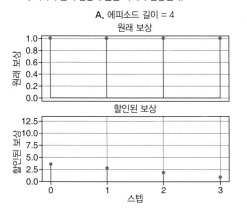
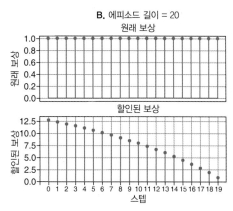

보상 할인 공식은 단순한 덧셈보다 훨씬 합리적인 가치를 부여합니다. 하지만 이런 할인된 보상을 사용해 정책 네트워크를 어떻게 훈련해야 하는지 아직 모릅니다. 이를 위해 1992년 Ronald Williams가 고안한 REINFORCE라 부르는 알고리즘을 사용합니다.[7] REINFORCE 알고리즘의 기본 아이디어는 정책 네트워크의 가중치를 조정하여 좋은 선택(할인된 보상이 높은 선택)의 가능성을 높이고 나쁜 선택(할인된 보상이 낮은 선택)의 가능성을 줄이도록 만드는 것입니다.

이를 위해 주어진 관측 입력에서 어떤 행동을 선택할 가능성을 높이도록 파라미터를 변경할 방향을 계산해야 합니다. 코드 11-3(cart-pole/index.js에서 가져옴)에서 이를 수행합니다. 게임의 각 스텝마다 getGradientsAndSaveActions() 함수를 호출합니다. 이 함수는 (정규화되지 않은 확률 점수인) 로짓과 스텝에서 선택한 실제 행동을 비교하고, 정책 네트워크의 가중치에 대한 손실(둘 사이의 불일치)의 그레이디언트를 반환합니다. 복잡하게 들릴 수 있지만 사실 매우 간단합니다. 정책 네트워크는 반환된 그레이디언트를 사용해 실제 선택에 가까운 선택을 내리도록 가중치를 바꿉니다. 훈련 에피소드에서 받은 보상과 그레이디언트는 이 강화 학습 방식의 기초가 됩니다. 이 때문에 이런 방법을 강화 학습 알고리즘의 한 종류인 **정책 그레이디언트**(policy gradient)라고 부릅니다.

---

**코드 11-3** 로짓과 실제 행동을 비교하여 가중치에 대한 그레이디언트 얻기

```
getGradientsAndSaveActions(inputTensor) {
  const f = () => tf.tidy(() => {
    const [logits, actions] =
        this.getLogitsAndActions(inputTensor); ······ getLogitsAndActions()는 코드 11-2에 정의되어 있습니다.
    this.currentActions_ = actions.dataSync();
    const labels =
        tf.sub(1, tf.tensor2d(this.currentActions_, actions.shape));
    return tf.losses.sigmoidCrossEntropy( ···   시그모이드 크로스 엔트로피 손실은 게임에서 실행된 실제 행동과
        labels, logits).asScalar();          정책 네트워크의 출력 로짓 사이의 불일치를 정량화한 값입니다.
  });
  return tf.variableGrads(f); ······ 정책 네트워크의 가중치에 대한 손실의 그레이디언트를 계산합니다.
}
```

---

훈련하는 동안 에이전트는 여러 번의 게임(N번의 게임)을 플레이하고 모든 스텝에서 식 11-1에 따라 할인된 보상과 그레이디언트를 수집합니다. 그다음, 정규화된 할인된 보상과 그레이디언트를 곱합니다. 보상 정규화는 중요한 단계입니다. N번의 게임에서 얻은 모든 할인된 보상을 이동

---

7  Ronald J. Williams, "Simple Statistical Gradient-Following Algorithms for Connectionist Reinforcement Learning," Machine Learning, vol. 8, nos. 3-4, pp. 229-256, http://mng.bz/WOyw.

하고 스케일을 조정하여 전체 평균이 0이고 표준 편차가 1이 되도록 만듭니다. 할인된 보상에 정규화를 적용한 예가 그림 11-6에 나타나 있습니다. 이 그림은 짧은 에피소드(길이 = 4)와 긴 에피소드(길이 = 20)에서 얻은 정규화된 할인된 보상을 보여 줍니다. 이 그림에서 REINFORCE 알고리즘이 선호하는 스텝을 명확히 알 수 있습니다. 즉, 긴 에피소드의 초기와 중간 부분에서 선택한 행동입니다. 반면에 짧은 에피소드(길이 4)의 모든 스텝은 음수 값으로 할당되었습니다. 정규화된 음수 보상은 무엇을 의미할까요? 미래에 비슷한 상태 입력이 주어지면 정책 네트워크가 비슷한 행동을 선택하지 않도록 이 네트워크의 가중치를 업데이트한다는 의미입니다. 이와 반대로 정규화된 양수 보상은 미래에 비슷한 입력이 주어지면 정책 네트워크가 비슷한 행동을 선택하도록 만듭니다.

▼ 그림 11-6 길이 4(패널 A)와 길이 20(패널 B)인 두 에피소드에서 얻은 할인된 보상의 정규화. 길이 20인 에피소드의 초기에 정규화된 할인 보상이 높다. 정책 그레이디언트는 이런 할인된 보상을 사용해 정책 네트워크의 가중치를 업데이트하여 (이전과 동일한 상태 입력이 주어졌을 때) 네트워크가 첫 번째 경우(길이 = 4)와 같이 나쁜 보상으로 이끄는 행동을 선택하지 않고 두 번째 경우(길이 = 20)의 초기와 같이 좋은 보상으로 이끄는 선택을 하도록 만든다.

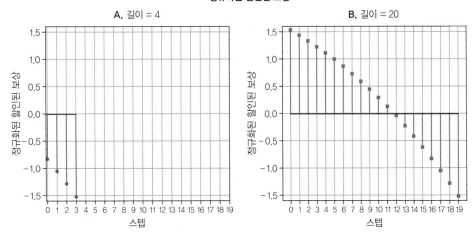

할인된 보상을 정규화하고 이를 사용해 그레이디언트의 스케일을 조정하는 코드는 복잡하지 않지만 조금 장황합니다. 책에는 포함하지 않았지만 이 코드는 cart-pole/index.js의 scaleAndAverageGradients() 함수에서 찾을 수 있습니다. 스케일 조정된 그레이디언트를 사용해 정책 네트워크의 가중치를 업데이트합니다. 이렇게 가중치를 업데이트하면 정책 네트워크는 높은 할인된 보상이 할당된 행동에 대해 높은 로짓을 출력하고 낮은 보상이 할당된 행동에 낮은 로짓을 출력합니다.

이것이 REINFORCE 알고리즘의 기본적인 작동 방식입니다. REINFORCE 알고리즘을 기반으로 카트-막대 문제를 훈련하는 핵심 로직은 코드 11-4에 나타나 있습니다. 앞서 언급한 단계를 다시 정리해 보겠습니다.

1. 에이전트의 현재 관측을 기반으로 정책 네트워크를 실행하여 로짓을 얻습니다.

2. 로짓을 기반으로 랜덤하게 행동을 선택합니다.

3. 선택한 행동을 사용해 환경을 업데이트합니다.

4. 나중에 가중치를 업데이트(단계 7)하기 위해 로짓과 선택한 행동, 정책 네트워크의 가중치에 대한 손실 함수의 그레이디언트를 저장합니다. 이런 그레이디언트를 정책 그레이디언트라고 부릅니다.

5. 환경에서 보상을 받고 나중(7단계)을 위해 저장합니다.

6. numGames 개수의 에피소드가 완료될 때까지 1~5단계를 반복합니다.

7. 모든 numGames 개수의 에피소드가 끝나면 보상을 할인하고 정규화합니다. 이 결과를 사용해 단계 4에서 얻은 그레이디언트의 스케일을 조정합니다. 그다음, 스케일 조정된 그레이디언트로 정책 네트워크의 가중치를 업데이트합니다. (이 단계에서 정책 네트워크의 가중치가 업데이트됩니다.)

8. (코드 11-4에는 없지만) numIterations번 동안 1~7단계를 반복합니다.

이 단계를 다음 코드(cart-pole/index.js에서 가져옴)와 비교하면서 대응되는 부분과 로직을 확인해 보세요.

**코드 11-4** REINFORCE 알고리즘을 구현한 카트-막대 예제의 훈련 반복

```
async train(
    cartPoleSystem, optimizer, discountRate, numGames, maxStepsPerGame) {
  const allGradients = [];
  const allRewards = [];
  const gameSteps = [];
  onGameEnd(0, numGames);
  for (let i = 0; i < numGames; ++i) {  ······ 지정된 에피소드 횟수만큼 반복합니다.
    cartPoleSystem.setRandomState();  ······ 게임 에피소드를 랜덤하게 초기화합니다.
    const gameRewards = [];
    const gameGradients = [];
    for (let j = 0; j < maxStepsPerGame; ++j) {  ······ 게임 스텝을 반복합니다.
      const gradients = tf.tidy(() => {
```

```
      const inputTensor = cartPoleSystem.getStateTensor();
      return this.getGradientsAndSaveActions(            ┄┄ 나중에 REINFORCE 훈련을 위해 모든
          inputTensor).grads;                              스텝의 그레이디언트를 기록합니다.
    });
    this.pushGradients(gameGradients, gradients);
    const action = this.currentActions_[0];
    const isDone = cartPoleSystem.update(action);  ┄┄┄┄┄┄ 에이전트가 환경에서 하나의 행동을 선택합니다.
    await maybeRenderDuringTraining(cartPoleSystem);
    if (isDone) {
      gameRewards.push(0);
      break;
    } else {
      gameRewards.push(1);  ┄┄┄┄┄┄ 게임이 끝나지 않는 한 에이전트는 스텝마다 단위 보상을 받습니다.
    }
  }
  onGameEnd(i + 1, numGames);
  gameSteps.push(gameRewards.length);
  this.pushGradients(allGradients, gameGradients);
  allRewards.push(gameRewards);
  await tf.nextFrame();
}
tf.tidy(() => {
  const normalizedRewards =
      discountAndNormalizeRewards(allRewards, discountRate);  ┄┄ 보상을 할인하고 정규화합니다
                                                                 (REINFORCE의 핵심 단계).
  optimizer.applyGradients(
      scaleAndAverageGradients(allGradients, normalizedRewards));  ┄┄
});                                                      모든 스텝에서 얻은 스케일 조정된 그레이디언트를
tf.dispose(allGradients);                                사용해 정책 네트워크의 가중치를 업데이트합니다.
return gameSteps;
}
```

REINFORCE 알고리즘 작동을 확인하려면 데모 페이지에서 25 에피소드를 지정하고 **훈련** 버튼을 클릭해 보세요. 기본적으로 학습한 에이전트의 반복적인 시도를 볼 수 있도록 훈련하는 동안 환경의 상태가 실시간으로 출력됩니다. 훈련 속도를 높이려면 **훈련하는 동안 렌더링하기** 체크박스를 선택하지 마세요. 25번의 에포크 동안 훈련하는 데는 최신 노트북에서 몇 분 정도 걸리며, 최고 성능을 달성하기에 충분합니다(기본 설정에서 게임 에피소드당 500 스텝입니다). 그림 11-7은 전형적인 훈련 곡선으로, 훈련 반복에 대한 함수로 평균 에피소드 길이를 보여 줍니다. 훈련 과정은 드라마틱하게 변화합니다. 평균 스텝 횟수가 일정하게 증가하거나 감소하지 않고 반복마다 많은 잡음이 포함되어 있습니다. 이런 형태의 출렁임은 강화 학습 훈련에서 드문 일이 아닙니다.

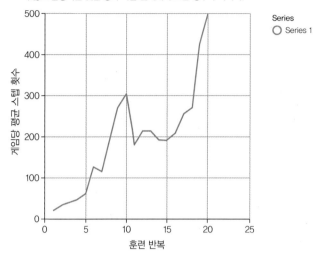

▼ 그림 11-7 훈련 반복 횟수에 대한 함수로 카트-막대 에피소드에서 에이전트가 살아남은 평균 스텝 횟수를 보여 주는 곡선. 20번째 반복 근처에서 완벽한 점수(이 경우 500 스텝)를 얻었다. 이 결과는 128개의 은닉층을 사용해 달성한 것이며, 곡선의 형태가 일정하지 않고 출렁이는 것은 강화 학습 문제에서 드문 경우가 아니다.

훈련이 완료된 후 **테스트** 버튼을 클릭하면 에이전트가 카트-막대 시스템의 균형을 여러 스텝 동안 잘 유지하는 것을 볼 수 있습니다. 테스트 단계는 최대 스텝 횟수(기본값 500)와 관련이 없기 때문에 에이전트가 1,000 스텝 이상 에피소드를 진행할 수 있습니다. 만약 너무 오래 진행된다면 **중지** 버튼을 눌러 시뮬레이션을 종료할 수 있습니다.

이 절을 정리하기 위해 그림 11-8에서 이 문제의 정의와 REINFORCE 정책 그레이디언트 알고리즘의 역할을 다시 요약했습니다. 이 솔루션의 핵심 부분을 모두 이 그림에 나타냈습니다. 각 스텝마다 에이전트는 정책 네트워크라 부르는 신경망을 사용해 왼쪽으로 미는 행동(또는 오른쪽으로 미는 행동)이 더 좋은 선택일 가능도(likelihood)를 추정합니다. 에이전트가 초기에는 탐험하고 나중에는 추정의 확신을 따르게 만드는 랜덤 샘플링 과정을 통해 이 가능도를 실제 행동으로 바꿉니다. 이 행동이 환경에 있는 카트-막대 시스템을 움직입니다. 환경은 에피소드가 끝날 때까지 에이전트에게 보상을 제공합니다. 이 과정이 여러 에피소드 동안 반복됩니다. 그동안 REINFORCE 알고리즘은 모든 스텝마다 보상, 행동, 정책 네트워크의 추정을 저장합니다. REINFORCE가 정책 네트워크를 업데이트할 때 보상 할인과 정규화를 통해 네트워크가 만든 좋은 추정과 나쁜 추정을 구별합니다. 그다음, 이 결과를 사용해 미래에 더 좋은 추정을 만드는 방향으로 네트워크의 가중치를 조금 수정합니다. 이 과정이 훈련이 끝날 때(예를 들면, 에이전트가 임계 성능에 도달할 때)까지 여러 번 반복됩니다.

❤ 그림 11-8 카트-막대 문제에 대한 REINFORCE 알고리즘 기반의 솔루션을 보여 주는 그림. 이 그림은 그림 11-4를 확대한 것이다.

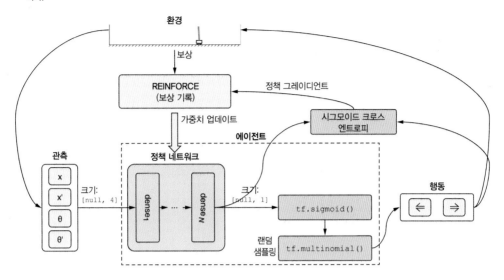

기술적인 모든 세부 사항을 잠시 옆으로 밀어 놓고 한 걸음 물러나 이 예제에서 말하는 강화 학습의 큰 그림을 살펴보겠습니다. 강화 학습 기반의 방식은 전통적인 제어 이론과 같이 머신 러닝을 사용하지 않는 방법에 비해 명확한 장점을 가집니다. 이는 일반성과 사람이 들이는 노력의 경제성입니다. 시스템이 복잡하고 알려진 특징이 없는 경우 강화 학습 방식이 유일한 해결책일 수 있습니다. 시간이 지남에 따라 시스템의 특징이 변한다면 처음부터 수학적인 솔루션을 새로 만들 필요가 없습니다. 강화 학습 알고리즘을 다시 실행하고 에이전트가 새로운 상황에 스스로 적응하게 만들면 됩니다.

강화 학습 연구 분야에서 아직 풀지 못한 문제로서 강화 학습 방식의 단점은 환경에서 반복적으로 많은 시도를 해 봐야 한다는 것입니다. 카트-막대 예제의 경우 목표한 숙련도에 도달하려면 약 400번의 에피소드가 필요합니다. 강화 학습을 사용하지 않는 전통적인 일부 방식은 이런 시도가 전혀 필요하지 않습니다. 제어 이론 기반의 알고리즘을 구현하면 에이전트가 에피소드 1에서부터 막대의 균형을 잡을 수 있어야 합니다. 카트-막대 같은 문제에서 강화 학습이 반복적인 시도가 필요하다는 것은 큰 문제가 아닙니다. 왜냐하면 환경을 컴퓨터 시뮬레이션하는 것은 간단하고 빠르고 비용이 저렴하기 때문입니다. 하지만 자율주행 자동차나 물체를 조작하는 로봇 팔과 같은 실전 문제에서는 강화 학습의 이런 문제가 더 심각하고 긴급한 도전 과제입니다. 에이전트를 훈련하기 위해 수백 또는 수천 번 차를 충돌시키거나 로봇 팔을 부러뜨릴 수 있는 사람은 없습니다. 또한, 이런 실전 문제에서 강화 학습 알고리즘을 실행하는 데 매우 오랜 시간이 걸린다는 사실은 말할 것도 없습니다.

이것으로 첫 번째 강화 학습 예제를 마무리합니다. 카트-막대 문제는 다른 강화 학습 문제에 없는 특별한 특징을 가지고 있습니다. 예를 들어 많은 강화 학습 환경은 스텝마다 에이전트에게 양수 보상을 제공하지 않습니다. 어떤 상황에서는 양의 보상을 받기 전에 에이전트가 수십 개의 결정을 내려야 할 수 있습니다. 양수 보상 사이에는 아무런 보상이 없거나 음수 보상만 있을 수 있습니다(공부, 운동, 투자 같은 현실 세계의 여러 노력이 이렇습니다!). 또한, 카트-막대 시스템의 동역학은 에이전트가 과거에 한 행동에 의존하지 않는다는 점에서 이 시스템은 메모리가 없습니다. 많은 강화 학습 문제는 에이전트의 행동이 환경의 특정 요소를 바꾸기 때문에 이보다 더 복잡합니다. 다음 절에서 배울 강화 학습 문제는 희소한 양의 보상과 행동 이력에 따라 변하는 환경을 보여 줍니다. 이 문제를 해결하기 위해 유용하고 널리 알려진 또 다른 강화 학습 알고리즘인 **Q-러닝**(Q-learning)을 소개하겠습니다.

# 11.3 / 가치 네트워크와 Q-러닝: 스네이크 게임 예제

'스네이크(snake)'라 부르는 전통적인 액션 게임을 예제로 사용하여 심층 Q-러닝을 다루어 보겠습니다. 지난 절에서 했듯이 먼저 이 강화 학습 문제와 도전 과제를 설명하겠습니다. 또한, 정책 그레이디언트와 REINFORCE 알고리즘이 이 문제에 매우 효율적이지 않은 이유를 설명하겠습니다.

## 11.3.1 강화 학습 문제로서의 스네이크 게임

1970년대 아케이드 게임에 처음 등장한 스네이크 게임은 잘 알려진 비디오 게임 장르가 되었습니다. 깃허브 저장소의 snake-dqn 디렉터리에 이 게임의 자바스크립트 구현이 포함되어 있습니다. 이 예제를 실행하려면 다음 명령을 입력하세요.

```
> cd deep-learning-with-javascript
> npx http-server
```

그다음, 브라우저를 열고 http://127.0.0.1:8080/snake-dqn에 접속합니다.[8] 이 웹 페이지에서 스네이크 게임 보드를 볼 수 있습니다. 사전 훈련된 심층 Q-네트워크(DQN) 모델을 로드하고, 이 모델이 게임을 플레이하는 것을 볼 수 있습니다. 나중에 이런 모델을 처음부터 어떻게 훈련하는지 설명하겠습니다. 지금은 플레이를 보면서 이 게임이 어떻게 동작하는지 이해하면 됩니다. 스네이크 게임을 잘 모르는 경우 다음에 정리된 게임 설정과 규칙을 참고하세요.

먼저 모든 행동은 9 × 9 격자 보드에서 일어납니다(그림 11-9 참조). 이 보드는 더 클 수도 있지만 이 예제에서는 9 × 9가 기본 크기입니다. 세 종류의 사각형이 있습니다. 스네이크, 과일, 빈 사각형입니다. 스네이크는 파란색 사각형으로 표시됩니다. 머리는 오렌지색이고 뱀의 입을 나타낸 반 원이 그려져 있습니다. 과일은 녹색 사각형이고 그 안에 원이 그려져 있습니다. 빈 사각형은 흰색입니다. 게임은 스텝, 또는 비디오 게임 용어로 프레임별로 진행됩니다. 각 프레임에서 에이전트는 가능한 세 개의 스네이크 행동인 직진, 좌회전, 우회전 중에서 하나를 선택해야 합니다(멈춰 있는 것은 불가능합니다). 스네이크의 머리가 과일 사각형에 닿으면 에이전트가 양의 보상을 받고 과일 사각형은 사라집니다(뱀이 먹었습니다). 그리고 꼬리 하나만큼 스네이크의 길이가 늘어납니다. 새로운 과일이 빈 사각형 중 하나에 나타날 것입니다. 스네이크가 한 스텝에서 과일을 먹지 못하면 에이전트는 음의 보상을 받을 것입니다. 스네이크의 헤드가 경계를 벗어나거나(그림 11-9의 패널 B) 자기 자신에 부딪히면(패널 C) 게임이 종료됩니다(스네이크가 죽은 것입니다).

❤ 그림 11-9 스네이크 게임: 스네이크가 과일을 먹도록 플레이어가 조정하는 격자 보드. 스네이크의 목표는 효율적인 움직임을 통해 가능한 한 많은 과일을 먹는 것이다(패널 A). 스네이크의 길이는 과일을 먹을 때마다 하나씩 늘어난다. 스네이크가 경계를 벗어나거나(패널 B) 자신과 부딪히면(패널 C) 게임이 종료된다(스네이크가 죽는다). 패널 B에서는 스네이크의 머리가 가장자리에 도달했는데, 그다음에 위로 가는 동작(직진 행동)이 선택되면 게임이 종료된다. 스네이크 머리가 가장자리에 도착한 것만으로 게임이 종료되지는 않으며, 과일을 먹을 때마다 큰 양의 보상을 받는다. 과일을 먹지 않고 사각형을 이동하면 작은 음의 보상을 받는다. 게임 종료(스네이크 죽음)도 음의 보상을 만든다.

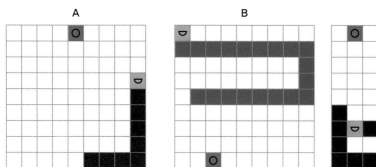

8　역주 번역서 데모 사이트(http://ml-ko.kr/tfjs/snake-dqn)에 브라우저로 접속하여 바로 실행해 볼 수 있습니다.

스네이크 게임의 핵심 과제는 스네이크가 자라는 것입니다. 이런 규칙이 없다면 게임이 훨씬 간단할 것입니다. 단순히 계속해서 스네이크가 과일을 찾아 돌아다니면 에이전트가 받을 수 있는 보상에 제한이 없습니다. 하지만 길이가 성장하는 규칙 때문에 에이전트는 자신과 부딪히지 않는 방법을 배워야 합니다. 이는 스네이크가 과일을 많이 먹어 길어질수록 더 어렵습니다. 이것이 스네이크 강화 학습 문제의 동적인 요소입니다. 이전 절의 마지막에서 언급했듯이 카트-막대 환경에는 이런 요소가 없습니다.

표 11-2는 스네이크 문제를 강화 학습 방법으로 정리했습니다. 카트-막대 문제를 정의한 것(표 11-1)과 비교하면 가장 큰 차이점은 보상 구조입니다. 스네이크 문제에서 양의 보상(과일을 먹을 때마다 +10)은 자주 일어나지 않습니다. 즉, 스네이크가 과일까지 가는 데 필요한 움직임 때문에 여러 번의 음의 보상을 받은 후 한 번 양의 보상을 받습니다. 이 보드 크기에서는 스네이크가 가장 효율적인 방식으로 움직인다고 해도 두 번의 양의 보상 사이에는 17 스텝 간격이 발생할 수 있습니다. 작은 음의 보상은 스네이크가 직진 경로로 가도록 만드는 벌칙입니다. 이 벌칙이 없다면 동일한 보상을 받지만 스네이크가 구불구불하고 빙 돌아 움직일 수 있습니다. 이는 게임 플레이와 훈련 과정을 불필요하게 길게 만듭니다. 희소하고 복잡한 이런 보상 구조 때문에 정책 그레이디언트와 REINFORCE 방법이 이 문제에 잘 동작하지 않습니다. 정책 그레이디언트 방법은 카트-막대 문제와 같이 보상이 자주 발생하고 간단할 때 잘 동작합니다.

▼ 표 11-2 강화 학습 방법으로 스네이크 게임 문제 요약하기

| 추상적인 강화 학습 개념 | 스네이크 문제에 적용 |
| --- | --- |
| 환경 | 움직이는 스네이크와 자동으로 나타나는 과일을 포함한 격자 보드 |
| 행동 | (이산적인) 세 개의 선택: 직진, 좌회전, 우회전 |
| 보상 | (양의 보상과 음의 보상이 빈번하게 발생)<br>• 과일 먹음: 큰 양의 보상(+10)<br>• 과일을 먹지 않고 이동: 작은 음의 보상(-0.2)<br>• 스네이크 죽음: 큰 음의 보상(-10) |
| 관측 | (이산적인 완전한 상태) 각 스텝에서 에이전트는 게임의 전체 상태, 즉 보드의 모든 사각형을 볼 수 있습니다. |

## 스네이크 게임의 자바스크립트 API

스네이크 게임의 자바스크립트 구현은 snake-dqn/snake_ game.js 파일에서 찾을 수 있습니다. 여기서는 SnakeGame 클래스의 API만 설명하고 나머지 구현 사항은 독자에게 남겨 놓겠습니다. 관심이 있다면 직접 연구할 수 있습니다. SnakeGame 클래스의 생성자는 다음과 같이 사용합니다.

```
const game = new SnakeGame({height, width, numFruits, initLen});
```

여기에서 보드의 크기 매개변수인 height와 width의 기본값은 9입니다. numFruits는 어떤 순간에 보드에 표시될 과일 개수로 기본값은 1입니다. initLen은 스네이크의 초기 길이로 기본값은 2입니다.

game 객체의 step() 메서드를 사용하여 게임의 한 스텝을 플레이합니다.

```
const {state, reward, done, fruitEaten} = game.step(action);
```

step() 메서드의 매개변수는 행동을 나타냅니다. 0은 직진, 1은 좌회전, 2는 우회전입니다. step() 메서드의 반환값은 다음 필드를 포함합니다.

- state: 행동을 수행한 직후의 새로운 보드 상태. 두 개의 필드를 가진 자바스크립트 객체로 표현됩니다.
  - s: [x, y] 좌표의 배열로 표현된 스네이크가 점유한 사각형들. 이 배열의 첫 번째 원소는 스네이크의 머리이고 마지막 원소는 꼬리가 되도록 정렬되어 있습니다.
  - f: 과일이 점유한 사각형의 [x, y] 좌표

  잠시 후에 보겠지만 Q-러닝 알고리즘이 많은 개수(예를 들면 수만 개)의 상태 객체를 저장해야 하기 때문에 게임 상태의 표현이 효율적으로 설계되었습니다. 또 다른 방법은 배열이나 중첩 배열을 사용함으로써 비어 있는 사각형을 포함해 보드의 모든 사각형 상태를 기록하는 것입니다. 이런 방법은 공간 효율성이 훨씬 떨어집니다.

- reward: 행동이 일어난 직후 이 스텝에서 스네이크가 받을 보상으로, 하나의 숫자입니다.
- done: 행동이 일어난 직후 게임의 종료 여부를 나타내는 불리언 플래그
- fruitEaten: 행동의 결과로 이 스텝에서 스네이크가 과일을 먹었는지 여부를 나타내는 불리언 플래그. reward 필드에서 과일을 먹었는지 유추할 수 있기 때문에 이 필드는 reward 필드와 부분적으로 중복입니다. 과일을 먹었는지, 먹지 않았는지를 의미하는 두 이벤트에서 (조정 가능한 하이퍼파라미터인) 보상의 구체적인 값을 분리하고 단순화하기 위해 추가되었습니다.

잠시 후에 보겠지만, 처음 세 개의 필드(state, reward, done)가 Q-러닝 알고리즘에서 중요한 역할을 수행하며 마지막 필드(fruitEaten)는 주로 모니터링에 사용합니다.

## 11.3.2 마르코프 결정 과정과 Q-가치

스네이크 문제에 적용할 심층 Q-러닝 알고리즘을 설명하기 위해 먼저 약간의 추상화가 필요합니다. 특히 마르코프 결정 과정(Markov Decision Process, MDP)과 기초적인 수준에서 이 이론을 뒷받침하는 수학을 소개하겠습니다. 걱정하지 마세요. 간단하고 구체적인 예를 사용하고 현재 다루고 있는 스네이크 문제에 이 개념을 연결하겠습니다.

MDP의 관점에서 보면, 강화 학습 환경의 이력은 유한한 이산적인 상태 집합에서 일어나는 전이의 연속입니다. 또한, 상태 간의 전이는 다음과 같은 규칙을 따릅니다.

> 다음 스텝의 환경의 상태는 현재 스텝의 상태와 에이전트가 선택한 행동에 의해 완전하게 결정된다.

다음 상태가 오직 현재 상태와 선택한 행동에만 의존한다는 것이 핵심입니다. 다른 말로 하면, MDP는 과거 이력(현재 상태에 도달한 방법)과 다음 행동을 결정하는 것이 무관하다고 가정합니다. 이런 강력한 단순화가 문제를 더 다루기 쉽게 만듭니다. 마르코프 결정 과정이 아닌 것은 무엇일까요? 다음 상태가 현재 상태와 현재 행동뿐만 아니라 이전 스텝의 상태나 행동에도 의존하는 경우입니다. 에피소드의 시작까지 거슬러 올라갈 수 있습니다. 마르코프 결정 과정이 아닐 경우 훨씬 더 수학이 복잡하고, 이런 수학을 푸는 데 필요한 계산 자원이 훨씬 많이 필요합니다.

MDP 요구 사항은 많은 강화 학습 문제에서 직관적으로 이해할 수 있습니다. 체스 게임이 좋은 예입니다. 게임의 한 스텝에서 보드 상황(그리고 플레이어 순서)은 게임의 상태를 완전하게 나타내고, 플레이어가 다음 수를 계산하기 위해 필요한 모든 정보를 제공합니다. 다른 말로 하면, 이전 수를 알지 못해도 현재 보드 상황에서 체스 게임을 재개하는 것이 가능합니다. (이것이 신문에서 매우 효율적인 방식으로 체스 퍼즐을 실을 수 있는 이유입니다.) 스네이크와 같은 비디오 게임도 MDP 조건을 만족시킵니다. 보드에 있는 스네이크와 과일의 위치는 게임 상태를 완전히 드러냅니다. 해당 시점에서 게임을 재개하거나 에이전트가 다음 행동을 결정하는 데 필요한 전부입니다.

체스와 스네이크 같은 문제가 MDP와 완전히 호환되지만 가능한 상태가 천문학적인 개수입니다. 직관적이고 시각적인 방법으로 MDP를 설명하기 위해 더 간단한 예제가 필요합니다. 그림 11-10은 일곱 개의 상태와 두 개의 에이전트 행동만 가능한 매우 간단한 MDP 문제를 보여 줍니다. 상태 간의 전이는 다음과 같은 규칙을 따릅니다.

- 초기 상태는 항상 $s_1$입니다.
- 상태 $s_1$에서 에이전트가 행동 $a_1$을 선택하면 환경은 상태 $s_2$로 들어갑니다. 에이전트가 행동 $a_2$를 선택하면 환경은 상태 $s_3$로 들어갑니다.

- 상태 $s_2$와 $s_3$에서 다음 상태로의 전이는 비슷한 분기 규칙을 따릅니다.

- 상태 $s_4$, $s_5$, $s_6$, $s_7$은 종료 상태입니다. 이 상태에 도달하면 에피소드가 끝납니다.

▼ 그림 11-10 매우 간단한 마르코프 결정 과정(MDP)의 구체적인 예. 상태는 $s_n$ 이름을 가진 원으로 표시되어 있다. 행동은 $a_m$ 이름을 가진 원이다. 행동으로 인해 발생한 상태 전이에 연관된 보상은 r = x로 표시되어 있다.

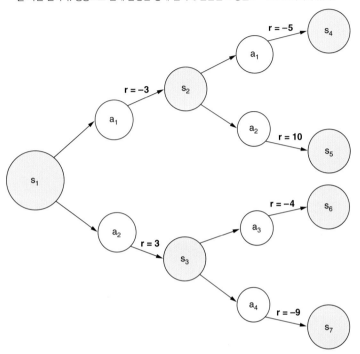

이 강화 학습 문제에서 각 에피소드는 정확히 세 개의 스텝 동안 진행됩니다. 이 강화 학습 문제에서 에이전트는 첫 번째와 두 번째 스텝에서 어떤 행동을 결정해야 할까요? 강화 학습 문제에서 이 질문은 보상을 고려할 때만 의미가 있습니다. MDP에서 각 행동은 상태 전이뿐만 아니라 보상도 발생시킵니다. 그림 11-10에서 보상은 행동을 다음 상태에 연결하는 화살표에 r = <reward_value>로 나타나 있습니다. 물론 에이전트의 목표는 (할인 계수가 적용된) 총보상을 최대화하는 것입니다. 첫 번째 스텝에 있는 에이전트를 생각해 보죠. $a_1$과 $a_2$ 중 더 나은 선택을 결정하는 사고 실험을 해 보죠. 보상 할인 계수($\gamma$)는 0.9라고 가정하겠습니다.

이 사고 실험은 다음과 같이 진행됩니다. 행동 $a_1$을 선택하면 바로 보상 -3을 받고 상태 $s_2$로 전이됩니다. 행동 $a_2$를 선택하면 바로 보상 3을 받고 상태 $s_3$로 전이됩니다. $a_2$의 보상 3이 -3보다 크기 때문에 더 좋은 선택일까요? 아닙니다. 3은 단지 즉각적인 보상일 뿐입니다. 이후 스텝에서 받을 보상을 고려하지 않았습니다. $s_2$와 $s_3$에서 가능한 최상의 결과를 살펴봐야 합니다. $s_2$에서 얻을 수 있는 최상의 결과는 무엇인가요? 행동 $a_2$의 결과인 보상 10입니다. 상태 $s_1$에서 행동 $a_1$을 선택했을 때 기대할 수 있는 최상의 할인된 보상입니다.

| 상태 $s_1$에서 행동 $a_1$을 선택했을 때<br>최상의 보상 | = 즉각적인 보상 + 할인된 미래 보상<br>= -3 + $\gamma$ × 10<br>= -3 + 0.9 × 10<br>= 6 |
| --- | --- |

비슷하게 상태 $s_3$에서 행동 $a_1$을 선택했을 때 얻을 수 있는 최상의 결과는 보상 -4입니다. 따라서 상태 $s_1$에서 행동 $a_2$를 선택하면 최상의 할인된 보상은 다음과 같습니다.

| 상태 $s_1$에서 행동 $a_2$를 선택했을 때<br>최상의 보상 | = 즉각적인 보상 + 할인된 미래 보상<br>= 3 + $\gamma$ × -4<br>= 3 + 0.9 × -4<br>= 0.6 |
| --- | --- |

여기서 계산한 할인된 보상이 Q-가치(Q-value)입니다. Q-가치는 주어진 상태에서 어떤 행동에 대해 기대하는 (할인된) 총 누적 보상입니다. 이런 Q-가치를 보면 $a_1$이 상태 $s_1$에서 더 좋은 상태임이 명백합니다. 첫 번째 행동으로 즉시 받은 보상만 고려해서 얻은 결론과 다릅니다. 이 장의 끝에 있는 연습 문제 3에서 조금 더 실전에 가까운 확률적인 MDP 시나리오에 대해 Q-가치를 계산합니다.

앞에서 설명한 사고 실험은 간단해 보일 수 있습니다. 하지만 이를 통해 Q-러닝에서 핵심 역할을 수행하는 추상화를 이끌어 낼 수 있습니다. $Q(s, a)$로 쓰는 Q-가치는 현재 상태($s$)와 행동($a$)의 함수입니다. 다른 말로 하면, $Q(s, a)$는 상태-행동 쌍을 특정 상태에서 특정 행동을 선택했을 때 기대하는 가치에 매핑하는 함수입니다. 이 값은 모든 미래 스텝에서 최적의 행동을 가정할 때 최상의 미래 보상을 나타낸다는 점에서 선견지명이라고 말할 수 있습니다.

이런 선견지명 덕분에 $Q(s, a)$는 어떤 상태에서 최선의 행동을 결정하는 데 필요한 전부가 됩니다. 특히 $Q(s, a)$를 알고 있다면, 최선의 행동은 가능한 모든 행동 중에서 가장 높은 Q-가치를 주는 행동입니다.

$$Q(s_i, a_1), Q(s_i, a_2), \cdots, Q(s_i, a_N) \text{ 중에서 최대 가치를 주는 행동 } a \qquad \text{(식 11-2)}$$

여기에서 $N$은 가능한 모든 행동 개수입니다. $Q(s, a)$를 잘 추정한다면, 간단하게 매 스텝에서 이 결정 과정을 따를 수 있고 가장 높은 누적 보상을 보장받을 수 있습니다. 따라서 최선의 의사 결정 과정을 찾는 강화 학습 문제는 $Q(s, a)$ 함수를 학습하는 문제로 간소화됩니다. 그래서 이 학습 알고리즘을 Q-러닝이라고 부릅니다.

잠시 멈춰 서서 카트-막대 문제에서 보았던 정책 그레이디언트 방법과 Q-러닝이 어떻게 다른지 살펴보죠. 정책 그레이디언트는 최선의 행동을 예측합니다. Q-러닝은 가능한 모든 행동의 가치(Q-가치)를 예측합니다. 정책 그레이디언트가 어떤 행동을 선택해야 하는지 바로 알려 주지만, Q-러닝은 최댓값을 선택하는 추가 단계가 필요하기 때문에 조금 간접적입니다. 이런 간접성이 주는 이득은 보상과 후속 스텝의 가치 사이를 쉽게 연결할 수 있다는 점입니다. 이는 스네이크와 같은 양의 보상이 드물게 부여되는 문제에서 학습을 가능하게 만듭니다.

보상과 후속 스텝의 가치 사이의 연결은 무엇일까요? 그림 11-10의 간단한 MDP 문제를 풀 때 이에 대한 것을 이미 살짝 보았습니다. 이 연결은 수학적으로 다음과 같이 쓸 수 있습니다.

$$Q(s_i, a) = r + \gamma \cdot [Q(s_{next}, a_1), Q(s_{next}, a_2), \cdots, Q(s_{next}, a_N) \text{ 중에서 가장 큰 가치}] \quad (\text{식 11-3})$$

여기에서 $s_{next}$는 상태 $s_i$에서 행동 $a$를 선택한 후 도달하는 상태입니다. **벨만 방정식**(Bellman equation)[9]이라 부르는 이 식은 앞서 간단한 예제에서 행동 $a_1$과 $a_2$에 대해 6과 -0.6을 얻었던 계산을 추상화한 것입니다. 말로 풀어 설명하면 다음과 같습니다.

상태 $s_i$에서 선택한 행동 $a$의 Q-가치는 다음 두 항의 합입니다.

1. 행동 $a$로 인한 즉각적인 보상

2. 다음 상태에서 할인 계수를 곱한 가능한 최상의 Q-가치(다음 상태에서 최적의 행동을 선택한다는 의미에서 '최상'입니다.)

벨만 방정식은 Q-러닝을 가능하게 만드는 것으로 이해하는 것이 중요합니다. 프로그래머라면 벨만 방정식(식 11-3)이 재귀적이라는 사실을 바로 알았을 것입니다. 이 식의 오른쪽에 있는 모든 Q-가치는 이 식을 사용해 더 확장할 수 있습니다. 그림 11-10의 예제는 두 스텝 후에 끝나지만 실제 MDP 문제는 훨씬 많은 수의 스텝과 상태가 포함됩니다. 상태-행동-전이 그래프에 순환이 발생할 수도 있습니다. 하지만 벨만 방정식의 아름다움과 강력함 덕분에 많은 상태 공간이 있더라도 Q-러닝 문제를 지도 학습 문제로 바꿀 수 있습니다. 다음 절에서 그 이유를 설명하겠습니다.

---

9   미국의 응용 수학자 리처드 E. 벨만(Richard E. Bellman, 1920-1984)의 업적입니다. 그의 책 〈Dynamic Programming〉(Princeton University Press, 1957)을 참고하세요.

### 11.3.3 심층 Q-네트워크

$Q(s, a)$ 함수를 손으로 만드는 것은 어려울 수 있으므로 대신 심층 신경망(이 절의 초기에 언급한 DQN)으로 이 함수를 만들고 신경망의 파라미터를 훈련할 것입니다. 이 DQN은 에이전트에게 관측으로 제공되는 환경의 완전한 상태, 즉 스네이크 보드 설정을 표현한 입력 텐서를 받습니다. 그림 11-11에 나타나 있듯이 이 텐서의 크기는 (배치 차원을 제외하고) [9, 9, 2]입니다. 처음 두 차원은 게임 보드의 높이와 너비에 해당합니다. 따라서 이 텐서는 보드에 있는 모든 사각형의 비트맵 표현으로 볼 수 있습니다. 마지막 차원(2)은 스네이크와 과일을 각각 표현하는 두 개의 채널입니다. 스네이크는 첫 번째 채널에 인코딩되며, 머리는 2이고 몸통은 1로 표시됩니다. 과일은 두 번째 채널에 인코딩되며 1로 표시됩니다. 두 채널에서 빈 사각형은 0으로 표시합니다. 이런 픽셀 값과 채널 개수는 다소 임의적입니다. 세 요소(스네이크의 머리와 몸통 그리고 과일)가 구분되기만 하면 다른 값을 사용해도 괜찮습니다(예를 들어 스네이크 머리는 100, 몸통은 50으로 하거나 스네이크의 머리와 몸통을 두 개의 채널로 나눕니다).

▼ 그림 11-11 스네이크 게임 보드 상태를 [9, 9, 2] 크기의 3D 텐서로 표현하는 방법

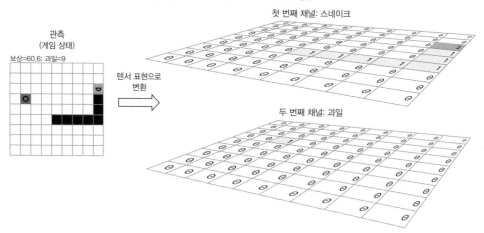

게임 상태를 이렇게 텐서로 표현하면 이전 절에서 설명한 필드 s와 f로 구성된 JSON 표현보다 공간 효율이 훨씬 좋지 않습니다. 스네이크 길이에 상관없이 보드에 있는 모든 사각형을 포함하기 때문입니다. 이런 비효율적인 표현은 역전파를 사용해 DQN의 가중치를 업데이트할 때만 사용합니다. 또한, 어떤 순간에 적은 수(batchSize)의 게임 상태를 이런 식으로 나타냅니다. 잠시 후에 보게 될 배치 기반 훈련 패러다임 때문입니다.

효율적으로 나타낸 보드 상태 표현을 그림 11-11에 있는 텐서 표현으로 바꾸는 코드는 snake-dqn/snake_game.js 파일에 있는 getStateTensor() 함수에서 찾을 수 있습니다. DQN을 훈련하는 동안 이 함수를 많이 사용합니다. 하지만 이 함수는 스네이크와 과일의 위치에 따라 텐서 버퍼에 기계적으로 값을 할당하기 때문에 여기서는 자세한 내용을 생략하겠습니다.

[height, width, channel] 입력이 합성곱 신경망이 처리하는 포맷이라는 것을 눈치챘을지 모르겠습니다. 여기서 사용할 DQN은 익히 알고 있는 합성곱 신경망 구조입니다. DQN 구조를 정의하는 코드는 코드 11-5에 있습니다(일부 에러 체크 코드는 제외하고 snake-dqn/dqn.js에서 가져왔습니다). 이 코드와 그림 11-12처럼 이 네트워크는 여러 개의 conv2d 층과 MLP로 구성되어 있습니다. 배치 정규화(batchNormalization) 층과 드롭아웃 층은 DQN의 일반화 성능을 높이기 위해 추가되었습니다. DQN의 출력 크기는 (배치 차원을 제외하고) [3]입니다. 출력되는 세 개의 원소는 각 행동(직진, 좌회전, 우회전)에 대해 예측된 Q-가치입니다. 따라서 $Q(s, a)$ 모델은 상태를 입력으로 받고 주어진 상태에서 가능한 모든 행동의 Q-가치를 출력하는 신경망입니다.

▼ 그림 11-12 스네이크 문제를 위해 Q(s, a) 함수의 근사로 사용할 DQN. '온라인 DQN' 상자에서 'BN'은 batchNormalization의 약자다.

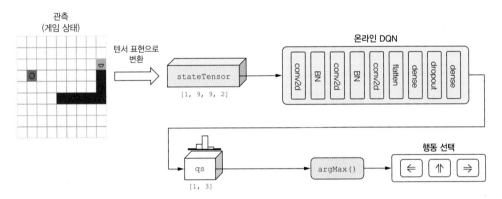

코드 11-5 스네이크 문제를 위한 DQN 만들기

```
export function createDeepQNetwork(h, w, numActions) {
  const model = tf.sequential();
  model.add(tf.layers.conv2d({ ------ 이 DQN은 전형적인 합성곱 신경망 구조를 가집니다.
                                      여러 개의 conv2d 층을 쌓는 것으로 시작합니다.
    filters: 128,
    kernelSize: 3,
    strides: 1,
    activation: 'relu',
    inputShape: [h, w, 2] ------ 입력 크기는 그림 11-11에 나온 에이전트 관측의 텐서 표현과 일치합니다.
  }));
```

```javascript
    model.add(tf.layers.batchNormalization());
    model.add(tf.layers.conv2d({
      filters: 256,
      kernelSize: 3,
      strides: 1,
      activation: 'relu'
    }));
    model.add(tf.layers.batchNormalization());
    model.add(tf.layers.conv2d({
      filters: 256,
      kernelSize: 3,
      strides: 1,
      activation: 'relu'
    }));
    model.add(tf.layers.flatten());
    model.add(tf.layers.dense({units: 100, activation: 'relu'}));
    model.add(tf.layers.dropout({rate: 0.25}));
    model.add(tf.layers.dense({units: numActions}));
    return model;
  }
```

> 과대적합에 대응하고 일반화 성능을 향상시키기 위해 batchNormalization 층을 추가합니다.

> DQN의 MLP 부분은 flatten 층으로 시작합니다.

> batchNormalization과 마찬가지로 과대적합에 대응하기 위해 드롭아웃 층을 추가합니다.

여기서 잠시 멈추고 이 문제의 $Q(s, a)$ 함수로 신경망을 사용하는 것이 왜 합당한지 생각해 보죠. 스네이크 게임은 이산적인 상태 공간을 가집니다. 이는 카트-막대 문제에 있는 실수 값으로 구성된 연속적인 상태 공간과 다릅니다. 따라서 $Q(s, a)$ 함수는 룩업 테이블(lookup table)로 구현할 수 있습니다. 즉, 가능한 모든 보드 설정과 행동을 하나의 Q 가치로 매핑합니다. 그럼 왜 룩업 테이블 대신 DQN을 사용할까요? 그 이유는 비교적 작은 보드 크기(9 × 9)라도 가능한 보드 설정이 너무 많기 때문입니다.[10] 이로 인해 룩업 테이블 방식의 두 가지 단점이 생깁니다. 첫째, 컴퓨터의 메모리에 이런 큰 룩업 테이블을 저장할 수 없습니다. 둘째, 충분한 메모리를 가진 시스템을 준비하더라도 강화 학습을 훈련하는 동안 에이전트가 모든 상태를 확인하는 데 매우 오랜 시간이 걸릴 것입니다. DQN은 적정한 크기(약 100만 개의 파라미터)로 첫 번째 (메모리 공간) 문제를 해결합니다. 신경망의 일반화 성능으로는 두 번째 (상태 조회 시간) 문제를 해결합니다. 이전 장에서 충

---

10 스네이크 길이를 20으로 제한해서 어림잡아 계산해도 가능한 보드 설정의 수는 적어도 $10^{15}$이 됩니다. 예를 들어 스네이크 길이를 20으로 가정해 보죠. 먼저 스네이크의 머리 위치는 9 × 9 = 81개의 가능성이 있습니다. 그다음, 몸통의 첫 번째 사각형은 네 개의 위치가 가능하고 두 번째 사각형은 세 개의 위치가 가능합니다. 물론 일부 몸통 자세에서는 세 개의 가능성보다 적지만 자릿수를 크게 바꾸지 않습니다. 따라서 길이가 20인 스네이크의 가능한 몸통 위치는 약 $81 × 4 × 3^{18} ≈ 10^{12}$입니다. 각 몸통 위치마다 61개의 과일 위치가 가능한 점을 생각하면 스네이크와 과일의 가능한 설정은 $10^{14}$까지 올라갑니다. 비슷하게 이런 추정을 스네이크 길이 2에서 19까지에 적용할 수 있습니다. 길이 2에서 20까지 추정한 개수를 모두 더하면 $10^{15}$이 됩니다. 아타리 2600 같은 비디오 게임은 스네이크 보드의 사각형 개수에 비해 훨씬 많은 픽셀 수를 가지고 있습니다. 따라서 룩업 테이블을 더 적용하기 어렵습니다. 딥마인드의 Volodymyr Mnih와 동료들의 2015년 논문에서 설명했듯이, 이는 강화 학습을 사용해 비디오 게임을 해결하는 데 DQN이 적합한 기술이 되는 이유입니다.

분한 증거를 보았듯이 신경망은 모든 가능한 입력을 볼 필요가 없습니다. 일반화를 통해 훈련 샘플 사이를 보간하는 방법을 배웁니다. 따라서 DQN을 사용하면 일석이조의 효과를 누릴 수 있습니다.

### 11.3.4 심층 Q-네트워크 훈련하기

이제 스네이크 게임의 모든 스텝에서 가능한 세 개의 행동의 Q-가치를 추정하는 DQN을 만들었습니다. 가능한 한 가장 높은 누적 보상을 얻으려면 각 스텝에서 관측을 사용해 DQN을 실행하고 가장 높은 Q-가치를 가진 행동을 선택해야 합니다. 이게 끝인가요? 아닙니다. 아직 DQN을 훈련하지 않았거든요! 적절히 훈련하지 않으면 DQN은 랜덤하게 초기화된 가중치만 가지고 있을 것이며, 이 신경망에서 선택한 행동은 랜덤한 추측보다 낫지 않을 것입니다. 그럼 이제 스네이크 강화 학습 문제는 DQN을 훈련하는 방법에 대한 질문으로 축소되었습니다. 이것이 이 절에서 다룰 내용입니다. 과정은 다소 복잡합니다. 하지만 걱정하지 마세요. 많은 그림과 관련된 코드를 사용해 단계별로 훈련 알고리즘을 설명하겠습니다.

**심층 Q-네크워크 훈련 이면에 있는 직관**

DQN을 벨만 방정식에 맞추어 훈련하겠습니다. 잘 훈련된다면 이 DQN이 즉각적인 보상과 최적의 할인된 미래 보상을 모두 반영한다는 의미입니다.

어떻게 이렇게 할 수 있을까요? 필요한 것은 입출력 쌍으로 구성된 많은 샘플입니다. 입력은 상태와 실제 선택한 행동이고 출력은 '정답' (타깃) Q-가치입니다. 입력 샘플을 계산하려면 현재 상태 $s_i$와 이 상태에서 선택한 행동 $a_i$가 필요합니다. 이 둘은 게임 이력에서 바로 얻을 수 있습니다. 타깃 Q-가치를 계산하려면 즉각적인 보상 $r_i$와 다음 상태 $s_{i+1}$이 필요합니다. 이 둘도 게임 이력에서 얻을 수 있습니다. $r_i$와 $s_{i+1}$을 벨만 방정식에 적용하여 타깃 Q-가치를 계산할 수 있습니다. 자세한 내용은 잠시 후에 다루겠습니다. 그다음, DQN이 예측한 Q-가치와 벨만 방정식의 타깃 Q-가치 사이의 차이를 계산하고 이를 손실로 사용합니다. 일반적인 역전파와 경사 하강법을 사용해 (최소 제곱 방식으로) 이 손실을 감소시킬 것입니다. 이를 가능하게 하고 효율적으로 만드는 메커니즘은 다소 복잡하지만 직관은 의외로 간단합니다. 좋은 결정을 내리기 위해 Q 함수의 추정이 필요합니다. Q 함수의 추정이 환경의 보상과 벨만 방정식에 맞아야 하므로 경사 하강법을 사용해 그렇게 만들 것입니다. 간단합니다!

## 재생 메모리: DQN 훈련을 위한 롤링 데이터셋

이 DQN은 TensorFlow.js의 tf.LayersModel 객체로 구현한 익숙한 합성곱 신경망입니다. 훈련 방법에 상관없이 가장 먼저 떠오르는 것은 fit()이나 fitDataset() 메서드를 호출하는 것입니다. 하지만 관측된 상태와 이에 해당하는 Q-가치를 담고 있는 레이블된 데이터셋이 없기 때문에 이런 방식을 사용할 수 없습니다. DQN을 훈련하기 전에 Q-가치를 알 수 있는 방법이 없습니다. 진짜 Q-가치를 제공하는 방법이 있다면 그냥 마르코프 결정 과정에 이를 사용해 작업을 끝낼 수 있습니다. 따라서 전통적인 지도 학습 방법에 갇히면 '닭이 먼저냐 달걀이 먼저냐'와 같은 문제에 직면합니다. 즉, 훈련된 DQN이 없다면 Q-가치를 추정할 수 없습니다. Q-가치를 잘 추정할 수 없다면 DQN을 훈련할 수 없습니다. 앞으로 소개하는 강화 학습 알고리즘이 이런 닭과 달걀 같은 문제를 해결하는 데 도움이 될 것입니다.

구체적으로 이 방법은 에이전트가 게임을 (적어도 초기에는) 랜덤하게 플레이하게 하고 게임의 각 스텝에서 어떤 일이 일어나는지 기록합니다. 랜덤 플레이 부분은 난수 생성기로 쉽게 구현할 수 있습니다. 기록 부분은 **재생 메모리**(replay memory)라는 데이터 구조로 구현합니다. 그림 11-13에 재생 메모리의 동작 방식을 나타냈습니다. 게임의 각 단계마다 다섯 개의 항목을 저장합니다.

1. $s_i$, 스텝 $i$에서 현재 상태의 관측(보드 설정)

2. $a_i$, 현재 스텝에서 실제 수행한 행동(그림 11-12에 나왔듯이 DQN에 의해 선택되거나 랜덤한 선택을 통해)

3. $r_i$, 이 스텝에서 받은 즉각적인 보상

4. $d_i$, 현재 스텝 다음에 바로 게임이 종료되었는지 나타내는 불리언 플래그. 이로부터 재생 메모리가 게임의 단일 에피소드만 저장하는 것이 아님을 알 수 있으며, 여러 게임 에피소드의 결과를 연결합니다. 이전 게임이 끝나면 훈련 알고리즘은 새로운 에피소드를 시작하고 새로운 기록을 재생 메모리에 계속 추가합니다.

5. $s_{i+1}$, $d_i$가 false일 때 다음 스텝의 관측($d_i$가 true이면 null이 저장됩니다.)

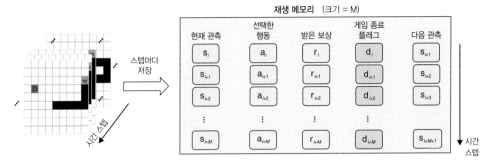

❤ 그림 11-13 DQN을 훈련하는 동안 사용되는 재생 메모리. 스텝마다 다섯 개의 항목이 재생 메모리 끝에 추가된다. DQN을 훈련할 때 이 데이터에서 샘플링한다.

이런 데이터가 DQN의 역전파 기반 훈련에 사용됩니다. 재생 메모리를 DQN 훈련을 위한 데이터셋으로 생각할 수 있습니다. 하지만 훈련이 진행되면서 계속 업데이트되기 때문에 지도 학습에 있는 데이터셋과는 다릅니다. 이 재생 메모리의 길이는 $M$으로 고정되어 있습니다(예제 코드에서 $M = 10,000$이 기본값입니다). 데이터 레코드($s_i$, $a_i$, $r_i$, $d_i$, $s_{i+1}$)가 새로운 게임 스텝 후에 재생 메모리 끝에 추가됩니다. 고정된 재생 메모리 길이를 유지하기 위해 맨 앞에 있는 오래된 레코드가 빠집니다. 이를 통해 재생 메모리는 가장 최근의 훈련 스텝 $M$개에서 일어난 일을 기록합니다. 또한, 메모리 부족 문제를 피할 수 있습니다. 최근의 게임 기록을 사용해 DQN을 훈련하는 것이 유리합니다. 왜일까요? DQN이 일정 기간 훈련되어 게임을 이해하기 시작하면 훈련 초기의 오래된 게임 기록을 사용해 훈련하고 싶지 않을 것입니다. 초기 게임 기록에는 신경망을 훈련하는 데 관련이 없거나 도움이 되지 않는 단순한 이동을 포함하고 있기 때문입니다.

재생 메모리를 구현한 코드는 매우 간단하고 snake-dqn/replay_memory.js 파일에서 찾을 수 있습니다. 자세한 코드는 설명하지 않겠지만 append( )와 sample( ) 두 메서드를 소개하겠습니다.

* append( )는 재생 메모리 끝에 새로운 레코드를 추가합니다.
* sample(batchSize)는 재생 메모리에서 batchSize개의 레코드를 랜덤하게 선택합니다. 이 레코드는 완전히 균등하게 샘플링되고 일반적으로 여러 가지 다른 에피소드의 레코드를 포함합니다. 잠시 후에 보겠지만, sample( ) 메서드를 사용해 손실 함수와 역전파를 계산하는 동안 훈련 배치를 추출합니다.

### 입실론 그리디 알고리즘: 탐험과 활용 사이의 균형

랜덤하게 시도하는 에이전트는 순수한 행운으로 몇 개의 좋은 수에 걸릴 것입니다(스네이크 게임에서 과일 한 개나 두 개를 먹음). 이를 사용해 에이전트가 초기 학습 과정을 시작합니다. 사실 에이전트는 게임 규칙을 모르기 때문에 이것이 유일한 방법입니다. 하지만 에이전트가 계속 랜덤하게 행동하면 많이 학습하지 못할 것입니다. 랜덤한 선택은 갑작스러운 죽음을 유발하고 일부 고급 상태는 좋은 움직임을 계속 유지해야만 달성할 수 있기 때문입니다.

이것이 스네이크 게임에 있는 탐험 대 활용의 딜레마입니다. 카트-막대 문제에서 이 딜레마를 보았습니다. 카트-막대 문제에서는 정책 그레이디언트 방법이 훈련하면서 점진적으로 다항 샘플링(multinomial sampling)의 결정성을 증가시켜 이 문제를 해결했습니다. 스네이크 게임에서는 tf.multinomial()이 아니라 최대의 Q-가치를 가진 행동을 선택하기 때문에 이런 고급스러운 방식을 사용할 수 없습니다. 이 딜레마를 해결하는 방법은 행동 선택 과정의 무작위성을 매개변수화하고 점진적으로 이를 줄여 가는 것입니다. 이를 **입실론 그리디 정책**(epsilon greedy policy)이라고 합니다. 이 정책을 의사 코드로 쓰면 다음과 같습니다.

```
x = 0~1 사이에서 균등하게 샘플링한 난수
if x < epsilon:
  랜덤하게 행동을 선택합니다
else:
  qValues = DQN.predict(observation)
  qValues의 최댓값에 해당하는 행동을 선택합니다
```

이 로직을 모든 훈련 스텝에 적용합니다. 입실론 값이 클수록(1에 가까울수록), 더 많은 행동이 랜덤하게 선택됩니다. 반대로 입실론이 작을수록(0에 가까울수록), DQN이 예측한 Q-가치를 기반으로 행동을 선택할 가능성이 높습니다. 랜덤한 행동 선택은 환경을 탐험하는 것으로 볼 수 있습니다(즉, 입실론은 탐험을 의미합니다). 반면 Q-가치를 최대화하는 행동을 선택하는 것은 활용(greedy)이라고 합니다. 그래서 입실론 그리디 정책이라고 부릅니다.

코드 11-6에서 snake-dqn 예제의 입실론 그리디 알고리즘을 구현한 실제 TensorFlow.js 코드가 앞의 의사 코드에 일대일 대응됩니다. 이 코드는 snake-dqn/agent.js에서 가져왔습니다.

**코드 11-6** 입실론 그리디 알고리즘을 구현한 snake-dqn 코드

```
let action;
const state = this.game.getState();
if (Math.random() < this.epsilon) {
  action = getRandomAction(); ------ 탐험: 랜덤하게 행동을 선택합니다.
} else {
  tf.tidy(() => {
    const stateTensor =
        getStateTensor(state,                ------ 게임 상태를 텐서로 표현합니다.
                       this.game.height,
                       this.game.width);
```

```
        action = ALL_ACTIONS[
            this.onlineNetwork.predict(
                stateTensor).argMax(-1).dataSync()[0]];
    });
}
```

그리디 정책: DQN이 예측한 Q-가치를 얻어 가장 큰 Q-가치에 해당하는 행동의 인덱스를 찾습니다.

입실론 그리디 정책은 초기 탐험의 요구와 나중에 안정된 행동의 요구 사이에서 균형을 맞춥니다. 입실론을 상대적으로 큰 값에서 0에 가까운(하지만 0은 아닌) 값으로 점진적으로 줄입니다. snake-dqn 예제에서 입실론은 초기 $1 \times 105$ 훈련 단계에 걸쳐 0.5에서 0.01까지 선형적으로 줄어듭니다. 입실론을 완전히 0으로 줄이지는 않습니다. 에이전트가 훈련 과정에서 성숙한 단계에 이르렀다고 하더라도 똑똑한 새 움직임을 발견할 수 있도록 어느 정도 탐험이 필요하기 때문입니다. 입실론 그리디 정책 기반의 강화 학습 문제에서 입실론의 초깃값과 마지막 값은 튜닝 가능한 하이퍼파라미터입니다. 입실론의 감쇠 시간도 마찬가지입니다.

입실론 그리디 정책을 사용한 심층 Q-러닝 알고리즘을 바탕으로 DQN을 훈련하는 자세한 방법을 이어서 설명하겠습니다.

## 예측된 Q-가치 추출하기

강화 학습 문제를 해결하기 위해 새로운 방법을 사용하지만 이 알고리즘을 지도 학습 방식으로 변형하려고 합니다. 이렇게 하면 익숙한 역전파 방법으로 DQN의 가중치를 업데이트할 수 있기 때문입니다. 이렇게 하려면 세 가지가 필요합니다.

- 예측 Q-가치
- '정답' Q-가치. '정답'이란 단어는 따옴표로 감싸져 있습니다. 왜냐하면 실제로 진짜 Q-가치 값을 얻을 방법이 없기 때문입니다. 이 값은 단순히 훈련 알고리즘이 주어진 스텝에서 얻을 수 있는 최상의 $Q(s, a)$ 추정입니다. 이런 이유 때문에 이를 타깃 Q-가치라고 부르겠습니다.
- 예측 Q-가치와 타깃 Q-가치를 받고 둘 사이의 불일치 정도를 출력하는 손실 함수

이 절에서는 재생 메모리에서 예측 Q-가치를 얻는 방법을 알아보겠습니다. 이어지는 두 개의 절에서 타깃 Q-가치를 얻는 방법과 손실 함수에 대해 이야기하겠습니다. 세 가지가 모두 준비되면 스네이크 강화 학습 문제는 기본적으로 간단한 역전파 문제가 될 것입니다.

그림 11-14는 DQN의 훈련 스텝에서 재생 메모리로부터 예측 Q-가치를 추출하는 방법을 보여줍니다. 이 그림을 이해하려면 코드 11-7의 코드와 함께 봐야 합니다.

▼ 그림 11-14 예측 Q-가치를 재생 메모리와 온라인 DQN에서 얻는 방법. DQN 훈련 알고리즘의 지도 학습 구성에 해당하는 두 부분 중 하나다. 이 작업의 결과인 actionQs, 즉 DQN이 예측한 Q-가치는 MSE 손실을 계산하기 위해 targetQs와 함께 사용하는 두 매개변수 중 하나다. targetQs를 계산하는 워크플로로는 그림 11-15를 참고하자.

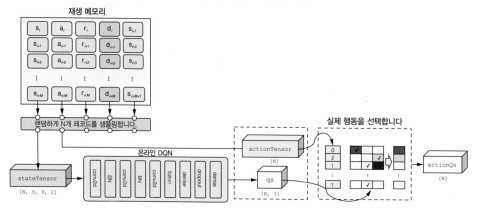

재생 메모리에서 랜덤하게 batchSize(기본적으로 N = 128) 레코드를 샘플링합니다. 앞서 설명했듯이 각 레코드는 다섯 개의 항목을 가집니다. 예측 Q-가치를 얻기 위해 처음 두 개의 항목만 필요합니다. 첫 번째 항목을 모은 *N*개의 상태 관측을 하나의 텐서로 바꿉니다. 온라인 DQN이 이런 배치 관측 텐서를 처리하고 예측 Q-가치(그림과 코드에 있는 qs)를 출력합니다. 하지만 qs는 실제 선택한 행동뿐만 아니라 선택하지 않은 행동의 Q-가치도 포함하고 있습니다. 훈련에서는 선택하지 않은 행동의 타깃 Q-가치는 알 수 있는 방법이 없으므로 이에 대한 Q-가치를 무시합니다. 이를 위해 두 번째 재생 메모리 항목이 필요합니다.

두 번째 항목은 실제 선택한 행동을 가지고 있습니다. 이를 텐서 표현으로 바꿉니다(그림과 코드에 있는 actionTensor). 그다음, actionTensor를 사용해 우리가 원하는 qs 원소를 선택합니다. 이 단계가 앞 그림에서 '실제 행동을 선택합니다'로 표시된 상자에 나타나 있습니다. 이 단계는 세 개의 TensorFlow.js 함수 tf.oneHot(), mul(), sum()을 사용해 구현됩니다(코드 11-7의 마지막 라인 참조). 다른 게임 스텝에서 다른 행동을 선택할 수 있기 때문에 이 코드는 텐서를 슬라이싱하는 것보다 조금 더 복잡합니다. 코드 11-7은 snake-dqn/agent.js에 있는 SnakeGameAgent.trainOnReplayBatch() 함수에서 가져왔습니다.

**코드 11-7** 재생 메모리에서 예측 Q-가치의 배치 추출하기

```
const batch = this.replayMemory.sample(batchSize);  ⸺ 재생 메모리에서 랜덤하게 batchSize개의
                                                        레코드를 추출합니다.
const stateTensor = getStateTensor(
   batch.map(example => example[0]),  ⸺  게임 레코드의 첫 번째 원소는 에이전트의 상태 관측(그림 11-13 참조)입니
   this.game.height, this.game.width);   다. getStateTensor() 함수를 사용해 JSON 객체를 텐서로 변환합니다(그
                                          림 11-11 참조).
const actionTensor = tf.tensor1d(
   batch.map(example => example[1]),  ⸺  게임 레코드의 두 번째 원소는 실제 선택한
                                          행동입니다. 이 값도 텐서로 변환합니다.
```

```
    'int32');
  const qs = this.onlineNetwork.apply(
    stateTensor, {training: true})
    .mul(tf.oneHot(actionTensor, NUM_ACTIONS)).sum(-1);
```

apply() 메서드는 predict() 메서드와 비슷합니다. 하지만 "training: true"로 지정하여 명시적으로 역전파를 수행합니다.

tf.oneHot(), mul(), sum()을 사용해 선택하지 않은 행동의 Q-가치는 제외하고 선택한 행동의 Q-가치만 남깁니다.

이런 연산을 통해 [N] 크기의 actionQs 텐서를 얻습니다. 여기에서 N은 배치 크기입니다. 이것이 예측 Q-가치입니다. 즉, 상태 $s$와 실제로 선택한 행동 $a$에 대한 예측 $Q(s, a)$입니다. 이어서 Q-가치를 구하는 방법을 알아보겠습니다.

## 타깃 Q-가치 추출하기: 벨만 방정식

예측 Q-가치보다 타깃 Q-가치를 얻는 것이 조금 더 복잡하며, 이론상의 벨만 방정식을 실제로 사용할 것입니다. 벨만 방정식은 다음과 같은 두 가지 측면에서 상태-행동 쌍의 Q-가치를 설명합니다. 1) 즉각적인 보상과 2) 다음 스텝의 상태에서 가능한 (할인된) 최대 Q-가치입니다. 전자는 쉽게 구할 수 있습니다. 재생 메모리의 세 번째 항목에서 바로 얻을 수 있습니다. 그림 11-15의 rewardTensor가 이를 나타냅니다.

▼ 그림 11-15 재생 메모리와 타깃 DQN에서 타깃 Q-가치(targetQs)를 구하는 방법. 이 그림의 재생 메모리와 배치 샘플링은 그림 11-14와 같으며 코드 11-8과 함께 보는 것이 좋다. DQN 훈련 알고리즘의 지도 학습 구성에 들어가는 두 부분 중 두 번째다. targetQs는 이전 장에서 본 지도 학습 문제의 정답 레이블과 비슷한 역할을 수행한다(예를 들면 MNIST 문제의 정답 레이블이나 예나 날씨 문제의 실제 미래 온도 값). 벨만 방정식은 targetQs 계산에서 핵심적인 역할을 수행한다. 타깃 DQN과 함께 이 식을 사용해 현재 단계의 Q-가치와 다음 단계의 Q-가치 사이를 연결함으로써 targetQs 값을 계산할 수 있다.

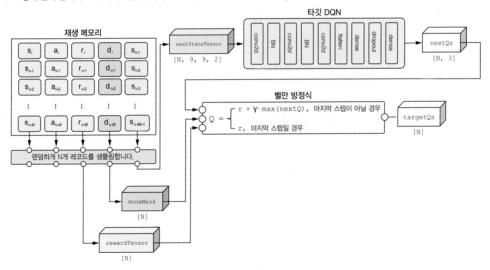

후자(다음 스텝의 최대 Q-가치)를 계산하기 위해 다음 스텝의 상태 관측이 필요합니다. 다행히 다음 스텝의 관측은 재생 메모리의 다섯 번째 항목으로 저장되어 있습니다. 랜덤하게 샘플링된 배치의 다음 상태 관측을 텐서로 변환하고 타깃 DQN이라 부르는 DQN 복사본에서 실행합니다(그림 11-15 참조). 이렇게 하여 다음 스텝 상태에 대한 Q-가치를 추정합니다. 이를 얻고 나면, 마지막 (행동) 차원에 대해 max() 함수를 호출하고 다음 스텝 상태에서 얻을 수 있는 (그림 11-8에 nextMaxQTensor로 표시된) 최대 Q-가치를 얻습니다. 벨만 방정식을 따라 이 최대 가치를 할인 계수(그림 11-15의 γ, 코드 11-8의 gamma)와 곱하고 즉각적인 보상과 더하여 타깃 Q-가치를 만듭니다(그림과 코드에 있는 targetQs).

다음 스텝의 Q-가치는 현재 스텝이 게임 에피소드의 마지막 스텝이 아닐 때(즉, 스네이크가 죽지 않을 때)만 존재합니다. 만약 마지막 스텝이라면, 그림 11-15에서 보듯이 벨만 방정식의 오른쪽은 즉각적인 보상 항만 포함합니다. 코드 11-8에 있는 doneMask 텐서의 역할이 이것입니다. 이 코드는 snake-dqn/agent.js 파일에 있는 SnakeGameAgent.trainOnReplayBatch() 메서드에서 가져왔습니다.

**코드 11-8** 재생 메모리에서 타깃('정답') Q-가치의 배치 추출하기

```
const rewardTensor = tf.tensor1d(
  batch.map(example => example[2]));  ┈┈┈ 재생 레코드의 세 번째 항목이 즉각적인 보상 값을 담고 있습니다.
const nextStateTensor = getStateTensor(
  batch.map(example => example[4]),  ┈┈┈ 레코드의 다섯 번째 항목이 다음 상태 관측을 담고
                                          있습니다. 이를 텐서 표현으로 변환합니다.
  this.game.height, this.game.width);
                                          다음 상태 텐서를 타깃 DQN에 적용해 다음 스텝에서 모든
const nextMaxQTensor =                   행동에 대한 Q-가치를 만듭니다.
  this.targetNetwork.predict(nextStateTensor) ┈┈┈┈┄
  .max(-1);  ┈┈┈ max() 함수를 사용해 다음 스텝에서 가장 높은 보상을 추출합니다. 이것이 벨만 방정식의 우측 항에 해당합니다.
const doneMask = tf.scalar(1).sub(
  tf.tensor1d(batch.map(example => example[3]))
    .asType('float32'));  ┈┈┈ doneMask는 게임을 종료하는 스텝일 경우 0, 다른 스텝일 경우 1입니다.
const targetQs =
  rewardTensor.add(nextMaxQTensor.mul(    벨만 방정식을 사용해 타깃 Q-가치를
    doneMask).mul(gamma));                계산합니다.
```

눈치챘겠지만 심층 Q-러닝 알고리즘의 중요한 트릭은 두 개의 DQN을 사용하는 것입니다. 각각 **온라인 DQN**(online DQN)과 **타깃 DQN**(target DQN)이라고 부릅니다. 온라인 DQN은 예측 Q-가치를 계산합니다(이전 절의 그림 11-14 참조). 입실론 그리드 알고리즘이 그리디한 (탐험이 없는) 방식을 사용할 때 스네이크의 행동을 선택하기 위해서도 사용하는 DQN입니다. 그래서 '온라인' DQN이라고 부릅니다. 이와 반대로 타깃 DQN은 앞에서 보듯이 타깃 Q-가치를 계산하는 데만

사용됩니다. 그래서 이를 '타깃' DQN이라고 부릅니다. 왜 하나가 아니라 두 개의 DQN을 사용할까요? 훈련 과정에서 불안정성을 발생시킬 수 있는 바람직하지 않은 피드백을 없애기 위해서입니다.

온라인 DQN과 타깃 DQN을 같은 createDeepQNetwork() 함수로 만들었습니다(코드 11-5). 두 심층 합성곱 신경망은 동일한 구조를 가집니다. 따라서 동일한 개수의 층과 가중치가 있습니다. 주기적으로 온라인 DQN의 가중치를 타깃 DQN으로 복사합니다(snake-dqn의 기본값은 1,000 스텝마다). 이렇게 하면 타깃 DQN을 온라인 DQN에 맞춰 최신으로 유지할 수 있습니다. 이런 동기화가 없으면 타깃 DQN이 구식이 되고 벨만 방정식에 있는 최상의 다음 스텝 Q-가치를 잘못 추정해서 훈련 과정을 방해하게 됩니다.

## Q-가치 예측과 역전파를 위한 손실 함수

예측 Q-가치와 타깃 Q-가치가 준비되면 익숙한 meanSquaredError 손실 함수를 사용해 두 값의 차이를 계산할 수 있습니다(그림 11-16). 이렇게 되면 DQN 훈련 과정이 이전의 보스턴 주택 문제나 예나 날씨 문제와 다르지 않은 회귀 문제로 바뀌게 됩니다. meanSquaredError 손실의 오차 신호로 역전파를 진행시키고 가중치 업데이트를 사용해 온라인 DQN을 업데이트합니다.

▼ 그림 11-16 actionQs와 targetQs를 사용해 온라인 DQN의 meanSquaredError 오차를 계산하고 역전파를 사용해 가중치를 업데이트한다. 이 그림의 대부분은 그림 11-12와 11-13에서 이미 보았던 것이다. 새롭게 추가된 부분은 meanSquaredError 손실 함수와 이를 기반으로 한 역전파 단계다.

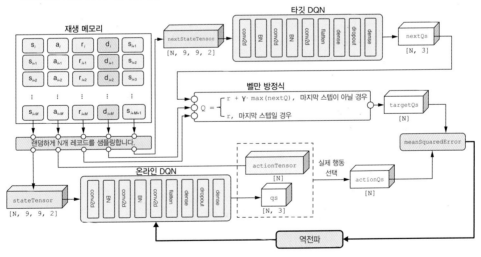

그림 11-16은 그림 11-12와 11-13에서 보았던 부분이 포함되어 있습니다. 두 그림의 내용을 합치고 meanSquaredError 손실과 이를 기반으로 한 역전파를 나타내기 위한 상자와 화살표가 추가되었습니다(그림의 오른쪽 아래 참조). 이것이 스네이크 게임 에이전트를 훈련하기 위해 사용하는 심층 Q-러닝 알고리즘의 전체 그림입니다.

코드 11-9는 그림 11-16과 밀접한 관련이 있습니다. 이 코드는 snake-dqn/agent.js 파일에 있는 SnakeGameAgent 클래스의 trainOnReplayBatch() 메서드로, 이 강화 학습 알고리즘에서 핵심적인 역할을 수행합니다. 이 메서드는 예측 Q-가치와 타깃 Q-가치 사이의 meanSquaredError를 계산하는 손실 함수를 정의합니다. 그다음, tf.variableGrads() 함수를 사용해 온라인 DQN 가중치에 대한 meanSquaredError의 그레이디언트를 계산합니다(tf.variableGrads()와 같은 TensorFlow.js의 그레이디언트 계산 함수에 대한 자세한 내용은 부록 C의 C.4절을 참고하세요). 계산된 그레이디언트를 사용해 옵티마이저의 도움으로 DQN의 가중치를 업데이트합니다. 이는 온라인 DQN을 조금 더 정확한 Q-가치를 추정할 수 있는 방향으로 움직입니다. 이를 수백만 번 반복하면 괜찮은 스네이크 게임 성능을 낼 수 있는 DQN을 만듭니다. 다음 코드에서 타깃 Q-가치(targetQs)를 계산하는 부분은 코드 11-8에서 이미 보았습니다.

**코드 11-9** DQN을 훈련하는 핵심 함수

```
trainOnReplayBatch(batchSize, gamma, optimizer) {
  const batch = this.replayMemory.sample(batchSize); ┈┈┈ 재생 메모리에서 랜덤한 샘플의 배치를 가져옵니다.
  const lossFunction = () => tf.tidy(() => { ┈┈┈ lossFunction은 스칼라 값을 반환하고 역전파에 사용됩니다.
    const stateTensor = getStateTensor(
        batch.map(example => example[0]),
                  this.game.height,
                  this.game.width);
    const actionTensor = tf.tensor1d(
        batch.map(example => example[1]), 'int32');
    const qs = this.onlineNetwork ┈┈┈ 예측 Q-가치
        .apply(stateTensor, {training: true})
        .mul(tf.oneHot(actionTensor, NUM_ACTIONS)).sum(-1);
    const rewardTensor = tf.tensor1d(batch.map(example => example[2]));
    const nextStateTensor = getStateTensor(
        batch.map(example => example[4]),
                  this.game.height, this.game.width);
    const nextMaxQTensor =
        this.targetNetwork.predict(nextStateTensor).max(-1);
```

```
  const doneMask = tf.scalar(1).sub(
      tf.tensor1d(batch.map(example => example[3])).asType('float32'));
  const targetQs = ------ 벨만 방정식을 적용하여 타깃 Q-가치를 계산합니다.
      rewardTensor.add(nextMaxQTensor.mul(doneMask).mul(gamma));
  return tf.losses.meanSquaredError(targetQs, qs); ·········
});                         예측 Q-가치와 타깃 Q-가치 사이의 차이를 측정하기 위해 MSE를 사용합니다.
const grads = tf.variableGrads( ········
                온라인 DQN의 가중치에 대한 lossFunction의 그레이디언트를 계산합니다.
    lossFunction, this.onlineNetwork.getWeights());
optimizer.applyGradients(grads.grads); ········ 그레이디언트를 사용해 옵티마이저로 가중치를 업데이트합니다.
tf.dispose(grads);
}
```

이것이 심층 Q-러닝 알고리즘의 내부 상세 사항입니다. Node.js 환경에서 다음 명령을 사용해 이 알고리즘을 기반으로 훈련을 시작할 수 있습니다.

> `yarn && yarn train --logDir /tmp/snake_logs`

CUDA 지원 GPU를 가지고 있다면 이 명령에 --gpu 플래그를 추가하여 훈련 속도를 높일 수 있습니다. --logDir 플래그를 추가하면 훈련하는 동안 텐서보드 로그 디렉터리에 다음과 같은 측정 값을 기록합니다. 1) 최근 100개의 에피소드에서 누적한 보상의 이동 평균(cumulativeReward100), 2) 최근 100개의 에피소드에서 먹은 과일 개수의 이동 평균(eaten100), 3) 탐험 파라미터 값(epsilon), 4) 초당 스텝 횟수로 나타낸 훈련 속도(framesPerSecond). 다음 명령으로 텐서보드를 실행하고 텐서보드 프런트엔드의 HTTP URL(기본값 http://localhost:6006)에 접속해서 이런 로그를 볼 수 있습니다.

> `pip install tensorboard tensorboard --logdir /tmp/snake_logs`

그림 11-17은 훈련 과정에서 얻은 전형적인 로그 곡선을 보여 줍니다. 강화 학습 훈련에서 자주 볼 수 있듯이 cumulativeReward100과 eaten100 곡선에는 요동이 있습니다. 몇 시간 훈련을 거치면 최상의 cumulativeReward100이 70~80에 도달하고 최상의 eaten100이 약 12에 도달할 수 있습니다.

▼ 그림 11-17 tfjs-node에서 snake-dqn을 훈련하면서 얻은 로그. 각 패널은 다음과 같다. 1) 최근 100개의 게임에서 얻은 누적 보상의 이동 평균인 cumulativeReward100, 2) 최근 100개의 게임에서 먹은 과일 개수의 이동 평균인 eaten100, 3) 입실론 그리디 정책의 시간에 따른 입실론 값인 epsilon, 4) 훈련 속도인 framesPerSecond

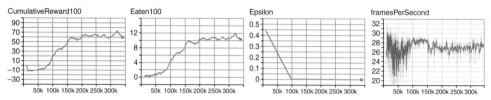

훈련 스크립트는 새로운 최상의 cumulativeReward100 값을 달성할 때마다 모델을 ./models/dqn 에 저장합니다. 저장된 모델은 스네이크 게임의 프런트엔드 UI에서 로드하여 사용할 수 있습니다. 프런트엔드 화면은 게임의 모든 스텝에서 DQN이 예측한 Q-가치를 출력합니다(그림 11-18). 훈련하는 동안 사용된 입실론 그리디 정책은 훈련이 끝난 뒤 게임을 플레이할 때는 항상 그리디한 정책으로 바뀝니다. 높은 Q-가치(예를 들어 그림 11-18의 경우 직진 방향의 33.9)에 해당하는 행동이 항상 스네이크의 행동으로 선택됩니다. 이를 통해 훈련된 DQN이 어떻게 게임을 플레이하는지 직관적으로 이해할 수 있습니다.

▼ 그림 11-18 훈련된 DQN이 추정한 Q-가치가 숫자로 출력되고 게임의 프런트엔드에서 여러 녹색 음영 위에 나타난다.

보상=60.6; 과일=9

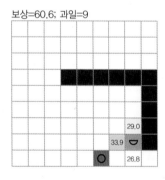

스네이크 행동에는 몇 가지 흥미로운 점이 있습니다. 첫째, 데모에서 스네이크가 실제로 먹은 과일 개수(~18)가 평균적으로 훈련 로그의 eaten100 곡선(~12)보다 큽니다. 이는 입실론 그리디 정책을 제거하여 게임 플레이에서 랜덤한 행동을 없앴기 때문입니다. DQN 훈련의 마지막 단계에 도달하면 입실론은 작아지지만 0이 되지는 않습니다(그림 11-17의 세 번째 패널 참조). 이로 인한 랜덤한 행동 때문에 이따금 스네이크가 일찍 죽게 됩니다. 이것이 탐험에 대한 대가입니다. 둘째, 과일이 보드의 중간 부분에 위치하더라도 과일에 가기 전에 보드의 가장자리와 코너를 통과하는 흥미로운 전략을 개발했습니다. 이 전략은 스네이크의 길이가 어느 정도 클 때(예를 들면 10~18) 자기 자신과 부딪힐 가능성을 줄이는 데 효과적입니다. 이것이 나쁘지는 않지만, 발견하지 못한 더 좋은 전략이 있기 때문에 완벽하지는 않습니다. 예를 들어 스네이크 길이가 20을 넘으면 종종 자신이 만든 원 안에 갇힙니다. 이것이 snake-dqn 알고리즘의 한계입니다. 스네이크 에이전트를 더 향상시키려면 입실론 그리디 알고리즘을 수정하여 길이가 길 때 더 나은 움직임을 탐험하도록 해야 합니다.[11] 현재 알고리즘에서는 스네이크 몸통 주위를 노련하게 움직여야 하는 길이가 될 때 탐험의 정도가 너무 낮습니다.

이것으로 강화 학습을 위한 DQN 기술에 대한 소개를 마칩니다. 이 알고리즘은 2015년 논문 'Human-Level Control through Deep Reinforcement Learning'[12]을 본떠서 만들었습니다. 이 논문에서 딥마인드 연구원들은 처음으로 심층 신경망과 강화 학습을 연결하여 많은 아타리 2600 스타일의 비디오 게임을 플레이할 수 있다는 것을 보였습니다. 여기서 본 snake-dqn 솔루션은 딥마인드 알고리즘의 간소화 버전입니다. 예를 들어 스네이크 예제의 DQN은 현재 스텝의 관측만 보지만, 딥마인드 알고리즘은 현재 관측과 이전 몇 개 스텝의 관측을 연결하여 DQN의 입력으로 사용합니다. 하지만 이 예제는 획기적인 이 기술의 정수를 구현했습니다. 심층 합성곱 신경망을 강력한 함수 근사 도구로 사용하여 상태 의존적인 동작을 추정하고 MDP와 벨만 방정식으로 신경망을 훈련했습니다. 바둑과 체스 게임 정복 같은 강화 학습 연구자들의 후속 업적은 비슷하게 심층 신경망과 딥러닝이 아닌 전통 강화 학습 방법을 결합하는 방식을 기반으로 합니다.

## 11.4 추가 자료

- Richard S. Sutton and Andrew G. Barto, Reinforcement Learning: An Introduction, A Bradford Book, 2018.[13]
- David Silver의 유니버시티 칼리지 런던(University College London) 강화 학습 강의 노트: http://www0.cs.ucl.ac.uk/staff/d.silver/web/Teaching.html

---

11  예를 들어 https://github.com/carsonprindle/OpenAIExam2018을 참고하세요.

12  Volodymyr Mnih et al., "Human-Level Control through Deep Reinforcement Learning," Nature, vol. 518, 2015, pp. 529 – 533, www.nature.com/articles/nature14236/.

13  역주 이 책의 번역서는 〈단단한 강화 학습〉(제이펍, 2020)입니다.

- Alexander Zai and Brandon Brown, Deep Reinforcement Learning in Action, Manning Publications, www.manning.com/books/deep-reinforcement-learning-in-action.[14]

- Maxim Laplan, Deep Reinforcement Learning Hands-On: Apply Modern RL Methods, with Deep Q-networks, Value Iteration, Policy Gradients, TRPO, AlphaGo Zero, and More, Packt Publishing, 2018.

# 11.5 연습 문제

1. 카트-막대 예제에서 기본값으로 128개의 유닛을 가진 은닉 밀집 층으로 구성된 정책 네트워크를 사용했습니다. 이 하이퍼파라미터가 정책 그레이디언트 기반 훈련에 어떤 영향을 미치나요? 4나 8 같은 작은 값으로 바꾸어 시도해 보고 기본 은닉층 크기일 때와 학습 곡선을 비교해 보세요(게임당 평균 스텝 횟수 vs. 반복 곡선). 모델 용량과 최선의 행동을 추정하는 효과 사이에 어떤 관계가 있나요?

2. 카트-막대 같은 문제를 해결하기 위해 머신 러닝을 사용하는 것의 장점 중 하나가 사람이 들이는 노력의 경제성이라고 했습니다. 구체적으로, 환경이 예상치 못하게 바뀌면 실제로 어떻게 변경되었는지 파악하고 물리적인 공식을 다시 만들 필요가 없습니다. 그 대신 에이전트가 스스로 문제를 다시 학습하면 됩니다. 다음 과정을 통해 이를 증명해 보세요. 첫째, 카트-막대 예제를 브라우저에서 엽니다. 그다음, 일반적인 방식을 사용해 카트-막대 정책 네트워크를 훈련합니다. 둘째, cart-pole/cart_pole.js에 있는 this.gravity 값을 새로운 값(가령 지구보다 중력이 높은 외계 행성으로 옮겼다고 가정하면 12)으로 수정합니다. 페이지를 다시 실행하고 첫 번째 단계에서 훈련한 정책 네트워크를 로드하여 테스트합니다. 이전보다 훨씬 성능이 떨어지는 것을 확인할 수 있나요? 마지막으로 이 정책 네트워크를 몇 번 더 반복하여 훈련합니다. 이제 정책 네트워크가 (새로운 환경에 적응하여) 다시 게임을 잘 플레이하는 것을 볼 수 있나요?

---

14 역주 이 책의 번역서는 〈심층 강화 학습 인 액션〉(제이펍, 2020)입니다.

3. (MDP와 벨만 방정식에 대한 연습 문제) 11.3.2절과 그림 11-10에서 소개한 MDP는 간단한 예입니다. 상태 전이와 이에 연관된 보상에 무작위성이 없으므로 완전히 결정적이기 때문입니다. 하지만 실전 문제는 확률적인 (랜덤한) MDP로 더 잘 설명됩니다. 확률적인 MDP에서는 에이전트가 만날 상태와 행동을 선택한 후 받을 보상이 어떤 확률 분포를 따릅니다. 예를 들어 그림 11-19처럼 에이전트가 상태 $s_1$에서 행동 $a_1$을 선택하면 0.5의 확률로 상태 $s_2$에 도달하거나 0.5의 확률로 상태 $s_3$에 도달합니다. 두 상태 전이에 연관된 보상이 다릅니다. 이런 확률적인 MDP에서는 에이전트가 미래의 기대 보상을 계산할 때 무작위성을 고려해야 합니다. 미래의 기대 보상은 모든 가능한 보상의 가중 평균입니다. 이때 가중치는 확률이 됩니다. 이런 확률적 접근 방법을 적용하여 그림의 $s_1$에서 $a_1$과 $a_2$에 대한 Q-가치를 추정할 수 있나요? 이 결과를 기반으로 상태 $s_1$에서 $a_1$과 $a_2$ 중 어느 것이 더 나은 행동인가요?

▼ 그림 11-19 연습 문제 3의 첫 번째 MDP

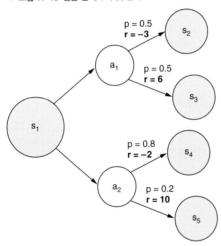

이제 하나 이상의 스텝을 가진 조금 더 복잡한 확률적인 MDP를 보겠습니다(그림 11-20). 조금 더 복잡한 이 경우에는 확률적인 첫 번째 행동 이후 최상의 미래 보상을 계산하기 위해 재귀적인 벨만 방정식을 적용해야 합니다. 이따금 첫 번째 스텝에서 에피소드가 끝나기도 하지만 어떤 경우에는 추가 스텝으로 진행됩니다. $s_1$에서 어떤 행동이 더 나은지 결정할 수 있나요? 이 문제의 경우 보상의 할인 계수는 0.9입니다.

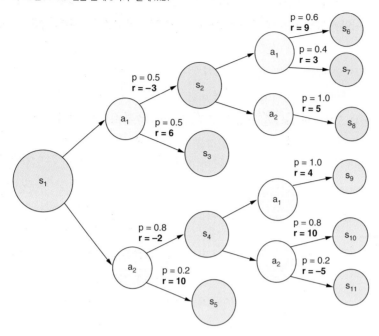

4. snake-dqn 예제에서 입실론 그리디 정책을 사용해 탐험과 활용의 균형을 맞추었습니다. 기본 설정은 입실론을 초기 0.5에서 마지막 0.01까지 감소한 다음 유지시킵니다. 마지막 입실론 값을 더 큰 값(예를 들면 0.1)으로 바꾸거나 작은 값(예를 들면 0)으로 바꾸어 보세요. 그다음, 스네이크 에이전트가 학습하는 데 미치는 영향을 관찰해 보세요. 입실론의 역할 측면에서 실험 결과의 차이를 설명할 수 있나요?

# 11.6 / 요약

- 머신 러닝의 한 종류인 강화 학습은 최적의 결정을 만드는 방법을 학습합니다. 강화 학습 문제에서 에이전트는 누적 보상이라 부르는 측정값을 최대화하기 위해 환경에서 행동을 선택하는 방법을 학습합니다.

- 지도 학습과 달리 강화 학습에는 레이블된 훈련 데이터셋이 없습니다. 대신 에이전트는 랜덤한 행동을 시도해 보면서 여러 상황에서 어떤 행동이 좋은지 학습해야 합니다.

- 널리 사용하는 두 가지 강화 학습 알고리즘을 살펴보았습니다. (카트-막대 예제에서 사용한) 정책 기반 방법과 (스네이크 예제에서 사용한) Q-가치 기반 방법입니다.

- 정책은 에이전트가 현재 상태 관측을 기반으로 행동을 선택하는 알고리즘입니다. 정책은 상태 관측을 입력으로 받고 행동 선택을 출력하는 신경망에 캡슐화될 수 있습니다. 이런 신경망을 정책 네트워크라고 부릅니다. 카트-막대 문제에서 정책 그레이디언트와 REINFORCE 방법을 사용해 정책 네트워크를 업데이트하고 훈련했습니다.

- 정책 기반 방법과 달리 Q-러닝은 Q-네트워크라 부르는 모델을 사용해 주어진 관측 상태에서 행동의 가치를 추정합니다. snake-dqn 예제에서 어떻게 심층 합성곱 신경망이 Q-네트워크로 사용되고 어떻게 MDP 가정과 벨만 방정식, 재생 메모리를 사용해 훈련할 수 있는지 알아보았습니다.

제 **4** 부

# 정리와
# 마무리 멘트

마지막 4부는 두 개의 장으로 구성됩니다. 12장은 Tensor Flow.js 사용자가 모델을 제품 환경에 배포할 때 고려할 사항을 다룹니다. 모델 정확성, 작은 모델을 만들고 효율적으로 실행하는 데 도움이 되는 기술, TensorFlow.js 모델이 지원하는 다양한 배포 환경에 대해 개발자들이 높은 신뢰를 가지는 데 도움이 되는 모범 사례를 설명합니다. 13장은 핵심 개념, 워크플로, 기술을 리뷰하면서 이 책을 전반적으로 요약합니다.

# 12장

# 모델 테스트, 최적화, 배포

이 장은 YANNICK ASSOGBA, PING YU, NICK KREEGER의 도움을 받았습니다.

12.1 TensorFlow.js 모델 테스트하기

12.2 모델 최적화

12.3 다양한 플랫폼과 환경에 TensorFlow.js 모델 배포하기

12.4 추가 자료

12.5 연습 문제

12.6 요약

## 이 장에서 다룰 핵심 내용

- 머신 러닝 코드를 테스트하고 모니터링하는 것의 중요성과 실용적인 가이드라인
- 빠른 로딩과 추론을 위해 TensorFlow.js로 훈련하거나 TensorFlow.js로 변환된 모델을 최적화하는 방법
- 브라우저 확장 프로그램에서 모바일 앱, 데스크톱 앱에서 단일 보드 컴퓨터에 이르는 다양한 플랫폼과 환경에 TensorFlow.js 모델을 배포하는 방법

1장에서 언급했듯이 머신 러닝은 규칙과 경험을 자동으로 찾는다는 점에서 전통적인 소프트웨어 엔지니어링과 다릅니다. 이 책을 통해 머신 러닝의 이런 특징을 확실하게 이해했을 것입니다. 하지만 머신 러닝 모델 코드는 여전히 코드입니다. 즉, 전체 소프트웨어 시스템의 일부로 실행됩니다. 머신 러닝 모델이 안정적이고 효율적으로 실행되려면 기술자들은 머신 러닝이 아닌 코드를 관리할 때와 비슷한 예방 조치를 취해야 합니다.

이 장에서는 소프트웨어 스택의 일부로 머신 러닝을 위해 TensorFlow.js를 사용하는 실용적인 측면을 설명합니다. 첫 번째 절은 아주 중요하지만 종종 간과되는 머신 러닝 코드와 모델의 테스트 및 모니터링을 살펴봅니다. 두 번째 절은 훈련된 모델의 크기와 계산량을 줄이는 데 도움이 되는 도구와 트릭을 소개합니다. 이렇게 하면 클라이언트와 서버 측 모델 배포에서 중요한 고려 사항인 다운로드와 실행 속도를 높일 수 있습니다. 마지막 절에서는 TensorFlow.js로 만든 모델을 배포할 수 있는 다양한 환경을 알아보겠습니다. 각 배포 옵션의 고유한 장점, 제약, 전략을 설명하겠습니다.

이 장의 끝에 다다르면 TensorFlow.js 딥러닝 모델의 테스트, 최적화, 배포에 대한 모범 사례를 잘 알게 될 것입니다.

## 12.1 TensorFlow.js 모델 테스트하기

지금까지 머신 러닝 모델의 설계, 구축, 훈련 방법에 대해 이야기했습니다. 이제 머신 러닝 코드와 머신 러닝이 아닌 코드에 대한 테스트를 시작으로 훈련된 모델을 배포할 때 생기는 몇 가지 주제를 자세히 다루어 보겠습니다. 모델과 훈련 과정을 테스트하려 할 때 직면하는 주요 과제는 모델의 크기, 훈련에 필요한 시간, 훈련 과정에서 일어나는 비결정적인 동작(예를 들면 가중치 초기화와 드롭아웃 같은 특정 신경망 연산의 무작위성)입니다. 개별 모델에서 완전한 애플리케이션으로 확장하면서 훈련 및 추론 코드 경로, 모델 버전 관리 이슈, 데이터의 모집단 변화 사이에서 일어나는 다양한 종류의 왜곡이나 변이에 맞닥뜨릴 수도 있습니다. 전체 머신 러닝 시스템에서 원하는 안정성과 신뢰를 얻으려면 강력한 모니터링 솔루션으로 테스트를 보완해야 합니다.

한 가지 중요한 고려 사항은 '어떻게 모델 버전을 관리할 것인가?'입니다. 대부분의 경우 평가 정확도가 만족스러울 때까지 모델을 훈련하고 튜닝합니다. 그다음에는 더 이상 모델을 튜닝할 필요가 없습니다. 일반적인 빌드 과정의 일부로 모델을 다시 만들거나 재훈련하지 않습니다. 모델 구조와 훈련된 가중치를 텍스트/코드보다 BLOB(binary large object)에 가까운 버전 관리 시스템에 넣어야 합니다. 관련 코드를 바꾸더라도 모델 버전 번호가 업데이트되지 않아야 합니다. 마찬가지로, 모델을 재훈련하고 다시 버전 관리 시스템에 넣을 때 모델에 관련되지 않은 소스 코드를 변경할 필요가 없어야 합니다.

머신 러닝 시스템의 어떤 부분을 테스트로 커버해야 할까요? 저자들이 생각하는 답은 '모든 부분'입니다. 그림 12-1에서 이 대답을 설명합니다. 원시 입력 데이터에서 배포 준비가 된 훈련된 모델까지 가는 전형적인 시스템은 여러 가지 핵심 구성 요소를 가지고 있습니다. 그중 일부는 머신 러닝이 아닌 코드와 비슷하고 전통적인 단위 테스트로 커버할 수 있습니다. 반면 다른 요소들은 머신 러닝에 특화된 특징을 가지고 있어서 특별한 맞춤형 테스트나 모니터링이 필요합니다. 하지만 여기서 중요한 메시지는 머신 러닝 시스템을 다룬다는 이유만으로 테스트의 중요성을 무시하거나 과소평가해서는 절대 안 된다는 것입니다. 단위 테스트는 전통적인 소프트웨어 개발에서보다 머신 러닝 코드에서 훨씬 더 중요합니다. 머신 러닝 알고리즘은 머신 러닝이 아닌 코드보다 일반적으로 더 모호하고 이해하기 어렵기 때문입니다. 나쁜 입력을 만나면 조용히 실패할 수 있기 때문에 확인하고 디버깅하기 어려운 문제를 만듭니다. 이런 문제에 대한 대비책은 테스트와 모니터링입니다. 이어지는 절에서 그림 12-1에 있는 여러 부분을 확장해 보겠습니다.

❤ 그림 12-1 제품으로 준비가 된 머신 러닝 시스템의 테스트와 모니터링 커버리지(coverage). 이 그림의 윗부분은 머신 러닝 모델 생성과 훈련을 위한 전형적인 파이프라인의 핵심 구성 요소를 담고 있다. 아래 부분은 각 구성 요소에 적용할 수 있는 테스트 방법이며, 일부 구성 요소에는 전통적인 단위 테스트 방법을 적용할 수 있다. 모델을 만들고 훈련하는 코드, 모델의 입력 데이터와 출력 결과를 전처리하거나 후처리하는 코드다. 다른 구성 요소에는 머신 러닝에 특화된 테스트와 모니터링이 필요하다. 여기에는 데이터 품질을 위한 샘플 검증, 훈련된 모델의 추론 속도와 바이트 크기 모니터링, 훈련된 모델이 만든 예측에 대한 상세한 검증과 평가가 포함된다.

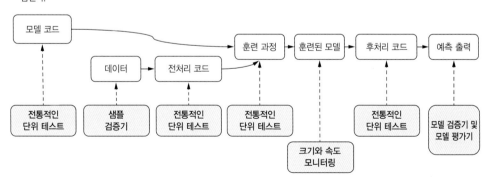

## 12.1.1 전통적인 단위 테스트

머신 러닝을 사용하지 않는 프로젝트와 마찬가지로 신뢰할 수 있고 가벼운 단위 테스트가 테스트 스위트(test suite)의 근간이 되어야 합니다. 하지만 머신 러닝 모델에 단위 테스트를 적용하려면 특별히 고려할 점이 있습니다. 이전 장에서 보았듯이 평가 데이터셋의 정확도와 같은 측정 지표로 훈련과 하이퍼파라미터 튜닝이 끝난 모델의 최종 품질을 정량화합니다. 이런 평가 지표는 엔지니어가 모니터링하는 데 중요하지만 자동화된 테스트에는 적합하지 않습니다. 특정 평가 지표가 어떤 임계값보다 높은지 확인하는 테스트를 추가할 수 있습니다(예를 들어 어떤 이진 분류 작업의 AUC가 0.95보다 높은지 또는 회귀 작업의 MSE가 0.2보다 작은지). 하지만 이런 종류의 임계값 기반 테스트는 실패하기 쉬우므로 꼭 써야만 한다면 주의를 기울여야 합니다. 모델 훈련 과정은 가중치 초기화와 훈련 샘플의 셔플링(shuffling)을 포함하여 다양한 무작위성을 가지고 있습니다. 이로 인해 모델 훈련의 결과는 실행할 때마다 조금씩 다릅니다. 데이터셋이 바뀌면(예를 들어 정기적으로 새로운 데이터가 추가되면), 추가적인 변동 가능성이 생깁니다. 따라서 임계값을 고르는 것은 어려운 작업입니다. 임계값을 너무 느슨하게 설정하면 실제 문제가 생길 때 이를 잡지 못할 것입니다. 임계값을 너무 엄격하게 설정하면 오류를 잘 내는 테스트가 됩니다. 즉, 진짜 이슈가 없이도 자주 실패합니다.

TensorFlow.js 프로그램에 있는 무작위성은 모델을 만들거나 실행하기 전에 `Math.seedrandom()` 함수를 호출하여 제거할 수 있습니다. 예를 들어 다음 코드는 가중치 초기화, 데이터 셔플링, 드롭아웃 층에 랜덤 시드를 설정하여 이어지는 모델 훈련에서 결정적인 결과가 만들어집니다.

```
Math.seedrandom(42); ┄┄┄┄┄ 42는 임의로 선택된 고정된 랜덤 시드입니다.[1]
```

손실이나 측정값을 확인하는 테스트를 만들어야 하는 경우에 유용한 트릭입니다.

하지만 결정적인 결과를 위해 시드 값을 설정함에도 `model.fit()`이나 이와 비슷한 호출만을 테스트해서는 머신 러닝 코드에 대한 커버리지가 충분하지 않습니다. 단위 테스트를 하기 어려운 다른 코드와 마찬가지로 단위 테스트하기 쉬운 코드는 완전히 단위 테스트로 커버하고 모델 부분을 위해 다른 솔루션을 찾아봐야 합니다. 데이터 로딩, 데이터 전처리, 모델 출력 후처리와 다른 유틸리티 메서드를 위한 코드는 모두 일반적인 테스트 방법을 적용할 수 있습니다. 또한, 모델 자체에 대한 엄격하지 않은 테스트(예를 들면 입력과 출력 크기 확인)와 '한 스텝 훈련할 때 모델이 예외를

---

[1] **역주** 42는 더글러스 애덤스(Douglas Adams)의 소설 〈은하수를 여행하는 히치하이커를 위한 안내서〉에서 슈퍼컴퓨터 '깊은 생각(Deep Thought)'이 '삶, 우주, 그리고 모든 것에 대한 궁극적인 질문'에 대해 750만 년 동안 계산하여 내놓은 답으로, 개발자들이 랜덤 시드로 즐겨 사용하는 숫자입니다.

던지지 않는지 확인하기' 같은 스타일의 테스트는 모델 리팩터링에 확신을 주기 위해 최소한의 테스트 도구로 사용할 수 있습니다(이전 장의 예제 코드를 보았을 때 눈치챘겠지만, 이 책은 테스트를 위해 Jasmine 테스트 프레임워크를 사용합니다. 하지만 개인이나 팀이 원하는 다른 단위 테스트 프레임워크를 사용해도 괜찮습니다).

실제 예를 들기 위해 9장에서 본 감성 분석 예제의 테스트를 살펴보겠습니다.[2] sentiment 폴더 아래에 data_test.js, embedding_test.js, sequence_utils_test.js, train_test.js가 있습니다. 처음 세 개의 파일은 모델에 관련되지 않은 코드를 커버하며 일반적인 단위 테스트처럼 보입니다. 이런 단위 테스트는 훈련과 추론에서 모델에 들어가는 데이터가 기대한 포맷이며 전처리 작업이 올바르게 되었다는 확신을 높여 줍니다.

마지막 파일은 머신 러닝 모델에 관련되어 있으며 조금 더 주의를 기울일 필요가 있습니다. 다음 코드는 train_test.js에서 가져왔습니다.

**코드 12-1** 모델 API의 단위 테스트 – 입력 및 출력의 크기와 훈련 가능성 테스트

```
describe('buildModel', () => {
  it('flatten training and inference', async () => {
    const maxLen = 5;
    const vocabSize = 3;
    const embeddingSize = 8;
    const model = buildModel('flatten', maxLen, vocabSize, embeddingSize);
    expect(model.inputs.length).toEqual(1);
    expect(model.inputs[0].shape).toEqual([null, maxLen]);     ┐ 모델의 입력과 출력이 기대한
    expect(model.outputs.length).toEqual(1);                   │ 크기인지 확인합니다.
    expect(model.outputs[0].shape).toEqual([null, 1]);         ┘
    model.compile({
      loss: 'binaryCrossentropy',
      optimizer: 'rmsprop',
      metrics: ['acc']
    });
    const xs = tf.ones([2, maxLen])
    const ys = tf.ones([2, 1]);
```

---

2  [역주] 9장의 테스트를 수행하려면 다음 명령을 수행하세요.

> `cd deep-learning-with-javascript`
> `yarn`
> `cd sentiment`
> `yarn test`

```
    const history = await model.fit(xs, ys, {
      epochs: 2,
      batchSize: 2                  훈련이 수행되었다는 신호로 훈련 스텝에서      매우 짧게 모델을 훈련합니다. 빠르지만
    });                            측정값이 만들어지는지 확인합니다.          정확하지 않을 것입니다.
    expect(history.history.loss.length).toEqual(2);
    expect(history.history.acc.length).toEqual(2);
    const predictOuts = model.predict(xs);                    API가 기대한 대로인지 검증하는 데 초
    expect(predictOuts.shape).toEqual([2, 1]);                점을 맞춰 모델로 예측을 수행합니다.
    const values = predictOuts.arraySync();
    expect(values[0][0]).toBeGreaterThanOrEqual(0);           예측이 가능한 답변 범위에 있는지 확인합니다.
    expect(values[0][0]).toBeLessThanOrEqual(1);              훈련이 매우 짧고 불안정하므로 실제 값을 확인
    expect(values[1][0]).toBeGreaterThanOrEqual(0);           하지는 않습니다.
    expect(values[1][0]).toBeLessThanOrEqual(1);
  });
});
```

이 테스트는 많은 부분을 다루고 있으므로 조금 자세히 나누어서 살펴보겠습니다. 먼저 헬퍼 함수를 사용해 모델을 만듭니다. 이 테스트에서는 모델 구조를 신경 쓰지 않고 이를 블랙박스처럼 다루겠습니다. 그다음에는 입력과 출력 크기를 확인합니다.

```
expect(model.inputs.length).toEqual(1);
expect(model.inputs[0].shape).toEqual([null, maxLen]);
expect(model.outputs.length).toEqual(1);
expect(model.outputs[0].shape).toEqual([null, 1]);
```

이 테스트는 회귀 vs. 분류, 출력 크기 등 배치 차원 오인에 관련된 문제를 감지할 수 있습니다. 그 다음, 모델을 컴파일하고 매우 짧은 스텝 동안 훈련합니다. 모델이 훈련되는지 확인하는 것이 목표입니다. 여기에서는 정확도, 안정성, 수렴에 관해 신경 쓰지 않습니다.

```
const history = await model.fit(xs, ys, {epochs: 2, batchSize: 2})
expect(history.history.loss.length).toEqual(2);
expect(history.history.acc.length).toEqual(2);
```

이 코드는 훈련을 통해 분석에 필요한 측정값이 만들어지는지 확인합니다. 실제 훈련을 했다면 훈련 진행 과정과 모델의 정확도를 확인할 수 있을까요? 마지막으로 이를 간단히 테스트합니다.

```
const predictOuts = model.predict(xs);
expect(predictOuts.shape).toEqual([2, 1]);
const values = predictOuts.arraySync();
expect(values[0][0]).toBeGreaterThanOrEqual(0);
```

```
expect(values[0][0]).toBeLessThanOrEqual(1);
expect(values[1][0]).toBeGreaterThanOrEqual(0);
expect(values[1][0]).toBeLessThanOrEqual(1);
```

랜덤한 가중치 초기화나 향후 모델 구조가 변경될 수 있기 때문에 구체적인 예측 결과를 검사하지 않습니다. 예측을 만드는지, 그리고 예측이 기대한 범위 안에 있는지 확인합니다. 이 경우 0~1 사이에 있는지 확인합니다.

여기서 가장 중요하게 배울 점은 입력과 출력 크기를 바꾸지 않는 한 모델 구조를 어떻게 바꾸든 간에 이 테스트는 항상 통과해야 한다는 것입니다. 테스트가 실패하면 모델에 문제가 있는 것입니다. 엄격하게 API가 올바른지 확인하는 가볍고 빠른 테스트이며, 널리 사용되는 테스트에 포함되기 적합합니다.

## 12.1.2 골든 값으로 테스트하기

이전 절에서 임계값을 확인하거나 안정적이고 수렴되는 훈련이 필요하지 않은 단위 테스트에 대해 이야기했습니다. 이제 완전히 훈련된 모델로 실행하는 테스트의 종류를 알아보겠습니다. 특정 데이터 포인트에 대한 예측을 확인하는 것부터 시작해 보죠. 확실하게 테스트하고 싶은 예제가 있을 수 있습니다. 예를 들어, 객체 탐지 같은 경우 멋진 고양이가 담긴 입력 이미지는 고양이로 예측되어야 합니다. 감성 분석의 경우 명백히 부정적인 고객 리뷰는 부정으로 분류되어야 합니다. 주어진 모델에 대한 정확한 답을 **골든 값**(golden value)이라고 부릅니다. 맹목적으로 전통적인 단위 테스트 방식을 따른다면 훈련된 머신 러닝 모델을 골든 값으로 테스트하는 함정에 빠지기 쉽습니다. 결과적으로, 잘 훈련된 객체 탐지 모델은 고양이가 담긴 이미지를 고양이로 레이블링하기를 항상 원합니다. 맞죠? 하지만 꼭 그렇지는 않습니다. 훈련, 검증, 평가 데이터 분할에 위배되기 때문에 골든 값 기반의 테스트는 머신 러닝 환경에서 문제가 될 수 있습니다.

검증과 테스트 데이터셋을 위한 대표 샘플을 가지고 있고 적절한 측정 지표(정확도, 재현율 등)를 설정했다고 가정해 보죠. 왜 어떤 샘플이 다른 샘플보다 더 잘 맞아야 하나요? 머신 러닝 모델의 훈련은 전체 검증, 테스트 세트에 대한 정확도에 관련되어 있습니다. 개별 샘플에 대한 예측은 하이퍼파라미터 선택이나 초기 가중치 값에 따라 달라질 수 있습니다. 어떤 샘플이 정확하게 분류되어야 하고 쉽게 구별할 수 있다면 왜 머신 러닝 모델을 사용하기 전에 일반적인 코드를 사용해 분류하지 않나요? 자연어 처리 시스템에서는 이런 샘플을 이따금 사용합니다. 일부 쿼리 입력(예를 들어 자주 등장하거나 쉽게 식별할 수 있는 입력)이 자동으로 머신 러닝이 아닌 모듈로 전달되고 그 외 다른 쿼리는 머신 러닝 모델이 처리합니다. 따라서 계산 시간을 절약하고, 이런 코드는 전통적인 단위 테스트로 테스트하기 쉽습니다. 머신 러닝 모델 전후에 비즈니스 로직을 추가하는 것이 추가적인 작업처럼 보이지만, 이는 예측을 대신할 수 있는 도구를 제공합니다. 이 도구가 널리 사용된다면 여기에 모니터링이나 로깅을 추가할 수도 있습니다. 이런 전제 조건하에 세 가지 골든 값의 필요성을 살펴보겠습니다.

골든 값 테스트의 동기 중 하나는 완전한 엔드-투-엔드 테스트를 제공하기 위해서입니다. 전처리되지 않은 입력이 주어지면 시스템은 무엇을 출력해야 할까요? 머신 러닝 시스템이 훈련되고 일반적인 사용자 측 코드를 통해 예측이 요청되면 사용자에게 응답이 반환되어야 합니다. 이는 코드 12-1에 있는 단위 테스트와 비슷하지만, 머신 러닝 시스템이 나머지 애플리케이션과 맥락을 같이 합니다. 실제 예측 값을 따지지 않는 코드 12-1과 비슷한 테스트를 작성할 수 있습니다. 사실 이게 더 안정적인 테스트일 수 있습니다. 하지만 샘플/예측 쌍을 테스트와 연결하여 개발자가 이 테스트를 보았을 때 쉽게 이해할 수 있도록 만들고 싶은 유혹이 있습니다.

이때 문제가 발생합니다. 예측을 알고 있고 정확하다는 것이 보장되는 샘플이 필요합니다. 그렇지 않으면 엔드-투-엔드가 실패합니다. 따라서 엔드-투-엔드 테스트에 의해 커버되는 하위 파이프라인을 통해 예측을 테스트하는 작은 규모의 테스트를 추가합니다. 엔드-투-엔드 테스트가 실패하고 작은 테스트가 통과한다면 핵심 머신 러닝 모델과 파이프라인의 다른 부분 간의 상호 작용으로 에러가 분리됩니다. 두 가지 모두 실패하면 샘플/예측 불변성이 깨졌다는 것을 의미합니다. 이 경우에는 진단 도구에 가깝지만, 이 데이터 쌍의 실패로 인한 가능한 대책은 모델을 완전히 다시 훈련하는 것이 아니라 새로운 샘플을 고르는 것입니다.

그다음으로 가장 일반적인 동기는 어떤 형태의 비즈니스 요구 사항입니다. 일부 식별 가능한 샘플이 다른 샘플보다 더 정확해야 하는 경우입니다. 앞서 언급했듯이 이런 예측을 다루기 위해서는 사전 또는 사후 비즈니스 로직을 추가하는 것이 가장 잘 맞습니다. 하지만 전체 품질을 계산할 때 다른 것보다 일부 샘플이 더 고려되게 만드는 샘플 가중치를 시도해 볼 수 있습니다. 이는 정확성을 보장하지는 않지만 정확한 답을 내도록 모델을 편향시킵니다. 특별한 경우로 걸러내도록 입력 속성을 사전에 쉽게 확인할 수 없기 때문에 비즈니스 로직을 추가하기 어렵다면 재정의가 필요한지 결정하는 데 사용되는 두 번째 모델을 고려해 볼 수 있습니다. 이 경우 모델을 앙상블하여 두 모델에서 오는 예측과 비즈니스 로직을 결합하여 올바른 결정을 내리도록 만듭니다.

마지막 경우는 사용자가 제공한 샘플이 잘못된 결과를 만든다는 버그 리포팅을 할 때입니다. 비즈니스적인 이유로 잘못되었다면 이전 경우로 바로 돌아갑니다. 모델 성능 곡선의 실패 범위에 속하기 때문에 잘못되었다면 해야 할 일이 많지 않습니다. 훈련된 모델이 허용된 성능 범위에 있기 때문입니다. 모든 모델은 약간의 실수를 합니다. 샘플/정답 예측 쌍을 훈련/테스트/평가 세트에 추가하여 미래에 더 나은 모델을 만들 수 있지만, 단위 테스트에 골든 값을 사용하는 것은 적절하지 않습니다.

모델 가중치와 구조를 버전 관리 시스템에서 불러오고 테스트 과정에서 다시 생성하지 않기 때문에 모델이 일정하게 유지되는 경우는 예외입니다. 모델이나 샘플이 변경되지 않기 때문에 이 모델을 핵심으로 사용하는 추론 시스템의 출력을 골든 값으로 테스트하는 것이 적절할 수 있습니다. 이런 추론 시스템은 모델 이외에 다른 부분을 포함합니다. 예를 들어 모델에 입력 데이터를 주입하기 전에 전처리하는 부분이나 모델 출력을 받아 후속 시스템이 사용하기 적절한 형태로 변환하는 부분입니다. 이런 단위 테스트는 사전, 사후 처리 로직의 정확성을 보장합니다.

골든 값의 또 다른 타당한 사용처는 단위 테스트가 아닌 곳입니다. 모델 개발이 진행됨에 따라 품질을 모니터링하는 경우입니다(하지만 단위 테스트는 아닙니다). 다음 절에서 모델 검증과 평가에 대해 논의할 때 이를 자세히 설명하겠습니다.

## 12.1.3 지속적인 훈련 고려 사항

많은 머신 러닝 시스템에서 상당히 일정한 간격(매주 또는 매일)으로 새로운 훈련 데이터를 얻습니다. 아마도 전날의 로그를 사용하여 최신의 훈련 데이터를 생성할 수 있을 것입니다. 이런 시스템에서는 최근 데이터로 모델이 자주 훈련되어야 합니다. 이런 경우 모델이 오래되면 성능에 영향을 미친다고 알려져 있습니다. 시간이 흐름에 따라 모델의 입력 분포가 훈련되었을 때와 달라지므로 품질이 나빠집니다. 예를 들어 의류 추천 모델을 겨울에 훈련하고 여름에 예측을 만드는 경우입니다.

기본적인 아이디어를 바탕으로 지속적인 훈련이 필요한 시스템을 알아보기 시작하면 파이프라인을 만드는 다양한 추가 구성 요소를 만날 수 있습니다. 이에 대한 자세한 논의는 이 책의 범위를 넘어섭니다. 하지만 다양한 아이디어를 얻기 위해 TensorFlow Extended(TFX)[3]를 살펴볼 수 있습니다. 테스트 분야에서 가장 관련성이 높은 파이프라인 구성 요소는 **샘플 검증기**(example validator), **모델 검증기**(model validator), **모델 평가기**(model evaluator)입니다. 그림 12-1에 이런 구성 요소가 표현되어 있습니다.

---

3  Denis Baylor et al., "TFX: A TensorFlow-Based Production-Scale Machine Learning Platform," KDD 2017, www.kdd.org/kdd2017/papers/view/tfx-a-tensorflow-based-production-scale-machine-learning-platform.

샘플 검증기는 데이터를 테스트하는 것으로, 머신 러닝 시스템을 테스트하는 측면에서 간과되기 쉽습니다. 머신 러닝 기술자들 사이에서 다음과 같은 유명한 말이 있습니다. "쓰레기가 들어가면, 쓰레기가 나온다." 훈련된 머신 러닝 모델의 품질은 모델에 들어가는 데이터 품질에 영향을 받습니다. 잘못된 특성 값이나 잘못된 레이블을 가진 샘플은 배포된 모델의 정확도를 손상시킬 것입니다(즉, 나쁜 샘플 때문에 모델 훈련 작업이 먼저 실패하지 않는다면). 샘플 검증기를 사용하여 모델 훈련과 평가에 들어가는 데이터의 속성이 항상 특정 요구 사항에 맞는지 확인합니다. 데이터가 충분한지, 데이터 분포가 유효한지, 특이치가 없는지 등입니다. 예를 들어, 의료 데이터가 있다면 사람의 키(센티미터)는 양수이고 280보다 크지 않아야 합니다. 나이는 0~130 사이의 양수여야 합니다. 입 안의 온도(섭씨)는 대략 30~45 사이의 양수여야 합니다. 어떤 데이터 샘플이 이런 범위 밖에 속하거나 'None' 또는 NaN 같은 특성을 가지고 있다면, 이 샘플이 뭔가 잘못되었다는 것을 알고 그에 따라 처리해야 합니다. 대부분의 경우 훈련과 평가에서 제외됩니다. 일반적으로 에러는 데이터 수집 과정의 실패나 세상이 바뀌어 시스템을 만들 때 내렸던 가정과 다르다는 것을 나타냅니다. 이는 통합 테스트보다는 모니터링과 알림에 더 가깝습니다.

샘플 검증기 같은 구성 요소는 머신 러닝 시스템에서 발생할 수 있는 심각한 버그인 훈련-서빙 (serving) 왜곡을 탐지하는 데도 유용합니다. 두 가지 주요 원인은 1) 다른 데이터 분포에 속하는 훈련 및 서빙 데이터와 2) 훈련과 서빙에서 다르게 동작하는 데이터 전처리 코드입니다. 훈련과 서빙 환경에 모두 배포된 샘플 검증기는 이 두 가지 이유로 발생하는 버그를 감지할 수 있습니다.

모델 검증기는 모델이 서빙에 사용될 만큼 충분히 좋은지 결정하는 역할을 합니다. 관심 대상의 품질 지표로 설정하여 모델을 통과시키거나 반려합니다. 여기서도 샘플 검증기처럼 모니터링과 알림 스타일의 상호 작용에 가깝습니다. 시간에 따라 품질 지표(정확도 등)를 기록하고 그래프를 그려서 소규모의 체계적인 성능 저하가 있는지 확인하고 싶을 것입니다. 이런 성능 저하는 자체적으로 경고를 내지는 않지만 장기적인 트렌드를 분석하고 원인을 파악하는 데 유용할 수 있습니다.

모델 평가기는 사용자 정의에 따라 품질을 자르고 다듬는 일종의 모델 품질 통계에 대한 심층 분석기입니다. 나이, 교육, 지역 등이 다른 사용자 모집단에서 모델이 공정하게 동작하는지 검증하는 데 종종 사용됩니다. 3.3절에서 사용한 붓꽃 예제에서 분류 정확도가 세 붓꽃 품종에서 거의 비슷한지 확인하는 것이 간단한 예입니다. 테스트와 검증 세트가 모집단 중 하나에 비정상적으로 편향되어 있다면 전체 정확도는 문제가 나타나지 않지만 가장 작은 모집단에서 항상 틀릴 수 있습니다. 모델 검증기처럼 시간에 따라 변하는 트렌드는 개별 시점에서 측정한 것만큼 유용할 때가 종종 있습니다.

# 12.2 모델 최적화

힘들게 모델을 만들고, 훈련하고, 테스트했다면 이제 모델을 사용할 차례입니다. **모델 배포**(model deployment)라 부르는 프로세스는 모델 개발 단계 못지 않게 중요합니다. 모델이 추론을 위해 클라이언트 측에 배포되거나 서빙으로 백엔드에서 실행될 때 모델이 빠르고 효율적이길 항상 원합니다. 구체적으로 다음과 같은 모델이 필요합니다.

- 크기가 작아서 웹이나 디스크에서 빠르게 로드할 수 있는 모델
- predict() 메서드를 호출할 때 시간, 계산, 메모리를 가능한 한 적게 소모하는 모델

이 절에서는 훈련된 모델을 배포하기 전에 크기와 추론 속도를 최적화하기 위해 TensorFlow.js에서 제공하는 기술을 설명합니다.

**최적화**(optimization)란 단어의 의미는 많습니다. 이 절에서는 최적화가 모델 크기를 감소하고 계산 속도를 향상시키는 것을 나타냅니다. 모델 훈련과 옵티마이저에서 말하는 경사 하강법과 같은 가중치 파라미터 최적화 기술과 혼동하지 마세요. 이 차이는 이따금 모델 품질 대 모델 성능으로 말하기도 합니다. 성능은 모델이 작업을 수행하는 데 소모하는 시간과 자원의 양을 말합니다. 품질은 결과가 이상적인 목표에 얼마나 가까운지를 나타냅니다.

## 12.2.1 훈련 후 가중치 양자화를 통한 모델 크기 최적화

인터넷을 통해 빠르게 로딩할 수 있는 작은 파일의 필요성은 웹 개발자들에게 충분히 명확합니다. 웹 사이트가 매우 많은 사용자를 대상으로 하거나 느린 인터넷 연결을 사용하는 사용자를 목표로 한다면 특히 중요합니다.[4] 또한, 모델이 모바일 장치에 저장되면 한정적인 저장 공간 때문에 모델 크기가 제한되는 경우가 많습니다. 모델 배포의 도전 과제 중 하나로서 신경망은 점점 커지고 있습니다. 심층 신경망의 용량(즉, 예측 성능)을 증가시키려면 종종 층 개수와 층 크기를 늘려야 합

---

4  2019년 4월 구글은 신경망을 사용해 요한 제바스티안 바흐(Johann Sebastian Bach) 스타일로 음악을 작곡힐 수 있는 두들(doodle)을 공개했습니다(http://mng.bz/MOQW). 이 신경망은 TensorFlow.js를 사용해 브라우저에서 실행됩니다. 이 모델은 이 절에서 설명할 방법을 사용해 8비트 정수로 양자화되었습니다. 이를 통해 모델 크기를 몇 배 줄여 380KB까지 낮췄습니다. 양자화가 없다면 (구글 두들이 표시되는) 구글 홈페이지처럼 광범위한 사용자에게 모델을 서비스하는 것이 불가능합니다.

니다. 이 글을 쓰는 시점에 최신 이미지 인식[5], 음성 인식[6], 자연어 처리[7], 생성 모델[8]의 가중치가 1GB를 넘는 경우가 많습니다. 작고 강력한 모델에 대한 필요성 사이의 줄다리기로 인해 딥러닝에서 매우 활발히 연구되는 영역은 모델 크기 최적화 또는 대규모 신경망과 비슷한 정확도로 작업을 수행할 수 있는 가능한 한 작은 크기의 신경망을 설계하는 방법입니다. 두 가지 방법이 가능합니다. 첫 번째 방법에서는 연구자들이 처음부터 모델 크기 최소화를 목표로 신경망을 설계합니다. 두 번째 방법에서는 기존의 신경망을 작은 크기로 줄일 수 있는 기술을 다룹니다.

합성곱 신경망을 다루었던 장에서 본 MobileNetV2가 대표적인 연구 결과입니다.[9] 작고 가벼운 이미지 모델로, 웹 브라우저와 모바일 장치처럼 제약된 자원을 가진 환경에 배포하는 데 적절합니다. MobileNetV2의 정확도는 ResNet50과 같이 동일한 작업에서 훈련된 대규모 이미지 모델에 비해 조금 나쁩니다. 하지만 크기는 몇 배 더 작기 때문에 정확도를 조금 손해 볼 가치가 있습니다 (MobileNetV2는 14MB, ResNet50은 약 100MB).

크기가 줄었지만 MobileNetV2는 여전히 대부분의 자바스크립트 애플리케이션보다 조금 큽니다. 평균적인 웹 페이지 크기[10]의 여덟 배입니다(14MB). MobileNetV2는 너비 파라미터를 제공합니다. 이를 1보다 작게 설정하면 모든 합성곱 층의 크기를 줄이기 때문에 더 작게 만들 수 있습니다(정확도 손실은 더 커집니다). 예를 들어 너비를 0.25로 설정한 MobileNetV2는 전체 모델의 ¼ 크기입니다(3.2MB). 하지만 페이지 크기와 로딩 시간에 민감한 트래픽이 많은 웹 사이트에서는 이것도 허용되지 않을 수 있습니다.

모델의 크기를 더 줄일 수 있는 방법이 있을까요? 다행히 답은 '네'입니다. 두 번째로 언급한 모델 독립적인 크기 최적화입니다. 이 분야의 기술은 모델 구조 자체를 변경하지 않기 때문에 기존의 다양한 심층 신경망에 적용할 수 있어서 더 일반적입니다. 여기서 특별히 초점을 맞출 이 기술을 **훈련 후 가중치 양자화**(post-training weight quantization)라고 부릅니다. 아이디어는 간단합니다. 모델을 훈련한 후 가중치 파라미터를 낮은 수치 정밀도로 저장합니다. 이와 관련된 수학에 관심이 있는 독자를 위해 INFO BOX 12.1에 자세한 수행 방법이 나와 있습니다.

---

5  Kaiming He et al., "Deep Residual Learning for Image Recognition," submitted 10 Dec. 2015, https://arxiv.org/abs/1512.03385.

6  Johan Schalkwyk, "An All-Neural On-Device Speech Recognizer," Google AI Blog, 12 Mar. 2019, http://mng.bz/ad67.

7  Jacob Devlin et al., "BERT: Pre-training of Deep Bidirectional Transformers for Language Understanding," submitted 11 Oct. 2018, https://arxiv.org/abs/1810.04805.

8  Tero Karras, Samuli Laine, and Timo Aila, "A Style-Based Generator Architecture for Generative Adversarial Networks," submitted 12 Dec. 2018, https://arxiv.org/abs/1812.04948.

9  Mark Sandler et al., "MobileNetV2: Inverted Residuals and Linear Bottlenecks," IEEE Conference on Computer Vision and Pattern Recognition (CVPR), 2018, pp. 4510–4520, http://mng.bz/NeP7.

10  HTTP 아카이브에 따르면, 2019년 5월 기준으로 평균 웹 페이지 크기(HTML, CSS, 자바스크립트, 이미지와 그 외 다른 정적 파일을 전송하는 총 크기)는 데스크톱에서 약 1,828KB, 모바일에서 약 1,682KB입니다. https://httparchive.org/reports/page-weight 역주 2021년 10월 기준의 크기는 데스크톱에서 2,205KB이고 모바일에서 1,951KB입니다.

**훈련 후 가중치 양자화에 관련된 수학**

신경망의 가중치 파라미터는 훈련하는 동안 32비트 부동 소수점(float32) 숫자로 표현됩니다. 이는 TensorFlow.js 뿐만 아니라 텐서플로나 파이토치(PyTroch) 같은 프레임워크도 마찬가지입니다. 일반적으로 모델 훈련이 자원 제약이 없는 환경(예를 들면 충분한 메모리, 빠른 CPU, CUDA GPU를 갖춘 워크스테이션의 백엔드 환경)에서 수행되기 때문에 비교적 비싼 이런 표현이 괜찮습니다. 하지만 경험적으로 봤을 때 많은 추론 상황에서 정확도를 크게 감소시키지 않으면서 가중치의 정밀도를 낮출 수 있습니다. 정밀도를 낮추기 위해 float32 값을 전체 범위에 동일한 가중치로 이산화한 8비트나 16비트 정수 값으로 매핑합니다. 이런 과정을 **양자화**(quantization)라고 부릅니다.

TensorFlow.js에서는 가중치 양자화가 가중치별로 수행됩니다. 예를 들어 네 개의 가중치(가령 두 개의 밀집 층에 있는 가중치와 편향)로 구성된 신경망이 있다면, 각 가중치가 한 개씩 양자화를 거치게 됩니다. 가중치 양자화 공식은 다음과 같습니다.

$$\text{quantize}(w) = \text{floor}((w - w_{\text{Min}}) / w_{\text{Scale}} \times 2^B) \tag{식 12-1}$$

이 식에서 B는 양자화 결과를 저장할 비트 수입니다. TensorFlow.js가 현재 지원하는 것은 8 또는 16비트입니다. $w_{\text{Min}}$은 가중치 파라미터의 최솟값입니다. $w_{\text{Scale}}$은 파라미터 값의 범위입니다(최솟값과 최댓값의 차이). 물론 이 식은 $w_{\text{Scale}}$이 0이 아니어야 유효합니다. $w_{\text{Scale}}$이 0인 경우, 즉 모든 가중치 파라미터가 동일한 값일 때는 quantize($w$)가 모든 $w$에 대해 0을 반환합니다.

$w_{\text{Min}}$과 $w_{\text{Scale}}$은 양자화된 가중치 값과 함께 저장되어 모델을 로딩할 때 가중치 복원(**역양자화**(dequantization)라고 부릅니다)을 지원합니다. 역양자화 공식은 다음과 같습니다.

$$\text{dequantize}(v) = v/2^B \times w_{\text{Scale}} + w_{\text{Min}} \tag{식 12-2}$$

이 식은 $w_{\text{Scale}}$이 0인지 아닌지에 상관없이 유효합니다.

훈련 후 양자화는 모델 크기를 상당히 줄여줍니다. 16비트 양자화는 모델 크기를 약 50% 줄입니다. 8비트 양자화는 75%를 줄입니다. 이 비율은 두 가지 이유 때문에 근사치입니다. 첫째, 모델 크기의 일부는 JSON 파일로 인코딩된 모델 구조에 할당됩니다. 둘째, INFO BOX에서 언급했듯이 양자화는 추가적으로 두 개의 부동 소수점 값($w_{\text{Min}}$과 $w_{\text{Scale}}$)과 하나의 정수(양자화 비트)를 저장해야 합니다. 하지만 가중치 파라미터의 비트 수 감소에 비하면 일반적으로 작은 크기입니다.

양자화는 손실 변환입니다. 감소된 정밀도 때문에 원래 가중치 값에 있는 일부 정보가 손실됩니다. 24비트 컬러 이미지를 (1980년대 닌텐도 게임 콘솔에서 볼 수 있는) 8비트 이미지로 줄이는 것과 비슷하며, 이로 인한 효과는 쉽게 눈으로 확인할 수 있습니다. 그림 12-2는 16비트와 8비트 양자화로 인한 이산화 정도를 이해하기 쉽게 비교한 것입니다. 8비트 양자화가 원래 가중치를 더 듬성듬성 표현합니다. 8비트 양자화에서는 가중치 파라미터 전체 범위를 256개의 값으로만 표현합니다. 이에 비해 16비트 양자화는 65,536개의 값으로 나타냅니다. 둘 다 32비트 부동 소수점 표현에 비해 정밀도가 크게 감소합니다.

❤ 그림 12-2 16비트와 8비트 가중치 양자화의 예. 원래 항등 함수(y = x, 패널 A)가 16비트와 8비트 양자화로 크기가 줄어든다. 그 결과가 패널 B와 C에 각각 나타나 있다. 양자화 효과를 페이지에 나타내기 위해 항등 함수에서 x = 0 부근의 작은 영역을 확대했다.

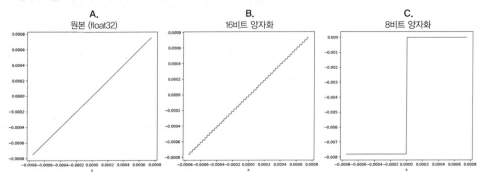

실제로 가중치 파라미터의 정밀도 손실이 중요할까요? 신경망을 배포할 때 테스트 데이터의 정확도가 중요합니다. 이 질문에 대한 답을 얻기 위해 다양한 종류의 작업을 수행하는 여러 개의 모델을 양자화 예제로 준비했습니다. 양자화 예제를 실행하고 직접 효과를 확인할 수 있습니다. 이 예제를 실행하려면 다음 명령을 사용하세요.

```
> cd deep-learning-with-javascript/quantization
> yarn
```

이 예제는 네 개의 문제를 포함하고 있습니다. 각각 데이터셋과 이에 적용한 모델의 조합이 다릅니다. 첫 번째 문제는 주택의 평균 나이, 전체 방 개수 등과 같은 수치 특성을 사용해 캘리포니아 지역의 평균 주택 가격을 예측합니다. 이 모델은 과대적합을 완화하기 위한 드롭아웃 층을 포함해 다섯 개의 층으로 구성된 신경망입니다. (양자화되지 않은) 원본 모델을 훈련하고 저장하려면 다음 명령을 사용하세요.

```
> yarn train-housing
```

다음 명령은 저장된 모델에 16비트와 8비트 양자화를 수행하고 모델의 (모델 훈련 과정에서 본 적 없는 데이터인) 테스트 세트 정확도에 두 양자화가 어떤 영향을 미치는지 평가합니다.

```
> yarn quantize-and-evaluate-housing
```

이 명령은 사용 편의를 위해 여러 작업을 감싸고 있습니다. 하지만 실제 모델을 양자화하는 핵심 단계는 quantization/quantize_evaluate.sh 셸 스크립트에서 볼 수 있습니다. 이 스크립트에서 MODEL_JSON_PATH 경로에 있는 모델을 16비트로 양자화하는 셸 명령을 볼 수 있습니다. --quantization_bytes 플래그를 1로 지정하면 8비트 양자화가 수행됩니다.

```
tensorflowjs_converter \
    --input_format tfjs_layers_model \
    --output_format tfjs_layers_model \
    --quantization_bytes 2 \
  "${MODEL_JSON_PATH}" "${MODEL_PATH_16BIT}"
```

앞의 명령은 자바스크립트로 훈련된 모델에서 가중치 양자화를 수행하는 방법을 보여 줍니다. tensorflowjs_converter는 파이썬에서 자바스크립트로 모델을 변환할 때도 가중치 양자화를 지원합니다. 자세한 내용은 INFO BOX 12.2를 참고하세요.

---

INFO BOX 12.2 **파이썬으로 만든 모델의 가중치 양자화**

5장에서 케라스 (파이썬) 모델을 TensorFlow.js에서 로드해 사용할 수 있는 포맷으로 바꾸는 방법을 보았습니다. 파이썬에서 자바스크립트로 변환하는 동안에 가중치 양자화를 적용할 수 있습니다. 이렇게 하기 위해 본문에 설명된 --quantization_bytes 플래그를 사용합니다. 예를 들어 케라스에서 저장한 HDF5(.h5) 포맷의 모델을 16비트 양자화로 변환하려면 다음 명령을 사용합니다.

```
tensorflowjs_converter \
    --input_format keras \
    --output_format tfjs_layers_model \
    --quantization_bytes 2 \
    "${KERAS_MODEL_H5_PATH}" "${TFJS_MODEL_PATH}"
```

이 명령에서 KERAS_MODEL_H5_PATH는 케라스에서 저장한 모델 경로입니다. TFJS_MODEL_PATH는 가중치 양자화되어 변환된 모델이 저장될 경로입니다.

---

랜덤한 가중치 초기화와 훈련 동안에 배치 데이터의 랜덤한 셔플링 때문에 구체적인 정확도 값은 실행할 때마다 조금씩 다를 것입니다. 하지만 일반적으로 결론은 언제나 그대로입니다. 표 12-1의 첫 번째 행에서 볼 수 있듯이 16비트 가중치 양자화는 주택 가격 예측에 대한 MAE에 작은 변화를 가져오지만, 8비트 양자화는 MAE가 비교적 크게 증가합니다(하지만 절대적인 측면에서는 여전히 작습니다).

❤ 표 12-1 훈련 후 가중치 양자화를 적용한 네 가지 모델의 평가 정확도

| 데이터셋과 모델 | 원본 모델과 양자화를 적용한 모델의 평가 손실과 정확도 | | |
| --- | --- | --- | --- |
| | 32비트 정밀도(양자화 없음) | 16비트 양자화 | 8비트 양자화 |
| 캘리포니아 주택 가격: MLP 회귀 모델 | MAE[11] = 0.311984 | MAE = 0.311983 | MAE = 0.312780 |
| MNIST: 합성곱 신경망 | 정확도 = 0.9952 | 정확도 = 0.9952 | 정확도 = 0.9952 |
| Fashion-MNIST: 합성곱 신경망 | 정확도 = 0.922 | 정확도 = 0.922 | 정확도 = 0.9211 |
| ImageNet 중 1,000개 이미지: MobileNetV2 | Top-1 정확도 = 0.618 Top-5 정확도 = 0.788 | Top-1 정확도 = 0.624 Top-5 정확도 = 0.789 | Top-1 정확도 = 0.280 Top-5 정확도 = 0.490 |

양자화 예제의 두 번째 문제는 친숙한 MNIST 데이터셋과 심층 합성곱 신경망 구조입니다. 주택 문제와 비슷하게 다음 명령을 사용해 원본 모델을 훈련하고 양자화된 버전에서 성능을 평가할 수 있습니다.

```
> yarn train-mnist
> yarn quantize-and-evaluate-mnist
```

표 12-1의 두 번째 행에서 보듯이 16비트나 8비트 양자화 모두 모델의 테스트 정확도를 크게 변동시키지 않습니다. 이 합성곱 신경망은 다중 분류기이고, 따라서 마지막 출력 값에 작은 차이가 있어도 argmax() 함수로 얻은 마지막 분류 결과를 바꾸지 않을 수 있습니다.

이 결과가 이미지 관련 다중 분류기를 대표할까요? MNIST는 비교적 쉬운 분류 문제라는 것을 기억하세요. 이 예제에서 사용한 것과 같이 간단한 합성곱 신경망도 거의 완벽한 정확도를 달성합니다. 조금 더 어려운 이미지 분류 문제가 있을 때 양자화가 정확도에 어떤 영향을 미칠까요? 이 질문에 대한 답을 얻기 위해 양자화 예제에 있는 두 가지 다른 문제를 살펴보겠습니다.

10장에서 변이형 오토인코더를 다룰 때 본 패션 MNIST는 MNIST보다 어려운 문제입니다. 다음 명령을 사용해 패션 MNIST 데이터셋에서 모델을 훈련하고 16비트와 8비트 양자화가 테스트 정확도에 어떻게 영향을 미치는지 조사해 보겠습니다.

```
> yarn train-fashion-mnist
> yarn quantize-and-evaluate-fashion-mnist
```

---

11 캘리포니아 주택 모델에서는 MAE 손실 함수를 사용합니다. 정확도와 달리 MAE는 낮을수록 좋습니다.

표 12-1의 세 번째 행에 있듯이, 이 결과를 보면 8비트 가중치 양자화로 인해 테스트 정확도에 작은 감소가 있습니다(92.2%에서 92.1%). 반면 16비트 양자화는 여전히 눈에 띄는 변화가 없습니다.

더 어려운 이미지 분류 문제는 1,000개의 출력 클래스를 사용하는 ImageNet 분류 문제입니다. 이 경우에는 다른 세 문제에서처럼 처음부터 모델을 훈련하지 않고 사전 훈련된 MobileNetV2를 내려받아 사용합니다. 사전 훈련된 모델을 양자화하기 전후로 ImageNet 데이터셋의 1,000개 이미지에서 평가합니다. ImageNet 데이터셋은 (수백만 개의 이미지를 가지고 있어) 매우 크기 때문에 전체 데이터셋을 사용해 평가하지 않습니다. 하지만 여기서 얻은 결과와 크게 다르지 않을 것입니다.

조금 더 포괄적인 방식으로 ImageNet 문제에서 모델 정확도를 평가하기 위해 Top-1과 Top-5 정확도를 계산합니다. Top-1 정확도는 가장 높은 모델의 로짓 출력 하나만 보았을 때 정확하게 맞은 예측의 비율입니다. Top-5 정확도는 가장 높은 다섯 개의 로짓에 정확한 레이블이 포함된 예측을 카운트합니다. 이것이 ImageNet에서 모델 정확도를 평가하는 표준 방법입니다. ImageNet은 클래스가 많고 일부 클래스는 매우 비슷하기 때문에 종종 모델이 최상위 로짓으로 정확한 레이블을 맞추지 못하지만 Top-5 로짓 중에 들어 있습니다. MobileNetV2와 ImageNet을 사용한 실험을 수행하려면 다음 명령을 사용합니다.

```
> yarn quantize-and-evaluate-MobileNetV2
```

이전의 세 문제와는 다르게 이 실험은 8비트 양자화가 테스트 정확도에 상당한 영향을 미칩니다(표 12-1의 네 번째 행을 참고하세요). 8비트 양자화된 MobileNetV2의 Top-1과 Top-5 정확도는 모두 원본 모델보다 크게 낮기 때문에 8비트 양자화는 허용할 수 없는 최적화 방법입니다. 하지만 16비트 양자화된 MobileNetV2는 양자화되지 않은 모델과 비슷한 정확도를 보여 줍니다.[12] 정확도에 대한 양자화의 효과는 모델과 데이터에 따라 다름을 알 수 있습니다. (MNIST 합성곱 신경망처럼) 일부 모델과 작업에서는 16비트와 8비트 양자화가 모두 테스트 정확도에서 눈에 띄는 감소를 일으키지 않습니다. 이런 경우에는 배포할 때 8비트 양자화된 모델을 사용해 다운로드 시간을 줄여야 합니다. 패션 MNIST 합성곱 신경망과 주택 가격 회귀 모델 같은 일부 모델에서는 16비트 양자화가 정확도에 눈에 띄는 감소를 일으키지 않지만, 8비트 양자화는 정확도를 약간 저하시킵니다. 이런 경우에 모델 크기를 25% 더 줄이는 것이 정확도 손실보다 중요한지 판단해야 합니다. 마지막으로 (ImageNet 이미지와 MobileNetV2처럼) 일부 모델과 작업에서는 8비트 양자화가 정확도에 큰 손실을 끼쳐 대부분의 경우에 수용하기 어려울 것입니다. 이런 문제에서는 원본 모델이나 16비트 양자화된 모델을 사용해야 합니다.

---

12 사실 정확도가 약간 증가했습니다. 1,000개의 샘플로만 구성된 작은 테스트 세트 때문입니다.

양자화 예제에 있는 문제는 다소 단순한 문제입니다. 실제 맞닥뜨리게 될 문제는 훨씬 더 복잡하고 이런 문제와 많이 다를 수 있습니다. 기억해야 할 점은 모델을 배포하기 전에 양자화를 할 것인지, 몇 비트로 양자화를 할 것인지에 대한 답을 하려면 경험이 필요하며 경우에 따라 다를 수 있다는 것입니다. 결정을 내리기 전에 진짜 테스트 데이터로 양자화한 모델을 테스트해 봐야 합니다. 이 장의 끝에 있는 연습 문제 1에서 10장에서 훈련한 MNIST ACGAN을 생성 모델로 사용하기에 16비트나 8비트 양자화가 적합한지 결정해 보세요.

## 가중치 양자화와 gzip 압축

8비트 양자화의 추가적인 장점은 gzip 같은 데이터 압축 기술을 사용해 모델 크기를 더 줄일 수 있다는 것입니다. gzip은 웹에서 용량이 큰 파일을 전송하기 위해 널리 사용됩니다. 웹에서 TensorFlow.js 파일을 서비스할 때 항상 gzip을 사용할 수 있어야 합니다. 양자화를 사용하지 않는 float32 신경망 가중치는 파라미터 값에 잡음 같은 변동으로 인해 반복되는 패턴이 거의 없어 이런 압축에 적합하지 않습니다. 경험적으로 gzip은 양자화를 하지 않은 모델의 가중치 크기를 10~20% 이상 줄일 수 없습니다. 이는 16비트 양자화를 한 모델에서도 마찬가지입니다. 하지만 모델 가중치에 8비트 양자화를 적용하면 압축 비율이 크게 높아집니다(작은 모델의 경우 30~40%, 큰 모델의 경우 20~30%. 표 12-2 참조).

▼ 표 12-2 여러 가지 양자화에서 모델의 gzip 압축 비율

| 데이터셋과 모델 | gzip 압축 비율[13] | | |
| --- | --- | --- | --- |
| | 32비트 정밀도(양자화 없음) | 16비트 양자화 | 8비트 양자화 |
| 캘리포니아 주택 가격: MLP 회귀 모델 | 1.121 | 1.161 | 1.388 |
| MNIST: 합성곱 신경망 | 1.082 | 1.037 | 1.184 |
| Fashion-MNIST: 합성곱 신경망 | 1.078 | 1.048 | 1.229 |
| ImageNet 중 1,000개 이미지: MobileNetV2 | 1.085 | 1.063 | 1.271 |

크게 감소된 정밀도에서는 사용할 수 있는 구간의 개수(256개)가 적기 때문입니다. 이로 인해 (0 주변의 값처럼) 많은 값이 동일한 구간에 속하게 됩니다. 따라서 가중치의 이진 표현에 반복된 패턴이 많이 등장하게 됩니다. 이것이 테스트 정확도에 받아들이기 힘든 손실이 없다면 8비트 양자화를 선호하는 또 다른 이유입니다.

---

13 (model.json과 가중치 파일의 총 크기) / (gzip 압축 파일의 크기)

요약하면, 훈련 후 가중치 양자화로 인터넷으로 전송하거나 디스크에 저장할 TensorFlow.js 모델의 크기를 크게 줄일 수 있습니다. 특히 gzip 같은 데이터 압축 기술을 사용할 수 있습니다. 이런 향상된 압축 비율의 장점은 모델 파일을 브라우저가 내려받을 때 자동으로 압축을 풀기 때문에 개발자가 수정할 코드가 없다는 것입니다. 하지만 모델의 추론을 수행하기 위해 필요한 계산량을 바꾸지는 않습니다. 또한, 이런 호출에 필요한 CPU나 GPU의 메모리 양을 바꾸지도 않습니다. 이는 모델이 로드될 때 가중치가 역양자화되기 때문입니다(INFO BOX 12.1의 식 12-2 참조). 실행되는 연산과 이런 연산으로 출력되는 텐서의 데이터 타입 및 크기를 고려하면 양자화되지 않은 모델과 양자화 모델 사이에는 차이점이 없습니다. 하지만 모델 배포에서는 가능한 한 빠르게 실행되는 모델을 만드는 방법과 실행될 때 가능한 한 적은 메모리를 사용하는 방법이 동일하게 중요한 관심사입니다. 사용자 경험을 향상시키고 전력 소모를 줄일 수 있기 때문입니다. 모델 크기 최적화와 예측 정확도의 손실 없이 기존의 TensorFlow.js 모델을 더 빠르게 실행하는 방법이 있을까요? 다행히 방법이 있습니다. 다음 절에서 TensorFlow.js가 제공하는 추론 속도 최적화 기술을 자세히 다루어 보겠습니다.

## 12.2.2 GraphModel 변환을 사용한 추론 속도 최적화

이 절은 다음과 같이 구성됩니다. 먼저 GraphModel 변환을 사용해 TensorFlow.js 모델의 추론 속도를 최적화하는 단계를 설명합니다. 그다음, 이 방식으로 얻는 속도 향상을 정량화한 자세한 성능 측정값을 제시하겠습니다. 마지막으로 GraphModel 변환의 작동 방식을 설명하겠습니다.

my/layers-model 경로에 저장된 TensorFlow.js 모델이 있다고 가정해 보죠. 다음 명령으로 이 모델을 tf.GraphModel로 변환할 수 있습니다.

```
tensorflowjs_converter \
    --input_format tfjs_layers_model \
    --output_format tfjs_graph_model \
    my/layers-model my/graph-model
```

이 명령은 my/graph-model 디렉터리(디렉터리가 없으면 새로 만듭니다)에 model.json 파일과 여러 개의 가중치 이진 파일을 만듭니다. 직렬화된 tf.LayersModel을 담은 입력 디렉터리에 있는 파일과 겉으로는 동일한 포맷의 파일처럼 보일 수 있습니다. 하지만 출력된 파일은 (최적화 방법에서 이름을 딴) tf.GraphModel이라 부르는 다른 종류의 모델을 인코딩한 것입니다. 브라우저나 Node.js에서 변환된 모델을 로드하기 위해서는 익숙한 tf.loadLayersModel() 대신에

tf.loadGraphModel()을 사용합니다. tf.GraphModel 객체가 로드되면 tf.LayersModel과 동일한 방식으로 이 객체의 predict() 메서드를 호출하여 추론을 수행할 수 있습니다. 예를 들면 다음과 같습니다.

모델을 브라우저에서 로드한다면 http://나 https://를 사용하세요.

```
const model = await tf.loadGraphModel('file://./my/graph-model/model.json'); ┈┈┈┘
const ys = model.predict(xs); ┈┈┈┈ 입력 데이터 'xs'에 대해 추론을 수행합니다.
```

이런 추론 속도 향상에는 두 가지 제약 사항이 있습니다.

- 이 글을 쓰는 시점에서 최신 TensorFlow.js 버전은 GraphModel 변환에 tf.layers.simpleRNN(), tf.layers.gru(), tf.layers.lstm() 같은 순환 층(9장 참조)을 지원하지 않습니다.
- 로드된 tf.GraphModel 객체는 fit() 메서드를 가지고 있지 않으므로 추가적인 훈련을 진행하지 못합니다(예를 들면 전이 학습).

표 12-3은 GraphModel 변환을 사용할 때와 사용하지 않았을 때 두 가지 모델의 추론 속도를 비교합니다. GraphModel 변환이 아직 순환 층을 지원하지 않기 때문에 MLP와 합성곱 신경망 (MobileNetV2)의 결과만 나타나 있습니다. 다양한 배포 환경을 다루기 위해 이 표에는 웹 브라우저와 백엔드 환경에서 실행한 tfjs-node의 결과가 포함되어 있습니다. 이 표에서 GraphModel 변환이 항상 추론 속도를 높인다는 것을 확인할 수 있습니다. 하지만 속도 향상의 비율은 모델 종류와 배포 환경에 따라 다릅니다. 브라우저 (WebGL) 배포 환경에서는 GraphModel 변환이 20~30% 속도를 높이지만 Node.js 배포 환경에서는 더욱 극적으로 속도가 높아집니다(70~90%). 이어서 GraphModel 변환이 추론 속도를 높이는 이유와 브라우저 환경보다 Node.js에서 속도 향상이 더 큰 이유를 설명하겠습니다.

▼ 표 12-3 GraphModel 변환을 사용했을 때와 사용하지 않았을 때 다양한 배포 환경에서 두 가지 모델(MLP와 MobileNetV2)의 추론 속도 비교[14]

| 모델 이름과 구조 | predict() 시간(ms, 낮을수록 좋음) (20번 워밍업 호출 후에 30번 predict() 호출의 평균) | | | | | |
| --- | --- | --- | --- | --- | --- | --- |
| | 브라우저 WebGL | | tfjs-node (CPU) | | tfjs-node-gpu | |
| | LayersModel | GraphModel | LayersModel | GraphModel | LayersModel | GraphModel |
| MLP[15] | 13 | 10 (1.3x) | 18 | 10 (1.8x) | 3 | 1.6 (1.9x) |
| MobileNetV2 (너비 = 1.0) | 68 | 57 (1.2x) | 187 | 111 (1.7x) | 66 | 39 (1.7x) |

---

14 이 결과는 https://github.com/tensorflow/tfjs/tree/master/tfjs/integration_tests/ 코드를 사용해 만들었습니다.

15 이 MLP는 4,000개, 1,000개, 5,000개, 한 개의 유닛을 가진 네 개의 밀집 층으로 구성되어 있습니다. 처음 세 개의 층은 렐루 활성화 함수를 사용합니다. 마지막 층은 선형 활성화 함수를 사용합니다.

## GraphModel 변환이 모델의 추론 속도를 높이는 방법

어떻게 GraphModel 변환이 TensorFlow.js 모델의 추론 속도를 높일까요? 모델의 계산 그래프에 대한 (파이썬용) 텐서플로의 사전 분석을 미세한 단위로 활용하여 추론 속도를 높입니다. 계산 그래프 분석 다음에는 그래프의 출력 결과에 대한 수치 정확성을 유지하면서 계산량을 줄이도록 그래프를 수정합니다. 사전 분석이나 미세한 단위 같은 용어에 겁먹지 마세요. 잠시 후에 설명하겠습니다.

그래프 수정의 구체적인 예를 들기 위해 tf.LayersModel과 tf.GraphModel에서 BatchNormalization 층의 동작 방식을 생각해 보겠습니다. BatchNormalization 층은 훈련하는 동안 모델의 수렴을 향상시키고 과대적합을 줄여 줍니다. TensorFlow.js API에서는 tf.layers.batchNormalization()으로 제공하며 MobileNetV2 같은 사전 훈련된 모델에서 사용합니다. BatchNormalization 층이 tf.LayersModel의 일부로 실행될 때 이 계산은 배치 정규화의 수학적 정의를 밀접하게 따릅니다.

$$\text{output} = (x - \text{mean})/(\text{sqrt}(\text{var}) + \text{epsilon}) \times \text{gamma} + \text{beta} \qquad \text{(식 12-3)}$$

입력(x)에서 출력(output)을 생성하려면 여섯 개의 연산(또는 ops)이 필요합니다. 대략적인 순서는 다음과 같습니다.

1. var를 입력으로 받는 sqrt

2. epsilon과 단계 1의 결과를 입력으로 받는 add

3. x와 mean을 입력으로 받는 sub

4. 단계 2와 3의 결과를 입력으로 받는 div

5. gamma와 단계 4의 결과를 입력으로 받는 mul

6. beta와 단계 5의 결과를 입력으로 받는 add

간단한 산술 규칙에 따라 mean, var, epsilon, gamma, beta가 상수라면(입력이나 층의 호출 횟수에 따라 변하지 않는다면) 식 12-3을 크게 단순화할 수 있습니다. BatchNormalization 층이 있는 모델을 훈련한 뒤 이 변수들은 모두 상수가 됩니다. GraphModel 변환이 하는 일은 다음과 같습니다. 상수를 모두 합쳐서 계산을 단순화합니다. 이는 수학적으로 동일한 다음 식을 만듭니다.

$$\text{output} = x \times k + b \qquad \text{(식 12-4)}$$

$k$와 $b$ 값은 추론이 아니라 GraphModel 변환 과정에서 계산됩니다.

$$k = \mathrm{gamma}/(\mathrm{sqrt(var)} + \mathrm{epsilon}) \tag{식 12-5}$$

$$b = -\mathrm{mean}/(\mathrm{sqrt(var)} + \mathrm{epsilon}) \times \mathrm{gamma} + \mathrm{beta} \tag{식 12-6}$$

따라서 식 12-5와 12-6은 추론하는 동안 계산량을 늘리지 않습니다. 추론에서 식 12-4만 계산됩니다. 식 12-3과 12-4를 비교하면, 상수를 합치고 수식을 단순화하여 연산 개수를 여섯 개에서 두 개($x$와 $k$ 사이의 mul 연산과 $b$와 mul 연산의 결과 사이의 add 연산)로 줄인 것을 확인할 수 있습니다. 이는 이 층의 실행 속도를 크게 높입니다. 그런데 왜 tf.LayersModel은 이런 최적화를 수행하지 않을까요? BatchNormalization 층을 훈련해야 하기 때문입니다. mean, var, gamma, beta 값이 훈련 각 스텝마다 업데이트됩니다. GraphModel 변환은 모델 훈련이 완료되면 이런 값을 더 이상 업데이트할 필요가 없다는 사실을 이용합니다.

BatchNormalization 예제에서 본 최적화 종류는 두 가지 조건이 만족할 때만 가능합니다. 첫째, 계산이 충분히 미세한 단위로 표현되어야 합니다. 즉, TensorFlow.js의 Layers API와 같이 층 수준의 연산이 아니라 add와 mul과 같이 기초적인 수학 연산으로 표현되어야 합니다. 둘째, 모델의 predict( ) 메서드 호출이 실행되기 전에 모든 연산을 알고 있어야 합니다. (파이썬용) 텐서플로가 두 조건을 만족하는 모델의 그래프 표현을 참조하여 GraphModel 변환이 수행됩니다.

앞서 설명한 상수 합치기와 산술 계산 최적화 외에 GraphModel 변환은 **퓨전**(fusion)이라 부르는 다른 종류의 최적화도 수행할 수 있습니다. 자주 사용하는 밀집 층(tf.layers.dense( ))을 예로 들어 보죠. 밀집 층은 세 가지 연산을 수행합니다. 입력 $x$와 커널 $W$ 사이의 행렬 곱셈(matMul), matMul의 결과와 절편($b$) 사이의 브로드캐스팅 덧셈, 원소별 렐루 활성화 함수(그림 12-3의 패널 A)입니다. 연산 퓨전 최적화는 세 개의 개별 연산을 동일한 모든 단계를 수행하는 하나의 연산으로 대체시킵니다(그림 12-3의 패널 B). 이런 변환이 사소해 보일 수 있지만 다음과 같은 이유로 계산 속도가 빨라집니다. 1) 연산을 시작하는 오버헤드가 줄어듭니다(네, 연산을 시작할 때는 백엔드에 상관없이 일정량의 오버헤드가 발생합니다). 2) 구현된 퓨전 연산 자체 안에서 속도 최적화를 위한 트릭을 수행할 수 있는 가능성이 많습니다.

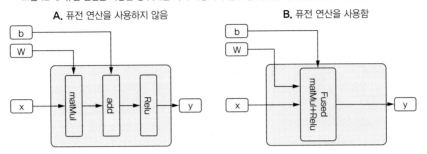

▼ 그림 12-3 퓨전 연산을 사용한 경우(패널 A)와 사용하지 않은 경우(패널 B)에 밀집 층의 내부 연산

연산 퓨전 최적화는 조금 전에 본 상수 합치기나 산술 연산 단순화와 어떻게 다를까요? 퓨전 연산은 사용하는 컴퓨팅 백엔드에서 특별한 퓨전 연산(이 경우는 Fused matMul+relu)을 정의하고 지원해야 하지만, 상수 합치기는 그렇지 않습니다. 특별한 이 퓨전 연산은 특정 컴퓨팅 백엔드와 배포 환경에서만 사용할 수 있습니다. 이것이 브라우저보다 Node.js에서 추론의 속도가 훨씬 크게 높아진 이유입니다(표 12-3 참조). Node.js 컴퓨팅 백엔드는 C++와 CUDA로 작성된 libtensorflow를 사용하며 브라우저에 있는 TensorFlow.js의 WebGL 백엔드보다 훨씬 많은 연산을 가지고 있습니다.

상수 합치기, 산술 연산 단순화, 연산 퓨전 외에도 (파이썬용) 텐서플로의 그래프 최적화 시스템인 Grappler는 여러 가지 다른 최적화를 수행할 수 있습니다. 그중 일부는 GraphModel 변환을 통해 TensorFlow.js 모델을 최적화하는 것과 관련이 있습니다. 하지만 지면 관계상 이런 내용은 다루지 않겠습니다. 이 주제에 관심이 있다면 이 장의 끝에 제시된 Rasmus Larsen과 Tatiana Shpeisman의 슬라이드를 참고하세요.

요약하면 GraphModel 변환은 tensorflowjs_converter가 제공하는 기술입니다. (파이썬용) 텐서플로의 사전 그래프 최적화 기능을 사용하여 계산 그래프를 단순화하고 모델 추론에 필요한 계산량을 줄입니다. 자세한 추론 속도 향상 정도는 모델 종류와 컴퓨팅 백엔드에 따라 다르지만, 일반적으로 20% 이상의 속도 향상을 제공합니다. 따라서 배포하기 전에 TensorFlow.js 모델에 적용하는 것이 좋습니다.

> **INFO BOX 12.3**≡ **TensorFlow.js 모델의 추론 속도 측정 방법**
>
> tf.LayersModel과 tf.GraphModel 모두 추론을 지원하는 predict() 메서드를 제공합니다. 이 메서드는 하나 이상의 텐서를 입력으로 받고 하나 이상의 텐서를 추론 결과로 반환합니다. 하지만 웹 브라우저에 있는 WebGL 기반의 추론 입장에서 보면, predict() 메서드는 GPU에서 실행되는 연산을 예약하기만 하고 실행 완료를 기다리지 않습니다. 결론적으로, 다음과 같이 단순하게 predict() 호출 시간을 측정하면 측정 결과가 잘못될 것입니다.

↻ 계속

```
console.time('TFjs inference');
const outputTensor = model.predict(inputTensor);
console.timeEnd('TFjs inference');      --- 잘못된 추론 시간 측정 방법!
```

predict() 메서드가 반환될 때 예약된 연산은 실행이 완료되지 않을 수 있습니다. 따라서 앞의 코드로 잰 시간은 실제 추론이 완료된 시간보다 짧을 것입니다. console.timeEnd()가 호출되기 전에 연산이 완료되었는지 확인하려면 반환된 텐서 객체에서 array()나 data() 메서드 중 하나를 호출해야 합니다. 두 메서드는 출력 텐서의 원소를 가지고 있는 텍스처 값을 GPU에서 CPU로 다운로드합니다. 이렇게 하려면 출력 텐서의 계산이 완료될 때까지 기다려야합니다. 따라서 다음과 같이 시간을 계산하는 것이 올바른 방법입니다.

```
console.time('TFjs inference');
const outputTensor = model.predict(inputTensor);
await outputTensor.array(); ............ array() 호출은 outputTensor의 계산이 완료될 때 반환되지
console.timeEnd('TFjs inference');      않습니다. 따라서 정확하게 추론 시간을 측정할 수 있습니다.
```

기억해야 할 또 한 가지 중요한 점은 다른 모든 자바스크립트 프로그램과 마찬가지로 TensorFlow.js의 모델 추론 실행 시간이 가변적이라는 것입니다. 신뢰할 만한 추론 시간을 추정하기 위해서는 앞의 코드를 for 루프에 넣고 여러 번 측정해 봐야 합니다(예를 들면 50번). 개별 측정값을 누적하여 평균 시간을 계산할 수 있습니다. 처음 몇 번의 실행은 나중보다 일반적으로 느립니다. 새로운 WebGL 셰이더 프로그램을 컴파일하고 초기 상태를 설정하기 때문입니다. 따라서 성능 측정 코드는 종종 번-인(burn-in) 또는 웜-업(warm-up)이라 부르는 처음 몇 번(예를 들면, 처음 다섯 번)의 실행을 제외합니다.

성능 벤치마킹 기술을 자세히 알고 싶다면 이 장의 끝에 있는 연습 문제 3을 풀어보세요.

# 12.3 다양한 플랫폼과 환경에 TensorFlow.js 모델 배포하기

모델을 최적화하여 빠르고 가볍습니다. 또 모든 테스트를 통과했습니다. 이제 모든 일이 끝났군요. 만세! 하지만 샴페인을 터뜨리기 전에 할 일이 조금 더 있습니다.

모델을 애플리케이션에 투입하고 사용자에게 제공할 시간이 왔습니다. 이 절에서는 몇 가지 배포 플랫폼을 다루겠습니다. 웹이나 Node.js 서비스에 배포하는 것이 잘 알려진 방법입니다. 하지만 브라우저 확장 프로그램이나 단일 보드 임베디드 하드웨어 애플리케이션과 같이 특이한 배포

시나리오도 다루겠습니다. 간단한 예를 들어 플랫폼에서 특히 중요하게 고려할 점을 논의하겠습니다.

## 12.3.1 웹에 배포할 때 추가적인 고려 사항

TensorFlow.js 모델을 위해 가장 널리 사용되는 배포 시나리오인 웹 페이지의 일부로 배포하는 것부터 시작해 보죠. 이 시나리오에서는 훈련하여 최적화된 모델이 어떤 원격 위치로부터 자바스크립트를 통해 로드됩니다. 그다음, 모델이 사용자 브라우저 안에서 자바스크립트 엔진을 사용해 예측을 만듭니다. 이런 패턴의 좋은 예는 5장에서 본 MobileNet을 사용한 이미지 분류입니다. 이 예제는 깃허브의 mobilenet 디렉터리에서 볼 수 있습니다.[16] 모델을 로드하고 예측을 만드는 코드를 요약하면 다음과 같습니다.

```
const MOBILENET_MODEL_PATH =
    'https://storage.googleapis.com/tfjs-models/tfjs/mobilenet_v1_0.25_224/model.json';
const mobilenet = await tf.loadLayersModel(MOBILENET_MODEL_PATH);
const response = mobilenet.predict(userQueryAsTensor);
```

이 모델은 구글 클라우드 플랫폼(Google Cloud Platform)의 버킷에 호스팅되어 있습니다. 트래픽이 낮은 이런 정적인 애플리케이션의 경우 다른 사이트 콘텐츠와 함께 정적으로 모델을 호스팅하기 쉽습니다. 트래픽이 많은 대규모 애플리케이션은 모델을 CDN(Content Delivery Network)에 호스팅하도록 선택할 수 있습니다. 자주 저지르는 배포 실수는 GCP 버킷, 아마존 S3 또는 다른 클라우드 서비스를 설정할 때 CORS(Cross-Origin Resource Sharing)를 까먹고 고려하지 않는 것입니다. CORS를 잘못 설정하면 모델을 로드하지 못하고 CORS 관련 에러 메시지가 콘솔에 출력될 것입니다. 웹 애플리케이션이 로컬에서는 잘 동작하지만 배포 플랫폼에 올라가면 실패하는 경우 점검해 봐야 할 사항입니다.

사용자 브라우저가 HTML과 자바스크립트를 로드하고 난 후 자바스크립트 인터프리터는 모델을 로드하기 위한 호출을 실행합니다. 작은 모델을 로드하는 과정은 인터넷 연결이 양호할 경우 최신 브라우저에서 수백 밀리초가 걸립니다. 하지만 한 번 로딩되고 나면 브라우저 캐시에서 모델을 더

---

16 **역주** 이 예제를 실행하려면 다음 명령을 사용하세요.

```
> cd deep-learning-with-javascript
> npx http-server
```

그다음, 브라우저를 열고 http://127.0.0.1:8080/mobilenet에 접속합니다. 또한, 번역서 데모 사이트(http://ml-ko.kr/tfjs/mobilenet)에 브라우저로 접속하여 바로 실행해 볼 수 있습니다.

빨리 로드할 수 있습니다. 직렬화된 포맷을 사용해 표준 브라우저 캐시에 맞도록 모델이 충분히 작은 조각으로 나뉘어 저장됩니다.

웹 배포의 장점 중 하나는 브라우저 안에서 직접 예측이 일어난다는 것입니다. 모델에 전달되는 데이터는 외부로 전달되지 않기 때문에 실행 속도나 개인 정보 측면에서 모두 좋습니다. 타이핑을 돕기 위해 다음 단어를 예측하는 모델을 사용하는 텍스트 예측 시나리오를 생각해 보죠. 예를 들면 지메일(Gmail)에서 항상 볼 수 있는 기능입니다. 타이핑된 텍스트를 클라우드에 있는 서버로 보내고 원격 서버의 응답을 기다려야 한다면, 예측이 지연되어 유용성이 훨씬 떨어질 것입니다. 게다가 일부 사용자는 완료되지 않은 텍스트를 원격 컴퓨터로 보내는 것이 개인 정보를 위반한다고 생각할 수 있습니다. 로컬 브라우저에서 예측을 만들면 보안과 개인 정보 측면에서 훨씬 안전합니다.

브라우저 내 예측의 단점은 모델 보안입니다. 모델을 사용자에게 보내면 사용자가 모델을 저장해 다른 용도로 사용하기 쉽습니다. TensorFlow.js는 (2019년) 현재 브라우저 내 모델 보안에 대한 솔루션을 제공하지 않습니다. 일부 다른 배포 시나리오에서는 개발자의 의도와 다른 목적으로 모델을 사용하기 어렵습니다. 가장 모델 보안이 뛰어난 배포 방법은 서버에 모델을 저장하고 서버에서 예측 요청을 처리하는 것입니다. 물론 예측 지연과 데이터 정보 보호 문제가 뒤따릅니다. 제품에 대한 결정은 이런 고려 사항의 균형점을 찾는 것입니다.

## 12.3.2 클라우드 서비스에 배포

구글 클라우드 비전 AI(https://cloud.google.com/vision)와 마이크로소프트 코그니티브 서비스(https://azure.microsoft.com/en-us/services/cognitive-services)와 같이 많은 제품 시스템이 머신 러닝 훈련 예측을 서비스로 제공합니다. 이런 서비스의 사용자는 예측의 입력 값(예를 들면, 객체 탐지 작업을 위한 이미지)을 HTTP 요청에 실어 보내고 예측의 출력을 인코딩한 응답(예를 들면 이미지에 있는 객체의 레이블과 위치)을 받습니다.

2019년 현재 서버에서 TensorFlow.js 모델을 제공하는 두 가지 방법이 있습니다. 첫 번째 방법은 Node.js를 실행하고 자바스크립트 런타임을 사용해 예측을 수행하는 서버입니다. TensorFlow.js는 새로운 기술이기 때문에 이런 방법을 사용하는 제품 사례를 알지 못하지만 쉽게 개념 증명(proofs of concept)을 할 수 있습니다.[17]

---

17 **역주** 현재는 다양한 제품 사례를 찾아볼 수 있습니다. https://bit.ly/tfjs-case-studies 와 https://bit.ly/made-with-tfjs를 참고하세요.

두 번째 방법은 TensorFlow.js 모델을 텐서플로 서빙(TensorFlow Serving) 시스템과 같이 기존의 서버 기술로 제공할 수 있는 포맷으로 변환하는 것입니다. www.tensorflow.org/tfx/guide/serving에서 다음과 같은 글을 볼 수 있습니다.

> 텐서플로 서빙은 머신 러닝 모델을 위한 유연한 고성능 서빙 시스템으로, 제품 환경을 위해 설계되었습니다. 텐서플로 서빙을 사용하면 동일한 서버 구조와 API를 유지하면서 새로운 알고리즘과 실험을 쉽게 배포할 수 있습니다. 텐서플로 서빙은 텐서플로 모델과 즉시 통합을 제공하지만, 다른 종류의 모델과 데이터를 서비스하도록 쉽게 확장할 수 있습니다.

지금까지 직렬화한 TensorFlow.js 모델은 자바스크립트에 특화된 포맷으로 저장되었습니다. 텐서플로 서빙은 텐서플로 표준인 SavedModel 포맷으로 저장된 모델을 기대합니다. 다행히 tensorflowjs_converter를 사용하면 필요한 포맷으로 쉽게 바꿀 수 있습니다.

5장(전이 학습)에서는 텐서플로의 파이썬 버전에서 저장한 SavedModel을 TensorFlow.js에서 사용하는 방법을 보았습니다. 이 반대로 바꾸려면 먼저 tensorflowjs pip 패키지를 설치해야 합니다.

```
> pip install tensorflowjs
```

이어서 다음과 같이 입력을 지정하여 tensorflowjs_converter를 실행합니다.

```
tensorflowjs_converter \
    --input_format=tfjs_layers_model \
    --output_format=keras_saved_model \
    /path/to/your/js/model.json \
    /path/to/your/new/saved-model
```

이 명령은 saved-model 디렉터리를 새로 만들고 텐서플로 서빙이 이해할 수 있는 포맷으로 모델 구조와 가중치를 저장합니다. 그다음, 텐서플로 서빙 서버를 구축하고 실행 모델에 gRPC 예측 요청을 만들 수 있어야 합니다. 관리형 솔루션도 있습니다. 예를 들어 구글 클라우드 머신 러닝 엔진을 사용하면 서버를 운영할 필요 없이 저장된 모델을 구글 스토리지에 업로드하고 서빙을 설정할 수 있습니다. 더 자세한 내용은 관련 문서(https://cloud.google.com/ml-engine/docs/tensorflow/deploying-models)를 참고하세요.

클라우드에서 모델을 서비스할 때의 장점은 모델을 완전히 제어할 수 있다는 것이며, 어떤 종류의 쿼리가 수행되고 있는지 원격에서 측정하여 빠르게 문제를 감지하기 쉽습니다. 모델에 예상치 못한 문제가 발견되면 빠르게 제거하거나 업그레이드할 수 있으며, 제어할 수 없는 다른 머신에 복사본이 있을 가능성이 거의 없습니다. 단점은 앞서 언급했듯이 속도 지연과 데이터 정보 보호에 대한 우려입니다. 또한, 시스템 구성을 관리하기 때문에 클라우드 서비스를 운영하는 데 금전적인 지출과 유지 보수 비용이 추가됩니다.

### 12.3.3 크롬 확장 같은 브라우저 확장 프로그램으로 배포하기

일부 클라이언트 측 애플리케이션은 여러 웹 사이트에 걸쳐 동작해야 할 수 있습니다. 크롬, 사파리, 파이어폭스를 포함한 모든 주요 데스크톱 브라우저에서 사용할 수 있는 브라우저 확장 프레임워크가 있습니다. 이 프레임워크를 사용하면 개발자가 새로운 자바스크립트를 추가하거나 웹 사이트의 DOM을 조작하여 브라우징 경험 자체를 바꾸거나 향상시킬 수 있습니다.

확장 프로그램은 브라우저 실행 엔진 안에서 자바스크립트와 HTML 위에서 작동하기 때문에 브라우저 확장 안에서 TensorFlow.js로 할 수 있는 일은 표준 웹 페이지 배포로 할 수 있는 것과 비슷합니다. 모델 보안과 데이터 정보 보호에 대한 사항도 웹 페이지 배포와 동일합니다. 브라우저 안에서 바로 예측을 수행하면 사용자 데이터는 비교적 안전합니다. 모델 보호 관점도 웹 배포와 비슷합니다.

브라우저 확장을 사용한 예로 깃허브에 있는 chrome-extension 예제를 살펴보겠습니다. 이 확장 프로그램은 MobileNetV2 모델을 로드하고 사용자가 선택한 웹상의 이미지에 이를 적용합니다. 이 확장 프로그램은 호스팅된 웹 사이트가 아니므로 설치하고 사용하는 방법이 지금까지 본 예제들과 조금 다릅니다. 이 예제는 크롬 브라우저를 사용합니다.[18]

먼저 확장 프로그램을 빌드해야 합니다.[19]

```
> cd deep-learning-with-javascript/chrome-extension
> yarn
> yarn build
```

확장 프로그램의 빌드가 끝나면 크롬에 이 확장 프로그램을 로드할 수 있습니다. chrome://extensions 주소에 접속하여 그림 12-4와 같이 **개발자 모드**를 활성화하고 **압축 해제된 확장 프로그램을 로드합니다** 버튼을 클릭합니다. 이어서 뜨는 파일 선택창에서는 chrome-extension 디렉터리 아래에서 manifest.json 파일이 들어 있는 dist 디렉터리를 선택해야 합니다.

---

18 최신 마이크로소프트 엣지 브라우저도 브라우저 간에 호환되는 확장 프로그램을 로딩할 수 있습니다.

19 역주 번역서 깃허브에는 빌드된 파일이 포함되어 있습니다.

▼ 그림 12-4 개발자 모드에서 TensorFlow.js MobileNet 크롬 확장 프로그램 로드하기

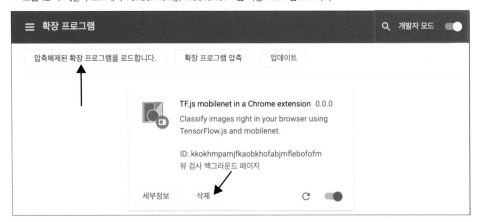

확장 프로그램이 설치되면 브라우저에서 이미지를 분류할 수 있습니다. 이미지가 포함된 사이트로 이동해 보세요. 예를 들어 구글 이미지 검색 페이지에서 'tiger'를 검색해 보세요. 그다음, 분류하려는 이미지 위에서 마우스 오른쪽 버튼을 클릭합니다. 팝업 메뉴에서 Classify Image with TensorFlow.js라는 메뉴를 볼 수 있을 것입니다. 이 메뉴를 클릭하면, 이 확장 프로그램이 지정한 이미지에 대해 MobileNet 모델을 실행하여 이미지 위에 예측 결과를 나타내는 텍스트를 추가해 줍니다(그림 12-5 참조).

▼ 그림 12-5 TensorFlow.js MobileNet 크롬 확장 프로그램을 사용해 웹 페이지 이미지 분류하기

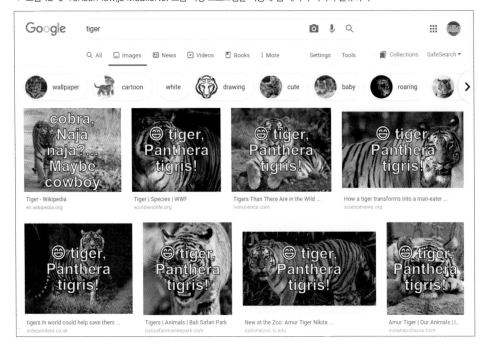

확장 프로그램을 삭제하려면 확장 프로그램 페이지에 있는 **삭제** 버튼을 클릭하세요(그림 12-4 참조). 또는 브라우저 오른쪽 위에 있는 확장 프로그램 아이콘을 오른쪽 클릭하여 **Chrome에서 삭제…** 메뉴를 클릭합니다.

브라우저 확장 프로그램으로 실행하는 모델은 웹 페이지에서 실행하는 모델과 동일한 하드웨어 가속을 활용할 수 있으며 대부분 동일한 코드를 사용합니다. 이 모델은 적절한 URL로 tf.loadGraphModel(...)을 호출하여 로드됩니다. 예측은 이전에 보았던 model.predict(...) API를 사용합니다. 웹 페이지 배포에서 브라우저 확장 프로그램으로 바꾸는 이전 기술이나 개념 증명은 비교적 간단합니다.

## 12.3.4 자바스크립트 기반 모바일 애플리케이션에 TensorFlow.js 모델 배포하기

많은 제품에서 데스크톱 브라우저는 많은 사용자에게 설치되기 쉽지 않으며, 모바일 브라우저는 고객이 기대하는 매끄러운 맞춤형 제품 경험을 제공하지 못합니다. 이런 종류의 프로젝트에서 일하는 팀은 웹 앱의 코드 외에도 (일반적으로) 안드로이드(자바나 코틀린(Kotlin)), iOS(오브젝티브 C(Objective C)나 스위프트(Swift))의 네이티브 앱을 위한 저장소를 모두 관리해야 하는지 딜레마에 빠집니다. 매우 큰 회사는 이런 지출을 지원할 수 있지만, 많은 개발자가 점점 더 하이브리드 크로스-플랫폼 개발 프레임워크를 사용해 이런 배포 환경에 대해 코드를 재사용하고 있습니다.

리액트 네이티브(React Native), 아이오닉(Ionic), 플러터(Flutter), 프로그레시브 웹 앱(Progressive Web-App) 같은 크로스 플랫폼 앱 프레임워크를 사용하면 많은 애플리케이션을 하나의 언어로 한 번 작성한 다음 사용자가 네이티브 앱에서 기대하는 룩앤필(look-and-feel)과 성능을 제공하는 핵심 기능을 컴파일할 수 있습니다. 크로스 플랫폼 언어/런타임은 많은 비즈니스 로직과 레이아웃을 다루며 표준화된 어포던스(affordance) 비주얼과 느낌을 위해 네이티브 플랫폼 바인딩에 연결합니다. 웹상의 많은 블로그와 영상에서 적절한 하이브리드 앱 개발 프레임워크를 선택하는 방법을 소개하고 있으므로 여기에서는 이에 대해 언급하지 않겠습니다. 다만 이 절에서는 인기가 많은 프레임워크인 리액트 네이티브에 초점을 맞추겠습니다. 그림 12-6은 MobileNet 모델을 실행하는 최소한의 리액트 네이티브 앱을 보여 줍니다. 브라우저 상단 막대가 없다는 점을 눈여겨보세요. 이 간단한 앱은 UI 요소가 없지만, 있다면 네이티브 안드로이드 앱의 룩앤필에 더 가깝게 보일 것입니다. iOS를 위해 만든 동일한 앱도 이런 점이 같습니다.

▼ 그림 12-6 리액트 네이티브로 만든 샘플 네이티브 안드로이드 앱 스크린샷. 이 네이티브 앱은 TensorFlow.js MobileNet 모델을 실행한다.

다행히 리액트 네이티브 안에 있는 자바스크립트 런타임은 특별한 작업 없이 기본적으로 TensorFlow.js를 지원합니다. (2019년 12월 기준으로) tfjs-react-native 패키지가 아직 알파 버전이지만[20] expo-gl을 사용해 WebGL과 GPU를 지원합니다. 임포트 코드는 다음과 같습니다.

```
import * as tf from '@tensorflow/tfjs';
import '@tensorflow/tfjs-react-native';
```

이 패키지는 모바일 앱에서 모델을 로드하고 저장하는 데 도움이 되는 특별한 API도 제공합니다.

코드 12-2 리액트 네이티브로 만든 모바일 앱에서 모델을 로드하고 저장하기

```
import * as tf from '@tensorflow/tfjs';
import {asyncStorageIO} from '@tensorflow/tfjs-react-native';
async trainSaveAndLoad() {
  const model = await train();
```

---

20 역주 2021년 말 기준으로 0.8.0 버전이 릴리스되었습니다.

```
  await model.save(asyncStorageIO(          앱에서 전역으로 참조할 수 있는 간단한 키-값 저장소 시스템인
    'custom-model-test'))                   AsyncStorage에 모델을 저장합니다.
  model.predict(tf.tensor2d([5], [1, 1])).print();
  const loadedModel =
    await tf.loadLayersModel(asyncStorageIO(          AsyncStorage에서 모델을 로드합니다.
      'custom-model-test'));
  loadedModel.predict(tf.tensor2d([5], [1, 1])).print();
}
```

리액트 네이티브를 통해 네이티브 앱을 개발하려면 여전히 안드로이드의 안드로이드 스튜디오와
iOS의 XCode 같은 몇 가지 새로운 도구를 배워야 합니다. 하지만 네이티브 앱 개발로 바로 뛰어
드는 것보다 학습 곡선이 덜 가파릅니다. 이런 하이브리드 앱 개발 프레임워크가 TensorFlow.js를
지원한다는 것은 머신 러닝 로직을 하나의 코드 베이스에서 관리할 수 있다는 의미입니다. 각 하드
웨어 외관을 위해 별도의 버전을 구축, 유지, 테스트할 필요가 없습니다. 네이티브 앱 경험을 제공
하길 원하는 개발자에게는 확실히 도움이 됩니다! 그럼 네이티브 데스크톱 경험은 어떨까요?

## 12.3.5 자바스크립트 기반 크로스 플랫폼 데스크톱 애플리케이션에 TensorFlow.js 모델 배포하기

Electron.js 같은 자바스크립트 프레임워크를 사용하면 리액트 네이티브로 작성한 크로스 플랫폼
모바일 애플리케이션처럼 크로스 플랫폼 방식으로 데스크톱 애플리케이션을 만들 수 있습니다.
이런 프레임워크를 사용하면 코드를 한 번만 작성하면 됩니다. 그다음에는 macOS, 윈도, 리눅스
같은 주요 데스크톱 운영체제에 배포하고 실행할 수 있습니다. 대부분 호환되지 않은 데스크톱 운
영체제를 위해 별도의 코드 베이스를 관리하는 전통적인 개발 워크플로를 크게 단순화시켜 줍니
다. 이 분야의 선두 프레임워크인 Electron.js를 살펴보죠. Node.js를 가상 머신으로 사용해 애플
리케이션의 주요 프로세스를 지원합니다. 앱의 GUI는 크로미엄(Chromium)을 사용합니다. 크로미
엄은 완전한 기능을 갖춘 경량 웹 브라우저로, 구글 크롬과 많은 코드를 공유합니다.

tfjs-examples 깃허브 저장소[21]에 있는 간단한 예제에서 볼 수 있듯이 TensorFlow.js는
Electron.js와 호환됩니다. electron 디렉터리에 있는 이 예제는 추론을 위해 TensorFlow.js 모
델을 Electron.js 기반 데스크톱 앱에 배포하는 방법을 보여 줍니다. 이 앱은 하나 이상의 키워드

---

21 [역주] https://github.com/tensorflow/tfjs-examples/tree/master/electron

에 매칭되는 이미지 파일을 파일 시스템에서 찾아 줍니다(그림 12-7 스크린샷 참조). 검색 과정에서 추론을 위해 TensorFlow.js MobileNet 모델을 디렉터리 이미지에 적용합니다.

❤ 그림 12-7 TensorFlow.js 모델을 활용한 Electron.js 기반 데스크톱 애플리케이션의 스크린샷(electron 디렉터리에서 가져왔다.)

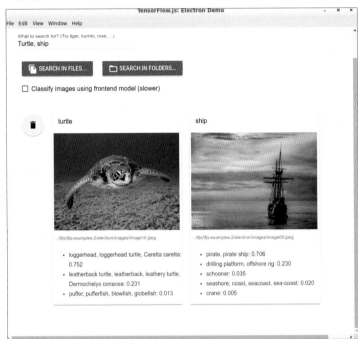

간단한 예제이지만, 이 앱은 TensorFlow.js 모델을 Electron.js에 배포할 때 고려해야 할 중요한 사항인 컴퓨팅 백엔드 선택에 대해 보여 줍니다. Electron.js 애플리케이션은 Node.js 기반 백엔드 프로세스와 크로미엄 기반 프런트엔드 프로세스에서 실행됩니다. TensorFlow.js는 두 환경에서 모두 실행할 수 있습니다. 결과적으로, 같은 모델이 애플리케이션의 노드 같은 백엔드 프로세스나 브라우저 같은 프런트엔드 프로세스에서 모두 실행할 수 있습니다. 백엔드 배포의 경우 @tensorflow/tfjs-node 패키지를 사용하지만, 프런트엔드에서는 @tensorflow/tfjs 패키지를 사용합니다(그림 12-8). 예제 애플리케이션의 GUI에 있는 체크박스를 사용하면 백엔드 추론 모드와 프런트엔드 추론 모드 간에 전환할 수 있습니다(그림 12-7). 하지만 일반적으로 Electron.js와 TensorFlow.js를 사용하는 실제 애플리케이션에서는 모델의 백엔드를 미리 결정합니다. 잠시 후에 두 방법의 장단점을 간략하게 설명하겠습니다.

▼ 그림 12-8 딥러닝 가속을 위해 TensorFlow.js를 활용한 Electron.js 기반 데스크톱 애플리케이션의 구조. TensorFlow.js의 컴퓨팅 백엔드는 메인 백엔드 프로세스나 브라우저 내 렌더러(renderer) 프로세스 중에서 호출할 수 있다. 컴퓨팅 백엔드가 다르면 모델의 실행 하드웨어가 달라진다. 컴퓨팅 백엔드 선택에 상관없이 TensorFlow.js 딥러닝 모델을 로드하고, 정의하고, 실행하는 코드는 거의 동일하다. 이 그림의 화살촉은 라이브러리 함수와 다른 실행 가능한 루틴을 호출하는 것을 나타낸다.

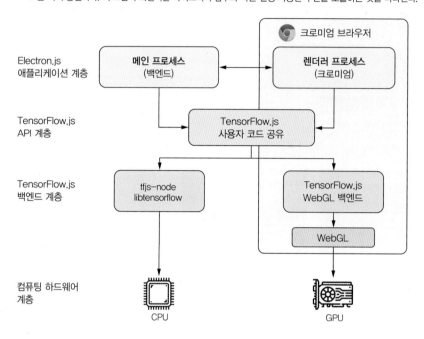

그림 12-8에서 보듯이 컴퓨팅 백엔드 선택이 달라지면 딥러닝 연산이 일어나는 컴퓨팅 하드웨어가 달라집니다. @tensorflow/tfjs-node 기반의 백엔드 배포는 CPU에 작업을 할당하고 멀티스레딩과 SIMD가 가능한 libtensorflow 라이브러리를 활용합니다. Node.js 기반 모델 배포 옵션은 일반적으로 프런트엔드 옵션보다 빠르고 백엔드 환경이 자원 제약에서 자유롭기 때문에 대규모 모델을 수용할 수 있습니다. 하지만 주요 단점은 libtensorflow 용량(tfjs-node의 경우 압축해서 약 50MB)이 크기 때문에 패키지 크기가 늘어나는 것입니다.

프런트엔드 배포는 딥러닝 작업을 WebGL로 전달합니다. 중소 규모의 모델에서 추론 속도가 중요한 이슈가 아니라면 이 방법이 적절합니다. 이 옵션은 패키지 크기가 작으며, 대부분 WebGL을 지원하기 때문에 다양한 종류의 GPU를 바로 사용할 수 있습니다.

그림 12-8에서 또 볼 수 있듯이 컴퓨팅 백엔드를 선택하는 것은 모델을 로드하고 실행하는 자바스크립트 코드와는 별개의 사항입니다. 동일한 API를 세 가지 옵션에 모두 사용할 수 있습니다. 예제 앱에서 확실히 보여주듯이 동일한 모듈(electron/image_classifier.js에 있는 ImageClassifier)이 백엔드와 프런트엔드 환경에서 모두 추론 작업을 제공합니다. tfjs-examples/electron 예제는 추론만 수행하지만 모델 생성과 훈련(예를 들면, 전이 학습) 같은 다른 딥러닝 작업도 TensorFlow.js를 사용해 Electron.js 앱에서 동일하게 수행할 수 있습니다.

## 12.3.6 위챗과 다른 자바스크립트 기반 모바일 앱 플러그인 시스템에 TensorFlow.js 모델 배포하기

주요 모바일 앱 배포 플랫폼이 안드로이드의 플레이 스토어나 애플의 앱 스토어가 아닌 경우가 있습니다. 몇몇 슈퍼 모바일 앱은 자신의 UX 경험을 유지하면서 서드파티 확장 프로그램을 설치할 수 있습니다.

이런 슈퍼 모바일 앱에는 중국의 '기술 공룡'인 텐센트(Tencent)의 위챗(WeChat), 알리바바(Alibaba)의 알리페이(Alipay), 바이두 등이 있습니다. 이들은 서드파티 확장을 만드는 주요 기술로 자바스크립트를 사용합니다. 따라서 TensorFlow.js가 이런 플랫폼에 머신 러닝을 적용하는 데 잘 맞습니다. 이런 모바일 앱 플러그인 시스템에서 사용할 수 있는 API는 네이티브 자바스크립트의 API와 같지 않습니다. 따라서 이런 시스템에 배포하려면 추가적인 지식과 작업이 약간 필요합니다.

위챗을 예로 들어 보죠. 위챗은 중국에서 가장 널리 사용되는 소셜 미디어 앱으로, 월 활성 사용자가(active user) 10억 명이 넘습니다. 2017년에 위챗은 애플리케이션 개발자가 위챗 시스템 안에서 자바스크립트 미니 프로그램을 만들 수 있는 플랫폼인 Mini Program을 런칭했습니다. 사용자는 이런 미니 프로그램을 위챗 앱에서 즉석으로 공유하고 설치할 수 있으며, 이 프로그램은 큰 성공을 거두었습니다. 2018년 2분기 기준으로 위챗은 100만 개 이상의 미니 프로그램을 보유하고 있으며, 6억 명 이상이 매일 미니 프로그램을 사용합니다. 이 플랫폼에서 애플리케이션을 개발하는 개발자는 150만 명이 넘습니다. 부분적으로 이는 자바스크립트의 인기 덕분입니다.

위챗 미니 프로그램 API는 개발자가 모바일 장치의 센서(카메라, 마이크, 가속도계, 자이로스코프, GPS 등)에 쉽게 접근할 수 있도록 설계되었습니다. 하지만 네이티브 API는 플랫폼에 내장된 제한적인 머신 러닝 기능을 제공합니다. TensorFlow.js는 미니 프로그램을 위한 머신 러닝 솔루션으로 몇 가지 장점이 있습니다. 이전에는 개발자가 머신 러닝을 애플리케이션에 임베딩하고 싶다면 서버나 클라우드 기반 머신 러닝 스택을 사용해 미니 프로그램 개발 환경 밖에서 작업했습니다. 이는 많은 미니 프로그램 개발자가 머신 러닝을 구축하고 사용하는 데 큰 장벽이 됩니다. 외부 서빙 인프라를 구성하는 것은 대부분의 미니 프로그램 개발자들이 할 수 있는 범위를 넘어섭니다. TensorFlow.js를 사용하면 머신 러닝 개발이 네이티브 환경 안에서 직접 이루어집니다. 또한, 클라이언트 측 솔루션이기 때문에 네트워크 트래픽을 줄이고 속도를 높이는 데 도움이 됩니다. WebGL을 사용해 GPU 가속을 활용할 수도 있습니다.

TensorFlow.js 팀은 미니 프로그램에 TensorFlow.js를 사용할 수 있도록 위챗 미니 프로그램을 만들었습니다(https://github.com/tensorflow/tfjs-wechat 참고). 이 저장소는 PoseNet을 사용해 모바일 장치의 카메라에 잡힌 사람의 위치와 자세를 인식하는 예제 미니 프로그램도 포함하고 있습니다. 이 예제 프로그램의 TensorFlow.js는 새로 추가된 위챗의 WebGL API를 사용합니다. GPU를 사용하지 않으면 이 모델은 너무 느려서 대부분의 애플리케이션에 유용하지 않을 것입니다. 이런 플러그인으로 위챗 미니 프로그램은 모바일 브라우저 안에서 실행하는 자바스크립트 앱과 동일한 모델 실행 성능을 가질 수 있습니다. 사실 위챗 센서 API는 브라우저보다 성능이 우수합니다.

2019년 말 기준으로 슈퍼 앱 플러그인을 위한 머신 러닝 경험을 개발하는 것은 매우 새로운 영역입니다. 높은 성능을 얻으려면 플랫폼 관리자의 도움이 필요할 수 있습니다. 그래도 슈퍼 모바일이 인터넷에 있는 수억 명의 사용자에게 앱을 배포하는 최선의 방법입니다.

## 12.3.7 단일 보드 컴퓨터에 TensorFlow.js 모델 배포하기

많은 웹 개발자에게는 화면이 없는 단일 보드 컴퓨터에 배포하는 것이 매우 기술적이고 낯설게 들립니다. 하지만 라즈베리 파이(Rasberry Pi)의 성공 덕분에 간단한 하드웨어 장치를 개발하고 만드는 것은 어느 때보다도 쉬워졌습니다. 단일 보드 컴퓨터는 클라우드 서버나 크고 비싼 컴퓨터에 인터넷 접속하지 않고도 저렴하게 머신 러닝 모델을 배포할 수 있는 플랫폼을 제공합니다. 단일 보드 컴퓨터는 보안 애플리케이션을 지원하고, 인터넷 트래픽을 조절하고, 관개 시설을 제어하는 데 사용할 수 있습니다. 정말 가능성이 무한합니다!

많은 단일 보드 컴퓨터는 범용 입출력(GPIO) 핀을 제공하여 물리적 제어 시스템에 쉽게 연결할 수 있으며, 완전한 리눅스 설치가 가능하여 교육자, 개발자, 해커 등이 인터랙티브한 다양한 장치를 개발할 수 있습니다. 자바스크립트는 이런 장치를 만드는 언어로 빠르게 인기가 높아졌습니다. 개발자는 rpi-gpio 같은 노드 라이브러리를 사용해 자바스크립트에서 저수준의 전자 장치와 상호작용할 수 있습니다.

이런 사용자를 지원하기 위해 TensorFlow.js는 현재 임베디드 ARM 장치를 위한 두 개의 런타임을 제공합니다. tfjs-node(CPU[22])와 tfjs-headless-nodegl(GPU)입니다. 전체 TensorFlow.js 라이브러리는 두 백엔드를 사용해 이런 장치에서 실행됩니다. 개발자는 기존 모델을 사용해 추론을 수행하거나 이 장치 하드웨어에서 자신만의 모델을 훈련할 수 있습니다!

NVIDIA Jetson Nano와 라즈베리 파이 4와 같이 최근에 출시된 장치들은 SoC(system-on-chip)와 최신 그래픽 스택을 포함하고 있습니다. TensorFlow.js에서 사용하는 WebGL 코드로 이런 장치의 GPU를 활용할 수 있습니다. 헤드리스(headless) WebGL 패키지(tfjs-backend-nodegl)를 사용하면 이런 장치의 GPU로 가속된 TensorFlow.js를 Node.js로 실행할 수 있습니다(그림 12-9 참조). TensorFlow.js 실행을 GPU로 위임해서 개발자는 장치의 다른 부분을 제어하는 데 CPU를 계속 활용할 수 있습니다.

▼ 그림 12-9 라즈베리 파이 4에서 헤드리스 WebGL을 사용해 MobileNet을 실행하는 TensorFlow.js

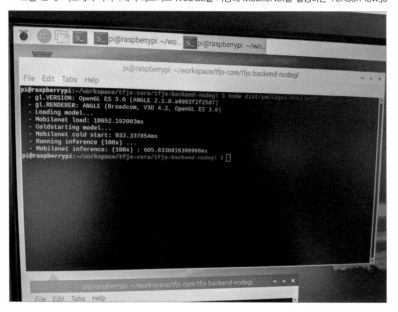

단일 보드 컴퓨터 배포는 모델 보안과 데이터 보안이 매우 강력합니다. 계산과 작동이 장치에서 직접 수행되므로 사용자가 제어할 수 없는 외부 장치로 데이터를 내보낼 필요가 없습니다. 암호화를 사용하면 물리적 장치가 고장 난 경우에도 모델을 보호할 수 있습니다.

---

22 ARM NEON 가속 CPU를 활용하려면 tfjs-node 패키지를 사용해야 합니다. 이 패키지는 ARM32와 ARM64 구조를 모두 지원합니다.

단일 보드 컴퓨터에 배포하는 것은 일반적으로 자바스크립트, 특히 TensorFlow.js에서 아직 매우 새로운 영역입니다. 하지만 다른 배포 분야에서는 적합하지 않은 다양한 애플리케이션을 가능하게 만듭니다.

### 12.3.8 배포 방식 정리

이 절에서는 TensorFlow.js 머신 러닝 시스템을 사용자에게 제공하는 여러 가지 방법을 다루었습니다(표 12-4에 이를 요약했습니다). 부디 여러분의 상상력을 자극시키고 이 기술을 활용한 놀라운 애플리케이션을 꿈꾸는 데 도움이 되었으면 좋겠습니다! 자바스크립트 생태계는 방대하고 광범위합니다. 미래에는 머신 러닝 시스템이 지금은 상상조차 할 수 없는 분야에서 실행될 것입니다.

▼ 표 12-4 TensorFlow.js 모델을 배포할 수 있는 목표 환경과 이 환경에서 사용할 수 있는 하드웨어 가속

| 배포 | 하드웨어 가속 지원 |
| --- | --- |
| 브라우저 | WebGL |
| Node.js 서버 | 멀티스레딩 CPU와 SIMD 지원, CUDA 가능 GPU |
| 브라우저 플러그인 | WebGL |
| 크로스 플랫폼 데스크톱 앱(예를 들면, 일렉트론) | WebGL, 멀티스레딩 CPU SIMD 지원, 또는 CUDA 가능 GPU |
| 크로스 플랫폼 모바일 앱(예를 들면, 리액트 네이티브) | WebGL |
| 모바일 앱 플러그인(예를 들면, 위챗) | 모바일 WebGL |
| 단일 보드 컴퓨터(예를 들면, 라즈베리 파이) | GPU 또는 ARM NEON |

TENSORFLOW.JS

# 12.4 추가 자료

- Denis Baylor et al., "TFX: A TensorFlow-Based Production-Scale Machine Learning Platform," KDD 2017, www.kdd.org/kdd2017/papers/view/tfx-a-tensorflow-based-production-scale-machine-learning-platform.

- Raghuraman Krishnamoorthi, "Quantizing Deep Convolutional Networks for Efficient Inference: A Whitepaper," June 2018, https://arxiv.org/pdf/1806.08342. pdf.
- Rasmus Munk Larsen and Tatiana Shpeisman, "TensorFlow Graph Optimization," https://ai.google/research/pubs/pub48051.

# 12.5 연습 문제

1. 10장에서 MNIST 데이터셋으로 ACGAN을 훈련하여 클래스별로 가짜 MNIST 숫자 이미지를 생성했습니다. 이 예제는 깃허브의 mnist-acgan 디렉터리에 있습니다. 훈련된 모델의 생성자는 총 크기가 약 10MB입니다. 대부분의 크기는 32비트 부동 소수점으로 저장된 가중치 때문입니다. 이 모델에 훈련 후 가중치 양자화를 적용하여 페이지 로딩 속도를 높이고 싶습니다. 하지만 그 전에 이런 양자화로 생성된 이미지의 품질이 크게 저하되지 않는지 확인해야 합니다. 16비트와 8비트 양자화를 테스트하고, 둘 중에 하나 혹은 둘 다 적용할 수 있는 옵션인지 확인하세요. 12.2.1절에서 설명한 tensorflowjs_converter를 사용하세요. 이 경우 어떤 조건을 사용해 생성된 MNIST 이미지의 품질을 평가할 것인가요?

2. 크롬 확장으로 실행되는 TensorFlow.js 모델은 크롬 자체를 제어할 수 있는 장점이 있습니다. 4장의 음성 인식 예제에서 합성곱 모델로 음성 단어를 인식하는 방법을 보았습니다. 크롬 확장 API를 사용하면 요청을 받아 탭을 바꿀 수 있습니다. 음성 인식 모델을 확장 프로그램에 내장하고 '다음 탭'과 '이전 탭'을 인식하도록 튜닝해 보세요. 그다음, 분류 결과를 사용해 브라우저 탭의 초점을 바꾸어 보세요.

3. INFO BOX 12.3은 TensorFlow.js 모델의 predict() 호출(추론 호출)이 걸리는 시간을 정확하게 측정하는 방법과 이에 관련된 주의 사항을 설명합니다. 이 연습 문제에서 TensorFlow. js로 MobileNetV2 모델을 로드(방법이 기억나지 않으면 5.2절의 simple-object-detection 예제를 참고하세요)하여 predict() 호출 시간을 측정해 보세요.

**a.** 첫 번째 단계로 무작위 값으로 채워진 [1, 224, 224, 3] 크기의 이미지 텐서를 생성하고 INFO BOX 12.3의 단계를 따라 모델 추론을 만들어 보세요. 출력 텐서의 array()나 data() 메서드를 호출한 경우와 호출하지 않은 경우 시간 측정 결과를 비교해 보세요. 어떤 값이 더 작은가요? 어떤 것이 정확한 시간 측정 방법인가요?

**b.** 반복문으로 정확한 측정 방법을 50번 수행하고, 개별 측정값을 tfjs-vis의 선 그래프(7장)로 그려 보고, 측정의 변동성을 직관적으로 이해해 보세요. 처음 몇 개의 측정값이 다른 것과 달리 높은 것을 확인할 수 있나요? 이런 관측을 토대로 성능 벤치마킹에서 번-인 또는 웜-업을 수행하는 것에 대한 중요성을 논의해 보세요.

**c.** 작업 a, b와 다르게 랜덤하게 생성한 입력 텐서를 실제 이미지 텐서(예를 들면 tf.browser.fromPixels()를 사용해 img 요소에서 얻은 이미지)로 바꾸고 작업 b의 측정을 반복해 보세요. 입력 텐서의 내용이 시간 측정에 큰 영향을 미치나요?

**d.** 하나의 샘플(배치 크기 = 1)에서 추론을 수행하지 말고 배치 크기를 2, 3, 4 그리고 32와 같이 비교적 큰 숫자에 도달할 때까지 늘려 보세요. 평균 추론 시간과 배치 크기 사이의 관계가 계속 증가하는 그래프인가요? 또는 선형적인 그래프인가요?

# 12.6 요약

- 테스트와 관련된 좋은 엔지니어링 규범은 머신 러닝이 아닌 코드만큼 머신 러닝 코드에도 중요합니다. 하지만 특별한 샘플에 과하게 초점을 맞추거나 그런 샘플의 모델 예측을 확인하려는 유혹을 피하세요. 대신 입출력 사양과 같은 모델의 근본적인 속성을 테스트하는 데 집중하세요. 또한, 머신 러닝 시스템 이전의 모든 데이터 전처리 코드는 일반적인 코드이므로 이 기준에 따라 테스트해야 합니다.

- 다운로드 속도와 추론 속도를 최적화하는 것은 TensorFlow.js 모델을 클라이언트 측에 성공적으로 배포하는 중요한 요소입니다. tensorflowjs_converter 프로그램의 훈련 후 가중치 양자화 기능을 사용하면 모델의 전체 크기를 줄일 수 있으며, 경우에 따라 추론의 정확도에 큰 손실이 발생하지 않습니다. tensorflowjs_converter의 그래프 모델 변환 기능을 사용하면 연산 퓨전과 같은 그래프 변환을 통해 모델 추론의 속도를 높일 수 있습니다.

TensorFlow.js 모델을 제품에 배포할 때 두 가지 모델 최적화 기술을 테스트하고 적용하는 것이 크게 권장됩니다.

- 훈련하고 최적화된 모델이 머신 러닝 애플리케이션 구축의 끝이 아닙니다. 실제 제품에 통합하기 위한 방법을 찾아야 합니다. TensorFlow.js 애플리케이션에서 가장 널리 사용하는 방법은 웹 페이지 안에 배포하는 것입니다. 하지만 이는 각자 장점이 다른 다양한 배포 시나리오 중 하나입니다. TensorFlow.js 모델은 브라우저 확장 프로그램으로, 네이티브 모바일 앱 안에서, 네이티브 데스크톱 애플리케이션으로, 심지어 라즈베리 파이 같은 단일 보드 하드웨어에서도 실행될 수 있습니다.

# 13<sup>장</sup>

# 정리, 결론 그리고 그 외 사항

13.1 검토할 주요 개념

13.2 딥러닝 워크플로와 TensorFlow.js 소개

13.3 딥러닝 트렌드

13.4 추가 학습을 위한 안내

---

**이 장에서 다룰 핵심 내용**

- AI와 머신 러닝에 대한 고수준의 개념과 아이디어를 되돌아봅니다.
- 이 책에서 보았던 여러 종류의 딥러닝 알고리즘이 언제 유용하고 TensorFlow.js로 어떻게 구현하는지를 간략히 요약합니다.
- TensorFlow.js 생태계의 사전 훈련된 모델
- 현재 딥러닝의 한계와 앞으로 보게 될 딥러닝 트렌드에 대한 예상
- 딥러닝에 대한 지식을 더 습득하고 빠르게 발전하는 이 분야의 최신 정보를 얻는 방법

이 책의 마지막 장입니다. 이전 장에서 TensorFlow.js와 예제를 통해 현재 딥러닝의 전 분야를 탐험해 보았습니다. 이 여행을 통해 새로운 개념과 기술을 많이 얻었길 바랍니다. 이제 한 걸음 물러서서 다시 큰 그림을 볼 시간입니다. 이 책에서 배웠던 가장 중요한 개념을 다시 복습해 보겠습니다. 마지막 장은 핵심 개념을 요약하고 리뷰하면서 지금까지 배웠던 비교적 기초적인 개념을 넘어서 독자들의 시선을 넓혀 보겠습니다. 이런 것을 깨닫고 앞으로의 여행에 필요한 적절한 기술을 갖추길 바랍니다.

이 책에서 배운 내용을 거시적으로 설명하면서 시작하겠습니다. 앞서 배웠던 몇 가지 개념을 다시 되새겨 보겠습니다. 그다음에는 몇 가지 핵심적인 딥러닝의 한계를 요약합니다. 적절하게 도구를 사용하기 위해 할 수 있는 것뿐만 아니라 할 수 없는 것도 알아야 합니다. 이 장은 자바스크립트 생태계에서 딥러닝과 AI에 대한 지식과 기술을 강화하고 새로운 개발에 대한 최신 정보를 유지하기 위한 자료와 전략을 소개하는 것으로 마칩니다.

# 13.1 검토할 주요 개념

이 절은 책의 핵심 내용을 간략하게 종합합니다. 먼저 AI 분야를 전체적으로 조망하고 딥러닝과 자바스크립트가 함께 독특하고 놀라운 기회를 만드는 이유를 설명하는 것으로 끝을 맺겠습니다.

## 13.1.1 AI, 머신 러닝, 딥러닝

우선 딥러닝은 AI나 머신 러닝과 동의어가 아닙니다. **인공 지능**(artificial intelligence)은 긴 역사를 가진 광범위한 분야입니다. 일반적으로 '인지 과정(cognitive process)을 자동화하는 모든 시도', 다른 말로 하면 '사고의 자동화'로 정의할 수 있습니다. 엑셀 스프레드시트와 같이 매우 간단한 작업에서 걷고 말하는 휴머노이드 로봇 같은 매우 고급 작업에 이르기까지 다양합니다.

**머신 러닝**(machine learning)은 AI의 많은 하위 분야 중 하나입니다. 머신 러닝의 목표는 훈련 데이터를 보는 것만으로 자동으로 (모델이라 부르는) 프로그램을 개발하는 것입니다. 이렇게 데이터를 프로그램(모델)으로 바꾸는 과정을 **학습**(learning)이라고 부릅니다. 머신 러닝이 오랫동안(최소한 수십 년 동안) 있었지만, 1990년대 와서야 실용적인 애플리케이션이 만들어지기 시작했습니다.

**딥러닝**(deep learning)은 머신 러닝의 여러 형태 중 하나입니다. 딥러닝에서 모델은 차례대로 적용되는 여러 단계의 표현 변환으로 이루어집니다(그래서 '딥(deep)'입니다). 이런 연산은 **층**(layer)이라 부르는 모듈로 구성됩니다. 딥러닝 모델은 일반적으로 여러 층을 쌓은 것 또는 더 일반적으로 여러 층으로 구성된 그래프입니다. 이런 층은 입력을 출력으로 변환하는 것을 돕는 수치인 가중치 파라미터를 가집니다. 이 가중치는 훈련 과정 동안에 업데이트됩니다. 훈련 과정에서 모델이 학습한 '지식'은 가중치에 내재됩니다. 훈련 과정이란 주로 좋은 가중치 값을 찾는 것을 말합니다.

딥러닝은 여러 머신 러닝 방법 중 하나이지만 다른 방법에 비해 놀라운 성공을 거두었습니다. 딥러닝이 성공한 이유에 대해 간략히 리뷰해 보겠습니다.

## 13.1.2 머신 러닝 중에서 딥러닝이 독보적인 이유

불과 몇 년 사이에 딥러닝은 역사적으로 컴퓨터에게는 극도로 어렵다고 생각했던 여러 작업에서 엄청난 혁신을 이루어 냈습니다. 특히 이미지, 오디오, 비디오와 이와 비슷한 종류의 지각 데이터에서 충분히 높은 정확도로 유용한 정보를 추출하는 기계 인식(machine perception) 분야입니다. 이제 충분한 훈련 데이터(특히 레이블링된 훈련 데이터)가 주어지면 사람이 추출할 수 있는 거의 모든 것을 지각 데이터에서 추출할 수 있습니다. 따라서 딥러닝이 대부분 지각 문제를 해결했다고 말합니다. 물론 이는 지각을 매우 좁은 의미로 정의한 것입니다(딥러닝의 한계에 대해서는 13.2.5절을 참고하세요).

이전에 없던 기술적 성공 덕분에 딥러닝은 단독으로 AI 분야의 관심, 투자, 선전이 증가하는 기간인 **AI 여름**(AI summer)을 세 번째이자 가장 크게 불러일으켰습니다. 이를 **딥러닝 혁명**(deep learning revolution)이라고도 부릅니다. 이 기간이 머지않은 미래에 끝날지, 그 이후에 어떤 일이 일어날지는 추측과 논쟁의 대상입니다. 하지만 한 가지는 확실합니다. 이전의 AI 여름과는 완전히 대조적으로 딥러닝은 많은 테크 기업에게 엄청난 가치를 제공했습니다. 사람 수준의 이미지 분류, 객체 감지, 음성 인식, 스마트 비서, 자연어 처리, 기계 번역, 추천 시스템, 자율주행 자동차 등입니다. 과대 선전은 (당연히) 사라질 수 있지만 딥러닝의 기술적 영향과 경제적 가치는 남을 것입니다. 이런 점에서 딥러닝을 인터넷에 비유할 수 있습니다. 몇 년 동안 과대평가되어 비합리적인 기대와 과도한 투자를 유발할 수 있지만, 장기적으로 보면 많은 기술에 영향을 미치고 우리의 삶을 변화시킬 주요 혁명으로 남을 것입니다.

우리는 특히 딥러닝에 대해 낙관적으로 생각합니다. 앞으로 10년 안에 학문적 발전이 더 일어나지 않더라도 기존의 딥러닝 기술을 적용 가능한 모든 실용적인 문제에 도입하는 것만으로 많은 산업(몇 가지 예를 들면 온라인 광고, 금융, 산업 자동화, 장애인을 위한 보조 기술 등)의 판도를 바꿀 것이기 때문입니다. 딥러닝은 혁명이나 다름없고 자원과 인력의 기하급수적인 투자로 인해 현재 엄청난 속도로 발전하고 있습니다. 현재 위치에서 미래는 밝아 보이지만, 단기적인 기대는 조금 과도하게 낙관적일 수 있습니다. 딥러닝을 가능한 모든 영역에 접목하려면 10년 이상 걸릴 것입니다.

## 13.1.3 딥러닝에 대한 고수준의 소개

딥러닝의 가장 놀라운 측면 중 하나는 간단하다는 것입니다. 이전의 더 복잡한 머신 러닝 기술이 잘 동작하지 않는데, 딥러닝은 잘 동작한다는 점에서 그렇습니다. 10년 전에 아무도 기계 인식 문제에서 경사 하강법으로 훈련한 모수 모델(parametric model)만을 사용해 이렇게 놀라운 결과를 달성할 수 있으리라 기대하지 못했습니다. 이제는 경사 하강법으로 훈련한 충분히 큰 모델과 충분히 많은 레이블링된 샘플이 필요한 전부라는 것이 밝혀졌습니다. 리처드 파인만(Richard Feynman)이 우주에 대해 말했던 것처럼, "이는 복잡한 것이 아니라 많은 것뿐입니다."[1]

딥러닝에서는 모든 것이 일련의 숫자, 다른 말로 하면 **벡터**(vector)로 표현됩니다. 벡터는 기하학적 공간상의 한 포인트로 볼 수 있습니다. 모델의 입력(표 형식 데이터, 이미지, 텍스트 등)은 벡터화 또는 입력 벡터 공간의 포인트로 바뀝니다. 비슷하게 타깃(레이블)도 벡터화되어 타깃 벡터 공간의 포인트로 바뀝니다. 그다음, 심층 신경망의 각 층이 입력된 데이터에 대해 간단한 기하학적 변환을 수행합니다. 신경망에 있는 일련의 층이 합쳐져서 간단한 기하학적 변환으로 구성된 복잡한 기하학적 변환을 형성합니다. 이 복잡한 변환이 입력 벡터 공간에 있는 포인트를 타깃 벡터 공간의 포인트로 매핑합니다. 이런 변환의 파라미터는 층의 가중치이며 현재 얼마나 좋은 변환인지를 바탕으로 반복적으로 업데이트됩니다. 이런 기하학적 변환의 핵심 특징은 미분 가능하다는 것입니다. 이것이 경사 하강법을 사용할 수 있는 이유입니다.

---

1 Richard Feynman, interview, "The World from Another Point of View," Yorkshire Television, 1972.

## 13.1.4 딥러닝을 가능하게 한 핵심 기술

현재 진행 중인 딥러닝 혁명은 하루 아침에 시작된 것이 아닙니다. 다른 혁명과 마찬가지로 여러 가지 요인이 누적된 결과물입니다. 혁명은 처음에는 느리게 시작되지만 임계점에 도달하면 갑자기 빨라집니다. 딥러닝의 핵심 요인은 다음과 같습니다.

- 알고리즘 혁신이 늘어납니다. 처음에는 20년이 걸렸지만[2] 2012년 이후 딥러닝에 많은 연구가 집중되면서 점점 빨라졌습니다.[3]
- 레이블링된 대용량 데이터를 사용할 수 있습니다. 지각 데이터(이미지, 오디오, 비디오), 수치, 텍스트를 포함한 많은 종류의 데이터 덕분에 충분히 많은 데이터에서 대규모 모델을 훈련할 수 있습니다. 이런 많은 데이터는 모바일 장치의 대중화가 이끈 인터넷의 부상과 무어의 법칙이 적용된 저장 매체 덕분입니다.
- 저렴한 가격으로 빠르고 고도로 병렬화된 컴퓨팅 하드웨어를 사용할 수 있습니다. 특히 NVIDIA의 GPU는 처음에는 게임용이었지만 병렬 컴퓨팅을 위해 변경되었고, 그다음에는 딥러닝을 위해 칩을 완전히 새로 설계했습니다.
- 오픈 소스 소프트웨어 스택(stack)이 이런 컴퓨팅 파워를 많은 개발자와 학습자에게 제공할 수 있습니다. 반면 엄청나게 복잡한 CUDA 언어, 웹 브라우저의 WebGL 셰이더 언어 같은 저수준 기술을 감추어 줍니다. 그리고 TensorFlow.js, 텐서플로, 케라스 같은 프레임워크가 자동 미분을 수행하며 층, 손실 함수, 옵티마이저 같은 사용하기 쉬운 고수준의 구성 요소를 제공합니다. 딥러닝은 (AI 분야의 연구자, 대학원생, 관련 학문을 배운 엔지니어 같은) 전문가만이 다루는 영역에서 모든 프로그래머의 도구로 바뀌고 있습니다. TensorFlow.js는 이런 점에서 좋은 예가 되는 프레임워크입니다. 다양하고 활기찬 두 생태계인 자바스크립트의 크로스 플랫폼 생태계와 빠르게 발전하는 딥러닝 생태계를 연결합니다.

딥러닝 혁명의 광범위하고 깊은 영향은 원래 발생했던 곳(C++와 파이썬 생태계, 수치 계산 분야)과 다른 기술 스택과의 융합에서 볼 수 있습니다. 이 책의 주요 주제인 자바스크립트 생태계와의 교류가 대표적인 예입니다. 다음 절에서는 딥러닝을 자바스크립트 세계에 도입하면 흥미롭고 새로운 기회와 가능성이 열리는 주요 이유를 살펴보겠습니다.

13

정리, 결론 그리고 그 외 사항

---

2   Rumelhart, Hinton, Williams가 역전파, LeCun과 Bengio가 합성곱 층, Graves와 Schmidthuber가 순환 신경망을 발명하면서 시작되었습니다.

3   예를 들어 향상된 가중치 초기화 방법, 새로운 활성화 함수, 드롭아웃, 배치 정규화, 잔차 네트워크입니다.

## 13.1.5 자바스크립트에서 딥러닝으로 가능한 애플리케이션과 기회

딥러닝 모델을 훈련하는 주요 목적은 사용자에게 제공하기 위해서입니다. 웹캠의 이미지, 마이크의 사운드, 사용자가 입력한 텍스트나 제스처 같은 다양한 종류의 입력 데이터가 클라이언트에서 생성되고 사용 가능합니다. 자바스크립트는 클라이언트 측 프로그래밍에서 가장 성숙하고 널리 사용되는 언어이자 생태계입니다. 동일한 자바스크립트 코드를 다양한 장치와 플랫폼의 웹 페이지와 UI에 배포할 수 있습니다. TensorFlow.js가 이용하는 웹 브라우저의 WebGL API를 사용하면 다양한 GPU에서 크로스 플랫폼 병렬 계산을 수행할 수 있습니다. 이런 요소 때문에 딥러닝 모델을 배포하는 데 자바스크립트가 매력적인 옵션입니다. TensorFlow.js가 제공하는 변환 도구를 사용하여 텐서플로나 케라스 같은 인기 있는 파이썬 프레임워크로 훈련한 모델을 웹에 맞는 포맷으로 바꾸고 추론이나 전이 학습을 위해 웹 페이지에 배포할 수 있습니다.

손쉬운 배포 외에도 자바스크립트로 딥러닝 모델을 미세 튜닝하고 서빙하는 데 여러 가지 장점이 있습니다.

- 서버 측 추론에 비해 클라이언트 측 추론은 양방향 데이터 전송으로 인한 지연이 없기 때문에 가용성을 높이고 매끄러운 사용자 경험을 제공합니다.
- 온-디바이스(on-device) GPU 가속을 사용한 엣지(edge) 컴퓨팅을 수행해서 클라이언트 측 딥러닝은 서버 측 GPU 자원을 관리할 필요가 없고 기술 스택의 복잡성과 유지 비용을 크게 낮춥니다.
- 데이터와 추론 결과를 클라이언트에서 유지하기 때문에 사용자의 개인 정보가 보호됩니다. 이는 의료와 패션 같은 분야에서 중요합니다.
- 브라우저와 자바스크립트 기반 UI 환경의 시각적이고 인터랙티브한 기능이 신경망의 이해, 교육, 시각화를 위한 독특한 기회를 제공합니다.
- TensorFlow.js는 추론뿐만 아니라 훈련도 지원합니다. 이는 클라이언트 측 전이 학습과 미세 튜닝을 가능하게 만듦으로써 더 나은 머신 러닝 모델의 개인화를 이끕니다.
- 웹 브라우저에서 자바스크립트는 웹캠과 마이크 같은 온-디바이스 센서에 접근할 수 있는 플랫폼 독립적인 API를 제공하며 이런 센서에서 받은 입력을 사용하는 크로스 플랫폼 애플리케이션의 개발을 가속화합니다.

클라이언트 측에서의 명성에 더해 자바스크립트는 서버 측으로도 기량을 확장하고 있습니다. 특히 Node.js는 자바스크립트에서 서버 측 애플리케이션을 위한 매우 유명한 프레임워크입니다. TensorFlow.js의 Node.js 버전(tfjs-node)을 사용하면 웹 브라우저 밖에서 자원의 제약을 받지 않고 모델을 훈련하고 서빙할 수 있습니다. 또한, 자바스크립트 커뮤니티에 속한 개발자를 위해 방대한 Node.js의 생태계를 이용하여 기술 스택을 단순화합니다. 클라이언트를 위해 작성한 TensorFlow.js 코드를 동일하게 사용해 수행할 수 있습니다. 이 책의 여러 예제에서 보았듯이, 이는 '한 번 작성하여 모든 곳에서 실행한다'라는 비전에 가깝게 다가가도록 도와줍니다.

# 13.2 딥러닝 워크플로와 TensorFlow.js 소개

역사적인 내용은 그만하고 이제 TensorFlow.js의 기술적인 면을 알아보죠. 이 절에서는 머신 러닝 문제에 접근할 때 따라야 할 일반적인 워크플로를 소개하고 가장 중요하게 고려할 점과 주의해야 할 점을 알아보겠습니다. 그다음에는 이 책에서 다루었던 다양한 신경망의 구성 요소(층)를 살펴보겠습니다. 또한, 개발 사이클을 가속할 수 있는 TensorFlow.js 생태계의 사전 훈련된 모델을 둘러보겠습니다. 이 절을 마무리하면서 이런 구성 요소를 사용하여 해결할 수 있는 다양한 머신 러닝 문제를 소개하겠습니다. 이를 통해 TensorFlow.js로 만든 심층 신경망이 어떻게 머신 러닝 문제를 해결하는 데 도움을 주는지 이해할 수 있을 것입니다.

## 13.2.1 지도 학습 딥러닝의 일반적인 워크플로

딥러닝은 강력한 도구입니다. 하지만 조금 놀랍게도 가장 어렵고 많은 시간이 소요되는 머신 러닝 워크플로는 종종 모델을 설계하고 훈련하기 전에 (그리고 모델을 제품에 배포한 이후에) 일어납니다. 이런 어려운 단계에는 다음과 같은 것들이 포함됩니다. 어떤 종류의 데이터가 필요한지 결정할 수 있을 만큼 충분히 문제 영역을 이해하는 것, 어떤 종류의 예측을 합리적인 정확도와 일반화 성능으로 달성할 수 있는지, 실제 문제를 해결하는 전체 솔루션에 머신 러닝 모델이 얼마나 잘 맞는지, 모델이 작업을 얼마나 성공적으로 수행하는지 측정하는 방법 등입니다. 성공적인 머신 러닝 애플리케이션을 위해 필요한 조건들이지만 TensorFlow.js 같은 소프트웨어 라이브러리가 자동화할 수 없는 것들입니다. 기억을 되살리기 위해 전형적인 지도 학습 워크플로를 다음과 같이 간단히 요약했습니다.

1. 머신 러닝이 올바른 방법인지 판단합니다. 먼저, 머신 러닝이 해당 문제를 위한 올바른 방법인지 생각하고 이에 대한 답이 '네'일 경우만 다음을 진행합니다. 어떤 경우에는 머신 러닝을 사용하지 않는 방법이 낮은 비용으로 동일하거나 더 잘 동작합니다.

2. 머신 러닝 문제를 정의합니다. 어떤 종류의 데이터를 사용할 수 있는지, 이 데이터로 무엇을 예측할지 결정합니다.

3. 데이터가 충분한지 검토합니다. 보유한 데이터양이 모델 훈련에 충분한지 확인합니다. 더 많은 데이터를 수집하거나 레이블되지 않은 데이터셋에 레이블을 부여하기 위해 사람을 고용해야 할 수 있습니다.

4. 목표에 대한 훈련된 모델의 성공을 안정적으로 측정하는 방법을 찾습니다. 간단한 작업에서는 예측 정확도가 될 것입니다. 하지만 많은 경우에 더 복잡하고 해당 분야에 맞는 측정 지표가 필요합니다.

5. 평가 과정을 준비합니다. 모델을 평가하는 데 사용할 검증 과정을 설계합니다. 특히 데이터를 겹치지 않고 균일하게 훈련 세트, 검증 세트, 테스트 세트 세 개로 나눕니다. 검증 세트와 테스트 세트의 레이블은 훈련 데이터로 유출되어서는 안 됩니다. 예를 들어 시계열 예측에서 검증 세트와 테스트 세트는 훈련 데이터 이후의 시간에서 가져와야 합니다. 데이터 전처리 코드는 버그를 방지하기 위해 테스트로 커버되어야 합니다(12.1절).

6. 데이터를 벡터화합니다. TensorFlow.js와 텐서플로 같은 프레임워크에서 머신 러닝 모델에 공통으로 사용하는 텐서 또는 $n$차원 배열로 데이터를 변환합니다. 텐서 데이터를 모델에 잘 맞도록 종종 전처리해야 합니다(예를 들면 정규화).

7. 상식 수준의 성능을 넘어섭니다. 머신 러닝을 사용하지 않는 기준 성능(예를 들면, 회귀 문제의 경우 전체 평균으로 예측하거나 시계열 예측 문제에서 마지막 데이터 포인트로 예측하는 것)을 이기는 모델을 개발합니다. 이를 통해 머신 러닝이 솔루션에 정말 가치를 부여할 수 있는지 확인합니다. 하지만 항상 그렇지는 않습니다(단계 1 참조).

8. 충분한 용량을 가진 모델을 개발합니다. 하이퍼파라미터를 튜닝하고 규제를 추가하여 모델 구조를 점진적으로 개선합니다. 훈련 세트나 테스트 세트가 아니라 검증 세트의 예측 정확도를 기반으로 바꾸세요. 문제에 과대적합된 모델(검증 세트보다 훈련 세트에서 더 나은 예측 정확도를 얻는 모델)을 만들고, 따라서 필요한 것보다 큰 용량의 모델을 만들어야 합니다. 그다음, 과대적합을 줄이기 위해 규제와 다른 방법을 사용합니다.

9. 하이퍼파라미터를 튜닝합니다. 하이퍼파라미터를 튜닝할 때 검증 세트 과대적합에 주의하세요. 검증 세트 성능을 기반으로 하이퍼파라미터를 결정하기 때문에 하이퍼파라미터 값이 검증 세트에 과도하게 맞춰져서 다른 데이터에 잘 일반화되지 않을 수 있습니다. 하이퍼파라미터 튜닝이 끝난 후 편향되지 않은 모델 정확도를 추정하기 위한 것이 테스트 세트의 목적입니다. 따라서 하이퍼파라미터를 튜닝할 때 테스트 세트를 사용해서는 안 됩니다.

10. 훈련된 모델을 검증하고 평가합니다. 12.1절에서 언급했듯이 최신 평가 데이터셋으로 모델을 테스트하고 실제 사용자에게 제공하기 위해 예측 정확도가 사전에 정의한 기준을 만족시키는지 판단합니다. 또한, 공정하지 않은 동작(예를 들면 데이터마다 크게 달라지는 정확도)이나 원치 않은 편향을 감지할 목적으로 다른 데이터로 모델 품질을 심도 있게 분석하세요.[4] 모델이 이런 평가 기준을 통과할 때만 마지막 단계를 진행하세요.

11. 모델을 최적화하고 배포합니다. 모델 크기를 줄이고 추론 속도 높이기 위해 모델 최적화를 수행합니다. 그다음에는 모델을 웹 페이지, 모바일 앱, HTTP 서비스 엔드포인트(endpoint) 같은 서빙 환경에 배포합니다(12.3절).

이는 많은 실제 문제에서 등장하는 지도 학습을 위한 워크플로입니다. 이 책에서 다루는 다른 종류의 머신 러닝 워크플로는 (지도 학습 기반의) 전이 학습, 강화 학습, 생성 딥러닝입니다. 지도 학습 기반의 전이 학습(5장)은 전이 학습이 아닌 지도 학습의 워크플로와 동일합니다. 다만 모델 설계와 훈련 단계가 사전 훈련된 모델을 기반으로 하며 처음부터 모델을 훈련하는 것보다 더 적은 양의 훈련 데이터가 필요하다는 차이점이 있습니다. 생성 딥러닝은 지도 학습과 목표가 다릅니다. 즉, 가능한 한 진짜처럼 보이는 가짜 샘플을 만드는 것이 목표입니다. 9장에서 VAE와 GAN에서 보았듯이, 실제로는 생성 모델의 훈련을 지도 학습 방식으로 바꿉니다. 반면 강화 학습은 근본적으로 문제의 정의가 다르고 완전히 다른 워크플로를 가집니다. 강화 학습의 주요 요소는 환경, 에이전트, 행동, 보상, 문제를 풀기 위해 선택한 알고리즘이나 모델 종류입니다. 11장에서는 강화 학습의 기본 개념과 알고리즘을 간략하게 소개했습니다.

## 13.2.2 TensorFlow.js의 모델과 층

이 장에서 다룬 여러 가지 신경망을 세 부류로 나눌 수 있습니다. 완전 연결 신경망(MLP 또는 다층 퍼셉트론이라 부릅니다), 합성곱 신경망, 순환 신경망입니다. 딥러닝 기술자라면 이런 세 종류

---

4 머신 러닝에서 공정성(fairness)은 초기 연구 분야입니다. 이에 대한 자세한 내용은 다음 링크를 참고하세요. http://mng.bz/eD4Q

의 신경망을 잘 알고 있어야 합니다. 각 신경망은 특정 종류의 입력에 잘 맞습니다. 신경망의 구조 (MLP, 합성곱, 순환)는 입력 데이터의 구조에 대한 가정을 내포하고 있습니다. 이 구조가 역전파와 하이퍼파라미터 튜닝을 통해 좋은 모델을 찾는 가설 공간이 됩니다. 어떤 구조가 주어진 문제에 잘 동작하는지는 데이터 구조가 신경망 구조의 가정에 얼마나 잘 맞는지에 전적으로 달려 있습니다.

여러 종류의 신경망을 레고와 같은 식으로 연결하여 여러 종류의 입력을 처리하는 더 복잡한 신경망을 만들 수 있습니다. 어떤 면에서 딥러닝 층은 미분 가능한 정보 처리 레고 블록입니다. 입력 데이터 종류와 이에 맞는 네트워크 구조 사이의 관계를 간단히 정리해 보겠습니다.

- **벡터 데이터(시간이나 순서가 없음)**: MLP(밀집 층)
- **이미지 데이터(흑백 또는 컬러)**: 2D 합성곱 신경망
- **스펙트로그램 오디오 데이터**: 2D 합성곱 신경망이나 순환 신경망
- **텍스트 데이터**: 1D 합성곱 신경망이나 순환 신경망
- **시계열 데이터**: 1D 합성곱 신경망이나 순환 신경망
- **볼륨 데이터(3D 의료 이미지)**: 3D 합성곱 신경망
- **비디오 데이터(이미지의 시퀀스)**: 3D 합성곱 신경망(모션 효과를 감지해야 하는 경우) 또는 특성 추출을 위해 프레임별로 적용한 2D 합성곱 신경망과 만들어진 특성 시퀀스를 처리하는 RNN이나 1D 합성곱 신경망의 조합

이제 세 가지 주요 구조와 어떤 작업에 잘 맞는지, TensorFlow.js에서는 어떻게 사용하는지를 조금 더 자세히 알아보겠습니다.

## 완전 연결 신경망과 다층 퍼셉트론

**완전 연결 신경망**(fully connected network)과 **다층 퍼셉트론**(MultiLayer Perceptron, MLP)은 대체로 혼용하여 사용됩니다. 완전 연결 신경망은 하나의 층으로도 구성될 수 있지만 MLP는 적어도 하나의 은닉층과 하나의 출력층을 가져야 합니다. 간결함을 위해 밀집 층으로 주로 구성된 모든 모델을 MLP라고 부르겠습니다. 이런 신경망은 순서가 없는 벡터 데이터(예를 들면, 피싱 웹 사이트 감지 문제와 주택 가격 예측 문제의 수치 데이터)에 특화되어 있습니다. 각 밀집 층은 입력 특성과 층의 출력 활성화 사이의 가능한 모든 쌍의 관계를 모델링합니다. 이는 밀집 층의 커널과 입력 벡터 사이의 행렬 곱셈을 통해 (그리고 절편 벡터를 더하고 활성화 함수를 적용하여) 이루어집니다. 모든 출력 활성화가 모든 입력 특성으로부터 영향을 받는다는 사실 때문에 이런 층과 신경망을 완

전하게 연결되었다고 말합니다. 이는 출력 원소가 입력 데이터의 일부 원소에만 의존하는 다른 종류의 구조(합성곱 신경망이나 RNN)와 비교됩니다.

MLP는 범주형 데이터(예를 들면 피싱 웹 사이트 감지 문제처럼 입력 특성이 어떤 속성 목록입니다)에 가장 널리 사용됩니다. 또한, 대부분의 분류와 회귀 신경망의 마지막 출력 단계에 사용됩니다. 이런 신경망은 합성곱 층과 순환 층을 MLP에 특성을 주입하는 특성 추출기로 사용할 수 있습니다. 예를 들어 4장과 5장에서 다룬 2D 합성곱 신경망과 9장에서 보았던 순환 신경망은 하나 이상의 밀집 층으로 끝납니다.

지도 학습에서 작업 종류에 따라 MLP의 출력층에 어떤 활성화 함수를 선택해야 하는지 잠시 알아보겠습니다. 이진 분류를 수행하기 위해서는 MLP의 마지막 밀집 층이 정확히 하나의 유닛과 시그모이드 활성화 함수를 사용해야 합니다. 이런 이진 분류 MLP를 훈련할 때는 손실 함수로 binaryCrossentropy를 사용해야 합니다. 훈련 데이터 샘플은 이진 레이블(0 또는 1)을 가져야 합니다. 구체적으로 TensorFlow.js 코드는 다음과 같습니다.

```
import * as tf from '@tensorflow/tfjs';
const model = tf.sequential();
model.add(tf.layers.dense({units: 32, activation: 'relu', inputShape:
    [numInputFeatures]}));
model.add(tf.layers.dense({units: 32, activation: 'relu'}));
model.add(tf.layers.dense({units: 1: activation: 'sigmoid'}));
model.compile({loss: 'binaryCrossentropy', optimizer: 'adam'});
```

단일 레이블 다중 분류(샘플이 여러 개의 후보 클래스 중 정확히 하나의 클래스에 속하는 경우)를 수행하려면 마지막 밀집 층은 클래스 개수와 동일한 유닛 개수와 소프트맥스 활성화 함수를 사용해야 합니다. 타깃이 원-핫 인코딩되어 있으면 categoricalCrossentropy 손실 함수를 사용하고, 정수 인덱스이면 sparseCategoricalCrossentropy를 사용합니다. 예를 들면 다음과 같습니다.

```
const model = tf.sequential();
model.add(tf.layers.dense({units: 32, activation: 'relu', inputShape:
    [numInputFeatures]});
model.add(tf.layers.dense({units: 32, activation: 'relu'});
model.add(tf.layers.dense({units: numClasses: activation: 'softmax'});
model.compile({loss: 'categoricalCrossentropy', optimizer: 'adam'});
```

다중 레이블 다중 분류(하나의 샘플이 여러 개의 클래스에 속하는 경우)를 수행하려면 마지막 밀집 층은 전체 후보 클래스의 개수와 동일한 유닛 개수와 시그모이드 활성화 함수를 사용해야 합니다. 손실 함수로는 binaryCrossentropy를 사용합니다. 타깃은 k-핫 인코딩되어야 합니다.

```
const model = tf.sequential();
model.add(tf.layers.dense({units: 32, activation: 'relu', inputShape:
    [numInputFeatures]}));
model.add(tf.layers.dense({units: 32, activation: 'relu'}));
model.add(tf.layers.dense({units: numClasses: activation: 'sigmoid'}));
model.compile({loss: 'binaryCrossentropy', optimizer: 'adam'});
```

연속적인 벡터 값에 대해 회귀를 수행하려면 마지막 밀집 층은 예측하려는 값의 개수(주택 가격이나 온도 값처럼 하나뿐일 경우가 많습니다)와 동일한 유닛 개수와 선형 활성화 함수를 사용해야 합니다. 회귀에 여러 종류의 손실 함수를 사용할 수 있습니다. 가장 널리 사용되는 것은 meanSquaredError와 meanAbsoluteError입니다.

```
const model = tf.sequential();
model.add(tf.layers.dense({units: 32, activation: 'relu', inputShape:
    [numInputFeatures]}));
model.add(tf.layers.dense({units: 32, activation: 'relu'}));
model.add(tf.layers.dense({units: numClasses}));
model.compile({loss: 'meanSquaredError', optimizer: 'adam'});
```

## 합성곱 신경망

합성곱 층은 입력 텐서에서 공간적으로 다른 위치(패치)에 동일한 기하학적 변환을 적용하여 국부적인 공간 패턴을 찾습니다. 이는 이동 불변성을 가진 표현을 만들기 때문에 합성곱 층을 매우 데이터 효율적으로 만들고 모듈화시킵니다. 이 아이디어는 어떤 차원 공간에도 적용할 수 있습니다. 1D(시퀀스), 2D(이미지나 이미지가 아니지만 사운드 스펙트로그램처럼 비슷한 표현), 3D(볼륨 데이터) 등입니다. tf.layers.conv1d 층으로 시퀀스를 처리하고, conv2d 층으로 이미지를 처리하고, conv3d 층으로 볼륨 데이터를 처리할 수 있습니다.

합성곱 신경망은 합성곱 층과 풀링 층을 쌓아서 구성합니다. 풀링 층은 공간적으로 데이터를 다운샘플링합니다. 이는 특성 개수가 늘어남에 따라 후속 층이 합성곱 신경망의 입력 이미지에서 더 많은 공간을 바라보도록 특성 맵의 크기를 적절하게 유지시킵니다. 합성곱 신경망은 공간적인 특성 맵을 벡터로 바꾸기 위해 종종 flatten 층과 전역 풀링 층으로 끝납니다. 그다음, 일련의 밀집 층(MLP)으로 처리하여 분류나 회귀 출력을 만듭니다.

일반적인 합성곱은 대부분 (또는 완전히) 동일하지만 더 빠르고 효율적인 깊이별 분리 합성곱(tf.layers.separableConv2d 층)으로 대체될 가능성이 높습니다. 처음부터 신경망을 만드는 경우라면 깊이별 분리 합성곱을 사용하는 것이 좋습니다. separableConv2d 층은 tf.layers.conv2d 대신 사용할 수 있고 같은 작업을 동일하거나 더 잘 수행하는 작고 빠른 신경망을 만듭니다. 다음은 전형적인 이미지 분류 신경망입니다(단일 레이블 다중 분류). 이 신경망은 합성곱-풀링 층이 반복되는 패턴을 가지고 있습니다.

```
const model = tf.sequential();
model.add(tf.layers.separableConv2d({
    filters: 32, kernelSize: 3, activation: 'relu',
    inputShape: [height, width, channels]}));
model.add(tf.layers.separableConv2d({
        filters: 64, kernelSize: 3, activation: 'relu'}));
model.add(tf.layers.maxPooling2d({poolSize: 2}));
model.add(tf.layers.separableConv2d({
        filters: 64, kernelSize: 3, activation: 'relu'}));
model.add(tf.layers.separableConv2d({
        filters: 128, kernelSize: 3, activation: 'relu'}));
model.add(tf.layers.maxPooling2d({poolSize: 2}));
model.add(tf.layers.separableConv2d({
    filters: 64, kernelSize: 3, activation: 'relu'}));
model.add(tf.layers.separableConv2d({
    filters: 128, kernelSize: 3, activation: 'relu'}));
model.add(tf.layers.globalAveragePooling2d());
model.add(tf.layers.dense({units: 32, activation: 'relu'}));
model.add(tf.layers.dense({units: numClasses, activation: 'softmax'}));
model.compile({loss: 'categoricalCrossentropy', optimizer: 'adam'});
```

## 순환 신경망

순환 신경망은 한 번에 하나의 타임스탬프씩 입력 시퀀스를 처리하고 그 과정 동안의 상태를 유지하는 식으로 동작합니다. 상태는 일반적으로 하나의 벡터 또는 벡터(기하학적 공간상의 한 포인트)의 집합입니다. 관심 패턴이 시간 불변성을 가지고 있지 않은 시퀀스(예를 들어 최근의 데이터가 오래전 데이터보다 더 중요한 시계열 데이터)라면 1D 합성곱 신경망 대신 순환 신경망을 사용해야 합니다.

TensorFlow.js는 세 종류의 순환 층을 제공합니다. simpleRNN, GRU, LSTM입니다. 대부분의 실제 애플리케이션에서는 GRU나 LSTM을 사용해야 합니다. LSTM이 둘 중에 더 강력하지만, 계산 비용이 더 비쌉니다. GRU를 더 간단하고 비용이 적게 드는 LSTM의 대안으로 생각할 수 있습니다.

여러 개의 RNN 층을 차례로 쌓기 위해서는 마지막 층을 제외하고 모든 층은 전체 출력 시퀀스를 반환해야 합니다(각 입력 타임스탬프는 하나의 출력 타임스탬프에 대응됩니다). 순환 층을 쌓을 필요가 없다면, 일반적으로 순환 층은 전체 시퀀스에 대한 정보가 담긴 마지막 출력만 반환합니다.

다음 코드는 하나의 순환 층과 밀집 층을 사용하여 벡터 시퀀스에 대한 이진 분류를 수행하는 예입니다.

```
const model = tf.sequential();
model.add(tf.layers.lstm({
  units: 32,
  inputShape: [numTimesteps, numFeatures]
}));
model.add(tf.layers.dense({units: 1, activation: 'sigmoid'}));
model.compile({loss: 'binaryCrossentropy', optimizer: 'rmsprop'});
```

다음은 벡터 시퀀스에 대한 단일 레이블 다중 분류를 위해 순환 층을 쌓은 모델입니다.

```
const model = tf.sequential();
model.add(tf.layers.lstm({
  units: 32,
  returnSequences: true,
  inputShape: [numTimesteps, numFeatures]
}));
model.add(tf.layers.lstm({units: 32, returnSequences: true}));
model.add(tf.layers.lstm({units: 32}));
model.add(tf.layers.dense({units: numClasses, activation: 'softmax'}));
model.compile({loss: 'categoricalCrossentropy', optimizer: 'rmsprop'});
```

## 과대적합을 줄이고 수렴을 향상시키기 위한 층과 규제

앞서 언급한 주요 층 이외에도 다양한 종류의 모델과 문제에 적용하고 훈련 과정을 돕는 층들이 있습니다. 이런 층들이 없었다면 많은 머신 러닝 작업에서 오늘날과 같은 최고 수준의 정확도를 얻지 못했을 것입니다. 예를 들어 드롭아웃과 batchNormalization 층은 종종 MLP, 합성곱 신경망, 순환 신경망에 추가되어 훈련할 때 모델이 더 빠르게 수렴하고 과대적합을 줄이도록 돕습니다. 다음 예는 드롭아웃 층을 포함한 회귀를 위한 MLP입니다.

```
const model = tf.sequential();
model.add(tf.layers.dense({
  units: 32,
  activation: 'relu',
  inputShape: [numFeatures]
```

```
}));
model.add(tf.layers.dropout({rate: 0.25}));
model.add(tf.layers.dense({units: 64, activation: 'relu'}));
model.add(tf.layers.dropout({rate: 0.25}));
model.add(tf.layers.dense({units: 64, activation: 'relu'}));
model.add(tf.layers.dropout({rate: 0.25}));
model.add(tf.layers.dense({
  units: numClasses,
  activation: 'categoricalCrossentropy'
}));
model.compile({loss: 'categoricalCrossentropy', optimizer: 'rmsprop'});
```

### 13.2.3 TensorFlow.js에서 사전 훈련된 모델 사용하기

해결하려는 머신 러닝 문제가 현재 애플리케이션이나 데이터셋에 특화된 문제라면 모델을 처음부터 만들고 훈련하는 것이 올바른 방법이며, TensorFlow.js로 그렇게 할 수 있습니다. 하지만 어떤 경우에는 당면한 문제가 일반적이어서 사전 훈련된 모델이 있을 수 있습니다. 이런 모델은 필요한 요구 사항에 정확하게 맞거나, 조금 수정하여 요구 사항을 만족시킬 수 있습니다. TensorFlow.js와 서드파티 개발자들이 제공하는 많은 사전 훈련된 모델이 있습니다. 이런 모델은 간결하고 사용하기 쉬운 API를 제공합니다. 또한, 자바스크립트 애플리케이션(웹 앱 또는 Node.js 프로젝트)에 따라 사용할 수 있는 npm 패키지로 패키징되어 있습니다.

적절한 방법으로 이런 사전 훈련된 모델을 사용하면 개발 속도를 크게 높일 수 있습니다. TensorFlow.js 기반의 사전 훈련된 모델을 모두 나열하기는 불가능하므로 가장 유명한 것들만 소개하겠습니다. @tensorflow-modes/ 접두사를 가진 패키지는 TensorFlow.js 팀이 직접 관리합니다. 그 외는 서드파티 개발자들이 만든 것입니다.

@tensorflow-models/mobilenet은 경량 이미지 분류 모델입니다. 이 모델은 입력 이미지에 대해 1,000개의 ImageNet 클래스에 대한 확률 점수를 출력합니다. 웹 페이지에 있는 이미지를 레이블링하거나 웹캠의 입력 스트림에서 특정 콘텐츠를 감지하거나 이미지를 다루는 전이 학습 작업에 유용합니다. @tensorflow-models/mobilenet은 일반적인 이미지 클래스를 다루지만 조금 더 도메인 특화된 이미지를 분류하는 패키지가 있습니다. 예를 들어 nsfwjs는 이미지를 포르노나 부적절한 콘텐츠를 포함한 것과 안전한 콘텐츠를 담은 것으로 분류합니다. 자녀 보호나 안전한 브라우징 또는 이와 유사한 애플리케이션에 유용합니다.

5장에서 논의했듯이 객체 탐지는 이미지에 포함된 객체가 무엇인지뿐만 아니라 이미지 어디에 있는지를 출력한다는 점에서 이미지 분류와 다릅니다. @tensorflow-models/coco-ssd는 90개의 객체를 탐지할 수 있는 객체 탐지 모델입니다. 입력 이미지마다 바운딩 박스가 겹칠 수 있는 여러 개의 타깃 객체를 감지할 수 있습니다(그림 13-1 패널 A).

▼ 그림 13-1 TensorFlow.js로 만든 사전 훈련된 npm 패키지 모델의 스크린샷. 패널 A: @tensorflow-models/coco-ssd는 멀티 타깃 객체 탐지기다. 패널 B: face-api.js는 실시간으로 얼굴과 얼굴의 주요 요소를 감지한다(Vincent Mühler의 허락을 받고 https://github.com/justadudewhohacks/face-api.js에서 가져왔다). 패널 C: handtrack.js는 한 손 또는 양 손의 위치를 실시간으로 추적한다(Victor Dibia의 허락을 받고 https://github.com/victordibia/handtrack.js에서 가져왔다). 패널 D: @tensorflow-models/posenet은 사람 몸의 주요 골격 부위를 감지한다. 패널 E: @tensorflow-models/toxicity는 영어 텍스트에서 일곱 가지 부적절한 콘텐츠를 감지하고 레이블을 할당한다.

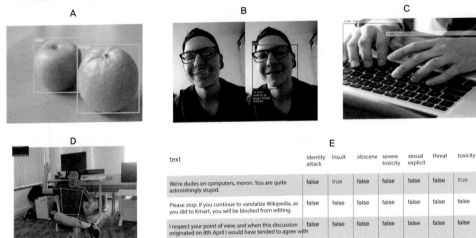

웹 애플리케이션에서 새롭고 재미있는 컴퓨터-사람 간 상호 작용을 가능하게 만드는 특정 종류의 객체는 특별히 높은 관심의 대상이 됩니다. 여기에는 사람 얼굴, 손, 신체가 포함됩니다. 이 세 가지에 특화된 TensorFlow.js 기반의 서드파티 모델이 있습니다. 얼굴일 경우 face-api.js와 handsfree.js는 모두 실시간 얼굴 추적과 얼굴의 랜드마크(예를 들어 눈이나 입. 그림 13-1 패널 B 참조) 감지를 지원합니다. 손의 경우 handtrack.js가 한 손 또는 양 손의 위치를 실시간으로 추적할 수 있습니다(그림 13-1 패널 C). 전체 몸의 경우 @tensorflow-models/posenet이 높은 정밀도로 주요 골격 부위를 실시간으로 감지할 수 있습니다(예를 들어 어깨, 팔꿈치, 엉덩이, 무릎. 그림 13-1 패널 D).

오디오 입력의 경우 @tensorflow-models/speech-commands가 브라우저의 WebAudio API를 사용해 실시간으로 18개의 영어 단어를 감지하는 사전 훈련된 모델을 제공합니다. 많은 어휘를 연속적으로 인식하는 정도로 강력하지는 않지만 브라우저에서 음성을 사용해 사용자와 다양한 상호 작용을 가능하게 만듭니다.

텍스트 입력을 위한 사전 훈련된 모델도 있습니다. 예를 들어 @tensorflow-models/toxicity 는 영어 입력 텍스트가 여러 개의 차원을 따라 얼마나 유해한지 판단합니다(예를 들면 위협, 모욕, 외설). 이는 콘텐츠 필터링에 유용합니다(그림 13-1 패널 E). toxicity 모델은 더 일반적인 @tensorflow-models/universal-sentence-encoder 자연어 처리 모델을 기반으로 만들어졌습니다. 이 자연어 처리 모델은 영어 문장을 하나의 벡터에 매핑하며 의도 분류(intent classification), 토픽 분류(topic classification), 감성 분석, 질문-답변(question answering)과 같은 다양한 자연어 처리 작업에 사용될 수 있습니다.

여기서 언급한 모델 중 일부는 추론뿐만 아니라 전이 학습이나 후속 머신 러닝 작업을 위한 베이스 모델을 형성할 수 있습니다. 이를 통해 모델 구축이나 오랜 훈련 과정이 없이 사전 훈련된 모델의 성능을 도메인 특화 데이터에 이용할 수 있습니다. 이는 부분적으로 레고 같은 층과 모델의 조합 기능 덕분입니다. 예를 들어 범용적인 문장 인코더의 출력은 주로 후속 모델에 사용됩니다. 음성 명령 모델은 새로운 단어 클래스를 위한 음성 샘플을 수집하고 이런 샘플을 기반으로 새로운 분류기를 훈련하는 기능을 기본적으로 지원합니다. 이런 기능은 사용자 정의 단어나 사용자별 음성에 맞춰야 하는 음성 명령 애플리케이션에 유용합니다. 또한, 머리, 손, 몸 동작의 순간 위치를 감지하는 PoseNet과 face-api.js 같은 모델의 출력을 특정 제스처나 움직임의 시퀀스를 감지하는 후속 모델에 주입할 수 있습니다. 이런 모델은 장애인을 위한 커뮤니케이션 도구 같은 여러 애플리케이션에 유용합니다.

앞서 언급한 입력 종류에 따른 모델 외에도 예술적 창의성을 위한 TensorFlow.js 기반의 서드파티 사전 훈련된 모델도 있습니다. 예를 들면 ml5.js는 이미지 간의 빠른 스타일 트랜스퍼 모델과 자동으로 스케치를 그릴 수 있는 모델을 포함하고 있습니다. @magenta/music은 피아노 음악의 악보를 그릴 수 있는 모델과 몇 개의 시드 음표를 기반으로 멜로디를 작곡할 수 있는 '멜로디를 위한 언어 모델'인 MusicRNN, 그 외 다른 흥미로운 사전 훈련된 모델을 포함하고 있습니다.

사전 훈련된 모델 컬렉션은 방대하고 계속 늘어나고 있습니다. 자바스크립트 커뮤니티와 딥러닝 커뮤니티는 모두 개방적인 문화와 공유 철학을 가지고 있습니다. 딥러닝 분야에 대한 여행을 계속 이어가면서 다른 개발자에게 유용할 수 있는 흥미로운 아이디어를 발견할 수 있습니다. 이런 경우에 여러분의 모델을 훈련하고, 패키징하고, 사전 훈련된 모델의 형태로 npm에 모델을 업로드하세요. 그다음, 사용자와 소통하면서 패키지를 반복적으로 개선하세요. 그러면 비로소 자바스크립트 딥러닝 커뮤니티를 위한 진정한 기여자가 될 것입니다.

## 13.2.4 딥러닝의 가능성

이런 모든 층과 사전 훈련된 모델을 구성 요소로 사용하여 어떤 유용하고 재미있는 모델을 만들수 있을까요? 딥러닝 모델을 만드는 것은 레고 블록 조립과 같다는 사실을 기억하세요. 층과 모듈을 서로 연결하여 입출력이 텐서로 표현되고 층의 입출력이 텐서 크기와 호환되는 한, 어떤 것끼리도 매핑할 수 있습니다. 층을 쌓아 만든 모델은 미분 가능한 기하학적 변환을 수행하며 모델 용량에 비해 너무 복잡하지 않는 한 입출력 사이의 관계를 매핑할 수 있습니다. 이런 패러다임에서 가능한 조합은 무한합니다. 이 절에서는 책에서 다루었던 기본적인 분류와 회귀 작업을 뛰어넘어 상상력을 고무하기 위해 몇 가지 예를 제시하겠습니다.

입력과 출력의 종류에 따라 예시를 정렬했습니다. 이 중 상당수는 가능한 한계를 확장하고 있습니다. 충분한 훈련 데이터가 제공되면 어떤 작업에 대해서도 모델을 훈련할 수 있지만, 경우에 따라 이런 모델은 훈련 데이터를 벗어나 잘 일반화되지 않을 수 있습니다.

- 벡터를 벡터로 매핑하기
  - **예측 의학**: 환자의 의료 기록으로 치료 결과를 예측합니다.
  - **행동 타기팅**: 일련의 웹 사이트 속성으로 방문한 사용자의 행동(페이지 뷰, 클릭 또는 그 외 다른 사용자 참여 행동)을 예측합니다.
  - **제품 품질 제어**: 제품에 관련된 속성으로 시장에서 제품의 성공(여러 시장 영역에서의 판매와 이익)을 예측합니다.
- 이미지를 벡터로 매핑하기
  - **의료 이미지 AI**: 의료 이미지(예를 들어 X-레이)로 진단 결과를 예측합니다.
  - **자율주행**: 카메라 이미지로 조향 시스템 작동 같은 차량 제어 신호를 발생시킵니다.
  - **다이어트 관리**: 음식과 요리 이미지에서 건강에 대한 효과(예를 들어 칼로리 계산이나 알레르기 경고)를 예측합니다.
  - **화장품 추천**: 셀카 이미지에서 화장품을 추천합니다.
- 시계열 데이터를 벡터로 매핑하기
  - **뇌-컴퓨터 인터페이스**: 뇌파(electroencephalogram, EEG) 신호로 사용자 의도를 예측합니다.
  - **행동 타기팅**: (영화나 책 구매처럼) 과거 제품 구매 이력으로 미래에 다른 제품을 구매할 확률을 예측합니다.

- **지진 및 여진 예측**: 지진 측정 데이터 시퀀스로부터 예상되는 지진과 여진의 가능성을 예측합니다.
- 텍스트를 벡터로 매핑하기
  - **이메일 분류**: 이메일 콘텐츠를 일반적인 또는 사용자가 정의한 레이블(예를 들면 업무, 가족, 스팸)에 할당합니다.
  - **문법 검사**: 학생의 작문 샘플에서 작문 품질 점수를 예측합니다.
  - **음성 기반 의료 분류**: 질병에 대한 환자의 설명으로 환자가 문의해야 할 진료과를 예측합니다.
- 텍스트를 텍스트로 매핑하기
  - **응답 메시지 추천**: 이메일에서 가능한 응답 메시지를 예측합니다.
  - **도메인 특화 질문-답변**: 사용자 질문으로부터 자동으로 응답 텍스트를 생성합니다.
  - **요약**: 긴 기사를 짧게 요약합니다.
- 이미지를 텍스트로 매핑하기
  - **이미지 대체 텍스트 자동 생성**: 이미지가 주어지면 콘텐츠의 핵심을 나타내는 짧은 텍스트를 생성합니다.
  - **시각 장애인을 위한 이동 보조 장치**: 내부나 외부 인테리어 이미지에서 음성 안내나 이동 위험에 대한 경고(예를 들어 출구나 장애물 위치)를 생성합니다.
- 이미지를 이미지로 매핑하기
  - **이미지 초해상도**: 저해상도 이미지에서 고해상도 이미지를 만듭니다.
  - **이미지 기반 3D 재구성**: 평범한 이미지로 같은 물체를 다른 각도에서 본 이미지를 만듭니다.
- 이미지와 시계열 데이터를 벡터로 매핑하기
  - **의료 진단 보조**: 환자의 의료 이미지(예를 들어 MRI)와 활력 징후(혈압, 심박수 등) 기록을 사용해 치료 결과를 예측합니다.
- 이미지와 텍스트를 텍스트로 매핑하기
  - **이미지 기반 질문-답변**: 이미지와 이에 관련된 질문(예를 들어 중고차 이미지와 이 차의 제조사 및 연식에 대한 질문)으로부터 대답을 생성합니다.

- 이미지와 벡터를 이미지로 매핑하기
  - **가상 의류 쇼핑과 화장품 메이크업**: 사용자의 셀카와 화장품이나 의류의 벡터 표현을 사용해 사용자가 제품을 바르거나 입었을 때의 이미지를 생성합니다.
- 시계열 데이터와 벡터를 시계열 데이터에 매핑하기
  - **음악 스타일 트랜스퍼**: 음악 악보(예를 들어 음표의 시계열로 표현된 클래식 음악)와 원하는 스타일(예를 들면, 재즈)로부터 스타일에 맞는 새로운 음악 악보를 만듭니다.

눈치챘겠지만, 이 목록의 마지막 네 항목은 여러 종류의 입력 데이터를 사용합니다. 기술 역사의 현시점에서 삶의 대부분이 디지털화되고 텐서로 표현될 수 있습니다. 따라서 딥러닝으로 달성할 수 있는 것은 상상력과 훈련 데이터가 부족할 뿐입니다. 거의 모든 매핑이 가능하지만, 모든 매핑이 가능한 것은 아닙니다. 다음 절에서 딥러닝이 아직 할 수 없는 것에 대해 논의해 보겠습니다.

## 13.2.5 딥러닝의 한계

딥러닝으로 구현할 수 있는 애플리케이션은 거의 무한합니다. 이로 인해 심층 신경망의 능력을 과대평가하고 해결할 수 있는 문제에 대해 과도하게 낙관하기 쉽습니다. 이 절에서는 딥러닝의 한계에 대해 간략하게 이야기하겠습니다.

### 신경망과 사람이 세상을 보는 방식은 다르다

딥러닝을 이해할 때 만나는 위험은 의인화입니다. 즉, 심층 신경망을 사람의 지각이나 인지를 모방하는 것으로 잘못 이해하는 경향이 있습니다. 심층 신경망의 의인화는 몇 가지 점에서 명백히 잘못된 것입니다. 첫째, 사람은 감각 기관의 자극(예를 들어 소녀의 얼굴이 있는 이미지나 칫솔이 있는 이미지)을 받아들일 때 입력의 밝기와 컬러 패턴뿐만 아니라 이런 피상적인 패턴으로 표현되는 심오하고 중요한 개념(예를 들어 젊은 여성의 얼굴 또는 치과 위생 제품 그리고 둘 사이의 관계)을 추출합니다. 반면 심층 신경망은 이런 식으로 동작하지 않습니다. 이미지를 텍스트 출력으로 매핑하는 이미지 캡션 모델을 훈련할 때 모델이 사람처럼 이미지를 이해한다고 믿으면 잘못된 것입니다. 어떤 경우에 훈련 데이터에 있는 이미지와 조금만 달라도 모델이 어이없는 캡션을 만들 수 있습니다(그림 13-2).

소년이 야구 방망이를 들고 있습니다

특히 심층 신경망이 입력을 처리하는 이상하고 비인간적인 방식은 머신 러닝 모델이 분류 실수를 하도록 의도적으로 만든 **적대 샘플**(adversarial example)에서 두드러지게 나타납니다. 7.2절에서 합성곱 신경망의 필터를 최대로 활성화하는 이미지를 찾으면서 보았듯이, 합성곱 필터의 활성화를 최대화하도록 입력 공간에 경사 상승법을 수행하는 것이 가능합니다. 이 아이디어를 출력 확률로 확장할 수 있습니다. 따라서 어떤 출력 클래스에 대한 모델의 예측 확률을 최대화하기 위해 입력 공간에 경사 상승법을 수행할 수 있습니다. 판다 사진에 긴팔원숭이 그레이디언트를 추가하면 모델이 이 이미지를 긴팔원숭이로 잘못 분류합니다(그림 13-3). 긴팔원숭이 그레이디언트는 잡음에 가깝고 크기가 작아서 사람은 만들어진 적대 샘플을 원본 이미지와 구별하기 힘듦에도 불구하고 그렇습니다.

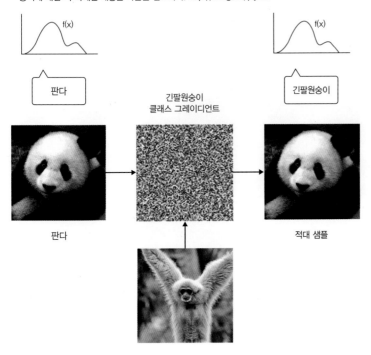

▼ 그림 13-3 적대 샘플: 사람의 눈으로 감지할 수 없는 차이가 심층 합성곱 신경망의 분류 결과를 망칠 수 있다. 심층 신경망의 적대 공격에 대한 더 자세한 내용은 다음을 참고하자. http://mng.bz/pyGz

따라서 컴퓨터 비전을 위한 심층 신경망이 이미지를 진짜로 이해하는 것은 아닙니다. 적어도 사람과 같지는 않습니다. 사람이 학습하는 것과 딥러닝이 크게 대조되는 또 다른 부분은 두 종류의 학습이 얼마나 제한된 훈련 샘플에서 일반화되는지입니다. 심층 신경망은 **지역 일반화**(local generalization)를 수행할 수 있습니다. 그림 13-4는 심층 신경망과 사람이 적은 수(가령 여덟 개)의 훈련 샘플만 사용해 2D 파라미터 공간에서 하나의 클래스 경계를 학습하는 작업을 보여 줍니다. 사람은 클래스 경계의 형태가 매끄럽고 공간이 연결되어야 함을 알고 경계를 추정하여 하나의 닫혀 있는 곡선을 빠르게 그릴 수 있습니다. 반면 신경망은 추상화와 사전 지식이 부족합니다. 따라서 몇 개의 훈련 샘플에 크게 과대적합된 불규칙한 경계를 만들 수 있습니다. 훈련된 모델은 훈련 샘플을 넘어서 일반화되기 어려울 것입니다. 샘플을 추가하면 신경망에 도움이 되지만 실제로 항상 가능한 것은 아닙니다. 핵심 문제는 특정 문제에 대해 신경망이 처음부터 훈련된다는 것입니다. 사람과 달리 의존할 사전 지식이 없고, 따라서 무엇을 기대할지 모릅니다.[5] 이것이 현재 딥러닝 알고리즘이 나타내는 주요 한계의 근본적인 이유입니다. 즉, 일반적으로 적절한 수준의

---

5  도메인 간 공유 지식을 활용하기 위해 여러 가지 관련 없는 다른 작업에서 하나의 심층 신경망을 훈련하려는 연구가 있습니다(예를 들어 Lukasz Kaiser et al., "One Model To Learn Them All," submitted 16 Jun. 2017, https://arxiv.org/abs/1706.05137을 참고하세요). 하지만 이런 다중 작업 모델은 아직 널리 적용되지 않고 있습니다.

일반화 정확도를 달성하는 심층 신경망을 훈련하려면 사람이 레이블링한 많은 훈련 데이터가 필요합니다.

▼ 그림 13-4 딥러닝 모델의 지역 일반화 vs. 인간 지능의 궁극 일반화

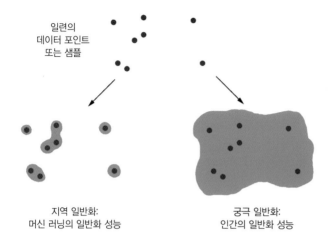

## 13.3 딥러닝 트렌드

TENSORFLOW.JS

앞서 언급했듯이 딥러닝은 최근 몇 년 사이에 놀라운 발전을 이루었지만 아직 몇 가지 한계를 가지고 있습니다. 하지만 이 분야는 정체되어 있지 않으며 숨막히는 속도로 계속 발전하고 있기 때문에 이런 한계가 가까운 미래에 해소될 가능성이 높습니다. 이 절에서는 향후 몇 년간 우리가 목격할 딥러닝의 중요한 혁신에 대해 교육적 목적으로 추측해 보겠습니다.

- 첫째, 비지도 학습이나 준지도 학습이 큰 발전을 이룰 수 있습니다. 레이블된 데이터셋은 구축하는 데 비용이 많이 들고 구하기 어렵지만, 모든 종류의 비즈니스 분야에서 레이블되지 않은 데이터셋은 풍부하기 때문에 모든 형태의 딥러닝에 큰 영향을 미칠 것입니다. 적은 양의 레이블된 데이터로 방대한 양의 레이블되지 않은 데이터에서 학습하는 방법을 개발할 수 있다면 새로운 딥러닝 애플리케이션이 많이 등장하게 될 것입니다.

- 둘째, 딥러닝 하드웨어가 계속 발전하여 (차세대 TPU[6] 같은) 훨씬 더 강력한 신경망 가속기가 등장할 수 있습니다. 이를 통해 연구자들은 더 큰 데이터셋에서 훨씬 더 강력한 신경망을 훈련할 수 있고 컴퓨터 비전, 음성 인식, 자연어 처리, 생성 모델 같은 많은 머신 러닝 작업에서 최고의 성능을 계속 높여 갈 것입니다.

- 모델 구조를 설계하고 모델 하이퍼파라미터를 튜닝하는 것은 점점 더 자동화될 것입니다. AutoML[7]과 Google Vizier[8] 같은 기술에서 이미 이런 트렌드를 보고 있습니다.

- 신경망 구성 요소의 공유와 재사용이 계속 늘어날 것입니다. 사전 훈련된 모델 기반의 전이 학습이 더 큰 추진력을 얻을 것입니다. 최첨단 딥러닝 모델이 날이 갈수록 점점 더 강력해지고 일반화되고 있습니다. 점점 더 큰 데이터셋에서 훈련되고 경우에 따라 엄청난 계산 능력을 사용해 자동화된 구조 탐색과 하이퍼파라미터 튜닝을 수행합니다(첫 번째와 두 번째 목록을 참고하세요). 이로 인해 매번 반복해서 처음부터 훈련하는 것보다 이렇게 사전 훈련된 모델을 재사용하는 것이 추론이나 전이 학습을 위해 더 합리적이고 경제적입니다. 어떤 면에서 이는 딥러닝 분야를 고품질 라이브러리에 의존하고 이를 재사용하는 전통적인 소프트웨어 공학에 더 가깝게 만들어 표준화의 장점을 얻고 분야 전체의 개발 속도를 높입니다.

- 딥러닝은 새로운 애플리케이션 영역에 적용하여 기존의 솔루션을 개선하고 새로운 실제 사용 사례를 만들 수 있습니다. 가능성 있는 애플리케이션 영역은 정말 무궁무진합니다. 농업, 금융, 교육, 교통, 의료, 패션, 스포츠, 엔터테인먼트 같은 분야에서 딥러닝 기술자들이 수많은 기회를 찾을 수 있을 것입니다.

- 딥러닝이 많은 애플리케이션 영역에 침투함에 따라 사용자에 가까이 있는 엣지 장치에서 딥러닝이 더 중요하게 될 것입니다. 결과적으로, 기존의 대규모 모델과 동일한 예측 정확도와 속도를 달성하는 더 작고 더 강력한 전력 효율이 좋은 신경망 구조가 개발될 것입니다.

이런 모든 예측이 자바스크립트 딥러닝에 영향을 미치지만, 마지막 세 개는 특별히 관련이 깊습니다. 미래에는 TensorFlow.js에서 더 강력하고 효율적인 모델을 사용할 수 있을 것으로 기대합니다.

---

6  Norman P. Jouppi et al., "In-Datacenter Performance Analysis of a Tensor Processing Unit™," 2017, https://arxiv.org/pdf/1704.04760.pdf.

7  Barret Zoph and Quoc V. Le, "Neural Architecture Search with Reinforcement Learning," submitted 5 Nov. 2016, https://arxiv.org/abs/1611.01578.

8  Daniel Golovin, "Google Vizier: A Service for Black-Box Optimization," Proc. 23rd ACM SIGKDD International Conference on Knowledge Discovery and Data Mining, 2017, pp. 1487 – 1495, http://mng.bz/O9yE.

# 13.4 추가 학습을 위한 안내

마지막으로, 이 책을 모두 읽은 다음 학습을 계속하고 지식과 기술을 업데이트하기 위한 방법을 소개합니다. 이 분야의 역사는 수십 년을 거슬러 올라가지만 오늘날 우리가 알고 있는 최신 딥러닝 분야는 불과 몇 년 되지 않았습니다. 2013년 이후 재정적 투자와 연구 인력의 기하급수적인 증가로 인해 이 분야 전체가 이제는 엄청난 속도로 움직이고 있습니다. 이 책에서 배운 많은 것들이 아주 오랫동안 그대로 있지 않을 것입니다. 하지만 딥러닝의 핵심 아이디어(데이터로부터 학습, 수동적인 특성 공학 감소, 층별 표현 변환)는 오랜 기간 동안 그대로 유지될 것입니다. 무엇보다도 이 책을 통해 익힌 기본 지식이 딥러닝 분야의 새로운 발전과 트렌드를 배울 때 도움이 되었으면 좋겠습니다. 다행히 이 분야는 열린 문화를 가지고 있어 누구나 (데이터셋을 포함해) 최신 기술 논문에 접근할 수 있도록 블로그 포스트나 트윗과 함께 대부분 무료로 공개됩니다. 다음은 꼭 알아 두어야 할 중요한 리소스입니다.

## 13.4.1 캐글에서 실전 머신 러닝 문제 연습하기

실전 머신 러닝 (그리고 특히 딥러닝) 경험을 얻는 효과적인 방법은 캐글(Kaggle)(https://kaggle.com) 대회에 직접 참가하는 것입니다. 머신 러닝을 배우는 유일한 방법은 실제 코딩, 모델 구축, 튜닝을 통해서입니다. 이 책의 철학도 같습니다. 이를 위해 공부하고 바꾸어 보고 해킹할 수 있도록 많은 코드 예제를 제공합니다. 하지만 TensorFlow.js 같은 라이브러리를 사용하여 처음부터 자신만의 모델과 머신 러닝 시스템을 만드는 것만큼 머신 러닝을 배우는 데 효과적인 방법은 없습니다. 캐글에서 새롭게 등록되는 데이터 과학 대회와 데이터셋을 계속 만날 수 있으며, 그중 많은 수는 딥러닝과 관련이 있습니다.

대부분의 캐글 사용자는 대회에 참가하기 위해 (텐서플로와 케라스 같은) 파이썬 도구를 사용하지만 캐글의 데이터셋 대부분은 언어와 상관이 없습니다. 따라서 대부분의 캐글 문제는 TensorFlow.js와 같이 파이썬이 아닌 딥러닝 프레임워크로 풀 수 있습니다. 몇 개의 대회에 개인이나 팀의 일부로 참여해 보면 이 책에서 설명한 일부 고급 모범 사례, 특히 하이퍼파라미터 튜닝과 검증 세트 과대적합 방지에 대한 실용적인 측면에 익숙해질 것입니다.

## 13.4.2 아카이브에서 최신 개발 논문 읽기

다른 학문 분야와 달리 딥러닝 연구는 거의 완전하게 공개되어 있습니다. 논문이 완성되어 검토를 통과하자마자 무료로 공개되고, 딥러닝에 관련된 많은 소프트웨어가 오픈 소스입니다. 아카이브(arXiv)(https://arxiv.org)는 수학, 물리, 컴퓨터 과학 분야의 예비 논문(preprint) 공개 서버입니다. 아카이브는 머신 러닝과 딥러닝 분야의 최신 작업을 발표하는 표준이 되었습니다. 즉, 이 분야의 최신 기술을 배우는 표준이기도 합니다. 따라서 새로운 발견과 발명은 즉시 공개되어 누구나 보고 평가하고 만들어 볼 수 있습니다.

아카이브의 큰 단점은 매일 엄청난 양의 새로운 논문이 등록되기 때문에 모두 훑어보는 것이 불가능하다는 점입니다. 아카이브의 많은 논문은 동료 심사(peer review)를 거치지 않았기 때문에 중요하고 잘 쓰인 논문을 구별해 내는 것이 어렵습니다. 이런 문제를 해결하는 데 도움이 되는 도구가 있습니다. 예를 들어 arxiv-sanity(arxiv-sanity.com) 웹 사이트는 아카이브에 등록된 새로운 논문을 추천해 주고 특정 딥러닝 분야(예를 들면, 자연어 처리나 객체 탐지)의 새로운 발전을 따라갈 수 있도록 도와줍니다. 또한, 구글 스칼라(Google Scholar)를 사용해 관심 분야의 논문이나 저자를 검색할 수 있습니다.

## 13.4.3 TensorFlow.js 생태계

TensorFlow.js의 생태계는 활기차며 지금도 성장하고 있습니다. 이 생태계에는 문서, 가이드, 튜토리얼, 블로그, 오픈 소스 프로젝트가 포함됩니다.

- TensorFlow.js 작업에 대한 주요 참조 자료는 공식 온라인 문서(www.tensorflow.org/js/)입니다. 자세한 최신 API 문서는 https://js.tensorflow.org/api/latest/에 있습니다.

- 'tensorflow.js' 태그를 사용하여 스택 오버플로(Stack Overflow)에 TensorFlow.js에 관한 질문을 올릴 수 있습니다. https://stackoverflow.com/questions/tagged/tensorflow.js

- TensorFlow.js 라이브러리에 대한 일반적인 논의는 구글 그룹스(https://groups.google.com/a/tensorflow.org/forum/#!forum/tfjs)를 사용해 주세요.

- 또한, 트위터에서 활동하는 TensorFlow.js 팀원을 팔로우할 수 있습니다.
    - https://twitter.com/sqcai
    - https://twitter.com/nsthorat
    - https://twitter.com/dsmilkov
    - https://twitter.com/tensorflow

# 맺음말

이것이 〈구글 브레인 팀에게 배우는 딥러닝 with TensorFlow.js〉의 끝입니다! 여러분이 AI, 딥러닝 그리고 TensorFlow.js로 자바스크립트에서 기본적인 딥러닝 작업을 수행하는 방법에 대해 한두 가지를 배웠길 바랍니다. 흥미롭고 유용한 다른 모든 주제와 마찬가지로 AI와 딥러닝을 배우는 것은 평생을 함께할 여행입니다. AI와 딥러닝을 실제 문제에 적용하는 것도 마찬가지입니다. 이는 프로와 아마추어 모두에게 해당됩니다. 지금까지 딥러닝의 모든 발전에도 불구하고 근본적인 질문에 대한 답을 대부분 구하지 못했고 딥러닝의 잠재력도 대부분 거의 활용되지 못했습니다. 계속 배우고, 질문하고, 연구하고, 상상하고, 해킹하고, 만들고, 공유하세요! 여러분이 딥러닝과 자바스크립트로 어떤 것을 만들지 기대하겠습니다!

부록 A

# 실습 환경 설정

책에 있는 예제를 실행하려면 Node.js와 npm을 설치해야 합니다. 먼저 Node.js부터 설치하겠습니다.

1. https://nodejs.org/ko/에 접속해 Node.js 설치 파일을 내려받습니다. 책에서는 LTS 버전을 내려받았습니다.

▼ 그림 A-1 Node.js 내려받기

2. 설치 파일을 실행해 기본값으로 두고 설치를 진행합니다.

▼ 그림 A-2 Node.js 설치 1

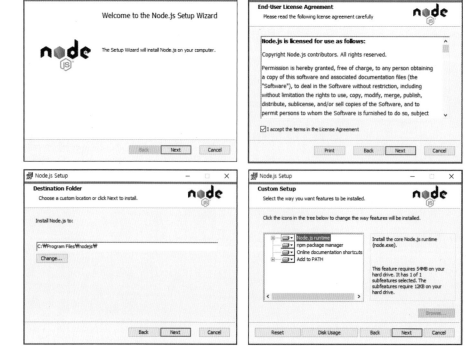

3. Tools for Native Modules 창이 나오면 **Automatically install the necessary ~** 옵션에 체크한 후 **Next** 버튼을 클릭합니다. 다음 창이 나오면 **Install** 버튼을 눌러 설치를 진행합니다.

▼ 그림 A-3 Node.js 설치 2

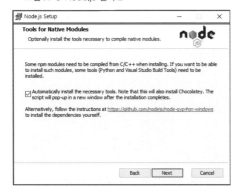 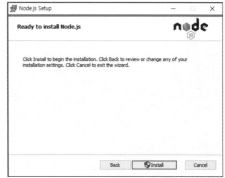

4. 설치가 완료되면 다음과 같이 명령 프롬프트 창이 뜨는데, 엔터 키를 누르세요.

▼ 그림 A-4 Node.js 설치 3

5. 그러면 다음과 같이 이어서 설치가 진행됩니다.

▼ 그림 A-5 Node.js 설치 4

6. 모든 설치가 끝났다면, 명령 프롬프트에서 다음과 같이 명령을 실행해 제대로 설치되었는지
   확인합니다.

▼ 그림 A-6 Node.js 설치 5

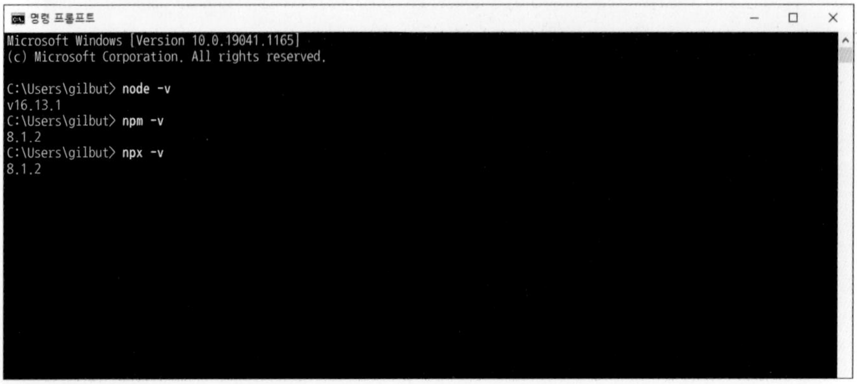

7. 마지막으로 yarn을 설치합니다.

```
> npm install -g yarn
```

이제 모든 설치가 끝났습니다.

다음 명령으로 깃을 클론한 후 예제 파일 폴더로 이동합니다.

```
> git clone https://github.com/rickiepark/deep-learning-with-javascript.git
> cd deep-learning-with-javascript
```

또는 깃허브 파일을 직접 내려받아 해당 폴더로 이동한 후 실습해도 됩니다.

이후에는 장별 안내에 따라 npx나 yarn 명령으로 실행하며, 때에 따라 브라우저에 접속해 결과를 확인합니다.

번역서에서는 브라우저에서 바로 실행할 수 있는 데모 사이트도 제공하니 손쉽게 실습할 수 있습니다.

https://ml-ko.kr/tfjs/

▼ 그림 A-7 번역서 실습 데모 사이트

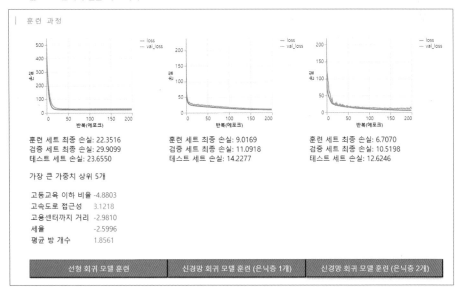

# tfjs-node-gpu와 필수 라이브러리 설치

B.1 리눅스에서 tfjs-node-gpu 설치하기

B.2 윈도에서 tfjs-node-gpu 설치하기

Node.js에서 TensorFlow.js GPU 가속 버전(tfjs-node-gpu)을 사용하려면 컴퓨터에 CUDA 와 CuDNN을 설치해야 합니다. 무엇보다도 컴퓨터에 CUDA를 지원하는 NIVIDA GPU가 장착 되어 있어야 합니다. 컴퓨터에 있는 GPU가 기준을 만족하는지 확인하려면 https://developer. nvidia.com/cuda-gpus를 참고하세요.

지금부터는 현재 tfjs-node-gpu가 지원하는 두 운영체제인 리눅스와 윈도에서 필수 드라이버와 라이브러리를 설치하는 자세한 단계를 소개합니다.

# B.1  리눅스에서 tfjs-node-gpu 설치하기

1. 컴퓨터에 Node.js와 npm을 설치했고 node와 npm을 사용할 수 있다고 가정합니다. 그렇지 않다면 https://nodejs.org/en/download/에서 인스톨러를 내려받으세요.

2. https://developer.nvidia.com/cuda-downloads에서 CUDA 툴킷(Toolkit)을 내려받습니 다. 사용하려는 tfjs-node-gpu 버전에 맞는 버전을 선택하세요. 이 글을 번역하는 시점에서 최신 버전인 tfjs-node-gpu 3.12.0과 CUDA 툴킷 11.2를 사용합니다.[1] 또한, 올바른 운영 체제(리눅스), 아키텍처(예를 들어 인텔 CPU 컴퓨터인 경우 x86_64), 리눅스 배포판, 배포판 버전을 선택하세요. 여러 가지 설치 옵션이 있습니다. 여기에서는 (로컬 .deb 패키지가 아닌) 'runfile (local)' 파일을 내려받았다고 가정하고 다음 단계를 진행합니다.

3. 다운로드 폴더에서 방금 내려받은 파일의 권한을 실행 가능하도록 변경합니다. 예를 들면 다음과 같습니다.

```
> chmod +x cuda_10.0.130_410.48_linux.run
```

4. sudo 명령으로 이 파일을 실행합니다. 컴퓨터에 이미 설치된 NVIDIA 드라이버 버전이 오래 되었거나 드라이버가 설치되어 있지 않다면, CUDA 툴킷 설치 과정에서 NVIDIA 드라이버를 설치하거나 업그레이드해야 할 수 있습니다. 이런 경우에는 X 서버를 중지하고 셸 전용 모드 로 진행해야 합니다. 우분투와 데비안 배포판에서는 Ctrl - Alt - F1 키를 눌러 셸 전용 모드로

---

1  역주 필요한 최신 라이브러리 버전은 https://github.com/tensorflow/tfjs/blob/master/tfjs-node/README.md를 참고하세요.

진입할 수 있습니다. 화면의 지시를 따라 CUDA 툴킷을 설치하고 시스템을 리부팅하세요. 셸 전용 모드라면 일반 GUI 모드로 리부팅할 수 있습니다.

5. 3단계를 올바르게 완료했다면 nvidia-smi 명령을 사용할 수 있어야 합니다. 이 명령을 사용하여 GPU 상태를 확인할 수 있습니다. 컴퓨터에 설치된 NVIDIA GPU의 이름, 온도, 팬 속도, 프로세서, 메모리 사용량, 현재 NVIDIA 드라이버 버전을 보여 줍니다. tfjs-node-gpu로 심층 신경망을 훈련할 때 GPU를 실시간으로 모니터링할 수 있는 편리한 도구입니다. nvidia-smi의 전형적인 출력 메시지는 다음과 같습니다(두 개의 NVIDIA GPU를 가지고 있는 경우입니다).

```
+-----------------------------------------------------------------------------+
| NVIDIA-SMI 384.111                 Driver Version: 384.111                   |
|-------------------------------+----------------------+----------------------+
| GPU  Name        Persistence-M| Bus-Id        Disp.A | Volatile Uncorr. ECC |
| Fan  Temp  Perf  Pwr:Usage/Cap| Memory-Usage         | GPU-Util  Compute M. |
|===============================+======================+======================|
|   0  Quadro P1000         Off | 00000000:65:00.0  On |                  N/A |
| 41%   53C    P0    ERR! / N/A |    620MiB /  4035MiB |      0%      Default |
+-------------------------------+----------------------+----------------------+
|   1  Quadro M4000         Off | 00000000:B3:00.0 Off |                  N/A |
| 46%   30C    P8    11W / 120W |      2MiB /  8121MiB |      0%      Default |
+-------------------------------+----------------------+----------------------+

+-----------------------------------------------------------------------------+
| Processes:                                                       GPU Memory |
|  GPU       PID   Type   Process name                             Usage      |
|=============================================================================|
|    0      3876      G   /usr/lib/xorg/Xorg                            283MiB |
+-----------------------------------------------------------------------------+
```

6. LD_LIBRARY_PATH 환경 변수에 64비트 CUDA 라이브러리 파일 경로를 추가합니다. 배시(bash) 셸을 사용한다고 가정하면 .bashrc 파일에 다음 라인을 추가합니다.

export LD_LIBRARY_PATH="/usr/local/cuda/lib64:${PATH}"

tfjs-node-gpu는 시작할 때 LD_LIBRARY_PATH 환경 변수를 사용하여 필요한 동적 라이브러리 파일을 찾습니다.

7. ttps://developer.nvidia.com/cudnn에서 CuDNN을 내려받습니다. CUDA 외에 CuDNN 이 왜 필요할까요? CUDA가 딥러닝 이외의 다른 분야(예를 들면 유체 역학)에도 사용되는 일 반적인 계산 라이브러리이기 때문입니다. CuDNN은 CUDA를 기반으로 구축한 심층 신경망 연산을 가속하기 위한 NVIDIA 라이브러리입니다. CuDNN을 내려받으려면 NVIDIA 계정 으로 로그인하고 설문에 참여해야 할 수 있습니다. 이전 단계에서 설치한 CUDA 툴킷 버전에 맞는 CuDNN 버전을 내려받으세요. 예를 들면 CuDNN 7.6이 CUDA 툴킷 10.0과 함께 사 용됩니다.

8. CUDA 툴킷과 다르게 내려받은 CuDNN은 실행 가능한 설치 파일이 아닙니다. 그 대신 많은 동적 라이브러리 파일과 C/C++ 헤더를 포함하고 있는 압축 파일이므로 압축을 풀어 적절한 폴더에 복사해야 합니다. 이를 위해 다음과 같은 명령을 사용할 수 있습니다.

```
> tar xzvf cudnn-10.0-linux-x64-v7.6.4.38.tgz
> cp cuda/lib64/* /usr/local/cuda/lib64
> cp cuda/include/* /usr/local/cuda/include
```

9. 이제 필요한 드라이버와 라이브러리를 모두 설치했으므로 node에서 tfjs-node-gpu를 임포 트하여 CUDA와 CuDNN을 간단하게 확인할 수 있습니다.

```
npm i @tensorflow/tfjs @tensorflow/tfjs-node-gpu
node
```

그다음에는 Node.js 명령줄 인터페이스에서 다음을 입력합니다.

```
> const tf = require('@tensorflow/tfjs');
> require('@tensorflow/tfjs-node-gpu');
```

설치가 모두 잘되었다면, 한 개의 GPU(또는 시스템 설정에 따라 여러 개의 GPU)를 찾았다는 메시지와 tfjs-node-gpu를 사용할 준비를 마쳤다는 로그를 볼 수 있습니다.

```
2018-09-04 13:08:17.602543: I
tensorflow/core/common_runtime/gpu/gpu_device.cc:1405] Found device 0
with properties:
 name: Quadro M4000 major: 5 minor: 2 memoryClockRate(GHz): 0.7725
 pciBusID: 0000:b3:00.0
 totalMemory: 7.93GiB freeMemory: 7.86GiB
 2018-09-04 13:08:17.602571: I
tensorflow/core/common_runtime/gpu/gpu_device.cc:1484] Adding visible
gpu devices: 0
```

```
2018-09-04 13:08:18.157029: I
tensorflow/core/common_runtime/gpu/gpu_device.cc:965] Device
interconnect StreamExecutor with strength 1 edge matrix:
 2018-09-04 13:08:18.157054: I
tensorflow/core/common_runtime/gpu/gpu_device.cc:971]      0
 2018-09-04 13:08:18.157061: I
tensorflow/core/common_runtime/gpu/gpu_device.cc:984] 0:   N
 2018-09-04 13:08:18.157213: I
tensorflow/core/common_runtime/gpu/gpu_device.cc:1097] Created
TensorFlow device (/job:localhost/replica:0/task:0/device:GPU:0 with
7584 MB memory) -> physical GPU (device: 0, name: Quadro M4000, pci bus
id: 0000:b3:00.0, compute capability: 5.2)
```

10. 이제 tfjs-node-gpu를 사용할 준비를 모두 마쳤습니다. package.json에 사용할 라이브러리
    버전(또는 최신 버전)을 추가합니다.

```
...
"dependencies": {
  "@tensorflow/tfjs": "^0.12.6",
  "@tensorflow/tfjs-node": "^0.1.14",
  ...
}
...
```

main.js 파일에서 @tensorflow/tfjs와 @tensorflow/tfjs-node-gpu를 포함하여 필요한 라이브러
리를 임포트합니다. 전자는 TensorFlow.js의 일반적인 API를 제공하고, 후자는 TensorFlow.js
연산을 CUDA와 CuDNN으로 구현된 고성능 계산 커널에 연결합니다.

```
const tf = require('@tensorflow/tfjs');
require('@tensorflow/tfjs-node-gpu');
```

# B.2 윈도에서 tfjs-node-gpu 설치하기

1. 현재 윈도 버전이 CUDA 툴킷의 시스템 요구 사항에 맞는지 확인하세요. 일부 윈도 버전과 32비트 아키텍처는 CUDA 툴킷에서 지원하지 않습니다. 자세한 내용은 https://docs.nvidia.com/cuda/cuda-installation-guide-microsoft-windows/index.html#system-requirements를 참고하세요.

2. 컴퓨터에 Node.js와 npm을 설치했고 Node.js와 npm을 사용할 수 있다고 가정합니다. 그렇지 않다면 https://nodejs.org/en/download/에서 인스톨러를 내려받으세요.

3. CUDA 툴킷 설치에 필요하기 때문에 마이크로소프트 비주얼 스튜디오(Microsoft Visual Studio)를 설치합니다. 설치에 필요한 비주얼 스튜디오 버전은 1단계의 링크를 참고하세요.

4. 윈도용 CUDA 툴킷을 내려받고 설치합니다. 이 글을 쓰는 시점에 tfjs-node-gpu(1.2.10 버전)에 필요한 CUDA 버전은 10.0입니다. 컴퓨터에 설치된 윈도 버전에 맞는 설치 프로그램을 선택하세요. 이 단계는 관리자 권한이 필요합니다.

5. CuDNN을 내려받으세요. CUDA 버전에 맞는 CuDNN 버전인지 확인하길 바랍니다. 예를 들면 CuDNN 7.6이 CUDA 툴킷 10.0과 함께 사용됩니다. CuDNN을 내려받으려면 NVIDIA 계정으로 로그인하고 설문에 참여해야 할 수 있습니다.

6. CUDA 툴킷 인스톨러와 다르게 CuDNN은 zip 파일로 내려받을 수 있습니다. 압축을 풀면 cuda/bin, cuda/include, cuda/lib/x64 폴더가 만들어집니다. CUDA 툴킷이 설치된 디렉터리를 찾습니다(기본적으로 C:/Program Files/NVIDIA CUDA Toolkit 10.0/cuda와 같은 경로에 설치됩니다). 압축 해제된 파일을 동일한 이름의 하위 폴더에 복사합니다. 예를 들어 압축 해제하여 얻은 cuda/bin에 있는 파일은 C:/Program Files/NVIDIA CUDA Toolkit 10.0/cuda/bin으로 복사해야 합니다. 이 단계도 관리자 권한이 필요할 수 있습니다.

7. CUDA 툴킷과 CuDNN을 설치하고 난 후 윈도를 재시작하세요. 새로 설치한 라이브러리가 tfjs-node-gpu를 위해 적절하게 로드되기 위해 이 단계가 필요합니다.

8. window-build-tools npm 패키지를 설치하세요. 다음 단계에서 @tensorflow/tfjs-node-gpu npm 패키지를 설치하기 위해 필요합니다.

```
> npm install --add-python-to-path='true' --global windows-build-tools
```

9. npm으로 @tensorflow/tfjs와 @tensorflow/tfjs-node-gpu 패키지를 설치하세요.

```
> npm install @tensorflow/tfjs @tensorflow/tfjs-node-gpu
```

10. 설치가 잘되었는지 확인하기 위해 node 명령줄을 열고 다음을 실행합니다.

```
> const tf = require('@tensorflow/tfjs');
> require('@tensorflow/tfjs-node-gpu');
```

에러 없이 두 명령이 실행되는지 확인하세요. 두 번째 명령은 텐서플로 GPU 공유 라이브러리가 출력하는 로그 메시지를 볼 수 있습니다. 여기에는 tfjs-node-gpu가 인식해서 딥러닝 프로그램에 사용하게 될 CUDA 가능 GPU에 대한 자세한 내용이 포함되어 있습니다.

# TensorFlow.js
# 텐서와 연산
# 튜토리얼

C.1 텐서 생성과 텐서 축 규칙

C.2 기본 텐서 연산

C.3 TensorFlow.js의 메모리 관리: tf.dispose()와 tf.tidy()

C.4 그레이디언트 계산

C.5 연습 문제

이 부록에서는 tf.Model을 제외한 TensorFlow.js API에 초점을 맞춥니다. tf.Model은 모델 훈련과 평가, 추론을 위한 메서드를 모두 제공하지만 이따금 tf.Model 객체와 작업하기 위해 TensorFlow.js의 다른 API를 사용할 필요가 있습니다. 가장 흔한 경우는 다음과 같습니다.

- 데이터를 tf.Model 객체로 주입할 수 있는 텐서로 변환하기
- tf.Model이 만든 텐서 포맷의 예측 데이터를 프로그램의 다른 부분에서 사용하도록 변환하기

앞으로 살펴보겠지만, 데이터와 텐서 사이의 변환은 어렵지 않습니다. 하지만 소개할 만한 관례적인 패턴과 주의 사항이 있습니다.

# C.1 텐서 생성과 텐서 축 규칙

TENSORFLOW.JS

텐서(tensor)는 단순한 데이터 컨테이너입니다. 모든 텐서는 기본적으로 데이터 타입(dtype)과 크기(shape) 속성을 가집니다. dtype은 텐서 안에 어떤 종류의 값을 저장할지 제어합니다. 하나의 텐서는 한 종류의 값만 저장할 수 있습니다. 이 글을 쓰는 시점(0.13.5 버전)에 지원하는 dtype은 float32, int32, bool입니다.[1]

shape은 텐서에 있는 원소 개수와 구성을 나타내는 정수 배열입니다. 이를 텐서인 컨테이너의 '모양과 크기'로 생각할 수 있습니다(그림 C-1 참조).

---

1  **역주** 최신 버전은 complex64와 string dtype을 추가로 지원합니다.

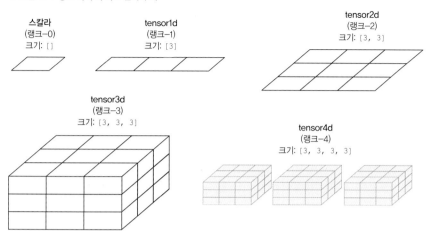

shape의 길이는 텐서의 **랭크**(rank)라고도 합니다. 예를 들어 **벡터**(vector)라 부르는 1D 텐서는 랭크 1입니다. 1D 텐서의 shape은 하나의 숫자를 담은 배열입니다. 이 숫자는 1D 텐서의 길이를 말해 줍니다. 랭크를 하나 증가시키면 (흑백 이미지와 같이) 2D 평면에 숫자 그리드(grid)로 나타낼 수 있는 2D 텐서가 됩니다. 2D 텐서의 shape은 두 개의 숫자를 가지며, 그리드의 높이와 너비에 해당합니다. 랭크를 하나 더 증가시키면 3D 텐서가 됩니다. 그림 C-1의 예에서 보듯이 3D 텐서를 숫자의 3D 그리드로 시각화할 수 있습니다. 3D 텐서의 shape은 세 개의 숫자로 구성되며 세 차원을 따라 3D 그리드의 크기를 나타냅니다. 따라서 일정 패턴을 볼 수 있습니다. 우리는 3차원 공간에 살고 있기 때문에 랭크 4 텐서(4D 텐서)는 시각화하기 어렵습니다. 4D 텐서는 심층 합성곱 신경망 같은 모델에서 자주 사용됩니다. TensorFlow.js는 랭크 6 텐서까지 지원합니다. 실제로 랭크-5 텐서는 아주 특별한 경우(예를 들면 비디오 데이터)에만 사용되고 랭크-6 텐서는 훨씬 드물게 사용됩니다.

## C.1.1 스칼라(랭크-0 텐서)

스칼라(scalar)는 shape이 빈 배열([ ])인 텐서입니다. 축이 없고 항상 정확히 하나의 값만 가지고 있습니다. tf.scalar() 함수로 새로운 스칼라를 만들 수 있습니다. 자바스크립트 콘솔에서 다음 명령을 수행하세요(여기에서도 TensorFlow.js가 tf 기호로 로드되었다고 가정합니다).

```
> const myScalar = tf.scalar(2018);[2]
> myScalar.print();
Tensor
     2018
> myScalar.dtype;
"float32"
> myScalar.shape;
[]
> myScalar.rank;
0
```

2018 값을 가지는 스칼라 텐서를 만들었습니다. 이 텐서의 크기는 기대대로 빈 리스트입니다. 이 텐서의 데이터 타입은 기본 dtype("float32")입니다. dtype을 정수로 바꾸려면 tf.scalar()를 호출할 때 'int32' 매개변수 값을 추가합니다.

```
> const myIntegerScalar = tf.scalar(2018, 'int32');
> myIntegerScalar.dtype;
"int32"
```

텐서에서 데이터를 다시 가져오려면 비동기 data() 메서드를 사용할 수 있습니다. 일반적으로 텐서는 GPU나 WebGL 텍스처와 같이 메인 메모리 밖에 저장될 수 있으므로 이 메서드는 비동기적입니다. 이런 텐서의 값을 추출하는 연산은 즉시 반환된다는 보장을 할 수 없고, 이런 연산이 메인 자바스크립트 스레드를 멈추게 만드는 것을 원하지 않습니다. 이것이 data() 메서드가 비동기적인 이유입니다. 텐서 값을 폴링(polling)하면서 추출하는 동기 메서드인 dataSync()도 있습니다. 이 메서드는 편리하지만 메인 자바스크립트 스레드를 멈추게 하므로 이따금 사용해야 합니다(예를 들면 디버깅). 가능하면 비동기 data() 메서드를 사용하세요.

```
> arr = await myScalar.data();
Float32Array [2018]
> arr.length
1
> arr[0]
2018
```

dataSync()는 다음과 같이 사용합니다.

---

2  공간을 절약하고 명확한 설명을 하기 위해 할당문의 결과에서 현재 문제와 상관없는 자바스크립트 콘솔 출력 라인은 건너뛰겠습니다.

```
> arr = myScalar.dataSync();
Float32Array [2018]
> arr.length
1
> arr[0]
2018
```

float32 텐서의 경우 data()와 dataSync() 메서드는 자바스크립트 Float32Array 타입으로 값을 반환합니다. 평범한 하나의 숫자를 기대했다면 조금 놀랄 수 있겠지만, 다른 크기의 텐서가 여러 숫자를 포함한 배열을 반환해야 한다는 점을 고려하면 이것이 더 합리적입니다. int32 타입 텐서와 bool 타입 텐서에서는 data()와 dataSync()가 각각 Int32Array와 Uint8Array를 반환합니다.

스칼라가 항상 딱 하나의 원소만 포함하지만, 그 반대는 항상 그렇지 않습니다. 0보다 큰 랭크의 텐서도 크기를 곱했을 때 1이 되기만 한다면 하나의 원소만 가질 수 있습니다. 예를 들어 크기가 [1, 1]인 2D 텐서는 하나의 원소만 있지만 두 개의 축을 가집니다.

## C.1.2 tensor1d(랭크-1 텐서)

1D 텐서를 이따금 랭크-1 텐서 또는 벡터라고 부릅니다. 1D 텐서는 하나의 축을 가지고 shape은 길이가 1인 배열입니다. 다음은 콘솔에서 벡터를 만드는 코드입니다.

```
> const myVector = tf.tensor1d([-1.2, 0, 19, 78]);
> myVector.shape;
[4]
> myVector.rank;
1
> await  myVector.data();
Float32Array(4) [-1.2, 0, 19, 78]
```

이 1D 텐서는 네 개의 원소를 가지고 있으므로 4차원 벡터라고 부를 수 있습니다. 4D 벡터와 4D 텐서를 혼동하지 마세요! 4D 벡터는 축이 하나이고 네 개의 값을 가진 1D 텐서입니다. 반면에 4D 텐서는 네 개의 축을 가집니다(각 축을 따라 여러 개의 차원을 가질 수 있습니다). 차원은 특정 축을 따라 놓인 원소 개수(예를 들면 4D 벡터) 또는 텐서에 있는 축의 개수를 나타냅니다(예를 들어 4D 텐서). 이 때문에 이따금 혼동할 수 있습니다. 랭크-4 텐서라고 부르는 것이 기술적으로 조금 더 정확하고 혼동이 적지만, 4D 텐서라는 모호한 표현이 더 일반적으로 사용됩니다. 대부분의 경우 문맥으로 이해할 수 있기 때문에 문제가 되지 않습니다.

스칼라 텐서의 경우처럼 data()와 dataSync() 메서드를 사용해 1D 텐서의 원소 값을 가져올 수 있습니다.

```
> await myVector.data()
Float32Array(4) [-1.2000000476837158, 0, 19, 78]
```

또는 data()의 동기 버전인 dataSync()를 사용할 수 있지만, dataSync()는 UI 스레드를 중지시키므로 가능한 한 피해야 합니다.

```
> myVector.dataSync()
Float32Array(4) [-1.2000000476837158, 0, 19, 78]
```

1D 텐서의 특정 원소 값에 접근하기 위해 data()나 dataSync()가 반환한 TypedArray의 인덱스를 참조할 수 있습니다.

```
> [await myVector.data()][2]
19
```

## C.1.3 tensor2d(랭크-2 텐서)

2D 텐서는 두 개의 축을 가집니다. 이따금 2D 텐서를 행렬(matrix)이라고도 부릅니다. 두 축을 각각 행렬의 행 인덱스와 열 인덱스로 해석할 수 있습니다. 행렬은 원소가 놓인 직사각형 그리드로 볼 수 있습니다(그림 C-1의 세 번째 패널). TensorFlow.js에서는 다음과 같이 만들 수 있습니다.

```
> const myMatrix = tf.tensor2d([[1, 2, 3], [40, 50, 60]]);
> myMatrix.shape;
[2, 3]
> myMatrix.rank;
2
```

첫 번째 축에 놓인 항목을 행이라 부르고, 두 번째 축에 놓인 항목을 열이라 부릅니다. 이전 예에서 [1, 2, 3]이 첫 번째 행이고 [1, 40]이 첫 번째 열입니다. data()나 dataSyn()를 사용할 때 행을 우선하여 나열하는 평평한 배열이 반환된다는 점이 중요합니다. 다른 말로 하면, 첫 번째 행의 원소가 먼저 Float32Array에 등장하고 이어서 두 번째 행의 원소가 나타나는 식입니다.[3]

---

3  MATLAB과 R 같은 다른 수치 프레임워크에서는 열이 우선하여 나타납니다.

```
> await myMatrix.data();
Float32Array(6) [1, 2, 3, 40, 50, 60]
```

앞서 인덱싱을 사용해 data()와 dataSync() 메서드가 반환한 1D 텐서의 원소 값을 참조할 수 있다고 언급했습니다. 2D 텐서를 사용할 때는 data()와 dataSync()가 2D 텐서의 원소를 펼쳐서 반환하기 때문에 인덱싱 연산이 조금 번거롭습니다. 예를 들어, 2D 텐서의 두 번째 행과 두 번째 열에 있는 원소에 해당하는 TypedArray 원소를 참조하려면 다음과 같은 산술 연산을 수행해야 합니다.

```
> (await myMatrix.data())[1 * 3 + 1];
50
```

다행히 TensorFlow.js는 텐서 값을 평범한 자바스크립트 데이터 구조로 받을 수 있는 array()와 arraySync() 메서드를 제공합니다. data()나 dataSync()와 달리 이런 메서드는 중첩된 자바스크립트 배열을 반환하기 때문에 원본 텐서의 랭크와 크기를 유지합니다.

```
> JSON.stringify(await myMatrix.array())
"[[1,2,3],[40,50,60]]"
```

두 번째 행과 두 번째 열의 원소를 참조하려면 간단히 중첩된 배열에 대해 인덱싱을 두 번 수행하면 됩니다.

```
> (await myMatrix.array())[1][1]
50
```

이렇게 하면 인덱스 계산을 수행할 필요가 없어 특히 고차원 텐서에서 편리합니다. arraySync()는 array() 메서드의 동기 버전입니다. dataSync()와 마찬가지로 arraySync()는 UI 스레드를 중지시킬 수 있으므로 주의해서 사용해야 합니다.

tf.tensor2d()를 호출할 때 중첩된 자바스크립트 배열을 매개변수로 제공했습니다. 이 매개변수는 다른 배열 안에 중첩된 배열의 행으로 구성됩니다. 이 중첩된 구조를 사용해 tf.tensor2d()가 2D 텐서의 크기를 계산합니다. 즉, 행의 개수와 열의 개수를 얻습니다. tf.tensor2d()로 동일한 2D 텐서를 만드는 다른 방법은 펼쳐진 (중첩되지 않은) 자바스크립트 배열을 전달하고 두 번째 매개변수로 2D 텐서의 크기를 지정하는 것입니다.

```
> const myMatrix = tf.tensor2d([1, 2, 3, 40, 50, 60], [2, 3]);
> myMatrix.shape;
[2, 3]
```

```
> myMatrix.rank;
2
```

이 방식에서 shape 매개변수에 있는 모든 숫자를 곱한 값이 배열에 있는 원소의 개수와 동일해야 합니다. 그렇지 않으면 tf.tensor2d() 호출에서 에러가 발생합니다. 랭크가 2보다 큰 텐서의 경우도 비슷하게 두 방식으로 텐서를 만듭니다. 하나의 중첩된 배열을 매개변수로 전달하거나 펼친 배열과 크기를 매개변수로 전달합니다. 책에 있는 예제에서 두 방식을 모두 사용하는 것을 볼 수 있습니다.

## C.1.4 랭크-3과 고차원 텐서

여러 개의 2D 텐서를 새로운 배열로 묶으면 정육면체로 생각할 수 있는 3D 텐서를 얻게 됩니다 (그림 C-1의 네 번째 패널). 이전과 동일한 패턴으로 TensorFlow.js에서 랭크-3 텐서를 만들 수 있습니다.

```
> const myRank3Tensor = tf.tensor3d([[[1, 2, 3],
                                       [4, 5, 6]],
                                      [[10, 20, 30],
                                       [40, 50, 60]]]);
> myRank3Tensor.shape;
[2, 2, 3]
> myRank3Tensor.rank;
3
```

동일한 작업을 수행하는 또 다른 방법은 펼친 (중첩되지 않은) 배열과 명시적인 크기를 함께 전달하는 것입니다.

```
> const anotherRank3Tensor = tf.tensor3d(
    [1, 2, 3, 4, 5, 6, 7, 8, 9, 10, 11, 12],
    [2, 2, 3]);
```

이 예에 있는 tf.tensor3d() 함수는 더 일반적인 tf.tensor() 함수로 바꿀 수 있습니다. 이 함수를 사용하면 랭크 6까지 어떤 텐서도 생성할 수 있습니다. 다음 예에서 랭크-3 텐서와 랭크-6 텐서를 만듭니다.

```
> anotherRank3Tensor = tf.tensor(
    [1, 2, 3, 4, 5, 6, 7, 8, 9, 10, 11, 12],
```

```
   [2, 2, 3]);
> anotherRank3Tensor.shape;
[2, 2, 3]
> anotherRank3Tensor.rank;
3
> tinyRank6Tensor = tf.tensor([13], [1, 1, 1, 1, 1, 1]);
> tinyRank6Tensor.shape;
[1, 1, 1, 1, 1, 1]
> tinyRank6Tensor.rank;
6
```

## C.1.5 데이터 배치 개념

실제로 딥러닝에서 사용하는 모든 텐서의 (인덱스가 0부터 시작하기 때문에 축 인덱스가 0인) 첫 번째 축은 거의 항상 **배치**(batch) 축입니다(이따금 **샘플 축** 또는 **배치 차원**이라고 부릅니다). 따라서 모델이 입력으로 받는 실제 텐서는 개별 입력 특성보다 1만큼 큰 랭크를 가집니다. 이는 책의 TensorFlow.js 모델 전체에 모두 적용됩니다. 첫 번째 차원의 크기는 배치에 있는 샘플 개수인 **배치 크기**와 동일합니다. 예를 들어, 3장의 붓꽃 예제 분류 문제(코드 3-9)에서 각 샘플의 입력 특성은 길이 4인 벡터(크기가 [4]인 1D 텐서)로 표현되는 네 개의 숫자로 구성됩니다. 따라서 붓꽃 분류 모델의 입력은 2D이고 크기는 [null, 4]입니다. 첫 번째 null 값은 모델 실행 시에 결정되는 배치 크기를 의미합니다(그림 C-2 참조). 이런 배치 차원은 모델의 출력에도 적용됩니다. 예를 들어, 붓꽃 분류 모델은 입력 샘플마다 세 개의 가능한 붓꽃 품종에 대한 원-핫 인코딩인 크기가 [3]인 1D 텐서를 출력합니다. 하지만 모델의 실제 출력 크기는 2D이고 크기는 [null, 3]입니다. 여기서 첫 번째 차원의 null 값은 나중에 결정될 배치 크기입니다.

▼ 그림 C-2 개별 샘플의 텐서 크기(왼쪽)와 배치 샘플의 텐서 크기(오른쪽). 배치 샘플의 텐서는 개별 샘플의 텐서보다 랭크가 하나 더 크다. 이것이 tf.Model 객체의 predict(), fit(), evaluate() 메서드에서 기대하는 포맷이다. 배치 샘플의 텐서 크기에 있는 null은 텐서의 첫 번째 차원의 크기가 결정되지 않았다는 것을 나타내며, 앞서 언급한 메서드를 실제로 호출할 때 어떤 양의 정수로 채워질 수 있다.

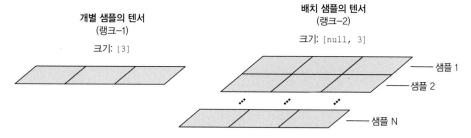

## C.1.6 실제 텐서 예시

책에서 볼 텐서와 유사한 몇 가지 구체적인 사례를 들어 보겠습니다. 앞으로 다루게 될 데이터는 거의 항상 다음 카테고리 중 하나에 속할 것입니다. 이전에 논의했듯이 배치에 대한 관례를 따라 항상 첫 번째 축 배치 샘플 개수(numExamples)를 포함하겠습니다.

- **벡터 데이터**: [numExamples, features] 크기의 2D 텐서
- **시계열 (시퀀스) 데이터**: [numExamples, timesteps, features] 크기의 3D 텐서
- **이미지**: [numExamples, height, width, channels] 크기의 4D 텐서
- **비디오**: [numExamples, frame, height, width, channels] 크기의 5D 텐서

### 벡터 데이터

가장 널리 사용되는 데이터입니다. 이런 데이터셋에서는 하나의 데이터 샘플이 랭크-2 텐서입니다. 첫 번째 축은 샘플 축이고 두 번째 축은 특성 축입니다.

두 가지 예를 살펴보겠습니다.

- 사람의 나이, 우편번호, 수입을 나타내는 보험 통계 데이터셋. 각 사람은 세 개의 값을 가진 벡터로 표현됩니다. 따라서 100,000명이 담긴 전체 데이터셋을 [100000, 3] 크기의 2D 텐서로 저장할 수 있습니다.
- (예를 들어 가장 자주 등장하는 20,000개의 단어로 구성된 어휘 사전 중에서) 얼마나 각 단어가 많이 등장하는지 헤아려 각 문서를 표현하는 텍스트 문서 데이터셋. 각 문서는 (어휘 사전에 있는 단어당 하나씩) 20,000개의 값을 가진 벡터로 인코딩될 수 있습니다. 따라서 500개의 문서로 구성된 배치를 [500, 20000] 크기의 텐서로 저장할 수 있습니다.

### 시계열 데이터 또는 시퀀스 데이터

데이터에서 시간이 중요할 때 (또는 순서 개념이 있을 때) 시간 축을 포함해 3D 텐서로 저장하는 것이 좋습니다. 각 샘플은 벡터의 시퀀스(2D 텐서)로 인코딩됩니다. 따라서 샘플의 배치는 3D 텐서로 인코딩됩니다(그림 C-3 참조).

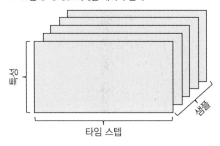

▼ 그림 C-3 3D 시계열 데이터 텐서

특성

타임 스텝

샘플

다음 예와 같이 시간 축은 관례상 거의 항상 두 번째 축(인덱스가 1인 축)입니다.

- 주식 가격 데이터셋. 1분마다 주식의 현재 가격, 지난 1분 동안의 최고 가격, 지난 1분 동안의 최소 가격을 저장합니다. 따라서 매 분은 세 개의 값을 가진 벡터로 인코딩됩니다. 한 시간은 60분이므로 한 시간 동안 거래는 [60, 3] 크기의 2D 텐서로 인코딩됩니다. 250시간의 독립적인 시퀀스로 이루어진 데이터셋의 크기는 [250, 60, 3]이 됩니다.

- 트윗 데이터셋. 각 트윗은 280개 문자의 시퀀스로 인코딩됩니다. 각 문자는 128개 알파벳 중 하나입니다. 이 경우 각 문자는 크기가 128인 이진 벡터로 인코딩할 수 있습니다(해당 문자에 대응되는 인덱스만 1이고, 나머지는 0으로 인코딩합니다). 그러면 각 트윗을 [280, 128] 크기의 랭크-2 텐서로 생각할 수 있습니다. 100만 개의 트윗으로 구성된 데이터셋은 [1000000, 280, 128] 크기의 텐서로 저장할 수 있습니다.

## 이미지 데이터

이미지 데이터는 전형적으로 높이, 너비, 컬러 채널을 가진 3차원입니다. 흑백 이미지는 하나의 컬러 채널만 있지만 이미지 텐서는 항상 랭크 3입니다. 흑백 이미지의 경우 1차원 컬러 채널로 간주합니다. 256 × 256 크기의 흑백 이미지 128개로 이루어진 배치는 [128, 256, 256, 1] 크기의 텐서로 저장할 수 있습니다. 128개의 컬러 이미지로 이루어진 배치는 [128, 256, 256, 3] 크기의 텐서로 저장됩니다(그림 C-4 참조). 이를 NHWC 형식이라고 부릅니다(자세한 내용은 4장을 참고하세요).

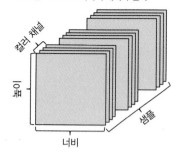

컬러 채널

높이

샘플

너비

일부 프레임워크는 NCHW 형식을 사용하여 높이와 너비 전에 컬러 채널 차원을 둡니다. 이 책에서는 이 방식을 사용하지 않지만, 다른 곳에서 [128, 3, 256, 256]과 같은 크기의 이미지 텐서를 보더라도 놀라지 마세요.

## 비디오 데이터

비디오 데이터는 랭크-5 텐서가 필요한 몇 안 되는 데이터 종류 중 하나입니다. 비디오는 프레임의 시퀀스로 이해할 수 있습니다. 각 프레임은 하나의 컬러 이미지입니다. 각 프레임을 [height, width, colorChannel] 크기의 랭크-3 텐서로 저장할 수 있으므로 프레임의 시퀀스는 [frames, height, width, colorChannel] 크기의 4D 텐서로 저장할 수 있습니다. 따라서 여러 비디오로 구성된 배치는 [samples, frames, height, width, colorChannel] 크기의 5D 텐서로 저장할 수 있습니다.

예를 들어 초당 4프레임으로 샘플링된 60초짜리 144 × 256 유튜브 비디오 클립은 총 240개의 프레임을 가집니다. 이런 비디오 클립 네 개로 구성된 배치는 [4, 240, 144, 256, 3] 크기의 텐서로 저장할 수 있습니다. 총 106,168,320개의 값입니다! 이 텐서의 dtype이 'float32'라면 하나의 값이 32비트로 저장됩니다. 따라서 이 텐서의 용량은 405MB입니다. 이는 매우 용량이 큰 데이터입니다! 실제 비디오 데이터는 float32로 저장하지 않고 (MPEG 포맷과 같이) 높은 비율로 압축되기 때문에 훨씬 용량이 작습니다.

## C.1.7 텐서 버퍼에서 텐서 만들기

tf.tensor2d()와 tf.tensor() 같은 함수를 사용해 자바스크립트 배열에서 텐서를 만드는 방법을 보았습니다. 이렇게 하려면 미리 모든 원소의 값을 결정하고 자바스크립트 배열로 저장해야 합니다. 하지만 어떤 경우에는 이런 자바스크립트 배열을 만드는 것이 조금 번거롭습니다. 예를 들어,

주대각선 원소는 행이나 열 인덱스에 1을 더하는 식으로 값이 증가하고 나머지 원소는 모두 0인 5 × 5 행렬을 만든다고 가정해 보죠.

```
[[1, 0, 0, 0, 0],
 [0, 2, 0, 0, 0],
 [0, 0, 3, 0, 0],
 [0, 0, 0, 4, 0],
 [0, 0, 0, 0, 5]]
```

이를 위해 중첩된 자바스크립트 배열을 만들려면 다음과 같은 코드를 작성하게 됩니다.

```
const n = 5;
const matrixArray = [];
for (let i = 0; i < 5; ++i) {
  const row = [];
  for (let j = 0; j < 5; ++j) {
    row.push(j === i ? i + 1 : 0);
  }
  matrixArray.push(row);
}
```

그다음, 중첩된 자바스크립트 배열인 matrixArray를 2D 텐서로 변환합니다.

> **const matrix = tf.tensor2d(matrixArray);**

이 코드는 조금 장황합니다. 두 개의 for 루프를 중첩하여 사용합니다. 더 간단한 방법이 있을까요? 네, 있습니다. tf.tensorBuffer() 함수를 사용해 TensorBuffer를 만들 수 있습니다. TensorBuffer 객체를 사용하면 인덱스로 원소를 지정할 수 있고 set() 메서드로 값을 바꿀 수 있습니다. 이는 값을 바꿀 수 없는 TensorFlow.js의 텐서 객체와 다릅니다. 원하는 대로 TensorBuffer 원소의 값을 모두 지정하고 나면 toTensor() 메서드로 간편하게 텐서로 바꿀 수 있습니다. 따라서 tf.tensorBuffer()를 사용하여 앞의 코드와 동일한 텐서를 만드는 코드는 다음과 같습니다.

```
const buffer = tf.tensorBuffer([5, 5]); ········ TensorBuffer를 만들 때 텐서 크기를 지정합니다.
                                                 TensorBuffer는 생성 시 모두 0으로 설정됩니다.
for (let i = 0; i < 5; ++i) {
  buffer.set(i + 1, i, i); ········ 첫 번째 매개변수는 원하는 값이고 나머지 매개변수는
                                    값을 설정할 원소의 인덱스입니다.
}
const matrix = buffer.toTensor(); ········ TensorBuffer에서 실제 텐서 객체를 얻습니다.
```

tf.tensorBuffer()를 사용하여 코드를 열 줄에서 다섯 줄로 줄였습니다.

## C.1.8 값이 0인 텐서와 값이 1인 텐서 만들기

종종 모든 원소의 값이 0인 어떤 크기의 텐서를 만들 필요가 있습니다. tf.zeros() 함수를 사용하면 이런 텐서를 만들 수 있습니다. 다음과 같이 함수를 호출할 때 원하는 크기를 입력 매개변수로 전달합니다.

```
> const x = tf.zeros([2, 3, 3]);
> x.print();
Tensor
    [[[0, 0, 0],
      [0, 0, 0],
      [0, 0, 0]],
     [[0, 0, 0],
      [0, 0, 0],
      [0, 0, 0]]]
```

이 텐서는 기본 dtype(float32)을 가집니다. 다른 dtype의 값이 0인 텐서를 만들려면 tf.zeros()의 두 번째 매개변수로 dtype을 지정합니다.

이와 비슷한 함수는 tf.zerosLike()입니다. 이 함수는 기존 텐서의 크기와 dtype이 동일하고 모든 값이 0인 텐서를 만듭니다.

```
> const y = tf.zerosLike(x);
```

위 코드는 다음과 동일합니다.

```
> const y = tf.zeros(x.shape, x.dtype);
```

하지만 tf.zerosLike()가 더 간결합니다.

유사하게 tf.ones()와 tf.onesLike() 함수를 사용하면 모든 원소가 1인 텐서를 만들 수 있습니다.

## C.1.9 랜덤한 값을 가진 텐서 만들기

많은 경우에 랜덤한 값을 가진 텐서를 만드는 것이 필요합니다. 예를 들면 가중치를 초기화할 때입니다. 랜덤한 값의 텐서를 만들 때 가장 많이 사용하는 함수는 tf.randomNormal()과 tf.randomUniform()입니다. 이 두 함수는 사용법이 비슷하지만 원소 값의 분포가 다릅니다. 이름에서 알 수 있듯이 tf.randomNormal()은 원소의 값이 정규 (가우스) 분포를 따르는 텐서를 반환합니다.[4] 크기 매개변수와 함께 이 함수를 호출하면 평균이 0이고 표준 편차가 1인 표준 정규 분포를 따르는 원소로 구성된 텐서를 얻습니다.

```
> const x = tf.randomNormal([2, 3]);
> x.print():
Tensor
    [[-0.2772508, 0.63506  , 0.3080665],
     [0.7655841 , 2.5264773, 1.142776 ]]
```

평균이나 표준 편차가 기본값과 다른 정규 분포가 필요하다면 두 번째와 세 번째 매개변수로 각각 지정할 수 있습니다. 예를 들어 다음 코드는 평균이 –20이고 표준 편차가 0.6인 정규 분포를 따르는 텐서를 만듭니다.

```
> const x = tf.randomNormal([2, 3], -20, 0.6);
> x.print();
Tensor
    [[-19.0392246, -21.2259483, -21.2892818],
     [-20.6935596, -20.3722878, -20.1997948]]
```

tf.randomUniform()은 균등 분포를 따르는 텐서를 만듭니다. 기본적으로 단위 균등 분포로 하한은 0이고 상한은 1입니다.

```
> const x = tf.randomUniform([3, 3]);
> x.print();
Tensor
    [[0.8303654, 0.3996494, 0.3808384],
     [0.0751046, 0.4425731, 0.2357403],
     [0.4682371, 0.0980235, 0.7004037]]
```

단위 균등 분포를 따르지 않게 하려면 하한과 상한을 tf.randomUniform()의 두 번째와 세 번째 매개변수로 지정할 수 있습니다.

```
> const x = tf.randomUniform([3, 3], -10, 10);
```

앞의 코드는 [-10, 10) 범위에서 랜덤하게 분포된 텐서를 만듭니다.

TensorFlow.js 텐서와 연산 튜토리얼

---

4  통계를 잘 아는 독자를 위해 언급하면 이 원소 값은 서로 독립적입니다.

```
> x.print();
Tensor
    [[-7.4774652, -4.3274679, 5.5345411 ],
     [-6.767087 , -3.8834026, -3.2619202],
     [-8.0232048, 7.0986223 , -1.3350322]]
```

tf.randomUniform()은 랜덤한 int32 타입의 텐서를 만들 때 사용할 수 있습니다. 랜덤한 레이블을
생성하는 경우입니다. 예를 들면, 다음 코드는 0~100 사이([0, 100) 범위)의 정수에서 랜덤하게
뽑은 길이가 10인 벡터를 만듭니다.

```
> const x = tf.randomUniform([10], 0, 100, 'int32');
> x.print();
Tensor
    [92, 16, 65, 60, 62, 16, 77, 24, 2, 66]
```

앞의 코드에서 'int32'가 중요합니다. 이를 지정하지 않으면 int32 텐서가 아니라 float32 텐서가
만들어집니다.

# C.2 기본 텐서 연산

텐서로 연산을 수행할 수 없다면 큰 소용이 없을 것입니다. TensorFlow.js는 많은 텐서 연산을
지원합니다. https://js.tensorflow.org/api/latest에서 전체 목록과 문서를 볼 수 있습니다. 모
든 연산을 설명하는 것은 장황하고 중복이 많습니다. 따라서 가장 많이 사용하는 연산을 예로 들
어 설명하겠습니다. 자주 사용되는 연산은 두 종류로 나눌 수 있습니다. 단항 연산과 이진 연산입
니다. 단항 연산은 입력으로 하나의 텐서를 받고 하나의 새로운 텐서를 반환합니다. 이진 연산은
입력으로 두 개의 텐서를 받고 하나의 새로운 텐서를 반환합니다.

## C.2.1 단항 연산

한 텐서에 음수를 취해 크기와 타입이 같은 새로운 텐서를 만드는 연산을 생각해 보죠. 즉, 입력 텐서의 모든 원소의 부호와 반대인 텐서를 만듭니다. 이런 작업은 tf.neg() 함수로 수행할 수 있습니다.

```
> const x = tf.tensor1d([-1, 3, 7]);
> const y = tf.neg(x);
> y.print();
Tensor
    [1, -3, -7]
```

### 함수형 API vs. 연결형 API

앞의 예에서 텐서 x를 입력 매개변수로 전달하여 tf.neg() 함수를 호출했습니다. TensorFlow.js는 수학적으로 동일한 연산을 수행하는 더 간단한 방법을 제공합니다. tf.* 네임스페이스 아래의 함수 대신에 텐서 객체 자체의 neg() 메서드를 사용할 수 있습니다.

```
> const y = x.neg();
```

간단한 이 예에서는 새로운 API로 인해 줄어든 타이핑의 양이 인상적이지 않을 수 있습니다. 하지만 여러 개의 연산을 차례로 적용해야 하는 경우 두 번째 방식이 첫 번째보다 훨씬 장점이 많습니다. 예를 들어 x의 음수를 구하고, x의 역수(1을 모든 원소로 나눈 값)를 계산하고, 여기에 relu 활성화 함수를 적용하는 가상의 알고리즘을 생각해 보죠.

```
> const y = tf.relu(tf.reciprocal(tf.neg(x)));
```

이와 달리 두 번째 API의 코드는 다음과 같습니다.

```
> const y = x.neg().reciprocal().relu();
```

두 번째 구현이 여러 면에서 첫 번째보다 낫습니다.

- 문자 수가 적어 타이핑을 줄이기 때문에 실수할 가능성이 적습니다.
- (대부분의 최신 코드 편집기가 도와주지만) 여는 괄호와 닫는 괄호의 중첩된 쌍을 맞출 필요가 없습니다.

- 코드에 나타나는 메서드의 순서가 수학 연산이 일어나는 순서와 같다는 점이 특히 중요합니다. (첫 번째 구현에서는 순서가 반대입니다.) 이 때문에 두 번째 구현 방식이 읽기 쉬운 코드를 만듭니다.

첫 번째 API는 tf.* 네임스페이스 아래 함수를 호출하기 때문에 **함수형 API**(functional API)라고 부릅니다. 두 번째 API는 체인처럼 순서대로 연산이 등장하기 때문에 **연결형 API**(chaining API)라고 부릅니다. TensorFlow.js에 있는 대부분의 연산은 tf.* 아래 함수형 버전과 텐서 객체의 메서드인 연결형 버전으로 사용할 수 있습니다. 필요에 따라 두 API를 선택할 수 있습니다. 이 책에서는 두 API를 모두 사용하지만, 연속적인 연산을 적용하는 경우 연결형 API를 사용합니다.

## 원소별 연산 vs. 축소 연산

앞서 언급한 단항 연산(tf.neg(), tf.reciprocal(), tf.relu())은 입력 텐서의 개별 원소에 독립적으로 적용됩니다. 결과적으로 이런 연산에서 반환된 텐서는 입력 텐서의 크기와 동일합니다. 하지만 TensorFlow.js의 다른 단항 연산은 텐서의 크기를 원본보다 줄입니다. 텐서의 크기가 줄어든다는 의미가 무엇일까요? 경우에 따라 작은 랭크를 의미합니다. 예를 들어 어떤 단항 연산이 3D(랭크-3) 텐서를 받아 스칼라(랭크-0) 텐서를 반환할 수 있습니다. 다른 경우에는 특정 차원의 크기가 원본보다 작다는 것을 의미합니다. 예를 들어 어떤 단항 연산이 [3, 20] 크기의 입력을 받아 [3, 1] 크기의 텐서를 반환할 수 있습니다. 크기가 어떻게 줄어드는지 상관없이 이런 연산을 **축소 연산**(reduction operation)이라고 부릅니다.

tf.mean()은 가장 자주 사용되는 축소 연산 중에 하나입니다. 이 함수는 연결형 API에서 Tensor 클래스의 mean() 메서드로 제공됩니다. 추가 매개변수 없이 호출하면 입력 텐서의 크기에 상관없이 모든 원소의 산술 평균을 계산하여 스칼라를 반환합니다. 연결형 API로 사용하는 방법은 다음과 같습니다.

```
> const x = tf.tensor2d([[0, 10], [20, 30]]);
> x.mean().print();
Tensor
    15
```

이따금 2D 텐서(행렬) 전체가 아니라 행마다 따로 평균을 계산할 필요가 있습니다. mean() 메서드에 매개변수를 추가하여 이런 계산을 수행할 수 있습니다.

```
> x.mean(-1).print();
Tensor
    [5, 25]
```

매개변수 -1은 mean() 메서드가 텐서의 마지막 차원을 따라 산술 평균을 계산해야 한다는 것을 나타냅니다.[5] 이 차원이 출력 텐서에서 축소되어 사라지기 때문에 **축소 차원**(reduction dimension)이라고 부릅니다. 앞의 예에서는 랭크-1 텐서가 출력됩니다. 축소 차원을 지정하는 다른 방법은 해당 차원의 실제 인덱스를 지정하는 것입니다.

```
> x.mean(1).print();
```

mean()은 축소 차원을 여러 개 지정할 수도 있습니다. 예를 들어 [10, 6, 3] 크기의 3D 텐서가 있고 마지막 두 개의 차원에 대해 평균을 계산하여 크기가 [10]인 1D 텐서를 얻고 싶다면, x.mean([-2, -1]) 또는 x.mean([1, 2])처럼 mean() 메서드를 호출할 수 있습니다.

자주 사용하는 다른 축소 단항 연산은 다음과 같습니다.

- tf.sum()은 거의 tf.mean()과 동일하지만 산술 평균이 아니라 합을 계산합니다.
- tf.norm()은 원소의 노름(norm)을 계산합니다. 여러 종류의 노름이 있습니다. 예를 들어 1-노름은 원소의 절댓값 합입니다. 2-노름은 원소의 제곱을 더한 값에 제곱근을 취해 계산됩니다. 다른 말로 하면, 유클리드 공간상에 있는 벡터의 길이입니다. tf.norm()은 숫자 리스트의 분산이나 표준 편차를 계산하는 데 사용할 수 있습니다.
- tf.min()과 tf.max()는 각각 원소의 최솟값과 최댓값을 계산합니다.
- tf.argMax()는 축소 대상 축을 따라 최댓값 원소의 인덱스를 반환합니다. 이 연산은 종종 분류 모델의 확률 출력을 예측 클래스의 인덱스로 변환하기 위해 사용합니다(예를 살펴보려면 3.3.2절의 붓꽃 분류 문제를 참고하세요). tf.argMin()은 비슷한 기능을 하는 함수로서 최솟값의 인덱스를 찾습니다.

원소별 연산은 입력 텐서의 크기를 유지한다고 말했습니다. 하지만 그 반대는 항상 그렇지 않습니다. 동일한 크기의 출력을 만드는 연산 중에는 원소별로 수행되지 않는 것이 있습니다. 예를 들어 tf.transpose() 연산은 전치 행렬을 만듭니다. 2D 입력 텐서의 인덱스 [i, j]에 있는 원소를 2D 출력 텐서의 인덱스 [j, i]에 있는 원소로 매핑합니다. 입력이 정방 행렬이라면 tf.transpose()의 입력과 출력 크기는 동일합니다. 하지만 원소별로 수행되지 않습니다. 출력 텐

C

TensorFlow.js 텐서와 연산 튜토리얼

---

5  이는 파이썬의 인덱싱 형식과 같습니다.

서의 [i, j]에 있는 값이 입력 텐서의 [i, j]에 있는 값에만 의존하지 않고 다른 인덱스에 있는 값에 의존하기 때문입니다.

## C.2.2 이진 연산

단항 연산과 달리 이진 연산은 두 개의 입력 매개변수가 필요합니다. tf.add()는 아마도 가장 자주 사용되는 이진 연산일 것입니다. 단순히 두 개 텐서의 덧셈을 수행하기 때문에 가장 간단하기도 합니다.

```
> const x = tf.tensor2d([[0, 2], [4, 6]]);
> const y = tf.tensor2d([[10, 20], [30, 46]]);
> tf.add(x, y).print();
Tensor
    [[10, 22],
     [34, 52]]
```

비슷한 이진 연산은 다음과 같습니다.

- tf.sub()은 두 텐서의 뺄셈을 수행합니다.
- tf.mul()은 두 텐서의 곱셈을 수행합니다.
- tf.matMul()은 두 텐서의 행렬 곱셈을 계산합니다.
- tf.logicalAnd(), tf.logicalOr(), tf.logicalXor()은 각각 bool 타입 텐서에 대해 AND, OR, XOR 연산을 수행합니다.

일부 이진 연산은 **브로드캐스팅**(broadcasting)을 지원합니다. 브로드캐스팅은 다른 크기의 두 입력 텐서에 대해 특정 규칙을 따라 작은 크기의 입력에 있는 원소를 다른 입력에 있는 여러 원소에 적용합니다. 자세한 내용은 2장의 INFO BOX 2.4를 참고하세요.

## C.2.3 텐서 연결과 슬라이싱

단항 연산과 이진 연산은 하나 이상의 텐서를 입력으로 받고 하나의 텐서를 출력으로 반환합니다. TensorFlow.js에서 자주 사용되는 일부 연산은 텐서와 텐서가 아닌 매개변수를 입력으로 함께 받습니다. 이런 유형 중에서 tf.concat()은 아마도 가장 자주 사용되는 함수일 것입니다. 이 함수는 크기가 호환되는 여러 개의 텐서를 하나의 텐서로 연결합니다. 이는 텐서의 크기가 특정 조건을 만족할 때만 가능합니다. 예를 들어 [5, 3] 크기의 텐서와 [4, 3] 크기의 텐서를 첫 번째 축을 따라 연결하여 [9, 3] 크기의 텐서를 만들 수 있습니다. 하지만 크기가 [5, 3]인 텐서와 [4, 2]인 텐서는 연결할 수 없습니다! 크기가 호환되면 tf.concat() 함수를 사용해 텐서를 연결할 수 있습니다. 예를 들어 다음 코드는 값이 모두 0인 [2, 2] 텐서와 모두 1인 [2, 2] 텐서를 첫 번째 축을 따라 연결하여 상위 절반은 모두 0이고 하위 절반은 모두 1인 [4, 4] 크기의 텐서를 만듭니다.

```
> const x = tf.zeros([2, 2]);
> const y = tf.ones([2, 2]);
> tf.concat([x, y]).print();
Tensor
    [[0, 0],
     [0, 0],
     [1, 1],
     [1, 1]]
```

두 입력 텐서의 크기가 동일하기 때문에 두 번째 축을 따라 연결하는 것도 가능합니다. 축은 tf.concat()의 두 번째 매개변수로 지정합니다. 이렇게 하면 왼쪽 절반은 모두 0이고 오른쪽 절반은 모두 1인 [2, 4] 크기의 텐서를 얻습니다.

```
> tf.concat([x, y], 1).print();
Tensor
    [[0, 0, 1, 1],
     [0, 0, 1, 1]]
```

여러 개의 텐서를 하나로 연결하는 것 이외에도 이따금 그 반대로 텐서의 일부분을 추출하는 연산이 필요할 때가 있습니다. 예를 들어 [3, 2] 크기의 2D 텐서(행렬)를 만들어 보죠.

```
> const x = tf.randomNormal([3, 2]);
> x.print();
Tensor
    [[1.2366893 , 0.6011682 ],
     [-1.0172369, -0.5025602],
     [-0.6265425, -0.0009868]]
```

이 행렬의 두 번째 행을 얻고 싶습니다. 이를 위해 tf.slice()의 연결형 API를 사용할 수 있습니다.

```
> x.slice([1, 0], [1, 2]).print();
Tensor
    [[-1.0172369, -0.5025602],]
```

slice() 메서드의 첫 번째 매개변수는 입력 텐서에서 원하는 부분이 첫 번째 차원의 인덱스 1과 두 번째 차원의 인덱스 0에서 시작한다는 것을 나타냅니다. 여기서 다루는 2D 텐서는 행렬이므로, 다른 말로 하면 두 번째 행과 첫 번째 열에서 시작합니다. 두 번째 매개변수에는 원하는 출력의 크기 [1, 2] 또는 (행렬식으로 말하면) 한 개의 행과 두 개의 열을 지정합니다.

출력 결과에서 알 수 있듯이 3 × 2 행렬의 두 번째 행을 성공적으로 추출했습니다. 출력 크기는 입력과 동일한 랭크(2)를 가집니다. 하지만 첫 번째 차원의 크기는 1입니다. 이 경우 두 번째 차원의 모든 원소(모든 열)와 첫 번째 차원의 일부(일부 열)를 추출합니다. 이 경우에는 더 간단한 문법으로 동일한 효과를 낼 수 있습니다.

```
> x.slice(1, 1).print();
Tensor
    [[-1.0172369, -0.5025602],]
```

이 간단한 구문에서는 시작 인덱스와 첫 번째 차원을 따라 가져올 크기만 지정합니다. 두 번째 매개변수로 1 대신에 2를 지정하면 출력에 행렬의 두 번째 행과 세 번째 행이 포함됩니다.

```
> x.slice(1, 2).print();
Tensor
    [[-1.0172369, -0.5025602],
     [-0.6265425, -0.0009868]]
```

눈치챘겠지만 이 간단한 문법은 배치 형식과 관련이 있습니다. 이 방식을 사용하면 배치 텐서에서 개별 샘플 데이터를 편리하게 가져올 수 있습니다.

하지만 행 대신 행렬의 열을 가져오고 싶으면 어떻게 할까요? 이런 경우에는 복잡한 버전을 사용해야 합니다. 예를 들어 행렬의 두 번째 열을 가져오고 싶다면 다음과 같이 쓸 수 있습니다.

```
> x.slice([0, 1], [-1, 1]).print();
Tensor
    [[0.6011682 ],
     [-0.5025602],
     [-0.0009868]]
```

여기에서 첫 번째 매개변수([0, 1])는 슬라이싱하고자 하는 시작 인덱스를 나타내는 배열입니다. 첫 번째 차원의 첫 번째 인덱스와 두 번째 차원의 두 번째 인덱스입니다. 조금 더 간단히 말하면 첫 번째 행과 두 번째 열에서 슬라이싱을 시작합니다. 두 번째 매개변수([-1, 1])는 슬라이싱 크기를 지정합니다. 첫 번째 숫자(-1)는 첫 번째 차원의 모든 인덱스를 나타냅니다(모든 행을 원합니다). 두 번째 숫자(1)는 두 번째 차원에서 하나의 인덱스만 원한다는 것을 의미합니다(하나의 열만 원합니다). 결과는 행렬의 두 번째 열이 됩니다.

slice() 구문을 보면 단순히 행이나 열을 추출하는 데 그치지 않는다는 것을 알 수 있습니다. 사실 매우 유연하기 때문에 시작 인덱스와 크기가 적절히 지정된다면 2D 입력 텐서의 어떤 부분 행렬(행렬 내의 직사각형 영역)도 추출할 수 있습니다. 더 일반적으로 0보다 큰 랭크의 텐서에서 slice()를 사용하여 입력 텐서 안에서 동일한 랭크를 가진 어떤 부분 텐서도 추출할 수 있습니다. 이는 이 부록의 끝에 있는 연습 문제로 남겨 놓겠습니다.

tf.slice()와 tf.concat() 외에도 텐서를 여러 개로 나누거나 여러 개의 텐서를 하나로 합치는 데 자주 사용하는 두 개의 연산 tf.unstack()과 tf.stack()이 있습니다. tf.unstack()은 하나의 텐서를 첫 번째 차원을 따라 여러 개의 조각으로 나눕니다. 나누어진 조각의 첫 번째 차원 크기는 1입니다. 예를 들어 tf.unstack()의 연결형 API를 사용해 보겠습니다.

```
> const x = tf.tensor2d([[1, 2], [3, 4], [5, 6]]);
> x.print();
Tensor
    [[1, 2],
     [3, 4],
     [5, 6]]
> const pieces = x.unstack();
> console.log(pieces.length);
  3
> pieces[0].print();
Tensor
    [1, 2]
> pieces[1].print();
Tensor
    [3, 4]
> pieces[2].print();
Tensor
    [5, 6]
```

여기서 볼 수 있듯이 unstack()이 반환한 조각은 입력 텐서보다 랭크가 하나 적습니다.

tf.stack()은 tf.unstack()의 반대입니다. 이름에서 알 수 있듯이 동일한 크기의 텐서 여러 개를 쌓아 하나의 텐서를 만듭니다. 이전 예제 코드에서 만든 조각을 하나의 텐서로 합쳐 보겠습니다.

```
> tf.stack(pieces).print();
Tensor
    [[1, 2],
     [3, 4],
     [5, 6]]
```

tf.unstack()은 배치 텐서에서 개별 샘플 데이터를 가져오는 데 유용하고, tf.stack()은 개별 샘플을 배치 텐서로 합치는 데 유용합니다.

# C.3 TensorFlow.js의 메모리 관리: tf.dispose()와 tf.tidy()

TensorFlow.js에서 텐서 객체를 직접 다룬다면 해당 객체에 대한 메모리 관리를 수행해야 합니다. 특히 텐서는 생성하고 사용한 후에 삭제해야 합니다. 그렇지 않으면 객체에 할당된 메모리를 계속 점유하게 됩니다. 폐기하지 않은 텐서가 너무 많거나 전체 크기가 너무 크면, 브라우저 탭에서 WebGL 메모리 부족이 일어나거나 (tfjs-node의 CPU 버전이나 GPU 버전을 사용하는지에 따라) Node.js 프로세스에서 시스템이나 GPU 메모리 부족이 일어납니다. TensorFlow.js는 사용자가 생성한 텐서에 대해 자동으로 가비지 컬렉션(garbage collection)을 수행하지 않습니다.[6] 이는 자바스크립트가 객체 소멸자(object finalizer)를 지원하지 않기 때문입니다. TensorFlow.js는 메모리 관리를 위한 tf.dispose() 함수와 tf.tidy() 함수를 제공합니다.

예를 들어 for 루프를 사용해 TensorFlow.js 모델로 반복적으로 추론을 수행하는 예를 생각해보죠.

```
                                                        웹에서 사전 훈련된 모델을 로드합니다.
const model = await tf.loadLayersModel(
  'https://storage.googleapis.com/tfjs-models/tfjs/iris_v1/model.json');
const x = tf.randomUniform([1, 4]); ------ 랜덤한 입력 텐서를 만듭니다.
for (let i = 0; i < 3; ++i) {
  const y = model.predict(x);
```

---

6  하지만 TensorFlow.js 함수와 객체 메서드 안에서 만든 텐서는 라이브러리가 관리합니다. 따라서 tf.tidy()로 이런 함수나 메서드를 감쌀 필요가 없습니다. 이런 함수의 예로는 tf.confusionMatrix(), tf.Model.predict(), tf.Model.fit()이 있습니다.

```
    y.print();
    console.log('텐서 개수: ${tf.memory().numTensors}' ); ------ 현재 할당된 텐서의 개수를 확인합니다.
  }
```

출력은 다음과 같습니다.

```
Tensor
    [[0.4286409, 0.4692867, 0.1020722],]
텐서 개수: 14
Tensor
    [[0.4286409, 0.4692867, 0.1020722],]
텐서 개수: 15
Tensor
    [[0.4286409, 0.4692867, 0.1020722],]
텐서 개수: 16
```

콘솔 로그에서 볼 수 있듯이 model.predict()를 호출할 때마다 추가로 텐서를 생성합니다. 이 텐서는 반복이 끝난 후에도 폐기되지 않습니다. for 루프가 많이 반복되어 실행되면 결국 메모리 부족 에러가 발생할 것입니다. 이는 출력 텐서 y가 적절히 폐기되지 않아 메모리 누수가 발생하기 때문입니다. 이런 메모리 누수를 막는 두 가지 방법이 있습니다.

첫 번째 방법은 더 이상 필요하지 않은 출력 텐서에 대해 tf.dispose()를 호출하는 것입니다.

```
for (let i = 0; i < 3; ++i) {
  const y = model.predict(x);
  y.print();
  tf.dispose(y); ------ 출력 텐서를 사용 후에 폐기합니다.
  console.log('텐서 개수: ${tf.memory().numTensors}' );
}
```

두 번째 방법은 tf.tidy()로 for 루프를 감싸는 것입니다.

```
for (let i = 0; i < 3; ++i) {
  tf.tidy(() => {  ················ tf.tidy()는 전달된 함수가 반환하는 텐서를 제외하고 이
    const y = model.predict(x);      함수 안에서 생성된 모든 텐서를 자동으로 폐기합니다.
    y.print();
    console.log('텐서 개수: ${tf.memory().numTensors}' );
  });
}
```

두 방식을 사용하면 할당된 텐서의 개수가 반복 동안에 일정한 것을 볼 수 있습니다. 이는 더 이상 메모리 누수가 일어나는 텐서가 없다는 것을 의미합니다. 둘 중에 어느 방법이 좋을까요? 일반적으로 폐기할 텐서를 기억할 필요가 없기 때문에 (두 번째 방법인) tf.tidy()를 사용해야 합니다. tf.tidy()는 똑똑하게도 매개변수로 전달된 익명 함수 안에서 생성된 모든 텐서를 폐기합니다(이 함수가 반환하는 텐서는 제외됩니다. 나중에 자세히 설명하겠습니다). 자바스크립트 객체에 할당되지 않은 텐서도 마찬가지입니다. 예를 들어, 이전 추론 코드를 조금 변경하여 argMax()로 예측 클래스의 인덱스를 구해 보겠습니다.

```
const model = await tf.loadLayersModel(
    'https://storage.googleapis.com/tfjs-models/tfjs/iris_v1/model.json');
const x = tf.randomUniform([1, 4]);
for (let i = 0; i < 3; ++i) {
  const winningIndex =
          model.predict(x).argMax().dataSync()[0];
  console.log('클래스 인덱스: ${winningIndex}');
  console.log('텐서 개수: ${tf.memory().numTensors}' );
}
```

이 코드를 실행하면 반복마다 누수되는 텐서가 하나가 아니라 두 개입니다.

```
클래스 인덱스: 0
텐서 개수: 15
클래스 인덱스: 0
텐서 개수: 17
클래스 인덱스: 0
텐서 개수: 19
```

왜 반복마다 두 개의 텐서가 누수될까요? 다음 코드가 두 개의 새로운 텐서를 만들기 때문입니다.

```
const winningIndex =
    model.predict(x).argMax().dataSync()[0];
```

첫 번째 텐서는 model.predict()의 출력이고 두 번째는 argMax()의 반환값입니다. 두 텐서 모두 자바스크립트 객체에 할당되지 않고 생성되자마자 사용됩니다. 두 텐서는 나중에 참조할 수 있는 자바스크립트 객체가 없다는 점에서 사라졌습니다. 따라서 tf.dispose()를 사용해 두 텐서를 폐기할 수 없습니다. 하지만 tf.tidy()는 자바스크립트 객체에 할당되었는지에 상관없이 새로운 텐서를 추적하기 때문에 이런 메모리 누수를 해결할 수 있습니다.

```
const model = await tf.loadLayersModel(
    'https://storage.googleapis.com/tfjs-models/tfjs/iris_v1/model.json');
const x = tf.randomUniform([1, 4]);
for (let i = 0; i < 3; ++i) {
  tf.tidy(() => {
    const winningIndex = model.predict(x).argMax().dataSync()[0];
    console.log('클래스 인덱스: ${winningIndex}');
    console.log('텐서 개수: ${tf.memory().numTensors}' );
  });
}
```

> tf.tidy()는 매개변수로 전달된 익명 함수 안에서 생성된 텐서를 자동으로 폐기합니다. 자바스크립트 객체에 할당되지 않은 텐서도 폐기합니다.

앞의 tf.tidy() 예제는 텐서를 반환하지 않는 함수에 대한 것입니다. 함수가 텐서를 반환하면 나중에 사용해야 하므로 폐기되면 안 됩니다. 이런 상황은 TensorFlow.js가 제공하는 기본 텐서 연산을 사용해 맞춤형 텐서 연산을 작성할 때 자주 발생합니다. 예를 들어 입력 텐서의 정규화 값을 계산하는 함수를 작성한다고 가정해 보죠. 즉, 평균을 빼고 표준 편차가 1인 텐서를 만듭니다.

```
function normalize(x) {
  const mean = x.mean();
  const sd = x.norm(2);
  return x.sub(mean).div(sd);
}
```

이 구현의 문제점은 무엇일까요?[7] 메모리 관리 측면에서 보면 세 개의 텐서가 누수됩니다. 1) 평균, 2) 표준 편차, 3) 조금 더 미묘한 sub() 호출의 반환값입니다. 이런 메모리 누수를 해결하기 위해 tf.tidy()로 함수를 감쌉니다.

```
function normalize(x) {
  return tf.tidy(() => {
    const mean = x.mean();
    const sd = x.norm(2);
    return x.sub(mean).div(sd);
  });
}
```

C

TensorFlow.js 텐서와 연산 튜토리얼

---

7   이 구현에는 또 다른 문제가 있습니다. 예를 들어, 표준 편차가 0이 되지 않도록 입력 텐서가 적어도 두 개의 원소를 가지는지 확인하지 않습니다. 그렇지 않으면 0으로 나눗셈을 수행하여 Infinity가 반환될 수 있습니다. 하지만 이런 문제는 여기서 논의하는 주제와 직접적인 관련이 없습니다.

여기에서 tf.tidy()는 세 가지를 수행합니다.

- 익명 함수에서 반환되는 텐서를 제외하고 앞에서 언급한 세 개의 텐서를 포함하여 함수 안에서 생성된 텐서를 자동으로 폐기합니다. 이전 예제에서 이에 대해 확인했습니다.
- 익명 함수가 div() 호출의 출력을 반환한다는 것을 감지하기 때문에 자신의 반환값으로 이를 전달합니다.
- 그동안 이 텐서를 폐기하지 않기 때문에 tf.tidy() 호출 밖에서 사용할 수 있습니다.

여기서 보듯이 tf.tidy()는 똑똑하고 강력한 메모리 관리 도구입니다. TensorFlow.js 코드 자체에서도 광범위하게 사용되며, 이 책의 예제에서도 여러 번 볼 수 있을 것입니다. 하지만 다음과 같은 제약 사항이 있습니다. tf.tidy()의 매개변수로 전달되는 익명 함수는 비동기적이어서는 안 됩니다. 만약 메모리 관리가 필요한 어떤 비동기 코드가 있다면 tf.dispose()를 사용하고 수동으로 폐기할 텐서를 기억해야 합니다. 이런 경우에 tf.memory().numTensor를 사용해 누수되는 텐서의 개수를 확인할 수 있습니다. 메모리 누수가 있는지 확인하는 단위 테스트를 작성하는 것이 좋은 방법입니다.

## C.4 그레이디언트 계산

이 절은 TensorFlow.js에서 도함수와 그레이디언트 계산을 수행하는 방법에 관심 있는 독자들을 위한 것입니다. 이 책에 있는 대부분의 딥러닝 모델은 model.fit()과 model.fitDataset() 안에서 도함수와 그레이디언트 계산이 처리됩니다. 하지만 7장의 합성곱 필터를 최대로 활성화하는 이미지를 찾거나 11장의 강화 학습 같은 특정 문제에서는 도함수와 그레이디언트를 직접 계산할 필요가 있습니다. TensorFlow.js는 이런 경우를 지원하기 위한 API를 제공합니다. 간단한 시나리오로 하나의 입력 텐서를 받고 하나의 출력 텐서를 반환하는 함수를 생각해 보죠.

```
const f = x => tf.atan(x);
```

입력(x)에 대한 함수(f)의 도함수를 구하려면 tf.grad() 함수를 사용합니다.

```
const df = tf.grad(f);
```

tf.grad()는 당장의 미분 값을 제공하지 않습니다. 대신 원본 함수(f)의 도함수를 제공합니다. 이 함수(df)를 구체적인 값 x로 호출하여 df/dx 값을 얻을 수 있습니다.

```
const x = tf.tensor([-4, -2, 0, 2, 4]);
df(x).print();
```

위 코드는 x 값 -4, -2, 0, 2, 4에서 atan() 함수의 미분 값을 정확하게 출력합니다(그림 C-5 참조).

```
Tensor
    [0.0588235, 0.2, 1, 0.2, 0.0588235]
```

▼ 그림 C-5 atan(x) 함수 그래프

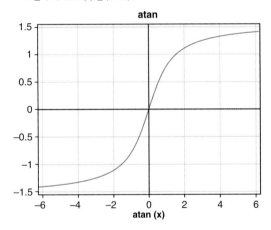

tf.grad()는 하나의 입력 텐서를 가진 텐서에만 사용할 수 있습니다. 여러 개의 입력을 가진 함수는 어떻게 할까요? 간단하게 두 텐서의 곱을 계산하는 h(x, y) 함수를 생각해 보죠.

```
const h = (x, y) => x.mul(y);
```

(끝에 's'가 붙은) tf.grads()는 입력 함수의 모든 매개변수에 대한 편미분 값을 반환하는 함수를 생성합니다.

```
const dh = tf.grads(h);
const dhValues = dh([tf.tensor1d([1, 2]), tf.tensor1d([-1, -2])]);
dhValues[0].print();
dhValues[1].print();
```

결과는 다음과 같습니다.

```
Tensor
    [-1, -2]
Tensor
    [1, 2]
```

$x$에 대한 $x \times y$의 편도함수는 $y$이고 $y$에 대한 편도함수는 $x$이기 때문에 이 결과가 맞습니다.

tf.grad()와 tf.grads()로 생성한 함수는 원본 함수의 값은 제외하고 미분 값만 반환합니다. $h(x,$ $y)$ 예제에서 미분 값과 $h$의 값도 필요하면 어떻게 할까요? 이런 경우 tf.valueAndGrads() 함수를 사용할 수 있습니다.

```
const vdh = tf.valueAndGrads(h);
const out = vdh([tf.tensor1d([1, 2]), tf.tensor1d([-1, -2])]);
```

이 출력(out)은 두 개의 필드를 가진 객체입니다. 입력 값에 대한 $h$의 출력 value와 tf.grads()가 생성한 함수의 반환값과 동일한 포맷의 grads, 즉 편미분한 텐서의 배열입니다.

```
out.value.print();
out.grads[0].print();
out.grads[1].print();
Tensor
    [-1, -4]
Tensor
    [-1, -2]
Tensor
    [1, 2]
```

여기서 소개한 API는 모두 명시적인 매개변수에 대한 함수의 미분 값을 계산합니다. 하지만 딥러닝에서는 가중치를 사용하여 계산하는 함수가 자주 등장합니다. 이런 가중치는 tf.Variable 객체이며 명시적으로 함수의 매개변수로 전달되지 않습니다. 이런 함수에서 훈련하는 동안 가중치에 대한 미분 값을 계산해야 하는 경우가 종종 있습니다. 이런 작업을 위해 tf.variableGrads() 함수를 사용해 미분 가능한 함수가 참조하는 훈련 가능한 변수를 추적하고 자동으로 이에 대한 미분 값을 계산할 수 있습니다. 다음 예를 참고하세요.

```
const trainable = true;
const a = tf.variable(tf.tensor1d([3, 4]), trainable, 'a');
const b = tf.variable(tf.tensor1d([5, 6]), trainable, 'b');
const x = tf.tensor1d([1, 2]);
```

```
const f = () => a.mul(x.square()).add(b.mul(x)).sum();  ····· f(a, b) = a * x ^ 2 + b * x. tf.variableGrads()
const {value, grads} = tf.variableGrads(f);                    는 스칼라를 반환하는 미분 가능한 함수가 필요하
                                                               기 때문에 sum() 메서드를 사용합니다.
```

tf.variableGrads() 출력의 value 필드는 현재 a, b, x의 값에 대한 f의 반환값입니다. grads 필드는 두 변수(a와 b)에 대한 미분 값을 해당하는 키 이름 아래에 담고 있는 자바스크립트 객체입니다. 예를 들어 a에 대한 f(a, b)의 도함수는 x ^ 2이고, b에 대한 f(a, b)의 도함수는 x입니다.

```
grads.a.print();
grads.b.print();
```

출력된 결과는 다음과 같습니다.

```
Tensor
    [1, 4]
Tensor
    [1, 2]
```

# C.5 연습 문제

1. tf.tensorBuffer()를 사용해 다음 속성을 만족하는 4D 텐서를 만드세요. 이 텐서의 크기는 [5, 5, 5, 5]입니다. 네 개의 인덱스가 모두 동일한 경우(예를 들면 [2, 2, 2, 2])는 1이고, 나머지는 모두 0입니다.

2. tf.randomUniform()과 기본 [0, 1) 간격을 사용해 [2, 4, 5] 크기의 3D 텐서를 만드세요. tf.sum()을 사용해 두 번째와 세 번째 차원에 대해 합을 계산하는 한 줄짜리 코드를 작성하세요. 결괏값의 크기는 [2]입니다. 대략 원소의 값을 얼마로 예상하나요? 출력값과 기댓값이 일치하나요?

   (힌트: [0, 1) 간격에서 랜덤하게 분포된 숫자의 기댓값은 얼마일까요? 통계상 독립적이라면 이런 두 값의 합에 대한 기댓값은 얼마일까요?)

3. tf.randomUniform()을 사용해 4 × 4 행렬([4, 4] 크기의 2D 텐서)을 만드세요. tf.slice()를 사용해 중앙에 위치한 2 × 2 부분 행렬을 구하세요.

4. tf.ones(), tf.mul(), tf.concat()을 사용해 3D 텐서를 만드세요. 이 텐서의 크기는 [5, 4, 3]입니다. 첫 번째 축을 따라 슬라이싱한 첫 번째 조각([1, 4, 3] 크기의 텐서)의 원소는 모두 1입니다. 첫 번째 축을 따라 두 번째 슬라이싱 조각의 원소는 모두 2가 되는 식입니다.

   a. 추가 사항: 이 텐서는 많은 원소를 가지고 있기 때문에 print() 출력만 봐서는 정확한지 테스트하기 어렵습니다. 정확한지 확인하기 위한 단위 테스트를 어떻게 만들 수 있을까요? (힌트: data(), dataSync() 또는 arraySync()를 사용하세요.)

5. 크기가 같은 두 개의 2D 입력 텐서(행렬)에 대해 다음 연산을 수행하는 자바스크립트 함수를 작성하세요. 첫째, 두 행렬을 더합니다. 둘째, 결과 행렬의 원소를 각각 2로 나눕니다. 셋째, 이 행렬을 전치합니다. 전치 연산의 결과를 이 함수의 반환값으로 사용합니다.

   a. 이 함수를 만들기 위해 사용할 TensorFlow.js 함수는 무엇인가요?

   b. 이 함수를 한 번은 함수형 API로 만들고, 한 번은 연결형 API로 만들 수 있나요? 어떤 구현이 더 간결하고 읽기 쉬운가요?

   c. 어떤 단계에서 브로드캐스팅을 사용하나요?

   d. 이 함수에서 메모리 누수가 없다고 어떻게 확신하나요?

   e. (Jasmine 라이브러리(https://jasmine.github.io/)를 사용하여) 메모리 누수를 확인하는 단위 테스트를 작성할 수 있나요?

# 용어 사전

### 가설 공간

머신 러닝에서 주어진 한 문제에 대한 가능한 솔루션 집합. 훈련 과정은 이 공간에서 좋은 솔루션을 찾는 것입니다. 가설 공간은 문제를 해결하기 위해 선택한 머신 러닝 모델의 종류와 구조에 의해 결정됩니다.

### 가중치

신경망 층의 튜닝 가능한 파라미터. 가중치를 바꾸면 입력을 출력으로 변환하는 방법이 바뀝니다. 신경망 훈련은 주로 체계적인 방법으로 가중치 값을 업데이트하는 것입니다.

### 가중치 양자화

모델의 직렬화된 저장 크기를 줄이는 기술. 모델의 가중치 파라미터를 낮은 수치 정밀도로 저장합니다.

### 강화 학습(RL)

환경과 상호 작용을 통해 보상이라 불리는 지표를 최대화하는 최적의 결정을 학습하는 머신 러닝의 한 종류. 11장에서 강화 학습의 기초와 딥러닝을 사용해 간단한 강화 학습 문제를 해결하는 방법을 다룹니다.

### 객체 탐지

이미지에 있는 객체의 클래스와 위치를 감지하는 컴퓨터 비전 작업

### 검증 데이터

학습률이나 밀집 층의 유닛 개수와 같은 하이퍼파라미터의 튜닝을 위해 훈련 데이터에서 떼어 놓은 데이터. 검증 데이터를 사용하여 훈련을 여러 번 수행하면서 학습 알고리즘을 튜닝할 수 있습니다. 검증 데이터는 테스트 데이터와도 별개이므로 테스트 데이터의 결과를 사용해 본 적 없는 새로운 데이터에 대한 모델의 성능을 편향되지 않게 추정할 수 있습니다.

### 경사 하강법

그레이디언트(즉, 출력 값에 대한 파라미터의 미분값)의 방향을 따라 시스템의 파라미터를 반복적으로 바꾸면서 시스템의 출력값을 최소화하는 과정. 신경망을 훈련하는 주요 방법입니다. 신경망 훈련에서 시스템은 신경망과 엔지니어가 선택한 손실 함수로 구성됩니다. 시스템의 파라미터는 신경망 층의 가중치입니다. 이 반복 과정은 훈련 데이터의 배치마다 일어납니다.

### 골든 값

머신 러닝 시스템을 테스트할 때 모델이 주어진 입력에 대해 생성해야 하는 올바른 출력. 예를 들어, 오디오 녹음을 음악 장르로 분류하는 신경망이 베토벤 교향곡 5번의 녹음이 입력되었을 때 출력해야 할 '클래식' 레이블입니다.

### 과대적합

훈련 데이터를 기억할 만큼 충분한 용량을 가진 모델을 훈련할 때 훈련 손실은 계속 줄어들지만 테스트 손실과 검증 손실은 상승하기 시작하는 현상. 이런 성질의 모델은 일반화 능력을 잃기 시작하고 훈련 데이터에 있는 샘플에만 잘 동작합니다. 이런 경우에 모델이 과대적합되었다고 말합니다.

### 과소적합

모델을 너무 적은 최적화 단계 동안 훈련하거나 모델의 표현 능력(용량)이 훈련 데이터에 있는 패턴을 학습하기에 충분하지 않아 모델의 품질이 충분한 수준에 도달하지 못할 때, 이 모델이 과소적합되었다고 말합니다.

### 규제

머신 러닝에서 과대적합에 대응하기 위해 손실 함수나 훈련 과정에 여러 가지 수정을 가하는 과정. 규제 방법은 여러 가지입니다. 가장 널리 사용되는 것은 가중치에 대한 L1 규제와 L2 규제입니다.

### 그레이디언트 소실 문제

심층 신경망의 훈련에서 가중치 파라미터에 대한 그레이디언트가 층의 개수가 많을수록 점점 더 작아지는 문제. 결과적으로 가중치 파라미터가 손실 함수에서 점점 더 멀어집니다. 현대 딥러닝에서는 개선된 활성화 함수, 적절한 가중치 초기화 등과 같은 방법을 사용해 이런 문제를 완화합니다.

### 내적

또는 점곱이라고도 합니다. 동일한 크기의 두 벡터에 대한 수학 연산으로 하나의 스칼라 값을 만듭니다. 벡터 a와 b 사이의 내적을 계산하려면 유효한 모든 i에 대해 a[i] * b[i]를 더합니다. 기하학적으로 설명하면, 두 벡터의 내적은 벡터 사이 각도의 코사인 값과 두 벡터의 절댓값을 곱한 값입니다.

### 다중 분류

타깃이 두 개 이상의 이산적인 레이블인 분류 문제. 사진에 담긴 동물의 종류나 웹 페이지에 있는 콘텐츠의 (자연) 언어가 한 예입니다.

### 다층 퍼셉트론(MLP)

피드포워드 구조와 최소한 하나의 은닉층을 가진 신경망입니다.

## 단어 임베딩

텍스트 기반 신경망에서 단어를 벡터화하는 한 방법. 한 단어를 임베딩 룩업 과정을 통해 1D 텐서(또는 벡터)에 매핑합니다. 원-핫 인코딩과 다르게 단어 임베딩은 밀집 벡터이고 원소 값은 0/1 대신에 연속적으로 변하는 숫자입니다.

## 대체

데이터셋에서 누락된 값을 채우는 기술. 예를 들어 차량 데이터셋에서 중량 특성이 누락된 차량이 있다면 평균 중량을 간단하게 계산하여 채울 수 있습니다. 조금 더 정교한 대체(imputation) 기술도 가능합니다.

## 데이터 증식

기존의 훈련 샘플 (x, y)에서 추가적인 훈련 데이터를 생성하는 과정. 다양한 프로그래밍적인 변환 기법을 통해 훈련 샘플을 변형하여 타깃은 바꾸지 않고 유효한 입력 x'를 만듭니다. 이를 통해 모델에게 더 많은 데이터를 노출시킴으로써 모델이 이런 종류의 변환에 대한 불변성을 가지도록 엔지니어가 수동으로 만들지 않아도 일반화가 잘됩니다.

## 데이터셋 균형

범주형 레이블을 가진 데이터셋의 품질. 여러 범주의 샘플 개수가 동일할수록 더 균형 잡힌 데이터셋이 됩니다.

## 독립동일분포(IID)

데이터 샘플의 통계적 성질. 데이터가 기본 분포에서 샘플링된다고 가정하면, 각 샘플이 같은 분포에서 추출된 경우 샘플이 동일하게 분포됩니다. 한 샘플의 값을 아는 것이 다음 샘플에 대한 추가 정보를 제공하지 않는다면 독립적인 샘플입니다.

주사위 던지기가 IID 샘플링의 한 예입니다. 주사위 값이 정렬되어 나온다면 동일하게 분포된 샘플이지만 독립적이지 않습니다. 훈련 데이터는 IID여야 합니다. 그렇지 않으면 훈련하는 동안 수렴이나 다른 문제가 발생할 가능성이 있습니다.

## 딥러닝

심층 신경망에 대한 연구와 적용(즉, 많은 개수의 연속적인 표현 변환을 사용해 머신 러닝 문제를 푸는 것)

## 랜덤 초기화

모델을 훈련하기 전에 가중치 초깃값을 할당하는 과정. 많은 논문에서 층의 종류, 크기, 작업에 따라 초깃값을 위해 어떤 분포를 선택하는 것이 좋은지 소개합니다.

## 레이블

주어진 문제에서 입력 샘플에 대해 기대하는 출력. 레이블은 불리언(네/아니요) 답, 숫자, 텍스트 문자열, 여러 개의 가능한 범주 중 하나, 숫자 시퀀스 또는 더 복잡한 데이터 타입일 수 있습니다. 지도 학습 머신 러닝에서 모델은 레이블에 가까운 출력을 생성하는 것이 목표입니다.

## 로짓

머신 러닝에서 정규화되지 않은 확률 값. 확률과 달리 로짓은 [0, 1] 범위에 국한되거나 합이 1일 필요가 없습니다. 따라서 신경망 층이 출력으로 사용하기 더 좋습니다. 일련의 로짓을 소프트맥스 연산을 통해 확률 값으로 정규화할 수 있습니다.

## 마르코프 결정 과정(MDP)

강화 학습에서 현재 상태와 에이전트가 선택한 행동이 에이전트가 도달할 다음 상태와 에이전트가 이 단계에서 받을 보상을 완전하게 결정하는 의사 결정 과정. Q-러닝 같은 학습 알고리즘을 가능하게 만드는 중요한 단순화입니다.

## 머신 러닝

기대하는 답으로 레이블된 데이터를 사용해 복잡한 문제를 해결하기 위한 규칙을 자동으로 찾는 인공 지능의 하위 분야. 수동으로 규칙을 만들지 않는다는 점에서 전통적인 프로그래밍과 다릅니다.

## 멀티-핫 인코딩

문장에 있는 단어를 (또는 일반적으로 어떤 시퀀스에 있는 아이템을) 벡터로 표현하는 한 방법. 단어에 해당하는 원소는 1이고 나머지는 0으로 설정된 벡터입니다. 원-핫 인코딩의 일반화로 볼 수 있습니다. 이 방식은 단어의 순서에 관한 정보를 무시합니다.

## 모델

머신 러닝과 딥러닝에서 연속적인 여러 수학 연산을 통해 (이미지 같은) 입력 데이터를 (이미지에 대한 텍스트 레이블 같은) 원하는 출력으로 변환하는 객체. 모델은 훈련하는 동안 튜닝 가능한 파라미터(가중치)를 가집니다.

## 모델 배포

훈련된 모델을 예측을 만드는 데 사용할 수 있는 곳으로 패키징하는 과정. 다른 소프트웨어 분야의 '제품 배포'와 비슷하게 배포는 사용자가 실제로 모델을 사용할 수 있는 방법입니다.

## 모델 적응

특정 사용자나 특정 문제의 입력 데이터에서 더 높은 추론 정확도를 달성하기 위해 사전 훈련된 모델이나 모델의 일부를 훈련하는 과정. 입력 특성의 종류와 타깃의 종류가 원본 모델과 다르지 않은 전이 학습의 한 종류입니다.

### 미세 튜닝

전이 학습에서 기반 모델의 일부 층에 있는 가중치를 업데이트하는 모델 훈련 단계. 초기에 큰 그레이디언트가 사전 훈련된 가중치를 너무 크게 변경시키는 것을 막기 위해 기반 모델에 있는 모든 가중치를 동결하는 초기 단계 뒤에 수행됩니다. 미세 튜닝을 적절하게 사용하면 전이 학습 모델의 용량을 크게 높일 수 있으므로 처음부터 전체 모델을 훈련하는 것보다 적은 계산 자원을 소비하면서 높은 정확도를 달성할 수 있습니다.

### 바이저

(TensorFlow.js와 긴밀하게 통합된 시각화 라이브러리인) tfjs-vis에서 서피스(surface)를 담기 위해 한 번의 함수 호출로 웹 페이지의 한쪽 편에 생성할 수 있는 축소 가능한 영역. 서피스를 구성하기 위해 바이저(visor) 안에 여러 개의 탭을 만들 수 있습니다. 자세한 내용은 8.1절을 참고하세요.

### 배치

신경망 훈련에서 여러 개의 입력 샘플이 하나의 텐서로 모아져 그레이디언트를 계산하고 신경망의 가중치를 업데이트하는 데 사용됩니다. 이렇게 모아진 텐서를 배치라고 부릅니다. 배치에 있는 샘플의 개수를 배치 크기라고 부릅니다.

### 벡터화

숫자가 아닌 데이터를 (벡터 같은) 숫자 배열의 표현으로 바꾸는 과정. 예를 들어 텍스트 벡터화는 문자, 단어, 문장을 벡터로 변환합니다.

### 벨만 방정식

강화 학습에서 두 개 항의 합으로 상태-행동 쌍의 가치를 정량화하는 재귀적인 방정식. 두 항은 1) 에이전트가 행동 이후에 즉시 받을 것으로 기대하는 보상과 2) 에이전트가 다음 상태에서 받을 수 있는 할인이 적용된 최상의 기대 보상입니다. 두 번째 항은 다음 상태에서 최적의 행동을 선택한다고 가정한 것입니다. 이 방정식은 심층 Q-러닝 같은 강화 학습 알고리즘의 기초를 형성합니다.

### 브로드캐스팅

텐서플로는 크기가 다르지만 호환되는 텐서 간에 수행할 수 있는 연산을 제공합니다. 예를 들면 크기가 [3]인 텐서와 크기가 [13, 5]인 텐서를 더할 수 있습니다. 사실상 출력을 계산하기 위해 작은 텐서가 12번 반복됩니다. 브로드캐스팅이 가능한 자세한 규칙은 2장의 INFO BOX 2.4를 참고하세요.

## 비선형성

선형성(입력을 선형 조합하여 전달하면 상수항의 차이를 빼고 출력의 선형 조합으로 표현되는 성질)의 정의를 만족하지 않는 입력-출력 관계. 신경망에서 (층의 시그모이드 활성화 함수나 렐루 활성화 함수 같은) 비선형 함수를 중첩하면 신경망의 용량을 증가시킬 수 있습니다.

## 비지도 학습

레이블이 없는 데이터를 사용하는 머신 러닝 방법. 레이블된 데이터를 사용하는 지도 학습과 반대입니다. 군집(데이터셋에서 뚜렷하게 구분되는 샘플의 부분 집합 찾기)과 이상치 탐지(주어진 샘플이 훈련 세트에 있는 다른 샘플과 충분히 다른지 결정하기)가 비지도 학습의 예입니다.

## 상수 노드 합침

사전에 정의된 상수 노드만 포함하고 이들 사이에서 결정적인 연산을 수행하는 서브그래프를 하나의 상수 노드로 축소시키는 계산 그래프 최적화의 한 종류. TensorFlow.js의 GraphModel 변환 기술은 상수 노드 합침(constant folding)을 활용합니다.

## 샘플

머신 러닝에서 모델이 출력(예를 들어 이미지에 대한 레이블)을 생성하기 위한 입력 데이터 한 개 (예를 들어 컴퓨터 비전 모델을 위한 적절한 크기의 이미지 하나)

## 스펙트로그램

사운드 같은 1차원 시간 신호를 이미지 같은 형태로 나타낸 2D 표현. 스펙트로그램은 시간과 주파수라는 두 개의 차원을 가집니다. 각 원소는 주어진 시간에 해당 주파수 범위에서 사운드가 포함하는 강도 또는 힘을 나타냅니다.

## 신경망

생물학적 신경 시스템에서 볼 수 있는 층 조직에서 영감을 받은 머신 러닝 모델의 한 종류. 신경망의 층은 데이터 표현의 분리 가능한 다단계 변환을 수행합니다.

## 심볼릭 텐서

TensorFlow.js에서 텐서의 크기와 데이터 타입(dtype)에 대한 규격인 SymbolicTensor 클래스의 객체. 텐서와 다르게 SymbolicTensor 객체는 구체적인 값에 연관되지 않습니다. 대신 층이나 모델의 입력이나 출력을 위한 플레이스홀더(placeholder)로 사용됩니다.

## 심층 신경망

(두 개에서 수천 개까지) 많은 개수의 층으로 구성된 신경망

## 앙상블 학습

여러 개의 개별 머신 러닝 모델을 훈련하고 동일한 문제의 추론에 이런 모델들을 사용하는 방법. 개별 모델이 매우 정확하지 않더라도 앙상블 모델은 훨씬 높은 정확도를 달성할 수 있습니다. 캐글 대회 같은 데이터 과학 대회의 입상작이 앙상블 모델을 종종 사용합니다.

## 어휘 사전

딥러닝에서 신경망의 입력이나 출력에 사용할 수 있는 이산적이고 고유한 항목의 집합. 일반적으로 어휘 사전의 각 항목을 정수 인덱스로 매핑할 수 있고, 그다음에는 원-핫 인코딩이나 임베딩 기반 표현으로 바꿀 수 있습니다.

## 에포크

모델을 훈련할 때 훈련 데이터를 한 번 모두 통과하는 것을 말합니다.

## 역전파

미분 가능한 머신 러닝 모델의 손실 값에서 가중치 파라미터의 그레이디언트를 역으로 추적하는 알고리즘. 미분의 연쇄 법칙을 기반으로 합니다. 이 책에 있는 대부분의 신경망이 이를 바탕으로 훈련됩니다.

## 연산 퓨전

여러 개의 연산(또는 ops)을 하나의 동등한 연산으로 대체하는 계산 그래프 최적화 기술. 연산 퓨전은 연산 추출 오버헤드를 줄이고 연산 내부 메모리와 성능 최적화에 더 많은 기회를 제공할 수 있습니다.

## 오차 행렬

[numClasses, numClasses] 크기의 정방 행렬(2D 텐서). 다중 분류에서 오차 행렬을 사용해 한 클래스의 샘플이 가능한 다른 클래스로 얼마나 분류되었는지 정량화합니다. 인덱스 [i, j]의 원소는 진짜 클래스 i가 클래스 j로 분류된 샘플 개수입니다. 주대각선 원소는 정확하게 분류된 샘플 개수입니다.

## 용량

머신 러닝 모델이 학습할 수 있는 입력-출력 관계의 범위. 예를 들어 비선형 활성화 함수를 가진 은닉층으로 구성된 신경망이 선형 회귀 모델보다 용량이 큽니다.

## 원-핫 인코딩

실제 클래스에 해당하는 인덱스를 제외하고 모두 0인 길이 $N$개의 벡터로 범주형 데이터를 인코딩하는 방법

## 은닉층

신경망의 출력으로 노출되지 않고 신경망의 다른 층에만 소비되는 출력을 만드는 층. 예를 들어 TensorFlow.js의 시퀀셜 모델로 정의된 신경망에서 마지막 층을 제외한 모든 층이 은닉층입니다.

## 의사 샘플

훈련 데이터를 보충하기 위해 잘 알려진 유효한 방법으로 입력 훈련 샘플을 변형하여 만든 추가 샘플. 예를 들어 MNIST 숫자를 조금 회전하거나 기울여 만들 수 있습니다. 이런 변환은 이미지 레이블을 바꾸지 않습니다.

## 이진 분류

'예/아니요' 질문에 대한 답이 타깃인 분류 작업. 예를 들면, 특정 X-레이 이미지가 폐렴을 나타내는지 또는 어떤 신용 카드 거래가 합법적인지 사기인지 분류합니다.

## 인셉션

많은 개수의 층과 복잡한 구조를 가진 심층 합성곱 신경망의 한 종류입니다.

## 임베딩

딥러닝에서 특정 샘플에 대한 $n$차원 벡터 공간($n$은 양의 정수)의 표현. 다른 말로 하면, 한 샘플을 순서가 있는 길이가 $n$인 부동 소수점 숫자의 배열로 표현한 것입니다. 임베딩 표현은 여러 종류의 데이터에서 만들 수 있습니다. 이미지, 사운드, 단어, 어떤 유한 집합의 항목이 가능합니다. 임베딩은 일반적으로 훈련된 신경망의 중간 층에서 얻어집니다.

## 입실론 그리디 정책

강화 학습에서 에이전트의 랜덤한 탐험 동작과 최적 동작 사이의 균형을 매개변수로 조정하는 행동 선택 방법. 입실론 값은 0과 1 사이이며, 이 값이 높을수록 에이전트가 랜덤한 동작을 선택할 가능성이 높습니다.

## 자연어 처리

컴퓨터를 사용해 자연어, 특히 텍스트와 음성을 처리하고 이해하는 방법을 연구하는 컴퓨터 과학의 하위 분야. 자연어 처리에는 딥러닝을 응용할 분야가 많습니다.

## 재현율

이진 분류기의 측정 지표로, 실제 양성 샘플 중에 분류기가 양성으로 분류한 샘플입니다. '정밀도'를 참고하세요.

### 전이 학습

한 작업을 위해 이전에 훈련한 머신 러닝 모델을 다른 작업을 위해 (원래 훈련 데이터셋에 비해) 비교적 적은 양의 데이터로 다시 훈련하고 이 모델을 사용해 새로운 작업에서 추론을 수행하는 방법

### 점곱

'내적'을 참고하세요.

### 정밀도

이진 분류기의 측정 지표로, 분류기가 양성으로 분류한 샘플 중에 실제 양성 샘플의 비율입니다. '재현율'을 참고하세요.

### 정책 그레이디언트

정책 네트워크의 가중치에 대해 선택한 행동의 (로짓과 같은) 어떤 측정 지표의 그레이디언트를 계산하고 활용하여 정책 네트워크가 점점 더 나은 행동을 선택하게 만드는 강화 학습 알고리즘의 한 종류

### 지도 학습

레이블된 샘플을 사용하여 머신 러닝 모델을 훈련하는 방법. 샘플에 대한 모델의 출력과 해당하는 실제 레이블 사이의 차이를 최소화하는 방식으로 모델의 내부 파라미터를 수정합니다.

### 지역 최솟값

모델 파라미터를 최적화할 때 파라미터를 아주 조금 변경하더라도 항상 손실을 증가시키는 파라미터 조합. 그릇 바닥에 있는 구슬과 비슷하게 더 낮은 위치로 갈 수 있는 방법이 없습니다. 지역 최솟값은 전역 최솟값과 다릅니다. 지역 최솟값은 주변 지역에서 가장 낮지만, 전역 최솟값은 전체에서 가장 낮은 지점을 말합니다.

### 차원

텐서에서는 축과 동일한 의미입니다. '축'을 참고하세요.

### 추론

입력 데이터에 머신 러닝 모델을 사용해 출력을 생성하는 것. 모델을 훈련하는 궁극적인 목적입니다.

### 축

TensorFlow.js에서 텐서에 관해 이야기할 때 축은 텐서의 독립적인 인덱싱 키 중 하나입니다. 예를 들어 랭크-3 텐서는 세 개의 축을 가집니다. 랭크-3 텐서의 원소는 세 개의 축에 해당하는 세 개의 정수로 참조할 수 있습니다. 이를 차원이라고도 부릅니다.

### 층

신경망의 데이터 표현 변환. 하나의 수학 함수처럼 동작합니다. 입력이 주어지면 출력을 내보냅니다. 층은 가중치에 상태를 가질 수 있습니다. 가중치는 신경망 훈련 과정에서 업데이트될 수 있습니다.

### 컴퓨터 비전

컴퓨터가 이미지와 비디오를 이해할 수 있는 방법에 대한 연구. 머신 러닝의 중요한 분야입니다. 머신 러닝의 일반적인 컴퓨터 비전 작업에는 이미지 인식, 분할, 캡셔닝, 객체 탐지가 포함됩니다.

### 케라스

인기 있는 딥러닝 라이브러리. 오늘날 캐글 대회에서 가장 자주 사용되는 딥러닝 라이브러리입니다. 구글의 소프트웨어 엔지니어인 프랑소와 숄레(François Chollet)가 만들었습니다. 케라스는 파이썬 라이브러리입니다. 이 책의 주요 관심사인 TensorFlow.js의 고수준 API는 케라스에서 따왔으며 호환 가능합니다.

### 클래스 활성화 맵

합성곱 신경망의 클래스 출력에 대해 입력 이미지의 여러 부분에 대한 상대적인 중요도를 시각화할 수 있는 알고리즘. 신경망의 마지막 합성곱 층의 출력에 대한 예측 클래스의 최종 확률 점수의 그레이디언트를 계산하여 구합니다. 자세한 내용은 7.2.3절을 참고하세요.

### 텐서

일반적으로 숫자인 데이터 원소를 담기 위한 데이터 구조. 텐서를 $n$차원 그리드로 생각할 수 있습니다. 이 그리드의 각 위치가 정확히 하나의 원소를 가집니다. 차원의 개수와 각 차원의 크기를 텐서의 크기라고 부릅니다. 예를 들어 3 × 4 행렬은 [3, 4] 크기의 텐서입니다. 길이가 10인 벡터는 크기가 [10]인 1D 텐서입니다. 각 텐서 객체는 한 종류의 원소만 가질 수 있습니다. 딥러닝에 필요한 일반적인 연산, 예를 들면 행렬 점곱을 편리하면서 매우 효율적으로 구현할 수 있기 때문에 텐서가 이런 방식으로 설계되었습니다.

### 텐서보드

텐서플로를 위한 모니터링과 시각화 도구. 사용자가 모델 구조와 훈련 성능을 브라우저에서 시각화할 수 있습니다. TensorFlow.js는 텐서보드와 호환되는 데이터 포맷으로 훈련 로그를 작성할 수 있습니다.

### 텐서플로

머신 러닝, 특히 심층 신경망을 가속하기 위한 오픈 소스 파이썬 라이브러리. 2015년 11월 구글 브레인 팀에서 공개했습니다. TensorFlow.js의 API는 텐서플로 API를 바탕으로 합니다.

### 특성

머신 러닝 모델을 위한 입력 데이터의 한 속성. 특성은 다음 형태 중 하나일 수 있습니다.

- 숫자(예를 들어 신용 카드 거래의 거래 금액)
- 임의의 문자열(예를 들어 거래 이름)
- 범주형 정보(예를 들어 신용 카드의 브랜드 이름)
- 1차원 또는 다차원 숫자 배열(예를 들어 2D 흑백 이미지로 표현된 신용 카드 고객의 서명)
- 그 외 다른 형태의 정보(예를 들어 날짜-시간)

입력 샘플은 하나 또는 여러 개의 특성으로 구성됩니다.

### 특성 공학

입력 데이터에 있는 원본 특성을 머신 러닝 문제를 해결하기 쉬운 표현으로 변환하는 과정. 딥러닝 이전에는 도메인 지식을 가진 엔지니어가 시행착오를 통해 특성 공학을 수행했습니다. 최적의 솔루션을 찾는다는 보장이 없기 때문에 이 과정은 노동 집약적이고 불안정한 경우가 많았습니다. 딥러닝은 특성 공학을 대부분 자동화했습니다.

### 하이퍼파라미터

역전파로 수정할 수 없는 모델과 옵티마이저의 튜닝 파라미터. 전형적으로 학습률과 모델 구조가 일반적인 하이퍼파라미터의 예입니다. 하이퍼파라미터는 그리드 서치나 조금 더 복잡한 하이퍼파라미터 튜닝 알고리즘으로 튜닝할 수 있습니다.

### 하이퍼파라미터 최적화

이따금 하이퍼파라미터 튜닝이라고도 부릅니다. 현재 머신 러닝 작업에서 가장 낮은 검증 손실을 만드는 하이퍼파라미터 조합을 찾는 과정입니다.

### 학습률

경사 하강법에서는 손실을 줄이기 위해 모델 가중치가 수정됩니다. 정확한 가중치의 변화량은 손실의 그레이디언트와 학습률의 함수입니다. 표준 경사 하강법 알고리즘에서 그레이디언트와 학습률을 곱해 가중치 업데이트를 계산합니다. 학습률은 일반적으로 작은 양의 상수입니다. TensorFlow.js의 'sgd' 옵티마이저의 기본 학습률 값은 0.01입니다.

### 합성곱 커널

합성곱 연산에서 출력 텐서를 생성하기 위해 입력 텐서에 작용하는 텐서입니다. 예를 들어 이미지 텐서의 경우 일반적으로 커널의 높이와 너비는 입력 이미지에 비해 작습니다. 입력 이미지의 높이와 너비 차원을 따라 슬라이딩하면서 슬라이딩 위치마다 점곱(곱셈과 덧셈)을 수행합니다. (conv2d 같은) TensorFlow.js의 합성곱 층에서 커널은 핵심적인 가중치입니다.

### 활성화 함수

신경망 층의 마지막 단계에 적용되는 함수입니다. 예를 들어 렐루(relu) 함수는 행렬 곱셈 결과에 적용하여 밀집 층의 마지막 출력을 생성합니다. 활성화 함수는 선형적이거나 비선형적일 수 있습니다. 비선형 활성화 함수를 사용해 신경망의 표현 능력을 (또는 용량을) 증가시킬 수 있습니다. 비선형 활성화 함수의 예로는 시그모이드 함수, 하이퍼볼릭 탄젠트 함수(tanh), 앞서 언급한 렐루 함수가 있습니다.

### 회귀

기대하는 출력(또는 레이블)이 숫자나 숫자 목록인 머신 러닝 문제의 한 종류입니다. 기대하는 출력과 수치적으로 가까운 예측을 만드는 것이 좋습니다.

### 훈련

모델의 출력이 기대하는 정답에 더 가까워지도록 머신 러닝 모델의 내부 파라미터(가중치)를 수정하는 과정입니다.

### 훈련 데이터

머신 러닝 모델을 훈련하기 위해 사용하는 데이터. 훈련 데이터는 개별 샘플로 구성됩니다. 각 샘플은 구조적인 정보(예를 들면 이미지, 오디오, 텍스트)와 기대하는 정답(레이블)으로 구성됩니다.

### AUC

ROC 곡선의 모양을 정량화하는 데 사용하는 하나의 숫자입니다. 거짓 양성 비율 0에서 1까지 ROC 곡선에 대한 적분으로 정의됩니다. 'ROC 곡선'을 참고하세요.

### BPTT

특별한 형태의 역전파. 모델의 이전 층에 있는 연산뿐만 아니라 이전 타임 스텝의 연산으로도 거슬러 올라갑니다. 순환 신경망(RNN) 훈련의 기초가 됩니다.

### GAN

판별자와 생성자 두 부분으로 구성된 생성적 머신 러닝 모델의 한 종류. 판별자는 훈련 세트에 있는 진짜 샘플과 가짜 샘플을 구별하도록 훈련됩니다. 생성자는 진짜 샘플에 대한 판별자의 점수가 높게 나오는 가짜 샘플을 생성하도록 훈련됩니다(즉, 판별자가 가짜 샘플을 진짜라고 생각하도록 속입니다). 적절하게 훈련하면 생성자는 매우 진짜 같은 가짜 샘플을 만들 수 있습니다.

### GPU

전형적인 CPU보다 매우 많은 수(수백 또는 수천 개)의 코어가 장착된 병렬 계산 칩(chip). GPU는 원래 2D 및 3D 그래픽 계산과 렌더링을 가속하기 위해 고안되었습니다. 하지만 심층 신경망을 실행하는 데 필요한 병렬 계산에도 유용하다고 밝혀졌습니다. GPU는 딥러닝 혁명에 기여한 중요한 요소이고, 오늘날의 딥러닝 연구와 애플리케이션에서 중요한 역할을 계속 수행하고 있습니다. TensorFlow.js는 두 경로를 통해 GPU의 병렬 계산 능력을 활용합니다. 1) 웹 브라우저의 WebGL API나 2) Node.js에서 텐서플로 CUDA 커널에 연결합니다.

### GraphModel

TensorFlow.js에서 (파이썬용) 텐서플로로부터 변환하여 자바스크립트로 로드한 모델. GraphModel에는 Grappler의 산술 연산 최적화와 연산 퓨전 같은 텐서플로의 성능 최적화가 적용될 수 있습니다(자세한 내용은 12.2.2절 참조).

### ImageNet

레이블링된 컬러 이미지로 구성된 대규모 공개 데이터셋. 컴퓨터 비전 분야의 심층 신경망에서 중요한 훈련 세트와 벤치마크입니다. ImageNet은 딥러닝 혁명의 시작에 중요한 역할을 했습니다.

### LayersModel

TensorFlow.js의 케라스와 유사한 고수준 API를 사용해 만든 모델. (파이썬) 케라스 모델을 변환하여 로드할 수도 있습니다. LayersModel은 추론(predict() 메서드)과 훈련(fit()과 fitDataset() 메서드)을 지원합니다.

## MobileNet

사전 훈련된 심층 합성곱 신경망의 하나. 일반적으로 ImageNet 이미지 분류 데이터셋에서 훈련되고 전이 학습을 위해 사용됩니다. 비슷한 사전 훈련된 합성곱 신경망 중에서 비교적 크기가 작고 추론 수행에 드는 계산량이 적습니다. 따라서 TensorFlow.js로 웹 브라우저처럼 자원이 제약된 환경에서 실행하기에 적합합니다.

## OOV

딥러닝에서 이산적인 항목의 집합을 어휘 사전이라 할 때, 이따금 어휘 사전은 가능한 모든 항목을 포함하지 않습니다. 어휘 사전에 포함되지 않은 항목이 나타날 때 OOV(out of vocabulary)라 부르는 특별한 인덱스에 매핑되며, 그다음에는 원-핫 인코딩이나 임베딩 표현의 특별한 원소에 매핑될 수 있습니다. '어휘 사전'을 참고하세요.

## Q-네트워크

강화 학습에서 현재 상태 관측에서 가능한 모든 행동의 Q-가치를 예측하는 신경망. Q-러닝 알고리즘이 에이전트의 경험 데이터를 사용해 Q-네트워크를 훈련합니다.

## Q-가치

강화 학습에서 주어진 상태에서 행동에 대해 기대하는 총 미래의 누적 보상. 따라서 Q-가치는 행동과 상태의 함수입니다. 이 값을 사용해 Q-러닝에서 행동을 선택합니다.

## ResNet

잔차 네트워크(residual network)의 줄임말. 컴퓨터 비전에 널리 사용되는 인기 있는 합성곱 신경망으로, 층을 건너뛰어 연결되는 잔차 연결(residual connection)이 있는 것이 특징입니다.

## ROC 곡선

진짜 양성 비율(재현율)과 거짓 양성 비율(잘못 걸러낸 비율) 사이의 트레이드오프를 시각화하는 방법. 'ROC 곡선(Receiver Operating Characteristics curve)'이란 이름은 오래전 레이더 기술에서 유래되었습니다. 'AUC'를 참고하세요.

## A

accuracy   137, 177

ACGAN   434, 437, 537

action   453

activation function   121

adadelta   136

AdaDelta   136

adam   129, 135, 136, 403

ADAM   46, 136

adamax   136

AdaMax   136

adversarial example   561

agent   452

AI   542

AI summer   543

AI 여름   543

Alex Krizhevsky   45

Alibaba   533

Alipay   533

append()   483

apply   243

apply()   231, 331

argMax   184

argMax()   154

ARM   535

array()   589

arraySync()   589

artificial intelligence   542

artificial neural network   41

arXiv   566

arxiv-sanity   566

asType()   182

attention   316

attention mechanism   362, 393

AUC   141

AutoML   564

await   178, 265, 275

## B

backpropagation   43, 90

BackproPagation Through Time   368

backward pass   91

bar chart   313

barchart()   314

base model   204

batch   85, 591

batchesPerEpoch   275

batch normalization   46

batchNormalization   479, 554

BatchNormalization   519

batch size   85

batchSize   234

Bayesian method   131

Bayes' theorem   43

beam-search decoding   404

Bellman equation   477

bias   76

biasAdd   135

bilinear interpolation   182

binary classification   132

binary cross entropy   135, 146

binaryCrossentropy   145, 441, 551

bounding box   48, 242

BPTT   368

brain.js   61

broadcasting   103, 602

## C

call() 427

callback 107, 141

callbacks 234, 275, 343

CAM 333

canvas 183

Canvas Friends 62

capture() 283

cart-pole 456

categorical cross entropy 155

categoricalCrossentropy 152, 177, 198, 234, 403, 416, 551

CDN 523

cell 366

centerCrop 283

chat bot 393

checkpoint 191

Class Activation Map 333

Claude Shannon 412

Clinic Doctor 62

CNN-LSTM 48

COCO 242

coco-ssd 556

CodePen 70

cognitive process 542

columnNames 278

columnNames() 279

columnTruncateLength 287

compile 77

compile() 106, 209, 235

compute OutputShape() 426

computer vision 162

config 108

config.validationData 108

config.validationSplit 108

confusion matrix 137

console.log() 112

context 402

controllerDataset 221

conv1d 195, 552

conv2d 167, 189, 198, 479, 552

conv2dTranspose 439

conv3d 552

ConvNetJS 61

convnets 44

convolutional kernel 167

corpus 206

CORS 523

credentials 194

csvConfig 278

CSVDataset 279

CUDA 45, 545, 576

CUDA 툴킷 186

CuDNN 186, 576, 578

## D

d3.js 55

Dan Ciresan 45

data() 112, 586

data augmentation 257, 301

dataset.forEachAsync 264

Dataset.skip() 279

Dataset.take() 279

Dataset.toArray() 264, 279

dataSync 184

dataSync() 100, 586

decision tree 43

decoder 422

deconvolution 439

deep learning 543

deep learning revolution 543

deeplearn.js 59

DeepMind 454

deep neural network 32

dense layer 75

DenseNet 218

depthwise separable convolution 47

dequantization 511

discounting factor 463

discriminative model 410

discriminator 434

div 102

dot product 111, 168

downsampling 321

DQN 471, 478

dropout 129, 189

dtype 219, 584

dynamic equilibrium 444

E

Electron 55

Electron.js 530

embedding 222

Embedding Projector 389

encoder 422

ensemble learning 43

episode 458

epoch 78

epochs 234, 275

epsilon greedy policy 484

evaluate() 79

example 37

example validator 507

expandDims() 183

exploitation 461

exploration 461

extrapolation 81

F

face-api.js 556

Facets 298

Facets Dive 300

facingMode 283

False Negative 137

False Positive 137

False Positive Rate 141

Fast Fourier Transform 286

feature 72

feature engineering 44

feature map 167

federated learning 50

feedforward 366

feedforward neural network 119

FFT 286

fftSize 287

filters 167, 384

fine tuning 230

fit() 78, 208

fitDataset() 208

flatten 174, 198, 223, 552

Float32Array 181

Flutter 528

FN 137

forEach 380

forEach() 265
forEachAsync() 260, 278
forward pass 85, 91
Fourier transform 196
FP 137
FPR 141
fully connected layer 120
fully connected network 550
fusion 520

### G

GAN 421, 433
garbage collection 606
Gated Recurrent Unit 372
gather() 331
Gaussian distribution 424
Generative Adversarial Network 421
generator 434
Geoffrey Hinton 43, 190
getClassName 231
getLayer 243
getLayer() 217
getWeights() 112, 128, 251
Git 96
global minimum 84
Glorot initialization 46
glorotNormal 129, 440
GloVe 390
golden value 505
Google Brain 60
Google Cloud Platform 523
Google Scholar 566
Google Vizier 564

GPIO 534
GPU 44, 51, 186, 545, 576
gradient 85
gradient ascent 329
gradient-boosted machine 43
gradient descent 42, 87
Graphics Processing Unit 44
GraphModel 517
Grappler 521
greedy decoding 404
grid search 131
gRPC 525
GRU 372, 553
gzip 516

### H

handsfree.js 556
hasHeader 278
heatmap 316
heatmap() 316
hidden layer 119
Hidden Markov Model 62
histogram 315
histogram() 315
HTML5 48
HTTP 크리덴셜 194
HWC 163
hyperbolic tangent 122
hyperparameter optimization 130
hyperparameter tuning 130
hypothesis space 37

**I**

Ian Goodfellow  433
IDSIA  43
IID  290
ImageNet  44, 46, 162, 206, 324, 555
ImageNet 데이터셋  515
image style transfer  62
IMDb  379
img 태그  182
Inception  206
includeSpectogram  287
includeWaveform  288
Independent and Identically Distributed  290
IndexedDB  192
inference phase  38
inner product  111
inputShape  75
Internet Movie Database  379
interpretability  110, 323
Ionic  55, 528
iOS  528
iterator  263, 342

**J**

Jasmine  503
Jetson Nano  535
JIT 컴파일  54
JSON  192

**K**

Kaggle  43, 256, 565
Keras  53
kernel  76
kernelInitializer  129, 223
kernel method  43
kernelSize  167, 198, 384
k-Nearest Neighbor  225
kNN  225, 226
Kullbach-Liebler divergence  430
k-최근접 이웃  225, 226
k-핫 인코딩  551

**L**

L1-L2 규제  353
L1 규제  353
L2 규제  350, 353
label  37
language-understanding  206
latent space  422
latent vector  422
layer  41
leakyReLU  444
learning rate  89, 130
leCunNormal  129
libtensorflow  532
linear regression  75
linechart()  310, 321
Lipnet  48
loadLayersModel  243
local generalization  562
local minima  84
local storage  192

logistic regression   43
logreg   43
Long Short−Term Memory   372
lookup table   381, 480
loss function   42, 77
LSTM   372, 400, 413, 553


## M

machine learning   542
machine perception   543
machine translation   392
Magenta   62
manifest   193
map()   268
Markov Decision Process   474
Math.seedrandom()   502
matMul   135
matrix   588
maxPooling2d   171, 198
MDP   474
mean   102
meanAbsoluteError   77, 99, 346, 350, 552
mean squared error   100
meanSquaredError   106, 110, 148, 489, 552
MetaCar   62
method chaining   80
Microsoft Visual Studio   580
minimize()   431
Mini Program   533
ml5.js   557
ML5.js   62
MLP   119, 166, 342, 348, 479, 549
MNIST   163, 164, 514

mobilenet   555
MobileNet   48, 204, 206, 214, 215, 217, 218, 241, 528
MobileNetV1   251
MobileNetV2   251, 515, 526
model   37, 75
model.compile   247, 346
model.compile()   177
model deployment   509
model.evaluate()   109, 178
Model.evaluate   108
model.evaluateDataset()   260
model evaluator   507
model.fit   247
model.fit()   177, 178
Model.fit()   108
model.fitDataset   275, 343
model.fitDataset()   260, 264, 270
model.json   192
model.layers   112
model.predict   154, 530
model.predict()   184
model.save   530
model.save()   192
model.summary()   119
model validator   507
momentum   136
Momentum   136
MongoDB   55
MSE   100, 147
multiclass classification   132
multi−hot encoding   378
MultiLayer Perceptron   119, 550
multi series   311
MusicRNN   557

## N

naive Bayes classifier  43
NasNet  218
natural language processing  362
NCHW  163
network  75
neural network  32
neuron  40
neuroscience  42
next()  263, 342
NHWC  163
NIVIDA  45, 576
node  186
Node.js  53, 185, 521, 546, 570
nonlinearity  118
normalization  101
npm  96, 555, 570
nsfwjs  555
numFramesPerSpectrogram  287
NVIDIA  186
nvidia–smi  577

## O

object detection  62, 239
object finalizer  606
observation  454
Occam's razor  352
onBatchBegin  107
onBatchEnd  107, 344
on–device  546
one–hot encoding  149, 377
one–hot vectorization  377
onEpochBegin  107, 141

onEpochEnd  107, 275, 344
online DQN  488
onTrainBegin  107
onTrainEnd  107
onTrainEnd()  157
onYield  107
OOV  377, 391
OpenML  256
optimization  509
optimizer  77, 129
outlier  294
out–of–vocabulary  377
output layer  119
overfitting  80, 178, 340, 345

## P

Pac–Man  183, 214
padSequences()  385
parameter sharing  368
PCA  390
pitch  195
placeholder  219
plotly.js  55
Plotly.js  290
POJO  310
policy network  459
poolSize  172
PoseNet  50, 183, 534
positional invariance  172
positive  133
precision  138
precision–recall curve  144
predict()  81, 224

prefetch   271
probability distribution   289
Progressive Web-App   528
pseudo-example   301

## Q

Q-learning   470
quantization   511
Q-value   476
Q-가치   476
Q-러닝   470, 477

## R

random forest   43
random initialization   83
random search   131
rank   585
Rasberry Pi   534
React Native   55, 528
recall   138
receptive field   171
rectified linear unit   122
regression   75
regularization   129
REINFORCE   462, 464
Reinforcement Learning   452
relu   46, 122, 166, 175
reparameterization   426
replace   391
replay memory   482
RequestInfo   278, 281

reset gate   373
residual connection   46
resizeHeight   283
resizeWidth   283
ResNet   206
RethinkDB   55
returnSequence   414
reward discounting   463
Richard Feynman   544
RL   452
rmsprop   136, 346
RMSProp   46, 136
RNN   62, 342, 362, 412
ROC   140, 354
Ronald Fisher   149
rpi-gpio   534

## S

sample()   483
sampleRateHz   286
sampling rate   286
SavedModel   525
scalar   585
scatter plot   312
scatterplot()   312
seq2seq   392, 396, 414
sequence-to-sequence   362, 392
sequential   152, 274
sequential data   342, 362
series   311
serving   508
sgd   77, 129, 136
SGD   136

shape 584
shuffle() 292
sigmoid 121
simpleRNN 553
skip() 268
slice() 222
smoothingTimeConstant 287
SoC 535
softmax 166, 175
sparseCategoricalCrossentropy 441, 551
spectrogram 195
speech-commands 556
SpeechCommands 199
sqrt 102
square 102
SSD 248
Stack Overflow 566
standardization 101
state 367
step function 145
stochastic gradient descent 78
Stochastic Gradient Descent 136
strides 168, 172
StyleGAN 433
sub 102
summary() 209
supervised learning 38
Support Vector Machine 43
surface() 344
SVM 43
symbolic AI 35
symbolic tensor 219
SymbolicTensor 219
system-on-chip 535

## T

take 263
tanh 122, 444
target 72
target DQN 488
Tencent 533
tensor 57, 584
TensorBoard 369
TensorBuffer 595
TensorFlow 56
tensorflowjs 218
TensorFlow.js 48, 56, 545
tensorflowjs_converter 513, 525
TensorFlow.js 갤러리 62
TensorFlow Playground 52
TensorFlow Serving 525
text summarization 392
text vectorization 377
tf.abs 79
tf.add() 602
tf.argMax() 601
tf.argMin() 601
tf.browser.fromPixels() 182, 200, 538
tf.buffer 380
tf.callbacks.earlyStopping() 353
tf.concat() 446, 602
tf.data 256
tf.data.array 259
tf.data.array() 260
tf.data.csv 259, 278
tf.data.csv() 261
tf.data.Dataset 256, 258
tf.data.generator 259, 343
tf.data.generator() 262
tf.data.microphone() 286

tf.data.webcam()  282

tf.dispose()  606, 607

tf.div()  418

tf.grad()  332, 610

tf.grads()  611

tf.GraphModel  517, 519

tf.image.resizeBilinear()  182

tf.image.resizeNearestNeighbor()  182, 200

tf.input  428, 438, 440

tf.io.browserHTTPRequest()  194

tfjs.converters.save_keras_model  218

tfjs-examples  530

tfjs-node  53, 185, 324, 369

tfjs-node-gpu  186, 324, 576

tfjs-react-native  529

tfjs-vis  210, 309, 370

tf.layer.embedding()  381

tf.LayerModel.fit()  370

tf.layers.batchNormalization  440, 480

tf.layers.batchNormalization()  353

tf.layers.conv1d  387

tf.layers.conv1d()  383

tf.layers.conv2d  165, 173, 479, 480

tf.layers.conv2dTranspose  439

tf.layers.dense  75, 152, 166, 175, 223, 231, 243,
    274, 346, 348, 369, 374, 380, 387, 415, 428, 429,
    480

tf.layers.dropout  348, 387, 438, 480

tf.layers.dropout()  353

tf.layers.embedding  386, 400, 440

tf.layers.flatten  166, 174, 243, 346, 348, 480

tf.layers.globalMaxPool1d  387

tf.layers.gru  374

tf.layers.leakyReLU  438

tf.layers.lstm  400, 415

tf.layers.maxPooling2d  165, 171, 173

tf.LayersModel  519

tf.LayersModel.fitDataset()  370

tf.layers.multiply  440

tf.layers.reshape  439

tf.layers.separableConv2d  552

tf.layers.simpleRNN  369

tf.layers.simpleRNN()  365

tf.layers.timeDistributed  402

tf.loadGraphModel  518

tf.loadLayersModel  530

tf.loadLayersModel()  193, 207, 228

tf.log()  418

tf.logicalAnd()  602

tf.logicalOr()  602

tf.logicalXor()  602

tf.matMul()  602

tf.max()  601

tf.mean  79

tf.mean()  600

tf.memory().numTensor  610

tf.metric.meanSquaredError()  246

tf.metrics.categoricalCrossentropy  155

tf.min()  601

tf.model  243, 428, 438, 440

tf.model()  220, 232

tf.Model.fit()  90

tf.mul()  602

tf.multinomial()  418, 460

tf.neg()  599

tf.nextFrame()  284

tf.norm()  601

tf.oneHot  149, 274

tf.oneHot()  486

tf.ones()  596

tf.onesLike()  596

tf.randomNormal()  596

tf.randomUniform  332

tf.randomUniform()  596

tf.regularizers.l1()  353

tf.regularizers.l1l2()  353

tf.regularizers.l2()  350, 353

tf.scalar()  585

tf.sequential  75, 165, 243, 346, 348, 369, 374, 380, 386, 415, 429, 479

tf.Sequential()  165

tf.sigmoid()  460

tf.slice()  603

tf.softmax  153

tf.stack()  605

tf.sub  79, 274

tf.sub()  602

tf.sum  274

tf.sum()  601

tf.tensor()  590

tf.tensor1d  149, 274, 587

tf.tensor2d()  74

tf.tensor2d  446, 588, 595

tf.tensor3d  590

tf.tensor4d()  181

tf.tensorBuffer()  595

tf.tidy  274

tf.tidy()  144, 606, 607

tf.train.adam  152

tf.train.adam()  431

tf.train.rmsprop  247, 416

tf.train.sgd  106

tf.transpose()  601

tf.unstack()  605

tf.valueAndGrads()  612

tf.Variable  612

tf.variableGrads()  490, 612

tfvis.render  309

tfvis.show.fitCallbacks  210

tfvis.show.fitCallbacks()  344

tfvis.show.history  275

tfvis.show.layer()  351

tfvis.show.modelSummary  346

tf.zeros()  596

tf.zerosLike()  596

then()  112

time series  321

TN  137

toLowerCase  391

topology  192

toxicity  557

TP  137

TPR  141

TPU  564

trainable  208, 235, 243, 247, 250

training  331

training data  37

transfer learning  50, 204

transfer model  204

translational invariance  172, 368

trim  391

True Negative  137

True Positive  137

True Positive Rate  141

t-SNE  390

TypedArray  181

## U

underfitting  80, 340, 345
units  75, 129
universal—sentence—encoder  557
update gate  373

## V

VAE  421, 424
validationBatches  275
validation data  107
validationData  210, 234, 275
validationSplit  178, 235, 247
vanishing—gradient problem  372
varianceScaling  223
Variational AutoEncoder  421
vector  544, 585
vega.js  55
VGG16  249, 324
video  183
visor()  344
visor surface  344
vocabulary  377

## W

WebAudio  48, 195, 199, 556
WebGL  50, 144, 260, 521, 534, 545
WeChat  533
weight  76
weights.bin  193
word embedding  206, 381
wrangling  250

## X

XCode  530
xLabel  312

## Y

Yann LeCun  43
yarn  185, 240, 573
Yarn  96
yarn visualize  324
yLabel  312
YOLO  248
YOLO2  48
Yoshua Bengio  43
You Only Look Once  248

## Z

z—score  101
z—공간  422
z—벡터  422
z—점수  101

## ㄱ

가비지 컬렉션  606
가설 공간  37
가우스 분포  424
가중치  41, 76, 83
가중치 규제  349
감성 분석  557
강화 학습  452, 549

개인 정보  524
객체 감지  543
객체 소멸자  606
객체 탐지  62, 239
거짓 양성  137
거짓 양성 비율  141
거짓 음성  137
검증 데이터  107, 108
검증 세트  354
결정 트리  43, 323
경사 상승법  329, 561
경사 하강법  42, 87, 544
계단 함수  145
고속 푸리에 변환  286
골든 값  505
과대적합  80, 178, 189, 340, 345, 354, 357, 554
과소적합  80, 340, 345, 354, 357
관측  454
구글 브레인  60
구글 스칼라  566
구글 클라우드 플랫폼  523
국소성  170
궁극 일반화  563
규제  129, 358
균등 분포  597
그레이디언트  85, 86
그레이디언트 부스티드 머신  43
그레이디언트 소실 문제  372
그리드 서치  131
그리디 디코딩  404
글로럿 초기화  46
기계 번역  392, 543
기계 인식  543
깃허브  96
깊이별 분리 합성곱  47, 552

ㄴ

나이브 베이즈 분류기  43
내적  111
네트워크  75
노름  601
뉴런  40

ㄷ

다운샘플링  321
다중 분류  132, 148
다중 시리즈  311
다차원 배열  57
다층 퍼셉트론  119, 549, 550
단어 임베딩  206, 381
단위 테스트  502
단일 보드 컴퓨터  534
대용량 데이터  545
댄 크리슨  45
데이터 랭글링  55, 250
데이터 시각화  55
데이터 증식  257, 301
데이터 프라이버시  49
독립동일분포  290
동결  208, 436
동적 평형  444
드롭아웃  129, 189, 352, 353, 358, 444, 479, 554
디코더  422
딥러닝  42, 542, 543
딥러닝 혁명  32, 543
딥마인드  454

## ㄹ

라즈베리 파이  534
랜덤 서치  131
랜덤 시드  267
랜덤 초기화  83
랜덤 포레스트  43
랭크  585
레이블  37
렐루  46, 122
렐루 활성화 함수  198
로널드 피셔  149
로지스틱 회귀  43, 323
로컬 스토리지  192
룩업 테이블  381, 480
리셋 게이트  373
리액트 네이티브  55, 528
리처드 파인만  544

## ㅁ

마르코프 결정 과정  474
마이크로소프트 비주얼 스튜디오  580
마젠타  62
막대 그래프  313
말뭉치  206
매니페스트  193
머신 러닝  35, 542
멀티-핫 인코딩  378, 380
메서드 체이닝  80
모델  37, 75
모델 검증기  507
모델 배포  509
모델 보안  524
모델 적응  205

모델 컴파일  77
모델 평가기  507
모멘텀  136
무어의 법칙  545
미세 튜닝  230, 233
밀집 층  41, 75, 189, 198

## ㅂ

바운딩 박스  48, 242
바이저 서피스  344
반복자  263, 342
배치  85, 591
배치 정규화  46, 353, 479
배치 차원  591
배치 크기  85, 177, 591
범용 입출력  534
범주형 크로스 엔트로피  155
범주형 크로스 엔트로피 손실  441
범주형 특성  149
베이스 모델  204
베이즈 정리  43
베이지안 기법  131
벡터  51, 544, 585, 587
벡터 데이터  550, 592
벨만 방정식  477, 487
변이형 오토인코더  421
병렬 계산  51
보상  453
보상 할인  463
보스턴 주택 데이터셋  95
볼륨 데이터  550
부동소수점  51
분류  75

브로드캐스팅 103, 602
비디오 592
비선형성 118
비전 AI 524
빔-서치 디코딩 404

## ㅅ

사용자 정의 손실 함수 245, 430
사전 훈련된 모델 555
산점도 312
상태 367
샘플 37, 72
샘플 검증기 507
샘플링 레이트 286
생성 딥러닝 549
생성 모델 410
생성자 434
생성적 적대 신경망 421
서빙 508
서포트 벡터 머신 43
선 그래프 309
선형 활성화 함수 119
선형 회귀 75, 342, 346
셀 366
소프트맥스 함수 415
소프트맥스 활성화 함수 152, 198, 551
손실 83
손실 곡선 354
손실 함수 42, 77, 350, 357
수용장 171
순차 데이터 342, 362
순환 신경망 362, 549, 553
스네이크 게임 470

스마트 비서 543
스칼라 585
스타일 트랜스퍼 560
스택 오버플로 566
스트라이드 합성곱 444
스펙트로그램 195
시간을 거슬러 역전파 368
시계열 321
시계열 데이터 550, 592
시그모이드 121
시그모이드 활성화 함수 551
시리즈 311
시퀀스 데이터 592
시퀀스-투-시퀀스 362, 392
신경과학 42
신경망 32
심볼릭 AI 35
심볼릭 텐서 219
심층 Q-네트워크 471
심층 Q-러닝 470
심층 신경망 32

## ㅇ

아이오닉 55, 528
아카이브 566
안드로이드 528
안드로이드 스튜디오 530
알렉스 크리제브스키 45
알리바바 533
알리페이 533
앙상블 학습 43
얀 르쿤 43
양성 133

양성 클래스 134
양자화 511
어텐션 메커니즘 362, 393, 398
어텐션 행렬 316, 395, 402
어휘 사전 377
언어 이해 206
업데이트 게이트 373
에이전트 452
에포크 78, 270
에포크 횟수 129
에피소드 458
역방향 패스 91
역양자화 511
역전파 43, 90, 436, 489
역합성곱 439
연결형 API 600
연합 학습 50
오디오 데이터 550
오차 행렬 137, 156, 316, 354
오캄의 면도날 352
오토인코더 421
오픈 소스 545
온-디바이스 546
온라인 DQN 486, 488
옵티마이저 77, 129, 357
완전 연결 신경망 549, 550
완전 연결 층 120
왜곡 290, 297
외삽 81
요수아 벤지오 43
원-핫 벡터화 377
원-핫 인코딩 149, 377, 551
원-핫 텐서 416
위챗 533
위치 불변성 172

유사 샘플 301
은닉층 119
음성 인식 194, 543
의도 분류 557
이동 불변성 172, 368, 552
이미지 592
이미지 데이터 550
이미지 분류 543
이미지 스타일 트랜스퍼 62
이미지 인페인팅 433
이미지 초해상도 433, 559
이상치 294
이안 굿펠로우 433
이중선형보간법 182
이진 분류 132
이진 크로스 엔트로피 135, 146
이진 크로스 엔트로피 손실 441
인공 신경망 41
인공 지능 34, 542
인지 과정 542
인코더 422
인코더-디코더 396, 399
인코딩 38
인터넷 545
일렉트론 55
임계 함수 145
임베딩 222, 400
임베딩 프로젝터 389
입실론 그리디 정책 484, 492

ㅈ

자동 미분 545
자바스크립트 33

자연어 처리   362, 412, 505, 543
자율주행   558
자율주행 자동차   543
잔차 연결   46
잠재 공간   422
잠재 벡터   422
재생 메모리   482, 486
재파라미터화   426
재현율   138
적대 샘플   561
적응적 학습률   136
전역 최솟값   84
전역 풀링 층   552
전이 모델   204
전이 학습   50, 204, 549
점곱   111, 168
정규 분포   596
정규화   101, 269, 332
정밀도   138
정밀도–재현율 곡선   144
정방향 계산   85
정방향 패스   91
정책 그레이디언트   466
정책 네트워크   459
정확도   137
제너레이터 함수   262
제프리 힌튼   43, 190
조기 종료   353
지도 학습   38
지도 학습 워크플로   547
지역 일반화   562
지역 최솟값   84
진짜 양성   137
진짜 양성 비율   141

진짜 음성   137
질문–답변   557, 559


ㅊ

챗봇   393
체크포인트   191
최근접 이웃 샘플링   182
최적화   509
추론   57
추론 단계   38
추천 시스템   543
축소 연산   600
출력층   119
층   41


ㅋ

카트–막대   456
캐글   43, 256, 565
커널   76, 167
커널 방법   43
컨텍스트   402
컴퓨터 비전   162
케라스   53, 217, 545
코그니티브 서비스   524
콜백   107, 141
쿨백–라이블러 발산   430
크로스 엔트로피   177
클래스 활성화 맵   333
클로드 섀넌   412

ㅌ

타깃  72
타깃 DQN  487, 488
탐험  461, 484
테스트 데이터  108
테스트 세트  98
텍스트  362
텍스트 데이터  550
텍스트 벡터화  377
텍스트 요약  392
텐서  57, 584
텐서보드  369, 370
텐서플로  56, 545
텐서플로 서빙  525
텐서플로 플레이그라운드  52
텐센트  533
토폴로지  192
토픽 분류  557
특성  72
특성 공학  44
특성 맵  167


ㅍ

파라미터 공유  170, 368
판별 모델  410
판별자  434
패션 MNIST  514
패션 MNIST 데이터셋  424
팩맨  183, 214
편향  76
평균 절댓값 오차  79
평균 제곱 오차  100
표준화  101

표현  38
푸리에 변환  196
풀링 층  552
퓨전  520
프로그레시브 웹 앱  528
프리페치  271
플러터  528
플레이스홀더  219
피드포워드  366
피드포워드 신경망  119
피치  195
필터  168


ㅎ

하이퍼볼릭 탄젠트  122
하이퍼파라미터  358
하이퍼파라미터 최적화  130
하이퍼파라미터 튜닝  130
학습률  89, 130
할인 계수  463
함수형 API  400, 427, 600
합성곱  552
합성곱 신경망  44, 323, 549, 552
합성곱 커널  166, 167
해석 가능성  110, 323
행동  453
행동 타기팅  558
행렬  51, 588
혼동 행렬  137
확률 분포  289
확률적 경사 하강법  78, 136
확장 프로그램  526
활성화 함수  46, 121, 357

활용 461, 484
회귀 75
훈련 57, 76
훈련 과정 76
훈련 데이터 37, 108
훈련 세트 98, 354
훈련 후 가중치 양자화 510
히든 마르코프 모델 62
히스토그램 315, 352
히트맵 316

## 숫자

1D 텐서 587
1D 합성곱 383
1D 합성곱 신경망 362
2D 텐서 588
3D 텐서 590
8비트 양자화 514
16비트 양자화 514

## 기호

.batch 266, 274
.concatenate 266
.filter 266
.forEach 274
@magenta 557
.map 266, 274
.mapAsync 266
.repeat 267
.shuffle 267
.skip 267
.take 267, 274
.then() 265